SOFTIMAGE | XSI를 활용한

# 캐릭터 애니메이션

김 용 관 저

# 머리말

오로지 열정 하나로 시작했던 애니메이션이었습니다. 그날 이후 지금까지도 애니메이션을 생각하며 행복한 아침을 맞이합니다. 그 수많은 시간을 애니메이션과 함께 했지만, 아직 배워야 할 것도 많고, 해보고 싶은 것도 많은 철없는 초보자입니다. 그런 초보자가 감히 여러분께 책을 드린다는 것 자체가 무례인 줄 알면서도 용기를 내어 이 세상에 작지만, 저의 정성이 담긴 소중한 결과를 하나 드립니다. 많은 부족함과 모자람이 있더라도 질책과 핀잔보다는 따뜻한 격려와 지적을 부탁합니다.

이것은 제 열정의 작은 일부이고 시작입니다. 오랜 시간 동안 현업과 강단을 오가며 쌓은 제 작은 결실이기도 합니다. 그동안 SOFTIMAGE|XSI를 가르치면서 학생들에게 권할 수 있는 교재가 변변치 않아서 제대로 된 지침서 하나 만들어보자는 일념으로 시작했습니다. 쉽지 않은 작업이었지만 이 결실이 맺어지기까지 묵묵히 지켜봐 주신 여러분이 계시기에 가능한 일이었습니다.

SOFTIMAGE|XSI를 접한 지도 강산이 한 번 변한다는 10여 년이란 세월이 흘러갔습니다. 그때 SOFTIMAGE|3D에서 출발하여 SOFTIMAGE|XSI로의 변혁기를 거치면서 한 해, 두 해 혁신적인 기술의 발전을 거듭하더니 2008년 중순에 ICE라는 새로운 패러다임을 제시한 버전 7.0이 탄생하였습니다. 그래서 교재 작업을 기획하던 작년 즈음에 이젠 SOFTIMAGE|XSI의 기능이 너무나 다양하고 광범위해져서 한 권의 책으로 이 모든 내용을 정리하기에는 무리가 따른다고 판단하였습니다. 그래서 고민을 하던 중 SOFTIMAGE|XSI의 Interface 자체가 다양한 콘텐츠 제작 작업의 공정별 Part로 잘 나뉘어 있기 때문에 그러한 공정별로 SOFTIMAGE|XSI 기능을 특화시켜서 기능별 교재를 만들면 좋겠다는 판단을 하였습니다. 그래서 이 책을 포함해서 총 3~4 Part를 나눠서 집필을 기획하였습니다. 현재 출판된 이 책에는 캐릭터 애니메이션 Part의 내용만을 수록하였고, 두 번째 Part로 기획한 캐릭터 모델링 & 맵핑에 대한 자료를 준비하고 있습니다. 두 번째 교재 역시 빠른 시일 내에 여러분의 손에 닿을 수 있도록 최선을 다해 노력하겠습니다.

이 책은 SOFTIMAGE|XSI에서 Animation Part만을 정리해서 제작하였습니다. 애니메이션 관련하여 기본 Manual과 기본 Tutorial과 응용 Tutorial을 총망라해 초보자부터 현업에 계신 종사자 분들까지도 두루 참고하실 수 있도록 정리하였습니다. 이 책을 집필하면서 저 개인적인 욕심이 있었다면 이 책을 접하신 모든 분에게 조금이나마 SOFTIMAGE|XSI의 기술적·기능적 궁금증에 대한 오아시스 같은 존재가 되는 것이었습니다. 그래서 학생들는 학교에서, 관련업계 종사자 분들은 현장에서

기술적 · 기능적 접근에 많은 이해와 도움이 되었으면 하는 바람! 그 하나뿐이었습니다.

이제 또 다른 열정으로 두 번째 Part를 준비하겠습니다.

마지막으로 이 책이 마무리되기까지 물심양면으로 도와주신 유한대학 조순복 교수님께 진심으로 감사의 말씀을 드리며, (주)코어이엔티 최진성 사장님, 이성문 과장님과 송재학 교수님께도 깊은 감사의 말씀을 드립니다. 또한, 이 책이 세상 밖으로 나올 수 있도록 도와주신 상학당 남승우 사장님과 송일복 전무님, 번거로운 수정 작업에도 항상 웃어주시던 편집 담당자에게도 다시 한번 감사를 드립니다. 그리고, 이 책이 완성될 수 있도록 곁에서 묵묵히 지켜봐 준 사랑하는 아내와 두 딸 정언이, 도언에게도 감사와 사랑을 전합니다.

10여 년 넘게 애니메이션 관련 일에 종사하면서 저 나름의 애니메이션에 대한 공식을 정립하였습니다.

**애니메이션 = 시간(Time) + 동작(Pose) + [ ? ]**

우리는 저 [ **?** ]에 대한 해답을 찾기 위해 오늘도 묵묵히 새벽을 맞이하고 있습니다.

2009년 1월
꺼지지 않은 열정으로
김 용 관 씀

# 차 례

## 제 1 장 Skeleton 개념



## 제 2 장 Skeleton set up(Human Body)

## 제 3 장 Rig구조 만들기

## 제 4 장 Envelope와 Weight



## 제 5 장 Animation Basic Tool Kit

# 제 1 장
# Skeleton 개념

## 1-1 XSI에서 Skeleton 그리기

1 XSI에서의 Skeleton은 그림 1-1에서와 같이 Animate 〉 Create 〉 2D Chain(또는 3D Chain)으로 그린다.

그림 1-1

2 먼저 Front나 Right view에 Bone 두 개를 가진 Skeleton을 그린다. 이때 Object나 Grid에 정확한 위치나 크기를 가진 Bone을 그리고자 할 경우에는 오른쪽 명령어 중에서 Snap 기능(단축키 : ctrl)을 사용하면 된다(그림 1-2).

그림 1-2

**3** 그 결과 다음과 같은 Skeleton구조를 얻을 수 있다. 만약 Skeleton 생성모드에서 나가고자 할 경우 마우스 오른쪽이나, 키보드의 Esc버튼을 클릭하면 된다. 이때 Skeleton 생성모드를 종료하는 것이 아니라 다른 위치에서 또 다른 Skeleton을 그리고자 할 경우에는 가운데 마우스를 클릭하여 계속 작업을 진행하면 된다(그림 1-3).

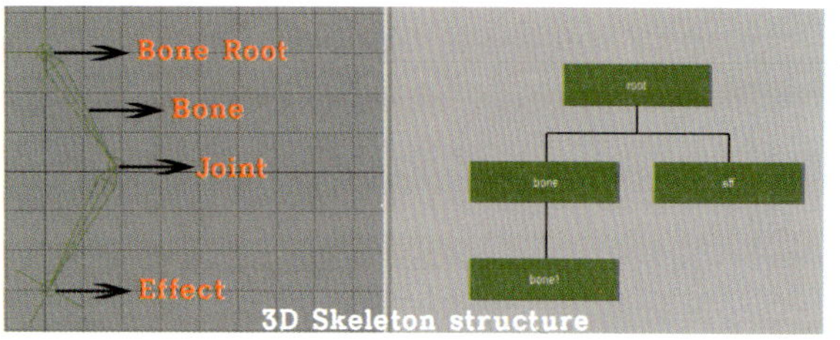

그림 1-3

**4** 다음은 생성된 Skeleton구조의 명칭과 각각의 구조상 특징을 살펴보도록 하자.

가장 먼저 Root가 생성되고, Bone이 생성된 다음 마지막에는 Effecter가 생성이 된다. 각각 이들 구조에 대해 설명을 하자면 Root는 Skeleton구조의 최상위 Object로 전체를 선택 또는 이동하거나 회전하거나 크기를 조절하거나 할 때 사용되며 Bone은 Skeleton을 이루는 가장 기본적인 단위로 그 속성 창(속성을 보고자 하는 Bone을 선택한 상태에서 Enter를 클릭)에서 이름과 크기의 변화를 줄 수 있고, 회전 값의 변화를 통해 Forward Kinematics(FK)를 만들어 낼 수 있다. 그리고 마지막으로 생성되는 Effecter는 실질적으로 Skeleton의 애니메이션을 컨트롤하는 중요한 요소이며 Inverse Kinematics(IK)를 만들 수 있는 요소이기도 하다. 이들의 각각의 구조상의 특징을 살펴보기 위해서는 여러 모드에서 확인이 가능하다. 먼저 생성된 Skeleton구조를 선택(Object 선택모드=Space bar)하여 Explorer 창(단축키 : 8)이나, Schematic 창(단축키 : 9)을 연다(그림 1-4).

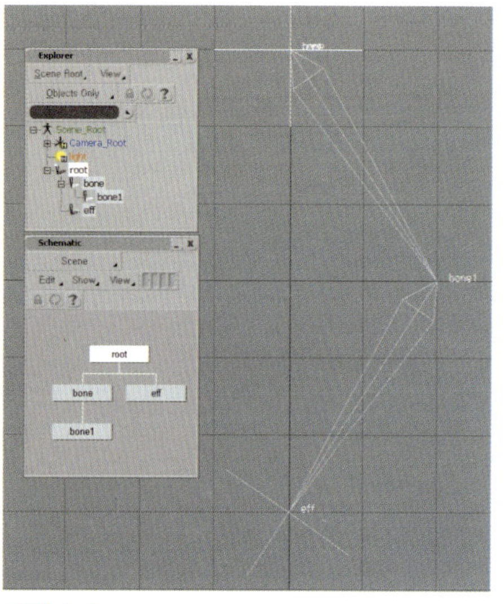

그림 1-4

## 1-2 Skeleton 속성 창 알기

**1** 이러한 Root 〉 Bone 〉 Effect 요소들을 향후 Skeleton set up시 매우 중요하게 다루어지므로 기본적인 개념과 구조를 잘 알고 있어야 한다.

**2** 생성된 Skeleton구조의 속성(Property)을 보고자 할 경우 여러 방법이 있는데 먼저 해당되는 Object(Root, Bone, Effecter)를 선택한 후 Enter를 누르면 선택된 각 요소의 Property 창이 열린다. 이때 필요한 Option을 정해주면 된다.

**3** 또 다른 방법은 Explorer 창(단축키 : 8)에서 해당되는 오브젝트들의 이름을 더블클릭하거나 오브젝트 이름 앞에 있는 각각의 아이콘을 클릭하면 동일한 Property 창이 열린다.

**4** 이 속성 창에서 각 요소들의 이름과 크기(길이), 그리고 모양 및 색깔을 지정해 줄 수 있다(그림 1-5, 그림 1-6)

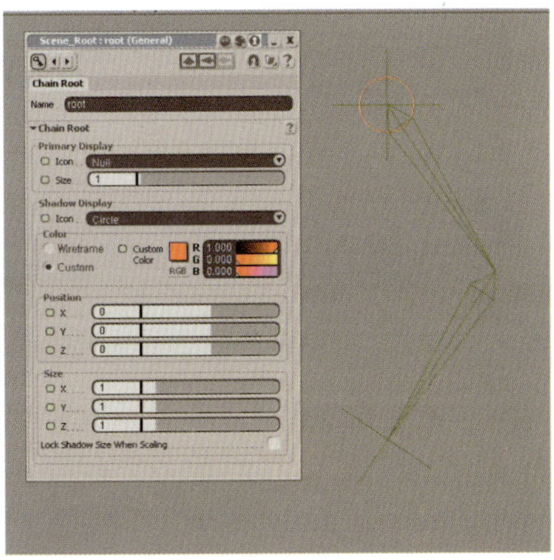

그림 1-5

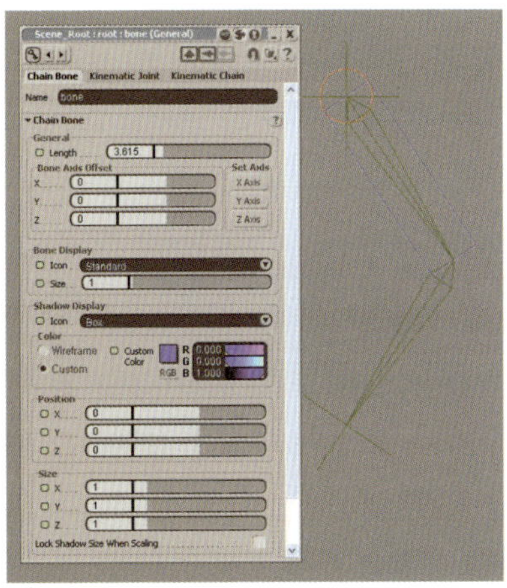

그림 1-6

- Name : 원하는 이름으로 변경해 줄 수 있다.
- Primary Display Icon : 지정해준 형태로 실제의 Bone 원형의 Icon 형태가 변하게 된다.
- Shadow Display Icon : 가상의 Bone의 Icon 형태가 변형된다. 이때 실제의 Bone은 원래의 Icon 형태를 그대로 유지한다. 이때 가상의 Icon의 컬러 값과 위치 값을 임의로 정해줄 수 있다.

**5** 이때 Root의 속성 창과는 다르게 Bone의 속성 창은 Kinematic Joint와 Kinematic Chain(ctrl+R)에 관한 속성을 추가하여 볼 수 있다(그림 1-7, 그림 1-8).

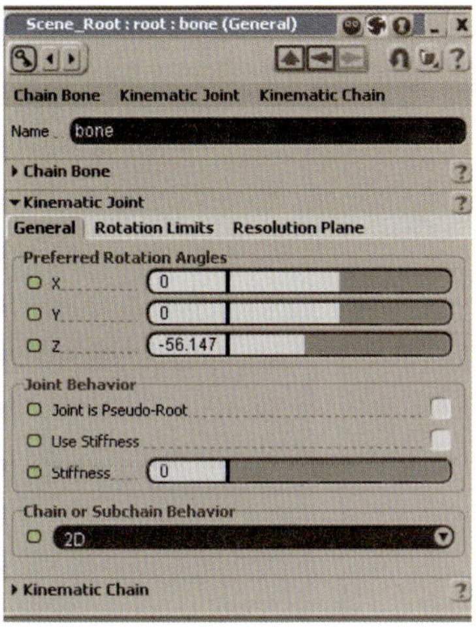


그림 1-7

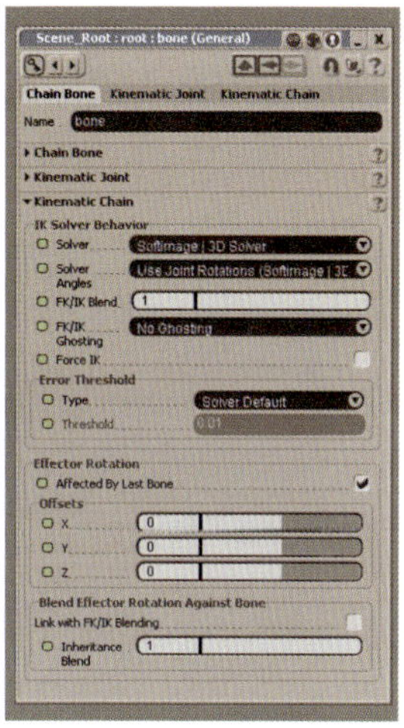


그림 1-8

- Length : Bone의 길이를 조절한다.
- Preferred Rotation Angles : 최초로 참고되는 회전 각이다.
- Joint Behavior 〉 Stiffness : Bone의 Joint간 부드러움의 정도를 설정한다.
- IK Solver Behavior 〉 Solver : Skeleton생성 구조형태이다. Softimage | 3D구조는 effecter가 마지막 생성되는 Bone의 자식구조 형태이고, Softimage|XSI 구조는 Root 아래에 effecter가 생성이 된다. 즉 Bone의 컨트롤 구조가 틀리다.
- Solver Angles 〉 Use Preferred Rotation from Joint Properties : 최초 그려진 Joint의 방향성을 언제나 유지하려는 속성을 가지게 된다.
- Solver Angles 〉 Use Joint Rotations(Softimage|3D Behavior) : Joint를 기준으로 아래 그려진 Bone의 회전 방향을 반대로 회전시키고 Effecter를 이동시키면 수정된 방향대로 Bone이 움직이게 된다.
- FK / IK Blend : IK animation과 FK animation을 서로 Blending할 경우 사용하는 option이다. Blending 값이 "0"일 경우 Blending이 되지 않고, "1"일 경우 Blending이 된다.

**6** 이러한 속성들은 향후 Key animation 제작시 여러 형태의 Option으로 활용되기 때문에 잘 기억해두고 있어야 한다.

## 1-3 Skeleton 수정하기(Ctrl + J)

1 생성된 Skeleton의 형태나 크기가 원했던 모양대로 만들어지지 않았을 경우 또는 이미 만들어서 사용하던 Skeleton을 재수정해서 사용해야 할 경우가 발생했을 때 이미 생성된 Skeleton을 Delete하지 않고 편리하게 수정하여 재사용할 수 있다.

2 이때 사용하는 기능이 Create 〉 Skeleton 〉 Move Joint / Branch이다(그림 1-9).

3 이 기능은 Bone의 속성 창에서 Length 값, 위치 값을 조절하거나 Transform 〉 Scale 값을 조절하여 길이나 형태를 맞추는 것보다 훨씬 빠르고 편리하게 Skeleton모양을 수정할 수 있다. Root, Bone, Effect를 한 번의 클릭-이동을 통해 제어가 가능하다(그림 1-10)

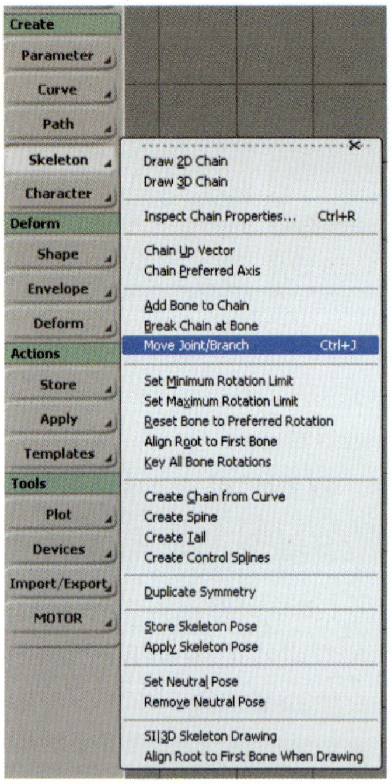

그림 1-9

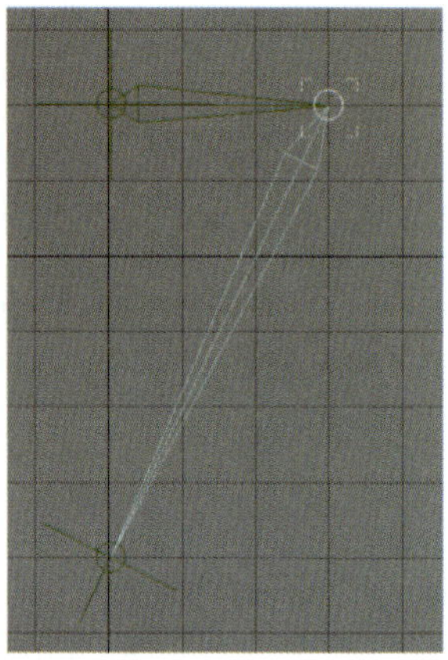
그림 1-10

4 이 경우에도 Snap기능 단축키[Ctrl]를 활용하면 보다 정교하고 정확한 위치에 Bone이나 Joint 등을 위치시킬 수 있다.

## 1-4 다양한 형태의 Skeleton 만들기

1 Curve를 이용하여 Skeleton을 만들어보도록 한다. 이 경우는 비정형적인 형태의 물체에 따라 뼈대구조를 만들고자 할 경우 자유도가 큰 Curve의 특징을 활용하여 Bone을 생성하는 방식이다. 먼저 Create 〉 Curve 〉 Draw Cubic by CVs의 기능을 이용하여 Skeleton을 만들고자 하는 형태대로 Curve를 그린다(그림 1-11).

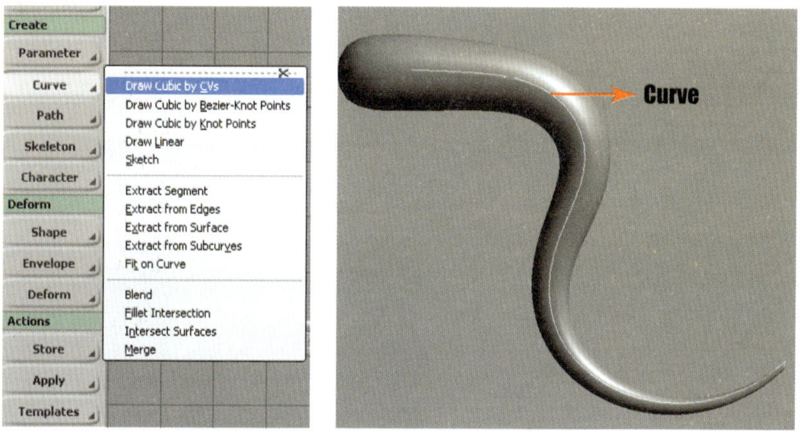


그림 1-11

2 그려진 Curve를 선택한 상태에서 Create 〉 Skeleton 〉 Create Chain from Curve를 클릭한다(그림 1-12).

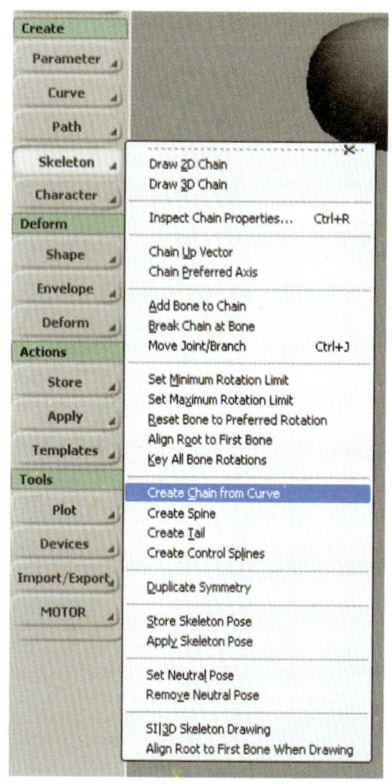


그림 1-12

3 그 결과 생성된 속성 창에서 원하는 만큼의 Bone의 개수와 Constrain관계 설정 유/무를 설정해주고 OK를 클릭한다. Bone의 개수를 20으로 한 결과 다음과 같은 결과를 얻게 되었다(그림 1-13).

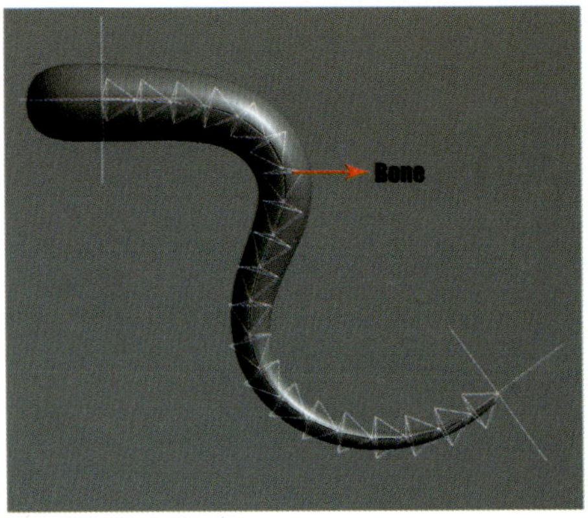

그림 1-13

4 그려진 커브의 형태에 따라 Bone이 생성되므로 원하는 형태로 Skeleton구조를 변형하고자 할 경우 원본 Curve를 변형시켜 주면 생성되어진 Skeleton구조도 Curve의 형태에 따라 변화하게 된다.

5 Curve를 수정하고자 할 경우 Curve를 선택하고 단축키 "M"을 누르고 커브의 Knot을 수정하면 된다(그림 1-14).

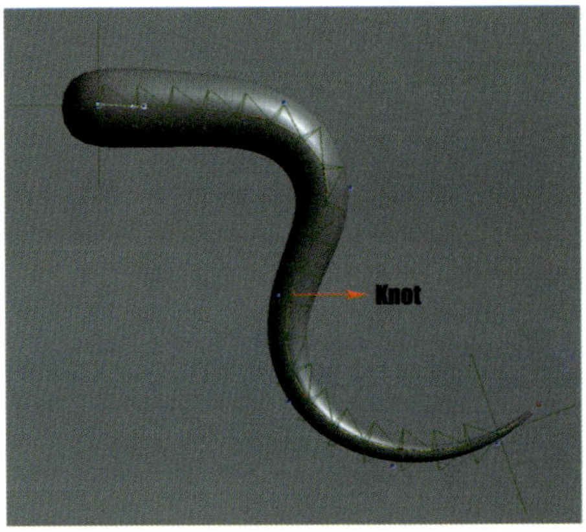

그림 1-14

6 이때 Skeleton 생성시 속성 창에서 Constrain을 체크하지 않았을 경우에는 Curve 수정시 Skeleton 수정이 불가능하기 때문에 목적에 따라 Option을 잘 설정해 줄 필요가 있다.

7 이번에는 두 개의 오브젝트를 연결해주는 Skeleton구조를 만들어 보도록 한다. 여기서는 골반과 목과 연결되는 척추뼈를 생성할 때 주로 사용하는 방법이기도 하다.

**8** 먼저 연결하고자 하는 두 개의 오브젝트를 생성한다. 그리고 Create 〉 Skeleton 〉 Create Spine을 클릭한다(그림 1-15).

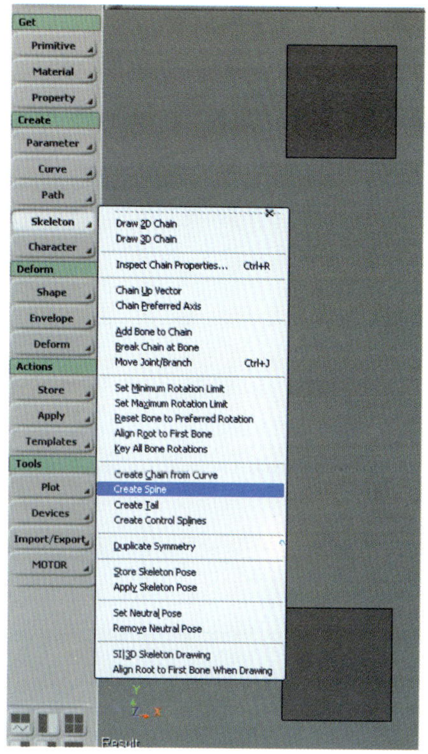

그림 1-15

**9** 이때 커서는 선택모드(pick)로 자동 전환되고 제작된 두 개의 오브젝트(cube)를 차례로 선택한다. 이때 먼저 선택하는 쪽이 Hip(아래)가 되고 나중에 선택한 오브젝트가 Chest(위)방향이 된다.

**10** 그 결과 Spine생성을 위한 속성 창이 생성되고 원하는 개수만큼의 Vertebra를 생성한다(그림 1-16).

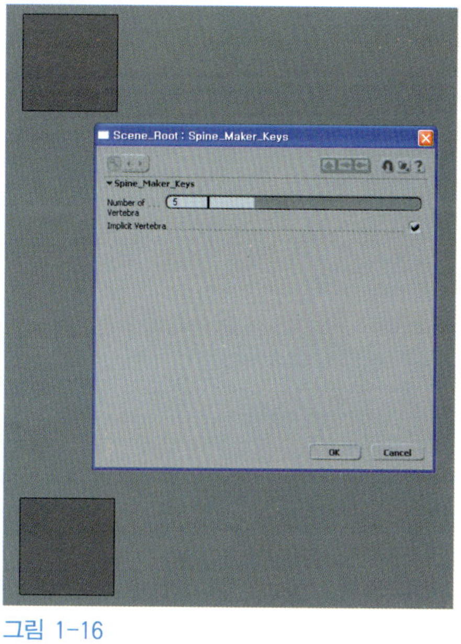

그림 1-16

**11** 그 결과 다음과 같이 두 개의 오브젝트 사이에 5개의 Vertebra가 생성되었다. 그리고 그 각각의 구성 요소들은 아주 긴밀한 구속관계에 의해 Control된다(그림 1-17).

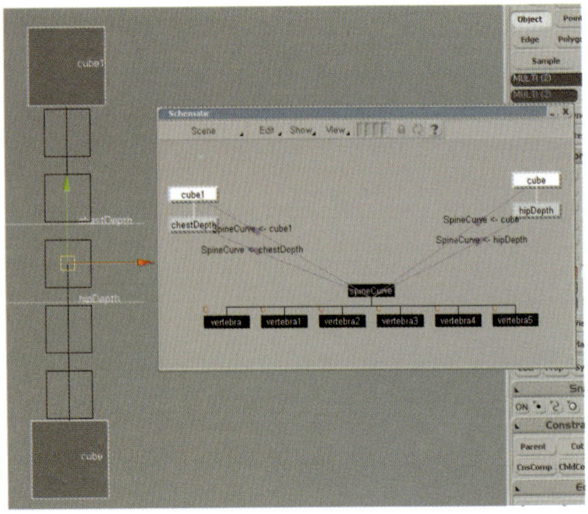

그림 1-17

**12** 위의 결과에서 Null controller를 이동하여 원하는 형태의 Spine형태로 뼈대구조를 만들 수 있다(그림 1-18).

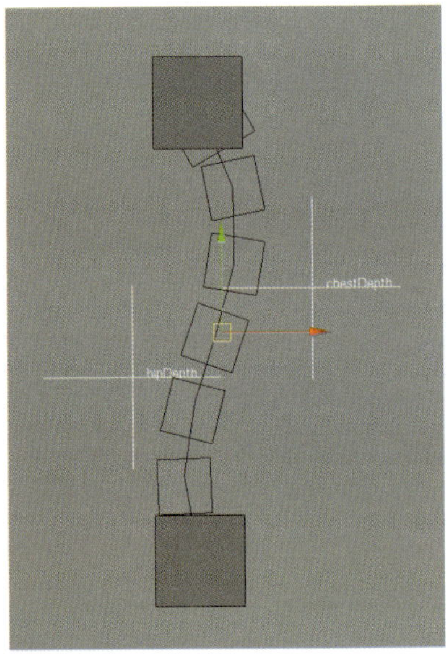

그림 1-18

**13** 이번에는 시뮬레이션되어 움직이는 동물의 꼬리를 만들어보도록 한다. 먼저 만들고자 하는 꼬리의 형태를 Curve기능을 이용해 쉽고 편하게 그리도록 한다. 그리고 그려진 커브를 선택하고 Create 〉 Skeleton 〉 Create Tail을 클릭한다(그림 1-19).

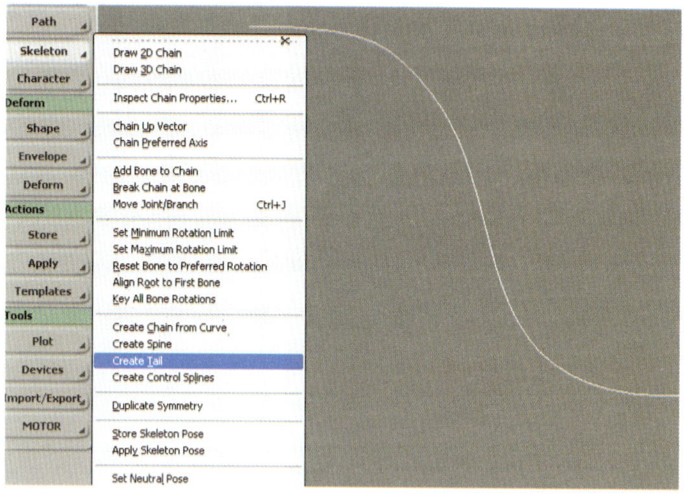

그림 1-19

**14** 이때 나타나는 Bone Number의 개수를 설정해주고 OK를 클릭하면 다음과 같은 결과를 얻을 수 있다(그림 1-20).

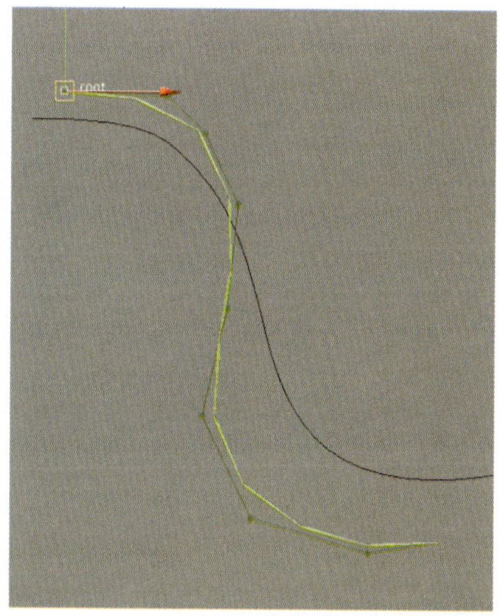
그림 1-20

**15** 생성된 Tail bone의 Root를 선택한 후 움직여 보면 굉장히 높은 자유도를 가진 Tail의 움직임을 얻게 된다. 이는 Root와 각 Bone들이 서로 Expression과 Constrain관계를 가지고 있기 때문에 가능한 결과이다. 마지막으로 Spine과 컨트롤러가 동시에 만들어져서 뼈대구조에 있어 보다 원활한 응용이 가능한 형태의 Skeleton제작 방법을 소개하도록 한다.

**16** 위의 Tail을 만들던 방식과 동일하게 보조 Curve를 그린다. 그려진 Curve를 선택하고 Create 〉 Skeleton 〉 Create Control Splines을 클릭한다. 이때 나타나는 속성 창에서 Divisions의 수치를 통해 만들고자 하는 bone의 개수를 지정하고 Control Icon의 Color값을 지정해준 후 OK를 클릭한다. 그 결과 속성 창에서 지정해 준 Bone의 개수만큼 Controller를 가진 Skeleton구조가 만들어진다(그림 1-21).

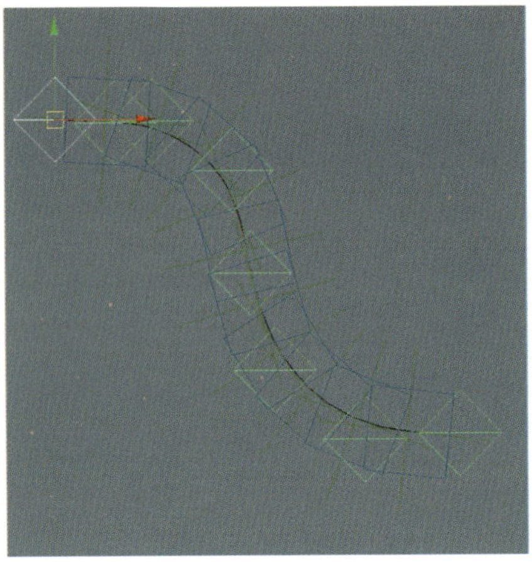

그림 1-21

**17** Control Spline의 기능을 활용하여 눈을 크게 뜨는 캐릭터의 동작을 작업해 보도록 한다.

**18** 먼저 XSI에서 Get 〉 Primitive 〉 Model 〉 Face man을 꺼내서 얼굴 데이터를 꺼낸다. 그리고 눈 주위의 컨트롤로 지정할 위치의 Edge를 선택한다(그림 1-22).

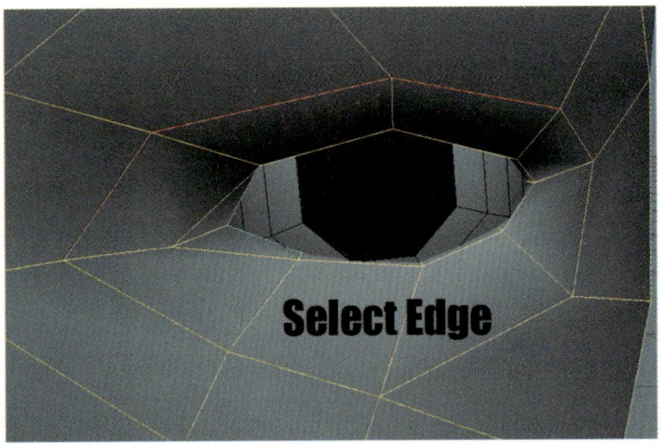


그림 1-22

**19** 선택된 Edge를 하나의 독립된 Curve로 뽑아낸다. 이때 사용하는 명령어는 Create 〉 Extract From Edge를 선택한다(그림 1-23).

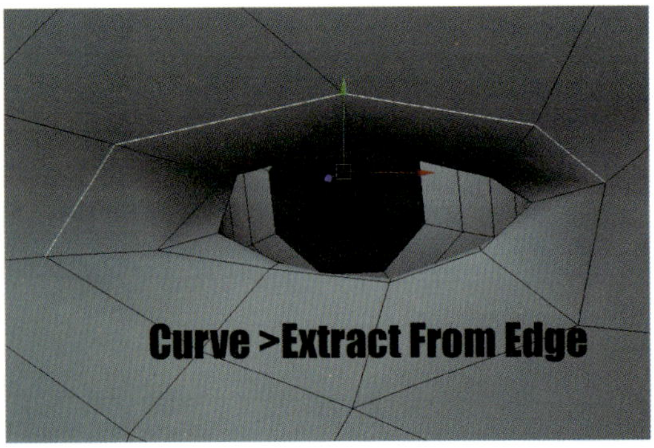


그림 1-23

**20** 뽑아낸 Curve의 속성을 이용하여 Spline Controller를 생성하도록 한다. Create 〉 Skeleton 〉 Create Control Splines 명령어를 선택한다(그림 1-24).

그림 1-24

**21** 생성된 Control Spline를 Face에 Envelope 시킨다. Face 오브젝트를 선택한 상태에서 Deform 〉 Envelope 〉 Set Envelope 명령어를 선택한다. 그리고 Pick icon이 뜨면 Explorer 창의 Envelope Group을 멀티 클릭한다(그림 1-25).

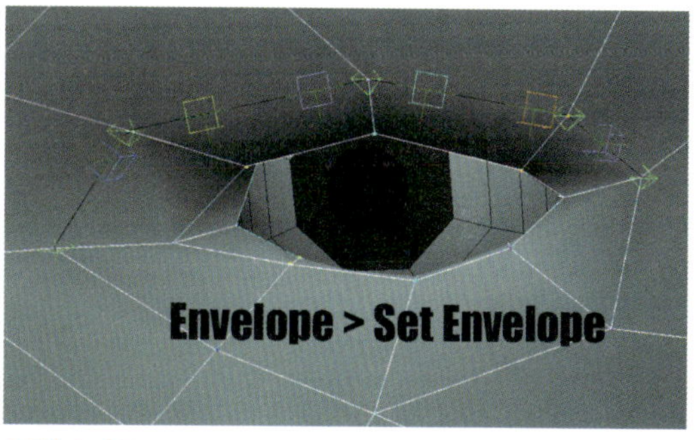

그림 1-25

**22** 이제 Control Spline의 위치 점을 이동하여 Face의 눈 부위에 대해 원하는 형태를 만들어 보도록 한다(그림 1-26).

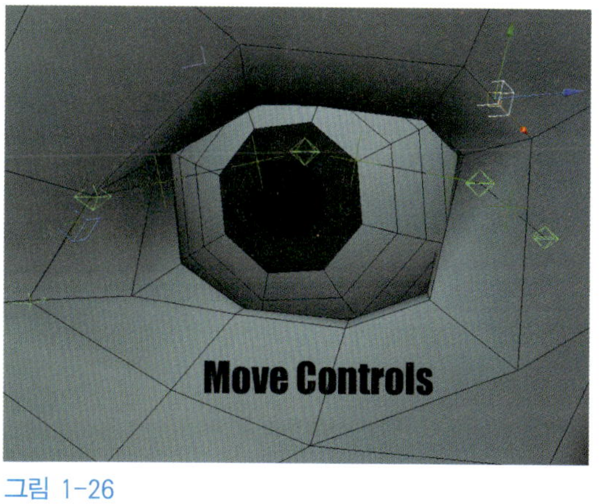

그림 1-26

## 1-5 XSI Skeleton IK & FK Blending

과거 FK(Forward Kinematics) Animation이 주를 이루던 시대가 있었다. 처음 캐릭터 애니메이션 제작에 Skeleton개념이 적용되고 Bone의 이동을 통해 캐릭터의 Component들이 변형이 되는 것을 보면서 애니메이션 역사의 새로운 기원을 이루었다고 평했을 정도다.

그러나 기술은 사용자들의 편리성과 작업 효율성에 준하여 지속적인 발전을 이루게 되었고 이는 앞으로도 계속 진행되어질 것으로 보인다.

과거 처음으로 Bone구조를 통해 애니메이션을 제작할 당시 Bone의 회전 값을 이용하여 Key 동작을 잡게 된다. 이렇게 Bone의 회전 값을 이용해서 Key를 잡는 방식을 FK방식이라고 한다. 시대가 변하고 유저의 요구가 다양해지면서 Bone자체를 컨트롤하면서 동시에 움직임이 가능해진 형태의 제작 방식이 나오게 된다. 즉 Effecter라고 하는 컨트롤러가 Bone의 Chain과 연동되면서 회전 값이 아닌 Effecter이 이동 값만으로 동작을 잡을 수 있게 되었다. 이는 일일이 Bone을 선택해서 회전 값으로 Key를 잡던 방식에서 보면 아주 획기적이고 효율적인 방식이 아닐 수 없었다. 이를 IK(Inverse Kinematics)방식이라고 한다. 과거 FK방식이 Bone 5개를 가진 Skeleton을 움직이려면 Bone 5개 모드 하나씩 회전 값을 주던 방식에서 IK방식으로 Effecter라고 하는 컨트롤의 한 번의 이동으로 5개의 Bone이 동시에 컨트롤되었으니 획기적인 방식의 전환이었다. 하지만 아직 이러한 IK방식의 애니메이션 제작 방식에도 많은 한계점과 아쉬움이 남는다. 그래서 실무제작자들은 Link나 Expression 등의 연결방식으로 다시 원하는 Setting을 하여 사용하거나 개발된 Plug in이나 Script를 활용하여 좀 더 좋은 결과를 위해 좀 더 효율적인 방식으로 제작하고자 노력을 한다. 그 방식 중의 하나로 IK방식과 FK방식을 혼합하여 서로가 가지고 있었던 단점을 보완하면서 작업을 하게 된다. 이러한 혼합 사용 방식도 처음에는 그렇게 잘 이루어지지 않았고 기술적 한계로 인해 두 방법이 서로 따로 사용되었던 적이 있었다. 하지만 기술의 발전으로 인해 이제는 이러한 두 개의 방식이 자유롭게 혼합 사용된다.

그럼 이러한 혼합방식을 할 수 있도록 Setting할 수 있어야 사용이 가능하기 때문에 Skeleton Option에서 어떻게 컨트롤하는지를 살펴보도록 한다.

1 먼저 Bone 두 개를 가진 Skeleton구조를 만든다.

2 그리고 Effecter에 적절한 Frame의 Key 값을 주어 IK Animation을 만든다(그림 1-27).

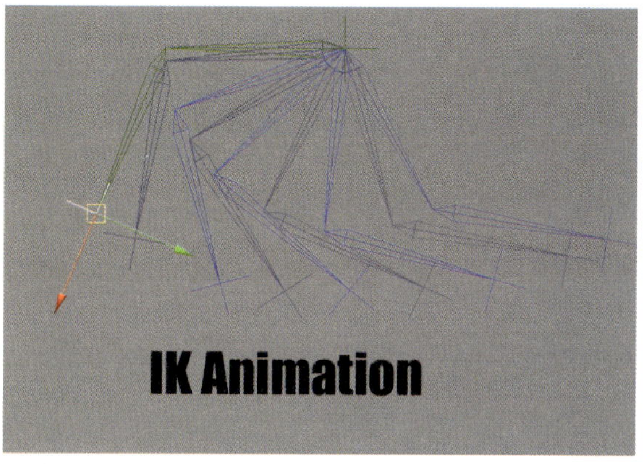


그림 1-27

3 그 다음 첫 번째 Bone이 속성 창을 열고 (선택 후 Enter) Kinematic Chain option에서 FK / IK Blene의 기본 값으로 정해진 “1”을 Parameter를 옮겨 “0”으로 만든다(그림 1-28).

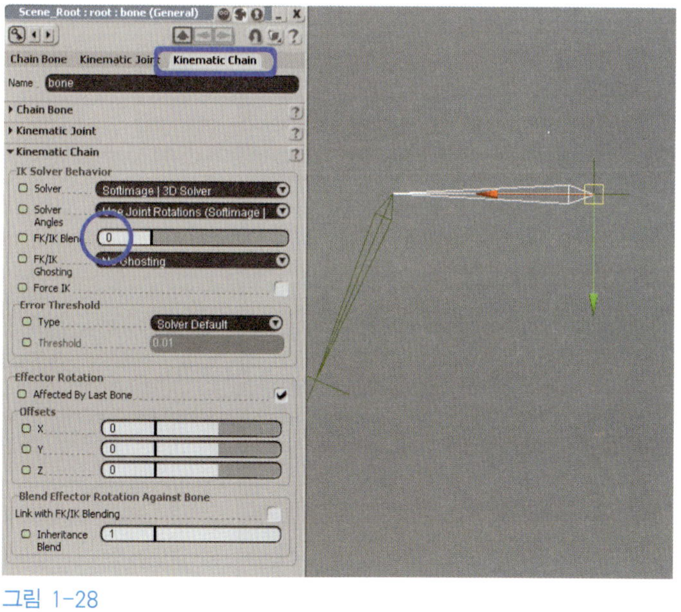


그림 1-28

**4** 그 결과 Bone을 선택해서 Rotation key animation 제작이 가능해진다. 역시 IK Animation과 구분되는 동작을 FK형식으로 만든다(그림 1-29).

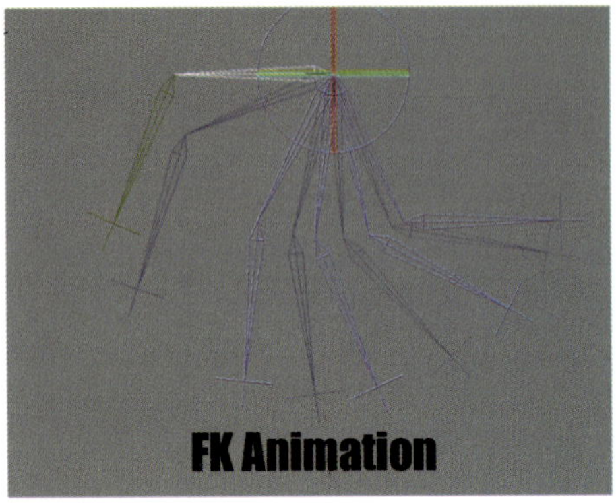


그림 1-29

**5** 자 이제 동일한 Skeleton 구조에 들어 있는 IK Animation과 FK Animation을 비교해 보도록 한다. 우선 작업 모드 선택 창에서 Skeleton FK / IK Ghosting option을 선택한다. 그리고 Kinematic Chain option에서 FK / IK Ghosting option에서 Ghost Chain을 선택한다. 그리고 Play를 하면 작업 창에 두 개의 다른 Key Animation이 보인다. 그 중 하나는 IK Animation이고 다른 하나는 FK Animation이다(그림 1-30).

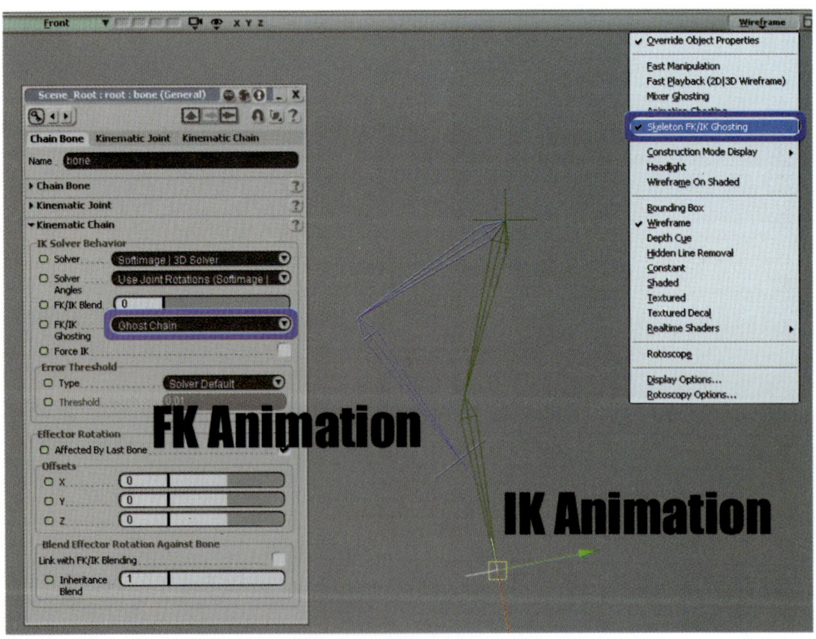


그림 1-30

**6** 이때 Kinematic Chain option에서 FK / IK Blend의 parameter 수치를 조절하게 되면 FK / IK animation이 서로 Blend되어 새로운 형태의 animation이 나타난다(그림 1-31).

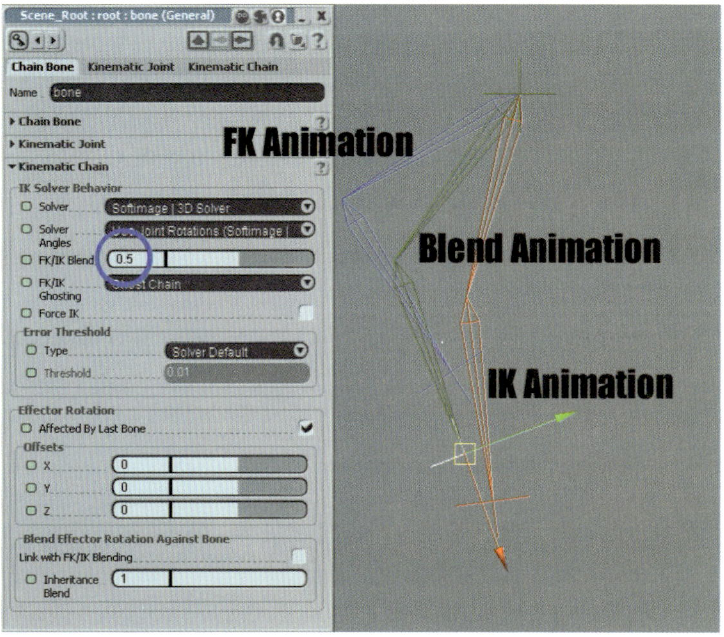


그림 1-31

**7** 위와 같은 방식으로 Blend의 Parameter 수치를 조절하면서 FK / IK animation을 서로 유효적절하게 Blend해서 작업을 하면 보다 자연스러운 동작에 접근하기 편리해진다.

이상으로 XSI의 Skeleton 구조를 제작하는 기능을 이용하여 몇 가지 Skeleton구조를 만들어 보았다. 향후 이러한 기능들을 이용하여 보다 섬세하고 효율적인 Skeleton 구조를 활용해 보도록 하자.

# 제2장 Skeleton set up (Human Body)

## 2-1 Human Character Skeleton 제작-XSI모델링 데이터 불러오기

먼저 인체 캐릭터에 맞는 뼈대구조를 제작하기 위해서는 뼈대구조를 만들고자 하는 인체 모델링 데이터가 있어야 한다. 그래야 그 인체 모델링에 맞는 뼈대구조를 만들 수 있기 때문이다. 뼈대구조를 먼저 만들어서 나중에 모델링 데이터에게 적용을 해 줄 수는 있지만 이 경우에는 모델링의 형태나 구조, 크기에 따라 다시 한 번 뼈대구조를 수정해 줘야 하는 번거로움이 있을 수 있기 때문이다. 여기서는 누구나 쉽게 따라 할 수 있도록 가장 Basic한 모델링 데이터를 사용하도록 한다.

Get 〉 Primitive 〉 Model 〉 Body-Man을 클릭하여 Low Polygon형태의 인체 모델링 데이터를 꺼내도록 한다. 생성되어진 모델링 데이터를 [Ctrl+A]를 클릭하여 4개의 View port에 정확한 비율로 정렬을 하도록 한다(그림 2-1).

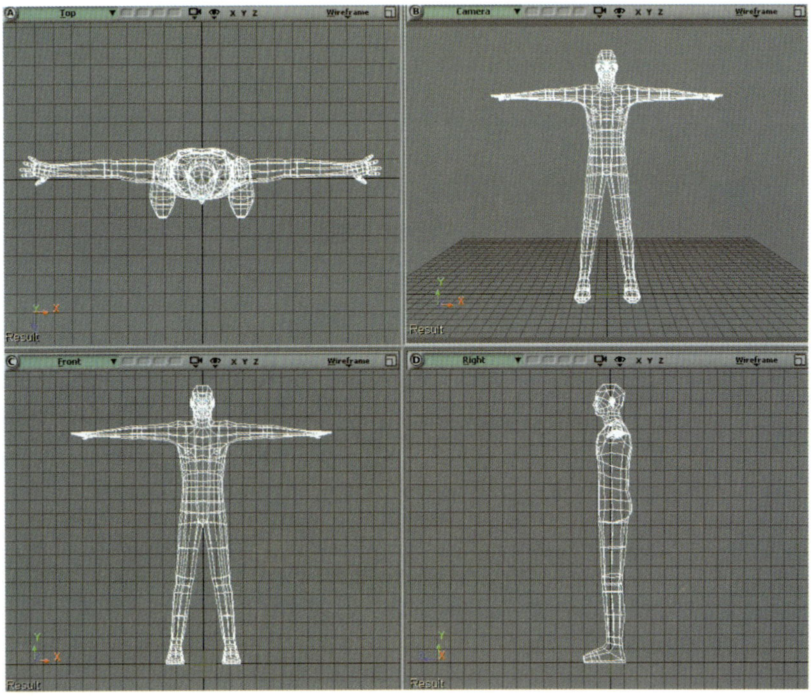

그림 2-1

인체구조의 Skeleton의 구조는 제작하는 사람마다 차이가 있겠지만 일반적으로 다리와 발을 포함한 하체를 먼저 만들고 골반, Hip, 척추, 팔, 손, 목, 얼굴 등의 구조를 가진 상체구조를 만들어 준다. 그리고 인체구조의 Skeleton 구조는 특별한 법칙이나 이론이 정립되어 있지 않기 때문에 제작자의 실전 경험에 가장 큰 바탕이 되는 경우가 많다. 그리고 동일한 캐릭터라 하더라도 그 캐릭터의 움직이는 정도에 따라 적용하는 그 방법 또한 천차만별로 다를 수 있기 때문에 특별하게 이것이 정답이다라고 할 수는 없다. 다만 가장 기본적인 형태, 즉 실제 인체의 구조와 가장 유사한 구조는 여타 다른 3D제작 툴과 비교해도 이제는 어느 정도의 공통적인 부분이 있을 정도로 일반화되었다. 우리는 XSI에서 그 일반화되고, 정형화된 인체구조를 만들어 봄으로써 Skeleton에 대한 이해와 XSI의 여러 기능에 대해 동시에 알아볼 수 있도록 한다.

## 2-2 Human Character Skeleton 제작 – 모델링 데이터 Unselect

먼저 뼈대구조를 만들 때는 이미 제작된 모델링 데이터를 사용하는 경우가 일반적이므로 Skeleton 작업시 모델링 데이터의 변형이나 선택은 필요가 없다. 이 경우 모델링 데이터를 참고 데이터로만 사용하기 때문에 선택되지 않고 다만 작업 창에 나타나 보이도록 설정해 줄 필요가 있다. 이때 사용해 줄 수 있는 기능이 크게 두 가지 정도인데 하나는 모델링 데이터 자체의 속성에서 Select mode를 비활성화시키거나 인체모델링 데이터를 하나의 Layer로 만들어서 그 Layer의 Select mode를 비활성화시키면 된다.

**1** 먼저 데이터 자체의 속성에서 Select mode를 비활성화시키는 방법에 대해 알아보기로 하자. 오브젝트(인체 모델링 데이터)를 선택하고 단축키 "Explorer 창[8]"을 클릭한다. Explorer 창은 데이터 속성 창으로 작업 Scene내에 속해 있는 모든 데이터의 정보를 볼 수 있는 창이다. 이때 선택된 오브젝트 정보만을 보고자 할 경우에는 마우스를 Explorer 창 위에 올려 놓고 단축키 "E(Selection)" mode를 눌러서 모델링 데이터의 정보만 보이게 한다(그림 2-2).

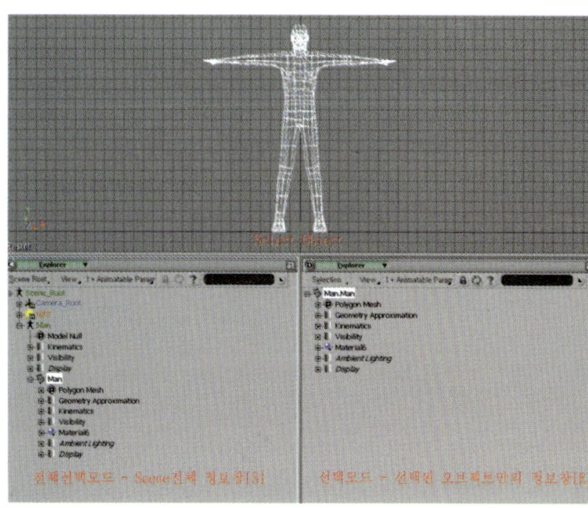

그림 2-2

[E](Selection) 모드에서 Visibility모드를 더블클릭하거나, Visibility 모드 앞에 있는 Gradient Icon을 클릭해서 Visibility모드 속성 창을 연다(그림 2-3).

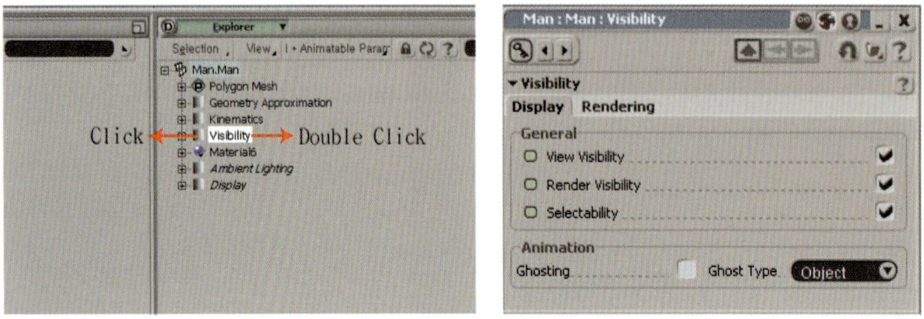


그림 2-3

Selectability Option의 체크를 클릭해서 해제모드로 전환시킨다(그림 2-4).

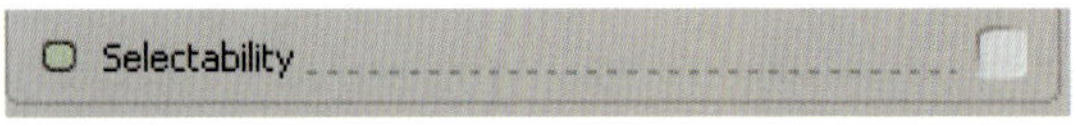


그림 2-4

선택모드를 비활성화시킨 후 모델링 오브젝트를 클릭하면 선택되지 않는다. 이 경우 오브젝트 모델링 작업 외에 다른 작업을 하기가 훨씬 용이해진다.

**2** 이 방법 외에 선택 모드를 해제시키는 방법으로 Layer 창을 이용하는 방법이 있다.

키보드 단축키[6]를 클릭하거나 다음과 같이 작업 모드 자체를 전환하여 작업을 할 수도 있다(그림 2-5).

그림 2-5

여기서 Layers 명령어를 클릭하면 Pop up 창이 뜨는데 New Layers를 클릭하여 새로운 이름을 입력하여 "Skeleton Layer"라는 새로운 Layer를 만든다(그림 2-6).

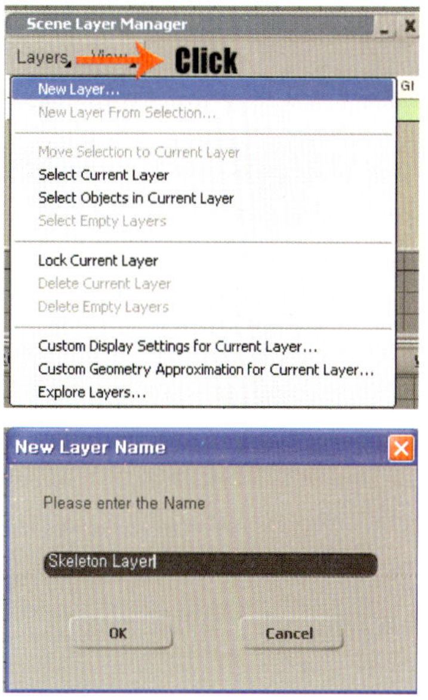


그림 2-6

**3** 기존에 있던 Layer의 이름은 Human Modeling Layer로 변환시켜준다. (Layer의 Name 창을 클릭하면 커서가 Text입력 모드로 전환된다. 그러면 지금 작업하고자 하는 Scene은 Skeleton Layer와 Human Modeling Layer의 총 2개의 Layer로 작업이 진행된다. 이제 마지막으로 모델링 데이터를 정확하게 해당 Layer로 옮기는 작업만 남았다.

**4** 먼저 Human Modeling을 선택하고 Human Modeling Layer에 마우스를 위치시킨 후 마우스 오른쪽을 클릭한다. 이때 생성되는 명령어 중에서 Move Selected Objects to Layer명령어를 클릭한다(그림 2-7).

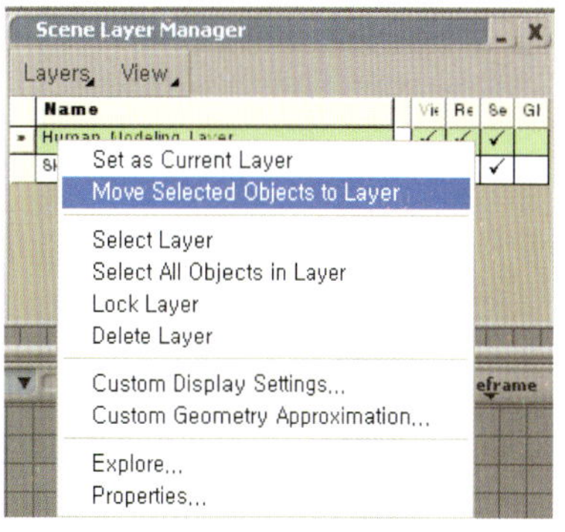


그림 2-7

**5** 위의 명령어를 실행하게 되면 Human Modeling Layer에 선택된 오브젝트인 Man Modeling데이터가 포함된다. 여기서 오른쪽 Option 창에 있는 항목 중 "Se(Select의 약자)"라고 체크된 항목을 클릭하여 비활성화시키면 된다. 그 결과 역시 작업 창에서는 Man Object는 절대 선택되지 않게 된다. 그리고 이제부터 작업하게 될 Skeleton 작업은 그 다음 Layer인 Skeleton Layer 작업 창으로 이동시킨 후(마우스 클릭) 작업을 하면 된다.

## 2-3 Human Character Skeleton 제작 – 하체구조 만들기

### 2-3-1 Leg구조 만들기

Right View에서 작업을 하도록 한다. 그 이유는 직립보행이나 4족 보행을 하는 동물들의 다리는 일정한 방향으로 각도를 가지고 있어 방향성을 결정하기 원활하게 이루어진 Bending형태의 구조이다(그림 2-8).

그러므로 실제와 동일한 구조를 가진 캐릭터 애니메이션을 위해서는 동일한 Skeleton구조를 제작해야 한다. 먼저 Skeleton 〉 2D Chain을 클릭하여 Skeleton 생성모드로 전환한 다음 Bone 2개를 가진 Leg Bone을 생성시킨다(그림 2-9).

모델링의 형태와 다르게 그렸을 경우 또는 보다 정확하게 Bone의 위치를 수정해주고자 할 경우에는 앞에서 배운 Ctrl + J(Move Joint / Branch) 기능을 활용하도록 한다. 새로 생성된 Root구조의 이름을 처음부터 확실하게 변경을 해 주어야만 제작자 본인의 관리는 물론 다른 작업자에게 데이터를 넘겨줄 때도 제작자 자체적으로 좋은 평가를 받는 요소가 됨을 간과하지 말아야 한다. 그러므로 작업 초기 입문시기부터 Scene관리 잘하는 방법을 몸에 익숙할 정도로 습관화시키지 않으면 후일 큰 곤경에 처하게 될지도 모른다. 앞으로 만들어질 Bone구조의 수가 많은 만큼 처음부터 철저히 올바른 이름을 지정해 주고 가도록 한다.

이름을 생성시키는 방법은 크게 두 가지가 있는데 오브젝트의 속성 창에서 변경시켜주거나 Explorer 창 내에서 변경을 시켜주면 된다.

먼저 1) 생성된 뼈대구조의 Root를 클릭하여 Enter를 치게 되면 선택된 오브젝트의 속성 창에 나타난다. 이때 Name의 이름을 “Left Leg Root”라고 변경해 준다. 또 다른 방법으로는 2) Explorer 창(단축키 : [8])을 열고 Root를 선택한 다음 마우스 오른쪽 클릭으로 Rename을 클릭하거나, 3) 단축키[F2]를 클릭하면 이름을 바꿀 수 있는 모드로 전환된다. 앞으로 생성되는 Bone의 이름을 변경할 때는 1), 2), 3) 중 어떠한 방법을 선택해도 상관없을 듯하다.

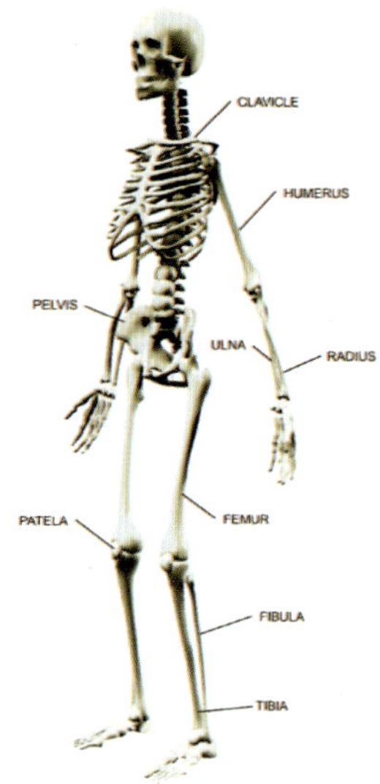

그림 2-8

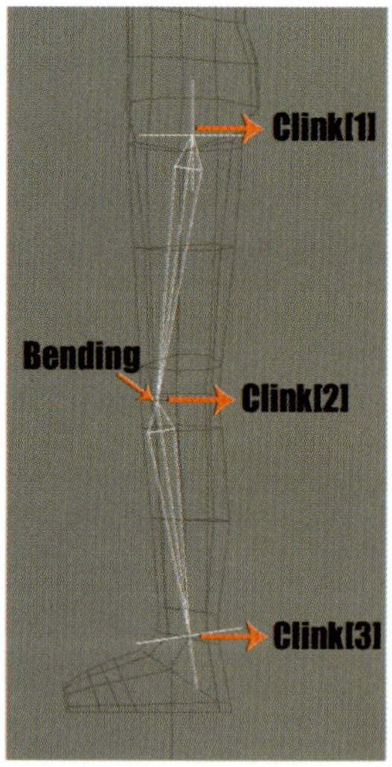

그림 2-9

## 2-3-2 Foot구조 만들기

그림 2-10

Foot은 통상 발등과 발가락을 통합한다. 즉 발목으로부터 발등 발가락을 연결하는 Bone구조이다(그림 2-10).

Foot구조를 만들 때 만약 Leg구조를 만들고 난 뒤 Skeleton생성 모드에서 바로 Foot구조를 만들고자 할 경우 Skeleton생성 모드에서 마우스 가운데 버튼을 클릭하면 진행되던 생성 모드는 유지되면서 또 다른 Skeleton구조를 그릴 수 있다.

완전히 Skeleton생성 모드에서 나가고자 할 경우는 마우스 세 번째 버튼을 클릭하면 된다. 두 개의 Bone구조를 가진 Foot구조를 만들고 난 뒤 위의 Leg구조를 만들 때와 같이 이름을 Left Foot Root로 바꾸어 주도록 한다.

## 2-3-3 Leg와 Foot의 Matching 작업

여기서 Leg Effect와 Foot의 Root의 위치 값을 일치시켜야 한다. 이는 일단 구조적으로 Match를 시켜야만 애니메이션을 할 때 원하는 동작대로 컨트롤이 가능하고 향후 Bone과 Point 사이의 Weight 수정을 할 경우에도 좀 더 쉽게 수정 작업을 할 수 있기 때문이다. 앞으로 생성되는 이와 같은 관절부위는 반드시 Match 작업을 해준다.

1 Match 작업은 먼저 이동시킬 오브젝트, 즉 Foot의 Root를 선택하고 오른쪽 중간에 위치한 Transform 〉 Match Translation을 선택하고 Leg Root의 Effect를 클릭한다. 그 결과 Foot의 Root가 Leg의 Effect의 현재 위치에 정확하게 동일한 위치에 위치하게 된다(그림 2-11).

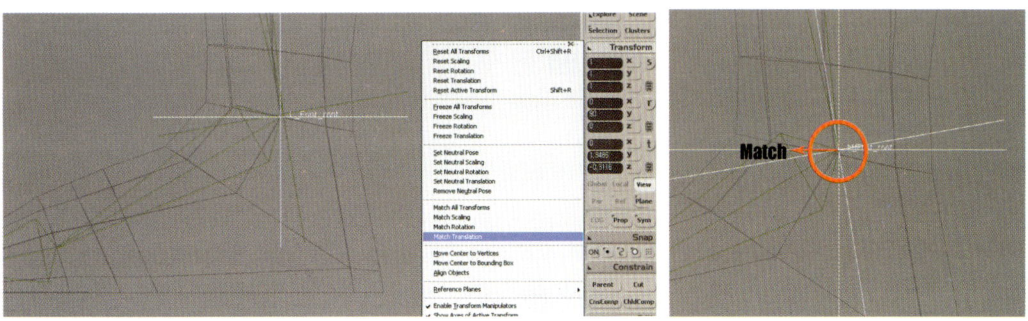


그림 2-11

**2** Leg와 Foot Skeleton구조 관계설정하기 : 통상 다리와 발은 동일한 구조로 연결해준다. 비록 발과 발가락은 다리와 상관없이 독립적으로 움직임이 가능하지만 다리와 연결되어 있기 때문에 그 한계점이 분명하고 결국 발은 다리의 구속에 따라 이동되는 구조이므로 결국 발의 구조를 다리의 구조에 어떻게든지 연결해서 동시에 구동되어지는 구조로 만들어 줘야 한다.

이때 그 목적과 방법에 따라 여러 가지 방법이 있을 수 있다. Link나 Expression 등의 수학적 함수관계를 설정해주는 방법도 있지만 아직까지 기본적인 수준에서는 Parent나 Constrain관계설정을 해 줄 수 있다. Parent나 Constrain관계 모드 각각 특징이 있는데 Parent경우 Child된 아래 구조의 속성이 어느 정도 유지가 되기 때문에 어느 정도 유동성이 존재하기 때문에 부드러운 구속이라고 한다면, Constrain관계구속은 Center를 기준으로 모든 속성이 귀속이 되는 완전한 구속이기 때문에 자유도가 많이 떨어지기 때문에 Parent에 의한 구속보다는 좀 더 딱딱한 구속방법이라 할 수 있다.

먼저 Parents관계구속부터 해보도록 한다. Parent관계설정 또한 여러 방법이 있다. 첫번째는 Explorer 창에서 Drag-in-Drop방법을 이용한다. 먼저 단축키[8]을 눌러 Explorer 창을 연다. 여기서 Left Foot Root를 마우스 클릭하여 선택을 한 다음 현재 선택모드상태(흰색 영역으로 표시)에서 마우스로 Left Leg Root의 Effect에 Drag-in-Drop한다(그림 2-12).

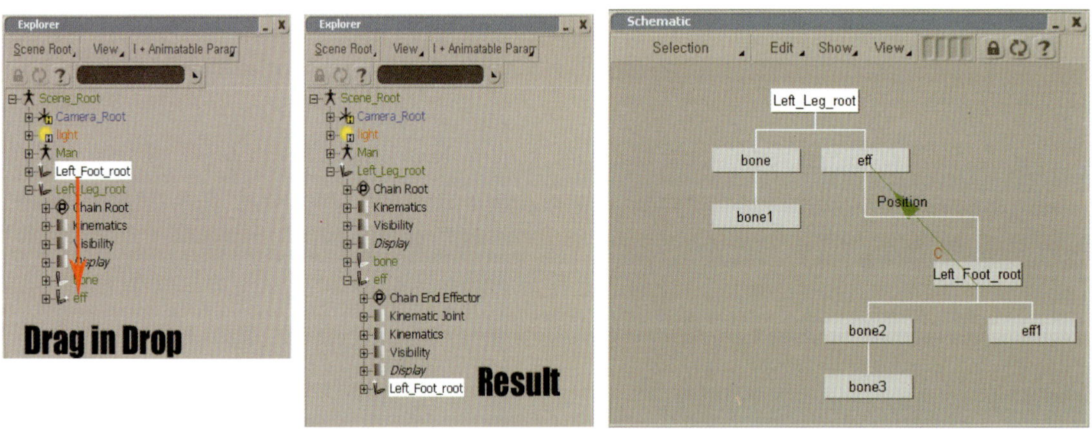


그림 2-12

또 다른 방법으로 접근해 보면 먼저 Left Leg Root의 Effect를 선택한 다음 오른쪽 메인 명령어 창 아래 부분을 보면 Parent라는 명령어를 클릭하고 Child시킬 오브젝트, 즉 Left Foot Root를 클릭하면 위의 Drag in Drop한 결과와 동일하게 나타나는 것을 볼 수 있다. 그 다음 Constrain관계로 두 오브젝트를 연결해 보도록 한다. 먼저 구속시킬 오브젝트 -여기서는 Left Foot Root-를 선택하고 Constrain 〉 Position(위치구속)을 클릭한 다음 구속 주체가 되는 오브젝트-여기서는 Left Leg Effect

－를 선택해 준다. 이때 생성되는 Constrain관계 속성 창은 기본 Default값으로 설정하고 닫아주도록 한다. 그 결과 Left Foot Root 이하 모든 구조는 Left Leg Effect에 위치구속을 당하고 있기 때문에 Left Leg Effect를 이동하게 되면 자동으로 Left Foot Root이하 모든 구조는 자동으로 따라오게 된다. 우리 인체에서 다리를 들어 올리게 되면 발도 자동으로 들어 올려지게 되는 원리와 동일한 구조를 갖게 되는 것이다(그림 2-13).

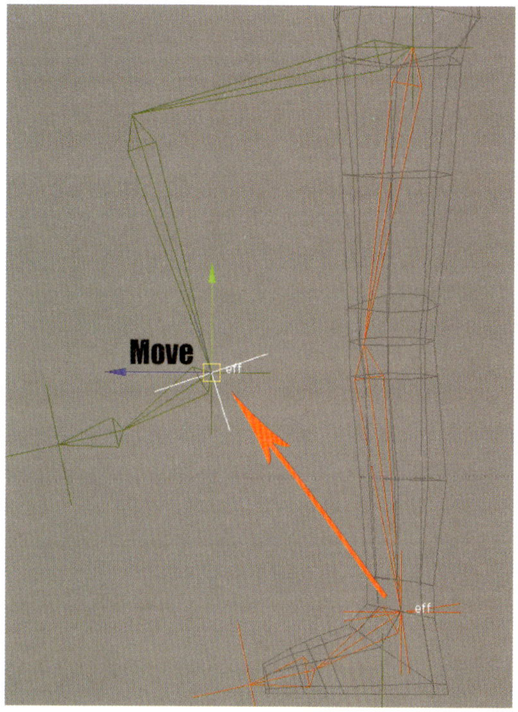

그림 2-13

## 2-3-4 대칭구조에서의 Right Leg구조 만들기

통상 3D구조는 대칭형구조의 작업형태가 많기 때문에 어느 툴이든 간에 대칭형 작업결과를 제작할 때는 편리한 기능들이 많다. 반쪽면만을 모델링을 한 다음 반대쪽은 이미 만들어 놓은 오브젝트를 Mirror 복사를 하여 Merge를 해 버리면 작업시간을 많이 단축할 수 있다. Skeleton구조 제작시에도 이러한 기능을 적용할 수 있다. 즉 위에서 Left Leg를 제작했다면 Right Leg 역시 방향만 반대일 뿐 속성과 구조는 동일하므로 이미 만들어진 Left Leg를 복사하여 사용하면 훨씬 빠르고 편리하게 제작할 수 있다. 이는 앞으로 만들 팔 구조에도 동일하게 사용된다. 이 기능을 사용하기 위해서는 먼저 Left Leg를 정확한 위치에 옮겨야 한다. 이 작업은 작업 화면의 Front view에서 진행한다. 먼저 Left Leg의 Root를 선택하여 X축 Transition(단축키 : V)으로 Leg가 시작할 위치에 옮겨 놓고 Rotation(단축키 : C)을 하여 정확한 위치에 놓는다(그림 2-14).

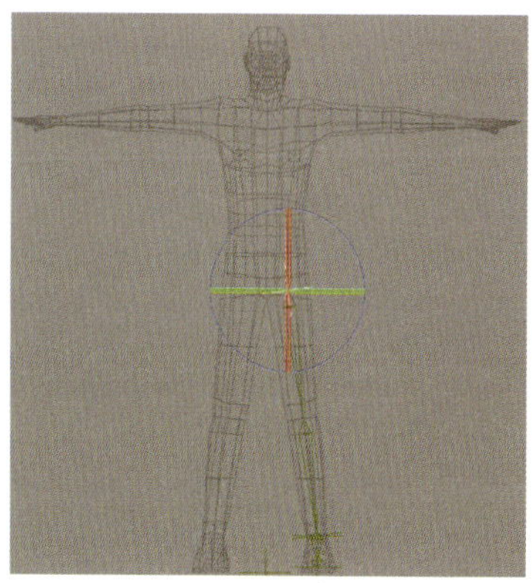
그림 2-14

일단 Left Leg를 정확한 위치로 이동한 뒤 반대편에 Right Leg를 만들도록 한다. 이때 대칭복사 기능을 사용하면 간단하고 간편하게 만들 수 있다. 먼저 Left Leg를 마우스 중간 버튼 클릭으로 전체 선택을 한다. 그리고 Create 〉 Skeleton 〉 Duplicate Symmetry를 클릭한다. 이때 명령 창에는 대칭 복사를 시킬 축을 설정하는 모드가 나온다. 기본 Default가 YZ Pane으로 설정되어 있기 때문에 우리가 대칭하고자 하는 방향과 일치한다. 그래서 기본 값으로 두고 OK를 클릭한다. 그 결과 정확하게 반대편 위치에 Skeleton구조와 일치한 오브젝트가 생성이 된다. 이 기능을 사용할 때의 주의점은 먼저 정확하게 대칭이 되는 지점에 오브젝트가 위치해 있어야 한다는 것이다. 부득이하게 기본 축을 벗어나 있을 경우 대칭복사를 하고 다시 위치 이동시켜 주어야 한다. 그리고 대칭복사를 할 대상이 Leg와 Foot의 구조처럼 멀티구조(Parent구조)를 가지고 있을 경우 반드시 멀티 선택(마우스 중간버튼 클릭)을 해 주어야 한다(그림 2-15).

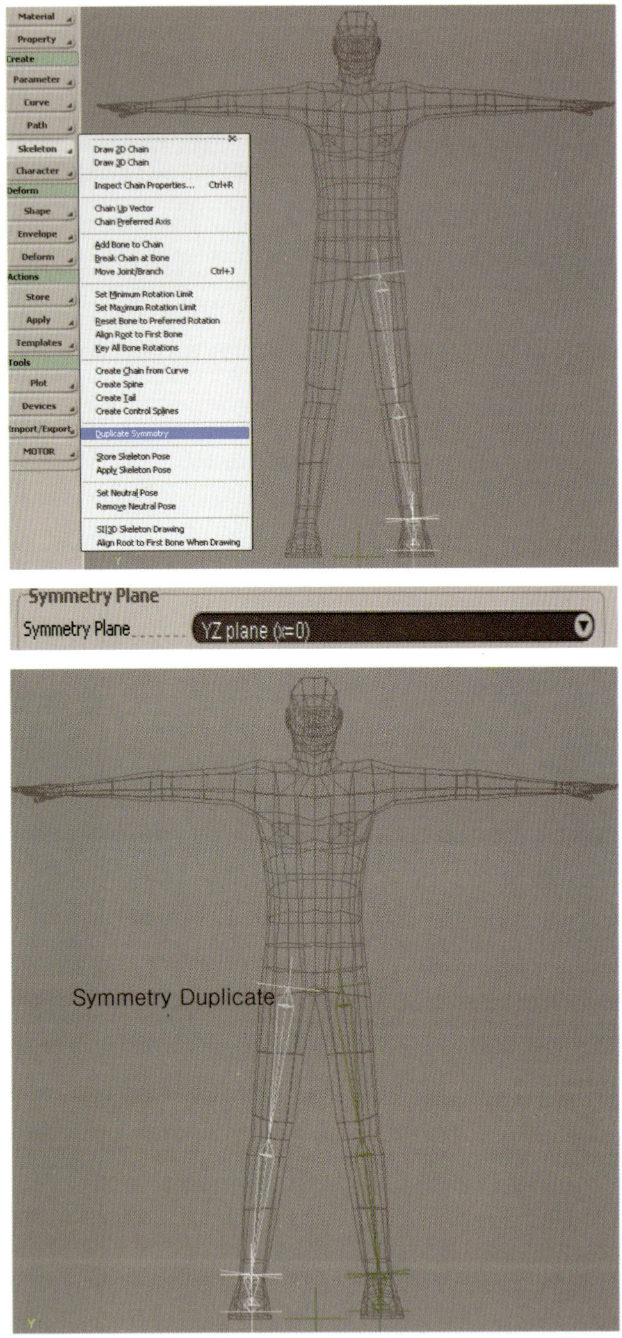

그림 2-15

## 2-3-5 복사된 Skeleton구조 Rename하기

XSI 특성상 동일한 이름이 반복될 경우 자동으로 이름 뒤에 아라비아 숫자가 붙음으로써 자동 구분을 해준다. 복사를 해서 생성된 오브젝트의 이름들은 원본데이터의 이름에 아라비아 숫자가 더해져서 나타나게 된다(예 Left Leg Root1, Left Leg Root2, Left Leg Root3….). 자 이제 그럼 반대쪽에 정확하게 생성된 Skeleton의 이름을 Right로 바꿔줘야 하는데 지금처럼 그 대상이 몇 개 되지 않은 상황에서는 문제 없이 일일이 이름을 바꿔주면 되지만 앞으로 계속 작업하겠지만 수 개~수십 개에 이르는 개체들을 일일이 이름을 바꿔줘야 한다면 그 시간을 계산해보면 답이 안 나온다. 이 경우 간단하게 한 번에 이름을 바꿔주는 기능이 있다.

그 기능을 사용하여 Left를 Right로 한 번에 수정해 보도록 한다. 먼저 그 기능을 하기 위해서는 (단축키 : Alt+5)을 눌러서 Net view를 따로 불러온다. 물론 작업 창에서 불러올 수도 있다. Net view는 웹으로 연결되는 통로이기도 하고 웹에서 지원하는 각종 자료(Plug in)나 Source 데이터들이 있어서 필요한 데이터를 업로드/다운로드하여 작업의 편이성에 도움을 주는 작업 창이다. 여기서 가운데 옵션에서 mcp & ui 명령 TAP을 클릭한다.

오른쪽 Scroll bar를 이용하여 아래로 내리다 보면 Rename라는 기능이 나타난다(그림 2-16).

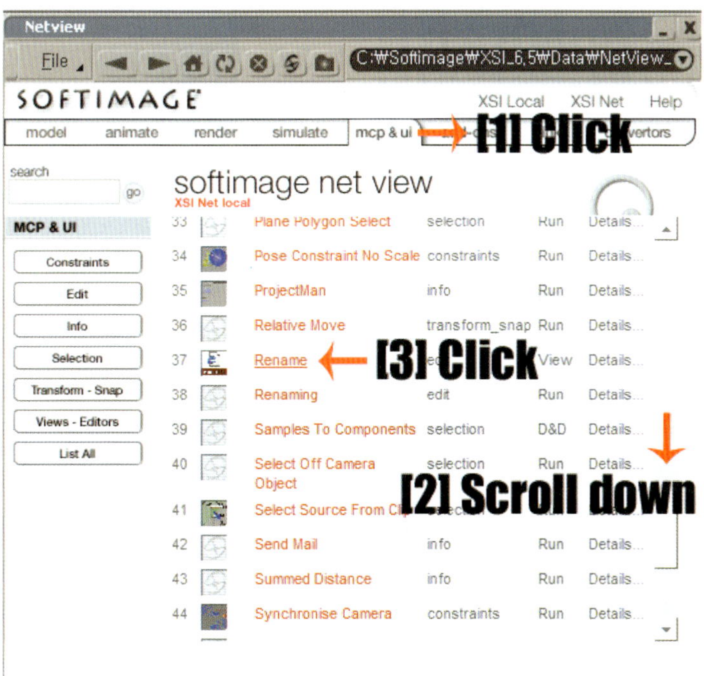


그림 2-16

이 기능을 사용하기 위해서는 먼저 이름을 변경해 줄 오브젝트를 멀티 선택해야 한다.

그리고 선택되어진 오브젝트의 이름을 원하는 이름으로 변경해주면 된다(그림 2-17).

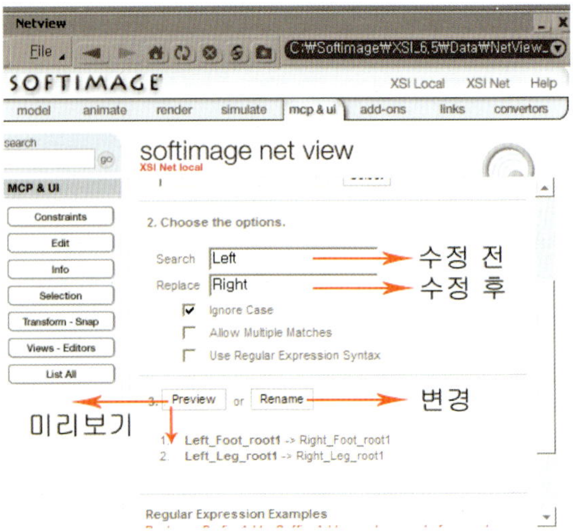

그림 2-17

위와 같은 방법을 이용하면 얼마든지 원하는 이름을 한 번의 수정으로 변경이 가능하다. 그리고 Right Foot Root1…으로 변경된 결과를 뒤에 붙어 있는 아라비아 숫자를 없애고 싶을 때 역시 수정 전의 숫자 "1"을 수정 후의 Blank(공란)으로 두면 된다(그림 2-18).

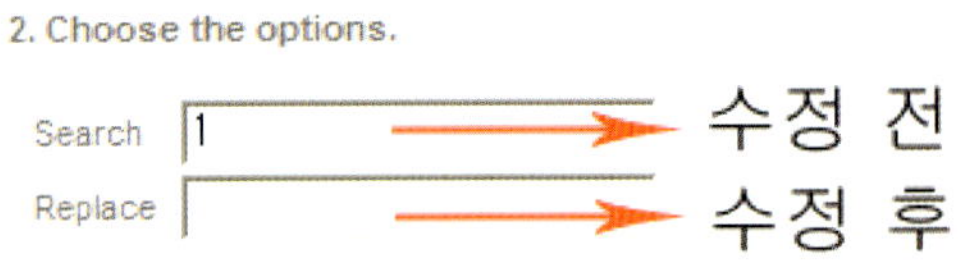

그림 2-18

## 2-3-6 Hip Bone 만들기

자 이제 Hip을 만들어 보자. Hip은 보통 하체와 상체 구조를 연결해주는 역할을 하며 아주 섬세한 동작을 표현할 때 사용하는 영역이라고 할 수 있다. 보통은 골반과 비슷한 역할을 수행하며 Hip의 구조나 관계설정 역시 캐릭터의 움직임이나 제작자의 의도에 따라 다양하게 제작될 수 있다. 간혹 Hip의 역할이 미비할 경우 생략하는 경우도 있다(그림 2-19).

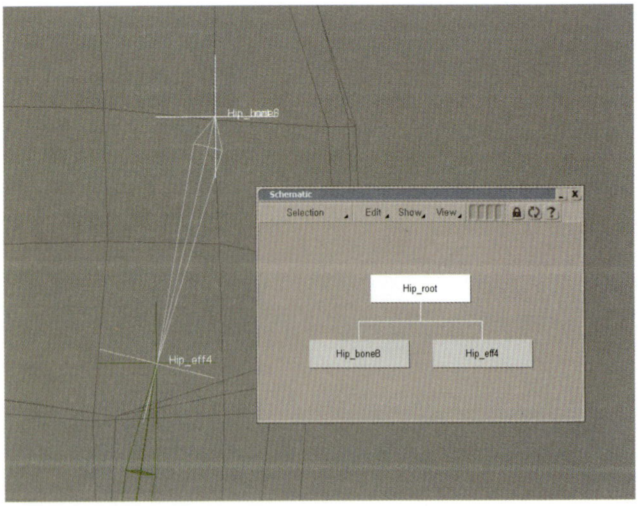

그림 2-19

# 2-4 Human Character Skeleton 제작 – 상체구조 만들기

## 2-4-1 Backbone 만들기

척추는 동물에게 있어서 힘의 분산과 집결, 힘의 방향과 흐름 등을 가늠해주는 중요한 역할을 하는 부분이다. 3D 애니메이션 제작에서 캐릭터의 움직임에 있어서도 척추를 통한 힘의 분산과 방향에 대해 아직도 많은 연구가 진행되고 체계화되고 있다. 이러한 연구 결과들을 바탕으로 실제 애니메이션 제작에 있어서도 많은 참고자료로 활용되기도 한다.

가장 일반적인 제작방법으로는 캐릭터의 움직임에 가장 적합한 구조를 찾는 것이다. 굳이 복잡하지 않아도 되는 동작이라면 가장 심플하게 뼈대구조기 제작이 되어져야 하고, 복잡하고 힘의 흐름이 아주 정교한 캐릭터의 동작 표현이 필요하다면 거기에 맞는 뼈대구조를 만들어야 한다. 실제로 동일한 캐릭터라도 Scene에서의 표현 정도에 따라 Bone Setting을 달리하기도 한다. 여기서는 가장 일반적이고 단순화한 작업을 기준으로 제작해보도록 한다.

먼저 척추의 방향을 찾아야 한다. 척추의 시작은 허리(Hip의 시작)에서부터이고 그 끝은 목뼈가 시작되는 부분까지이다. Bone의 개수는 동작의 허용범위에 따라 필요하다고 판단되어지는 만큼 만들어 주면 된다. 즉 가슴을 비롯한 배 부위까지 구부리거나 펴거나 회전시키는 범위가 정교할 때는 많은 Bone의 수를 만들어야 하지만 굳이 그렇지 않은 캐릭터의 동작에 대해 많은 Bone을 만들 필요는 없다. 왜냐하면 Bone이 많을수록 Weight 수정에 대한 시간과 노력이 많이 필요하기 때문이다(그림 2-20).

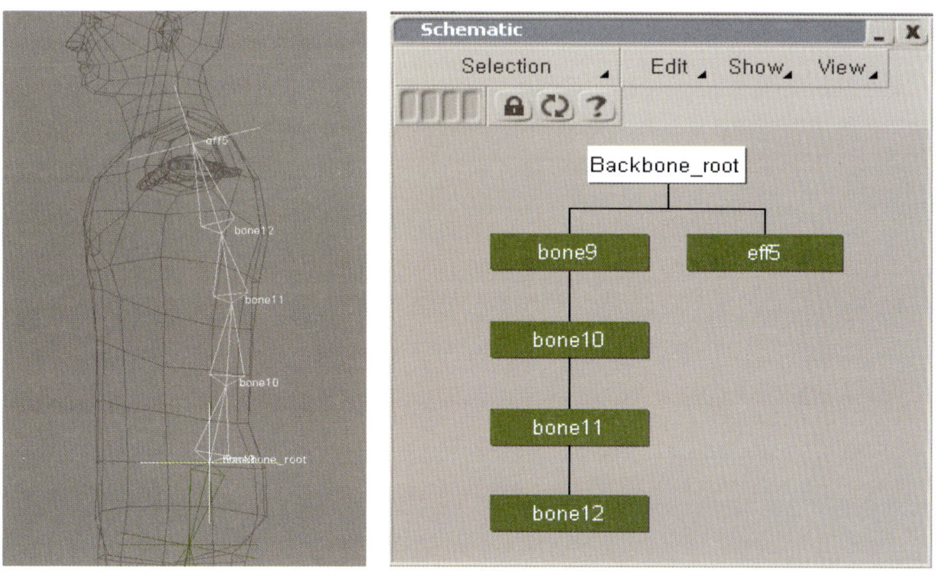


그림 2-20

## 2-4-2 Shoulder Bone 만들기

이제 상체 부분으로 이동하여 제작하도록 한다. 먼저 어깨부터 팔을 연결하고 손과 손가락을 제작해보도록 한다. 어깨는 쇄골부분을 포함하고 팔이 시작되는 부분까지 한 개의 Bone을 가진 구조로 만든다. 작업은 Front View에서 한다(그림 2-21).

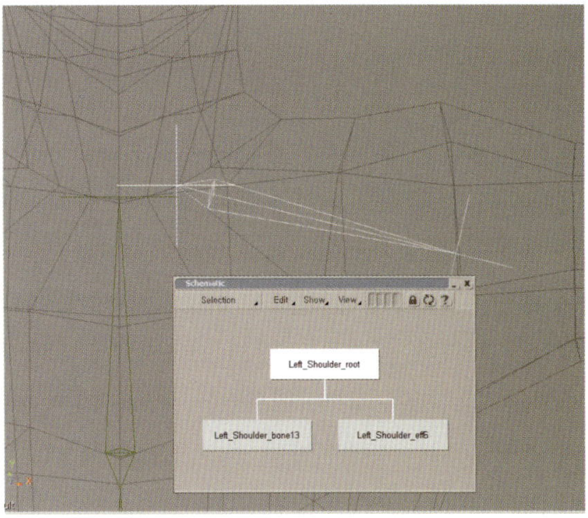

그림 2-21

## 2-4-3 Arm Bone 만들기

어깨로부터 이어지는 팔은 팔꿈치를 기준으로 2개의 Bone을 가진 구조로 이루어져 있다. 모델링의 팔의 형태(방향)에 따라 작업 창을 정해야 하는데 보통 모델링의 팔의 방향이 몸통을 기준으로 90도나 45도 방향으로 나있다. 그래서 일반적으로 팔은 Top View에서 작업을 한다(그림 2-22).

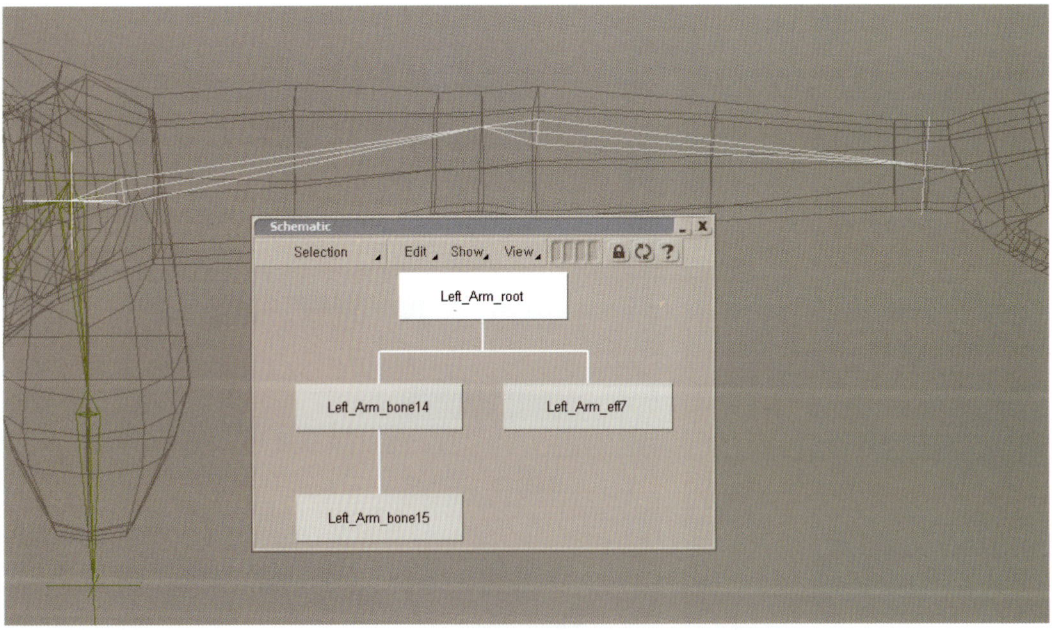

그림 2-22

단 주의할 점은 Skeleton은 항상 Center를 기준으로 제작되기 때문에 Top View에서 제작했을 경우 Front View에서 보게 되면 바닥면에 제작되어져 있음을 확인할 수 있다. 그래서 Match를 시켜서 어깨의 Effect에 정위치를 시키도록 해야 한다. Arm Root를 선택해서 Match Translation을 클릭하고 Shoulder Effect를 선택해주면 된다. 정위치로 이동된 Arm Bone의 위치가 모델링과 잘 매치되는지는 확인한다. 보통 모델링의 팔의 방향이 정 90도 아니라 다소 기울어져 있을 경우 Arm Effect를 이동하여 정확하게 위치시켜주도록 한다.

## 2-4-4 Hand Bone 만들기

Hand는 통상 한 개의 Bone구조를 기준으로 제작한다. 한 개의 Bone이기 때문에 제작 방향은 어느 작업 창에서 만드나 크게 문제될 것은 없다. 다만 Top View일 경우 위의 Arm과 같이 Grid Center에 만들어지기 때문에 위치 이동을 해야 한다. 사실 어느 작업 창에서 그리나 손의 위치가 Grid Center에 그려지지 않은 이상 한 번의 위치 값 수정은 반드시 해야 할 듯하다. 일단 만들어진 Hand Bone은 Arm Bone의 Effect에 Match를 시키도록 한다(그림 2-23).

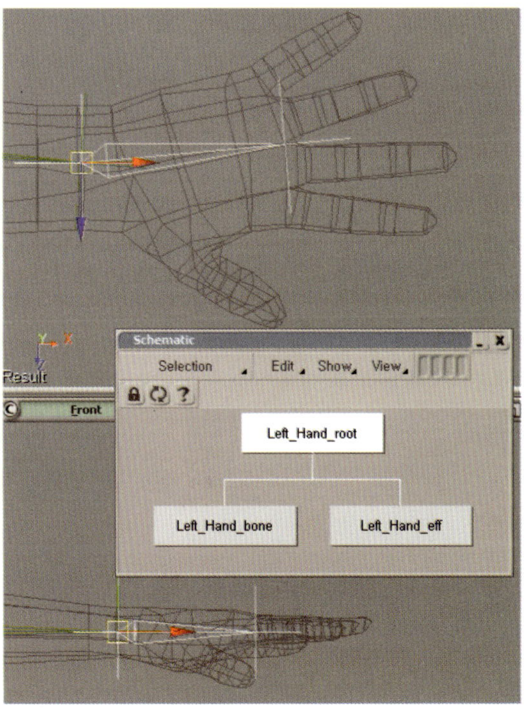


그림 2-23

## 2-4-5 Finger Bone 만들기

다음은 손가락 뼈대구조를 만들어 보도록 한다. 통상 손가락은 하나를 만들어서 복사한 후 수정해서 사용하면 간편하게 제작할 수 있다. 손가락은 마디가 3개인 구조로 되어 있기 때문에 그 구조에 맞게 작업을 하되 움직이는 방향이 엄지손가락을 제외하고는 모두 아래 방향으로 향하기 때문에 Front View에서 작업을 한다(그림 2-24).

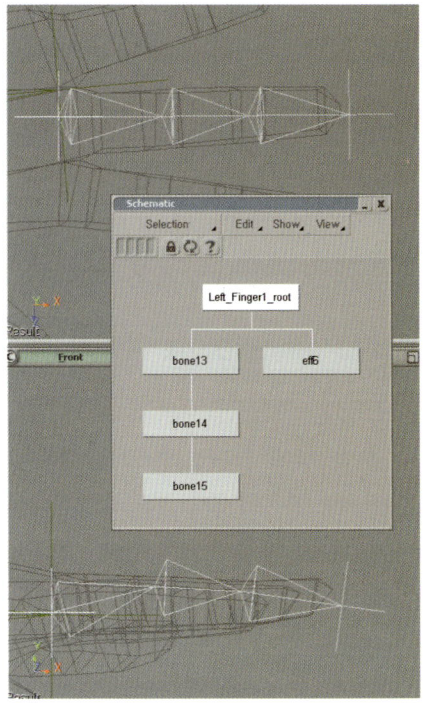


그림 2-24

다만 엄지손가락 같은 경우는 안쪽 방향으로 굽혀지는 각도가 크기 때문에 Top View에서 제작한 다음 회전 값을 이용하여 모델링의 모양과 일치하도록 하면 된다. 일단 기준이 되는 손가락 구조 하나를 만든 다음 복사/수정 과정을 거쳐보도록 한다(그림 2-25).

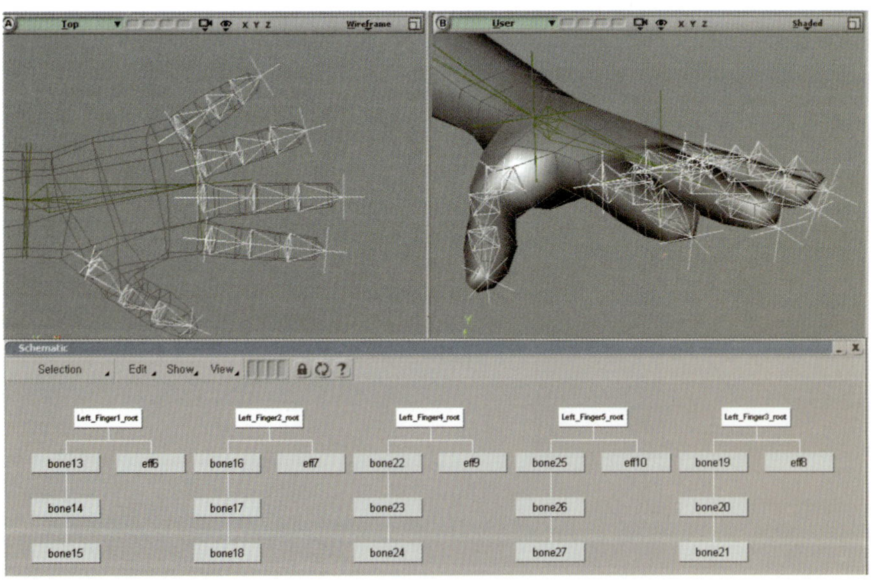


그림 2-25

## 2-4-6 Left Arm구조의 관계설정하기

일단 팔구조에 대해 필요한 뼈대구조를 제작한 다음 해야 할 사항은 이들 구조의 상관관계를 결정해주는 것이다. Leg구조에서 Foot구조와의 상관관계를 설정해 주었듯이 마찬가지로 Arm구조에 있어 각각의 요소들의 상관관계를 정의해 주어야 한다. 일단 전체적인 개념에 대한 설명을 먼저 하도록 하고 그 결과를 이미지로 참조하도록 한다.

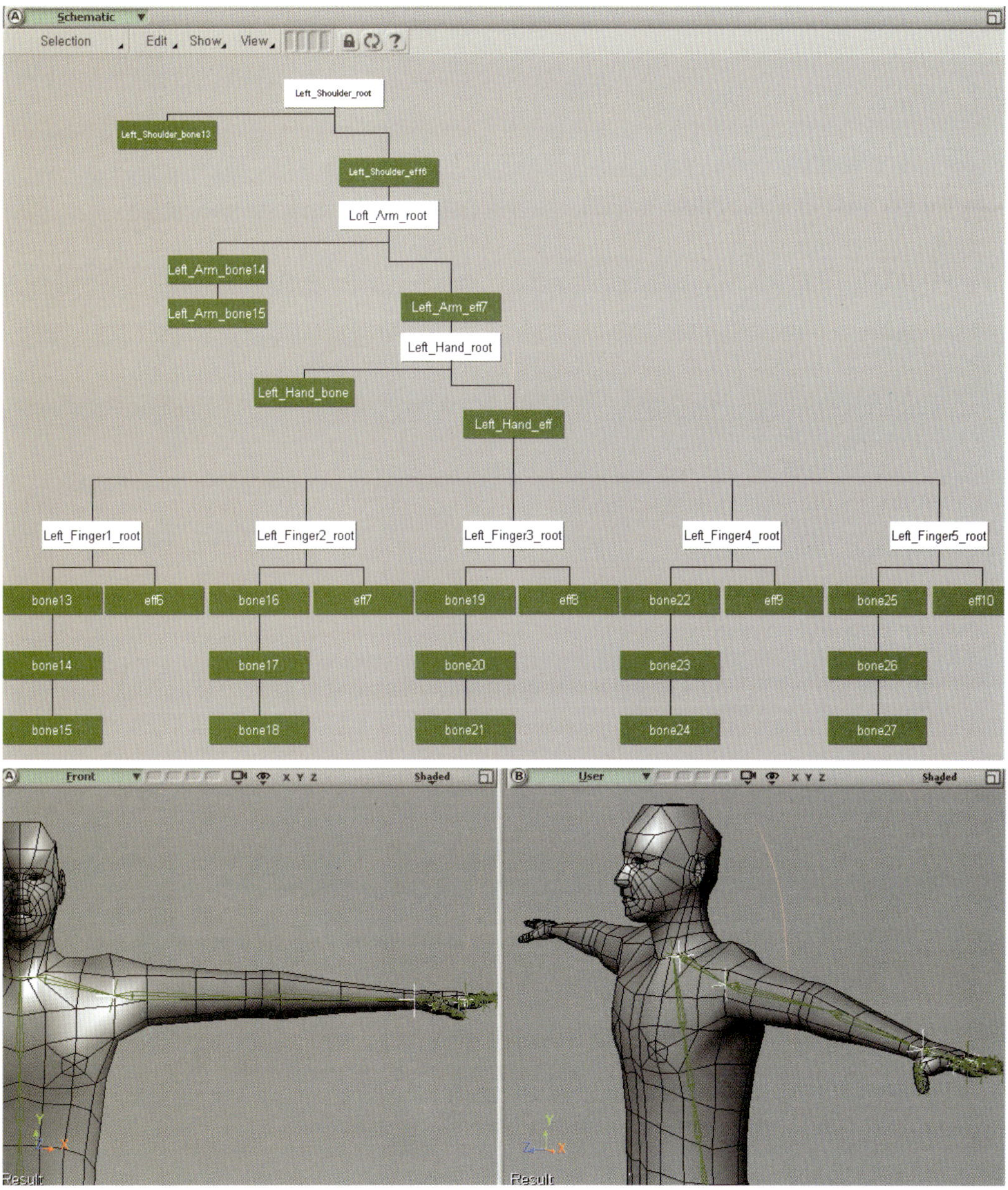


그림 2-26

가장 상위 개념은 Shoulder이고 그 다음이 Arm으로 그 아래 구조가 다시 Hand로 이어져서 마지막으로 Finger로 끝나게 된다. 즉 Shoulder 〉 Arm 〉 Hand 〉 Finger의 순서대로 Parent구조를 만들어 주도록 한다. 다시 정리를 해보면 Finger의 Root를 Hand의 Effect에 자식구조로 넣고, Hand의 Root를 Arm의 Effect의 자식구조로 다시 연결해주고 Arm의 Root를 Shoulder의 Effect에 자식구조로 연결시켜 주면 된다. 이때 연결되는 각각의 오브젝트들은 Match관계를 통해 정확하게 일치하는 위치에 고정시켜 줄 필요가 있다(그림 2-26).

## 2-4-7 대칭구조에서의 Right Arm 만들기

일단 Left Arm에 대한 구조를 모두 완성하였다면 Left Leg에서와 같이 적용한 대칭복사과정을 통해 Right Arm에 대한 구조를 만들도록 한다. 그리고 Net View를 통해 Rename과정도 반복하여 완성하도록 한다(그림 2-27).

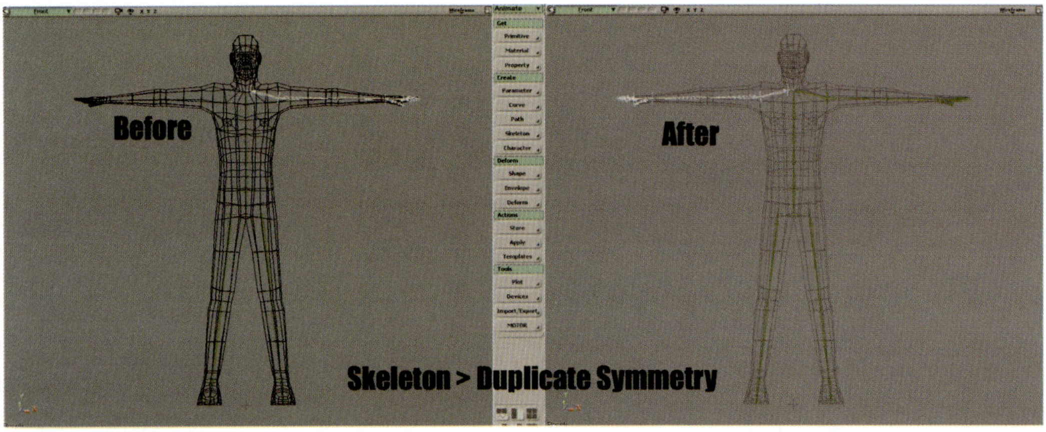


그림 2-27

## 2-4-8 Neck Bone구조 만들기

Neck Bone은 그 사용범위에 따라 매우 다양하게 만들 수 있다. Bone의 마디를 몇 개를 제작하느냐에 따라 캐릭터의 움직임을 컨트롤할 수 있는 자유도가 커지기 때문에 초기 기획단계에서부터 이 점을 잘 고려해서 작업을 해야 한다. 여기에서는 가장 기본적인 제작방법을 소개하고 있기 때문에 일단은 가장 간단하게 한 개의 Bone으로 제작하도록 한다.

Backbone이 끝나는 시점부터 머리를 관통하는 Bone을 하나 만든다. 인체구조상 목을 움직일 때 머리도 같이 움직이는 구조이기 때문이다(그림 2-28).

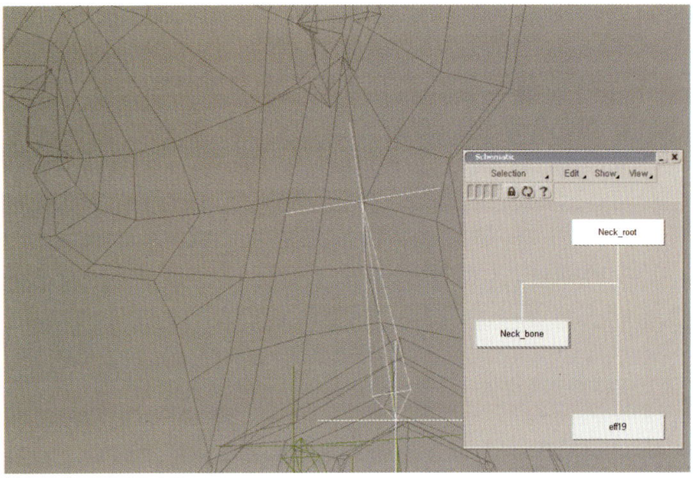


그림 2-28

## 2-4-9 Head Bone구조 만들기

Head bone구조는 캐릭터의 특징에 따라 다양한 형태로 제작할 수 있다. 간단하게 얼굴을 움직이고 회전할 정도로만 계획한다면 그 의도에 준해서 간략하게 제작할 수 있지만, Facial animation을 제작해야 하는 상황이라면 제작환경 자체가 달라진다.

얼굴의 표정 연기를 하기 위해 여러 Cluster(Component(Point, Edge, Polygon들의 집합체)를 생성시키고 그 Cluster를 컨트롤할 Bone들을 제작해서 표정을 살리기도 하지만 이제는 Shape manager라는 새로운 기능을 사용하기 때문에 훨씬 간편해지기도 했고, SOFTIMAGE | FACEROBOT이라는 새로운 기능 Tool이 나와서 훨씬 정교하고 편리하게 Facial animation을 제작할 수 있게 되었다. 따라서 얼굴을 컨트롤하는 Bone정도만 있어도 이제는 크게 무리가 없어 보인다(그림 2-29).

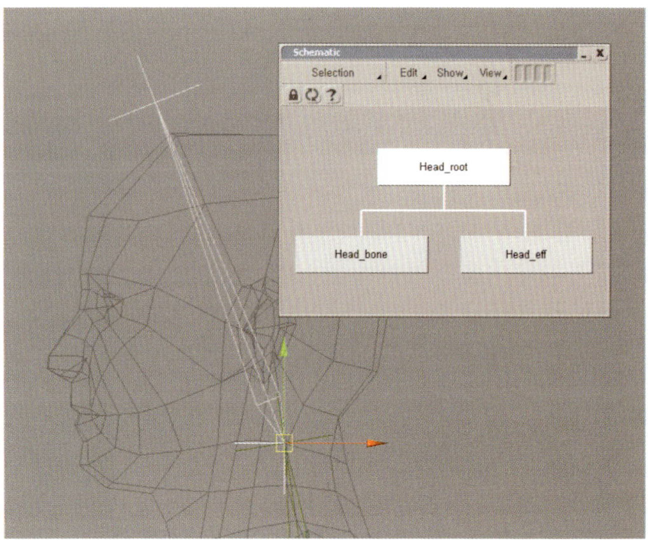


그림 2-29

## 2-4-10 상체구조 전체 관계설정하기

자 이제 마지막으로 상체구조 전체의 상관관계를 구속시켜 줌으로써 인체 캐릭터의 기본적인 Skeleton set up을 마치도록 한다. 척추를 기준으로 모든 것이 구속된다. Hip Root는 Backbone의 Root에 자식구조로 관계되고, Head Root는 Neck의 Effect에 구속된다. 최종적으로 양 팔과 목 구조는 척추의 Effect에 자식구조로 관계되어 진다.

위 내용을 순차적으로 정리해보면 1) Backbone 〉 Hip 2) Neck 〉 Head 3) Backbone 〉 양쪽 팔+Neck관계로 설정해주면 된다(그림 2-30).

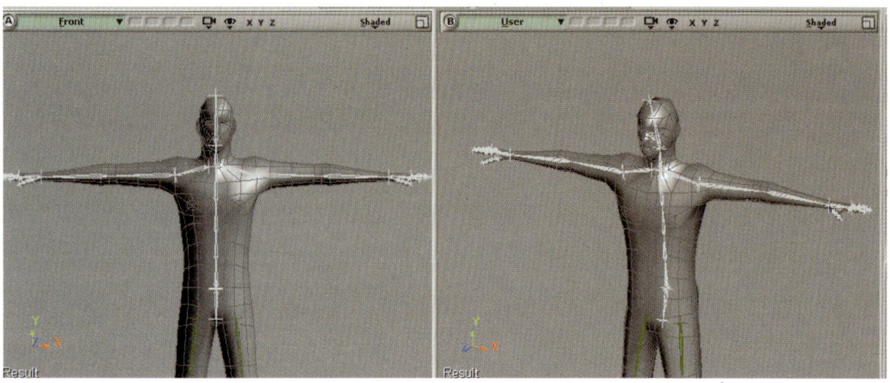

그림 2-30

Human Body 상체구조의 전체 Skeleton구조를 Schematic View로 보도록 한다(그림 2-31).

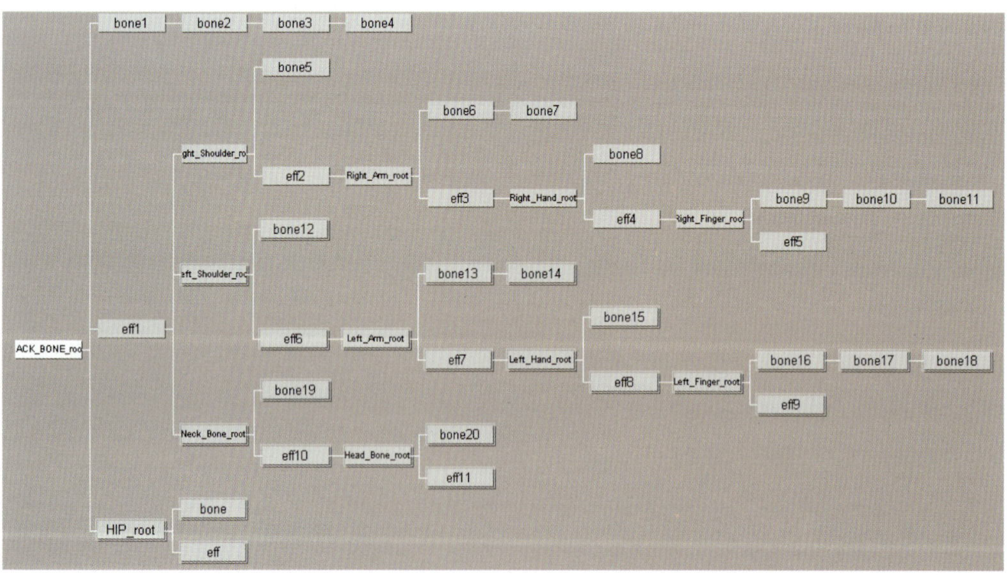

그림 2-31

# 제3장
# Rig구조 만들기

# 3-1 Basic Rig 제작 및 활용하기

## 3-1-1 Rig 개념

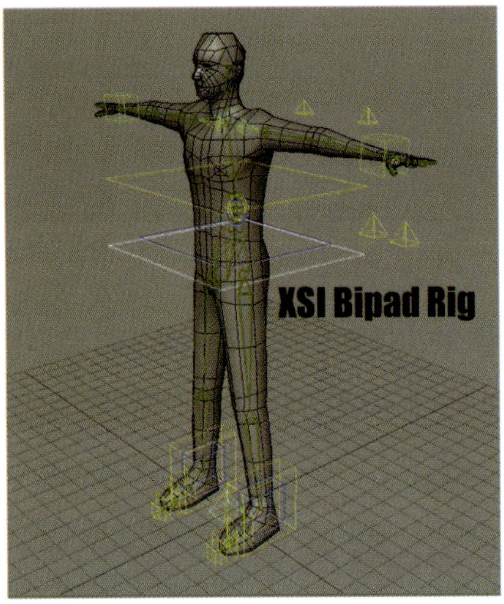


그림 3-1

Rig란 좁은 의미로 정의하자면 제작된 Skeleton구조를 보다 간편하고 효율적으로 컨트롤하기 위해 만들어내는 일종의 가상의 컨트롤러라 할 수 있고, 보다 넓은 의미로는 3D 상에서 움직이는 모든 오브젝트의 요소를 컨트롤 하는 시스템을 제작하여 동작 및 움직임 표현에 있어서 효율성을 증대시킴으로써 작업의 질적 향상에 기여하는 시스템이라 할 수 있다.

오늘도 많은 Animator들이 보다 효율적인 Rig system을 만들기 위해 노력하고 있고 그 동안 많은 시행착오와 정보교류를 통해 어느 정도 Rig라는 분야가 제작 Pipe Line에서 중요한 제작요소로 자리잡을 만큼 그 중요성이 증대되고 있다. 우리는 이번 장에서 Skeleton Rig의 가장 기본적인 개념을 이해하고 적용해 봄으로써 향후 좀 더 정교한 Rig 작업에 활용할 수 있는 기술을 배양하는 데 목적을 두도록 한다(그림 3-1).

## 3-1-2 하체구조 Rig 만들기

하체구조(다리와 발)를 컨트롤할 Rig구조를 제작해 보도록 한다. 3D상에서의 캐릭터 애니메이션은 Skeleton에 원하는 시간과 동작을 주면서 작업을 하게 되는데 이때 뼈대구조가 모델링 내부에 들어가 있는 상태에서 이를 하나하나 제어하기가 너무 곤란하고 어려운 일이다. 그래서 일단 쉽게 선택할 수 있고 쉽게 컨트롤할 수 있는 오브젝트를 꺼내도록 한다.

이때 주로 사용하는 컨트롤 오브젝트는 Implicit Object를 많이 사용한다. Implicit Object는 하나의 오브젝트로 선택/해제, Key 값이 들어가는 속성 외에 Material정보나 Rendering정보가 없는 일종의 가상의 데이터이기 때문에 Control Object로 많이 활용된다.

1 Animate 〉 Get 〉 Primitive 〉 Implicit 〉 Cube를 꺼내도록 한다. 꺼내진 Implicit Cube의 name을 Left Leg Controller라고 한다.

**2** Cube를 선택하고 Transform 〉 Match Translation 명령어를 클릭한 다음 Left Leg Effect를 클릭한다. 그 결과 Cube는 정확하게 왼쪽 발목에 위치하게 된다.

**3** Cube의 Scale값을 X축을 0.5로 줄인다.

**4** 그 다음 Constrain Tap에 있는 CnsComp를 클릭하여 활성화시킨다. CnsComp의 역할은 Constrain의 기능을 수행할 때 Center의 Match 작업 없이 두 Object의 현재 위치 값을 유지한 상태에서 구속관계가 형성되도록 하는 것이다. 구속의 대상 오브젝트나 피대상 오브젝트가 위치 이동이나 회전, 스케일 값을 가지고 있을 경우, 또는 원하는 지점에서 관계를 구속시키고자 할 경우 사용한다. Left Leg Effect를 선택하고 Constrain 〉 Pose을 클릭한 다음 Cube를 선택해준다. 일단 Position constrain에 내한 기본 속성 값을 그대로 둔다.

**5** 관계설정이 잘되었는지 확인하기 위해 Control Cube를 클릭한 다음 임의의 방향으로 이동/회전을 시켜본다. 이때 Left Leg가 Cube를 따라 동시에 움직이면 제대로 작업이 진행된 것이다. 이제부터는 이 Control Cube가 왼쪽 다리는 움직이는데 사용되어질 Rig가 되는 것이다(그림 3-2).

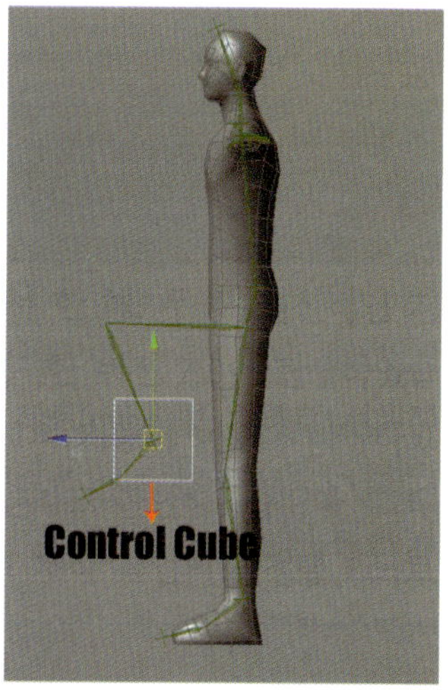

그림 3-2

**6** Undo [Crtl+Z]를 반복하여 Control Cube 이동 전의 상태로 복귀한다.

**7** 이번에는 발등 Control Cube를 만들어 보도록 한다. 먼저 발목 Control Cube를 복사[Ctrl+D]하여 Transform 〉 Match Translation 명령어를 실행한 다음 Left Foot의 두 번째 Bone을 선택한다. 그러면 새로 복사되어 생성된 Cube는 Left Foot의 Joint에 정확히 위치하게 된다.

**8** Cube가 선택된 상태에서 Enter를 클릭한 후 두 번째 Controller의 Name을 Left Foot Controller 라고 하고 Enter를 클릭한다.

**9** Constrain Tap에 있는 CnsComp이 계속 활성화되어 있는지 확인한다. 확인이 끝났으면 Left Foot의 두 번째 Bone을 선택하고 Constrain 〉 Pose을 클릭한 다음 Left Foot Controller Cube를 선택해준다. 일단 Position constrain에 대한 기본 속성 값을 그대로 둔다.

**10** Left Foot Controller Cube의 Y축과 Z축의 Scale을 X축과 동일하게 0.5로 맞추어 준다.

**11** Left Foot Controller Cube를 선택하고 위치 이동 및 회전 값을 주도록 한다. 이동 값과 회전 값에 의해 발등 부분의 위치나 회전 값이 변경되는지를 확인한다.

**12** 마지막으로 Left Foot Controller Cube를 선택하고 복사를 한 다음 Left Toe Controller Cube라고 이름을 수정해준 다음 Transform 〉 Match Translation을 지정해 주고 Left Foot의 Effect를 선택한다. 이번에는 역으로 Left Foot의 Effect를 선택한 다음 Constrain 〉 Position명령 클릭 후 Left Toe Controller Cube를 선택한다. 이는 발가락의 위치 값에 대한 Controller이다. 최종 Scale를 X, Y, Z축 각각 0.3으로 지정해 준다.

**13** 이제 Left Foot에 대한 기본적인 컨트롤러 제작이 끝났다. 다음 문제는 Controller들의 상관관계에 대한 구속이 없기 때문에 문제가 발생하게 된다. 따라서 이들 Controller들에 대해서도 관계설정을 해 주어야 하는데 먼저 Left Foot Controller Cube를 선택한 다음 Parent를 클릭한 후 Left Toe Controller Cube를 선택하여 자식구조로 구속시킨다. 그 다음 Left Leg Controller Cube를 선택한 다음 Parent를 클릭한 후 Left Toe Controller Cube를 선택하여 자식구조로 구속시킨다(그림 3-3).

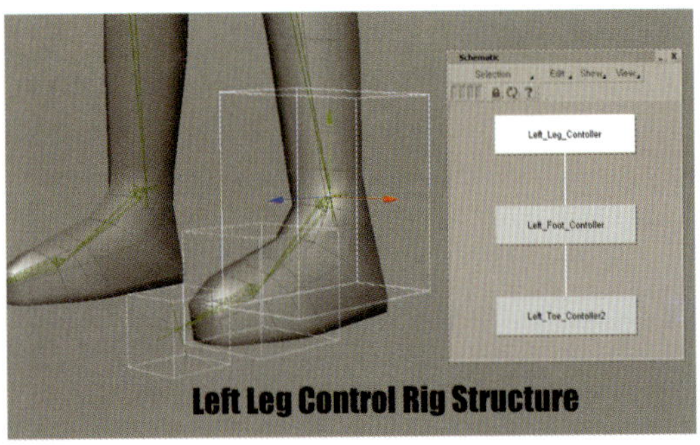


그림 3-3

**14** 위의 **1**~**13**의 순서에 의해 Right Leg의 Controller Rig구조를 만들어 보도록 한다(그림 3-4).

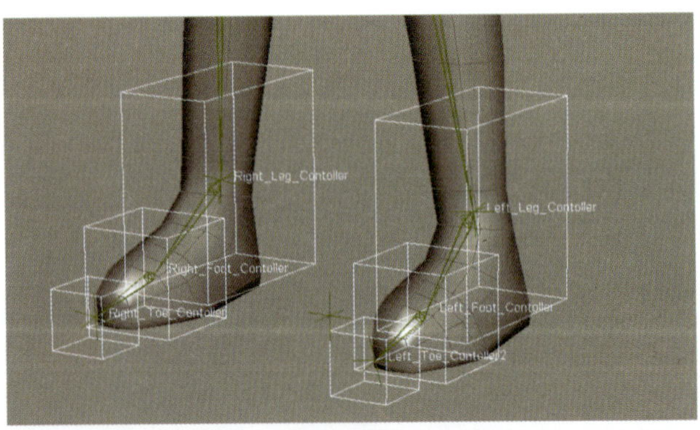


그림 3-4

## 3-1-3 상체구조 Rig 만들기

**1** COG 제작하기 : 하체구조의 Rig setting을 마치고 상체구조의 Rig를 setting해 보도록 한다. 먼저 상/하체의 중심을 이루게 될 COG(Center of Geometry)를 생성하여 Backbone의 Root에 위치시킨다. 이때 COG로 사용하게 될 오브젝트는 Implicit 〉 Sphere로 사용하도록 한다. 그 다음 모든 Skeleton구조를 이 COG의 자식구조로 옮기도록 한다. 그럴 경우 이 COG는 뼈대구조의 중심 역할을 수행하게 된다(그림 3-5).

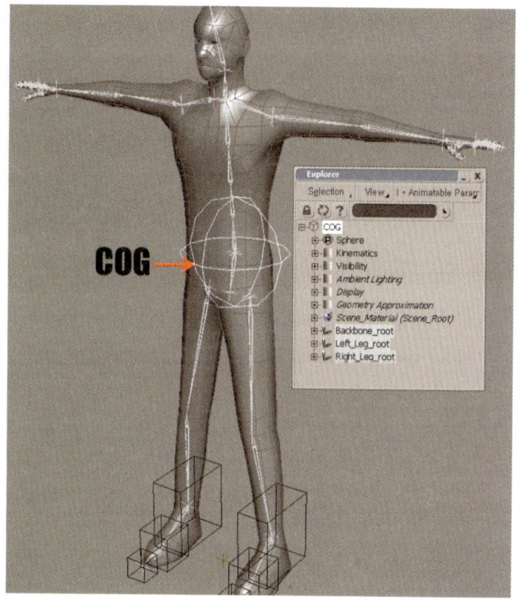


그림 3-5

**2** Left Arm Controller 제작하기 : COG를 만들고 난 다음 팔을 컨트롤할 수 있는 Rig를 만들어 보자. 먼저 Controller로 만들 오브젝트를 생성시킨다. Implicit 〉 Cube를 꺼내어 Left Arm Controller로 이름을 변경시켜주고 Length 값을 3으로 줄여준다. 그 다음 Left Arm Effecter에 Match Translation을 하여 정위치시킨다.

**3** 이제 Left Arm Effecter를 선택하여 Constrain 〉 Position을 한 다음 다시 Cube를 클릭해준다. 결과를 확인하기 위해서 Left Arm Controller를 선택하여 움직여 본다. Left Arm Controller의 움직임에 따라서 팔 뼈대구조가 컨트롤되어짐(IK)을 확인하도록 한다(그림 3-6).

그림 3-6

**4** Right Arm Controller 만들기 : Left Arm과 동일한 방법으로 만들도록 한다(그림 3-7).

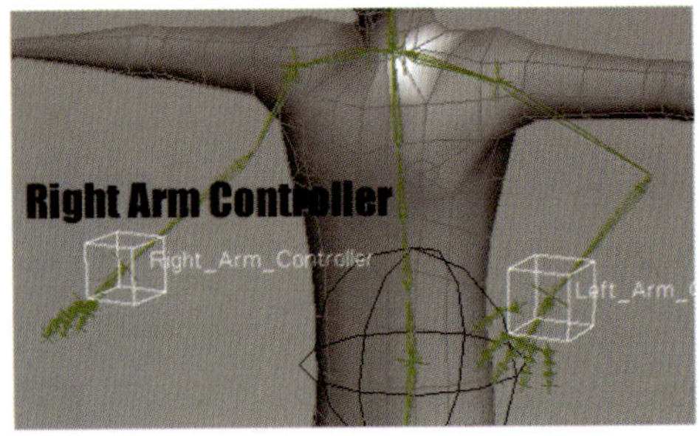


그림 3-7

**5** 손목회전 Controller 만들기 : 손목회전은 손등 Bone의 회전을 이용하여 손의 회전 값을 설정해 줄 수 있다. 그러므로 손목 Bone을 선택하여 Enter를 클릭하여 속성 창을 연다. 여기서 손목의 Chain Bone의 Shadow Display의 Icon의 형태를 선택하고 보기 편한 형태로 바꾸어 주도록 한다.

**6** 이때 Custom Color값을 변형시켜서 더욱 쉽게 구별할 수 있도록 해 준다면 향후 Key 작업시 매우 유용하게 사용될 수 있다. 반대쪽 손목의 경우도 이와 같은 방법으로 동일하게 만들어 주도록 한다(그림 3-8).

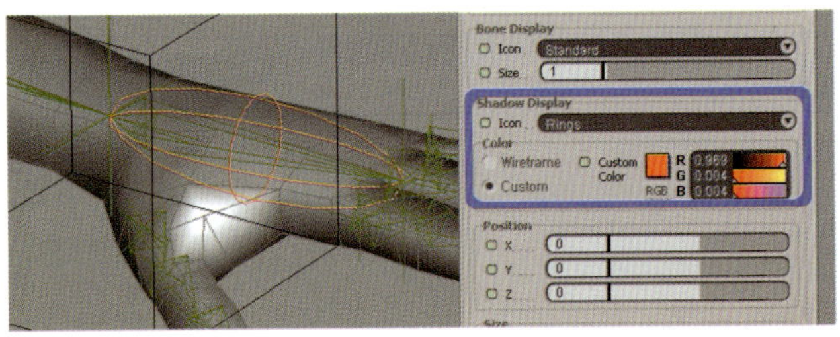


그림 3-8

**7** Chest Controller 만들기 : 이제 가슴 컨트롤러를 만들어보도록 한다. 가슴은 캐릭터 움직임의 범위에 따라 움직임이 작을 경우 아주 단순하게 만들거나 그와 반대로 아주 복잡하고 다양한 가슴동작이 필요할 경우에는 여러 개의 컨트롤구조로 만들 경우도 있다. 여기서는 배와 어깨 사이에 존재하는 척추 Bone을 컨트롤할 수 있는 Chest Controller를 만들어보도록 한다.

**8** 먼저 Control Object를 하나 만들어보자. 이번에는 Implicit 〉 Grid를 꺼내어서 Chest Controller라고 이름을 바꿔주고 크기를 U Length를 20, V Length를 15 정도로 맞추어 주도록 한다. 그리고 컨트롤하고자 하는 Bone을 정한 다음 그 위치에 Chest Controller를 위치시킨다. 그 다음 컨트롤하고자 하는 Bone을 선택한 다음 Constrain 〉 Pose를 한다. 이때 관계 구속하고자 하는 오브젝트들의 현재 위치와 회전 값을 유지한 상태에서 관계구속을 하기 위해서 Constrain 아래 있는 CnsComp 명령어를 반드시 활성화시켜 주도록 한다(그림 3-9).

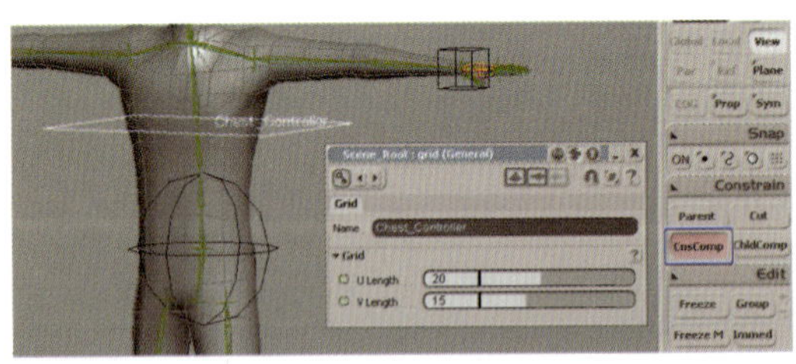

그림 3-9

**9** 상체 Controller 관계구속시키기 : 이미 경험을 해봤겠지만 COG를 이동하게 되면 지금까지 만든 손과 가슴 Controller는 각자 자리에서 상호 구속된 오브젝트의 속성을 컨트롤하고 있다. 뼈대구조가 서로 부모 〉 관계로 구속되어 있다면 그 뼈대를 구속하는 오브젝트들도 이와 동일한 계층 구조를 가져야만 원하는 형태대로 캐릭터들의 움직임을 얻을 수 있다. 즉 Arm Controller는 Chest Controller의 Child 구조로 들어가 있게 되고 Chest Controller는 COG의 자식구조로 계층화시켜주도록 한다. 그 결과 COG를 컨트롤할 경우 다른 컨트롤러들도 자연히 따라 움직이게 된다. COG 〉 Chest Controller 〉 L / R Arm Controller (그림 3-10).

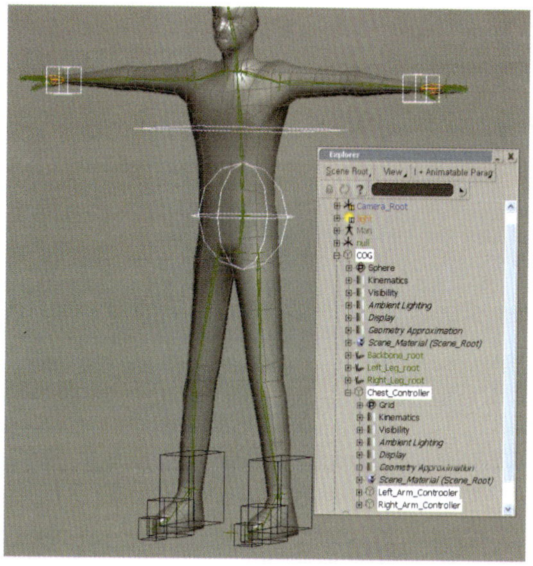
그림 3-10

## 3-2 기타 Rig Setting

### 3-2-1 Up vector 만들기

**1** 3D상에서 캐릭터의 Bone setting에서 발견되는 문제점 중의 하나는 관절 컨트롤이 어려웠다는 것이다. IK인 경우는 그나마 좀 낳은 편이지만 Bone의 회전 값만으로 움직임을 제어하던 경우에는 그 문제가 더욱 심각해진다. 그래서 만들어줘야 하는 것이 관절 Control인데 이를 UP VECTOR라고 한다.

**2** 먼저 UP VECTOR 역할을 수행할 오브젝트 하나를 만든다. Primitive 〉 Null을 하나 꺼내서 이름을 Left Arm UP VECTOR라고 정해준다. UP VECTOR가 선택된 상태에서 팔꿈치의 위치에 Match시킨다. 그리고 Z축 방향으로 이동시켜서 팔꿈치 뒤에 위치시킨다(그림 3-11).

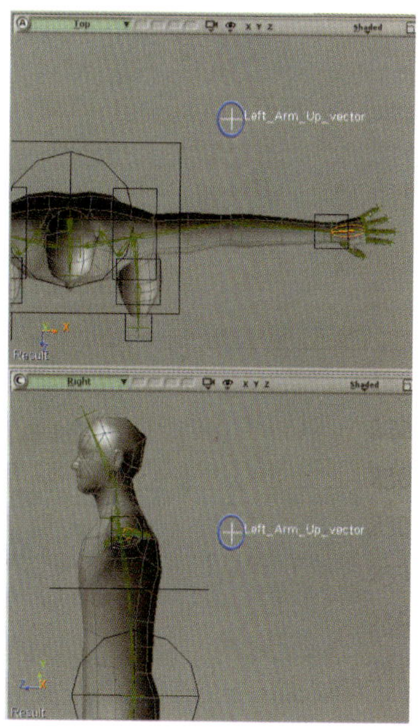

그림 3-11

**3** UP VECTOR를 위치시킨 다음 어깨부터 팔꿈치에 해당하는 Bone을 선택한다. 그 다음 Create 〉 Skeleton 〉 Chain Up Vector 명령어를 클릭하고 Left Arm Up Vector를 선택해 준다(그림 3-12).

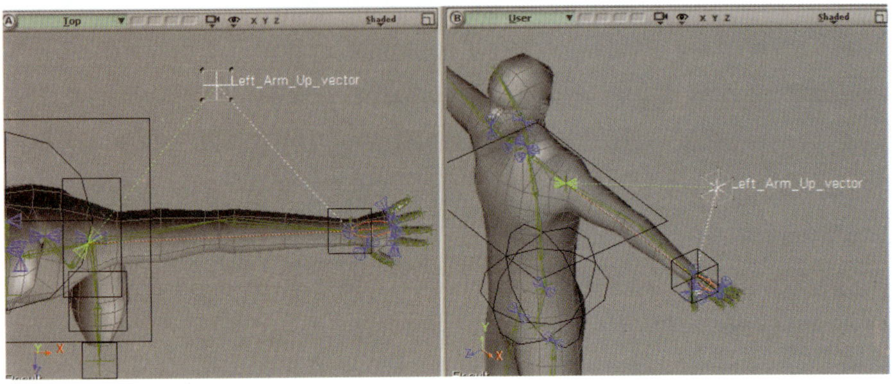

그림 3-12

**4** 동일한 방법으로 오른쪽 팔꿈치의 Up Vector Controller를 만들어 준다.

**5** 다리(무릎) Up Vector는 팔의 Up Vector와 동일한 방법으로 제작하되 허벅지를 이루고 있는 Bone을 선택하면 된다(그림 3-13).

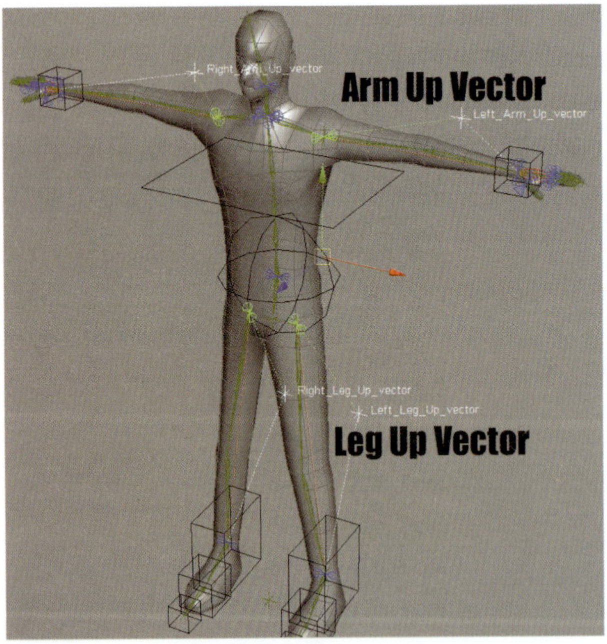

그림 3-13

## 3-2-2 Rotation Limit Setting

**1** 캐릭터 애니메이션 작업을 하다 보면 제작자가 원하는 범위 이상으로 Bone이 이동 / 회전하기 때문에 이를 컨트롤하는 데에도 많은 시간과 노력이 필요하다. 그래서 애니메이션 작업을 하기 전에 Bone들의 회전 각도를 어느 일정 범위 각 이상 또는 이하로 움직이지 못하게 설정 값을 정해 놓으면 애니메이션 작업시 시간적인 부분이나 기술적인 부분에서 많은 효율성을 높일 수 있다.

**2** 먼저 Left Leg Controller를 선택해서 캐릭터가 최대한 다리를 펼칠 수 있는 각도 값까지 펴도록 한다. 그리고 종아리에 해당하는 Bone을 선택한다.

**3** Create 〉 Skeleton 〉 Set Minimum Rotation Limit를 선택한다. 그 결과 허벅지와 종아리 Bone을 이루는 Joint에 Limit Icon이 생성되었다(그림 3-14).

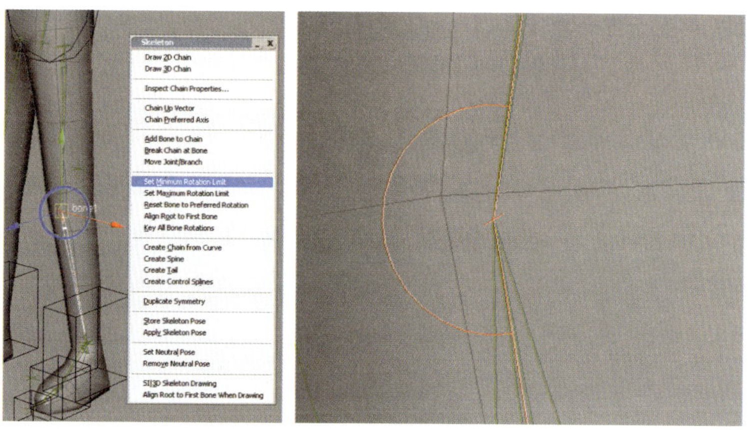

그림 3-14

**4** 이번에는 Left Leg Controller를 선택해서 캐릭터가 최대한 다리를 오므릴 수 있는 각도 값까지 오므리도록 한다. 그리고 종아리에 해당하는 Bone을 선택한다.

**5** Create 〉 Skeleton 〉 Set Maximum Rotation Limit를 선택한다. 그 결과 허벅지와 종아리 Bone을 이루는 Joint에 Limit Icon이 생성되었다(그림 3-15).

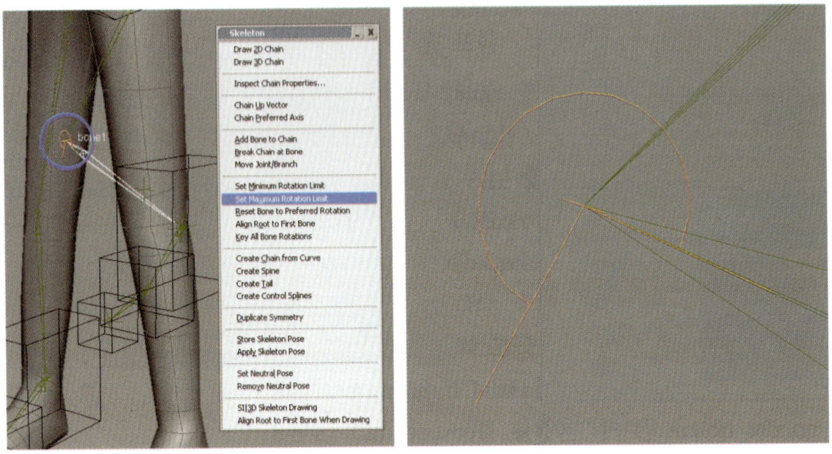

그림 3-15

## 3-2-3 Bounding Plan 적용-발

**1** 캐릭터는 정해진 장소와 정해진 시간에 맞춰서 동작을 한다. 그리고 설정된 장애물을 반드시 피하거나 돌아서가야 한다. 캐릭터가 Walking이나 Running 등의 동작을 취할 때 발바닥은 반드시 바닥면에 닫아야 한다. 바닥면을 뚫고 지나가거나 바닥면 위에서 동작을 취하게 되면 Camera의 각도에 따라 그 결함이 발견된다. 그렇다고 그 많은 작업을 진행하는 동안 인위적으로 발바닥을 바닥면에 맞춰 작업을 하도록 신경쓰는 일도 만만하지 않은 작업이었던 걸로 기억이 된다. 이 경우 발바닥과 바닥면 간의 간단한 관계설정을 통해 쉽게 해결할 수 있다.

**2** 먼저 Primitive 〉 Polygon mesh 〉 Grid를 하나 꺼내서 이름을 Ground라고 하고 U / V Length 수치를 최대로 하여 50 : 50으로 맞춘다. 그리고 U / V Subdivision은 1 : 1로 조절한다. 데이터를 최소화하기 위해서이다.

**3** 다음에는 발바닥의 모양과 비슷하게 면을 만들어 보도록 한다. Create 〉 Curve 〉 Draw Curve by CVs를 클릭하여 Curve draw mode로 전환한다. 시작 Knot지점에 가깝게 그린 다음 키보드 단축키[1]를 눌러 Modify 〉 Curve 〉 Open / Close를 클릭한다. 그 결과 Curve는 하나의 Surf. Mesh성질을 갖는 폐곡선의 오브젝트가 된다. 이것을 다시 Polygon mesh형태로 전환하기 위해서 Create 〉 Poly. Mesh 〉 Curve to Mesh를 클릭한다. 그 결과 발바닥 모양과 일치하는 Polygon Mesh가 생성되었다.

**4** 이렇게 해서 생성된 발바닥 오브젝트를 Left Foot Plane이라고 명명한다.

**5** Left Foot Plane을 부모로 하고 Left Leg Controller 이하 구조를 자식구조로 하는 하나의 구조로 만들어 준다. 즉 Left Foot Plane 〉 Left Leg Controller 이하 구조로 만들어 준다(그림 3-16).

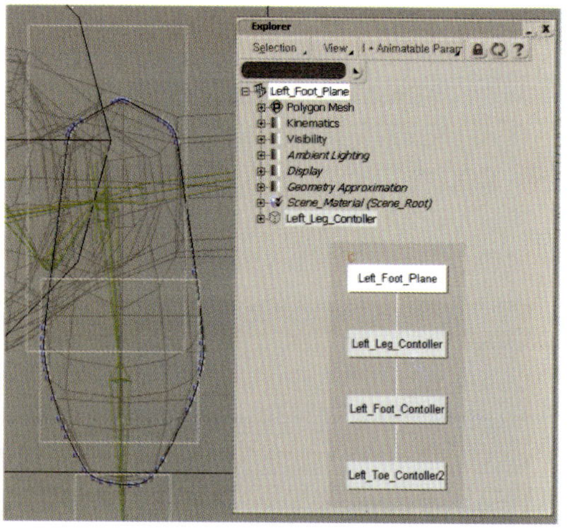


그림 3-16

**6** 이제 구조는 완성이 되었다고 할 수 있다. 이제 새로 생성된 Left Foot Plane를 선택하고 Constrain 〉 Bouncing Plane를 클릭한 뒤 Pick mode로 전환되면 Ground grid를 선택한다.

**7** 자 이제 완성된 결과를 확인해보도록 한다. 먼저 Left Foot Plane를 선택하고 Y축으로 다리를 들어올린 다음 다시 아래로 다리를 내려본다. 이때 Left Foot Plane이 Ground를 지나가려는 시점에서 더 이상 내려가지 못하고 멈추게 된다. 이 면을 바닥면으로 설정했기 때문이다.

**8** 오른쪽 다리의 바닥면도 왼쪽과 동일하게 생성시켜 준다.

### 3-2-4 Link With 적용 – 손가락

**1** 다음은 손가락 움직임에 대해 좀 더 자유도를 줄 수 있는 Rig를 만들어 보도록 한다.

**2** 손가락의 움직임 중에 가장 많은 부분을 차지하는 동작이 바로 손가락을 오므렸다가 다시 폈다가 하는 동작이다. 물건을 잡을 때나 잡았던 물건을 다시 내려 놓을 때나 무슨 동작을 하든 간에 약간의 구부림과 펴짐이 필요하다. 이 경우 손가락을 일일이 하나씩 제어한다고 했을 때 소요되는 시간과 노력을 상상해보면 엄청나다. 만약 손가락 5개 모두 하나의 컨트롤러를 이용해 전체적으로 오므리고 펼 수 있다면 단축되는 시간과 효율성은 상당히 클 것으로 보인다. 이처럼 Rig는 어떠한 동작을 표현하는데 있어 보다 효율적이고 보다 간편하게 작업할 수 있는 환경을 제시해 준다.

**3** 이때 먼저 우리가 알아야 할 XSI 기능이 LINK이다. LINK는 Constrain과 두 오브젝트의 관계를 구속시켜준다는 점에서는 비슷한 기능으로 볼 수 있다. 그러나 Constrain은 오브젝트 대 오브젝트와의 관계구속이 목적이라면 Link는 오브젝트들이 가지고 있는 더욱 세분화되는 속성에 대해서까지 관계구속이 가능하다.

**4** COG에 포함된 모든 뼈대구조를 Hide시키고(단축키 : H) 손가락뼈 하나만을 Unhide하여(단축키 : H) 남기도록 한다(그림 3-17).

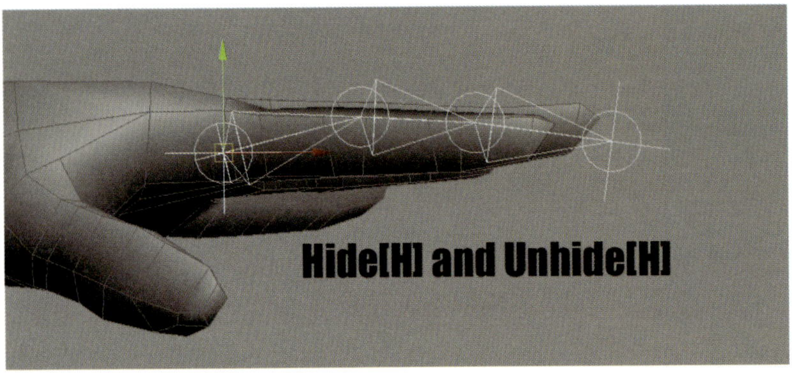


그림 3-17

**5** 먼저 Cube하나를 꺼내서 Left Finger Controller라고 이름을 변경해주고 손등(Hand Bone)에 위치시킨다. 그리고 Man 모델링 데이터도 Hide시켜서 Left Finger Controller와 Finger구조 하나만 남기도록 한다. 작업에 대한 이해를 좀 더 높이고자 함이다.

**6** 상단에 있는 Main Menu bar에서 View > Animation > Parameter Connection Editor 창을 클릭한다(그림 3-18).

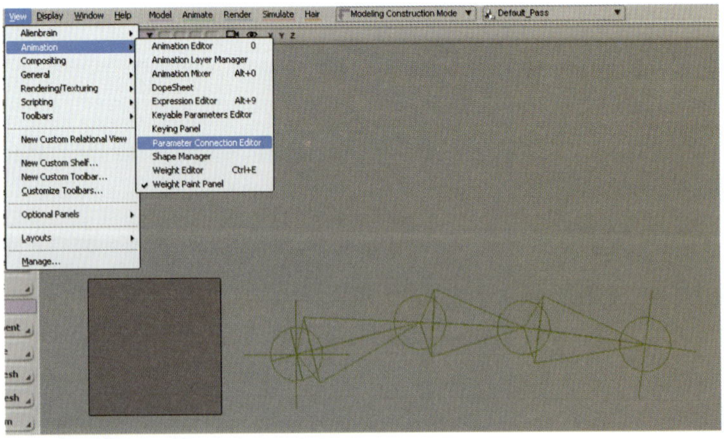


그림 3-18

**7** Parameter Connection Editor에 대한 기본 개념을 이해하도록 하자. 먼저 Driving Source는 의미 그대로 Source로 작용할 오브젝트의 속성에 대한 창이고 Driving Target은 그 구속의 대상이 되는 오브젝트의 속성을 볼 수 있는 창이다. 일단 Source와 Target을 설정하도록 한다.

**8** Driving Source를 정하고자 할 경우 먼저 Driving Source 창의 Rock버튼을 비활성화시키도록 한다. 그리고 원하는 오브젝트를 Driving Source로 선택한 다음 다시 Rock으로 잠그면 Driving Source로 설정이 된다. 마찬가지로 Driving Target을 설정하고자 할 경우 우선 Rock버튼을 해제하고 Driving Target 오브젝트를 선정하고 난 다음 Rock으로 잠그도록 한다.

**9** 여기서 Driving Source는 Left Finger Controller이고 Driving Target 오브젝트는 Finger Bone이 된다. 먼저 Driving Source로 Left Finger Controller를 선택하고 Driving Source의 Rock버튼을 클릭하여 잠근다. 그 다음 Driving Target을 설정하자. Driving Target의 Rock을 해제하고 해당되는 Finger Bone을 멀티 선택한다. 자동으로 Driving Target의 리스트에 선택한 Bone들이 지정이 된다. 다 선택했으면 Driving Target의 Rock버튼을 클릭하여 잠근다(그림 3-19).

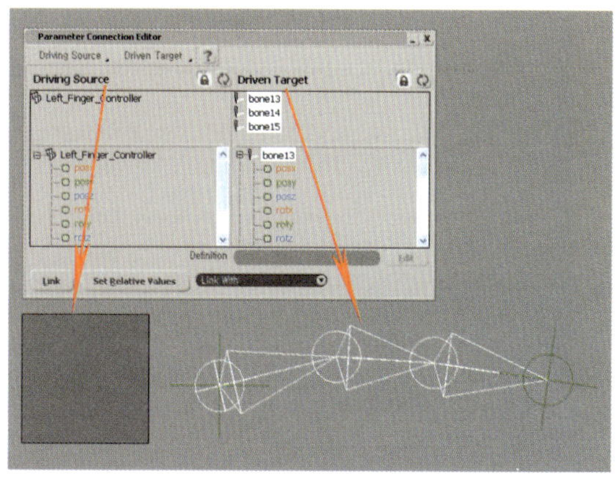


그림 3-19

**10** 일단 Source와 Target이 각각 정해지게 되면 이번에는 각 오브젝트를 Link시킬 속성들을 선택해서 서로 Link를 해줘야 한다. 그러므로 어떤 속성들을 서로 Link를 시킬 것인가를 결정해야 한다. Left Finger Controller를 회전할 때 손가락이 오므라졌다 폈다 해야 하기 때문에 회전 값의 속성을 서로 연결하도록 한다. 즉 Left Finger Controller의 Rotation Z값에 대해 Target에 지정된 Bone들의 Z축 방향으로의 회전 값에 Link를 걸어야 한다.

**11** Source인 Left Finger Controller의 rotz를 선택하고 Target인 Bone들의 rotz를 멀티(ctrl+선택) 선택한다(그림 3-10).

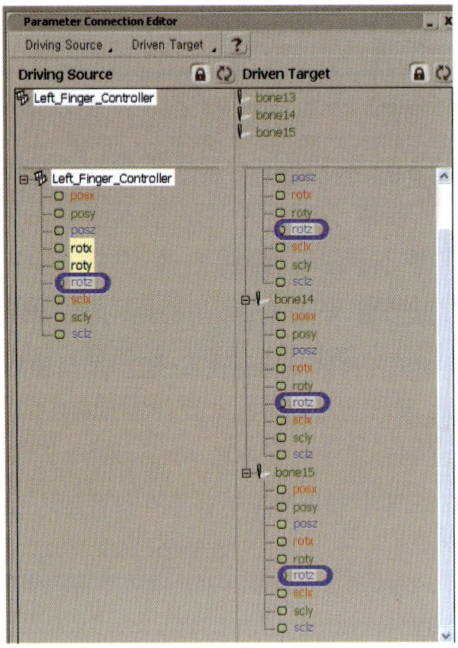
그림 3-20

**12** 서로 Link시킬 속성들이 선택이 되었으면 이제 그들을 서로 Link시키도록 한다. Parameter Connection Editor 아래 있는 Link버튼을 클릭한다. 그 결과 Target 소스들의 Parameter Icon에 Link 표시가 생긴다.

**13** 자 이제 서로의 Link된 속성들의 변화 값들을 저장해 보도록 한다. 먼저 Finger bone을 멀티 선택을 한다. 그리고 Transform 〉 Rotation(단축키 : C)을 활성화시키고 Add버튼을 클릭하여 활성화시킨다. 현재의 위치를 초기 값으로 설정하도록 한다. Parameter Connection Editor 아래에 있는 Set Relative Values를 클릭한다(그림 3-21).

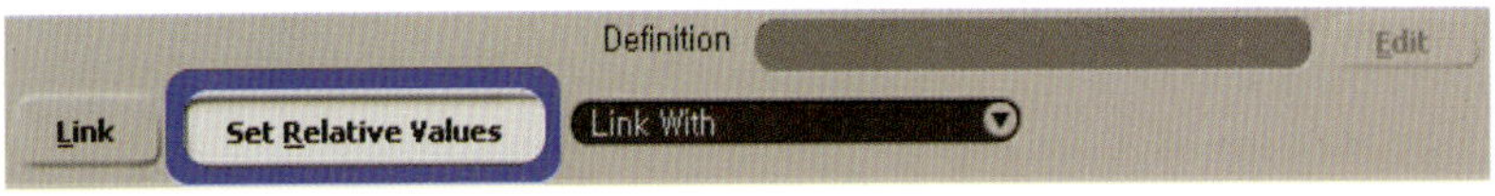
그림 3-21

**14** Source 오브젝트를 클릭한 다음 Z축으로 −90도 회전을 시킨다. 그리고 Bone 3개를 멀티 선택을 하고 Z축으로 회전시키고자 하는 만큼의 회전 값을 적용하여 손가락을 구부린다. 이때 Rotation 명령 창에서 Add mode를 반드시 확인하도록 한다.

**15** 손가락의 구부림 정도가 원하는 정도가 되었을 때 손가락 Bone가 선택된 상태에서 Parameter Connection Editor 아래에 있는 Set Relative Values를 한 번 더 클릭한다.

**16** 자 이제 확인해보자. Left Finger Controller를 선택하고 Z축 방향으로 조금씩 회전을 하게 되면 손가락의 Bone역시 Left Finger Controller의 움직임에 맞게 굽혀지는 것을 볼 수 있다. 이런 식으로 전체 손가락의 움직임에 Link 값을 설정해주면 된다.

**17** Controller 하나에 다섯 개 손가락 모두를 Link시켜주는 방법도 있고, 하나의 Parameter에 하나의 손가락을 연결해서 다섯 개의 Parameter 창을 만들어 주는 경우도 있다. 필요에 따라 적절하게 선택 사용하면 된다.

**18** 이제 기본적인 Rig의 개념과 제작방법에 대해 살펴 보았다. Rig system의 제작에 있어서 자연스러운 표현이 가능하고 효율적인 작업이 가능하다면 그 모든 것이 Rig이다. 캐릭터 Rig구조에는 정답이란 게 없다. 여러 기술들을 필요에 의해 다양하게 접목해서 사용하고, 활용하고, 응용해야 한다.

### 3-2-5 Animation mixer와 Custom parameter를 활용한 Finger skeleton set up

캐릭터 Finger Setting을 통해 SOFTIMAGE|XSI에 있는 Animation mixer와 Script기능을 이용하여 Custom parameter를 제작하는 다양한 기능을 활용할 수 있는 계기를 마련하고자 한다.

**1** Finger의 형태에 해당하는 Skeleton구조를 제작한다(그림 3-22).

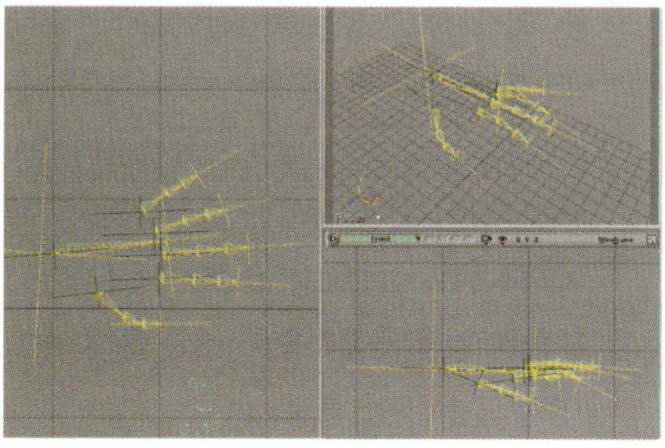

그림 3-22

**2** Finger Skeleton 끝에 있는 Effector를 각각 선택하여 전체 선택을 한다. 그리고 현재 위치(펴진 상태)를 Action clip으로 저장한다(그림 3-23).

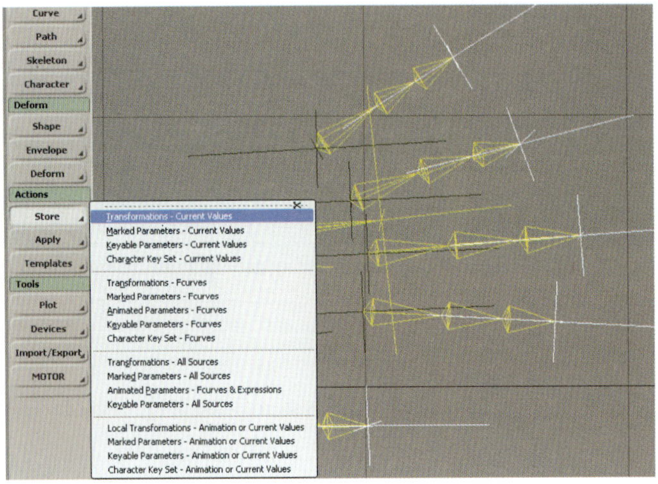

그림 3-23

**3** Clip source저장 Property 명령 창에서 Clip의 이름은 Open(펴기)으로 저장한다.

**4** 이번에는 반대로 Effector를 각각 선택하여 Finger의 형태가 움켜 쥔 상태의 Action clip을 저장한다. 이 Clip의 이름을 Close라고 저장한다(그림 3-24).

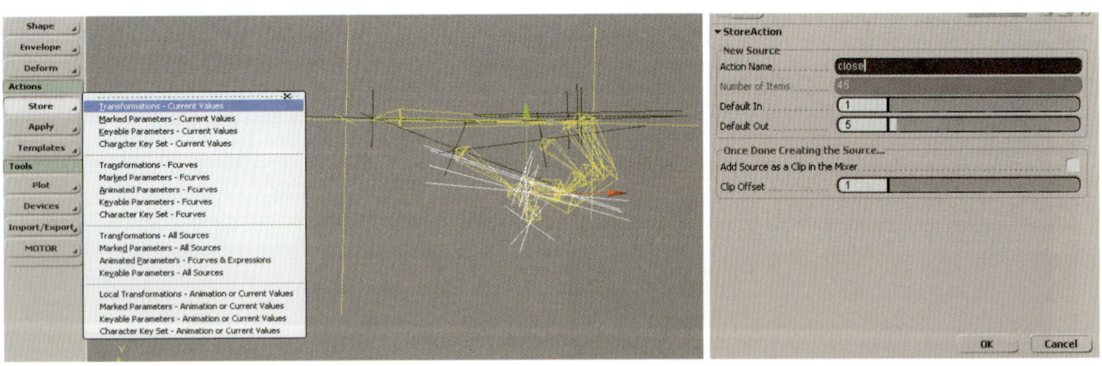

그림 3-24

**5** Animation Mixer[Alt+O] 창을 연다. 생성된 Animation Track 위에 저장한 Clip source를 불러온다. 저장한 Clip source를 불러오는 방법은 Track 위에 마우스를 올려놓고 마우스 오른쪽을 클릭하여 Insert source명령을 실행한다(그림 3-25).

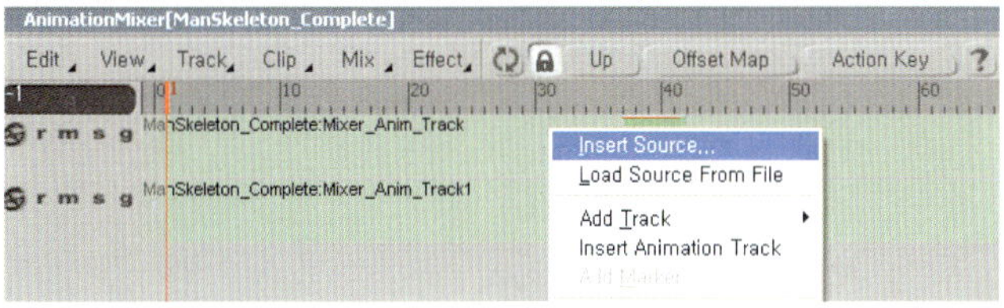


그림 3-25

**6** Loading된 두개의 Clip source를 서로 Mixer시킨 뒤 Time Line을 이동하게 되면 Finger 전체의 Open / Close되는 결과를 얻을 수 있다(그림 3-26).

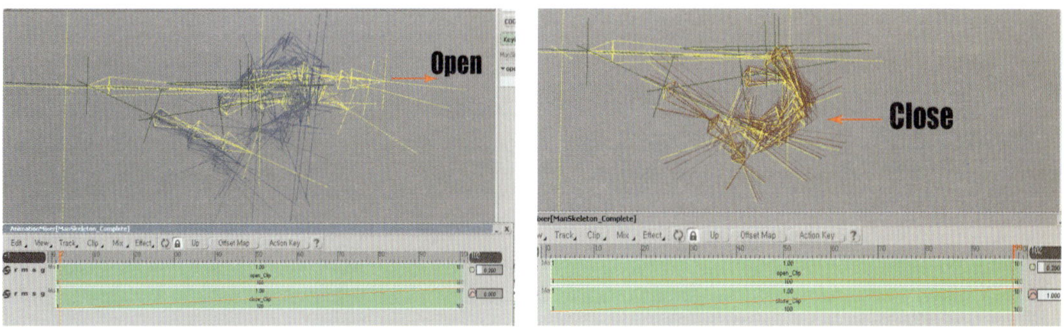


그림 3-26

**7** 이번에는 손가락 개별적으로 움직임에 대한 컨트롤을 가능하게 하여 Finger가 할 수 있는 다양한 형태의 Animation을 제작할 수 있게 한다. 먼저 Finger의 Effector를 하나씩 선택하여 최대한 Open한 상태로 만든 다음 현재의 위치 값을 Clip source로 저장한다.

**8** Animation mixer 창에서 저장된 모든 Clip를 불러와서 정렬한다(그림 3-27).

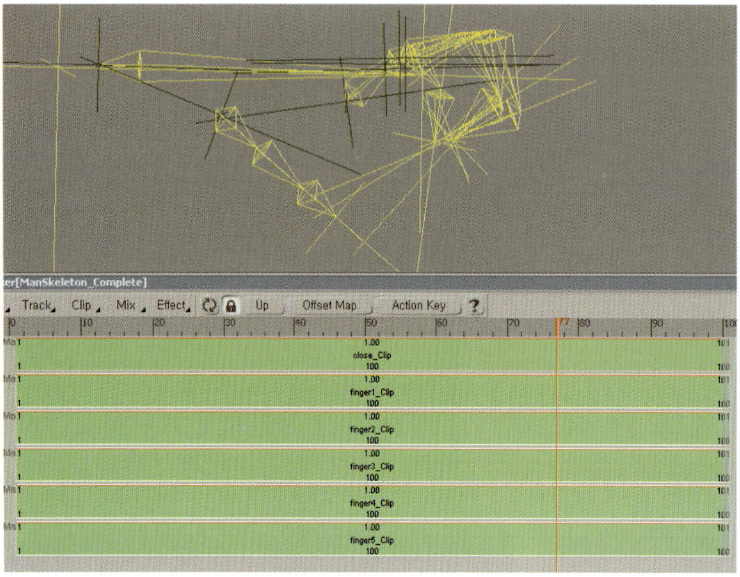


그림 3-27

**9** 제작된 Clip들을 Multi 선택하고 Clip 〉 Create Compound 명령을 실행한다(그림 3-28).

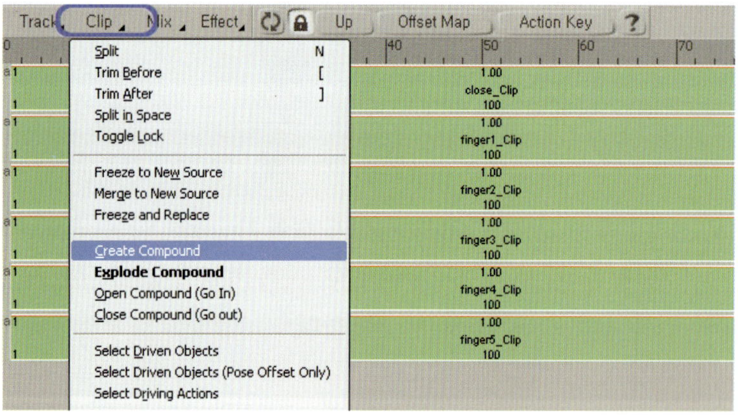


그림 3-28

**10** 생성된 Compound clip을 선택한 다음 Net view 창(Alt+5)을 연다. Animate tap에서 Create명령 창을 선택한 후 Weight Slider Panel을 선택한다. 자동으로 Custom Parameter 창이 생성되면서 Parameter 값을 조절하면서 다양한 Finger의 형태를 만들 수 있도록 연습한다(그림 3-29).

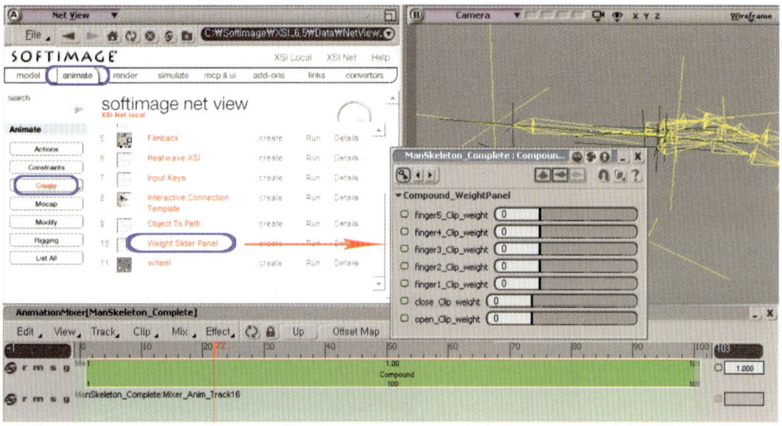

그림 3-29

## 3-3 Advanced Rig 제작 및 활용하기 1

지금까지 살펴본 내용을 기초로 몇 가지 활용 가능한 Rig구조를 소개해 보도록 한다. 기본적인 Setting이나 Rigging방법이 동일하기 때문에 중복되는 내용은 피하고 새로 추가되는 기능이나 내용 위주로 활용하도록 한다. 지금까지는 기본적인 Skeleton구조를 바탕으로 작업을 진행했다. 실제 실무에서 작업을 할 때 앞 장에서 설명한 내용을 기본으로 여러 응용 가능한 Processing이 진행된다. 캐릭터의 특징이나 움직임의 특징 등이 고려되어 다양한 구조의 Setting 작업이 진행된다.

## 3-3-1 Hip과 Chest 컨트롤 오브젝트 사용하기

**1** 골반과 Chest 컨트롤러를 따로 제작해서 오브젝트의 형태로 만들어서 애니메이션 작업을 하는 경우를 예를 들어 보자. 가슴과 골반을 제외한 모든 작업공정은 앞장의 제작공정과 일치한다(그림 3-30).

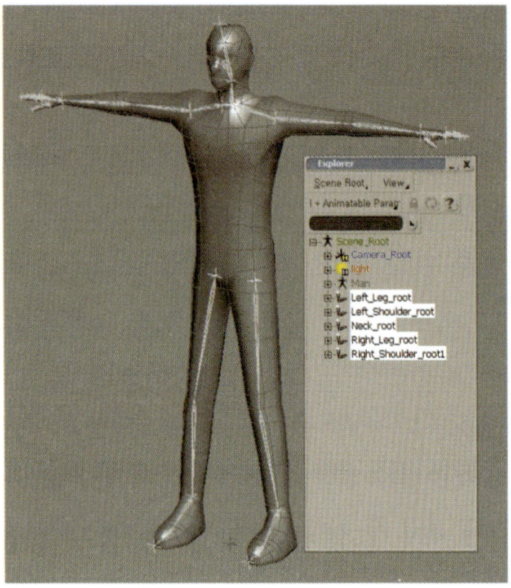


그림 3-30

**2** Chest와 Hip의 Bone을 대신할 오브젝트를 만든다. 두 개의 컨트롤 오브젝트는 일직선상에 위치해야 한다. Center mode로 전환하여 Grid를 기준으로 두 개의 오브젝트 Center가 일직선상에 위치하도록 한다(그림 3-31).

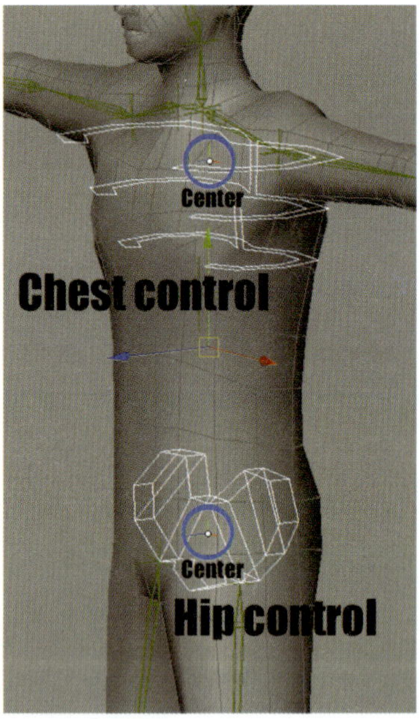


그림 3-31

**3** Setting이 끝나면 Create 〉 Skeleton 〉 Create Spine 명령어를 클릭한다. 그리고 Pick 선택 모드에서 Hip control과 Chest control을 순서대로 클릭한다.

4 Create Spine 생성 속성 창에서 Vertebra의 개수를 4개로 설정하고 Implicit Vertebra의 옵션을 체크하고 OK를 한다.

5 생성된 4개의 Vertebra의 형태를 Chest Depth Null과 Hip Depth Null의 위치를 이동해서 자연스러운 등뼈의 흐름으로 맞춰준다(그림 3-32).

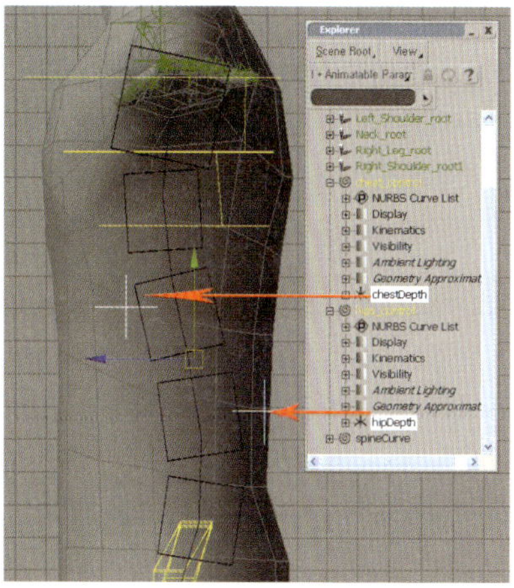


그림 3-32

6 이제 제작된 구조를 기분으로 서로의 관계구속을 시켜주도록 한다. 먼저 CnsComp모드를 활성화한 다음 작업에 임하도록 한다.

7 먼저 Neck Bone과 Shoulder Bone의 Root를 선택해서 Constrain 〉 Pose의 명령어를 클릭한 다음 Chest control 오브젝트를 선택한다.

8 다음은 Hip Depth Null을 선택해서 Cut버튼을 눌러서 Hip Control과의 Parent관계 구속을 끊어준다.

9 Hip Depth Null이 선택된 상태에서 Constrain 〉 Pose의 명령어를 클릭한 다음 Hip control 오브젝트를 선택한다.

10 이제 상체 컨트롤러와 COG를 만들어 Setting하도록 한다. 상체 컨트롤러를 만들기 위해 Get 〉 Implicit 〉 Cube를 꺼내어 Upper body라고 명명하고 크기를 조절하여 척추 Spine의 끝부분에 위치시킨다.

**11** Get 〉 Circle를 하나 꺼내어 COG라고 명명하고 Match Translation 〉 Hip control을 선택한다. 그리고 회전 값과 크기를 조절하여 Upper body와 Hip control을 아우르는 형태로 만든다(그림 3-33).

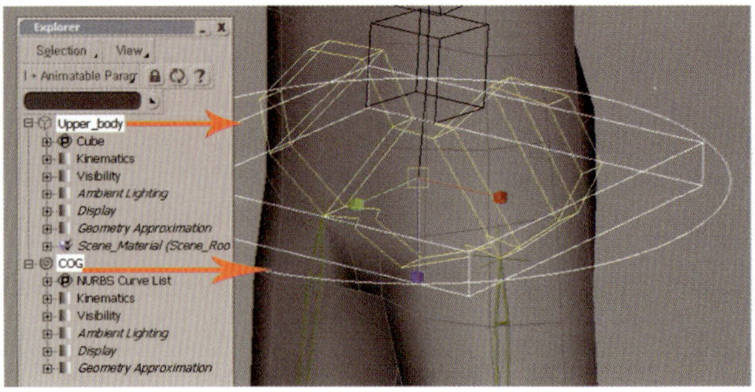

그림 3-33

**12** 이제 Control 오브젝트들간의 Parent관계를 설정해 주도록 한다. Chest control을 Upper body control cube의 자식구조로 만들어 준다. [Upper body control cube 〉 Chest control]

**13** Upper body control과 Hip control을 COG의 자식구조로 만들어 준다. [COG 〉 Upper body control & Hip control] (그림 3-34)

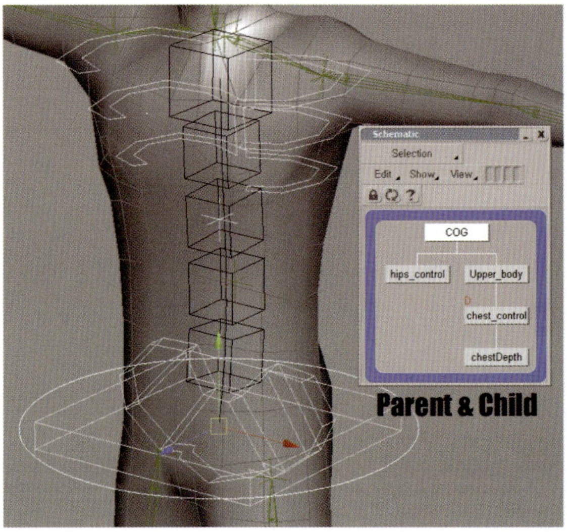

그림 3-34

**14** 다음은 하체구조를 Setting하도록 한다. Hip control과 Leg Root가 일치하는 위치의 Point를 선택해서 Cluster화시킨다. 생성된 Cluster는 Left라고 명명한다. 오른쪽 Cluster를 Right라고 명명한다(그림 3-35).

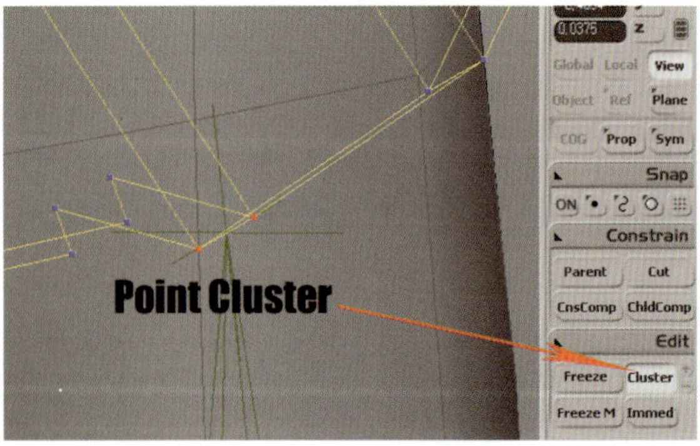

그림 3-35

**15** 그 다음 Left Leg Root를 선택한 상태에서 Constrain 〉 Object to Cluster를 클릭하고 생성된 Left cluster를 선택해 준다. 생성된 Cluster를 찾는 방법은 Explorer 창의 오브젝트 정보 창에서 찾거나 오브젝트를 선택하고 Transform 명령어 위에 있는 Cluster 명령을 클릭하면 해당 오브젝트에 생성된 Cluster정보만을 보여준다. 그 결과 Left Leg Root는 두 개의 Point Cluster사에 정확히 존재하게 되며 이제 이 Cluster의 움직임에 컨트롤 받게 된다(그림 3-36).

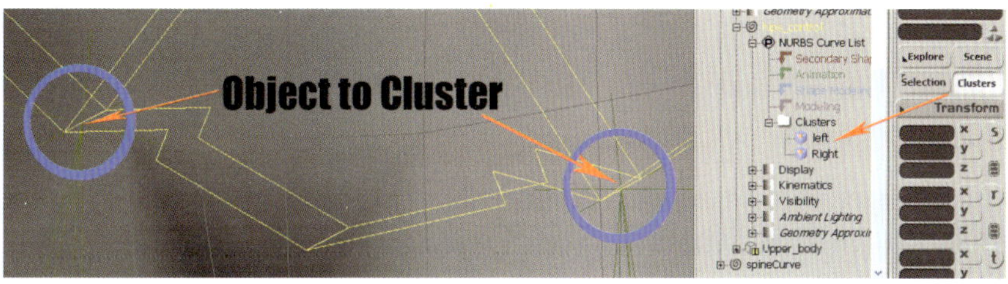


그림 3-36

**16** 완성된 Rig구조를 확인해 보도록 한다. COG를 선택한 후 이동 값과 회전 값의 변화를 준다. 척추를 기준으로 Hip과 Chest의 부드럽고 유연한 움직임을 경험할 수 있을 것이다(그림 3-37).

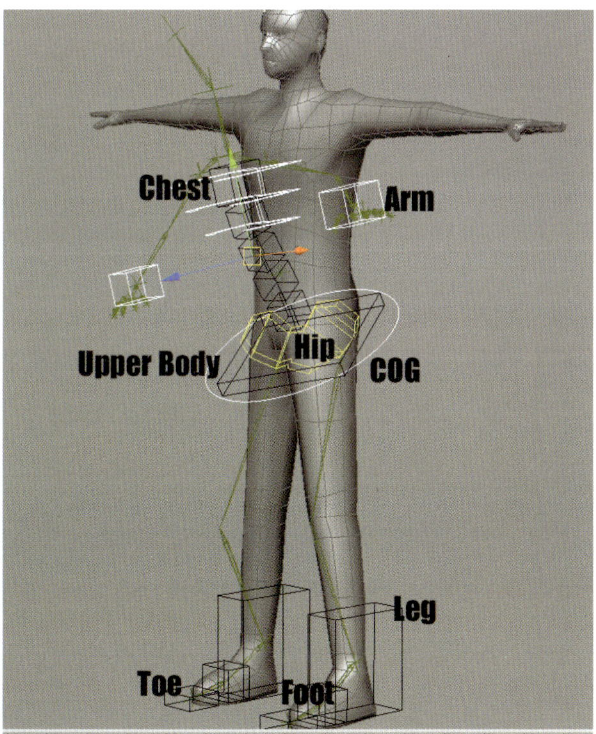


그림 3-37

## 3-3-2 Animation Mixer와 Set Expression 기능을 활용한 외부 Control Rig 만들기

이번 장에서는 캐릭터가 눈을 깜빡이거나 눈동자 이동하여 애니메이션을 제작할 경우 보다 쉽고 효율적인 외부 Control Rig구조를 Setting하여 적용하는 방법에 대해 알아보도록 한다.

**1** Primitive 〉 Model 〉 Face-Man data를 꺼내고 눈을 깜빡일 때의 움직임을 제작하기 위해 원본 data를 복사하여 보조 data 두 개를 만든다. 하나는 Point이동을 통해 아래 눈꺼풀을 위로 감는 형태(Upper eye close)를 만들고, 다른 하나는 위 눈꺼풀을 아래로 감는 형태(Down eye close)로 만들어 주도록 한다(그림 3-38).

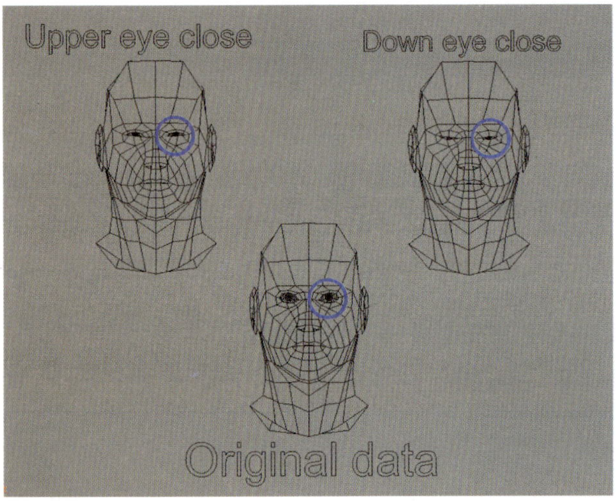


그림 3-38

**2** 눈꺼풀과 눈동자를 컨트롤할 오브젝트를 제작한다. 먼저 눈꺼풀의 움직임을 컨트롤할 Control Rig는 Square와 Linear curve로 제작한다. 기본적으로 XSI에서 제공하는 다양한 형태의 Control Object도 있지만 Animator 스스로 필요한 형태의 Controller를 직접 제작하여 사용하는 경우가 더 편리할 때가 많다(그림 3-39).

그림 3-39

**3** 우선 눈을 깜빡이게 할 수 있는 Controller를 만들고, 눈동자를 자유롭게 움직일 수 있도록 하는 Controller를 만든다. 만들어진 Controller는 구분하기 쉽게 Palette 창(Ctrl+4)을 열고 원하는 컬러를 지정해 준다(그림 3-40).

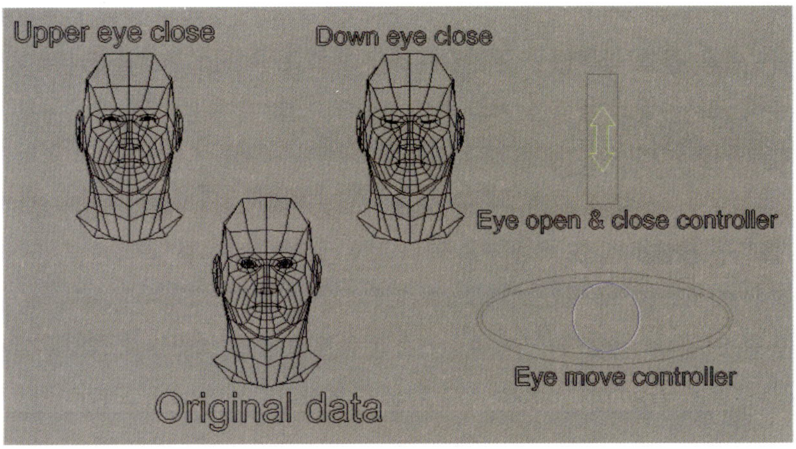


그림 3-40

**4** 그리고 Eye open & close controller를 Y축 위/아래로 이동할 때마다 캐릭터의 눈이 깜빡이게 만들어 주기 때문에 Eye open & close controller의 Y축 이외의 X축과 Z축의 움직임을 미리 사전에 Lock시키는 것이 안전하다. 먼저 Eye open & close controller를 선택하고 Local Transform 속성 창(Ctrl+K)을 열고 Position X축 animation Icon 위에 마우스 오른쪽을 클릭한 후 Lock 〉 Animated Lock 명령어를 실행하여 X축과 Z축의 이동을 사전에 차단하도록 한다(그림 3-41).

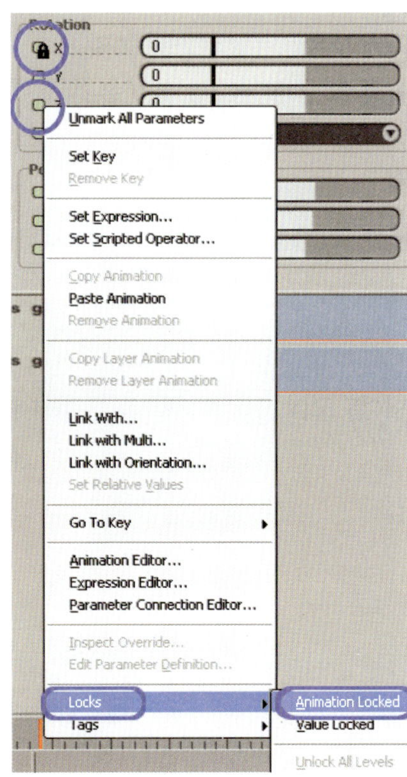


그림 3-41

**5** 우선 Eye open & close controller를 사용하기 위해 Mixer data를 만든다. Original data를 선택하고 Deform 〉 Shape 〉 Select Shape Key 명령을 실행하고 두 개의 보조 data(Upper eye close와 Down eye close)를 차례로 선택한다(그림 3-42).

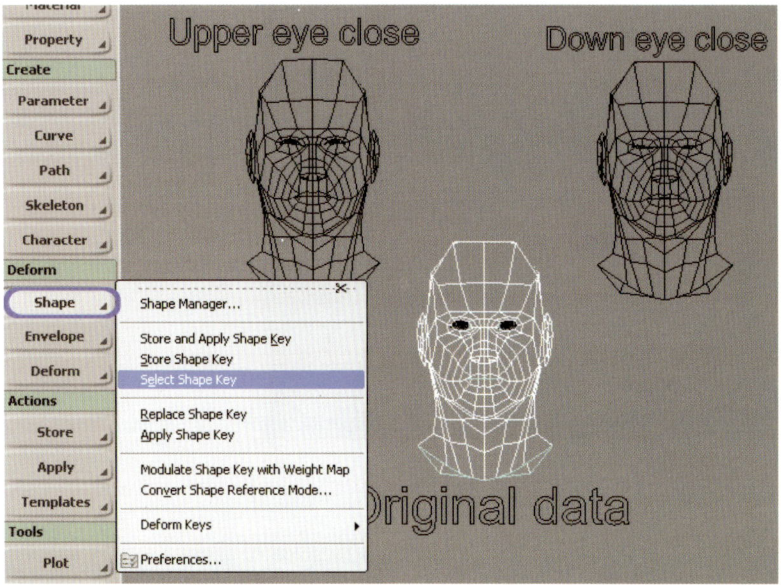


그림 3-42

**6** Animation Mixer 창에서 그 결과를 확인하기 위해 Original data를 선택하고 Animation Mixer 창[Alt+O]을 연다. 그리고 자동으로 들어가 있는 모든 Animation data를 삭제하도록 한다(그림 3-43).

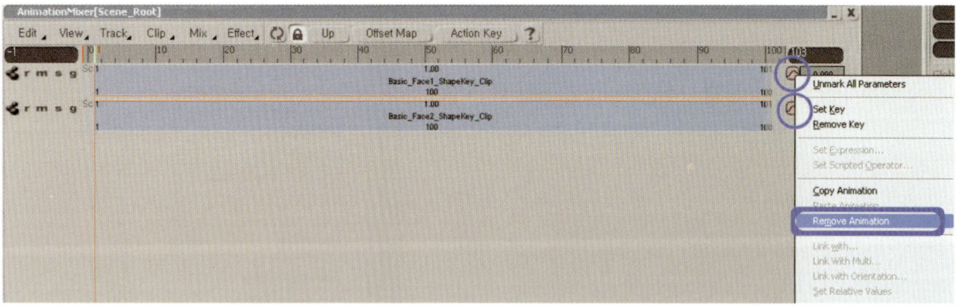


그림 3-43

**7** 그 다음 Expression 기능을 이용하여 Eye open & close controller와 Upper eye close와 Down eye close animation과의 관계를 설정해 주도록 한다. 쉽게 설명을 하자면 Mixer 창에 있는 애니메이션 값을 Eye open & close controller의 Y축 이동 값과 연계시키고자 하는 것이다. 그래서 Eye open & close controller를 Y축 아래/위로 이동할 때 Mixer 창에 있는 애니메이션 값이 실행되도록 하는 것이다. 먼저 Animation Mixer 창에서 Upper eye close의 Animation Icon에 마우스를 위치시키고 마우스 오른쪽을 클릭하여 Expression Editor 창을 연다(그림 3-44).

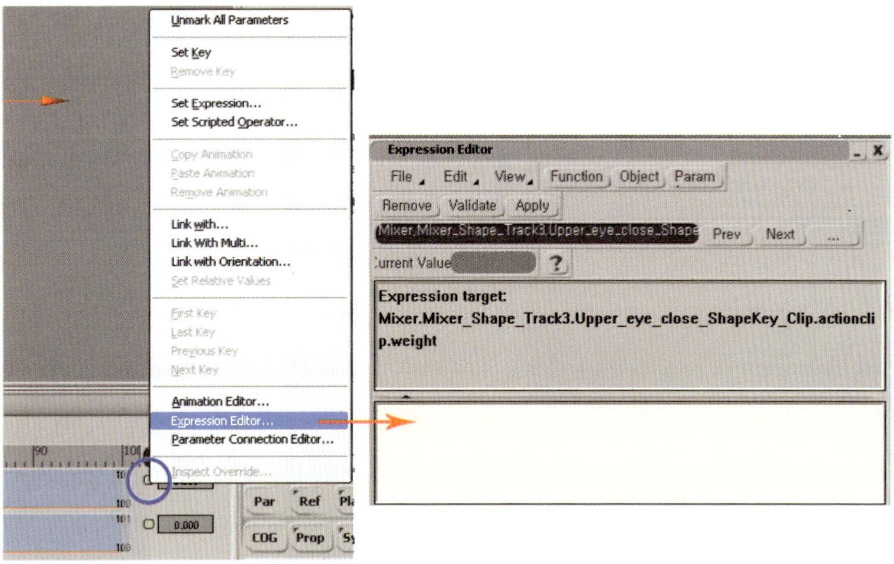

그림 3-44

**8** Expression Editor 창에서 Object 명령을 실행한 후 Eye open & close controller의 Local Position Y속성을 찾는다(그림 3-45).

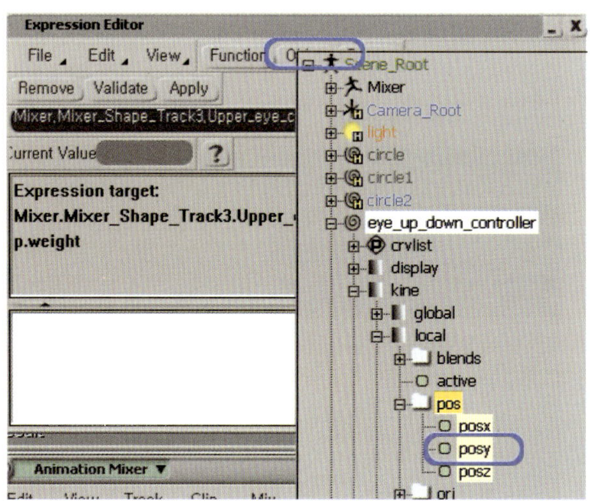

그림 3-45

**9** 그 결과 나타난 Expression 연결 값인 eye_up_down_controller.kine.local.posy를 Apply명령을 실행하여 서로 관계설정을 해주도록 한다(그림 3-46).

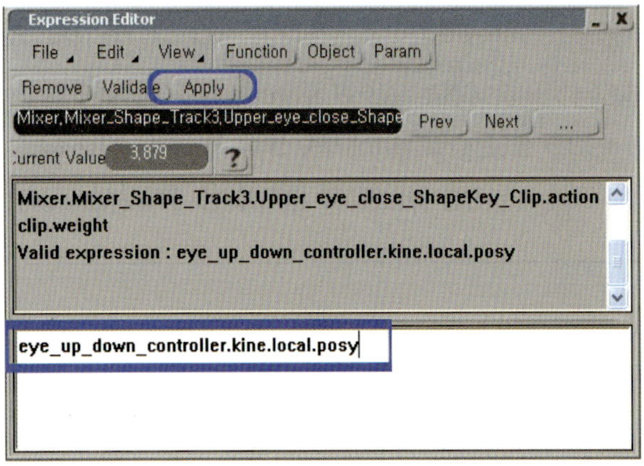


그림 3-46

**10** 결과 확인을 위해 Eye open & close controller를 위/아래로 이동시키면 아래 눈썹이 위로 이동하는 것을 확인할 수 있다. 그러나 그 변화 속도가 너무 심해서 정교한 작업에 어려움이 따른다. 이 경우 Expression 연결 값에 eye_up_down_controller.kine.local.posy*0.2를 적용해주면 약 5배 정도 늦은 속도로 작업 결과가 확인이 되는 것을 확인할 수 있다.

eye_up_down_controller.kine.local.posy*0.2 (또는 0.1)

**11** 그 결과 Animation Mixer 에 있는 Animation Icon에 Expression 연결 정보가 생성되었다(그림 3-47).

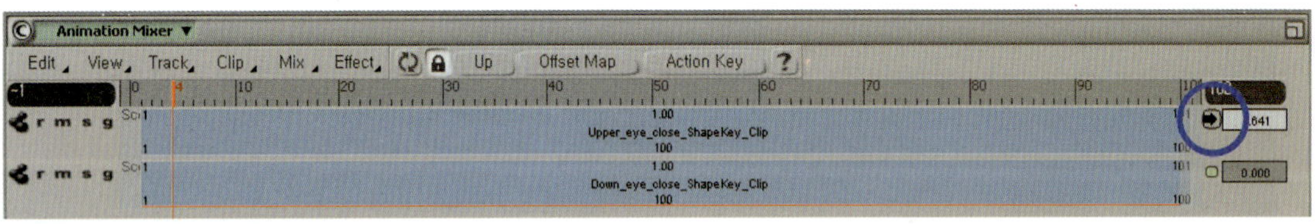


그림 3-47

**12** 동일한 방법으로 Down eye close control animation에도 적용시켜 주도록 한다(그림 3-48).

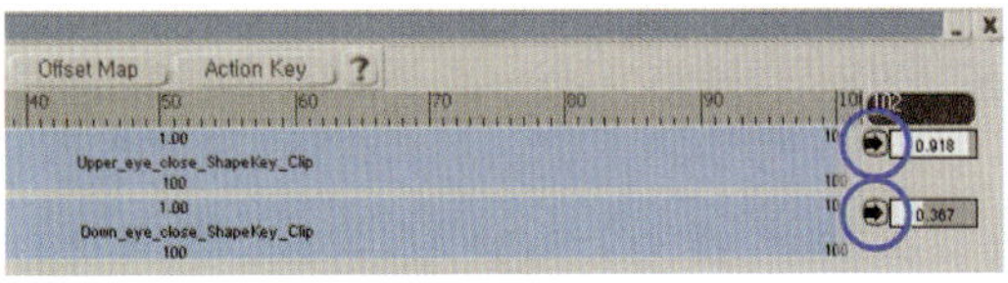


그림 3-48

**13** Eye open & close controller를 적당한 위치 값의 변화를 통해 눈의 움직임이 어떻게 진행되는지 관찰해 보도록 한다(그림 3-49).

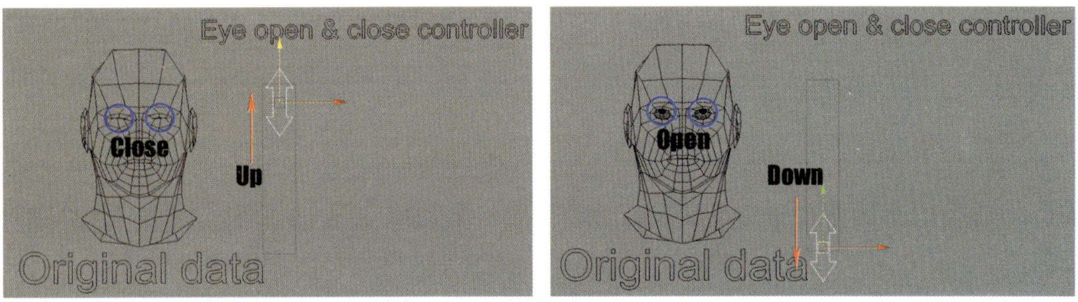


그림 3-49

**14** 이번에는 눈동자의 움직임에 대해 컨트롤하는 방법에 대해 알아보도록 하자. 먼저 눈동자의 경우는 제작환경이나 적용 알고리즘에 의해서 매우 다양하게 제작하여 적용할 수 있다. 이번에도 Expression 적용방법을 활용해서 제작해 보도록 한다(그림 3-50).

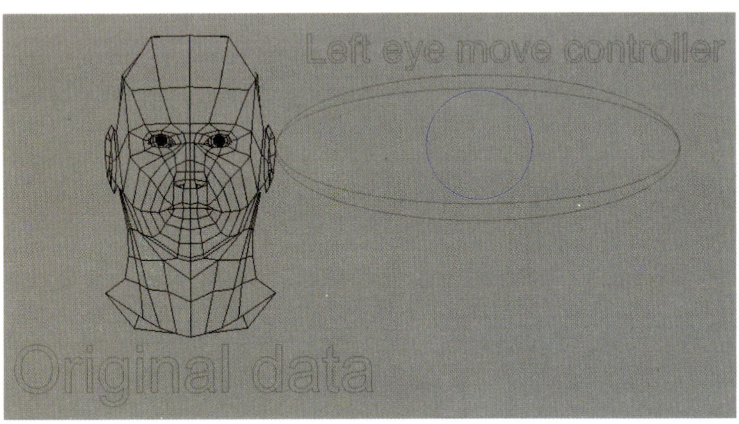


그림 3-50

먼저 Left eye object를 선택하고 Local Transform 속성 창(Ctrl+K)을 열고 SRT 〉 Rotation Y축 위에 마우스를 옮겨 놓고 마우스 오른쪽을 클릭하여 Expression관계를 설정해 준다. Expression Editor 창에서 Object 명령을 클릭한 후 Left_eye_move_controller.kine.local.posy 경로를 찾아간다. 경로지정에 대해 Apply명령을 실행한다.

그리고 Left eye move controller를 Y축으로 이동을 할 경우 눈동자가 Y축으로 회전을 하는지 확인한다. 변화속도가 느리게 나타날 경우 Left_eye_move_controller.kine.local.posy*10(또는 *20)을 지정해 주고 다시 한번 Apply를 실행한 후 결과를 확인한다(그림 3-51).

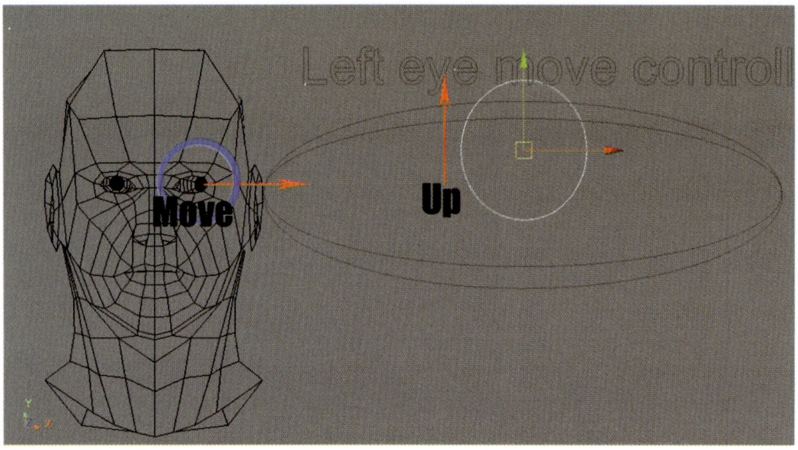

그림 3-51

위와 같은 동일한 방법을 적용하여 Controller의 움직임을 통해 대상 Object를 다양하게 이동/회전/스케일할 수 있으므로 이러한 원리를 이용해서 다양하고 섬세한 캐릭터 Rig 작업을 가능하게 할 수 있다.

# 3-4 Advanced Rig 제작 및 활용하기 2

Rig부분에서 다른 부분도 쉬운 것만은 아니지만 가장 공략하기 어려운 부분이 하체 부분이다. 즉 발의 컨트롤이 가장 어렵다고 볼 수 있다. 캐릭터가 어떠한 동작을 하더라도 하체(발)는 그러한 Pose와 가장 잘 어울리고 가장 자연스러운 동작을 나타내 주어야 하고, 또한 발의 움직임의 난이도에 따라 상체의 움직임 또한 표현의 자연스러움이 가능해진다.

하체는 움직임이 가장 많은 곳이다. 발목과 발등, 발가락, 발뒤꿈치 등의 요소들이 서로 유기적으로 연동되어 있기 때문에 간단하게 하려면 단순하게 만들 수 있지만 복잡한 구조로 들어가면 갈수록 점점 더 해야 할 일이 많아지는 부분이다. 그래서 이번 장에서는 인체의 하체, 발 부분의 Rigging을 집중 공략해 보도록 한다.

## 3-4-1 발목 Control Rig 1

### 1. 캐릭터의 Foot을 구성하는 부분

캐릭터의 Foot을 구성하는 부분은 크게 세 가지 부분으로 구분이 가능하다. 첫 번째 중요한 부분이 발목(2번)이고 발뒤꿈치(1번), 발가락과 발등의 연결 마디(3번)이다. 발가락 끝은 Pivot으로 설정할 경우도 있지만 흔하지 않은 상황이라 생략하는 경우가 많다. 이들에 대한 상관관계를 Parameter와 Parents, Constrain 그리고 Link With 등의 작업 기능을 활용하여 정교하게, 때로는 Dynamic하게 제작하기도 한다(그림 3-52).

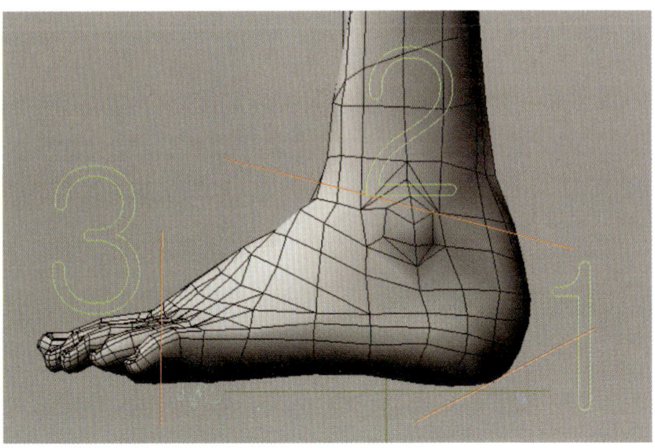


그림 3-52

## 2. 기본 Skeleton을 활용하는 방법

**1** 무릎을 Joint로 하는 Bone 두 개를 가진 Leg구조를 만든다. 그리고 발목과 발가락을 아우르는 Bone구조를 제작한다(그림 3-53).

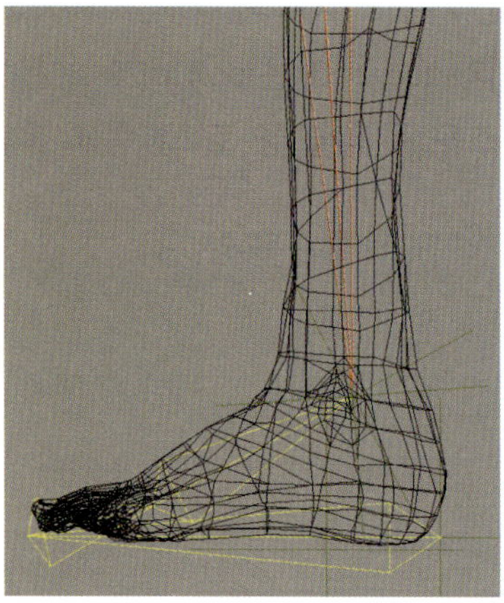

그림 3-53

**2** Null을 하나 꺼내서 발목 관절 위치로 이동을 시킨다. Null의 속성 창 들어가서(선택해서 Enter를 치고) Null의 모양을 다양하게 바꿔주도록 한다. 필자는 Cube형태로 바꾸었다. Skeleton의 Effector가 Null의 형태이므로 서로 선택이나 작업상 불편함을 가져 올 수 있다(그림 3-54).

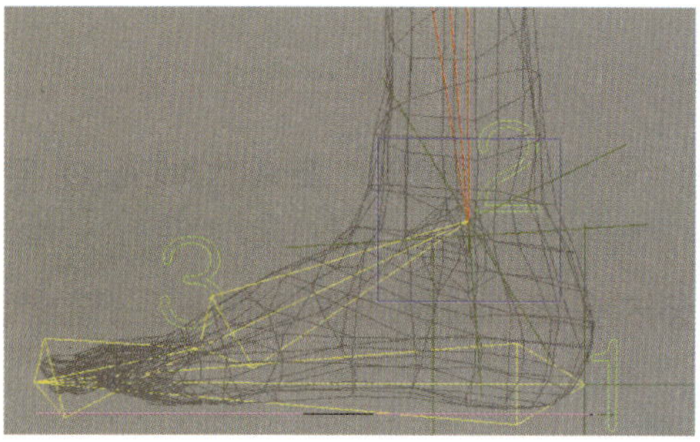

그림 3-54

**3** 발바닥 위치에 발바닥의 모양과 닮은 오브젝트를 하나 생성하도록 한다. 먼저 Curve로 형태를 만든 다음 Create 〉 Poly.mesh 〉 Curve to Mesh를 실행하도록 한다(그림 3-55).

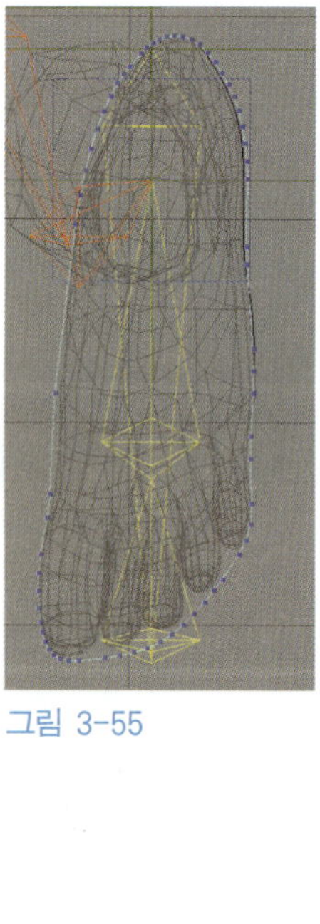

그림 3-55

**4** Leg Effector를 선택하여 Constrain 〉 Position 관계 설정으로 Foot의 Effector에 연결시켜 준다(그림 3-56).

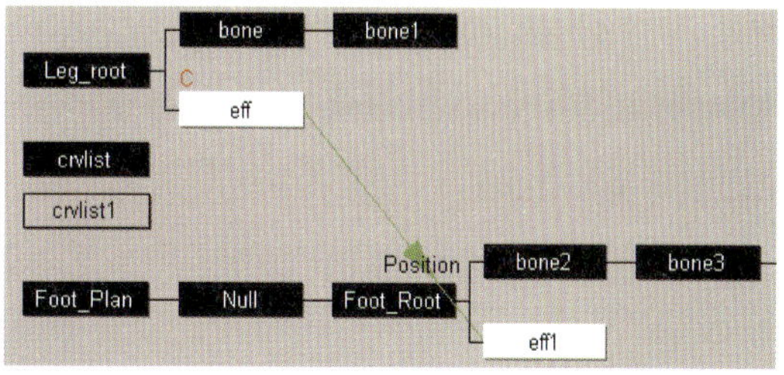

그림 3-56

**5** Foot Skeleton구조를 Null의 자식구조로 만들어 준다. Null이 회전할 때 발목도 같이 회전 값을 주기 위해서다. 발바닥 Object를 최상위로 하여 Null 〉 Skeleton Root를 자식구조로 둔다(Foot Plan－Null－Foot Skeleton)(그림 3-57).

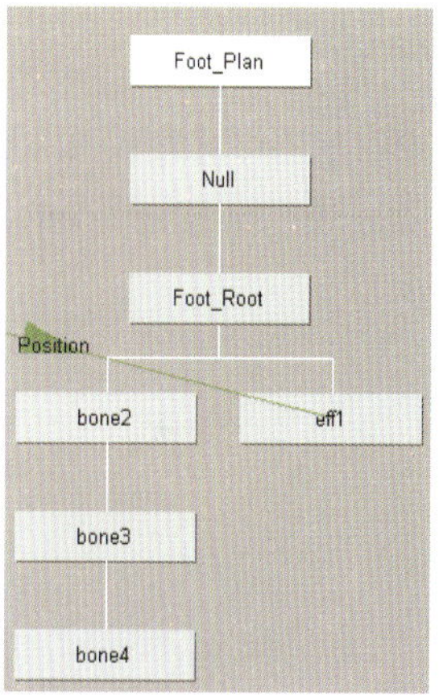

그림 3-57

**6** Foot 이동시 : 발바닥 Object를 선택하여 이동하도록 한다(그림 3-58).

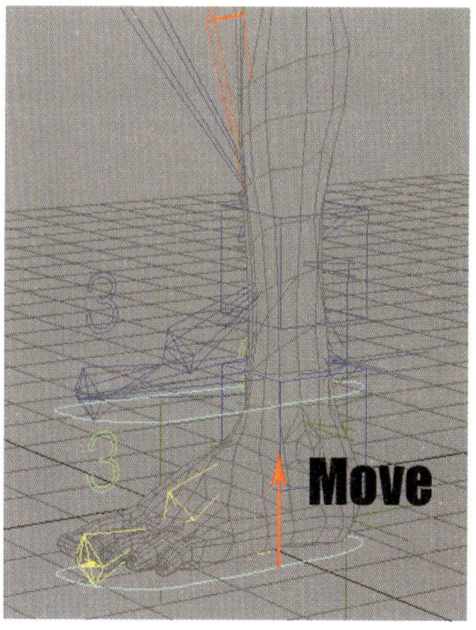

그림 3-58

7 발뒤꿈치를 Pivot으로 하여 회전시킬 경우 Foot의 Root를 선택하여 회전 값을 주도록 한다(그림 3-59).

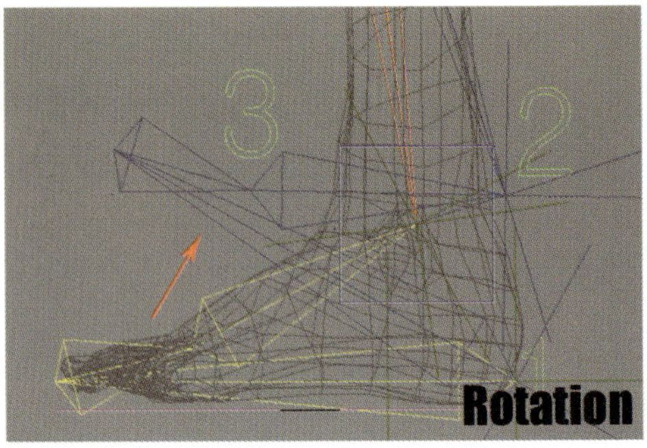


그림 3-59

8 발가락과 발등을 기준으로 회전을 주고자 할 경우 발등 Bone를 선택해서 회전 값을 주도록 한다(그림 3-60).

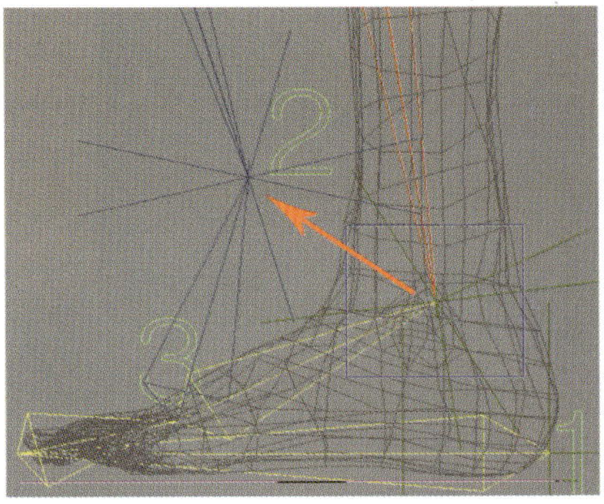

그림 3-60

9 발목회전을 할 경우 Null을 선택해서 회전 값을 적용해 준다(그림 3-61).

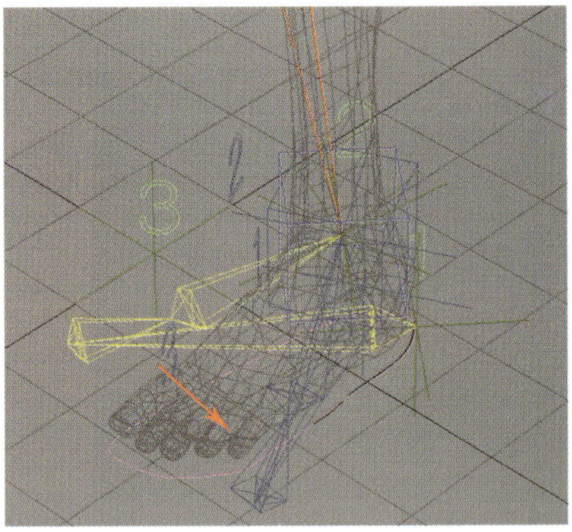

그림 3-61

## 3-4-2 발목 Control Rig 2

Skeleton 자체만으로 기본적인 움직임에 대한 표현은 가능하지만 보다 정교하고 움직임이 큰 발목의 이동과 회전 운동을 주기에 무리가 따를 수 있다. 이 경우 Body와 같이 Control object를 활용하여 다양한 구속관계(Link with, Parents, Constrain 등)를 적용해서 Rig 작업을 하기도 한다. 이번 장에서는 Null의 위치 값을 이용한 Foot Rig구조에 대해 살펴보기로 한다. 이 작업을 위해 간단한 Dummy data를 Setting하도록 한다.

**1** 먼저 발목과 발등, 발가락 구조상 Pivot이 될 만한 곳에 Null을 위치시키도록 한다(그림 3-62).

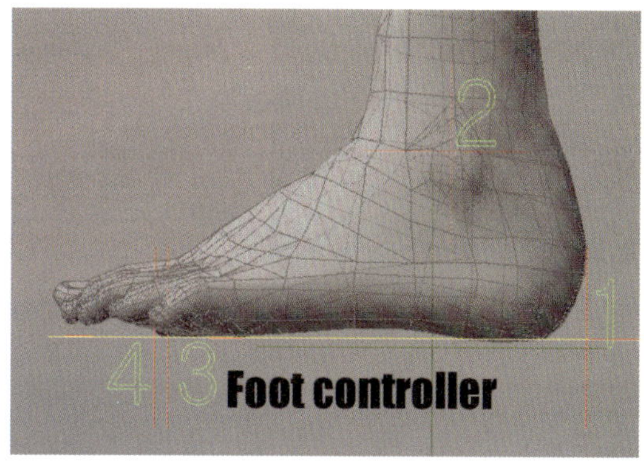

그림 3-62

**2** 발바닥 부분(Curve 〉 Curve to Mesh)과 발가락(Poly.mesh 〉 Cube) 그리고 발등(Poly.mesh 〉 Cube)을 만들고, 발 회전 컨트롤러(Primitive 〉 Curve 〉 Circle)를 만들도록 한다(그림 3-63).

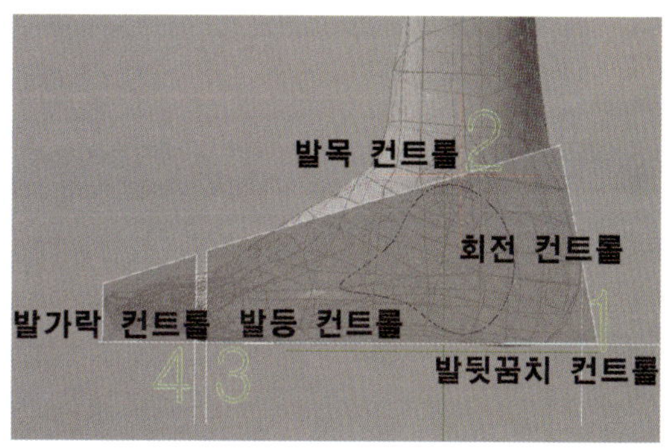

그림 3-63

**3** 2번 Null을 1번 Null의 자식구조로 넣도록 한다.

**4** 회전 컨트롤 역시 Foot Plan의 자식구조가 될 수 있도록 한다.

**5** 발등 컨트롤을 3번 Null의 자식구조로 만들고, 3번 Null을 다시 1번 Null 구조의 자식구조로 넣는다.

**6** Foot Plan을 최상위로 1번 Null을 아래 구조로 만들고 그 아래 2번 Null이 자식구조로 들어가도록 하고 2번 Null 밑에는 3번 Null과 4번 Null이 각각 자식구조로 들어가도록 한다. 그리고 4번 Null에는 발가락 컨트롤 Cube가 자식구조로 들어가도록 한다(그림 3-64).

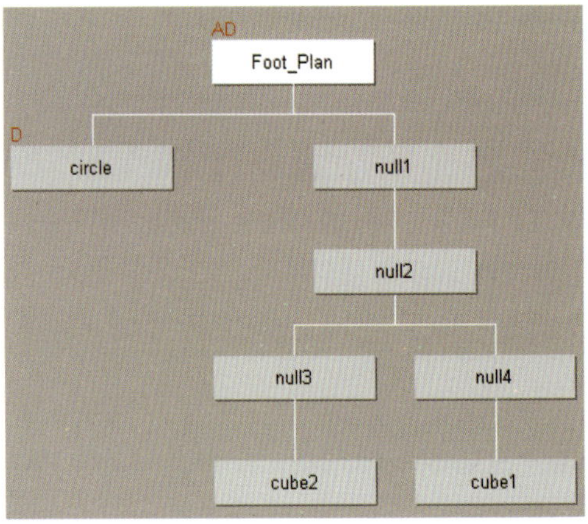

그림 3-64

**7** 그 결과 Null 1번을 잡고 회전하면 발뒤꿈치의 Pivot을 중심으로 발목 전체 회전 역할을 하게 되고, Null 3번을 잡고 회전하면 발가락을 중심으로 발등의 회전 값만이 적용된다. 그리고 Null 2번을 잡고 회전을 하게 되면 발목을 기준으로 발등과 발가락이 동시에 회전 값을 가지게 된다(그림 3-65).

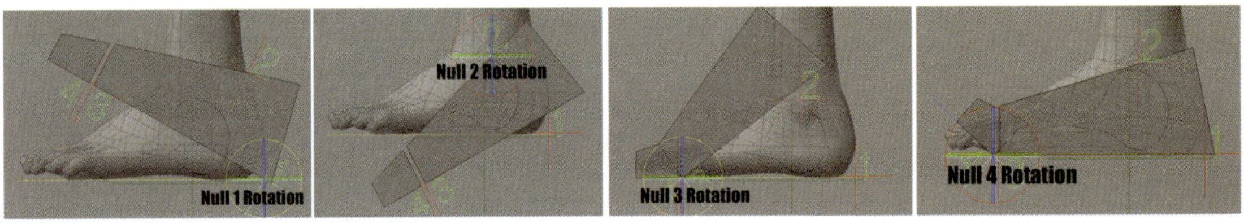

그림 3-65

**8** 이제 회전 컨트롤을 이용하여 발목과 발뒤꿈치의 회전 값에 대한 설정을 제작하도록 한다. 이때 사용하는 기능은 Link with.. 또는 Link with Orientation 기능을 사용하도록 한다.

먼저 1번 Null을 선택하고 회전 방향을 확인하고 (여기서는 X축 회전방향으로 설정) Local Transform 속성 창에서 Rotation X축을 선택하고 Animation Icon에서 마우스 오른쪽을 클릭한 후 Link with Orientation 명령을 실행한다. 그 결과 Pick Icon이 나타나면 연결시킬 회전 컨트롤을 선택한다(그림 3-66).

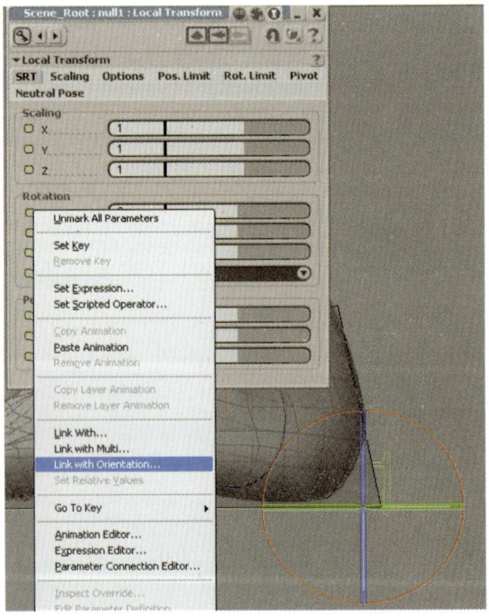

그림 3-66

**9** 1번 Null의 Local Transform 속성 창을 Lock시켜 놓고 회전 컨트롤을 적당한 각도로 회전 값을 준 다음 1번 Null도 적당한 회전 값을 준다. 그 다음 다시 Local Transform 속성 창 Rotation X Animation Icon에 마우스 오른쪽을 클릭한 후 Set Relative Value를 클릭해 주도록 한다(그림 3-67).

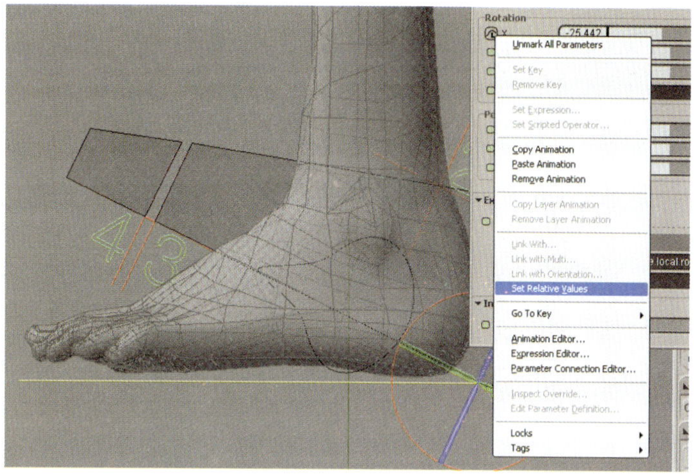


그림 3-67

**10** 회전 컨트롤을 선택해서 회전 값을 주면서 Null 1의 회전 관계를 확인하도록 한다.

**11** 이번에는 회전 컨트롤과 Null 3번과의 관계를 위와 동일한 방법으로 적용을 해보도록 한다(그림 3-68).

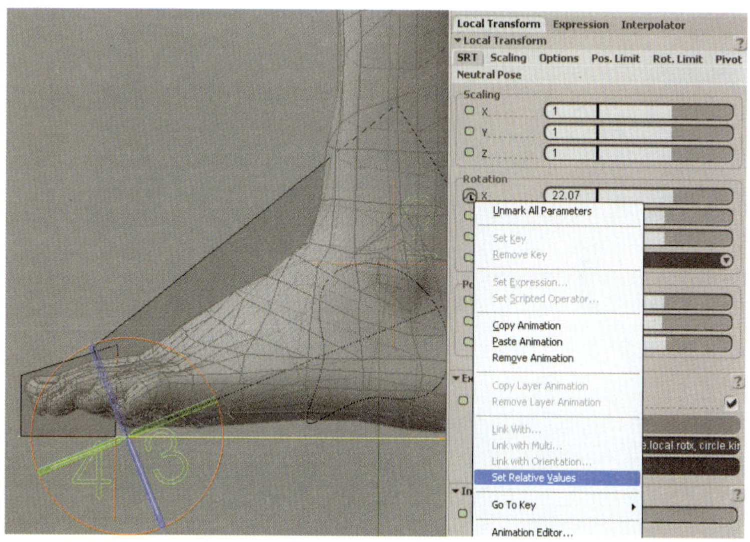


그림 3-68

이러한 시스템을 Skeleton의 구조와 연계하여 사용하면 보다 유연하고 섬세한 부분에 대한 컨트롤이 가능해 진다. 이렇게 해서 기본적인 Rigging으로부터 각 부분별 필요에 의한 활용적인 Rigging까지 내용을 다루어 보았다.

# 3-5 XSI Rig 제작 및 활용하기

## 3-5-1 XSI Rig 제작 1(Biped Rig-Human 캐릭터)

1 XSI에는 기본적으로 제공되는 Rig구조가 있다. 사용자 편의 위주로 제공되는 구조이기 때문에 누구나 쉽고 편리하게 사용할 수 있다. 종류도 2족, 4족, 2+4족 보행 캐릭터 등 다양한 형태들이 있기 때문에 그 활용범위가 더욱 넓다.

2 그리고 지금까지 앞장에서 배운 기본적인 Rig를 XSI에서 제공하는 Rig구조에 첨가해서 보다 효율적으로 사용 가능하다.

3 먼저 XSI에는 기본적으로 제공되는 Rig구조의 종류에 대해 알아보도록 한다.

4 Animate Tool bar에서 Create 〉 Character 〉 Biped guide를 선택하여 불러온다. 동시에 나타나는 속성 창의 값은 기본 값을 그대로 사용한다(그림 3-69).

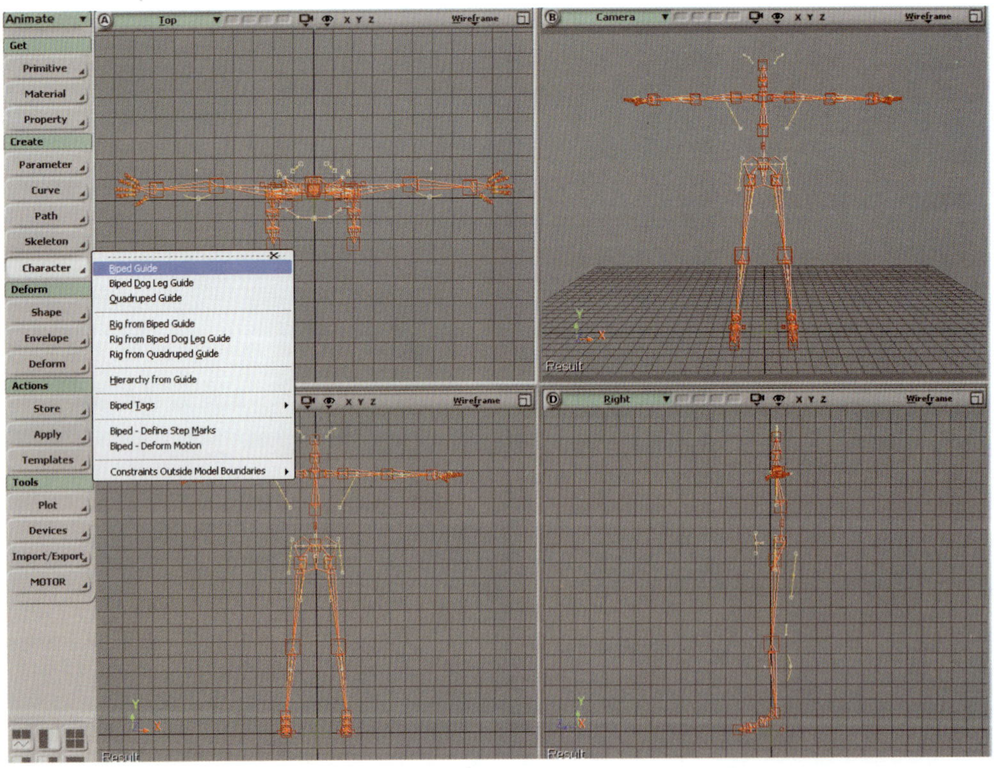

그림 3-69

**5** 이 Rig guide는 2족 보행 캐릭터를 기준으로 제작된 Rig guide이다. 여기서 Guide라는 의미는 캐릭터의 형태에 따라 Guide를 변형하여 어떠한 형태의 캐릭터에도 적용이 가능하기 때문이다.

**6** Guide의 수정을 하는 방법은 각 관절에 있는 Control cube를 이용하여 이동 및 회전을 통해 변형이 가능하다. 예를 들어 다리가 짧고 척추부터 목까지 거리가 길며 팔이 상대적으로 길게 제작된 캐릭터가 있을 때 XSI Biped guide를 이용하여 캐릭터에 맞게 재작업을 할 수 있다. 그리고 Controller는 대칭 구조를 가지고 있기 때문에 한 쪽의 guide를 이동하게 되면 반대쪽 guide는 자동으로 캐릭터에 맞게 변형이 된다(그림 3-70).

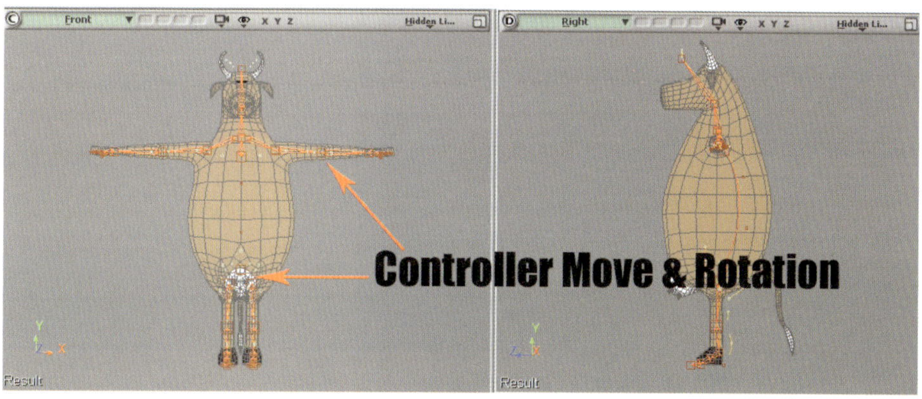


그림 3-70

**7** 다음은 이렇게 캐릭터에 맞게 변형된 guide로부터 애니메이션 제작에 사용될 Rig를 만들어야 한다. Animate Tool bar에서 Create 〉 Character 〉 Rig from Biped guide를 선택한다. 그러면 XSI는 변형된(또는 그대로인) guide로부터 계산된 Rig를 자동으로 만들어 낸다. Guide의 변형된 데이터가 많을수록 계산에 대한 시간이 많이 소요된다(그림 3-71).

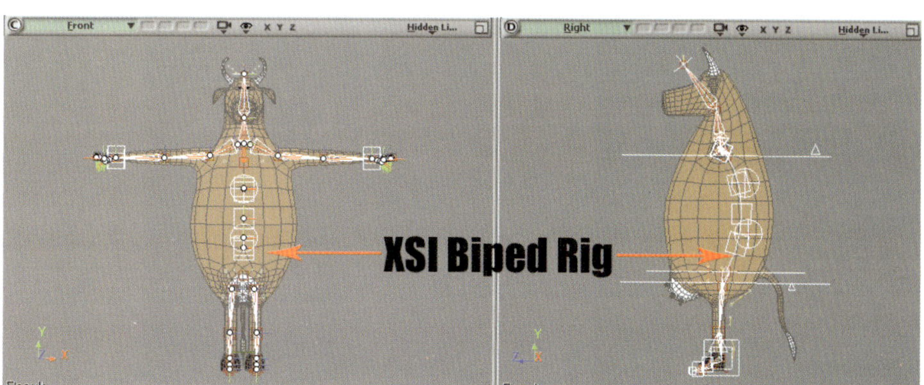


그림 3-71

**8** 일단 제작된 Biped Rig구조에 대해 살펴보도록 한다. 먼저 Guide는 이제 필요가 없기 때문에 Multi selection을 해서 Hide나 delete를 시킨다.

**9** XSI Rig각 Controller들의 명칭과 역할이다(그림 3-72).

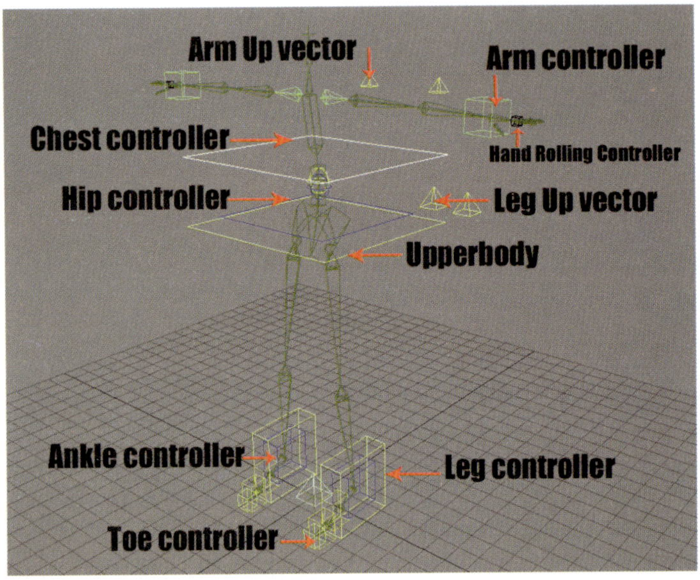


그림 3-72

**10** 구성요소는 다음과 같다. 애니메이션을 줄 Control Group와 Envelope를 할 Envelope group으로 나눠져 있다(그림 3-73).

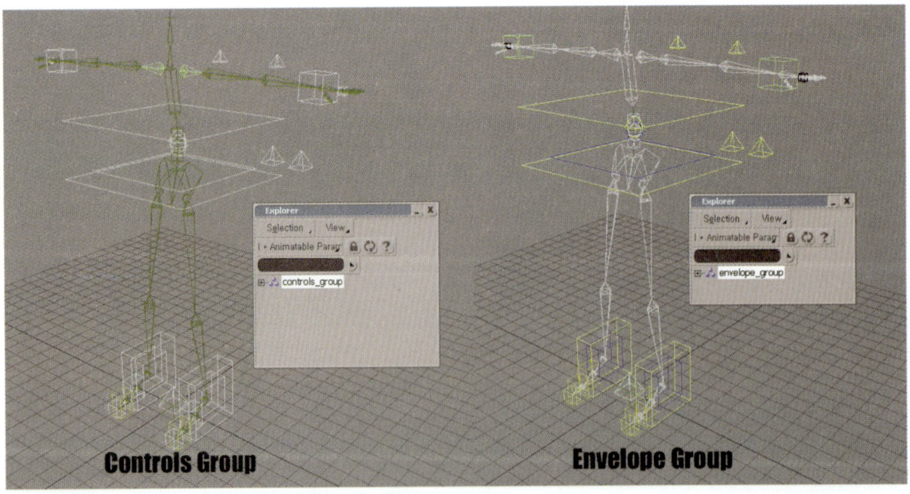


그림 3-73

11 XSI Rig구조는 다양한 기능들이 들어 있는 synoptic view를 볼 수 있는데 Controller를 하나 선택한 다음 키보드 [F3]을 누른다.

12 Synoptic view에 대해 간단히 살펴보도록 한다. Selection mode는 전체 선택, 전체 Key 값 주기, Pose저장 등의 기능들이 포함되어 있다(그림 3-74).

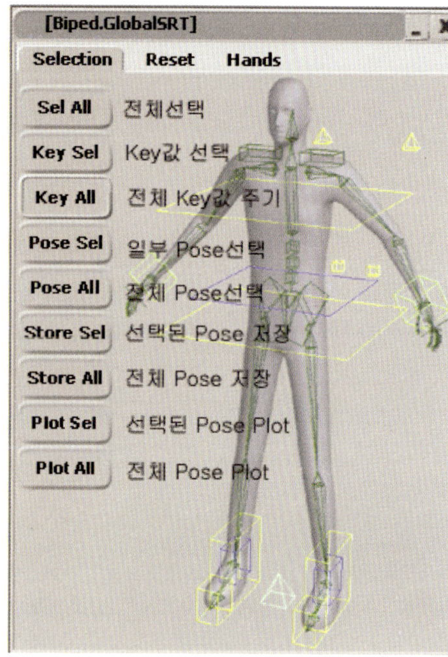


그림 3-74

13 Reset mode는 초기 값으로 전환할 수 있는 기능들이 있다(그림 3-75).

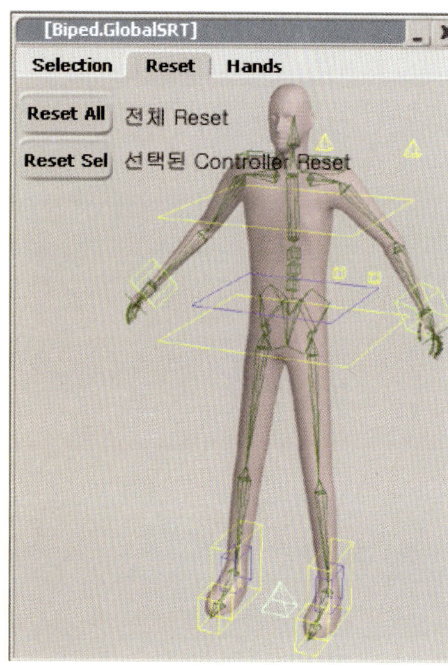


그림 3-75

**14** Hand는 손가락에 관련된 기능들이 있다(그림 3-76).

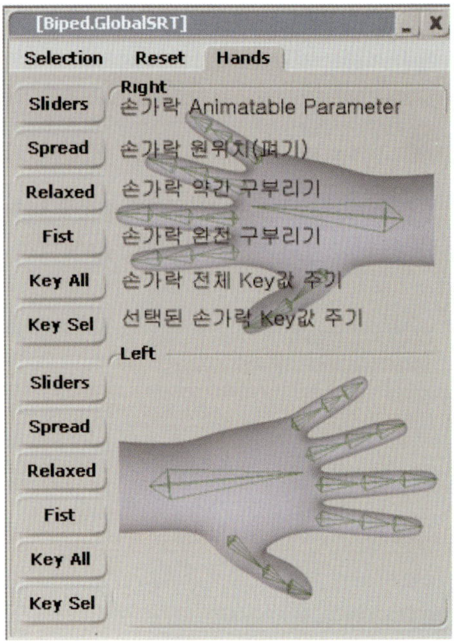


그림 3-76

**15** 앞에서 살펴보았듯이 XSI에서 제공하는 기본 Rig는 이렇듯 다양하고 효율적인 작업 시스템들이 많다.

**16** Quadruped나 Biped Dog Leg Guide 역시 동일한 개념과 방법으로 필요에 따라 적용해주면 된다(그림 3-77).

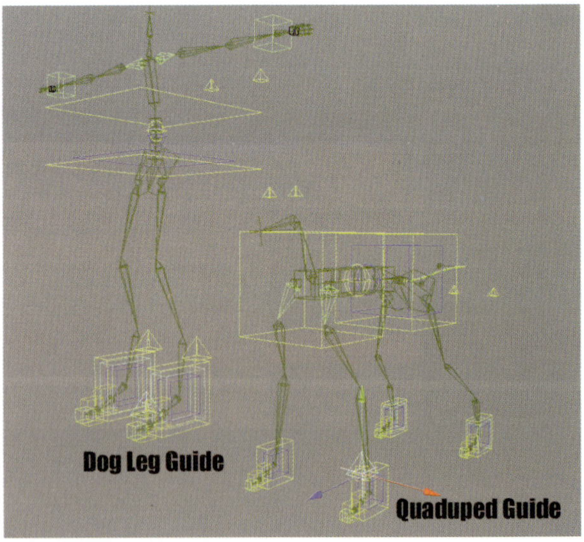


그림 3-77

## 3-5-2 XSI Rig 제작 2(Quadruped rig - 4족 보행 캐릭터)

1 먼저 4족 보행 캐릭터 모델링을 불러온다. File 〉 Import 〉 Model 〉 XSI Samples 〉 Digimation 〉 Dog_LoRez.emdl 파일을 선택하여 작업 창으로 dog 데이터를 불러온다(그림 3-78).

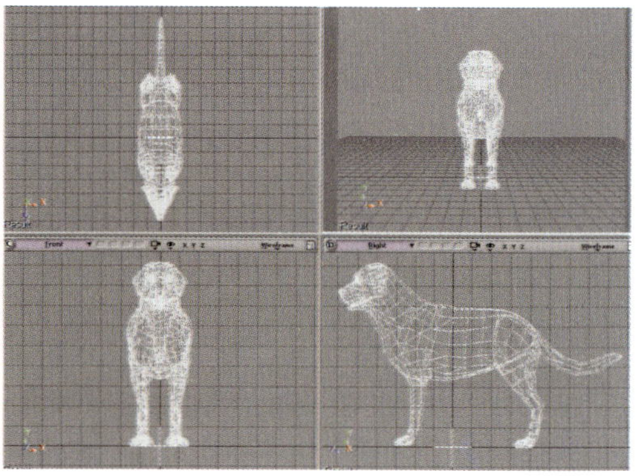

그림 3-78

2 Animate 〉 Character 〉 Quadruped Guide 명령을 선택한다. 그 결과 작업 창에는 4족 보행 캐릭터의 Guide구조가 생성된다(그림 3-79).

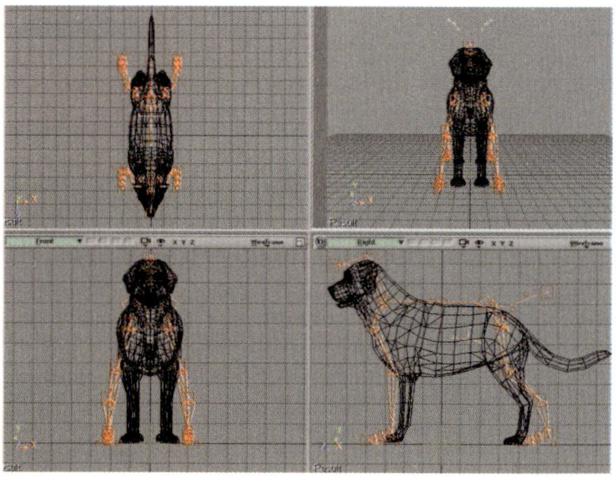

그림 3-79

3 각 관절 Control을 이동하여 Dog 모델링에 일치시키도록 한다.

㉠ 골반위치 정리하기(그림 3-80)

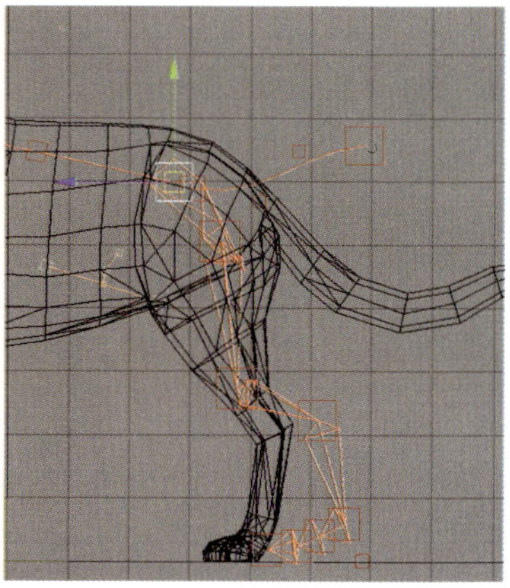

그림 3-80

㉡ 뒷다리 위치 정리하기(그림 3-81)

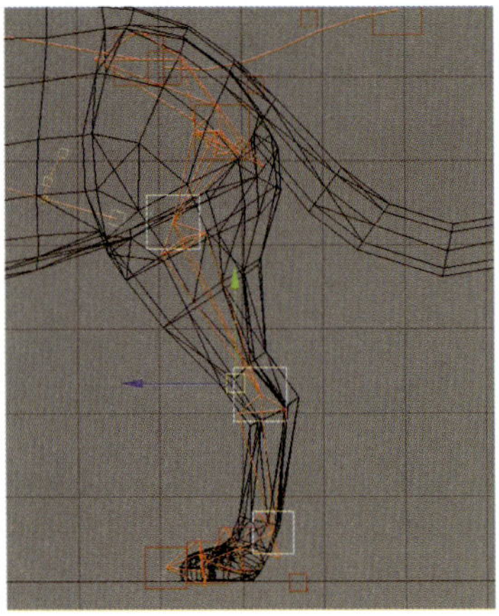

그림 3-81

㉢ 꼬리 위치 정리하기(그림 3-82)

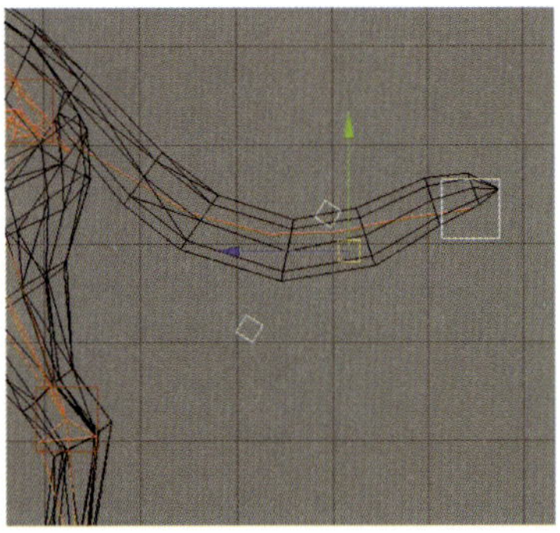

그림 3-82

㉣ 앞다리 위치 정리하기(그림 3-83)

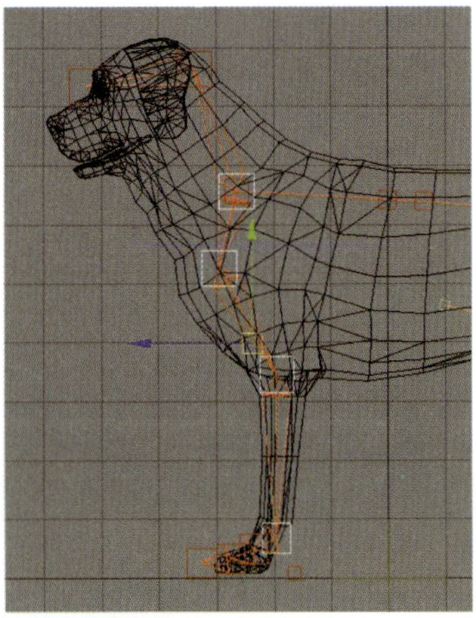

그림 3-83

ⓜ 머리/목 위치 정리하기(그림 3-84)

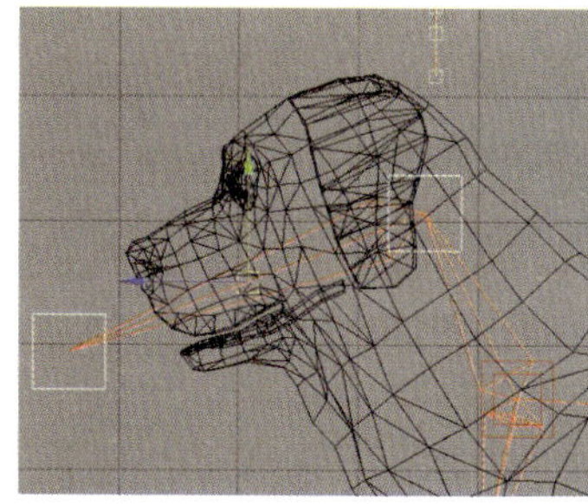

그림 3-84

ⓑ 정면에서 위치 정리하기(그림 3-85)

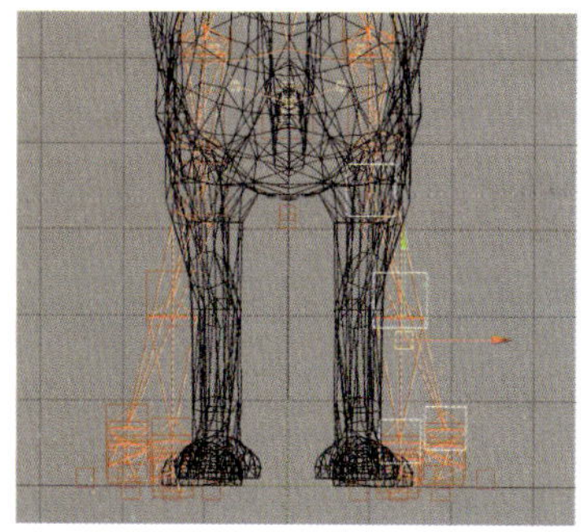

그림 3-85

ⓢ 완성된 모습(그림 3-86)

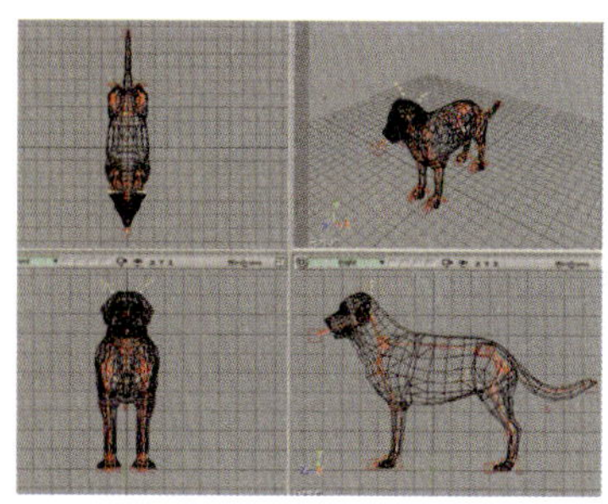

그림 3-86

**4** 수정된 Quadruped Guide로부터 Quadruped Rig만들기

㉠ Animate 〉 Character 〉 Rig from Quadruped Guide 명령을 선택한다.

㉡ 설정에 맞는 Option값을 지정해 주고 OK를 클릭한다(그림 3-87).

그림 3-87

## 3-5-3 XSI Rig 제작 3(Biped Dog Leg rig - Monster형 캐릭터)

**1** 완성된 공룡 캐릭터 불러온다(그림 3-88).

그림 3-88

**2** Animate 〉 Character 〉 Biped Dog Leg Guide 명령을 선택한다. 그 경과 작업 창에는 Monster형 캐릭터의 Guide구조가 생성된다(그림 3-89).

그림 3-89

**3** 각 부위별 Guide Controller 위치 지정하기

㉠ 척추 위치 수정하기(그림 3-90)

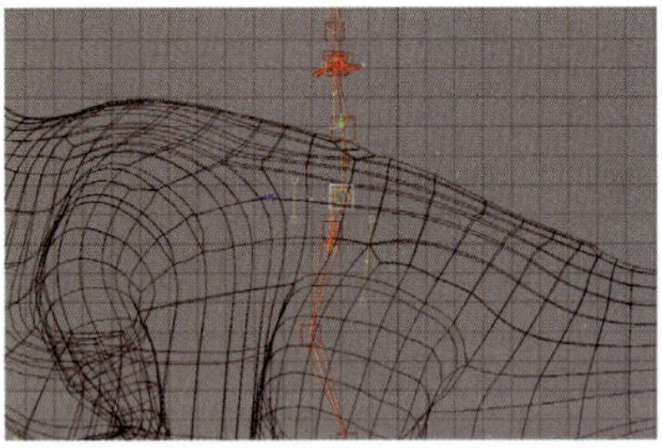

그림 3-90

㉡ 골반 위치 수정하기(그림 3-91)

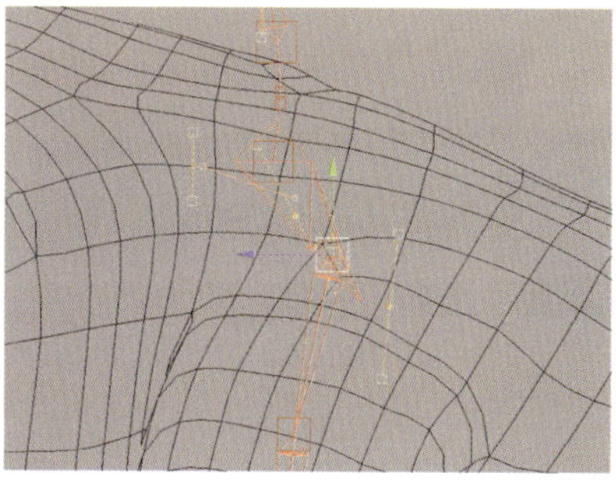

그림 3-91

㉢ 발(Foot)구조 위치 수정하기(그림 3-92)

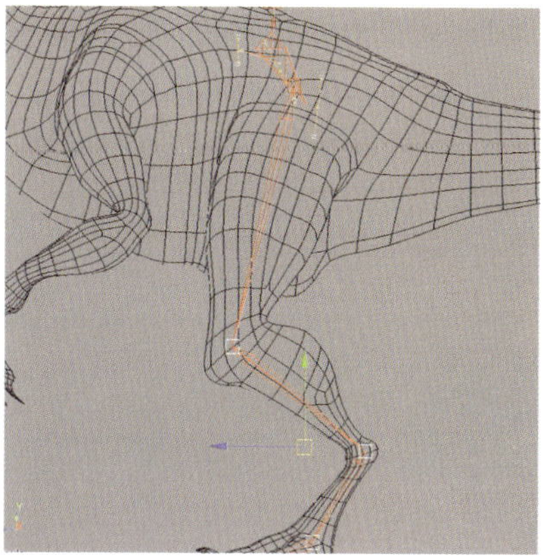

그림 3-92

㉣ 다리(Leg)구조 위치 수정하기(그림 3-93)

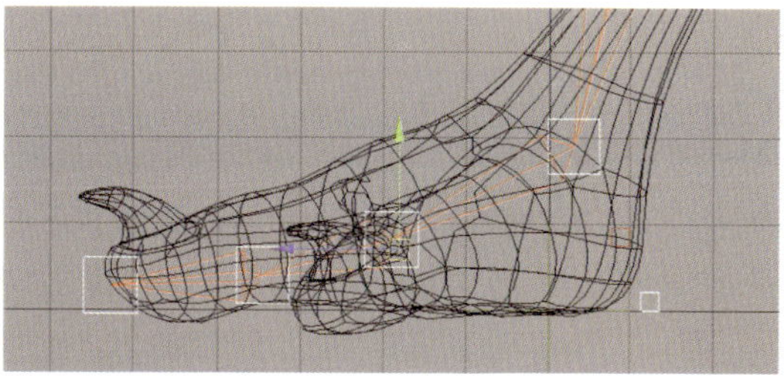

그림 3-93

㉤ 척추 위치 수정하기(그림 3-94)

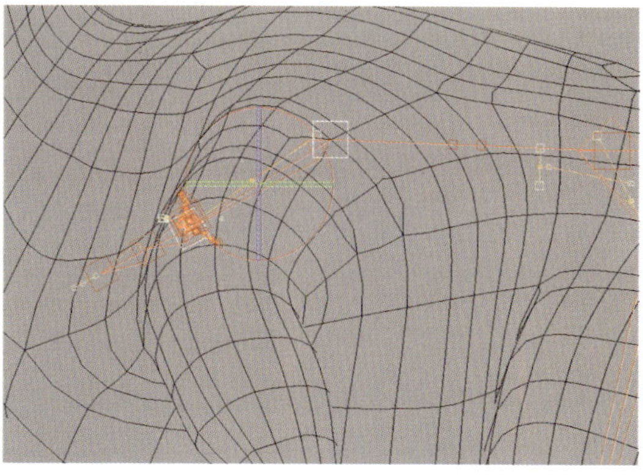

그림 3-94

ⓗ 목 위치 수정하기(그림 3-95)

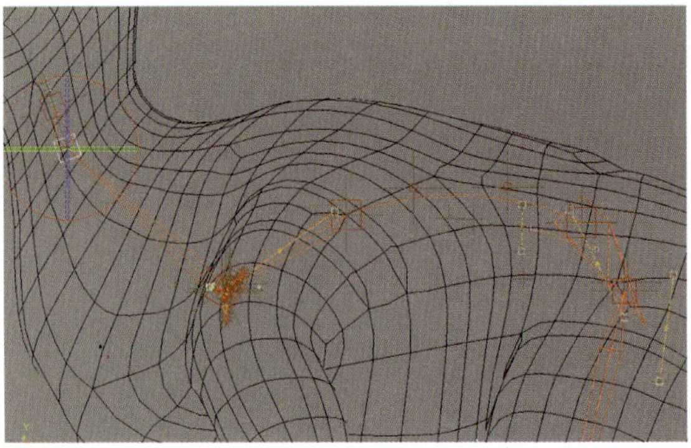

그림 3-95

ⓢ 앞발 위치 수정하기(그림 3-96)

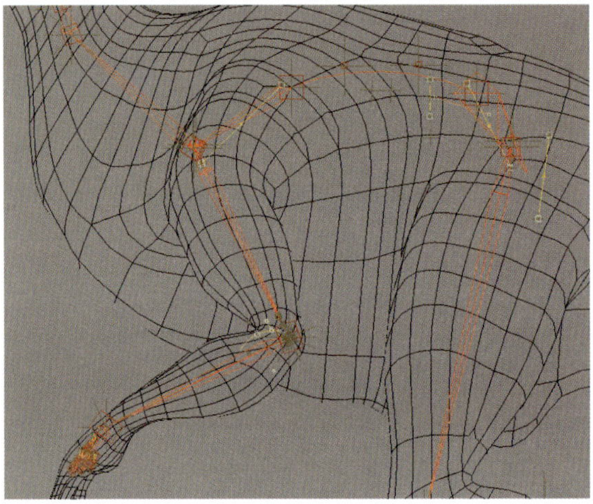

그림 3-96

ⓞ 손등과 손가락 위치 수정하기(그림 3-97)

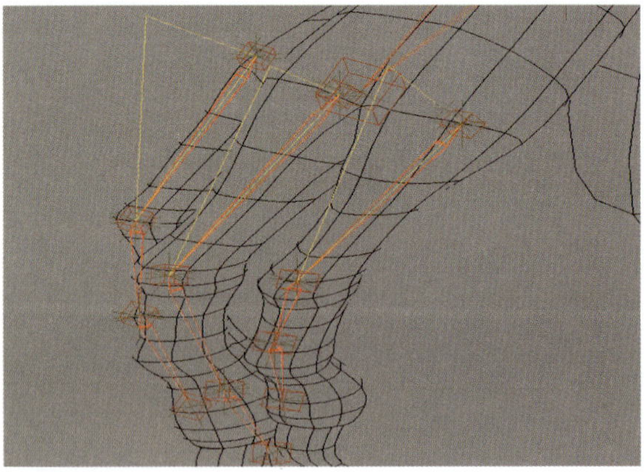

그림 3-97

㉧ Head 부분 위치 수정하기

Head Controller를 복사하여 필요한 위치에 정리를 한다(그림 3-98).

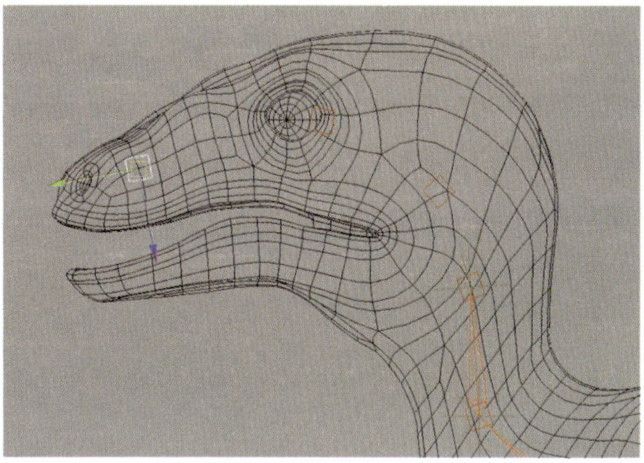

그림 3-98

㉨ 정면에서 위치 수정하기(그림 3-99)

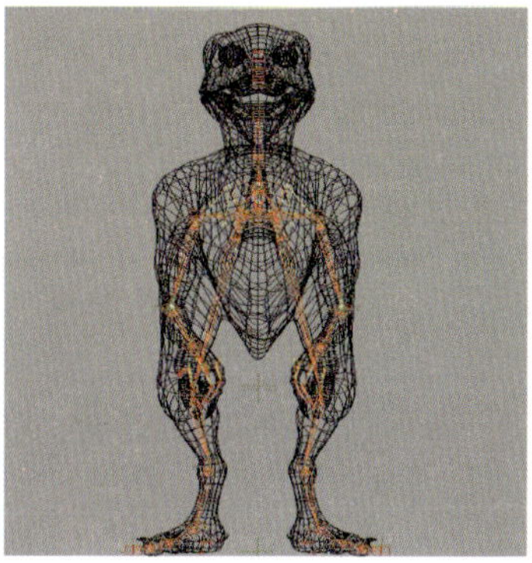

그림 3-99

㉩ 꼬리 만들어 주기

골반에 있는 Control cube를 복사하여 원하는 형태의 꼬리 모양을 만들어 준다(그림 3-100).

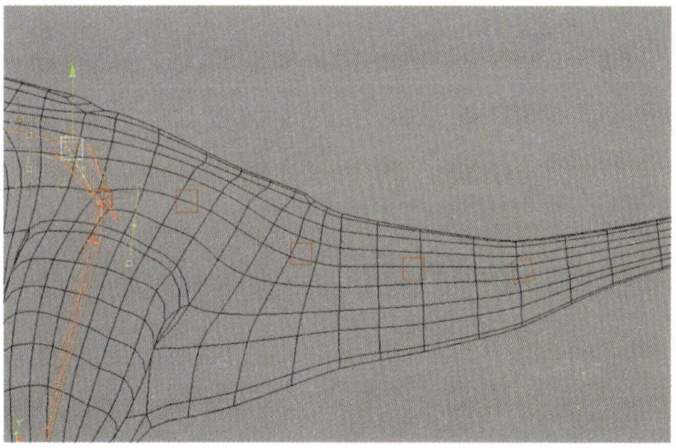

그림 3-100

**4** 수정된 Biped Dog Leg Guide로부터 Biped Dog Leg Rig만들기

㉠ Animate 〉 Character 〉 Rig from Biped Dog Leg Guide 명령을 선택한다.

㉡ 설정에 맞는 Option값을 지정해 주고 OK를 클릭한다(그림 3-101).

그림 3-101

## 3-5-4 XSI Biped Guide 활용하기

**1** XSI Biped 생성시 나타나는 Control option에 대해 알아보자. Guide로부터 Rig생성시 나타나는 Control Option은 좀 더 Detail하게 Rig의 controller를 활용할 수 있게 만들어진 Parameter들이다.

**2** 먼저 Foot Roll의 옵션은 발목을 회전할 때 회전되어지는 각도를 높이거나 낮추고자 할 때 사용하는 Parameter이다(그림 3-102).

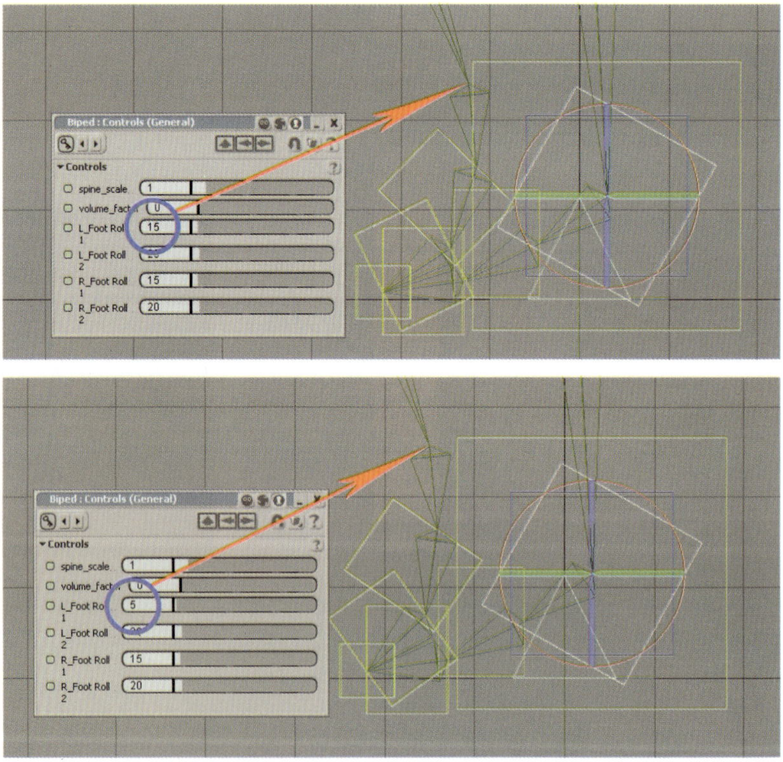


그림 3-102

**3** Spine scale option은 말 그대로 Spine의 크기를 컨트롤하는 Option이다(그림 3-103).

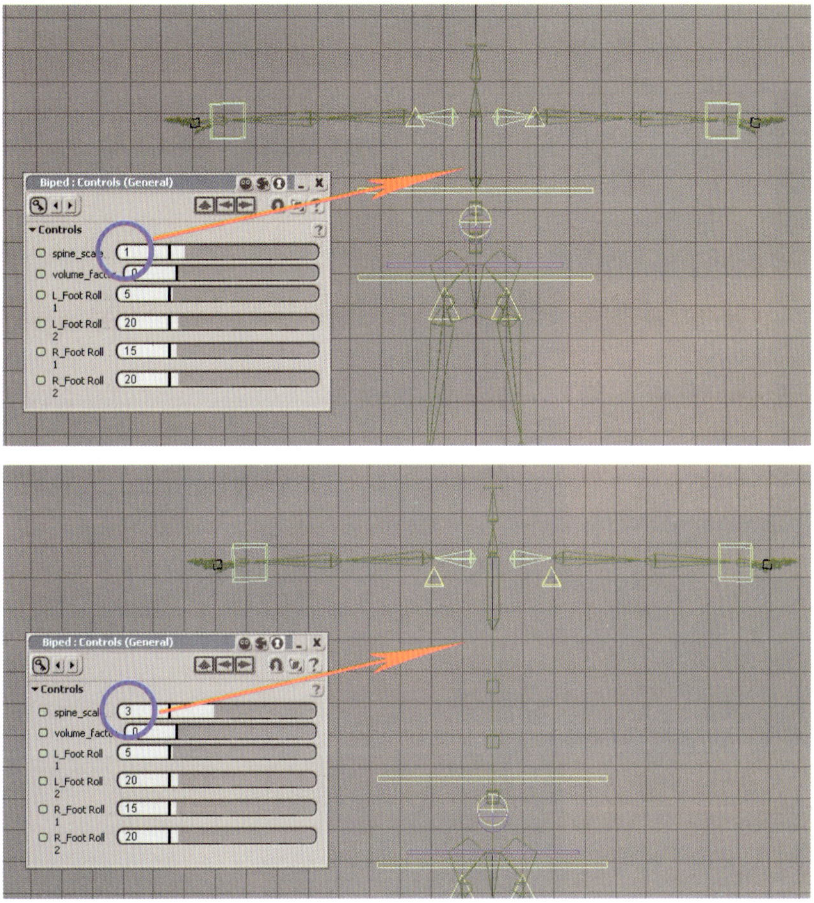


그림 3-103

**4** 다른 옵션들 역시 각 항목별로 좀 더 세밀한 컨트롤이 필요할 때 사용되어지는 옵션들이므로 잘 활용할 수 있도록 해야 한다.

**5** 발목의 회전 범위의 영역은 Guide의 초기 Controller의 위치에 따라 설정된다. 즉 발목의 회전 각도를 높이고 싶으면 Biped guide에서 뒤꿈치에 있는 Controller의 범위를 확대시켜주도록 한다(그림 3-104).

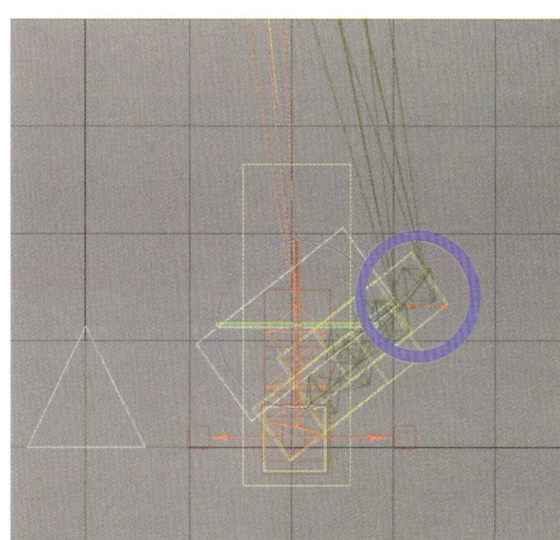

그림 3-104

**6** 생성된 Rig가운데 Hip의 모양이 너무 일반적이라 다양한 캐릭터의 Hip의 형태로 변화를 주고 싶을 경우 Hip control 오브젝트의 Hip Icon의 옵션을 조절해주면 된다. Hip도 Envelope Group의 한 부분이기 때문에 캐릭터의 모양에 따라 Hip의 모양이 달라질 필요가 있기 때문이다(그림 3-105).

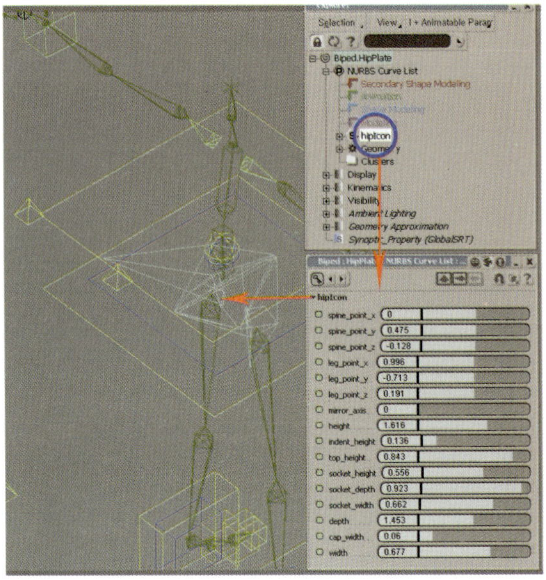

그림 3-105

**7** Hip의 모양과 크기뿐 아니라 Chest와 같이 Envelope되는 오브젝트의 모양과 크기를 모두 조절해 줄 수 있다.

**8** Guide에서 Rig를 생성시키기 전에 손가락의 방향을 설정해 줄 수 있다. 일반적으로 Curl이라고 하는데 XSI에서는 Blade라고 부른다. 이 Curl은 Rig skeleton을 만들기 전에 동일한 회전값을 갖는 여러 개의 Bone들의 회전 방향을 설정하는 것으로 캐릭터의 동작과 특징에 따라 미리 설정이 가능하므로 필요에 따라 활용이 가능하다(그림 3-106).

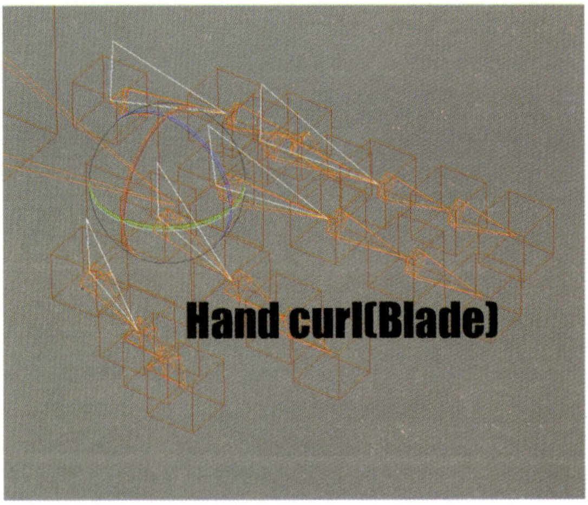


그림 3-106

**9** 실제 모델링되어진 캐릭터의 손가락의 마디개수가 Guide보다 많아 3개 이상인 경우에는 손가락 끝에 있는 Cube를 복사해서 원하는 Bone의 길이만큼 이동시킨 다음 Rig를 생성시키면 된다(그림 3-107).

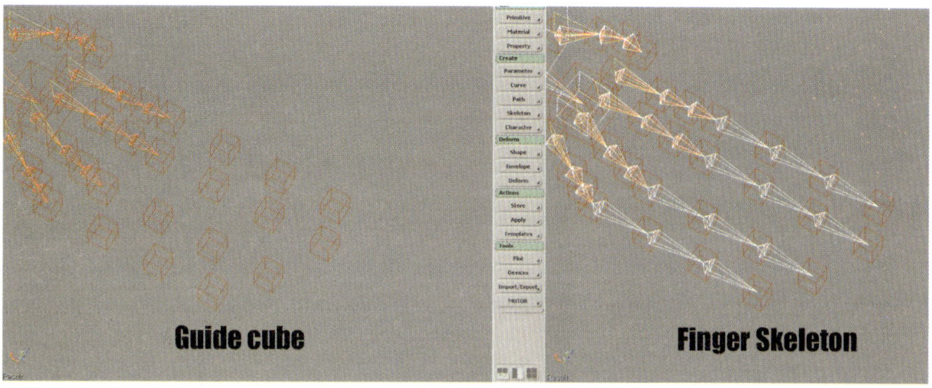


그림 3-107

**10** 이제부터 Guide로부터 Rig를 생성할 때 필요에 따라 재구성되는 주요 Option에 대해 살펴보기로 한다.

**11** 먼저 Chest Type에 대한 변형이다. 기본적으로는 Spine형태로 만들어지지만 이를 Skeleton형태로 바꿨을 경우에는 그 컨트롤의 의미가 달라진다. 하나의 Bone의 형태이다. 그러므로 Chain을 이용한 애니메이션도 가능하다(그림 3-108).

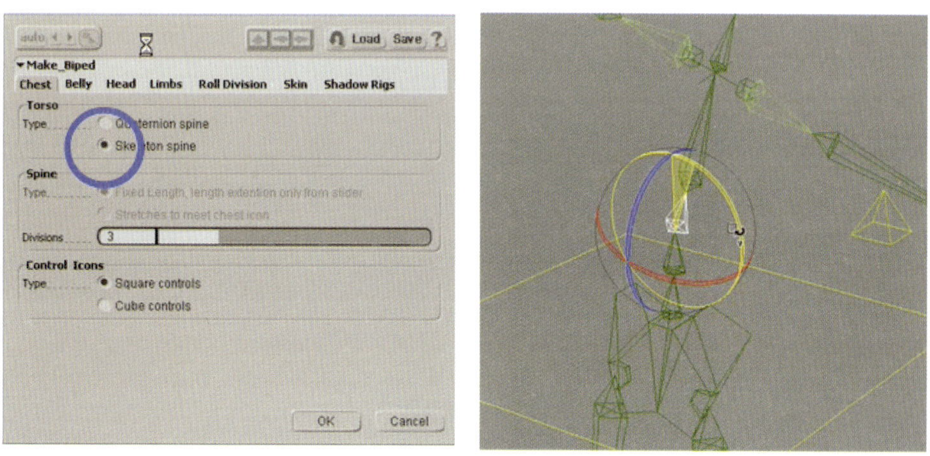


그림 3-108

**12** 이번에는 Spine type에 Cube control를 동시에 적용하게 되면 Control cube를 이용하여 자유롭게 Spine의 형태를 조절할 수 있게 된다. 기존의 캐릭터 컨트롤보다 훨씬 자유도가 높은 Rig이다(그림 3-109).

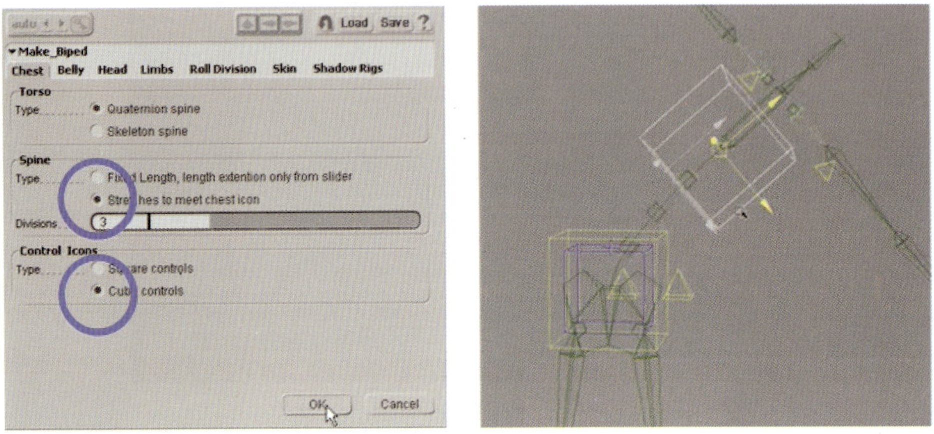


그림 3-109

**13** 어깨 부분에 대한 구조를 살펴보도록 한다. 보통 어깨의 움직임에는 크게 두 가지 종류가 있다. 어깨를 들썩일 때 그 아래 구조인 팔과 손이 동시에 움직이는 경우와 그렇지 않고 어깨만 들썩이는 경우가 있을 수 있다. 이때 Guide option에서 간단하게 제어해 줄 수 있다(그림 3-110).

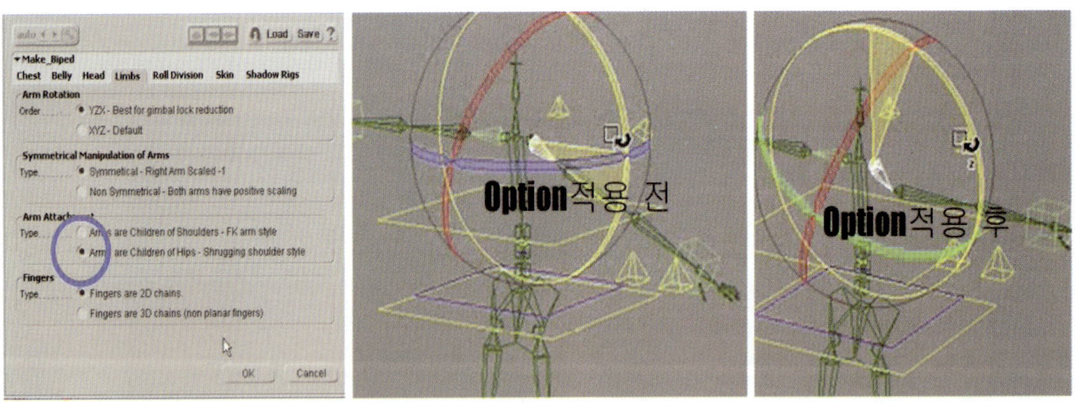


그림 3-110

**14** 다음은 귀의 움직임과 복부의 움직임에 Spring system 기능을 삽입시켜서 자연스러운 귀와 복부의 움직임을 제어해 보도록 한다. 먼저 귀의 제일 끝에 있는 Cube를 선택해서 복사를 한 다음 (양쪽 모두) 오른쪽 복사된 Cube를 선택하고 Constrain 〉 Symmetry 기능을 적용한 후 왼쪽 Cube를 선택한다. 그러면 오른쪽 cube는 왼쪽의 모든 변화에 동일하게 적용이 된다(그림 3-111).

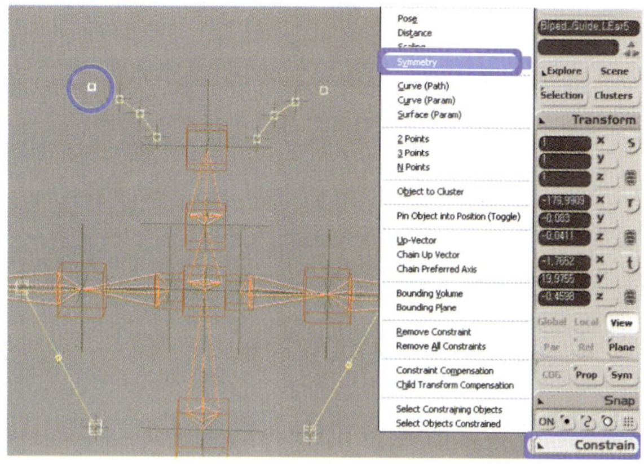

그림 3-111

**15** 이제 Rig Option에서 Head 설정 모드로 이동한 다음 옵션 값을 변경해 준다(그림 3-112).

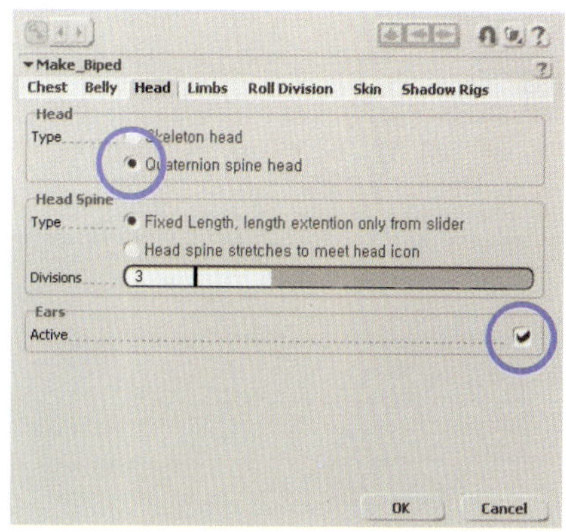

그림 3-112

**16** 결과를 보면 Head Controller를 기준으로 양쪽으로 귀를 컨트롤할 수 있는 Rig구조가 Spring system이 적용된 결과를 만들 수 있다(그림 3-113).

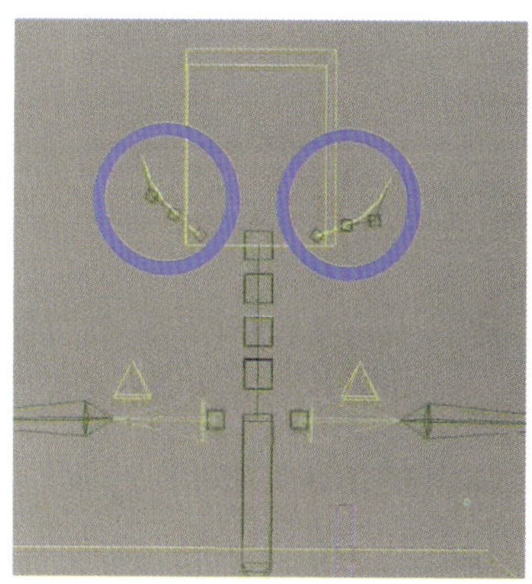
그림 3-113

**17** 다음은 Belly(캐릭터의 복부)부분에 대한 컨트롤 Rig에 대해 알아보도록 한다. 캐릭터의 Belly의 움직임은 캐릭터의 움직임에 영향을 받게 된다. 그리고 캐릭터의 디자인에 따라 그 움직임의 형태도 다양하다. XSI Rig Guide에서의 Belly는 Parameter 수치의 조절을 통해 다양한 캐릭터의 움직임을 Catch해 낼 수 있다(그림 3-114).

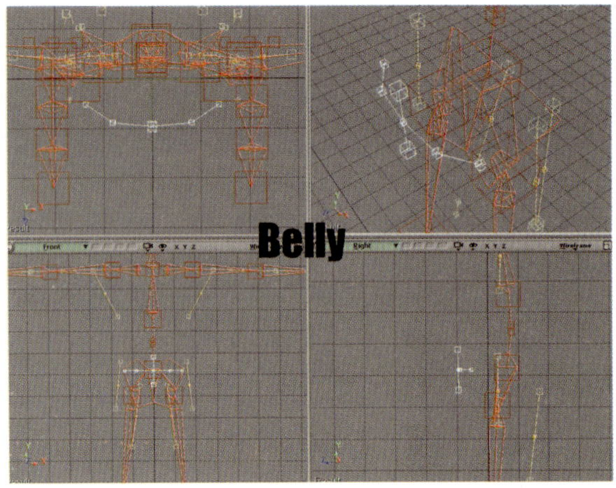

그림 3-114

**18** Rig from Guide Option에서 Belly에 대한 Option 값을 수정해 줌으로써 다양한 Belly의 움직임을 만들어 낼 수 있다(그림 3-115).

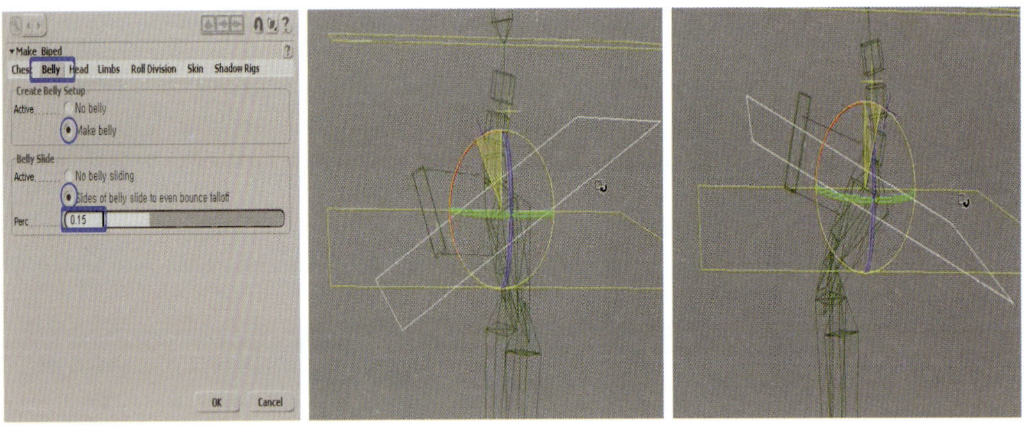

그림 3-115

**19** 다음은 XSI에서 주어지는 기본 Guide의 변형을 통해 Rig의 변화를 만들어 내도록 한다. 즉 캐릭터가 일반적인 사람의 형태가 아닌 꼬리나 뿔 또는 날개들을 가지고 있는 형태일 경우에는 캐릭터의 설정에 맞게 Skeleton이나 Rig를 만들어 줘야 한다. XSI Rig guide는 이런 점에서 상당히 유동적이라고 할 수 있다.

**20** 캐릭터에 꼬리가 있는 경우 꼬리 Skeleton을 따라 제작하여 원래의 Bone Group에 포함시켜 줘야 한다. 이때 새로운 Bone을 어떤 식으로 만들어서 어떤 식으로 관계 설정을 해 줘야 하는지 막막할 때가 있다. 꼬리 같은 별도의 부분을 제작하는 방법으로는 크게 두 가지가 있는 데 하나는 꼬리 형태에 맞는 커브를 그려서 Tail Bone을 만드는 방법이 있고, 다른 하나는 Rig Guide를 사용해서 만드는 방법이 있다.

**21** 먼저 Curve를 이용하여 만드는 방법을 알아보도록 하자. 꼬리 모양에 맞는 Curve를 그리도록 한다(그림 3-116).

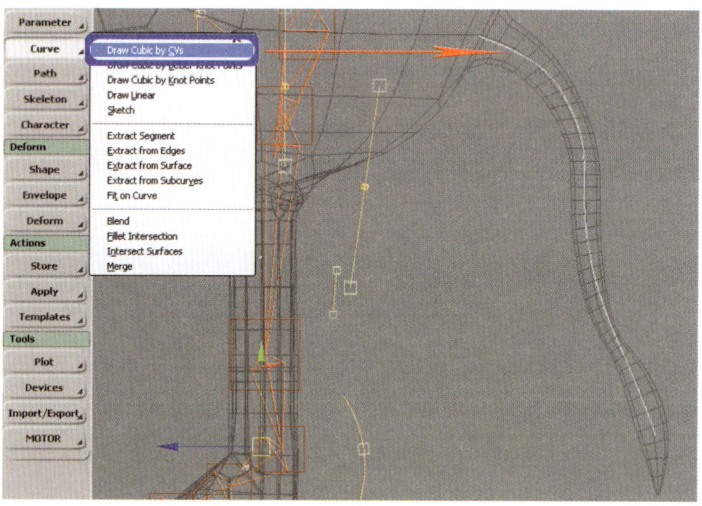

그림 3-116

**22** 그려진 Curve를 선택한 다음 Skeleton > Create Tail 명령을 클릭한다. 속성 창에서 Bone의 개수를 지정한 다음 OK를 누른다. 설정한 Bone의 개수를 가진 Tail이 생성된다(그림 3-117).

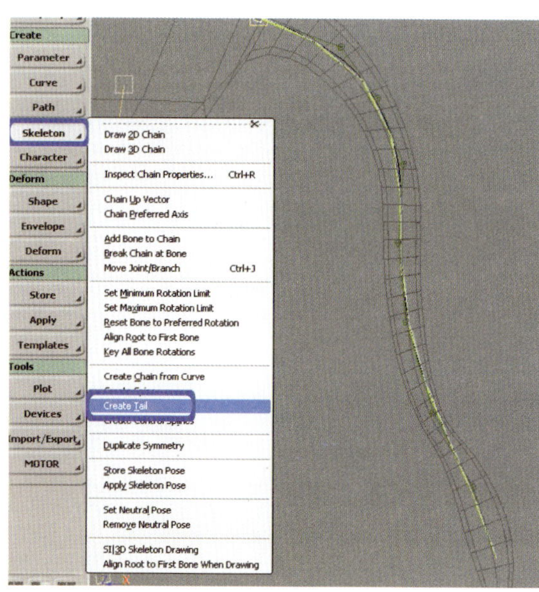

그림 3-117

**23** 생성된 Tail Bone의 Cube control을 XSI Rig의 Hip control object에 자식구조로 넣고 동시에 Envelope Group에 포함시키면 된다.

**24** 다른 방법 중 하나는 Guide에 있는 컨트롤 Cube의 복사를 통해 만드는 방법이다. 우선 Rig Guide를 불러온 다음 골반 위에 있는 Spine base cube를 선택한 다음 복사를 해서 꼬리의 모양에 부합되는 정도로 만든다(그림 3-118).

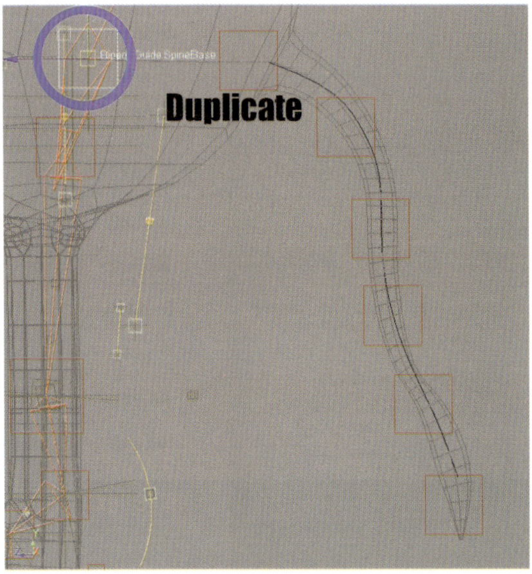

그림 3-118

**25** 어느 정도 모양이 갖추어지면 그 상태에서 Character 〉 Rig from Biped Guide 명령을 실행한다. 그 결과 복사된 Cube의 형태에 맞게 새로운 Tail이 Rig와 동시에 생성이 된다. 이때 Tail Bone controller를 회전시켜서 모델링의 형태에 맞추면 된다(그림 3-119).

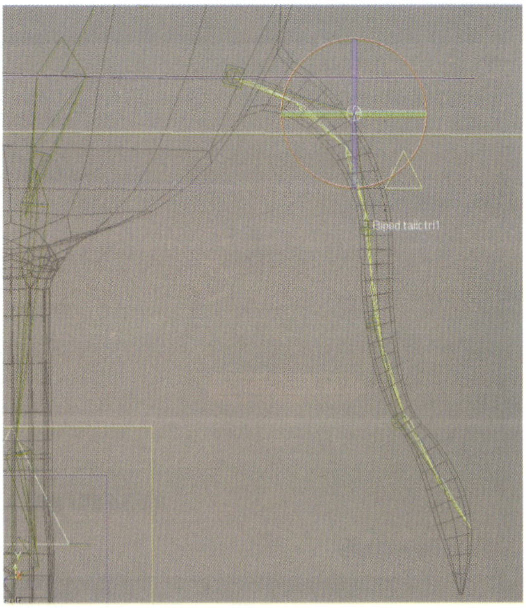
그림 3-119

**26** 다음은 Roll Division에 대해 알아보도록 한다. Roll Division은 FK 애니메이션 제작시 팔의 회전 방향을 제어하고 그 흐름을 알기 위한 수단으로 사용된다. 아울러 Envelop시 모델링 데이터와의 Weight 설정치에 대한 상관관계를 파악하여 피부의 움직임의 사실감을 살리는데 아주 유용하게 사용된다.

**27** 먼저 Make_Biped option에서 Roll Division을 선택하고 Active Number와 Bicep Roll Subdivision Number의 설정 값을 4로 정해 준다(그림 3-120).

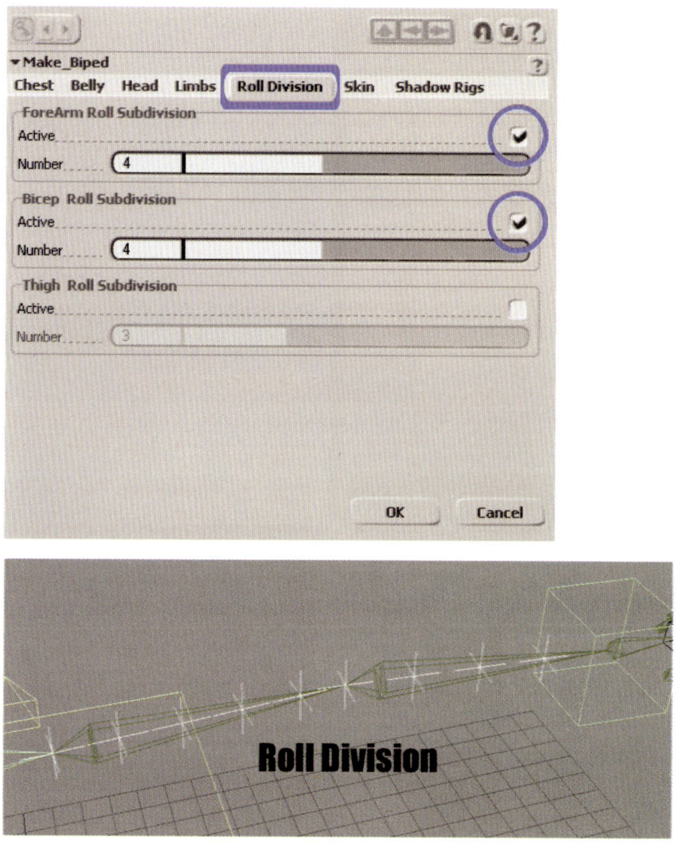


그림 3-120

**28** 팔 Bone의 IK & FK Blanding Option을 활성화시킨 후 손목 Control을 회전하게 되면 팔 Bone의 회전 값이 손목의 회전 값과 일치하게 회전이 된다. 그래서 손목을 비틀고 IK애니메이션 적용시 Bone의 뒤틀림을 예상할 수 있으므로 Key 작업시 데이터의 오류나 수정에 있어서 훨씬 효율적인 작업이 가능하게 된다(그림 3-121).

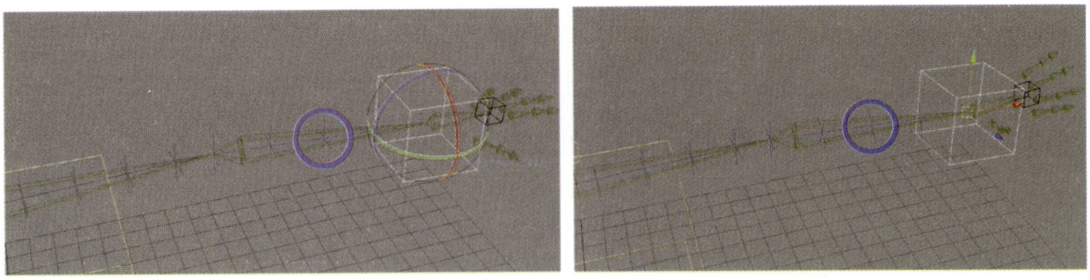

그림 3-121

**29** 다음은 Skin기능에 대해 알아보도록 한다. Skin은 캐릭터와 Skeleton과의 Envelop시 Weight지정에 대해 미리 불필요한 작업을 줄이도록 모델링 데이터와 Skeleton과의 범위를 지정하도록 해준다(그림 3-122).

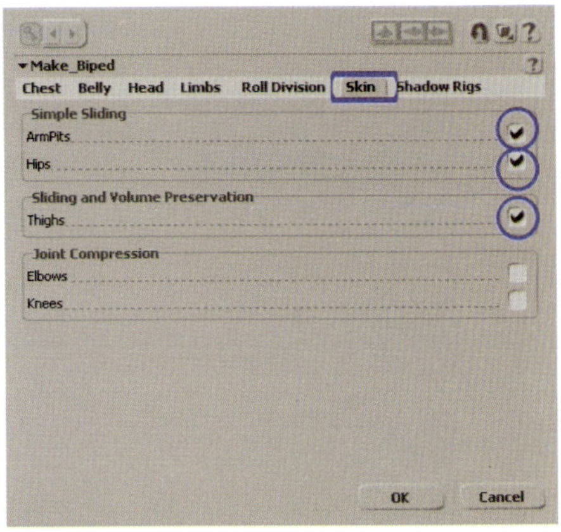


그림 3-122

**30** Skin을 적용한 캐릭터의 결과와 적용하지 않은 캐릭터의 초기 Weight 값의 차이를 비교해 본다면 Skin의 활용도가 얼마나 효율적인 작업이 될 것인가를 이해할 수 있을 듯하다(그림 3-123).

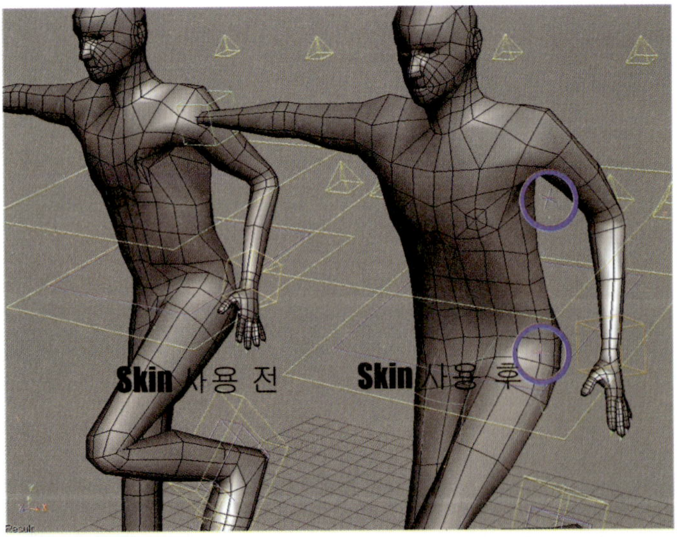


그림 3-123

**31** Arm이나 Hip뿐 아니라 Leg에 있는 Detail Guide를 이용하여 크기, 위치, 형태 등의 다양한 캐릭터의 형태에 맞춰 Skin 작업을 사용한다면 Weight수정에 드는 시간과 노력을 훨씬 많이 절약할 수 있을 듯하다. 팔의 두께, 어깨부터 가슴에 이르는 라인, Hip의 크기, 두께, 무릎의 형태, 종아리의 형태와 두께 등등…(그림 3-124).

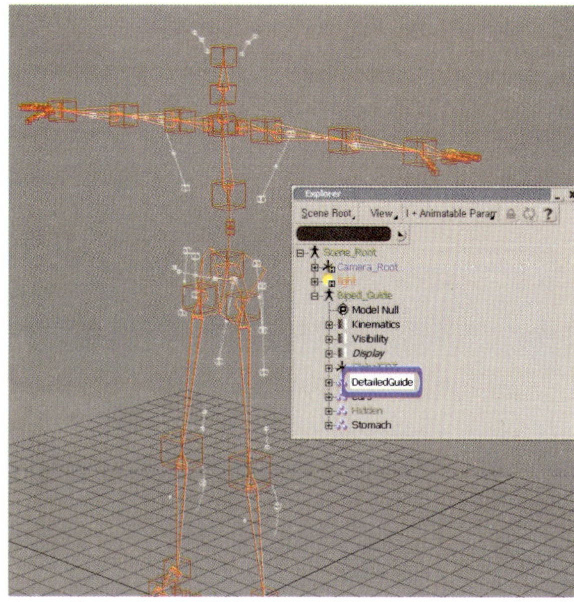


그림 3-124

**32** XSI Rig Guide의 마지막 순서로 살펴볼 내용은 Shadow Rig이다. 이는 가상의 오브젝트로 Biped Rig와 연계된 오브젝트이다. 모델링이 제작되기 전에 Key animation제작 시 참고할 만한 오브젝트의 형태를 굳이 따로 만들지 않아도 기본적인 형태를 보면서 제작된 캐릭터의 동작이나 움직임을 볼 수 있다. 비록 가상이기는 하지만 선택/해제가 가능하고 오브젝트의 속성을 일부 가지고 있기 때문에 활용도 또한 높다. 만드는 방법은 간단하지만 사전에 이 시스템을 어떤 용도로 활용할지에 대한 계획을 반드시 세우고 작업에 임하는 것이 좋다. Shadow 형태가 매우 다양하기 때문이다. 예로 Box형태의 Shadow Rig형태를 만들어 보도록 한다(그림 3-125).

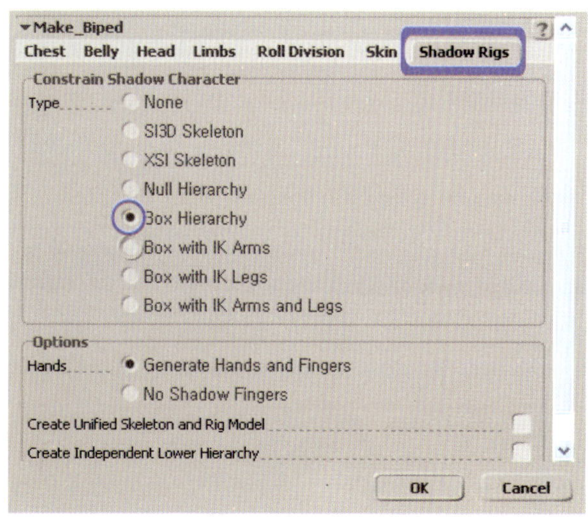


그림 3-125

**33** Box형태의 Shadow Rig는 XSI Rig구조와 동일한 구조이기 때문에 Rig controller를 잡고 캐릭터의 동작을 준다. 이때 변형되는 형태가 캐릭터의 형태로 이해하도록 한다(그림 3-126).

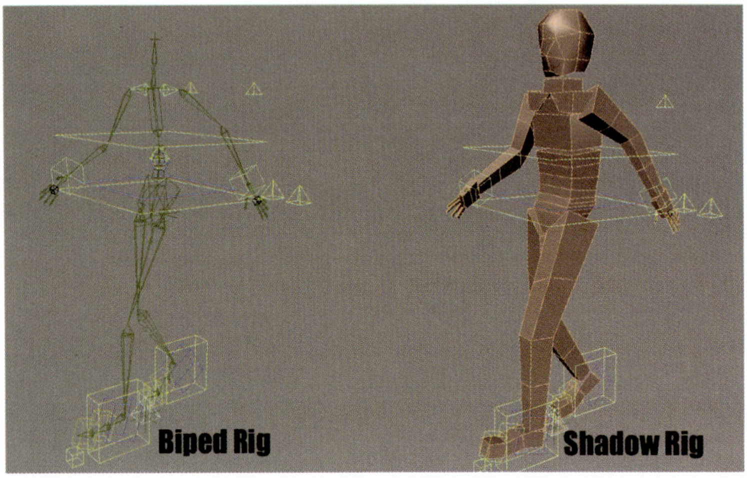


그림 3-126

**34** 그림 끝으로 XSI Rig구조에서 나타나는 몇 가지 수정 사항에 대해 점검을 해보도록 한다. 먼저 양쪽 허벅지 Bone을 선택한 뒤 Enter를 클릭하면 속성 창이 뜬다. 여기서 Kinematic Joint가 Resolution Plan Tap으로 이동하면 Roll 값이 설정이 안되어 있는 것을 확인할 수 있다. 수치를 "0"으로 설정해 준다(그림 3-127).

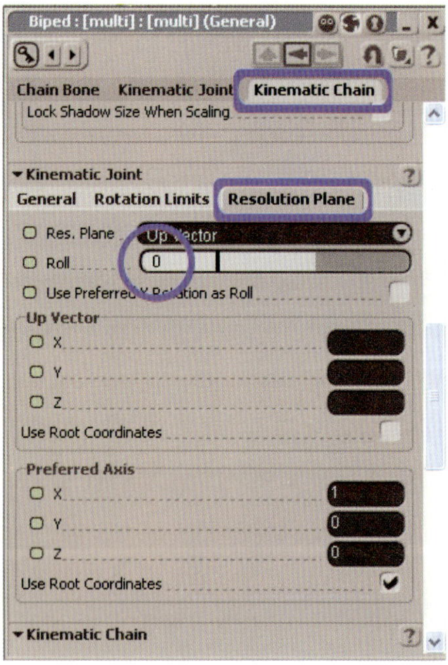


그림 3-127

**35** Upper Body의 Global Rotation X축의 값이 "−1.287"로 Setting이 되어 있는데 Local 모드에서만 작업을 한다면 문제 없지만 Global 모드에서 작업을 한다면 이 회전 값이 지장을 줄 수 있기 때문에 "0"으로 지정해 주고 그 회전 값을 Natural Pose값으로 설정해 두면 편리하다(그림 3-128).

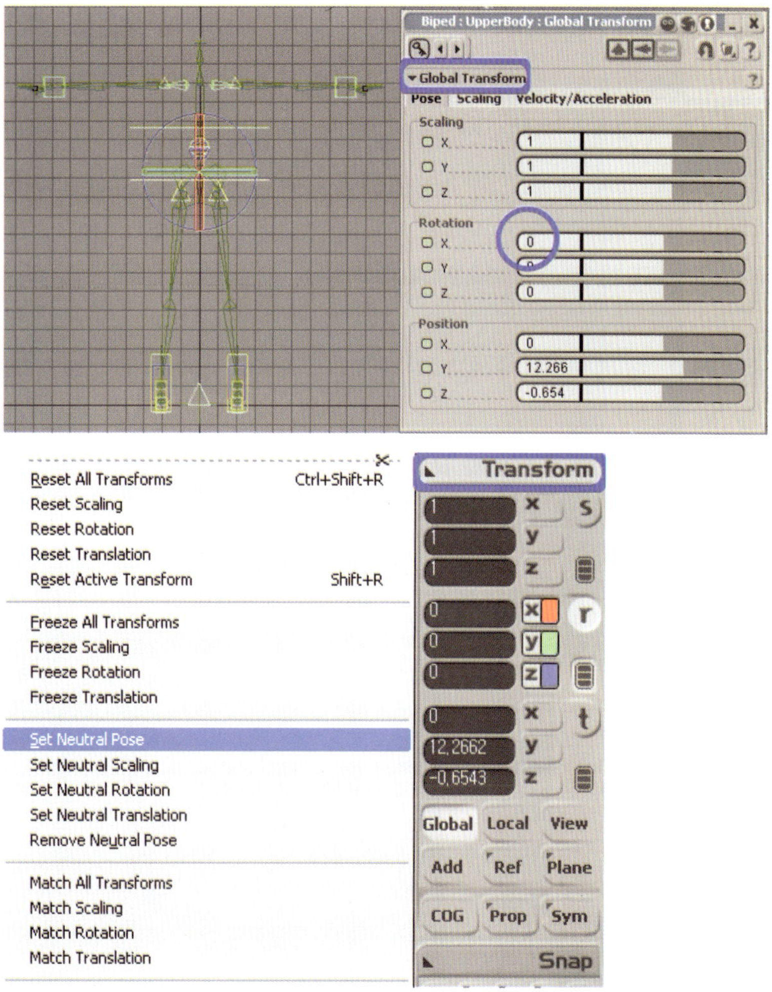

그림 3-128

# 3-6 Advanced XSI Rig

## 3-6-1 2Point를 이용한 Rig

XSI에는 기본적으로 제공되는 Rig구조는 사용하는데 문제가 전혀 문제가 없을 뿐 아니라 게임 및 애니메이션 제작에 많이 활용되고 있을 정도로 훌륭하다. 그렇다고 항상 XSI Rig구조만을 사용한다면 개인적인 발전의 저해는 물론이고 추가적으로 필요한 Setting이 있을 경우에 제대로 Setting을 하지 않고 작업을 한다면 Acting 작업에 있어 상당한 제약이 뒤따르게 된다. 이는 곧 작품의 질적인 부분에 문제를 야기하는 동기가 되기도 한다.

그러므로 필요하다면 언제든지 그리고 항상 좀 더 낳은 결과를 위해 고민하고 도전하고 노력해야 좋은 결과를 얻을 수 있다.

지금부터는 XSI에서 제공하는 기본 Rig에 몇 가지 기능을 좀 더 추가하여 질적인 부분의 첨가가 가능하도록 해본다.

먼저 간단하게 Constrain 〉 2Point를 이용하여 왼발과 오른발의 관계구속 통해 Body의 상체 부분과의 관계를 좀 더 밀접하게 만들어 보고자 한다.

1 먼저 XSI Biped Rig구조를 만든다(그림 3-129).

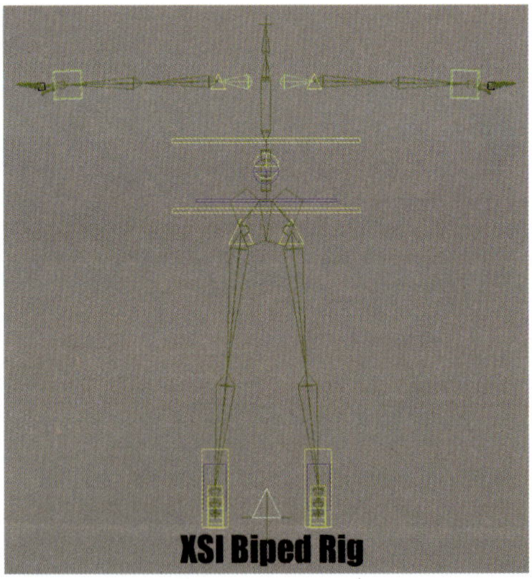


그림 3-129

2 왼쪽 발과 오른쪽 발을 서로 연결한 Null을 하나 꺼낸다. Get 〉 Primitive 〉 Null을 클릭한다. 이름을 2Point Null로 한다.

**3** 생성된 Null을 클릭하여 Constrain 〉 2Point 명령을 실행한 뒤 Pick icon이 생성되면 왼쪽 다리와 오른쪽 다리 Control Rig를 각각 선택한다(그림 3-130).

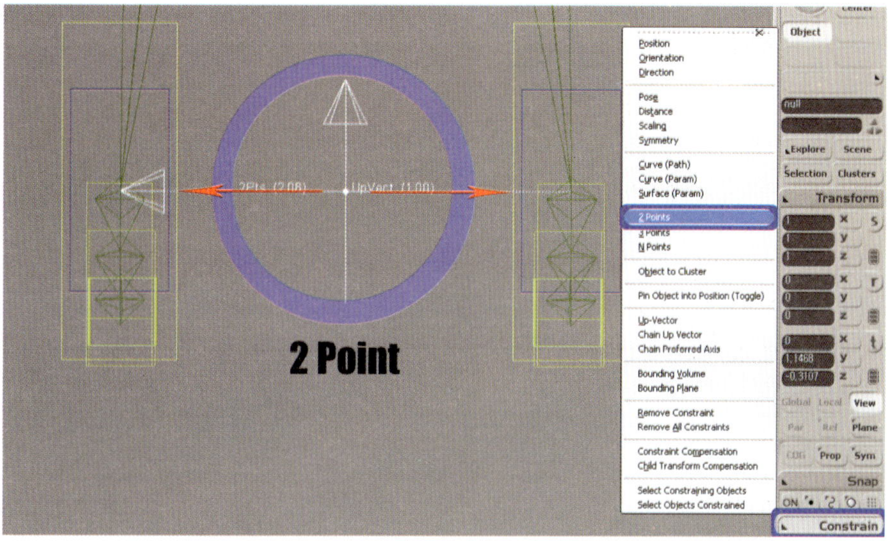


그림 3-130

**4** 다음으로 상체와 연결하기 위한 도구로 사용될 Cube를 하나 꺼내서 이름을 2Point cube라고 명명하고 Length 값을 1로 줄인 다음 Match Transition을 해서 2Point Null위치에 옮겨 놓는다.

**5** 그리고 생성된 2Point cube를 2Point Null의 자식구조로 만든다(그림 3-131).

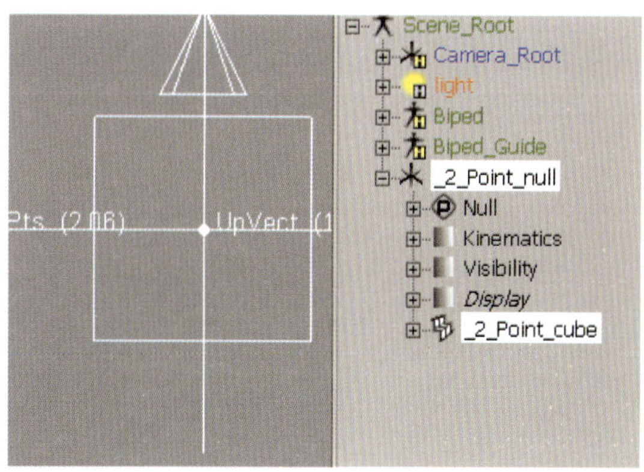


그림 3-131

6 다음은 상/하체 Controller인 Upper Body를 2Point cube에게 구속시키기 위해 Constrain 〉 Position관계를 설정해 준다. 이때 현재의 기본적인 형태를 유지해야 하므로 CnsComp를 반드시 활성화 시키고 작업에 임해야 한다(그림 3-132).

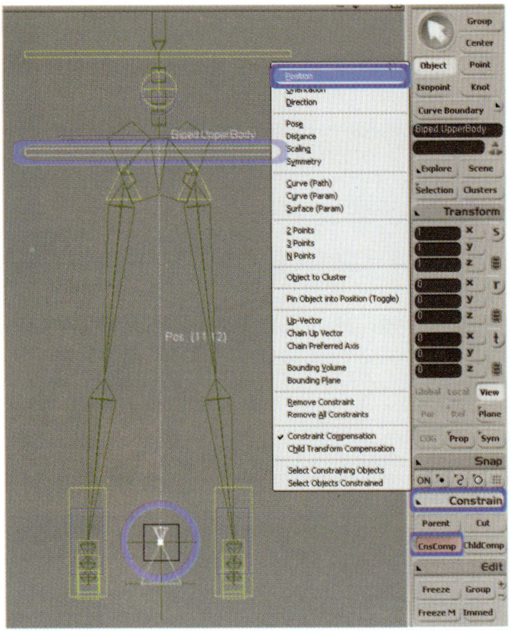

그림 3-132

7 이제 결과에 대해 테스트를 하도록 한다. 먼저 Upper Body Controller를 선택해서 Y축 아래로 살짝 내려서 무릎을 굽히도록 한다. 그리고 왼쪽 발을 살짝 들어 올리면 XSI 기본 Rig와 틀린 점을 발견하게 된다. 즉 발과 하체 상체와의 상관관계가 설정이 되었다. 그래서 왼발을 살짝 들어 올리게 되면 상체도 자동으로 들어 올려지게 된다(그림 3-133).

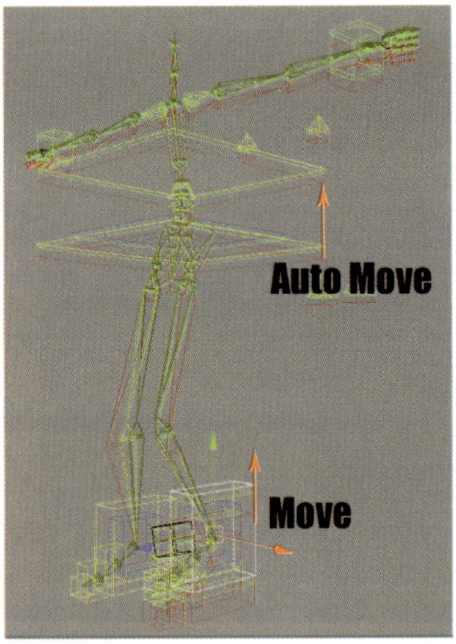


그림 3-133

8 자 이제 발 컨트롤러와 Upper Body 컨트롤러 사이와의 관계를 다시 정리해보자. 인체의 특징에 있어 가장 두드러진 특징은 바로 균형 감각이다. 한쪽 발을 들어 올리면 상대적으로 상체는 들어 올려진 발의 방향으로 기울어지게 된다. 그 이유는 한쪽 발을 들어 올림으로써 무게 중심이 이동을 하게 되고 몸은 자연히 중심을 잡기 위해 몰려진 다리 방향으로 상체가 회전하게 된다. 이는 인위적인 동작

이 아니라 자연스러운 현상으로 굳이 Key 설정이 필요 없이 자연스럽게 Rig구조를 만들어 주면 향후 지속적인 동작 표현에 있어서 자연스러움이 추가될 수 있다.

**9** 그럼 Left Foot Controller와 Upper Body Controller와 Link 관계 설정을 위해 View 〉 Animation 〉 Parameter Connection Editor 창을 연다.

**9** Driving Source를 L Foot Control로 설정하고 Driven Source를 Upper Body Control로 설정한다. 그리고 L Foot Control의 posy Parameter와 Upper Body Control의 rotz와 Link관계를 설정해 준다(그림 3-134).

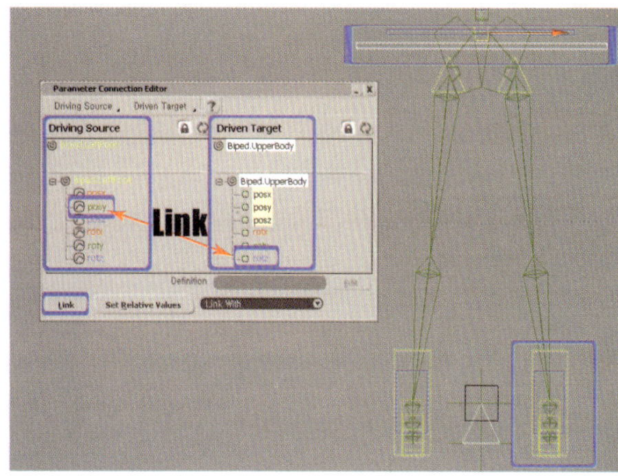


그림 3-134

**10** 현재 상태에 Set Relative Values를 설정해주고 Left Foot Controller를 Y축으로 살짝 들어 올린다. 그리고 Upper Body Controller를 동시에 Z축으로 살짝 Rotation시킨다. 그리고 다시 Set Relative Values를 설정해준다.

**11** 이제 작업을 마치고 결과를 보도록 한다. 왼쪽 다리를 살짝 들어 올리게 되면 Upper Body Controller는 왼쪽 방향으로 자동으로 회전하면서 인체의 중심을 잡게 된다(그림 3-135).

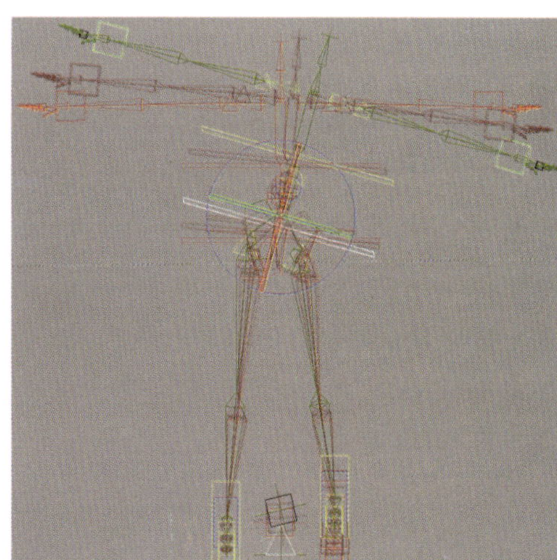

그림 3-135

동일한 캐릭터라도 Scene의 설정과 Pose에 따라 천차만별로 다양한 Setting이 요구된다. 이러한 방법을 응용하여 사용해야지 Rig에 있어서 절대 법칙은 없다. 다만 가장 효율적이고, 안정적이고, 누구나 공감할 수 있는 Rigging이 가장 훌륭하고 대중적인 Rig가 될 것이다.

### 3-6-2 Parents와 Constrain관계를 이용한 Neck과 Head의 상관관계 재설정

1 다음은 얼굴을 포함한 Neck과 Head의 관계설정에 대한 내용이다. 보통 사람이 가슴을 기준으로 좌/우로 회전을 할 경우 얼굴은 중심을 잡기 위해 가슴(목 포함)의 회전 값을 그대로 적용받지 않고 바로 서 있는 자세를 유지하려고 한다. 즉 얼굴은 항상 정면을 똑바로 선 자세를 유지하려고 한다. 이것은 중심을 잡기 위해 인체가 가지는 자연스러운 동작이다. 만약 가슴이 회전할 때마다 얼굴이 그대로 따라가야 한다면 그 동작은 인위적인 상황에서나 설정된 Pose를 위한 작업이다. 그러므로 자연스러운 동작의 Setting을 위해서는 가슴+목과 Head와의 상관관계를 재설정해줘야 한다.

2 먼저 XSI의 기본 Rig구조를 불러온다. Neck Bone과 Head Bone의 Type를 Box형태로 변형시켜 준다. 가능하면 Shadow Display mode에서 형태 변화를 줄 것을 권장한다. Head Bone의 경우 크기(예 Size X : 1.6, Y : 1.4 Z : 1.4)와 이동 값을 통해 캐릭터 Head control이 가능한 곳에 위치시킨다. Neck Bone도 역시 마찬가지 방법으로 Shadow Display mode에서 Box형태로 설정한다(그림 3-136).

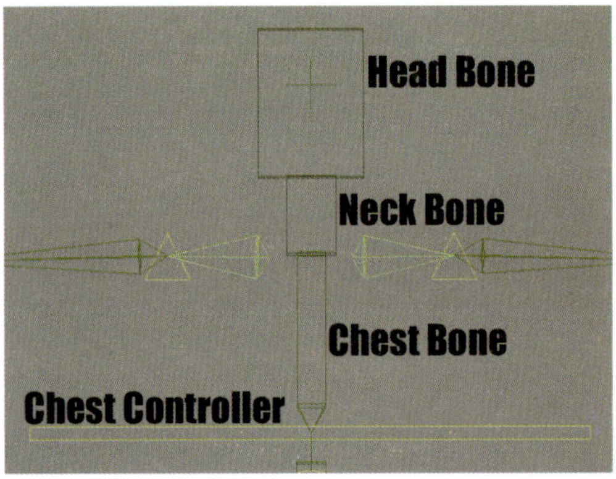

그림 3-136

3 자 이제 Head와 Neck의 상관관계 구속을 담당할 Null을 하나 불러온다. 이 Null의 위치를 Constrain 〉 Position을 해서 Head Bone에 정확하게 위치시킨다. 이 Null의 이름을 "Head Parents"라고 한다. 그리고 Null을 하나 더 꺼낸다. 그리고 "Head Child"라고 명명한다. "Head Child"는 속성창에서 Shadow Display의 Icon형태를 Box형태로 바꾸고 Scale 값을 head Bone과 비슷하게 조절하고 Y축으로 이동해서 Head Bone이 있던 위치로 맞추도록 한다. 그리고 명칭 그대로 Head Child를 Head Parents의 자식구조로 만든다(그림 3-137).

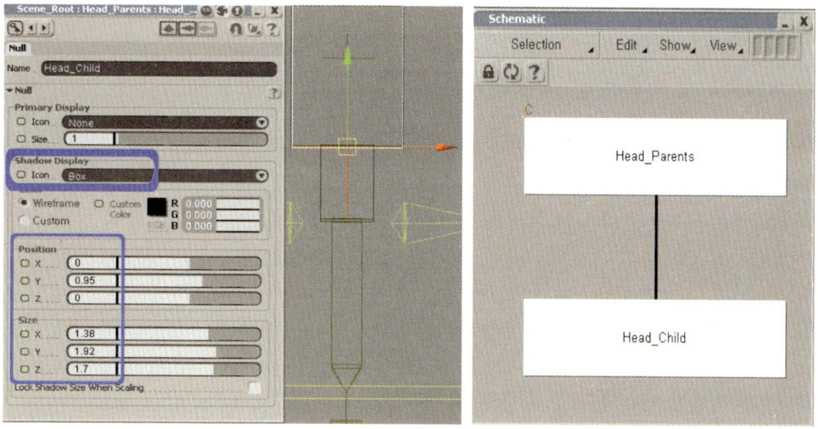


그림 3-137

**4** Head Parents을 선택하고 현재 위치 값을 유지한 상태에서 (CnsComp활성화) Constrain 〉 Position 〉 Neck Bone을 선택한다. 이제 Head Parents는 Hide시킨다.

**5** CnsComp를 비활성화시킨다.

**6** 다음은 Head bone를 선택하고 Constrain 〉 Orientation 〉 Head Child를 선택한다.

**7** Head Bone를 hide시킨다. 이제 남은 건 Neck Bone과 Head Child이다. 이제 그 결과를 확인해 보도록 한다. 먼저 Chest Bone을 선택해서 회전을 하게 되면 그 회전 값에 의해 똑같이 회전을 하던 Head가 정면을 바라보려고 스스로 회전 값을 가지게 된다(그림 3-138).

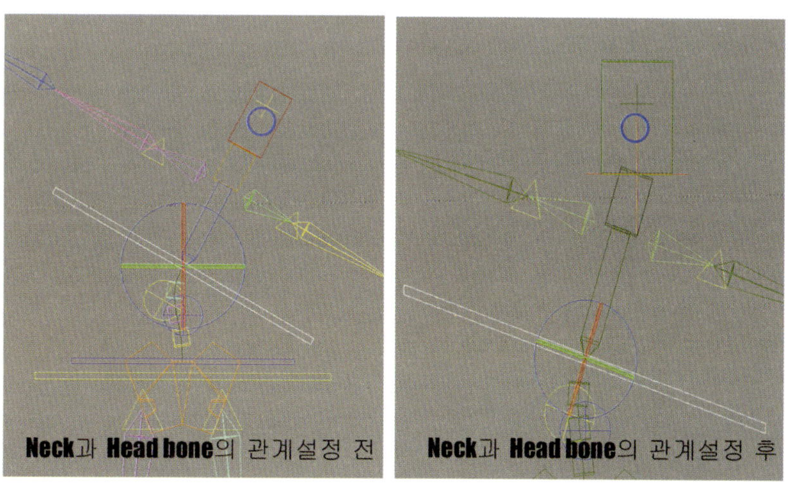


그림 3-138

## 3-6-3 Soft Body를 이용한 Belly Simulation

애니메이션에 등장하는 캐릭터는 다양하다. 호리호리한 캐릭터부터 뚱뚱한 캐릭터에 이르기까지 Concept 또한 다양한데 뚱뚱한 체형을 가진 캐릭터나 Monster형 캐릭터, 공룡 등과 같은 캐릭터는 그 육중하고 비대한 체형을 유지하면서 움직인다. 이런 캐릭터의 움직임에는 특징이 있다. 바로 Pose를 취할 때마다 그 비대한 몸의 흔들림이다. 이러한 미세한 움직임을 일일이 Key를 잡는 다는 건 Animator에게는 여간 부담이 되는 작업이 아닐 수 없다. 움직임을 줄 때마다 특정 부위의 미세한 떨림이 있는 결과가 Pose를 취할 때마다 자동으로 Simulation이 된다면 이러한 캐릭터의 Acting 작업은 한결 수월해질 것이다. 지금부터 Soft body를 이용한 작업을 통해 이러한 문제를 해결해 보도록 한다.

1 먼저 XSI 기본 Rig를 제작한다.

2 그리고 캐릭터의 배 부분에 Belly의 영역을 담당할 오브젝트 하나를 꺼낸다. 여기서는 오브젝트의 속성은 있으면서 Rendering에 관여하지 않는 Implict 오브젝트를 사용하도록 한다. Implicit 〉 Sphere를 꺼내서 Radius를 "2" 정도로 맞추고 Belly sphere로 이름을 고쳐준다. 그리고 골반과 가슴 사이의 배 부분에 위치시키도록 한다(그림 3-139).

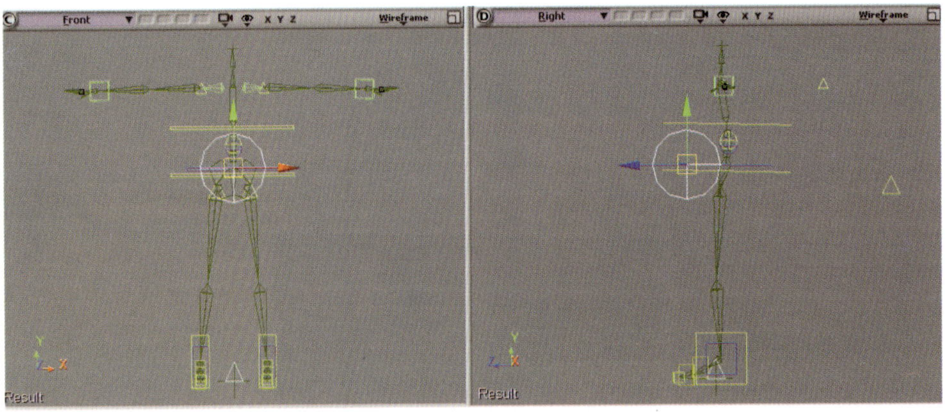


그림 3-139

**3** Belly sphere는 기존의 Rig구조에 있어 새로운 구성 요소이므로 Explorer 창을 열고 Global SRT의 자식구조로 넣고 Envelope Group에도 넣는다(그림 3-140).

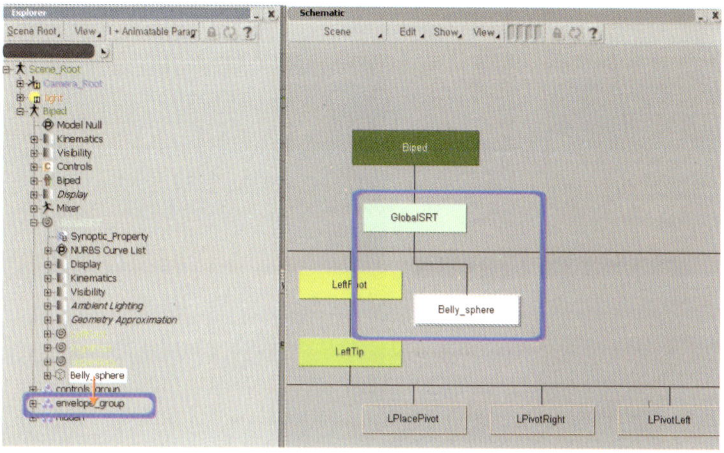

그림 3-140

**4** 구조적으로 연결을 마쳤으면 이젠 Soft Body를 적용할 오브젝트를 꺼내도록 한다. Polygon Mesh 〉 Grid를 하나 꺼내서 U / V Length값을 각각 6으로 설정하고 Subdivision 수치를 U : 2, V : 2로 정의해 준다. 이름은 Soft body grid라고 한다.

**5** 생성된 Soft body grid를 Belly sphere의 Center위치에 Match Translation 기능을 이용해서 정확히 이동시킨다.

**6** Soft body grid의 가운데 Point를 Point 선택하고 Cluster를 하나 만들어 준다. 이 Cluster의 이름을 Soft body cluster라고 한다.

**7** Soft body grid 역시 기존 Rig가 아닌 새로 생성된 오브젝트이므로 관계를 재설정해 주도록 한다. Soft body grid를 Hip Control Rig의 자식구조로 만든다(그림 3-141).

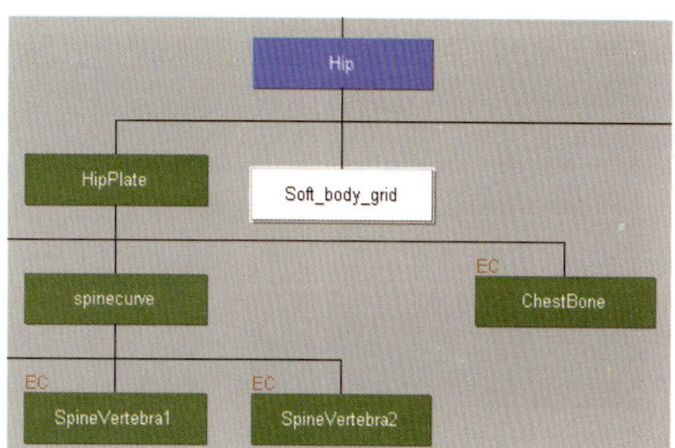


그림 3-141

8 Grid의 Soft body cluster를 선택해서 Belly sphere와의 관계를 설정해 준다. Belly sphere를 먼저 선택하고 Constrain 〉 Object to Cluster 명령을 실행하고 나서 Soft body cluster를 선택해서 한다. 이것은 Belly sphere가 Soft body cluster에 구속되도록 하기 위함이다(그림 3-142).

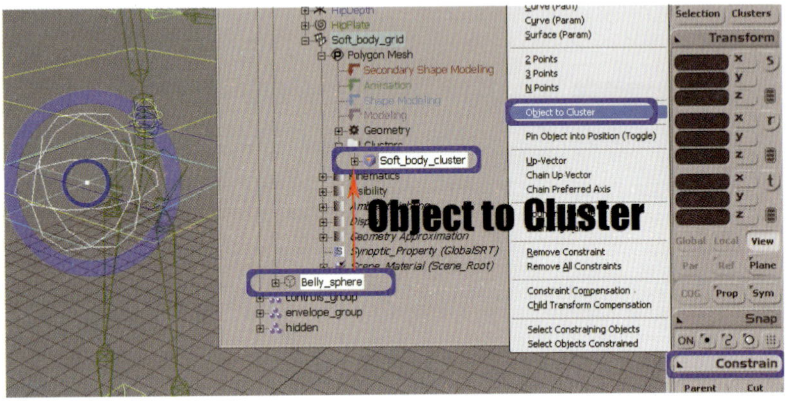


그림 3-142

9 구속관계를 확인하는 방법은 Soft body cluster를 선택해서 이동하였을 경우 구속된 Belly sphere가 같이 움직이는지 확인하도록 한다.

10 Soft body는 캐릭터의 애니메이션을 기준으로 Simulation을 하기 때문에 Rig구조에 간단한 애니메이션을 주도록 한다.

11 먼저 Upper body를 선택해서 1Frame에 Key 값을 주고 30Frame으로 Time bar를 이동시킨 다음 다시 Upper body를 선택해서 Y축으로 높이 올린 다음 Key 값을 더 준다. 그리고 60Frame으로 Time bar를 이동시킨 다음 이번에는 Upper body를 Y축 아래로 깊이 내렸다가 80Frame에 원래 위치로 이동시킨 다음 다시 Key 값을 준다. 그 결과 Upper body를 기준으로 위/아래로 이동하는 애니메이션이 만들어졌다(그림 3-143).

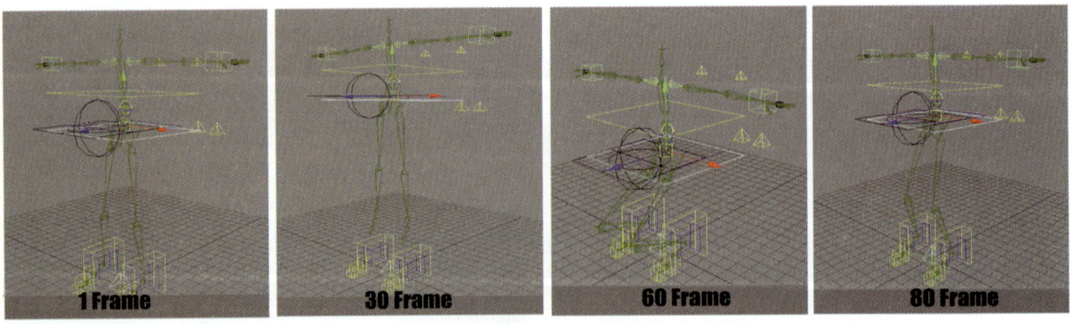


그림 3-143

12 이제 Soft body cluster에 Soft body를 적용해 보도록 한다. 단축키 "4"를 눌러 Simulate 작업 모드로 전환시킨 다음 Soft body cluster를 선택하고 Create 〉 Soft Body 〉 From Selection 명령을 적용한다(그림 3-144).

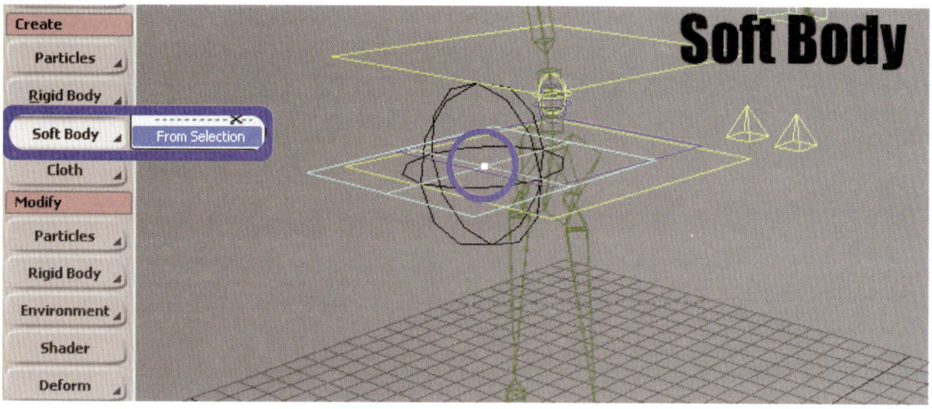


그림 3-144

13 Soft Body 속성 창의 Option을 정리해보자. 먼저 Simulation page에 있는 Range는 캐릭터의 동작과 연동되는 Simulation효과의 범위의 설정이다. Start와 End를 각각 1, 80으로 입력하고 두 번째 Soft Body page로 이동한다. 여기서는 Stiffness수치를 10으로 줄인다. Stiffness는 Simulation효과의 정도를 제어하는 옵션으로 수치가 높을수록 Soft Body의 효과가 줄어든다. 수치가 낮을수록 자연스럽고 부드러운 Simulation결과를 얻을 수 있다. No Stretch option의 체크를 해제하도록 한다. 즉 캐릭터의 동작에 맞춰 Stretching효과를 적용하겠다는 의미이다. 세 번째 page인 Dynamics page로 가서 Use Body Animation의 Option을 체크하도록 한다. 이는 캐릭터 애니메이션의 동작에 맞게 Simulation을 적용하겠다는 의미이다. 일단 이 정도의 option만으로 충분한 효과를 볼 수 있다.

14 Animation을 Play한다. 캐릭터가 움직이면서 종료되는 순간까지 Belly sphere가 Simulation되는 것을 확인하도록 한다. 좀 더 사실적인 동작 표현과 Time이 주어졌다면 훨씬 훌륭한 결과가 나올 것이다(그림 3-145).

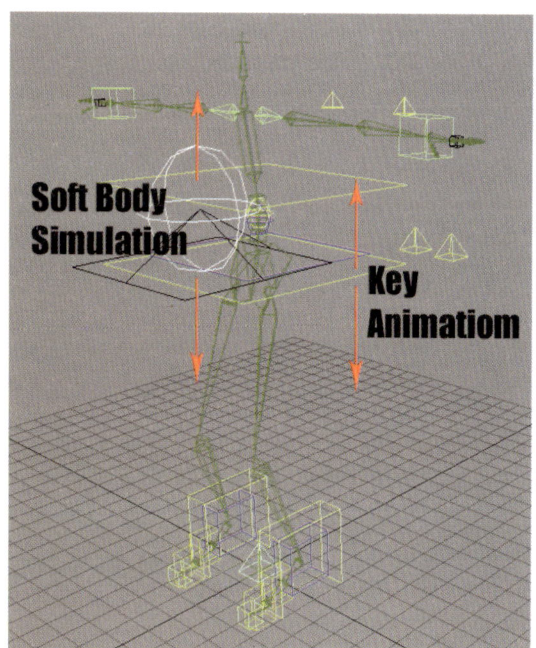


그림 3-145

**15** Soft Body Simulation을 적용한 예이다. Animation결과 이미지로 보여주기에는 다소 무리가 있지만 Sequence형식으로 나열해 보았다(그림 3-146).

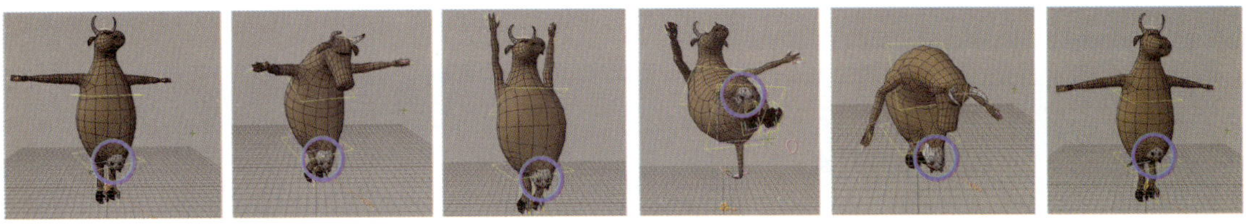

그림 3-146

## 3-6-4 XSI Version 7.0에 새롭게 추가된 Character Rigging

**1** XSI Version 7.0에서는 Character Animation을 위한 몇 가지 새로운 Rig가 소개되었는데 그 중에서 Human Character의 섬세한 컨트롤러들이 더 추가되었다(그림 3-147).

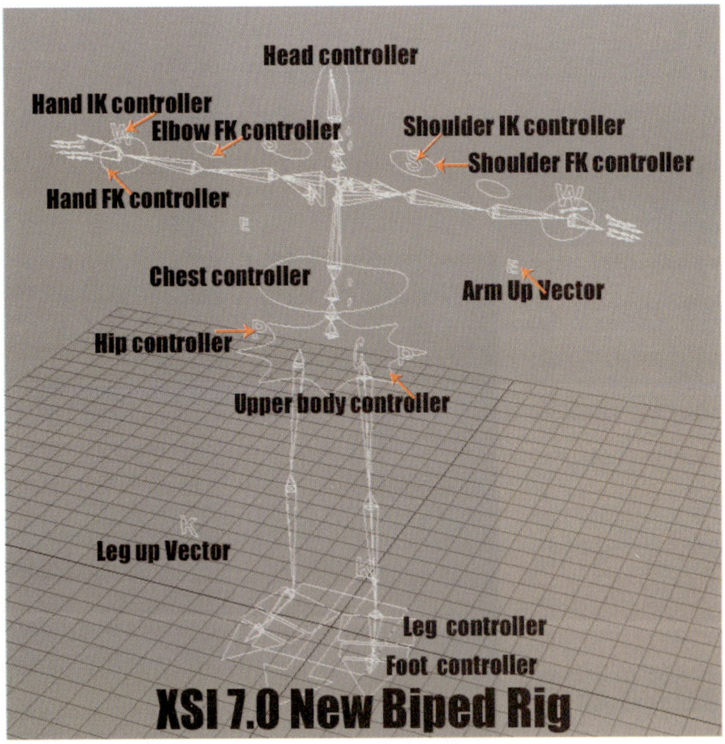


그림 3-147

**2** 앞에서 소개된 새로운 Rig를 적용한 data도 함께 제시가 되었다(그림 3-148).

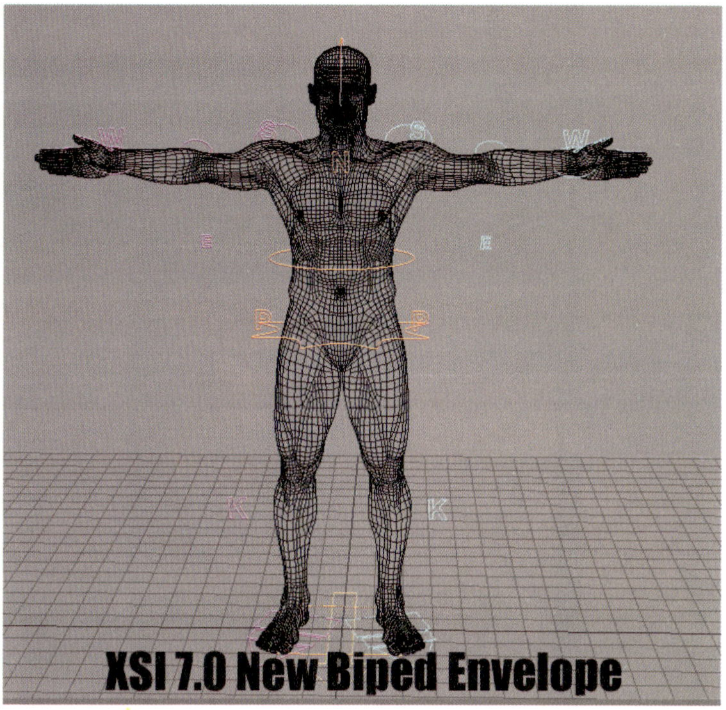


그림 3-148

**3** 몇 가지 Controller를 이동하여 Posing을 한 결과 상당히 유연한 결과를 얻을 수 있었다(그림 3-149).

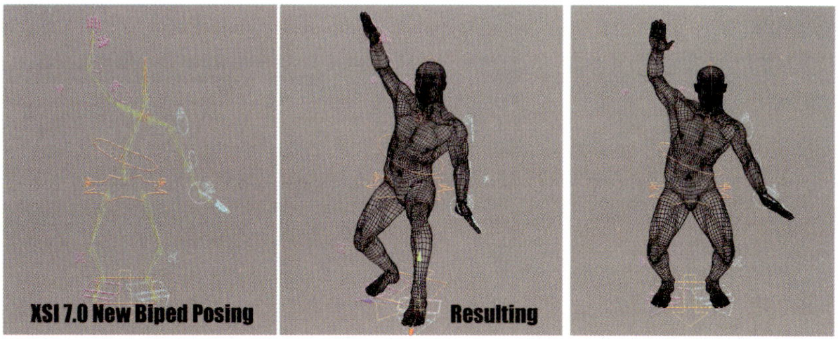


그림 3-149

4 그리고 Face Rig에 대한 소개도 함께 제시되었다. 제시된 data를 활용하여 다양한 Face shape의 형태에 대해 연습한다면 훌륭한 Facial animation결과를 얻을 수 있을 것이다(그림 3-150).

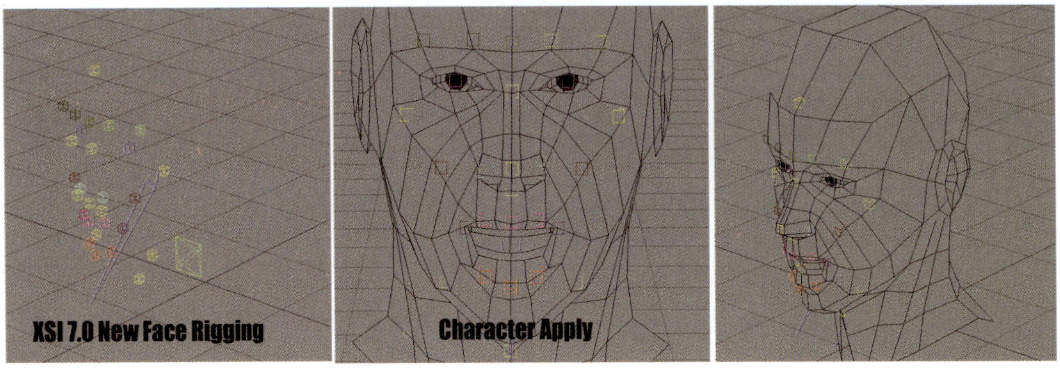


그림 3-150

5 추가된 Dog Type의 Character의 Up grade Rig구조도 소개되었다(그림 3-151).

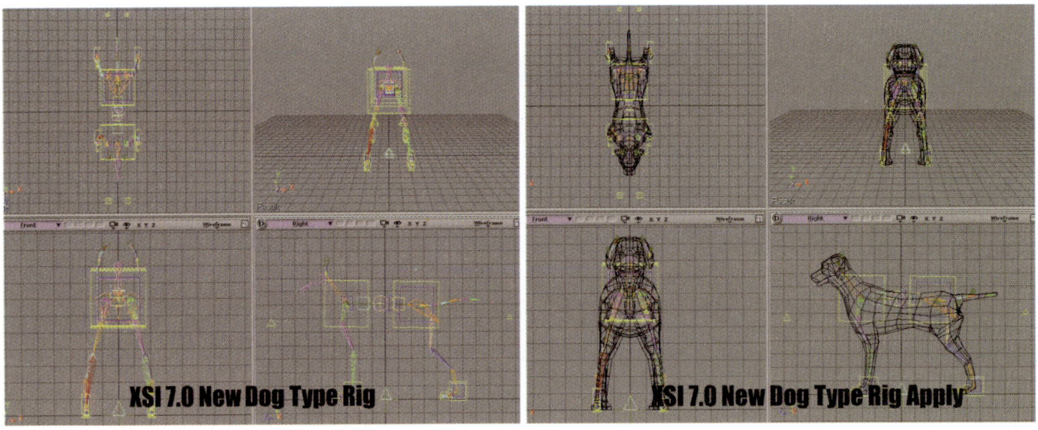


그림 3-151

6 추가된 Elephant Type의 Character구조도 새롭게 소개되었다(그림 3-152).

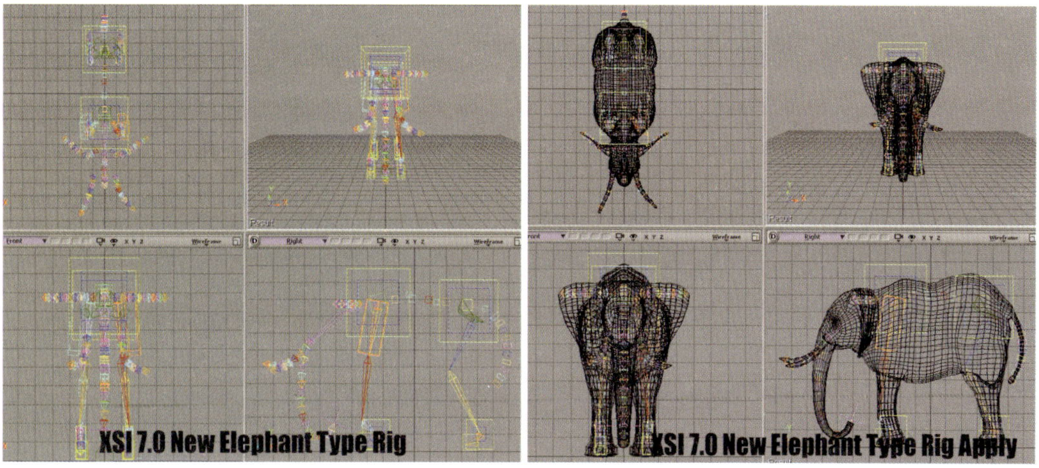


그림 3-152

이러한 Type에 대한 Animation Skeleton구조에 대한 Set up 제작방식은 이제 어느 정도는 일반화 및 정형화되었다. XSI에서도 하나의 기능으로 추가될 정도로 대중적으로 공감할 수 있는 형태에까지 진화되고 있다는 증거이기도 하다. 그동안 이러한 캐릭터의 Rig에 대해 보다 효율적인 작업을 갈망하던 Animator에게는 반가운 소식이 아닐 수 없다. 물론 효율적으로 잘 활용을 할 수 있을 경우의 이야기다. 자 그럼 이러한 기본적인 Rig구조를 활용하여 어떻게 Key Animation을 잡아야 하는지에 대해서는 6장 Key Animation제작 Part에서 살펴보기로 한다.

## 3-7 다족 보행 캐릭터의 Skeleton구조와 Rig구조 제작하기

다족 보행 캐릭터라 함은 보통 2족과 4족 보행 캐릭터를 제외한 그 외의 모든 척추운동을 하는 캐릭터를 총칭한다. 흔히 곤충류들이 이 부류에 속하는데 그 대표적인 예가 개미, 거미, 무당벌레, 메뚜기 등의 캐릭터들이다. 이러한 캐릭터들은 다리의 숫자가 많을 뿐 아니라 그 움직임 역시 정교하고 섬세하기 때문에 까다로운 캐릭터 중에 하나라고 할 수 있다. 그 중에서 가장 흔하게 볼 수 있는 캐릭터를 하나 고른다면 단연 개미일 것이다. 그래서 개미 구조를 가진 캐릭터에 대한 Skeleton set up을 공략하고 6장 Key Animation Part에서 Key Posing 적용 방법에 대해 연구를 해보도록 한다.

**1** 모델링 제작 : 먼저 모델링 데이터를 간단하게 제작한다. 개미구조를 갖는 캐릭터들은 머리(더듬이와 외부로 돌출 된 이빨 포함)－몸통－꼬리(일반적으로 몸의 균형을 잡을 수 있는 형태)－다리(보통 6개의 다리구조를 가진 형태)로 구성된다(그림 3-153).

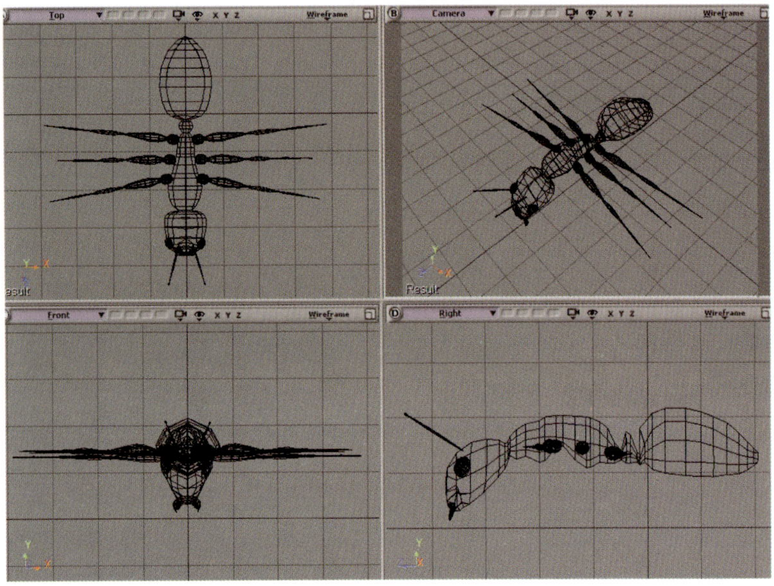


그림 3-153

**2** Layer 작업 : Layer 창에서 Ant body와 Skeleton 두 Layer로 나눈다. 이는 Skeleton 작업시 모델링 데이터가 선택되지 않도록 하기 위함이다. ant body layer에서 Select 모드의 선택 체크를 해제하여 Unselect 모드로 전환한다(그림 3-154).

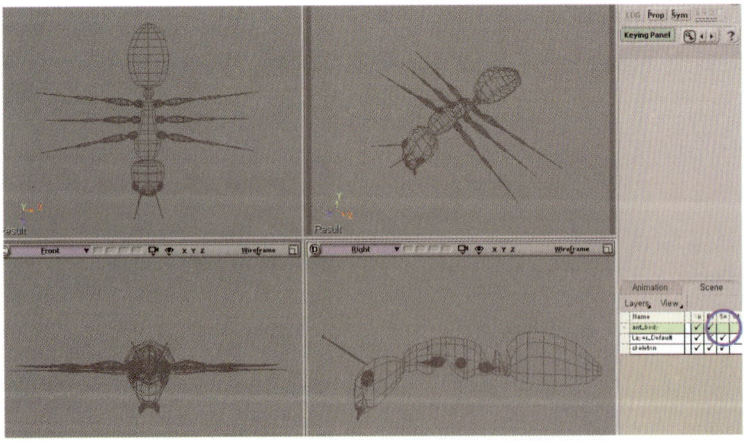

그림 3-154

**3** Body bone 제작 : 몸통–꼬리–머리를 연결하는 Skeleton 구조를 만든다. 몸통은 캐릭터의 동작에 따라 Bone의 개수를 결정하도록 한다. 그리고 보통 곤충류의 꼬리와 머리는 관절이 없기 때문에 하나의 Bone로 제작한다. 이때 Layer는 Skelton Layer로 이동하여 작업한다. 먼저 몸통 부분의 Skeleton을 생성시킨다. 3개의 Bone구조를 가지도록 한다(그림 3-155).

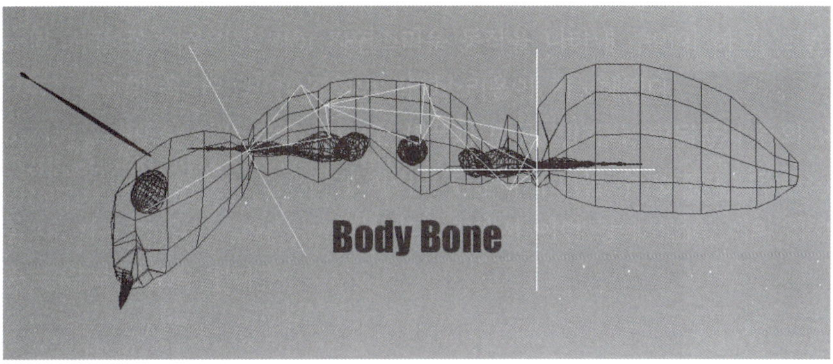


그림 3-155

**4** Tail bone & Head bone 제작 : 다음은 꼬리와 머리 Skeleton구조를 만든다(그림 3-156).

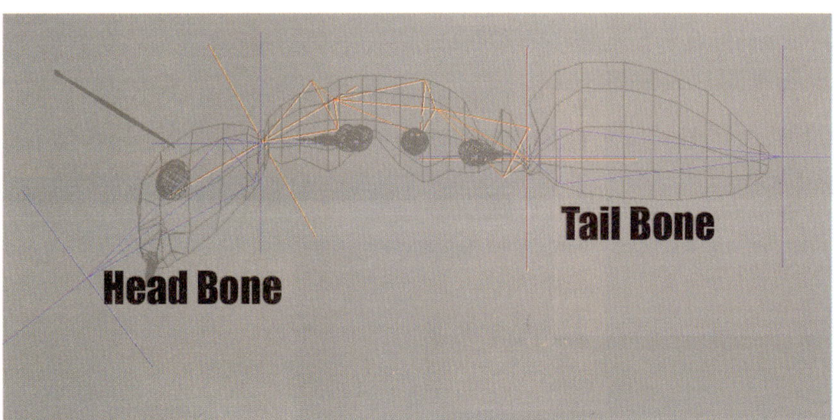


그림 3-156

**5** Body bone과 Head & Tail bone 관계설정 : 제작된 Backbone과 Head bone과 Tail bone과의 상호관계 설정해 주도록 한다. Tail bone은 Back bone의 Root의 자식구조로 Head bone은 Back Bone의 Effector의 자식구조로 관계 설정을 해준다(그림 3-157).

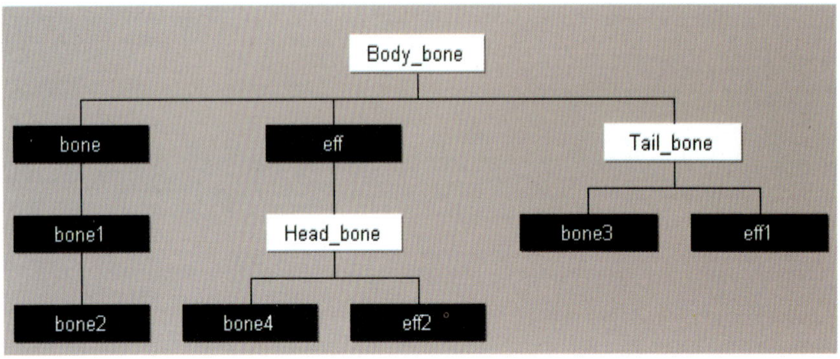


그림 3-157

**6** Leg bone 제작 : 다음은 다리구조의 Skeleton을 제작하도록 한다. 이때 6개의 다리는 동일한 구조를 가지기 때문에 하나의 구조를 정확하게 만들어서 그 데이터를 복사한 뒤 나머지 다리구조에 사용한다면 효율적인 작업으로 진행이 가능하게 된다. 일단 Layer에서 Ant Body 선택모드를 활성화시키고 다리 하나를 남겨둔 채 나머지 5개의 다리와 몸통 모델링데이터를 Hidden시키도록 한다. 이는 원활한 작업을 위한 사전 작업으로 이해한다. 곤충의 다리는 보통 세 부분으로 구분되는데 첫 번째는 몸통부터 다리의 연결부분과 두 번째는 다리의 역할을 하는 실제의 다리와 세 번째는 다리와 지면을 연결하고 지탱할 수 있게 하는 지지대의 역할을 하는 다리부분으로 나눠진다(그림 3-158).

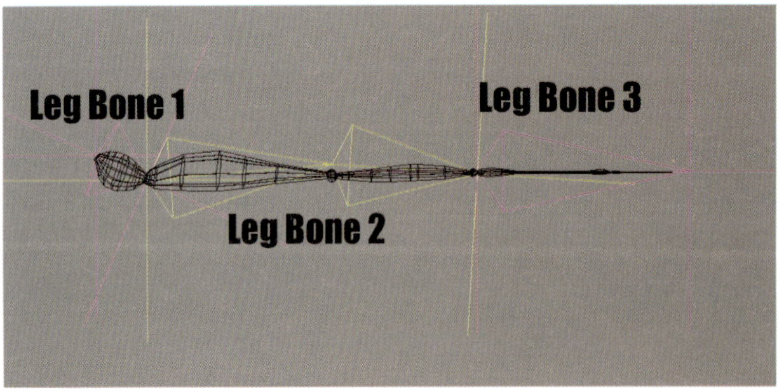


그림 3-158

**7** Leg bone 관계설정 : 만들어진 Leg Bone은 부모 > 자식 관계를 설정해 주어야 하는데 이때 설정 기준은 Leg Bone1이 최상의 부모 위치에 그리고 Leg Bone3이 마지막 자식구조가 될 수 있도록 한다 (그림 3-159).

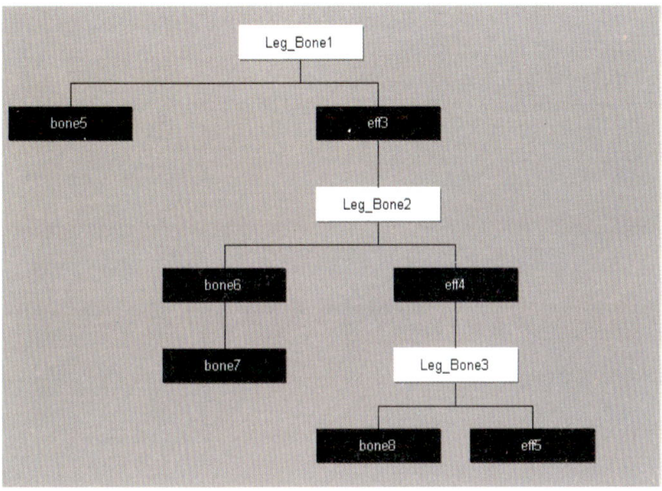


그림 3-159

**8** Leg bone 완성 : 이제 완성된 한 개의 Leg구조를 복사하여 나머지 5개의 다리구조를 제작한다. 이때 다리 모델링의 크기가 Leg Bone의 크기에 맞지 않을 경우 Ctrl+J 기능을 이용하여 Bone의 길이를 조절하도록 한다. 특히 관절부분의 모델링과 Skeleton의 Joint 부분은 정확하게 일치시켜야 정확한 관절 Bend가 가능해진다. 회전 방향이 틀린 경우는 Leg Bone 1의 Root의 회전을 이용하여 맞추도록 한다(그림 3-160).

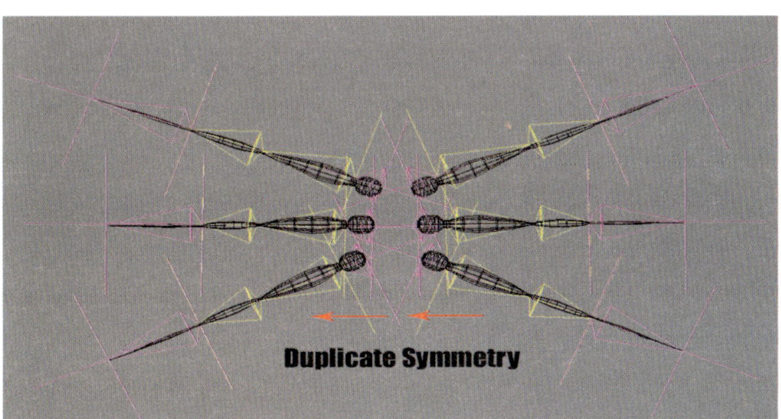


그림 3-160

**9** 더듬이 bone 제작 : 이제 더듬이 부분에 해당하는 Skeleton구조를 만들도록 한다. 설령 실제 개미의 더듬이가 뼈대구조가 아닌 근육조직으로 이루어져 있다고 해도 캐릭터의 움직임을 제어하고자 할 경우는 반드시 Skeleton구조로 연결시켜 주면 컨트롤하기 편리하다. 제작하는 작업 View는 Right View가 적당하다. 제작된 한 개의 더듬이 구조를 대칭 복사하여 정확한 위치에 위치시키도록 한다(그림 3-161).

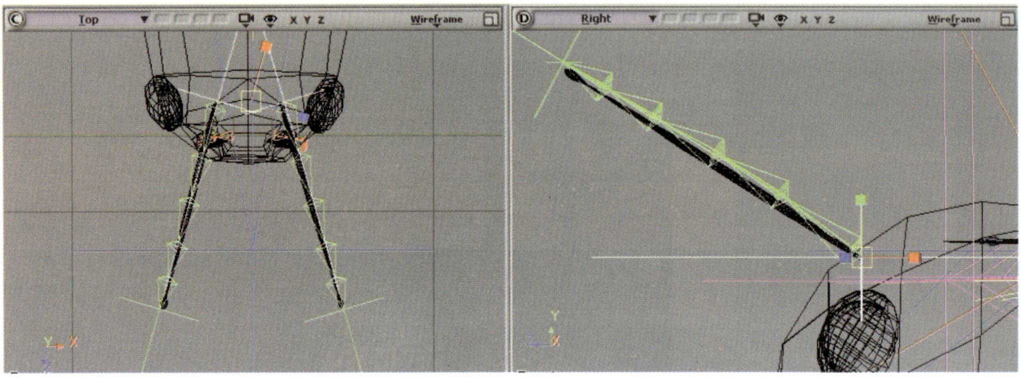


그림 3-161

**10** 이빨 bone 제작 : 이빨 bone은 대칭구조로 구성되어 있기 때문에 하나를 만들어서 복사하여 사용하든지 아니면 Symmetry mode를 활성화하여 동시에 대칭 작업을 진행해도 된다. 제작된 이빨 bone의 위치를 모델링 데이터와 잘 매치시키도록 한다(그림 3-162).

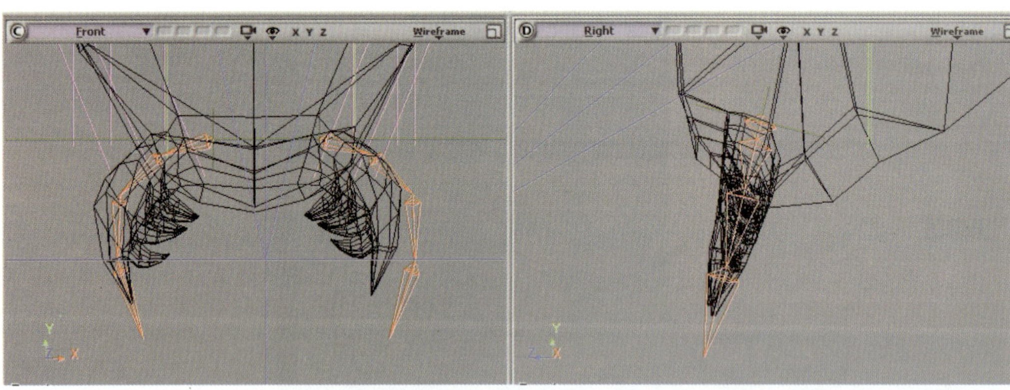


그림 3-162

**11** 최종 관계 설정 : 제작된 모든 Bone구조를 하나의 Skeleton구조로 제작해야 한다. 우선 6개의 Leg bone은 Body bone의 bone에 자식구조로 구속시키도록 하고 더듬이 bone과 이빨 bone은 Head bone의 자식구조로 구속시키도록 한다(그림 3-163).

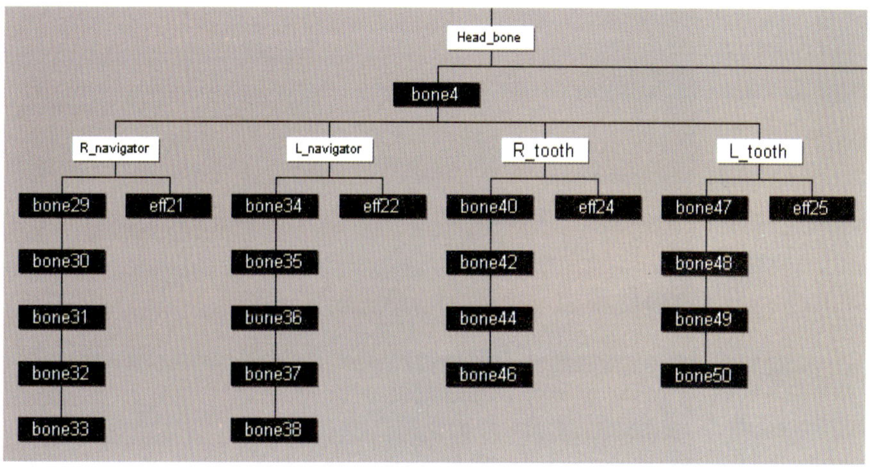


그림 3-163

**12** 완성 : 최종 완성된 개미의 Skeleton 구조(그림 3-164)

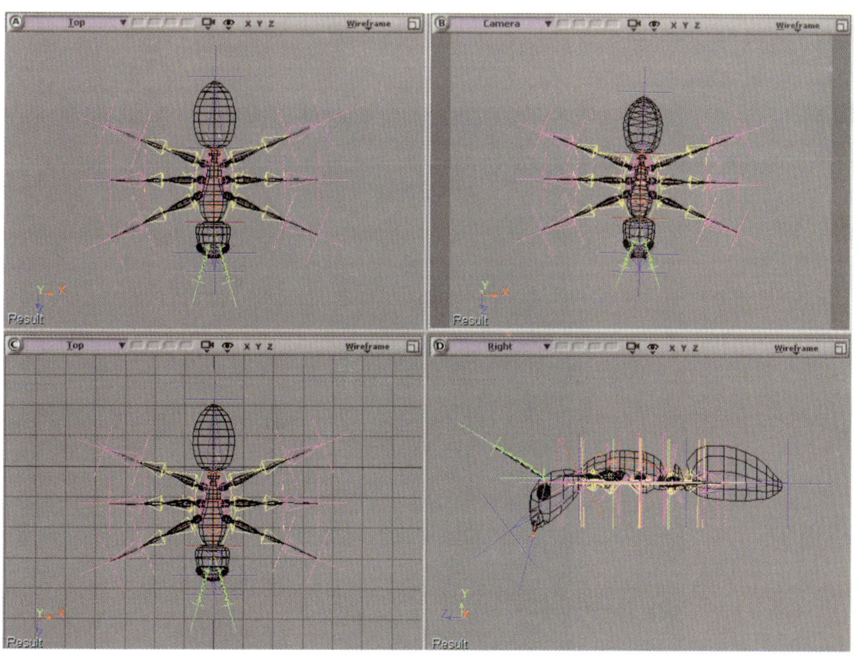


그림 3-164

**13** Leg Rig controller 제작 : 이제 제작된 Ant Skeleton구조에 대해 Rig구조를 제작해 보도록 한다. 복잡하지 않은 단순한 움직임을 제어할 수 있는 Rig구조를 제작한다. Rig라는 것은 동일한 캐릭터라도 어떤 Scene에서 어떤 Pose를 취하느냐에 따라 달라질 수 있다. 간단하지만 개미가 할 수 있는 기본 동작을 모두 컨트롤할 수 있는 Rig구조이다. 먼저 각 다리의 관절을 컨트롤할 수 있는 Controller를 불러와서 다리의 두 번째 Bone의 Effector에 위치시킨다.

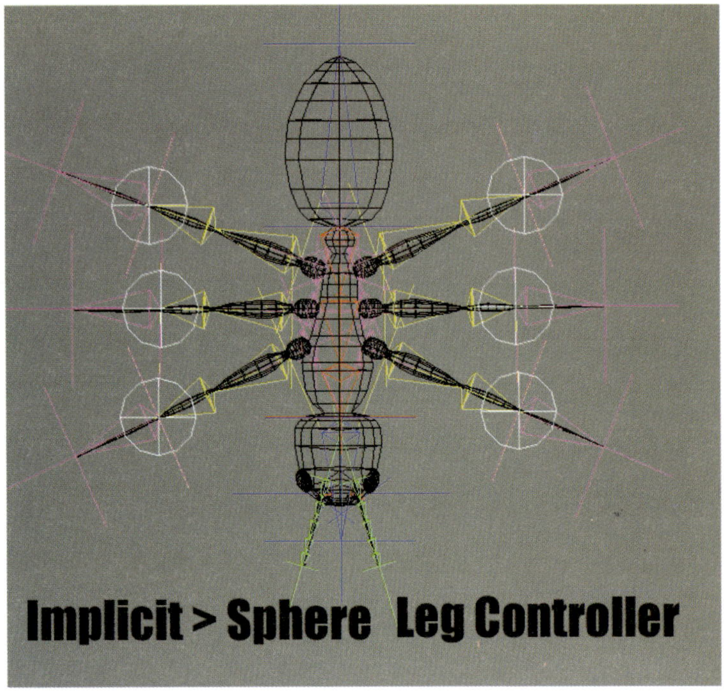


그림 3-165

Controller를 Effector에 정확하게 위치시키기 위해서는 Transform 〉 Match Translation기능을 활용하면 편리하고 정확하게 위치시킬 수 있다. Controller는 Implicit 〉 Sphere를 사용한다(그림 3-165).

**14** COG(Center Of Geometry) 제작 : 개미의 중심 Controller라고 할 수 있는 COG를 제작하여 Body Bone의 Root에 위치시킨다(그림 3-166).

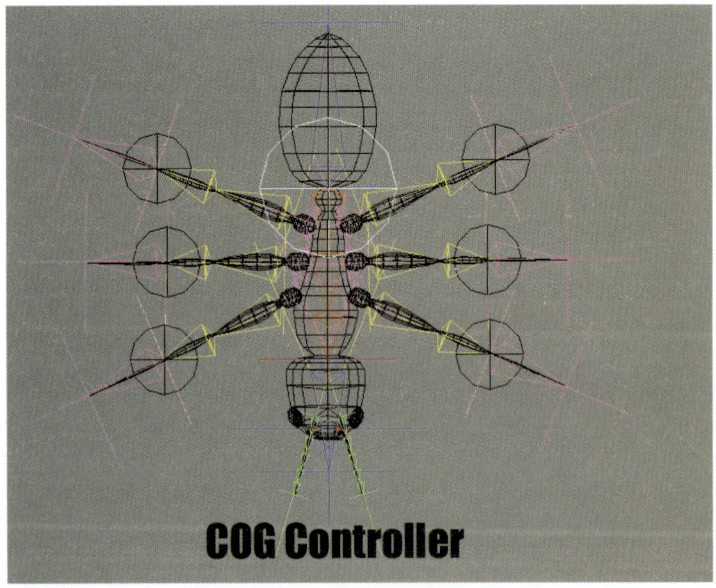


그림 3-166

**15** Controller sphere와 Leg effector간의 상호관계 설정 : 이제 다리의 컨트롤을 실제로 담당하게 될 Leg Controller에게 두 번째 Bone의 Effector가 Constrain 〉 Position관계로 구속되도록 한다. 6개 Leg 모두 동일하게 설정해 주도록 한다(그림 3-167).

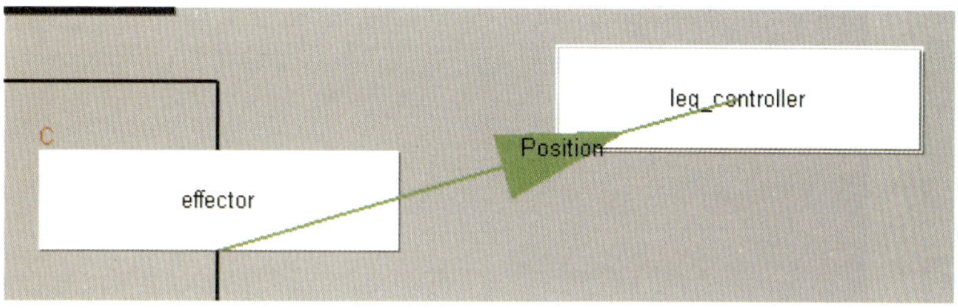

그림 3-167

**16** COG와 Body bone간의 관계 설정 : Body bone의 모든 구성 요소를 COG의 자식구조로 만들어 준다(그림 3-168).

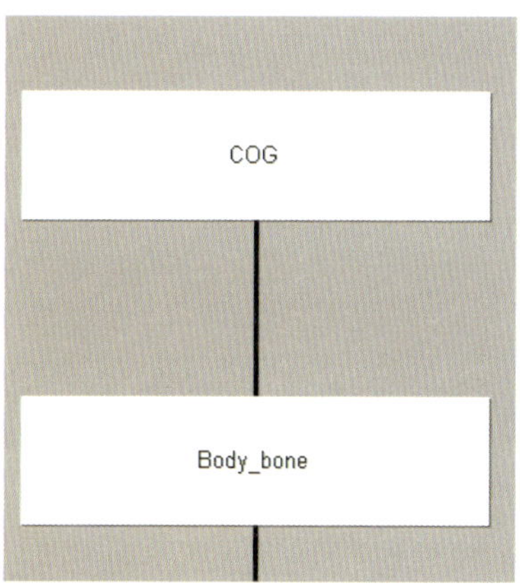

그림 3-168

이제 모든 관계 설정이 끝났다. 이제 6장 Key animation 제직에서 기본 Pose로부터 개미의 Walking Key 애니메이션을 제작해 보도록 한다.

# 제4장 Envelope와 Weight

4-1 Envelope 적용
4-2 Weighting 작업
4-3 Weighting 응용

# 4-1 Envelope 적용

## 4-1-1 Envelope 개념

Envelope란 사전적 의미로 본다면 "외피" 또는 "싸다" 등의 의미로 Skeleton구조에 모델링 데이터를 입히는 기능을 말한다. 즉 인체와 비교한다면 뼈대구조에 근육과 피부조직이 붙어서 Skeleton이 움직임 때 이들 근육과 피부가 같이 움직이는 구조를 가지고 있듯이 Animation 작업에 있어서 캐릭터의 동작은 Skeleton의 움직임에 따라 제작이 되는데 이 경우 Modeling data를 제작된 뼈대구조에 연결시키는 작업이다.

Envelope을 하기 전에 여러 가지 형태의 Deformer형태를 구조별 기능별로 분리하여 Group화시켜 놓으면 작업시 편리할 경우가 많다. Body 중에서 Envelope를 할 부분인가 아닌가를 사전에 분류해서 Envelope를 할 부분을 하나의 Envelope Group으로 지정을 한다든지, Skeleton구조 중에서 Envelope에 관여를 하는 오브젝트들을 따로 구분하여 Group화시켜 놓으면 작업하기 훨씬 수월하다. XSI 기본 Rig구조는 이러한 사항들이 미리 잘 정리되어 있어 사용하기 편리하다(그림 4-1).

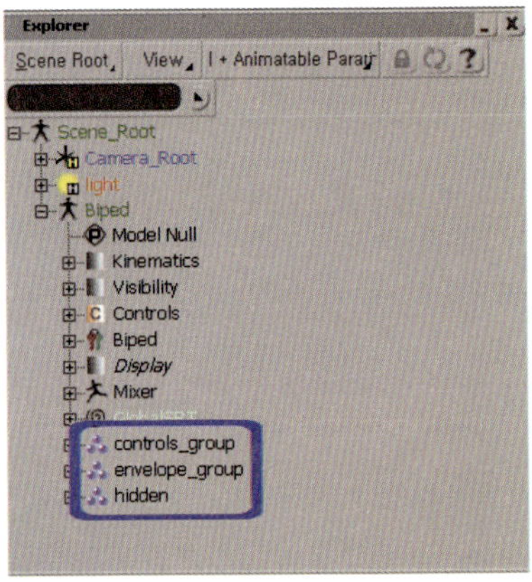


그림 4-1

## 4-1-2 Envelope 적용

Envelope는 XSI에 내에 있는 하나의 기능 툴이기 때문에 적용하는데 큰 어려움은 없다. 다만 개념만 이해하고 있다면 큰 무리는 없을 듯하다.

XSI에서 Envelope를 하는 순서는 다음과 같다.

1. 먼저 오브젝트(모델링 데이터)를 선택한다.
2. Deform 〉 Envelope 〉 Set Envelope 기능을 적용한다.
3. Pick icon이 나타나면 제작된 Skeleton구조를 Multi selection을 한다.
4. 그리고 왼쪽 마우스 클릭으로 적용을 하고 마친다.

각 단계별로 다시 한번 정리를 해보도록 한다.

먼저 메인 Menu bar에 중간쯤에 있는 작업 모드를 Animation Construction Mode로 전환시켜주도록 한다.

1 먼저 Primitive 〉 Model 〉 Body-man을 클릭하여 Sample Modeling data를 불러온다.

2 Create 〉 Character 〉 Biped Guide를 선택하여 2족 보행 Human character Guide를 불러온다. 기본적으로 제공되는 Sample들이라 Fitting 작업을 별도로 할 필요는 없다.

3 다음 Create 〉 Character 〉 Rig from Biped Guide를 클릭한다. 작업을 마친 뒤 Guide는 필요가 없기 때문에 delete하도록 한다.

4 먼저 Explorer 창에서 Man 〉 man을 선택한다.

5 그리고 Deform 〉 Envelope 〉 Set Envelope을 클릭한다.

5 Pick Icon이 생성되면 Explorer 창에 있는 Biped 아래구조로 가면 Envelope group이 이미 만들어져 있다. 이 Group을 마우스 중간 마우스 클릭으로 Multi selection을 반드시 해야 한다.

6 마지막으로 작업 창 빈 공란에 마우스 오른쪽을 클릭하고 적용해 준다.

7 그 결과는 다음과 같아야 한다(그림 4-2).

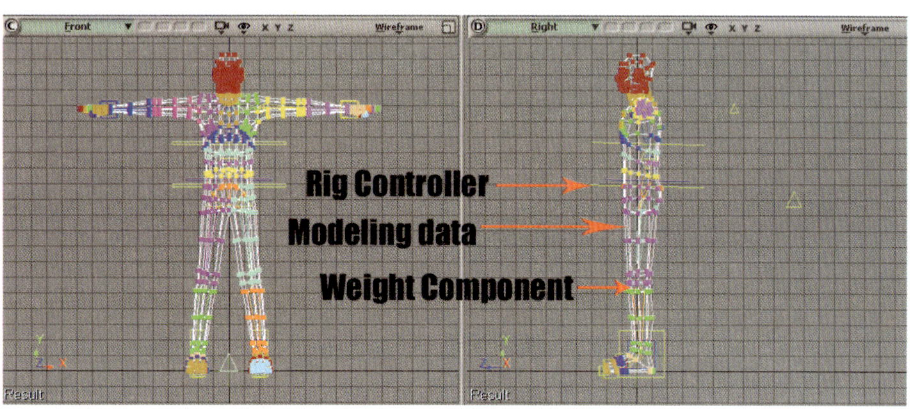


그림 4-2

모델링을 구성하고 있는 Component(Point)들은 다양한 컬러 정보(Weight 정보)를 가지게 되고 이는 곧 Skeleton에 정상적으로 Envelope되었다는 결과를 의미한다. 부연 설명을 하자면 Skeleton의 컬러 값도 동시에 변화를 하게 되는데 Skeleton의 컬러 값과 Point 컬러 값이 일치하는 영역이 할당되었다는 뜻이다. 즉 동일한 컬러 값을 가진 Point영역은 동일한 Skeleton의 영향을 받게 된다는 뜻이다.

이때 적용과 함께 나타나는 Automatic Envelope Assignment 기본 속성 창에 대해 살펴보면 Number of Skeleton은 오브젝트를 이루고 있는 Point들이 Skeleton에 Envelope될 때 가장 가까운 거리에 있는 Bone을 기준으로 2개의 Bone에 Weight되는 기본 속성이다. Parameter 수치를 높일수록 자연스럽게 Envelope되지만 너무 지나치게 많은 Bone을 연결시키면 향후 Weight 작업시 많은 어려움에 처하게 될 수도 있기 때문에 적절하게 사용하는 것이 좋다.

보통 Low Polygon 모델링일 경우 Point수가 작기 때문에 수치를 다소 낮게 작업하고 High Polygon 모델링일 경우는 수치 값을 높게 조절하여 Weight 작업시 좀 더 효율적인 작업이 이루어지게 해야 한다. 하지만 반드시 그렇지 않기 때문에 향후 Parameter 수치는 수정이 가능하고 많은 경험에 의해 가장 적절한 옵션을 선택하는 것이 중요하다.

Assignment Method는 Bone과 Point의 결합 방식을 정의하는 것으로 Envelope의 정의라고 할 수 있다. 즉 Distance-based는 Bone과 가장 가까이 있는 Point를 Envelope한다는 의미이다. 형태나 모양에 상관없이 주어진 모델링 데이터와 Skeleton과의 관계는 오로지 거리 값에 의해 구속된다. Normal-based는 거리 값이 기준이 아니라 오브젝트의 Normal방향을 기준으로 Envelope를 한다는 의미이다. 서로의 특징에 맞게 필요에 따라 선택적으로 사용할 수 있다. Bone의 구조가 복잡하게 얽혀 있는 경우에는 기본적으로 Normal-based 방식이 Weight 작업에 다소 용이하고 그렇지 않은 경우에는 Distance-based 방식이 다소 유리할 수는 있지만 이것 역시 정해진 법칙은 없다. 캐릭터 모델링 형태에 따라 쉽게 달라질 수 있다(그림 4-3).

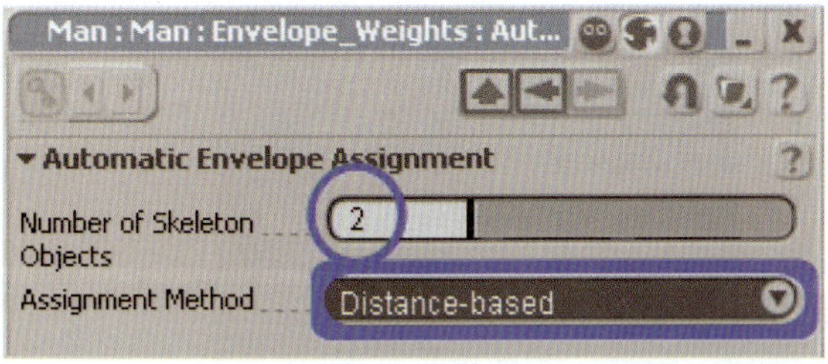

그림 4-3

Number of Skeleton의 수치를 변화했을 경우 오브젝트의 Weight 결과에 따른 형태의 변화에 대해 비교해 보면 그 차이를 쉽게 알 수 있다. 기본 Parameter를 적용했을 때와 수치를 올렸을 때의 오브젝트의 변형에 있어서의 차이이다(그림 4-4).

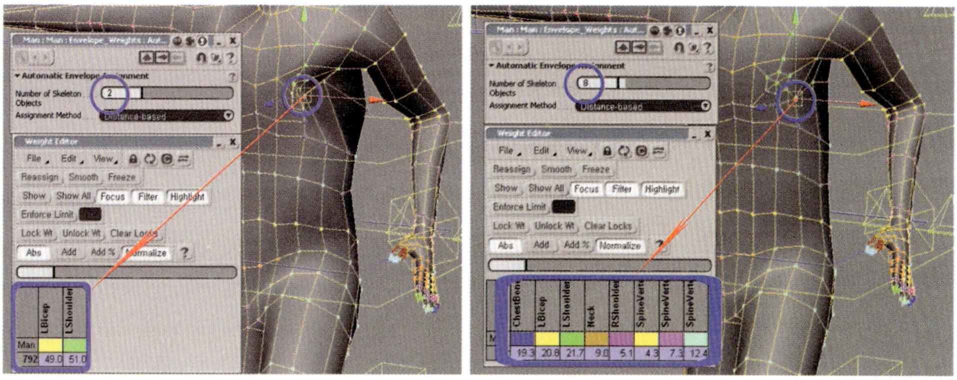

그림 4-4

캐릭터 오브젝트의 Weight형태는 기본 값보다는 훨씬 양호하지만 연결된 Bone의 수가 그만큼 증가를 했기 때문에 Weight수정시에 또 다른 불편을 경험할 수 있다.

그래서 특별한 캐릭터를 제외하고 기본적으로 2 또는 3의 수치 값을 주고 Weight Editor에서 수정을 해주는 편이 가장 수월하다고 할 수 있다. Number of Skeleton의 수치는 3으로 정하고 Assignment Method는 Distance-based 방식을 선택한다.

Automatic Envelope Assignment 기본 속성 창을 다시 open하고 싶을 때는 Envelope된 오브젝트의 Cluster 아래에 Envelope Weight Cls가 있는데 더블클릭 또는 Icon 클릭으로 Open할 수 있다(그림 4-5).

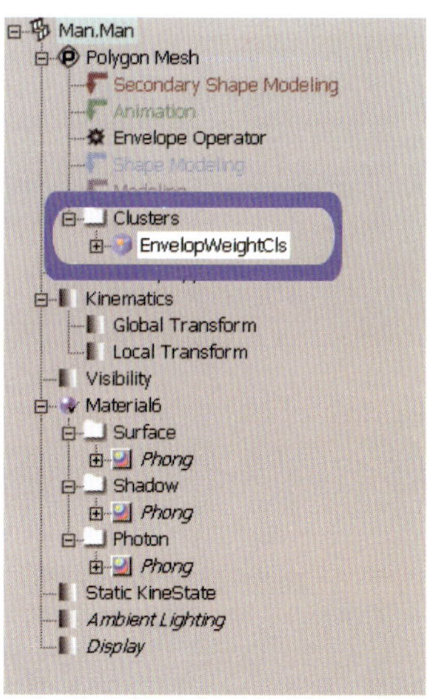


그림 4-5

### 4-1-3 Weight Panel과 Weight Editor

일반적으로 Skeleton과 모델링을 Envelope 명령을 실행하게 되면 Skeleton과 모델링 사이에 Weight 할당 관계가 성립하게 된다.

이러한 Weight의 수정과 보완 변경 작업은 Weight Panel(단축키 Ctrl+3)을 열어서 작업을 한다(그림 4-6).

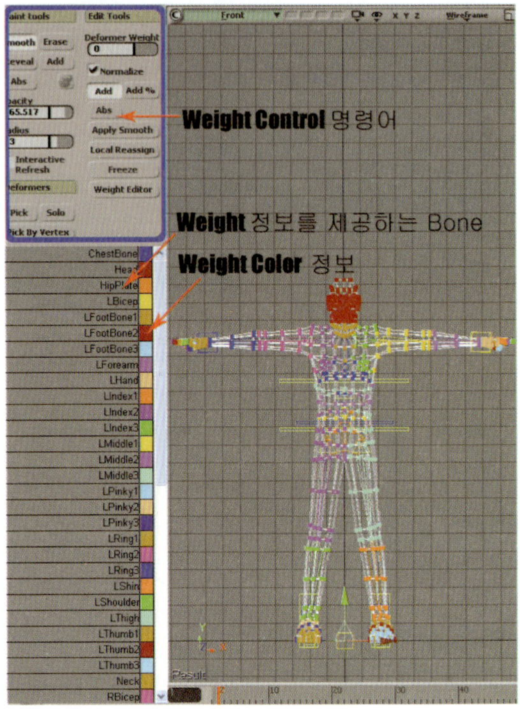


그림 4-6

각 항목에 대해서는 실제 작업을 하면서 다루기로 한다. 이번에는 Point의 Weight 정보를 알아보도록 한다. 임의의 Point를 선택한다. 그리고 Envelope 〉 Editor 명령을 실행한다.(단축키 Ctrl+E)를 연다(그림 4-7).

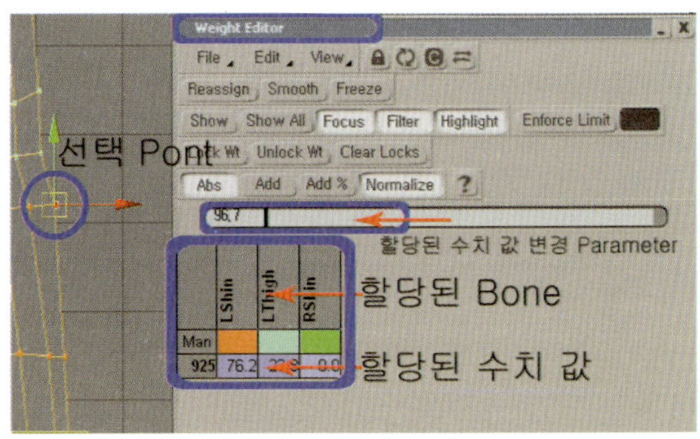


그림 4-7

각 항목에 대한 자세한 설명은 실제 작업을 통해 설명하기로 한다.

### 4-1-4 Default Pose Setting

자 이제 본격적으로 Weight 작업을 들어가기 전 해야 할 일이 있는데 그것이 바로 Default Pose 설정이다. Default Pose는 Weight 작업에 들어가게 되면 기본 Pose에서 많이 변형된 Pose형태를 취하게 되는데 Weight 작업 종료시 최초 모델링되어진 원상태로 복귀하고자 할 때 사용한다. 실제 캐릭터의 애니메이션은 초기 기본자세에서 시작하는 경우가 대부분이므로 초기 설정 Pose로 복귀시키는 일은 하나의 필수 작업이 되기도 한다.

1 먼저 Envelope에 관여했던 모든 Bone을 선택해야 하는데 이때 효율적인 작업을 위해 미리 Bone을 Group화시켜 놓도록 한다.

2 Animation된 모든 Bone과 Control 오브젝트를 멀티 신택하여 Group을 만든다. Group의 이름을 Default Pose Select라고 명명한다.

3 Default Pose Select Group을 선택하고 Action 〉 Store 〉 Transformation-Current Values 명령을 실행한다(그림 4-8).

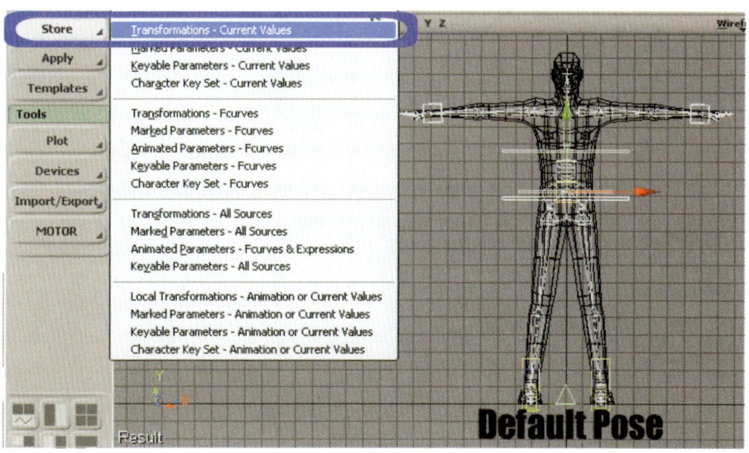

그림 4-8

**4** Current Value 값에 대한 저장은 정지된 현재의 Pose를 저장하는 것으로 Animation 데이터도 없고, 위치나 회전 값의 변화도 없는 초기 상태의 현재 값을 하나의 Source로 저장하는 것이다. 명령 실행 후 뜨는 속성 창에서는 Action Source Name을 "Default Pose"라 저장한다(그림 4-9).

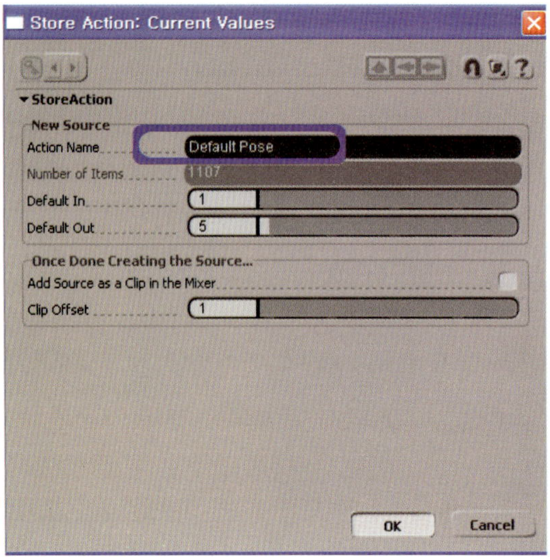

그림 4-9

**5** 그 결과 Explorer 창의 Biped 아래 구조에 보면 Mixer이라고 하는 새로운 항목이 생기게 된다. Mixer 〉 Source 〉 Animation 아래 구조에 가면 방금 저장한 Default Pose가 생성되어 있음을 확인할 수 있다(그림 4-10).

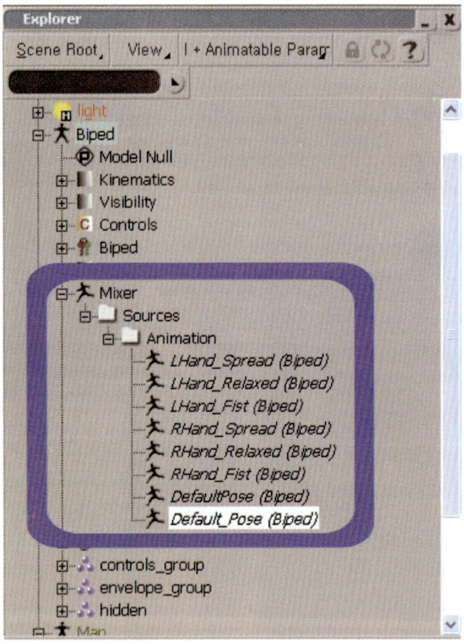

그림 4-10

**6** 이렇게 저장된 Source의 사용방법에 대해 알아보도록 하자. Default Pose를 사용하는 방법은 Apply action의 명령어를 사용하는 방법과 Mixer의 기능 창을 사용하는 방법으로 크게 두 가지가 있는데 먼저 Apply action의 명령어를 사용하는 방법에 대해 알아보도록 한다. 먼저 캐릭터의 Pose를

변형한다. 이는 Envelope 후 Weight수정을 하기 위해 다양한 Pose를 잡는 것이기도 하고 다 잡은 Weight 결과를 Test하기 위함이기도 하다. 간단하게 양팔을 내리고 다리 하나를 들고 허리를 내린 상태에서 Weight수정을 해서 작업을 완료했다고 가정한다면 이제 Key를 잡기 위해 초기 원상태 Pose로 복귀해야 하는데 사용하는 방법은 먼저 Explorer 창에 생성된 Mixer 아래 Default Pose Source를 선택한다. 계속 Source가 선택되어진 상황에서 Animate 툴 바 〉 Actions 〉 Apply 〉 Action 명령을 실행한다(그림 4-11).

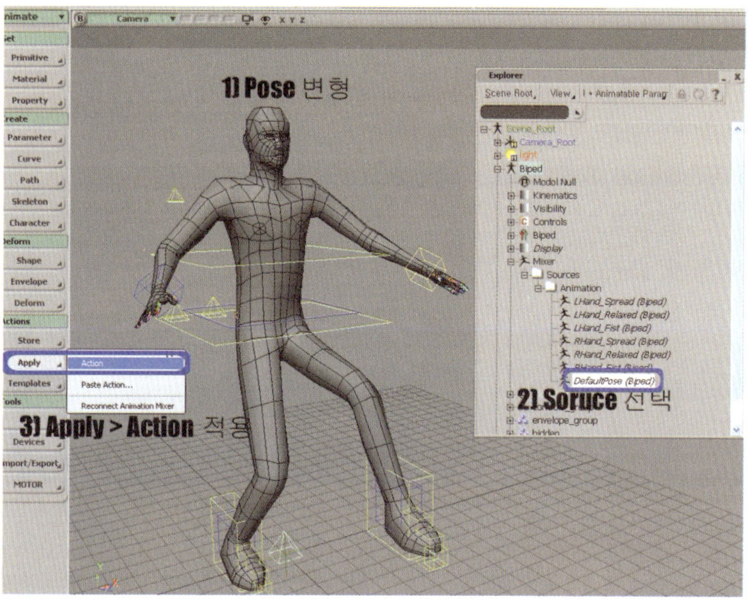

그림 4-11

**7** 적용 결과 캐릭터의 Pose가 원상태로 복귀하게 된다. 가끔 한 번의 명령 실행으로 원상복귀되지 않을 경우 한 번 더 실행을 하면 복귀된다. 그 이유는 Bone의 IK / FK의 Blend가 Default 수치 "1"을 가지고 있기 때문이다. 여러 번 반복하기를 미리 방지를 하고자 한다면 전체 Bone을 선택한 후 속성 창에서 IK / FK의 Blend 수치를 "0"으로 한 다음 Actions 〉 Apply 〉 Action 명령을 실행하면 완벽하게 제자리로 돌아가게 된다. 그 다음 다시 IK / FK의 Blend 수치를 "1"로 변환시키면 된다(그림 4-12).

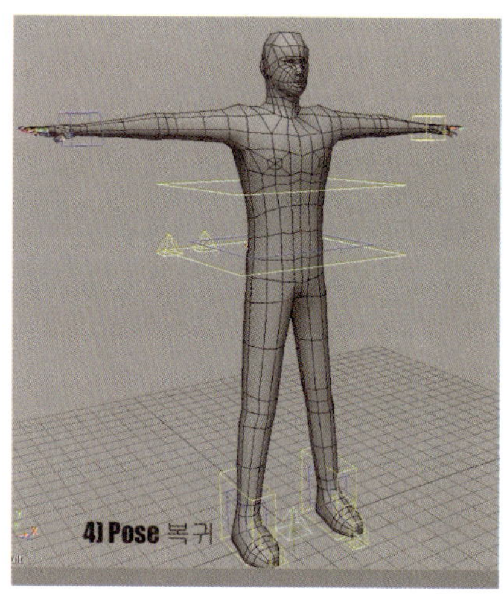

그림 4-12

**8** 또 다른 방법으로는 아직 다루지 않은 Animation Mixer 창을 이용하면 된다. 먼저 Rig구성 요소 중 Upper Body를 선택한 다음 Animation Mixer 창(단축키 Alt+0)을 연다(그림 4-13).

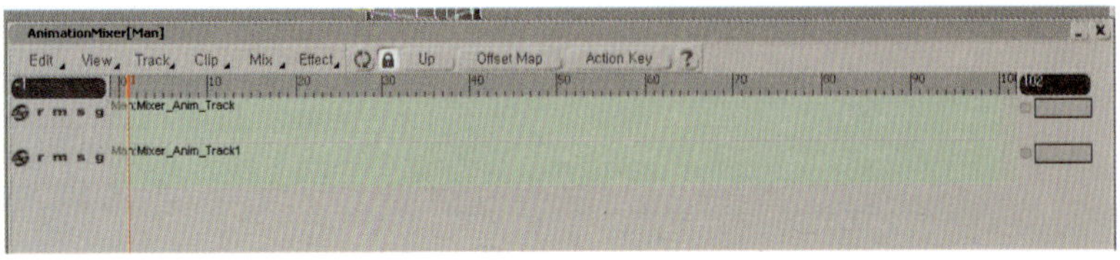

그림 4-13

**9** 열린 Mixer 창에 Default로 Animation Track이 두 개가 생성되었는데 마우스를 Animation Track 위에 올려 놓고 마우스 오른쪽을 클릭하고 Insert Source를 클릭하면 자동으로 저장된 Default Pose Source의 경로를 지정해 준다(그림 4-14).

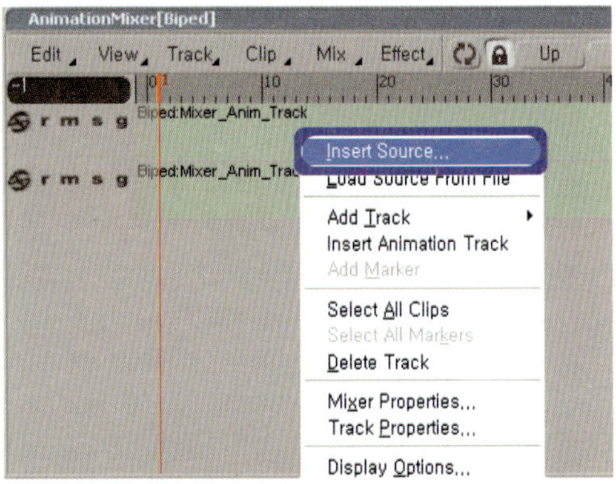


그림 4-14

**10** Default Pose Source를 클릭하면 자동으로 Animation Mixer Track으로 Default Pose Source가 들어온다. 들어온 Default Pose Source를 선택해서 1 Frame위치에 Drag한다(그림 4-15).

그림 4-15

**11** 자 이제 캐릭터의 Pose를 변형한 다음 타임라인 Bar를 1Frame으로 이동하게 되면 자동으로 처음 Setting한 Default 포즈로 되돌아온다(그림 4-16).

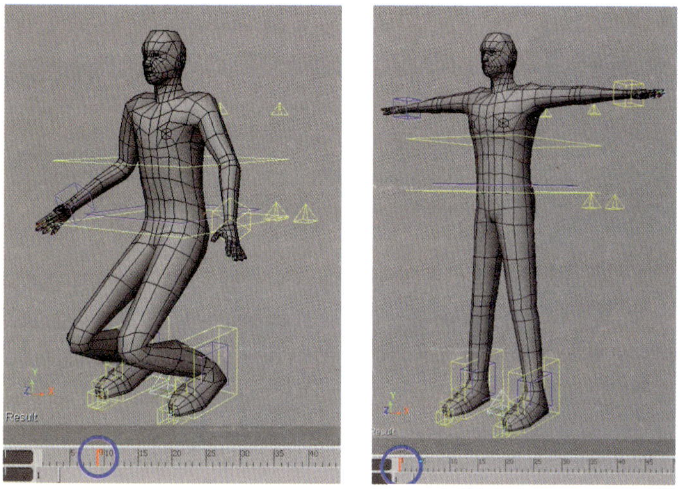

그림 4-16

## 4-1-5 Change the Pose

Envelope과 Set Reference Pose지정까지 모두 완료된 상태에서 부득이 하게 초기 Pose의 변경이 필요한 경우 참으로 난감할 수 있다. Envelope에 Weight 수정까지 마쳤는데 이 모든 작업공정과 결과 데이터를 지우고 Set up 작업을 해야 한다면 그럴지 모르나 굳이 작업했던 모든 데이터를 없애지 않고도 원하는 Bone의 Pose수정 후 곧 바로 데이터 활용이 가능하다면 난감해 할 필요가 없을 듯하다. 지금부터는 Weight 작업 후 Pose나 Bone Setting의 수정 및 변경이 필요한 경우에 어떻게 대처해야 하는지에 대해 알아보도록 한다.

**1** 먼저 기본 Pose의 수정을 해보도록 한다. XSI 기본 Rig를 Open하고 Man 모델링 데이터를 Open한 다음 Envelope를 한다. 그리고 앞장에서 작업한 기본적인 Weight수정을 하도록 한다.

**2** 모든 작업이 완료된 후 데이터의 기본 Concept이 90도 양팔 벌려 자세에서 45도 양팔 벌려 자세로 기본 자세가 바뀌게 요구된다면 난감할 수 있다. Bone Setting부터 Envelope 작업과 Weight 작업까지 모든 공정이 새로 작업이 되어야 되는 상황이기 때문이다. 하지만 XSI에서는 그렇게 하지 않아도 된다.

3 모델링 데이터에 들어가 있는 Weight할당 결과를 잠시 Mute를 시키고 Bone의 위치 수정을 해주고 난 다음 다시 Weight정보를 적용해주면 된다.

4 먼저 Weight가 적용된 Man을 선택하고 "F3" 버튼을 눌러 선택된 오브젝트만의 Explorer Pop up 창을 열거나 Explorer 창 내에서 Polygon Mesh 〉 Envelope Operator속성을 더블클릭한다(그림 4-17). (Envelope Operator 속성 앞에 있는 Icon을 클릭해도 된다)

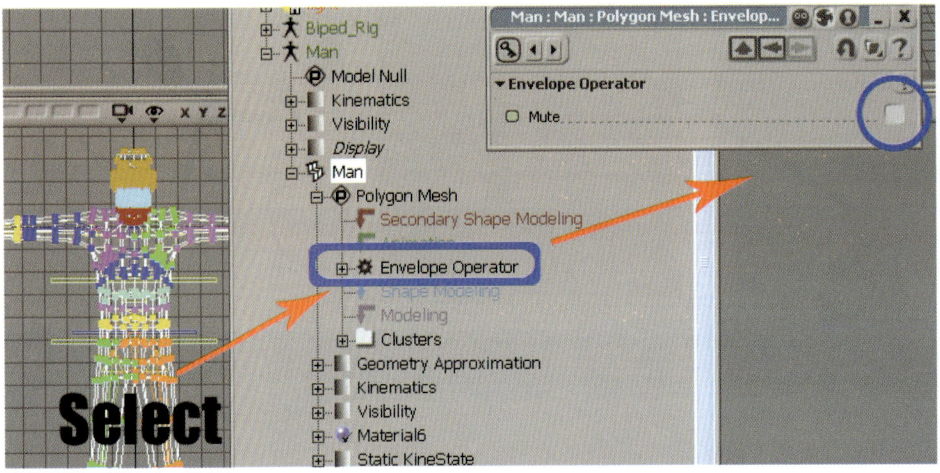

그림 4-17

5 Envelope Operator 속성 창에서 Mute 항목에 Check를 한다. 모델링에 적용됐던 Envelope Weight 값의 적용을 잠시 멈추게 된다.

6 다음 Skeleton구조의 움직임을 통해 Concept의 의도에 맞춰서 캐릭터의 Pose를 변화시킨다(그림 4-18).

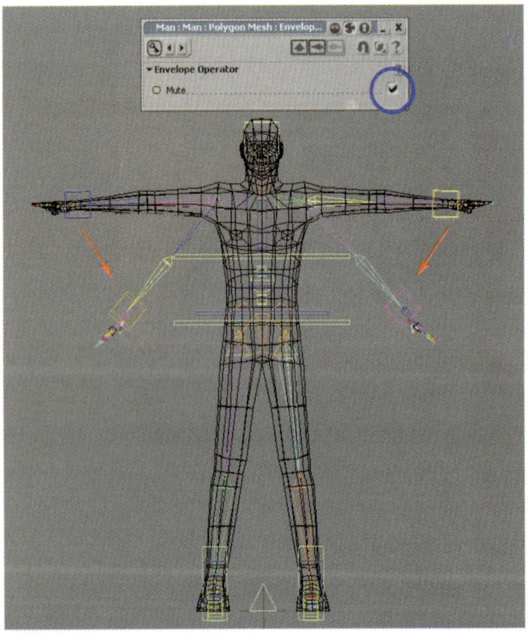
그림 4-18

7 자 이제 Concept에 맞춰 Bone의 위치를 변경하였으면 Mute시켰던 Envelope기능을 다시 활성화시켜 보도록 한다.

8 그 결과 자연스럽게 변경된 Pose에 맞게 Weight정보가 그대로 적용되면서 캐릭터의 Pose가 변경되었다(그림 4-19).

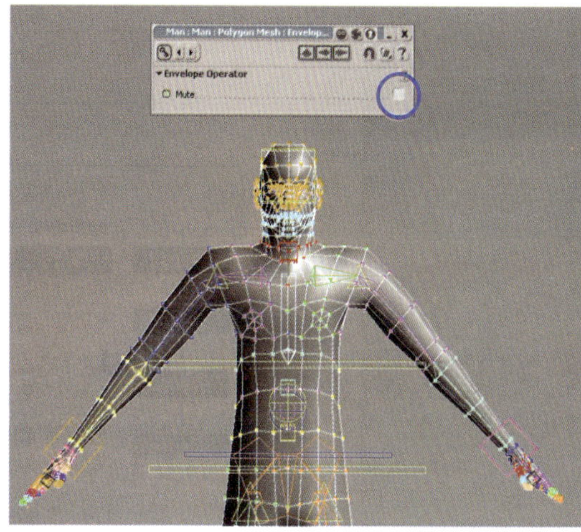

그림 4-19

9 변경된 양 팔의 컨트롤러를 선택하고 Deform 〉 Envelope 〉 Set Reference Pose 명령을 적용해준다.

### 4-1-6 Add New Bone

Envelope과 Set Reference Pose지정까지 모두 완료된 상태에서 부득이 하게 초기 Pose의 변경이 필요한 경우에는 해결 방안을 찾았다. 하지만 단순히 Pose의 변경이 아니라 Bone을 추가해야 할 상황이 생겼을 경우에는 더욱 난감할 수 있다. Bone을 추가한다는 것은 알고리즘의 변경을 의미하는 것인데 그렇다면 이 경우에는 처음부터 작업을 다시 해야 하는 경우가 아닌가 싶지만 역시 XSI에서는 Bone구조의 알고리즘이 변경되어도 Envelope기능과 Weight정보는 그대로 쉽게 다시 적용될 수 있다.

1 기본 Pose의 수정을 해보도록 한다. XSI 기본 Rig를 Open하고 Man 모델링 데이터를 Open한 다음 Envelope를 한다. 그리고 앞 장에서 작업한 기본적인 Weight수정을 하도록 한다.

2 만약 기본 Setting에서 복부 부근의 Animation을 추가하기 위해 새로운 Bone이 추가되어야 하는 상황이라면 다음과 같은 순서에 의해 작업에 임하도록 한다.

**3** 먼저 Animation이 추가될 위치에 적당하게 Bone을 심는다. 개수와 위치 길이는 상관없다(그림 4-20).

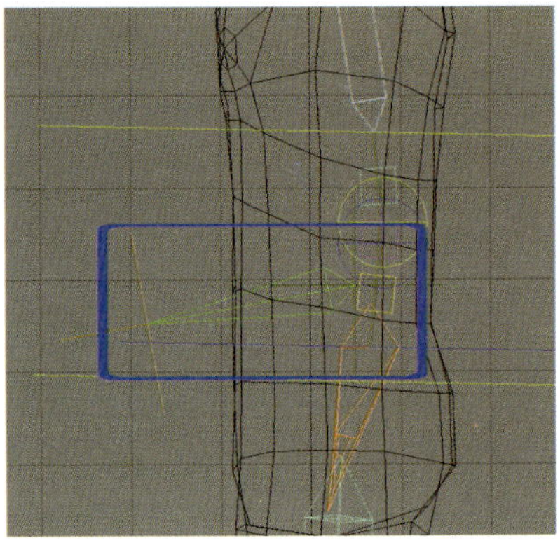
그림 4-20

**4** 새로 만들어진 Bone과 다른 Bone과의 상호 관계를 정의해 준다. 새로 생성된 Belly Bone Root는 복부 부근에 있는 Spine Vertebra와 위치나 기능상 가장 인접해 있기 때문에 Spine Vertebra의 자식구조로 만들어 준다. 자식구조로 만들어 주는 방법은 지금까지 수도 없이 반복했기 때문에 생략하도록 한다.

**5** 그 다음 Belly Bone Root는 Envelope와 관련이 있기 때문에 Envelope Group에 포함시키도록 한다. Group 내에 포함시키고자 Drag in Drop하기 위해 Explorer 창 내에서 Belly Bone Root를 찾아서 선택할 필요가 없다. 먼저 작업 화면상에서 Belly Bone을 선택한 다음 Envelope Group을 선택하고 마우스 오른쪽을 클릭한 다음 Add to Group을 해주면 바로 Envelope Group내에 Belly Bone이 첨가된다.

**6** Man Body 모델링을 선택한 다음 Deform 〉 Envelope 〉 Set Envelope 명령을 실행한다.

**7** Set Envelope 속성 창에서 Automatically Reassign Envelope Option을 Uncheck한 상태에서 OK를 적용한다(그림 4-21).

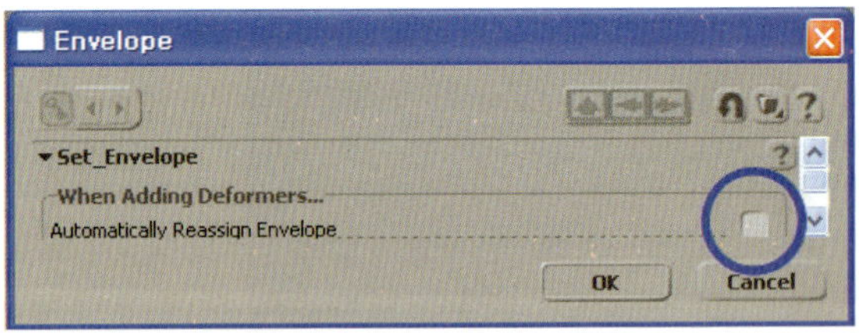

그림 4-21

**8** 새로 생성한 Belly Bone을 선택하고 마우스 오른쪽을 클릭 적용한다. Envelope명령을 종료하였지만 Belly Bone에 아직까지 Weight값이 적용되지 않았다. Belly Bone이 영향을 줄 복부 부근의 Point를 선택하고 Envelope 〉 Reassign Locally 명령을 실행하고 Belly Bone을 선택한다. 그리고

Belly Bone의 Effector를 선택하고 이동을 하게 되면 할당되어진 영역의 Point가 Weight 적용된 결과를 확인할 수 있다.

## 4-1-7 Freeze or Remove Envelope

적용한 Envelope 데이터를 Delete해야 할 경우 Envelope된 대상 모델링을 선택하고 Deform 〉 Envelope 〉 Remove Envelope 명령을 실행하면 된다.

또는 Edit 〉 Freeze를 하면 된다.

그리고 Explorer 창에서 오브젝트 속성 아래 있는 Envelope Operator 속성을 Delete하면 된다.

## 4-1-8 Save & Paste Envelope

1 모델링에 적용된 Weight정보를 Preset형식으로 저장한 뒤 모델링의 수정 작업을 마치고 다시 저장했던 Preset정보를 다시 적용할 수 있다.

2 먼저 Envelope이 적용된 오브젝트를 선택하고 Weight Editor 창(Ctrl+E)을 연다.

3 File 〉 Save Preset으로 지정된 폴더에 저장한다(그림 4-22).

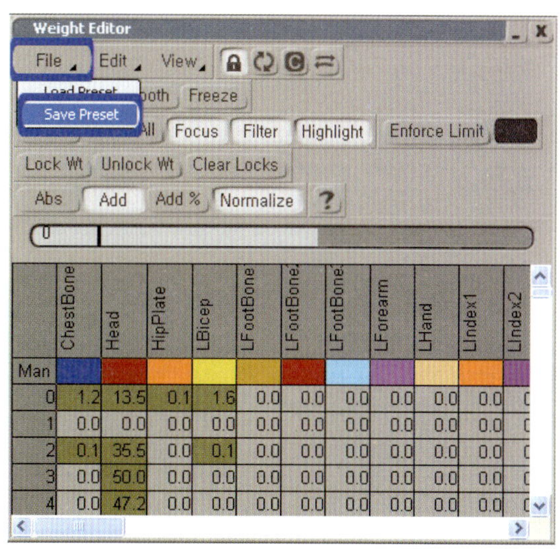


그림 4-22

**4** 모델링을 선택한 상태에서 Deform 〉 Envelope 〉 Remove Envelope 명령을 실행하여 Envelope 데이터를 삭제한다(그림 4-23).

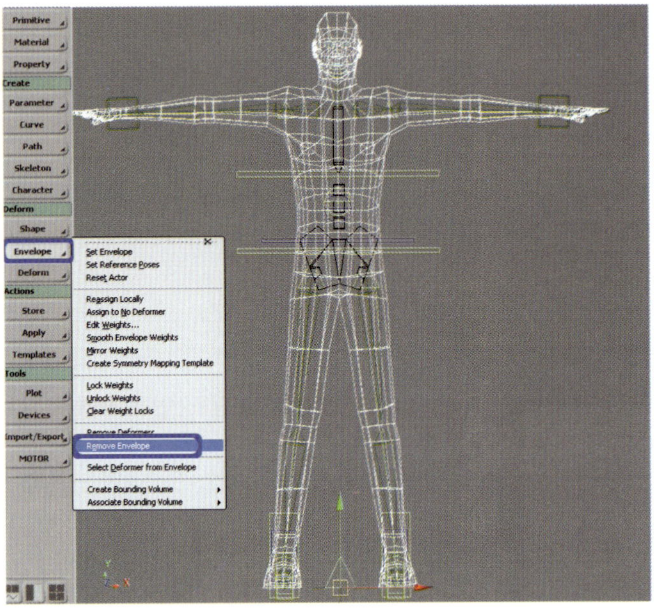


그림 4-23

**5** 모델링 수정 작업을 마치고 기본적인 다시 Envelope 데이터를 적용한다.

**6** Weight 수정되지 않은 기본 Weight정보에 저장된 수정된 Weight정보 값을 적용해 주도록 한다. 먼저 기본 Weight정보의 Weight Editor 창을 연다.

**7** File 〉 Load Preset 명령을 실행하고 저장한 Preset 파일을 불러오면 자동으로 수정된 Weight 정보가 그대로 적용된다.

# 4-2 Weighting 작업

## 4-2-1 Weighting 작업 1–종아리

1 Biped Left Foot을 선택한 다음 Y축으로 올려서 종아리 부위의 Point들의 움직임을 살펴본다. Biped Left Foot를 이동할 때마다 약간씩 Point들의 움직임을 확인할 수 있는데 왼쪽 종아리 부위의 Point들의 Weight정보를 알아보도록 한다.

2 종아리를 구성하는 Point 중 일부를 선택한다(그림 4-24).

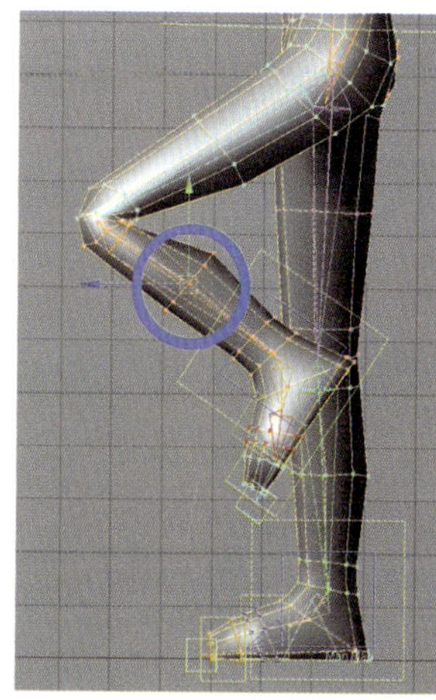

그림 4-24

3 Weight Editor 창(단축키 : Ctrl+E)을 연다(그림 4-25).

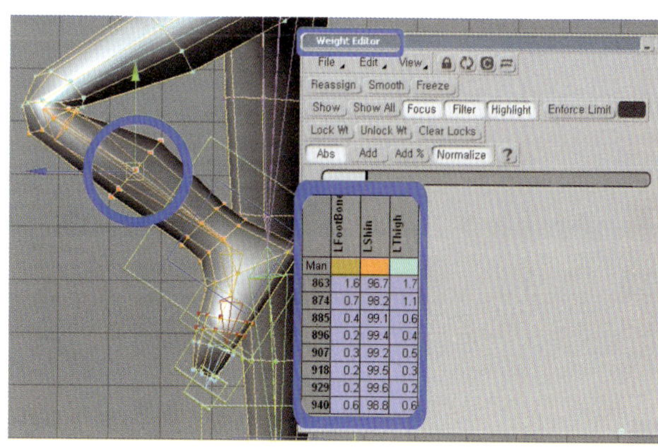


그림 4-25

4 선택된 Point들의 Weight 정보를 살펴보면 이 Point들은 Left Foot Bone과 Left Shin Bone 그리고 Left Thigh Bone 이렇게 세 개의 Bone에 할당되어 있다. 기본적으로 세 개의 Bone에 할당된 이유

는 Envelope시 Automatic Envelope Assignment 설정시 Number of Skeleton의 수치를 "3"으로 지정을 해주었기 때문이다.

**5** 여기서 종아리는 Left Shin Bone에만 할당되어지면 된다. 불필요한 Bone에 대해서는 그 할당치가 필요 없다. 그러므로 종아리에 해당되는 Point를 전체 선택을 한다. 선택된 Point를 중심으로 확장된 동일 Component를 선택하고자 할 경우는 Point가 선택된 상태에서 Select Mode에서 Grow Selection을 선택해주면 된다(그림 4-26).

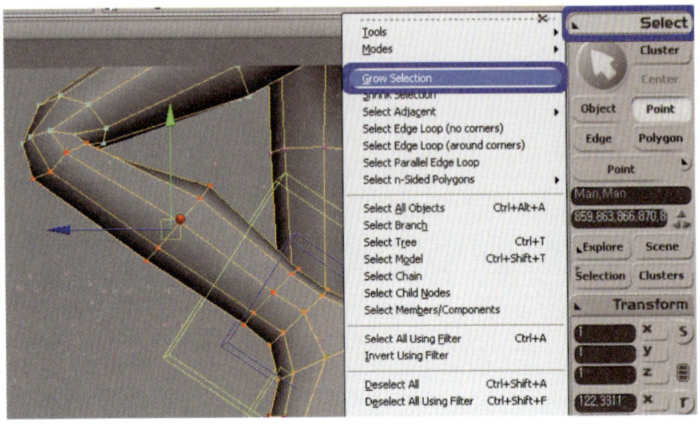

그림 4-26

**6** Point 영역이 선택된 상태에서 Envelope 〉 Reassign Locally 명령을 실행한다(그림 4-27).

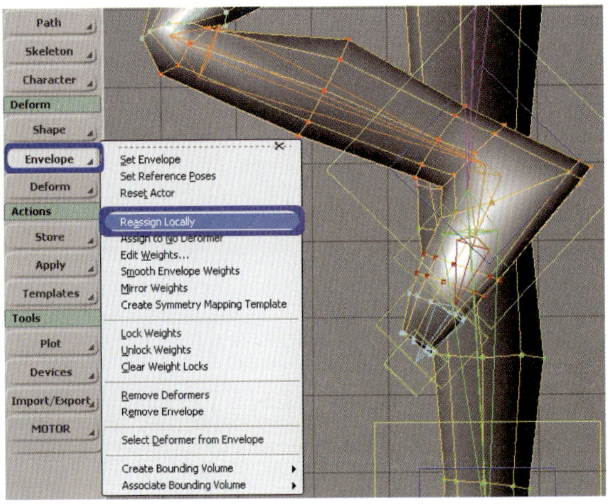

그림 4-27

**7** 명령 실행 후 Pick Icon 모드에서 Biped Left Shin Bone 만을 선택한다. 그리고 마우스 오른쪽을 클릭하고 적용시켜 준다(그림 4-28).

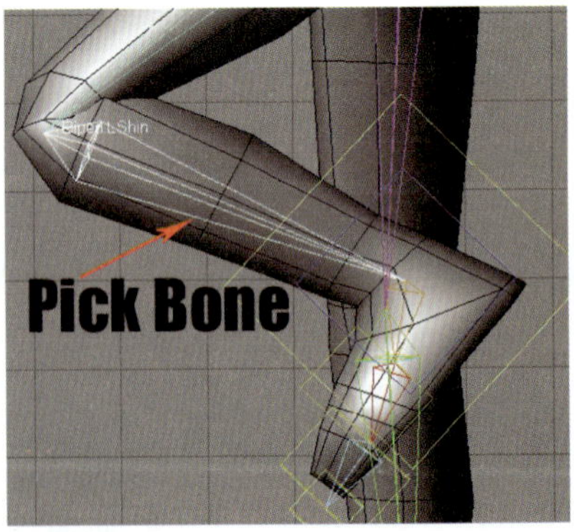

그림 4-28

## 4-2-2 Weighting 작업 2-허벅지

**1** 허벅지는 종아리와 동일한 방법으로 재할당을 하도록 한다. 먼저 허벅지 부위의 Point를 선택하고 Reassign Locally로 허벅지 Bone을 선택한다(그림 4-29).

그림 4-29

**2** 향후 반대편 다리는 Mirror Weight를 통해 작업을 하기 때문에 정확한 대칭 구조상에서의 Weight 작업은 한쪽 방향만 정확하게 작업을 해주면 된다.

## 4-2-3 Weighting 작업 3-무릎

다음 작업은 종아리와 허벅지를 재할당시켰으므로 두 부분 사이에 존재하는 무릎 부분에 대해 작업을 하도록 한다.

무릎과 같이 여러 Bone들이 공유를 하게 되는 부분은 종아리나 허벅지와 같이 하나의 Bone에만 할당할 수 없다. 캐릭터의 동작이 자연스럽게 나오질 않기 때문이다. 해당되는 Point를 공유하는 모든 Bone에 골고루 적당한 Weight를 분산시켜야 하는데 몇 가지 방법을 이용해서 작업해보도록 한다.

**1** 가장 간단한 방법은 Reassign 명령을 사용하는 방법인데 먼저 무릎에 해당되는 Point를 선택한 다음 Envelope 〉 Reassign Locally 명령을 실행해 준 후 Pick Icon이 나오면 허벅지와 종아리 Bone을 차례로 멀티 선택을 하고 마우스 오른쪽 클릭으로 적용을 해준다(그림 4-30).

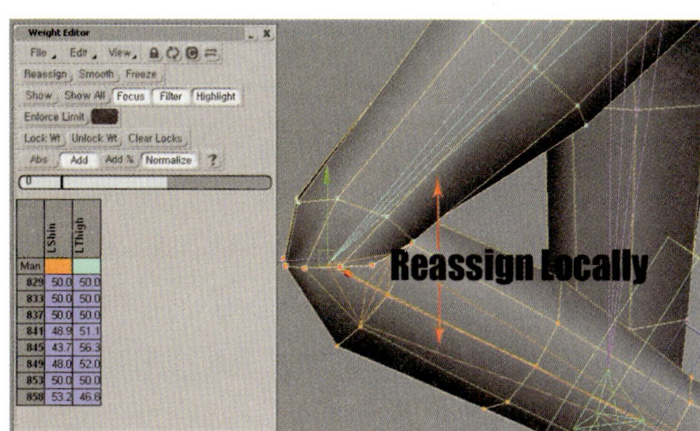


그림 4-30

**2** 그 결과 선택된 무릎 Point들의 Weight설정 값은 허벅지와 종아리 Bone의 중간 값으로 공유된다. 자연스럽게 움직일 수 있다는 것이다.

**3** 또 다른 방법은 보다 자연스럽게 표현되는 방식으로 무릎에 해당되는 영역을 보다 넓게 선택을 한 뒤 Envelope 〉 Smooth Envelope Weights 명령을 실행한다(그림 4-31).

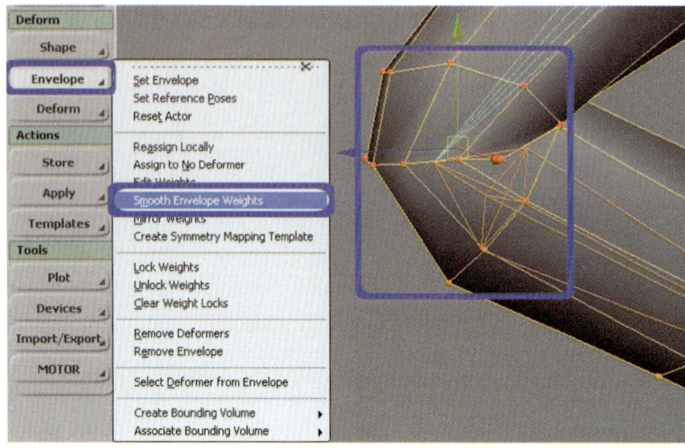


그림 4-31

**4** Smooth Envelope Weight Operator 창에서 Neighborhood Depth수치를 조절하면서 이웃 Point간의 거리 값을 조절해 가면서 모양을 조절할 수 있는 장점이 있다. 그리고 Proportional Guide의 Graph를 통해 그 모양을 좀 더 상세하게 조절이 가능한 장점도 있다(그림 4-32).

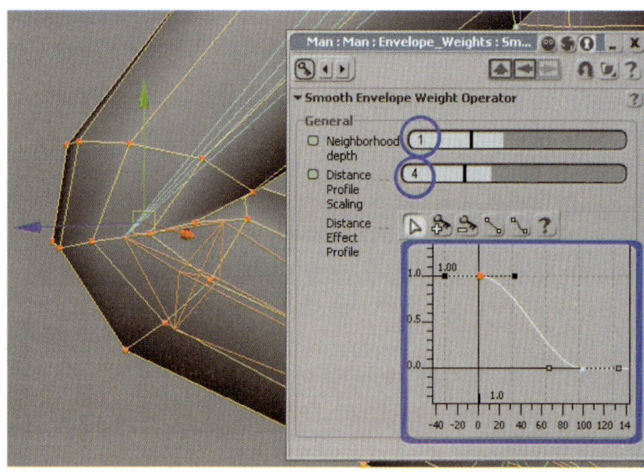


그림 4-32

### 4-2-4 Weighting 작업 4-Hip-Add 또는 Abs 옵션을 사용하는 방법

**1** 일단 Hip의 형태가 어떻게 왜곡되는 현상을 가지고 있는지 확인을 해야 한다. 왼쪽 다리를 최대한 들어올려 복부 아래쪽과 Hip의 왜곡현상을 체크한다. 기본적으로 왜곡현상이 나타나는 이유는 Weight 할당의 기본 원칙이 Point 대비 Skeleton과의 거리 값이 기준이기 때문에 모양과 캐릭터의 특징에 무관하게 가장 가까운 거리에 위치하는 Point에 Weight 값을 할당하기 때문에 모델링과 Skeleton구조 사이에 반드시 이런 현상이 나타나게 된다. 가장 심하게 나타나는 부분은 Skeleton의 수가 많이 분포되어 있는 골반이나 어깨와 가슴, 그리고 손가락 부분이다. 그 외 부분은 Bone당 Point가 할당되기 때문에 Weight수정하기가 수월하다(그림 4-33).

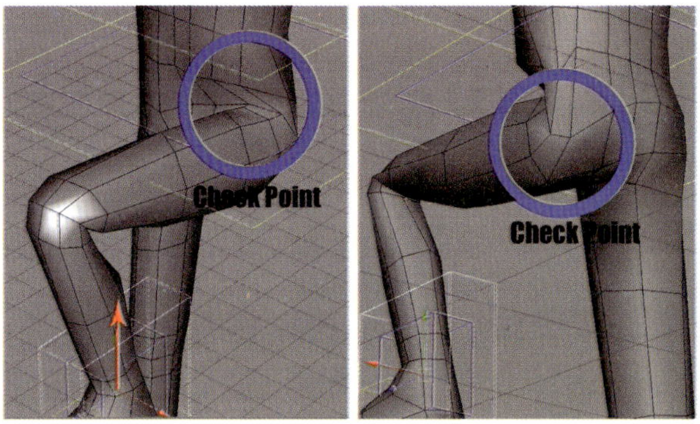

그림 4-33

**2** 일단 캐릭터가 가지고 있는 Component수가 너무 작아 Weight수정에 많은 어려움이 따르겠지만 Low Polygon data의 수정이 가능하다면 High Polygon data의 수정이 원활할 수 있기 때문에 연습차원에서 접근해 보도록 한다.

**3** 그리고 한 가지 더 부연하자면 Weight 작업은 해부학적으로 많은 지식을 요구한다. 즉 수정하고자 하는 Point가 어느 Bone의 영향력을 받는 위치의 Point인지를 인지하지 못한다면 작업을 할 수 없다는 말이다. 즉 어느 Bone에 어느 Point가 할당되어야 자연스러운 Pose와 동작이 나오는지 알아야 Weight 작업을 할 수 있다.

**4** 근육과 Skeleton과의 상관관계에 대해 개인적인 많은 노력을 해야 한다고 거듭 강조하고 싶다.

**5** 먼저 가장 왜곡이 심한 Point를 선택해서 Weight 정보를 확인한다. 그 Point가 어느 Bone의 영향을 받아야 하는지 아니면 어느 Bone의 영향을 받지 말아야 하는지 먼저 판단을 해야 한다.

**6** 다리를 들어 올렸을 때 골반과 다리 사이에 가장 깊이 패이는 Point하나를 선택하고 Weight의 정보를 확인한다(그림 4-34).

그림 4-34

7 본격적인 Weight 작업에 들어가기 전에 보통 Weight 작업을 하기 위해서는 모델링과 뼈대구조를 동시에 Check해 가면서 작업을 해야 하는데 뼈대구조는 실질적으로 캐릭터 모델링 속에 들어가 있기 때문에 보면서 작업하기 쉽지 않다. 그래서 캐릭터 모델링은 Shade모드로 작업하면서 몸 속의 뼈대구조도 동시에 보고 선택하면서 작업을 하고자 할 경우가 있다. 이것은 Camera모드에서 Setting이 가능하다.

8 먼저 작업 모드를 Shade모드로 전환시키고 작업 모드 오른쪽에 있는 작업 모드를 선택해서 아래쪽에 있는 기능 창 중에 Display option을 선택한다(그림 4-35).

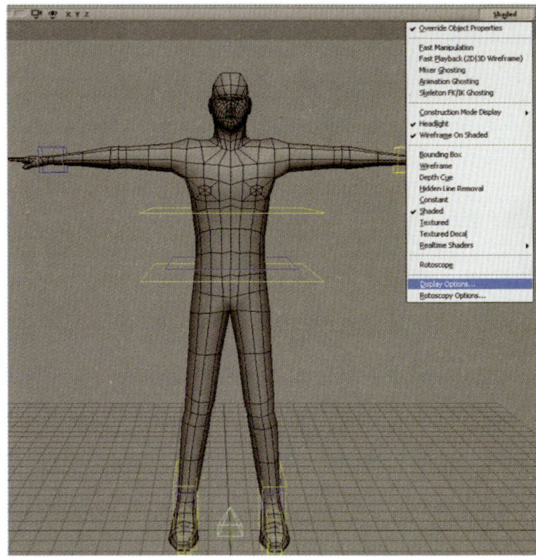

그림 4-35

9 Camera Display 속성 창에서 Shadow Mode option 중에 비활성화된 X Ray Mode를 활성화시킨다. 그러면 Shade Mode의 오브젝트 속에 있는 Skeleton구조가 보이게 된다(그림 4-36).

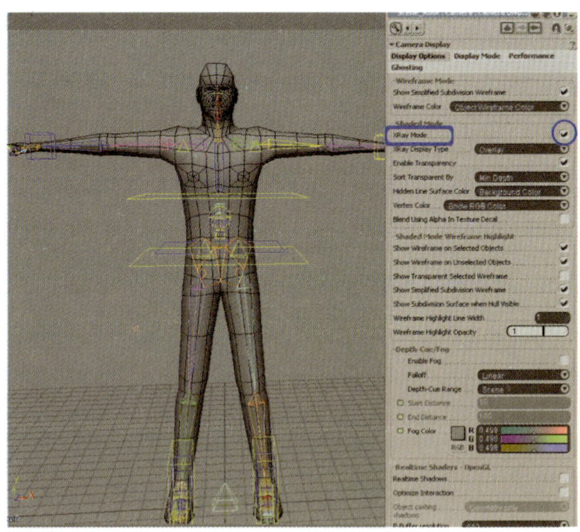

그림 4-36

10 그런데 Weight 작업은 Point도 선택해서 작업해야 하고 Skeleton도 선택해서 작업해야 한다. 그런데 이 두 모드가 동시에 활성화되어 있으면 동시에 작업하기가 View mode상 곤란하다. 그래서 지

금부터는 이 X Ray Mode를 활성 / 비활성시키는 Tool bar를 하나 만들어서 번잡한 실행모드를 최소화해서 작업의 효율성을 높이도록 하자.

**11** 먼저 X Ray Mode를 비활성화시키도록 한다. 즉 활성모드 체크를 해제시킨다.

**12** 임의의 Tool bar를 하나 만들어야 한다. View 〉 New Custom Toolbar 명령을 실행한다(그림 4-37).

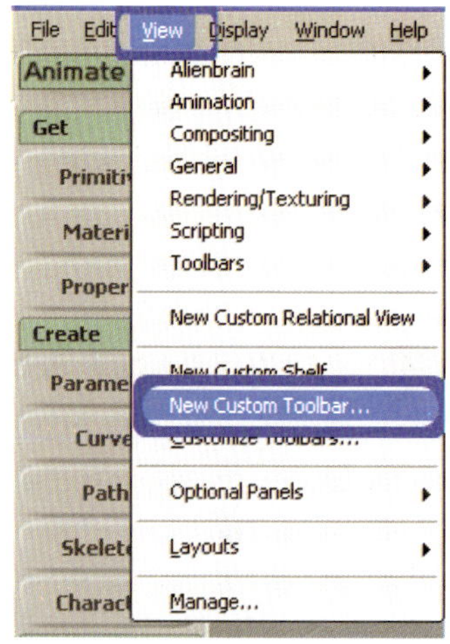

그림 4-37

**13** 새로 생성된 Toolbar를 적당한 위치에 두고 Time Line bar 아래 있는 Script Editor 속성 창을 연다. 그 다음 어떠한 작업도 하지 않은 채 Camera Display 속성 창에서 X Ray Mode를 활성화시킨다. 그 결과 Script Editor 속성 창에 방금 실행한 명령어의 내용이 나타난다(그림 4-38).

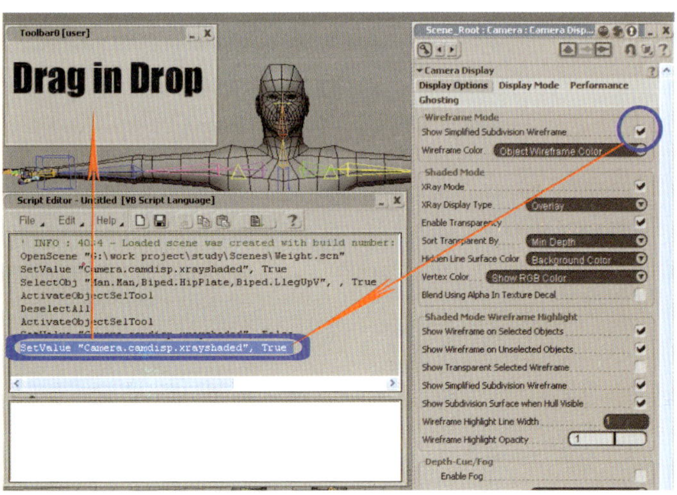

그림 4-38

**14** 생성된 명령어의 내용을 전체 드래그를 해서 영역 선택을 한다.

**15** 그리고 방금 전에 만든 New Custom Toolbar 속으로 Drag in Drop한다.

**16** 작업 실행과 동시에 Script Button 속성 창이 나오면서 Script Button을 하나 만들겠냐고 물어보게 된다 그냥 OK를 누르면 된다(그림 4-39).

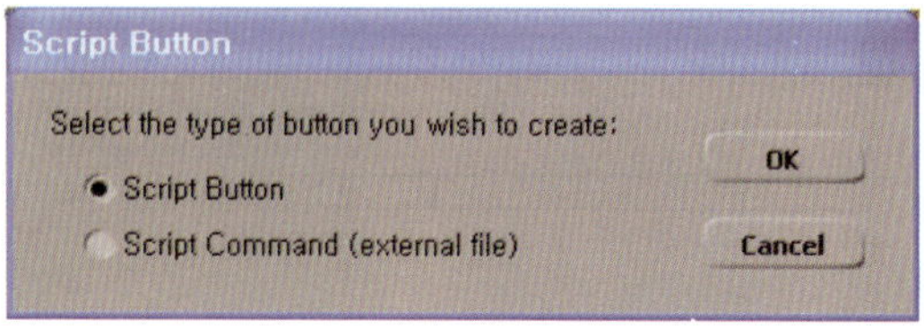


그림 4-39

**17** 그 다음 customize Button 속성 창이 뜨면서 새로 만들 버튼의 내용이 설명이 되고 어떤 형태의 프로그래밍 언어를 선택할지를 지정해 주고 Button의 이름을 정해준다. 여기서는 "X Ray On"이라고 저장하도록 한다(그림 4-40).

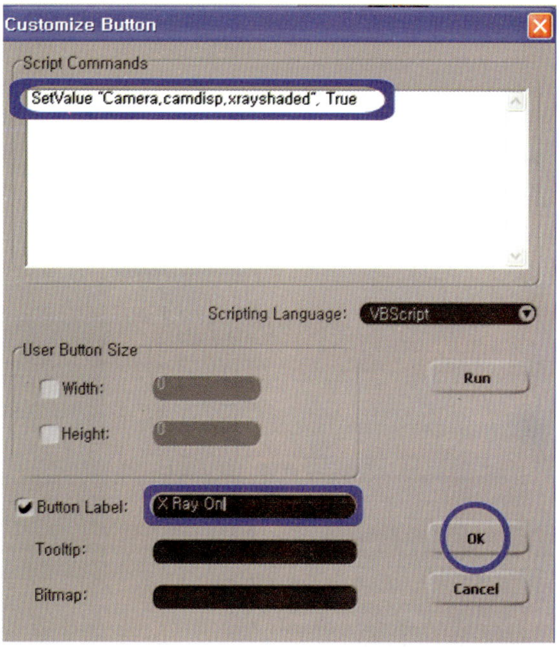


그림 4-40

**18** 그 결과 다음과 같은 명령어 버튼이 만들어진다(그림 4-41).

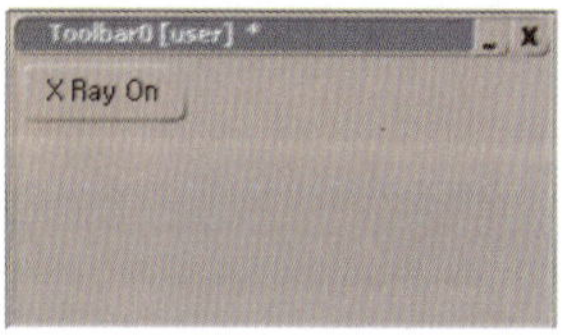


그림 4-41

**19** 새로 생성된 버튼을 눌러 보도록 한다. 여러 공정을 거치지 않고 바로 Skeleton이 보이는지 확인한다.

**20** 동일한 방법으로 이번에는 반대로 X Ray Mode를 비활성화하는 Button을 만들어 보도록 한다. 그래서 X Ray Mode로의 전환이 자유자제가 되는지 확인해 보도록 한다(그림 4-42).

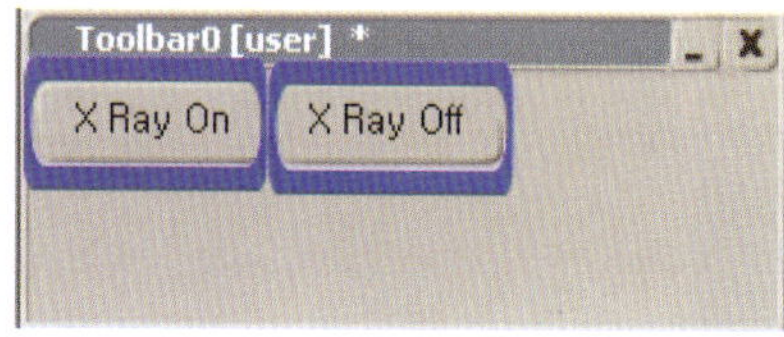

그림 4-42

**21** 이 Preset은 저장이 가능하기 때문에 향후 다른 작업시에도 사용이 가능하다.

**22** 이제 다시 Weighting Mode로 작업을 전환하도록 한다. 단축키 Ctrl+3을 실행해 Weight Panel Mode로 전환시킨다. 다리를 들어 올렸을 때 가장 많이 왜곡되는 지점의 Point를 선택해서 정보를 확인한 결과 위치상 Hip Plate에 가장 많은 Weight의 수치가 할당되어야 함에도 불구하고 L Thigh에 많은 수치가 할당되어 있다. 이 경우 수정하는 방법은 여러 가지가 있는데 우선 정확한 할당치부터 지정해 주는 것이 우선이다.

**23** Weight Editor Panel에서 Add Mode를 확인한 다음 Hip Plate tap에서 Weight 수치 34를 클릭한다. 그러면 Weight Parameter가 "0"로 setting이 되는데 이때 Parameter 오른쪽이 "+", 왼쪽방향이 "−"로 적용된다. 지금은 수치를 가중시켜 줘야 한다. 그래서 Parameter를 오른쪽 방향으로 조절을 하되 실제 Point가 어떤 방향으로 이동하는지 관찰해가면서 한다. 어느 정도의 거리 값을 두어야 하는지도 사전에 미리 결정을 하고 접근하면 훨씬 수월하게 작업을 마칠 수 있다.

**24** 다리를 최대로 들어 올렸을 경우 허벅지와 복부가 겹치게 되므로 그 겹치는 정도의 모양을 미리 계산한 다음 적용을 해주도록 한다(그림 4-43).

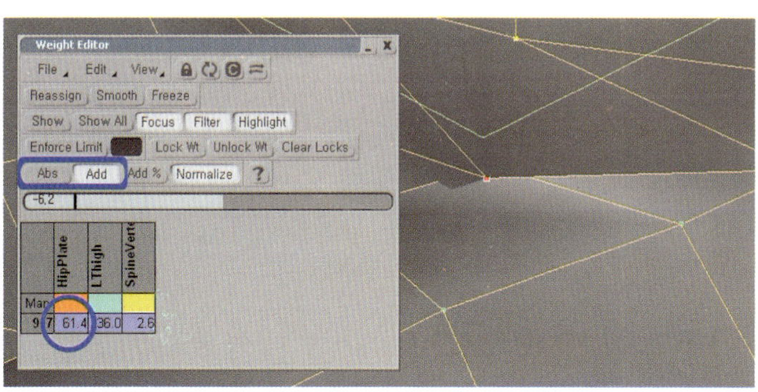

그림 4-43

**25** 다른 Point 역시 순차적으로 위와 같은 방법을 적용해 모양을 다듬어 나가도록 한다(그림 4-44).

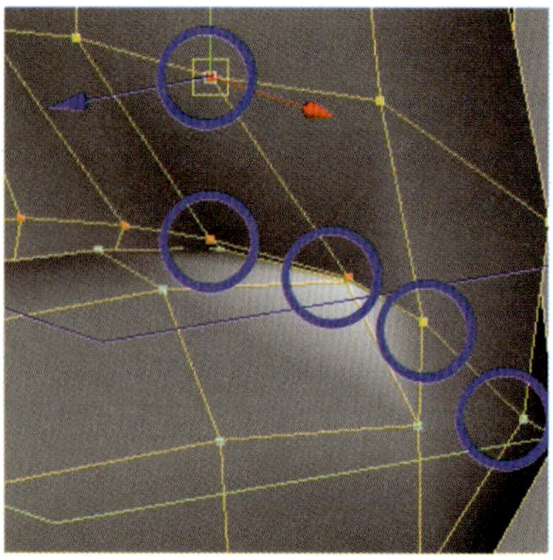

그림 4-44

**26** 다음은 복부에 있는 Point를 점검해 보도록 한다. 일단 다리를 오므릴 때 복부가 근육이 아래로 당겨져 내려가는 현상이 있는데 지금의 캐릭터에는 그런 현상이 전혀 나타나지 않는다. 그래서 자연스럽지 않고 너무 딱딱하게 느껴진다. 이를 수정해 보도록 한다. 먼저 해당 영역의 Point를 선택해서 Weight정보를 보면 역시 위치는 골반+복부의 위치인데 골반과 척추에만 영향력이 있다. 그래서 이를 수정해 줘야 하는데 다리를 들어 올릴 때 복부도 약간 아래로 내려가야 한다면 이 Point에 영향을 주는 Bone은 허벅지와 골반 그리고 척추여야 한다. 그래서 해당 부분의 Point를 재할당시키도록 한다.

**27** 영역에 해당되는 Point를 전부 선택한다. 그리고 X Ray Mode를 활성화시킨다. 이때 조금 전에 만든 Tool bar를 활용한다. Weight Panel에 있는 Local Reassign을 선택한다. 그리고 pick Icon이 생기면 허벅지(L Thigh)+골반(Hip Plate)의 차례로 선택해 준다(그림 4-45).

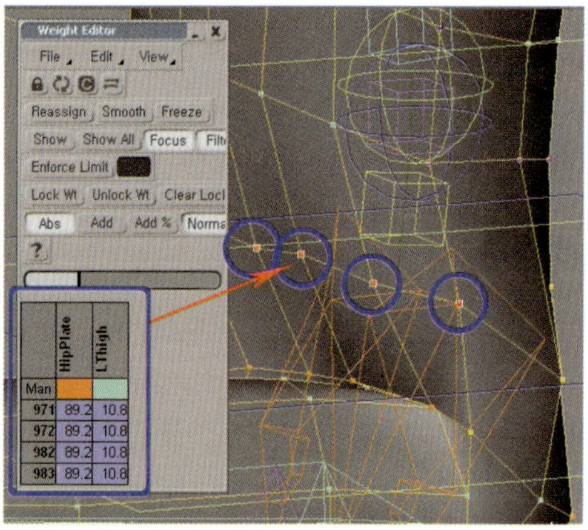


그림 4-45

**28** 일단 재할당 결과를 확인한 다음 Weight수정 작업에 들어간다. 상대적으로 골반의 영향력을 많이 받겠지만 허벅지의 이동 값에도 민감하게 반응을 해야 하므로 그 수치는 크지 않을 듯하다. 그러한 Focus에 중점을 두고 Weight수정 작업을 한다.

**29** 다음은 Hip의 뒷모양을 살펴보면 해당 캐릭터가 워낙 component 수가 작기 때문에 기본 형태의 유지에 중점을 두면 되는데 일단 다리를 들어 올릴 때 다리의 이동 양에 따라 Hip 뒷부분이 너무 많이 아래로 이동을 하기 때문에 Hip에 좀 더 많은 할당량을 배분해 줘야 할 듯하다(그림 4-46).

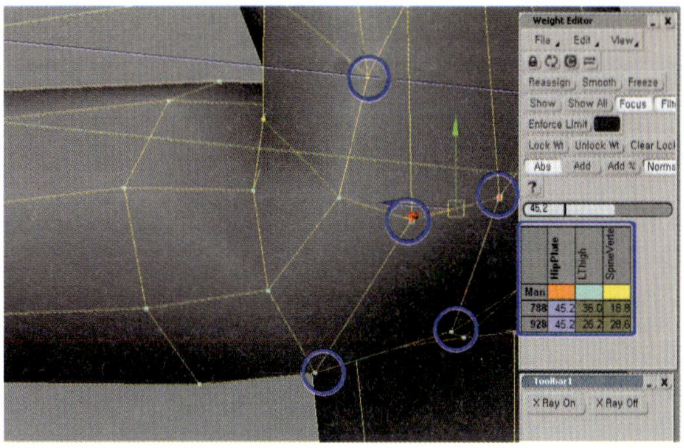

그림 4-46

**30** 실제 작업에서도 Weight 작업은 그리 만만한 작업이 아니다. 캐릭터 애니메이션의 Quality를 결정한다고 해도 과언이 아닐 정도로 중요한 부분이기도 하고 그만큼 섬세하고 세심한 작업이 필요한 분야이기도 한다. 생각대로 잘 안된다고 포기하지 말고 천천히 조금씩 몸에 익혀 나가다 보면 어느 순간 이 Weight 작업도 하나의 공정으로 몸에 익숙해질 때가 올 것이다. 그리고 이제는 Software적으로 많이 편리해졌다.

### 4-2-5 Weighting 작업 5-겨드랑이-Weight Brush를 사용하는 방법

하체를 어느 정도 마무리 짓고 상체로 올라가 보도록 한다. 상체에서 가장 손이 많이 가는 부분이 겨드랑이 부분이다. 이곳은 어깨, 팔, 가슴, 목을 구성하는 Bone이 결합된 곳으로 그 할당의 범위가 수치를 정하기가 많이 까다롭게 느껴지는 부분이기 때문이다. 하지만 하체와 같이 하나하나씩 천천히 잡아가다 보면 자신도 모르게 Weight 작업이 숙달된 것으로 확신한다.

Time Line을 1Frame으로 이동시키거나 Explorer 〉Mix 노드 아래 있는 Default Pose를 선택하고 Apply Action을 적용해서 캐릭터를 원상태로 유지시킨다.

상체도 하체와 마찬가지로 한쪽 부분만 정확하게 Weight 작업을 마치면 반대쪽 Weight는 자동으로 수정이 가능하기 때문에 작업공정 역시 많이 단축되리라 본다.

다리도 마찬가지지만 팔의 경우도 Weight 작업을 할 경우는 간단한 애니메이션 Key를 잡아서 지속적인 변화의 결과를 확인하면서 작업하는 것이 편리하다.

간단한 Key 작업을 해보도록 한다.

**1** 먼저 손목 컨트롤러를 선택한다. 그리고 Transform 명령 창에서 이동(T)모드로 전환한 다음(단축키 : V) 타임라인에 타임라인 바(붉은색)를 1Frame에 위치시킨다. 타임라인 바(붉은색)를 선택해서 마우스로 드래그를 하든지 First frame(단축키 : Home) 아이콘을 누른다.

2 현재 Pose와 Frame에서 Key 값을 준다. Key적용 Icon을 누르든지 / 단축키 K를 누른다(그림 4-47).

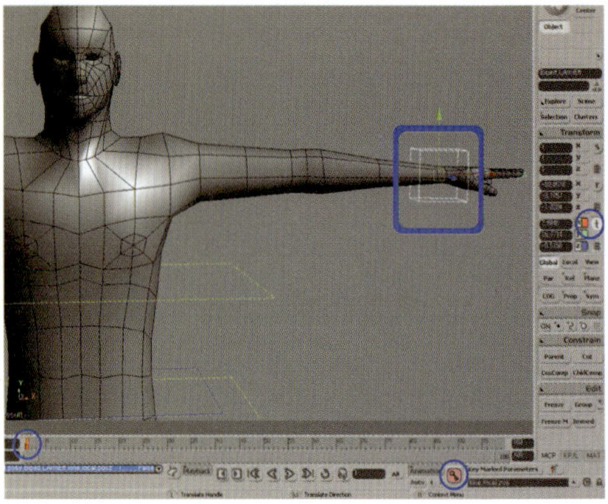

그림 4-47

3 그 다음 타임라인에서 타임라인 바를 30Frame으로 이동시킨다. 그리고 팔 컨트롤을 선택한 후 아래 방향으로 내린다. 그리고 다시 한 번 현재 Pose와 Frame에서 Key 값을 준다. Key적용 Icon을 누르든지 / 단축키 K를 누른다(그림 4-48).

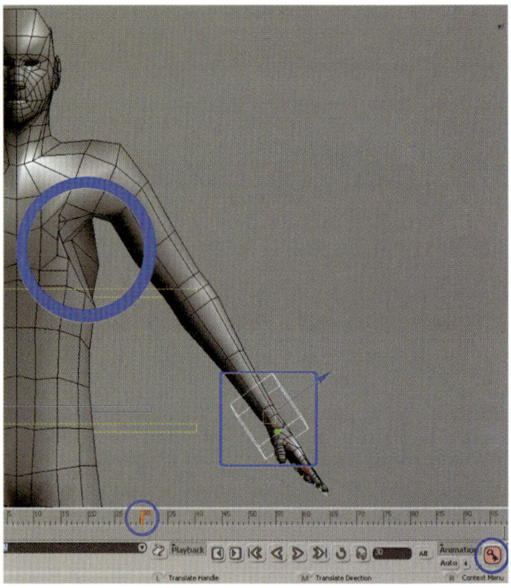

그림 4-48

4 Timeline 위에 마우스를 올리고 1frame부터 30frame까지 드래그를 하게 되면 팔이 위에서 아래로 애니메이션되는 결과를 확인할 수 있다(그림 4-49).

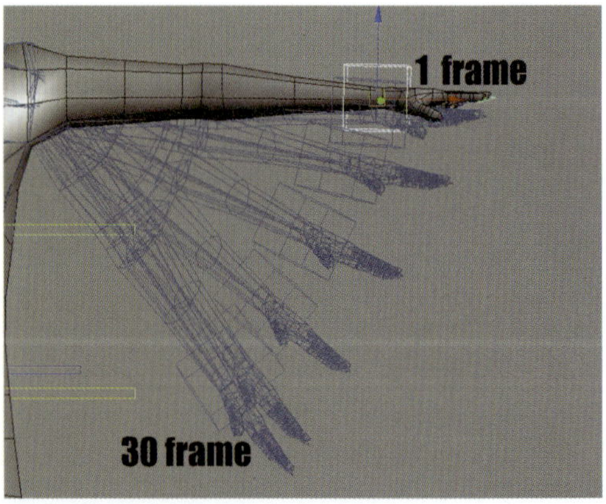


그림 4-49

**4** 애니메이션 결과를 보게 되면 겨드랑이 부분이 자연스럽지 않고 심하게 변형이 일어나는 현상을 볼 수 있다.

**5** 그 이유는 앞에서 잠깐 언급했지만 Point Weight 기본 원리가 Point 할당이 캐릭터의 모양에 준하지 않고 Bone과의 거리 값이 기준으로 설정되어 있기 때문에 이 부분의 Bone의 개수와 종류가 많아 Point가 임의의 형태로 할당되었기 때문이다. 이렇게 잘못 할당된 부분의 Weight값을 수정해 주어야 한다.

이번에는 Hip에서처럼 Point 하나하나를 컨트롤하지 않고 Weight Brush라는 다른 방법을 활용해 보도록 한다.

**1** X Ray Mode로 전환하여 먼저 심하게 일그러진 부분의 Point를 정보를 본다. 일단 Bone의 위치 정보로 확인한 결과 겨드랑이 부분이 어깨 Bone에 많은 Weight가 설정되었다는 것이 확인되었다. 어깨 Bone의 컬러 값과 왜곡된 지역의 Point들의 컬러 값이 일치하고 있기 때문이다(그림 4-50).

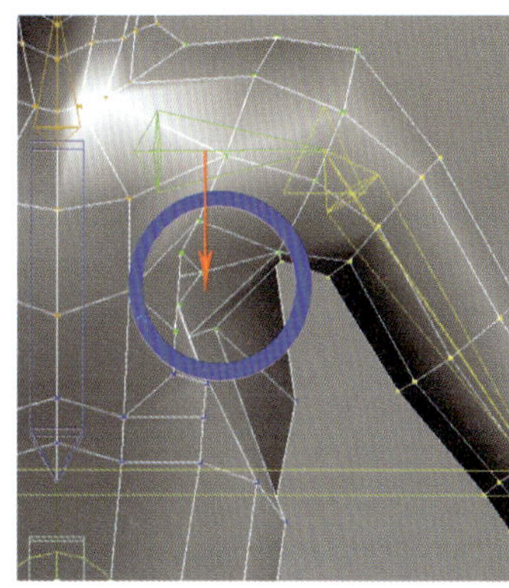

그림 4-50

**2** 다음은 실제 어느 정도의 할당 수치를 가지고 있는지 Weight 정보를 보도록 한다. Point가 선택된 상태에서 Weight Editor를 열어 Weight 할당 정보를 살펴보면 예상했던 대로 Chest Bone에는 할당치가 전혀 없고 L Shoulder(왼쪽 어깨)와 L Bicep(왼팔) Bone에 많은 할당치가 연결되어 있기 때문에 팔이 내려가게 되면 그만큼 몸 안쪽으로 파고드는 왜곡현상이 생겼던 것이다(그림 4-51).

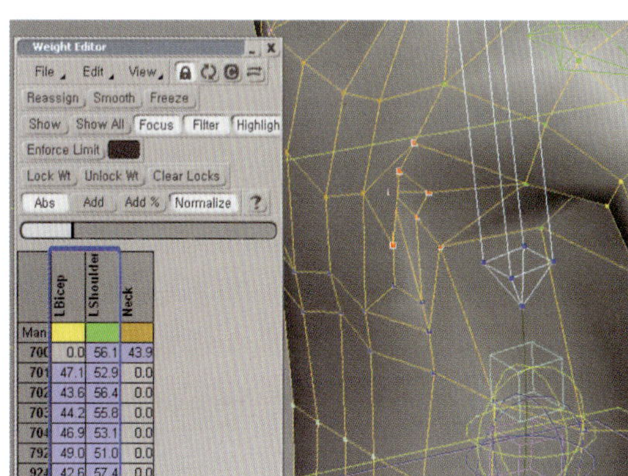


그림 4-51

**3** 선택된 Point들을 Chest bone과 L Shoulder bone에 Local Reassign시킨다. 그 결과 왜곡되었던 Point들은 다시 원상태로 복귀되었고 Weight할당 정보를 보더라도 Chest와 Shoulder에 연결되었다(그림 4-52).

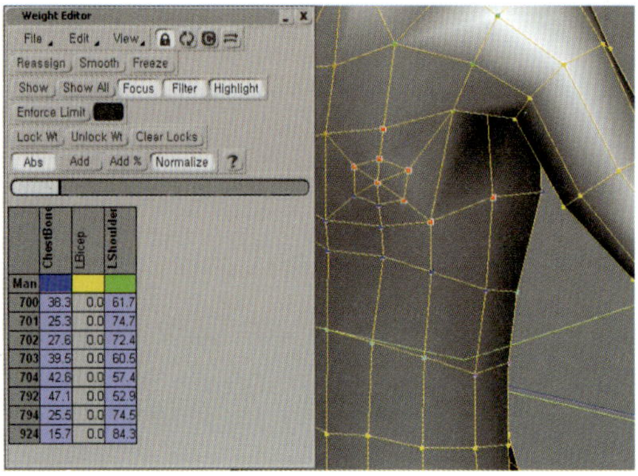

그림 4-52

**4** 1Frame에서 30Frame까지 Time Line bar를 이동시키면서 팔의 움직임과 겨드랑이의 움직임을 관찰하면 일단 형태를 잡는 데는 성공했지만 너무 딱딱한 감이 든다. 그래서 이번에는 Point선택해서 Reassign을 하는 것보다 Weight Brush를 이용하여 작업을 해보도록 하자.

**5** 먼저 Chest Bone에 Weight를 주고자 하는 영역을 설정한다. 팔을 애니메이션시키면 가슴 윗부분과 겨드랑이 안쪽 부분이 아직 Chest Bone의 영향을 안받고 있기 때문에 그 부분에 작업을 한다. 먼저 Weight Panel에서 Bone List에서 Chest Bone을 선택하든지 X Ray Mode에서 바로 Chest Bone을 선택한다(그림 4-53).

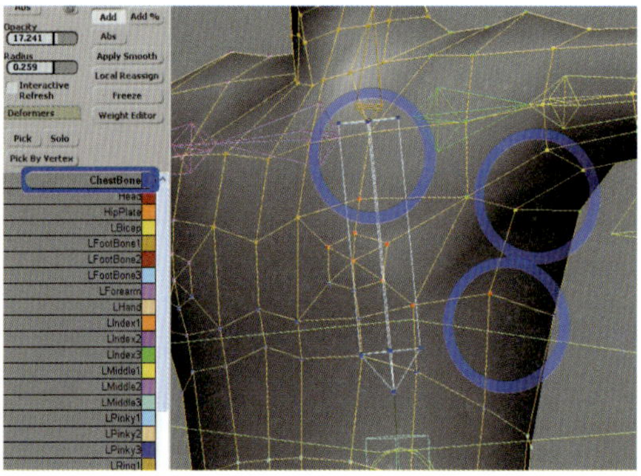

그림 4-53

**6** Chest Bone이 선택된 상태에서 단축키 "W"를 눌러서 Weight Brush를 생성시킨다. Weight Brush는 선택된 Bone의 Weight 값을 Brush를 통해 Point에 전달하는 방식으로 마우스 첫번째 버튼은 Weight값의 적용이고 두 번째 마우스는 Brush 사이즈(Radius)를 결정하는 기능을 한다. 일단 Chest Bone이 선택된 상태이기 때문에 어느 곳에 Brush를 칠하더라도 Chest Bone의 영향을 받는 설정이 된다. 푸른색 영역이 늘어나는 이유는 Chest Bone의 컬러 값이 푸른색이기 때문이다(그림 4-54).

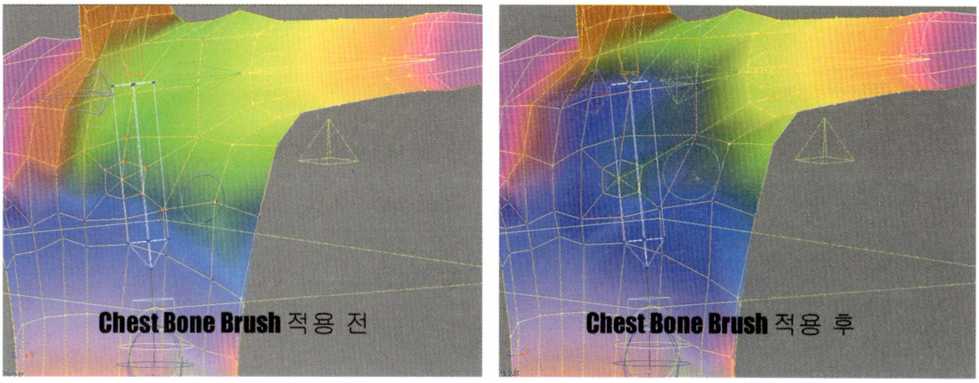


그림 4-54

**7** 여기시 Weight Brush에 대해 좀 더 살펴보도록 한다. 먼저 Weight Brush Option상에서 Point를 클릭하면 선택된 Bone의 Weight 값이 적용이 되는데 이때 Opacity 값이 100일 경우 100%의 Weight 값이 적용이 된다. 그렇지 않고 Opacity 값을 줄여서 적용하면 기존에 있던 Weight 수치와 Blend되어 나타나기 때문에 컬러 값이 선명하지 않은 Gradient처럼 보이게 된다. 이때 Opacity 값이 낮더라도 여러 번 적용을 하게 되면 점점 Weight 값이 가중되기 때문에 컬러 값이 진해져서 Weight의 수치가 높아지는 결과를 얻을 수 있다. 이때 Ctrl 키를 누르고 Weight Brush를 적용하면 반대로 선택된 Bone의 Weight 수치가 빠지게 된다.

**8** Weight Brush상태에서 자유자제로 원하는 Bone을 선택하고자 할 경우 단축키 "D"를 누르면 Bone List에서 찾지 않아도 언제든지 원하는 Bone을 클릭할 수 있다.

**9** 자 이제 좀 더 세밀하게 작업을 할 수 있는 기능을 배웠으니 겨드랑이 부분을 확실하게 Weight를 적용해 보도록 하자. 팔을 오르고 내리게 되면 겨드랑이 부분의 Component들이 같이 움직이게 되는데 겨드랑이 가까울수록 즉 팔에 가까운 부분일수록 그 움직임이 크고 멀수록 점점 미세하게 움직임이 느껴져 결국 어느 시점에서는 그 움직임이 멈춰야 한다. 그리고 가슴 근육이 발달한 캐릭터는 팔을 움직일 때 어깨 가까이 있는 Point들은 그 움직임이 다소 크지만 가슴 가운데로 갈수록 그 움직임이 경직된다. Opacity 값을 잘 활용한다. 자연스러운 상체의 움직임의 정의다.

**10** 그리고 Low Polygon 모델링의 경우 Subdivision을 주는 경우가 많은데 결과 확인을 위해 키보드의 단축키 '+'를 누르면 Subdivision을 가중하게 되고 "−"를 주면 Subdivision이 가감하게 된다. Subdivision을 준 상태에서 Weight 작업을 해도 된다.

**11** 이러한 이유 때문에 처음 Weight 작업을 시작할 때 인체의 뼈와 근육에 대해 공부를 해야 한다고 언급을 한 것이다.

**12** 완성된 Weight 결과이다(그림 4-55).

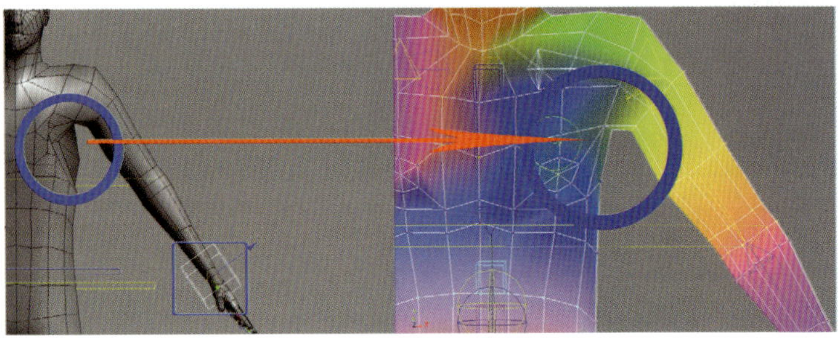

그림 4-55

## 4-2-6 Weighting 작업 6-팔 & 팔꿈치-Lattice를 이용한 Weight 적용방법

이제 상체 중에서 팔 부분에 대한 Weight 작업을 해보도록 한다.

팔은 기본적으로 다리와 같은 구조를 가지고 있기 때문에 다리에 적용했던 방법을 그대로 적용하면 된다. L Bicep과 L Forearm과의 관계를 잘 정리해보도록 하자.

지금까지 사용했던 Point를 선택해서 해당되는 Bone에 정확히 Reassign을 시킨 다음 작업을 진행하거나 Weight Brush를 사용하여 광범위하고 Blending하게 작업하고자 할 경우 Weight Brush방식을 사용해도 된다. 그리고 이 두 가지 방법을 혼용하여 사용하는 것도 바람직한 방법 중의 하나이다.

그리고 팔꿈치를 기준으로 손목 애니메이션을 해서 자세 변화에 따른 Weight 작업 결과를 체크하면서 작업을 하는 것도 권장할 사항이다.

그럼 기존에 겨드랑이 작업을 하면서 만들어 준 Key 애니메이션 데이터를 지워야 한다. 간단하게 그 방법에 대해 알아보도록 한다.

**1** 먼저 손목 컨트롤러를 선택하고 Key Icon 옆에 있는 Animation 명령 Tap을 선택한다. Remove Animation 〉 from Translation옵션을 선택한다. 그러면 손목 컨트롤러에게 줬던 Key 애니메이션 데이터는 Delete된다(그림 4-56).

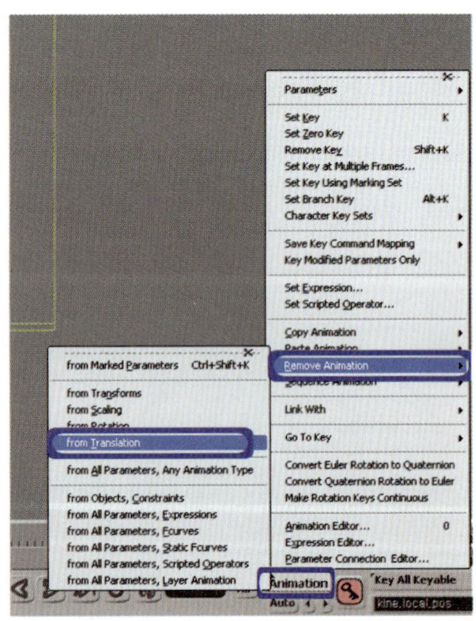


그림 4-56

2 이번에는 손목 컨트롤러를 잡고 1Frame부터 30 Frame까지 팔을 안쪽으로 접는 애니메이션 데이터를 만들어 보도록 한다(그림 4-57).

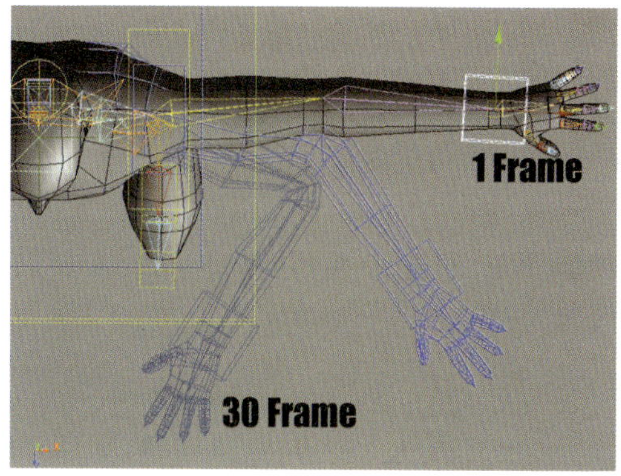


그림 4-57

3 팔꿈치 부분은 구부림 강도가 클 경우 살짝 겹쳐짐이 있어야 자연스럽다. Volume감이 있는 캐릭터의 경우에는 더욱 겹쳐짐이 심해야 한다. 실제로 팔을 굽혔을 때 서로 밀착되는 부분이 생기게 되는데 이는 자연스러운 시뮬레이션이 되어야 한다. Weight 값의 수정만으로 이러한 효과를 내기는 어렵고 이는 여러 종류의 다양한 기술적인 접목이 필요한 부분이다(그림 4-58).

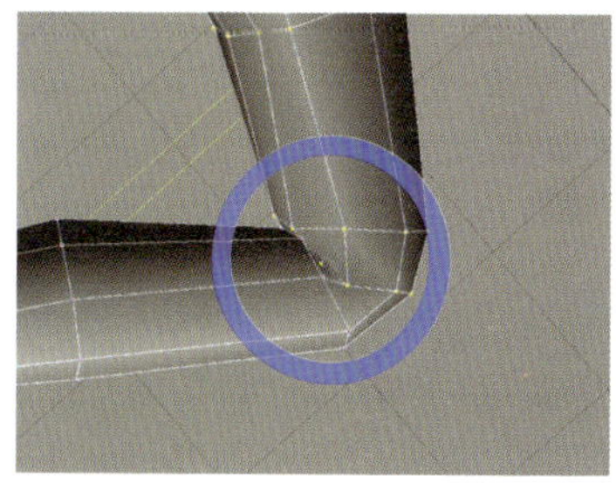

그림 4-58

4 팔꿈치 부분을 제어하는 방법 중 Lattice를 활용한 방법에 대해 알아보도록 한다. Lattice는 형체 변형 Controller로서 제작된 형태나 덩어리형의 형태 변화에 많이 쓰이는 기능으로 Weight변화에 따른 형태의 변화에 사용되기도 한다.

5 먼저 팔꿈치 부분에 해당되는 Point를 선택한다(그림 4-59).

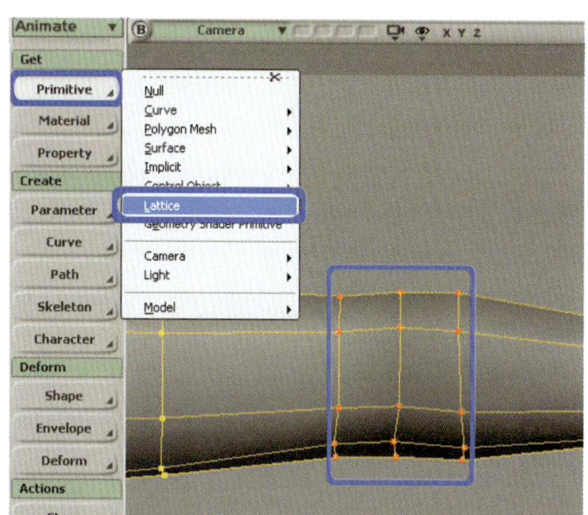


그림 4-59

**6** Primitive 〉 Lattice를 선택한다.

**7** Lattice명령을 실행하면 선택한 팔꿈치 영역을 기준으로 Lattice 컨트롤러가 생긴다. Point들의 방향성 때문에 회전 값을 가진 Lattice이므로 초기상태로 Reset을 시킨다. Lattice를 초기 상태로 Reset시키는 방법은 Lattice가 선택된 상태에서 Transform 〉 Reset Rotation 명령을 실행한다. 그 결과 초기상태의 Lattice를 만들 수 있다(그림 4-60).

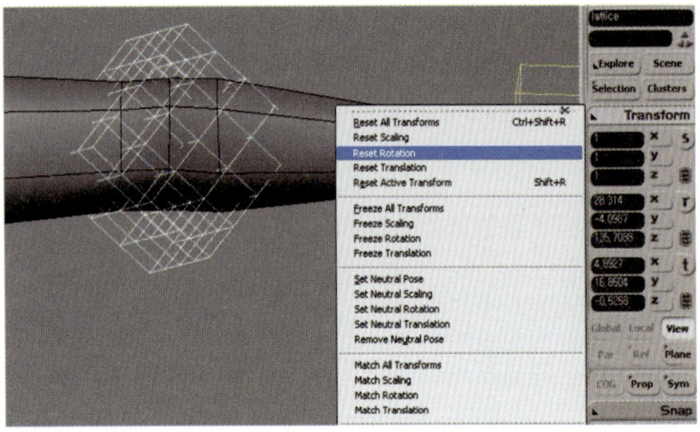

그림 4-60

**8** Reset Rotation을 시키면 X : Y : Z 회전 값이 각각 0, 0, 0으로 초기 Setting이 된다. 그리고 Lattice의 Subdivision의 값도 X : Y : Z 각각 4 : 1 : 1FH Setting시키도록 한다(그림 4-61).

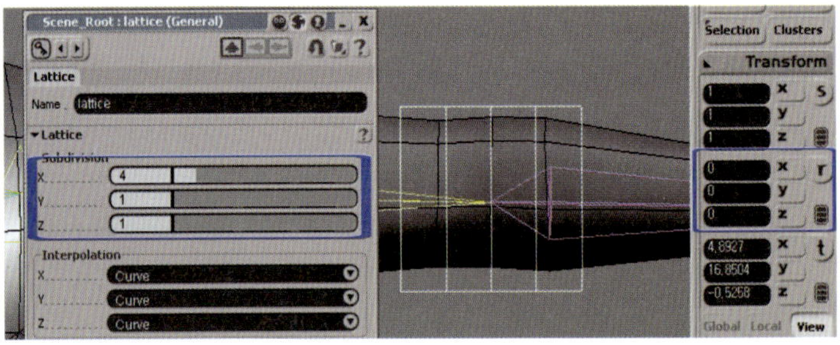

그림 4-61

**9** 새로 생성된 Lattice 오브젝트를 L Bicep과 L Forearm과 Envelope을 시킨다(그림 4-62).

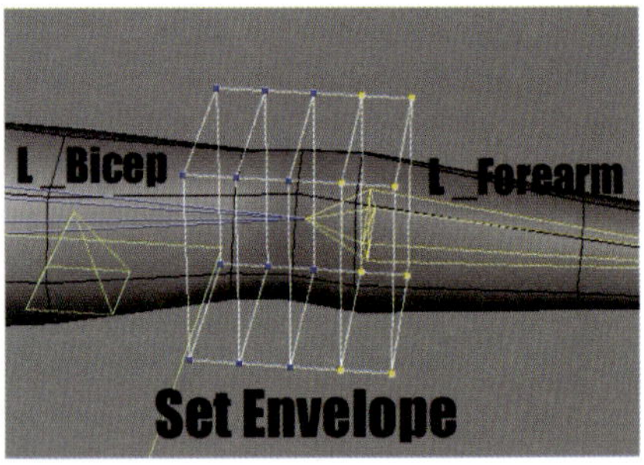

그림 4-62

**10** 손목 Controller를 잡고 이동을 시키면 아직은 팔꿈치 부위가 많이 일그러져 보인다. 이때 팔꿈치에 포함되는 Point가 선택된 상태에서 Envelope 〉 Assign to No Deformer 명령을 선택한다. 그 결과 선택되었던 팔꿈치 Point들이 Lattice 오브젝트를 Deformer로 인식하지 않고 원래의 상태대로 다시 Assign된다(그림 4-63).

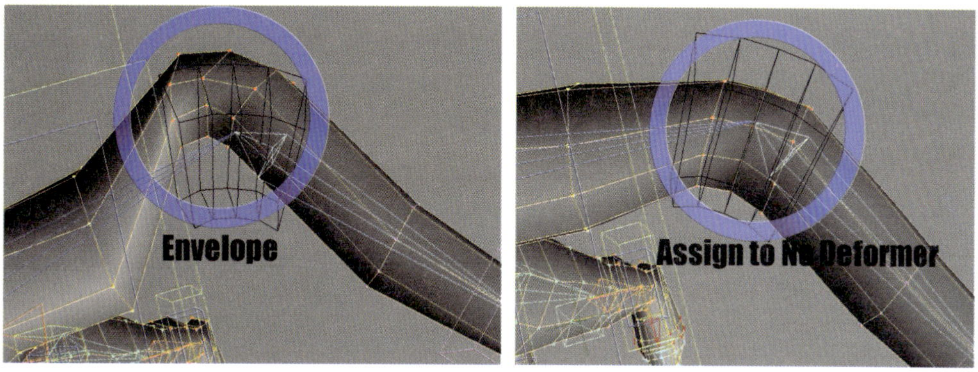


그림 4-63

**11** 이제 Lattice 오브젝트의 Weight Point를 L Bicep과 L Forearm에 재할당시키도록 한다. 먼저 L Bicep 위치에 포함된 Lattice point를 선택하고 Reassign Locally로 L Bicep에 재할당한다(그림 4-64).

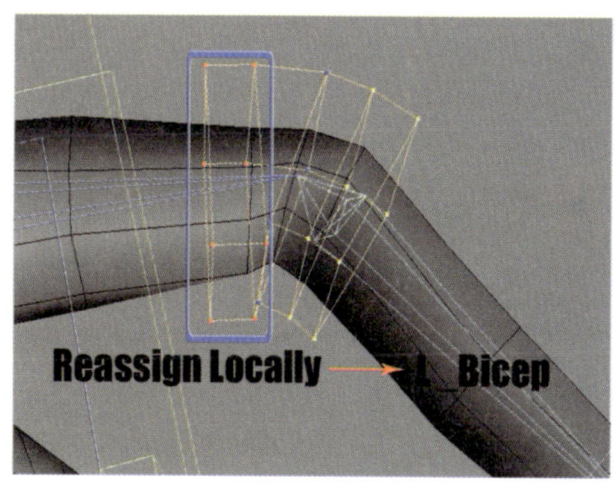


그림 4-64

**12** 나머지 L Forearm쪽 Lattice Point를 선택하여 재할당시키도록 한다. 그리고 손목 컨트롤을 이동해 보면 팔꿈치 부위의 연결모양이 대칭적이면서도 자연스럽게 겹쳐지고 펴지는 결과를 얻을 수 있다(그림 4-65).

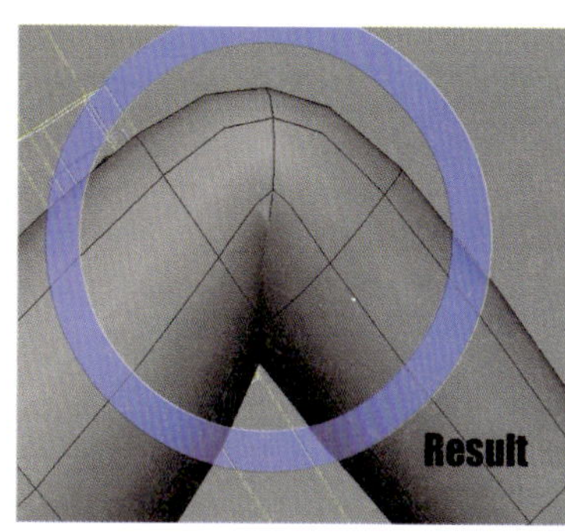


그림 4-65

## 4-2-7 Weighting 작업 7 – 손가락

1 캐릭터를 다시 초기상태 Pose로 되돌려 놓는다. 이번에는 손가락 Weight 적용방법을 알아보도록 한다.

2 손가락은 다른 부위와는 틀리게 Bone의 구조가 많고 밀집되어 있다. 그래서 Weight 작업이 시간과 작업량이 많은 부분이다. 하지만 앞에서 설명한 기본적인 작업 틀을 벗어나지 않는다. 다만 작업량이 상대적으로 많다는 것이다. 하지만 그것도 기본부터 접근을 하면 곧 익숙해진다.

3 먼저 손등에 있는 손가락 Rolling control cube를 선택해서 Rotation 값을 주고 결과를 확인한다. 손가락을 쥐락펴락하는 동작이 가능하다(그림 4-66).

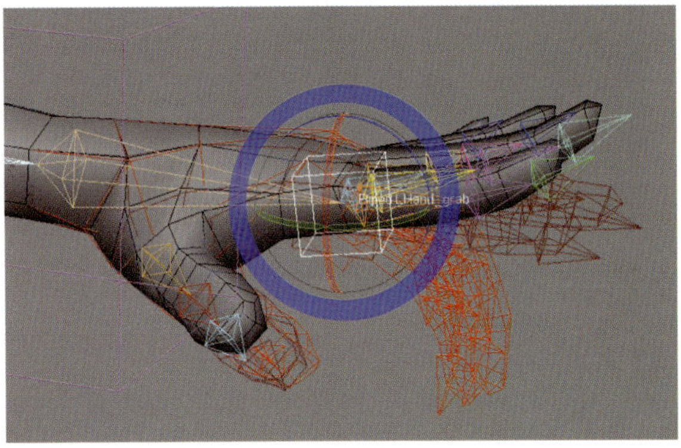

그림 4-66

4 손가락 모두 Link가 걸려있고 Parameter로 연결되어 있어서 손가락 마디마디 동작이 가능하다(그림 4-67).

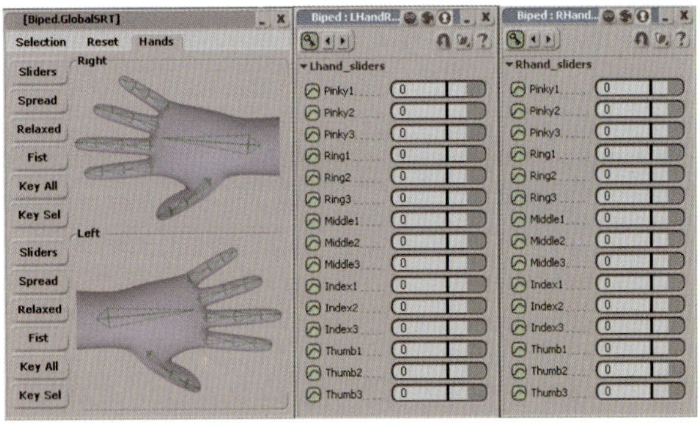


그림 4-67

5 일단 기본적으로 각 Bone에 해당되는 Point들을 재할당을 먼저 한다. 손등부터 손가락 마디마디마다 Local Reassign 명령을 이행하도록 한다.

6 그리고 관절부분은 Reassign Locally 명령을 사용해 연결되는 두 개의 Bone을 선택해준다. 그러면 손가락의 Weight 작업의 결과도 만족할 수 있다.

자 이제 캐릭터의 Body전반에 걸친 Weight 작업에 대해 살펴보았다. Weight 작업 역시 모델링과 애니메이션 작업과 같이 하나의 중요한 제작공정의 일부이므로 쉽게 생각하거나 대충 넘어가는 작업 쯤으로 생각하면 큰 오산이다. 오히려 이러한 기초 작업의 Quality가 곧 작업 결과물의 Quality라고 생각하고 차근차근 세밀하고 정확하게 작업에 임해야 할 것으로 본다.

## 4-3 Weighting 응용

### 4-3-1 Smooth Brush

**1** 일차적으로 모든 영역의 Point를 정확한 위치의 Bone에 Weight할당을 하더라도 캐릭터의 동작이나 포즈에 따라 변형정도가 달라질 수 있다. 이때 XSI에서는 또 하나의 훌륭한 Weight Tool을 제시하는데 그것이 바로 Smooth brush 기능이다(그림 4-68).

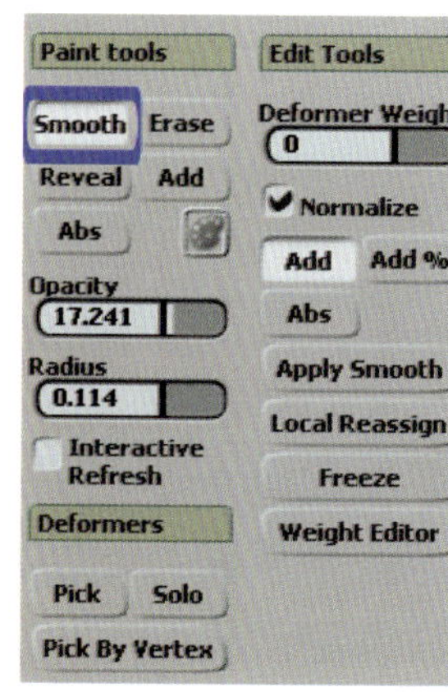

그림 4-68

**2** Smooth brush는 Weight상태의 오브젝트가 동작표현시 왜곡되는 형태를 최대한 왜곡되지 않도록 Weight를 재할당시켜 준다.

**3** 그래서 기본적인 Weight 작업을 마치고 전체적으로 Smooth brush를 이용하여 마무리를 하게 되면 어떠한 동작을 하더라도 무리 없이 Pose를 잡을 수 있게 된다.

**4** 작업중인 캐릭터의 오른 겨드랑이 부분이 작업이 되지 않았기 때문에 그 부분에 Smooth Weight를 적용해 보도록 한다.

**5** 먼저 오른팔을 아래로 내려서 왜곡되는 부분이 생기도록 한다. 그 다음 Weight Panel로 Tool bar를 옮긴 다음 Smooth mode를 선택한다. 그리고 Opacity와 Radius의 수치를 이용하여 Smooth를

적용하고자 하는 강도와 영역을 설정한다. Opacity와 Radius의 지정은 Add나 Abs 때의 사용방법과 역할이 동일하다.

**6** Smooth Weight를 적용하기 전과 그 후를 비교하기 위해 왜곡이 심한 Point를 하나 설정한 다음 작업을 하도록 한다(그림 4-69).

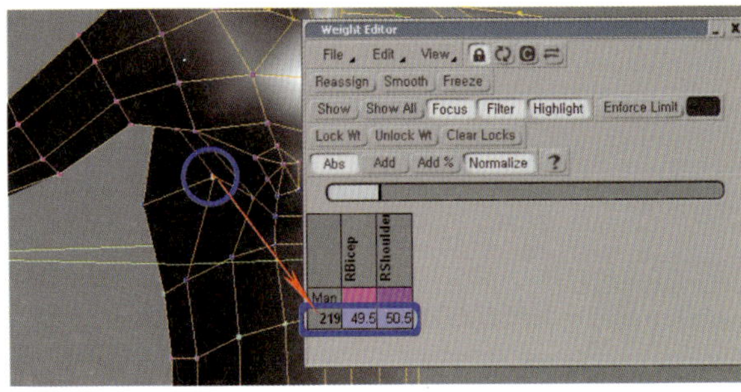


그림 4-69

**7** Smooth를 활성화시키고 Weight Brush 모드로 전환한다. 적당한 크기로 Brush사이즈를 조절하고 Opacity는 100% 적용을 한다. 그리고 왜곡이 심한 부분에 Smooth Brush로 칠한다. 왜곡된 모양이 점점 원래의 기본 형태를 찾아가는 것을 확인한다. 이제 초기 형태와 가까워진 다음 손목 컨트롤을 잡고 팔을 위/아래/앞/뒤로 움직여 본다. 자연스럽게 Weight가 잡혔고 자연스러운 동작이 가능하게 된 것을 확인할 수 있을 것이다. 그럼 왜곡이 가장 심했던 Point 219는 어떤 Weight수정 값을 가지고 있는지 확인을 해본다.

**8** Smooth brush가 자동으로 가장 완벽하다고 생각되는 Bone으로 자동 할당한 것이다. 여기서 자동이라 함은 초기 모델링의 형태를 추적하여 그 형태를 되찾아가는 데 필요한 Weight할당 수치를 XSI가 자동으로 적용한 것이다. 왼팔에서처럼 Chest Bone(30%)과 Shoulder Bone(26%) 그리고 R_Bicep(22%) 그리고 척추의 끝(가슴)인 Spine Vertebra(10%)에 각각 할당되어져 있다(그림 4-70).

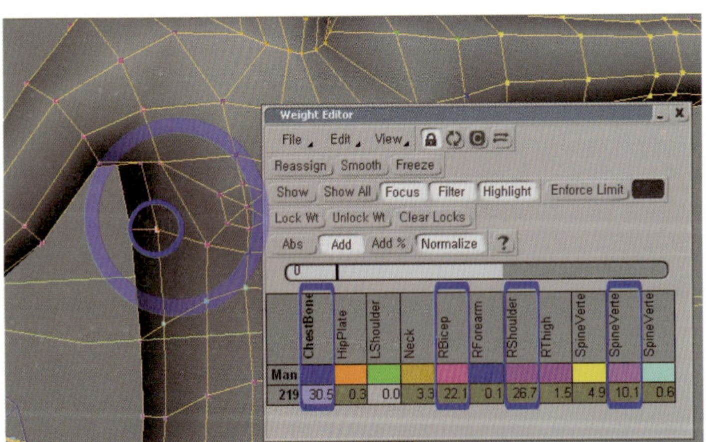


그림 4-70

**9** 여기서 다시 필요한 Weight 할당치만큼 재조정을 해주면 완벽하게 마무리 할 수 있다.

**10** 일반적으로 Reassign 작업을 한 뒤에 Smooth 작업으로 마무리 한다.

**11** 캐릭터 Body전체에 걸쳐 한두 번 Smooth brush로 Opacity를 조절하면서 적용해 준다면 더할 나위 없이 완벽하다.

**12** 이와 같이 전반적으로 좌/우 동일한 작업을 해줄 경우에는 Sym Mode를 활용하면 편리하다. 좌/우 대칭 모드에서 한 번의 작업으로 동시에 대칭인 반대쪽 작업은 자동으로 이루어진다(그림 4-71).

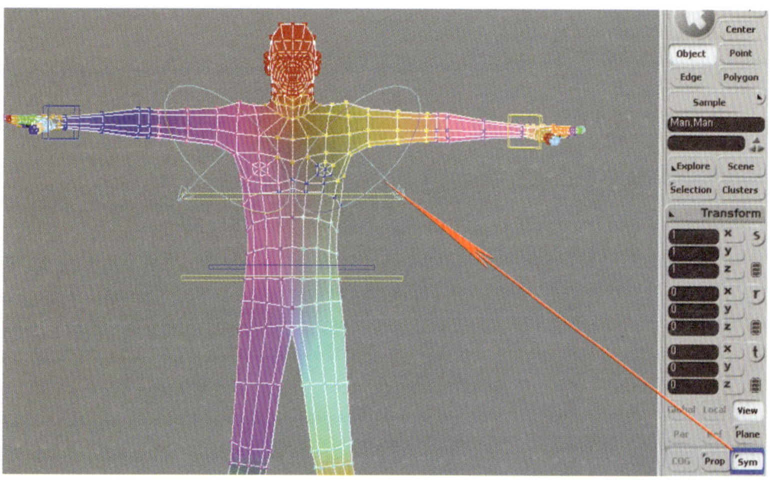


그림 4-71

## 4-3-2 Mirror Weight

**1** 캐릭터와 같이 대칭구조를 가지고 있는 오브젝트인 경우 한쪽 수정된 Weight의 재할당 수치를 반대쪽 Weight에 그대로 적용이 가능하다.

**2** 우선 왼쪽의 Weight의 재할당 작업이 완료가 되면 오브젝트의 Mapping 데이터를 Template로 Symmetry 속성화(왼쪽의 Template 속성들을 오른쪽 Template 속성으로 전이가 가능한 시스템)시킨 다음 변형된 Weight수정치를 Mirror시키면 된다.

**3** 먼저 캐릭터를 선택한 다음 Deform 〉 Envelope 〉 Create Symmetry Mapping Template 명령을 실행한다(그림 4-72).

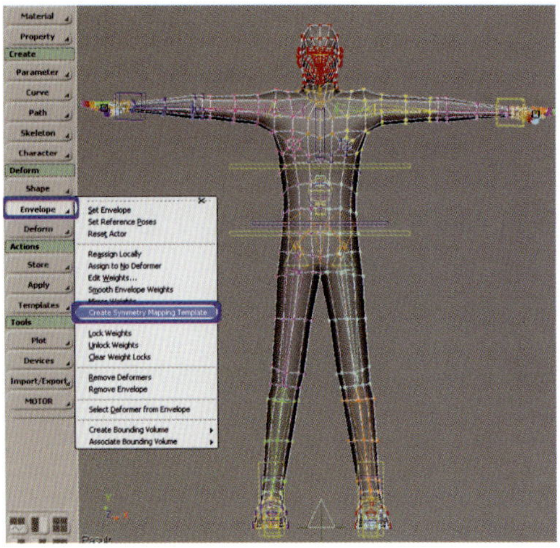

그림 4-72

**4** 실행과 동시에 Symmetry Mapping의 설정 축과 생성여부를 확인하는 속성 창이 뜨는데 기본 Default 설정치를 기준으로 OK를 누른다(그림 4-73).

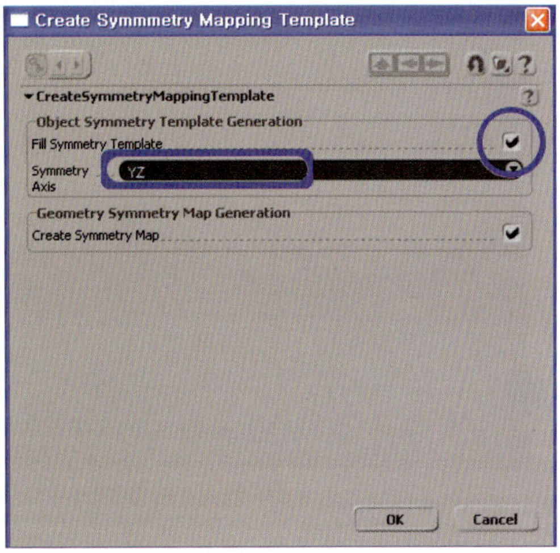


그림 4-73

**5** 그 결과 Symmetry Map의 이름과 컬러 값 그리고 생성 기준 축에 대한 기본 속성 창이 Symmetry Mapping Template Property Editor 창과 동시에 나온다. 여기서 이름을 변경한다(그림 4-74).

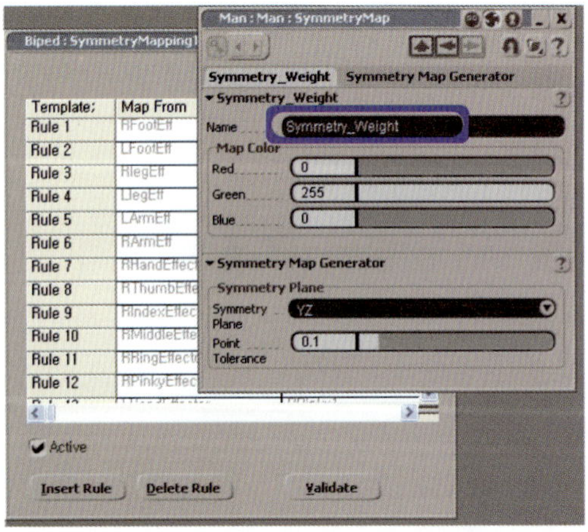


그림 4-74

**6** 남겨진 Symmetry Mapping Template Property Editor 창을 보면 왼쪽과 오른쪽의 속성들을 비교하고 데이터 호환에 대한 정확한 Template Rule을 저장한다. 모두 일치를 하면 Validate를 누른다. 그러면 각 항목들이 활성화된다(그림 4-75).

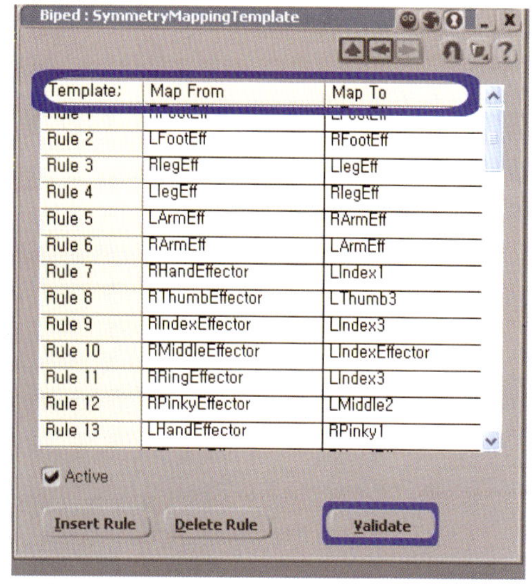

그림 4-75

**7** 만약 대칭이 일치하지 않을 경우 빨간색으로 표시되며 해당 일치하지 않은 요소를 클릭하면 변경 창이 뜬다. 이때 다시 재지정을 해주고 나면 아직까지 비활성화되는데 다시 한번 Validate를 누른다. 그러면 각 항목들이 다시 활성화된다(그림 4-76).

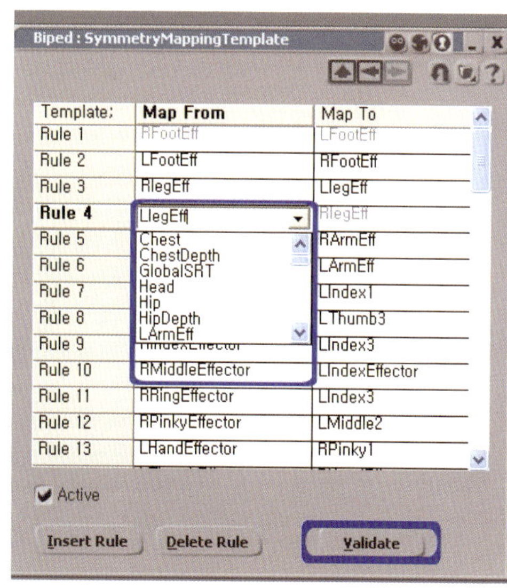

그림 4-76

**8** Symmetry Mapping Template에 관련된 항목은 Explorer 창의 Cluster 항목 속에 Envelope 속성 Cluster와 함께 존재하고 있다.

**9** 자 이제 Symmetry Mapping Template를 이용해 Mirror Weight 적용을 해보도록 한다. 먼저 눈에 띄게 Weight수정을 해보도록 한다. 이것은 Mirror weight에 대한 결과를 테스트하기 위한 것일 뿐이다. 먼저 L Finger부터 L Forearm에 이르는 Point를 선택한다. 그리고 Envelop 〉 Reassign Locally 명령을 실행하고 L Forearm Bone를 지정해 준다(그림 4-77).

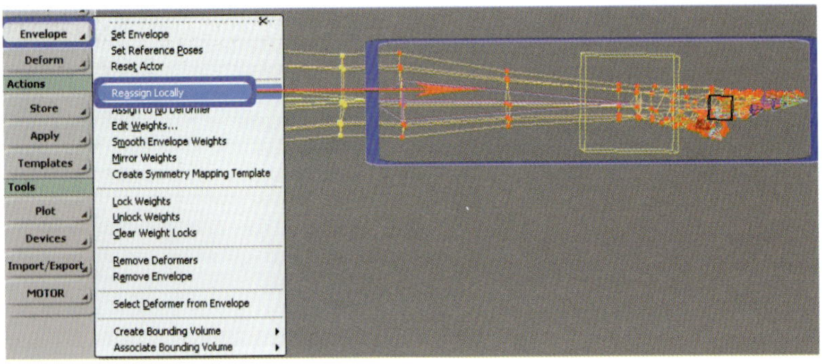


그림 4-77

**10** Weight수정된 Point영역을 선택한 상태에서 Envelope 〉 Mirror Weight 명령을 실행한다(그림 4-78).

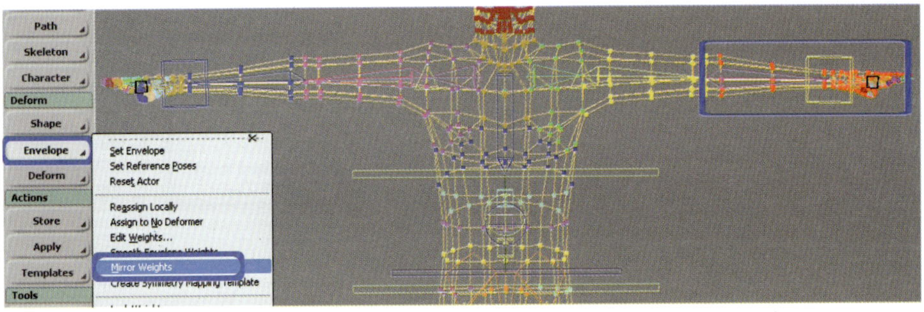


그림 4-78

**11** 그 결과 오른쪽 팔의 R Forearm의 영역의 Weight 할당 정보를 보면 왼쪽과 동일하게 적용되어 있음을 확인할 수 있다(그림 4-79).

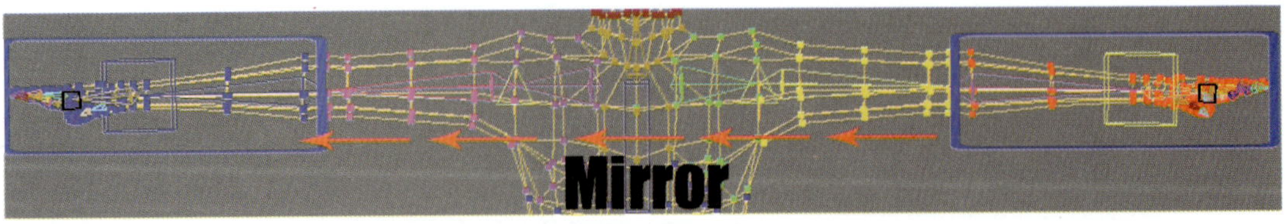


그림 4-79

### 4-3-3 Shape Deform Weight

Shape Deform을 이용하여 Weight적용된 data를 Weight적용과 상관없이 형태를 변화시킬 수 있다. 예를 들어 L Fore Arm을 회전하였을 경우 그 회전 값에 준하여 L Bicep의 Weigh가 적용된 Point가 부풀어 오르게 함으로써 간단한 근육의 표현이 가능하다.

1 먼저 이 작업을 하기 위해 XSI Man Basic 모델링 데이터와 XSI 기본 Rig구조를 이용해 Envelope을 시킨 데이터를 준비한다.

2 Shape Deform 기능은 동일한 계층구조상에서 적용이 가능하므로 Model화되어 있는 Man 데이터를 Biped Rig의 직속 Child 구조로 만든다. 먼저 모델링 최종 데이터인 Man을 선택하여 Biped Rig 구조 아래로 Drag in Drop을 한다. 또는 Biped Rig를 선택하고 Parent명령을 실행한 후 Man데이터를 클릭해서 Child 구조로 관계설정을 한다(그림 4-80).

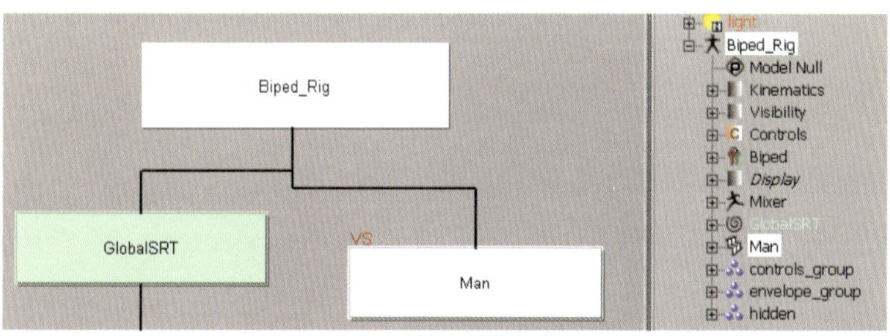


그림 4-80

3 L Bicep Bone에 할당된 Point 중에 팔을 오므렸을 때 볼록 솟아 오르게 되는 부분의 Point를 선택하여 Cluster화시킨다. 그리고 Shape Deform Cluster이라고 명명한다(그림 4-81).

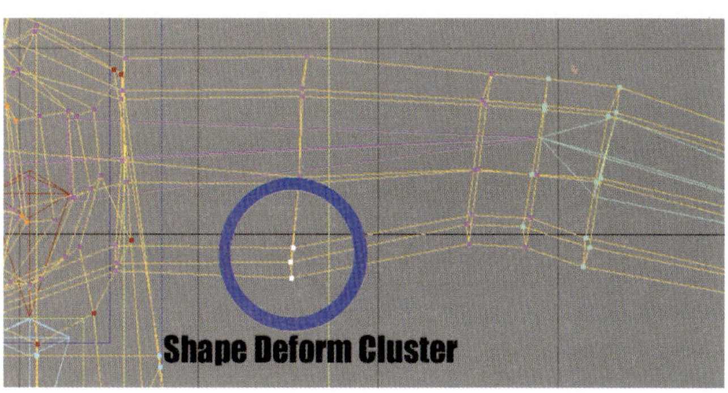


그림 4-81

**4** Shape Deform Cluster를 선택한 상태에서 Shape 〉 Deform Keys 〉 Link Deform With Orientation … 명령을 클릭한다(그림 4-82).

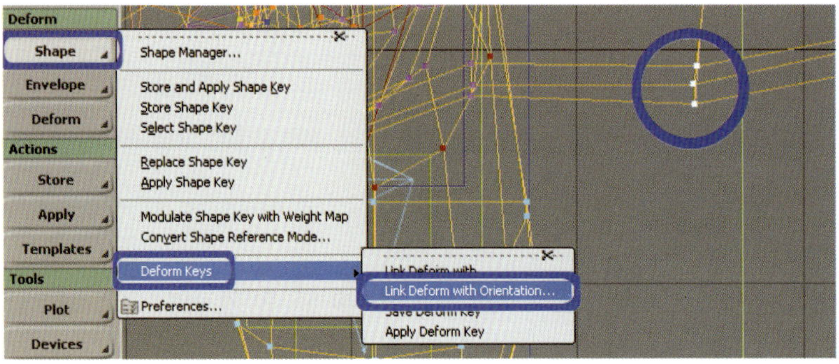


그림 4-82

**5** 명령 실행 후 선택 모드로 전환되면 L Fore Arm을 선택한다. 그리고 마우스 오른쪽을 클릭하고 적용한다.

**6** Shape Deform Cluster가 선택된 상태에서 현재의 Weight의 모양을 저장한다. Shape 〉 Deform Keys 〉 Save Deform Key 명령을 실행한다(그림 4-83).

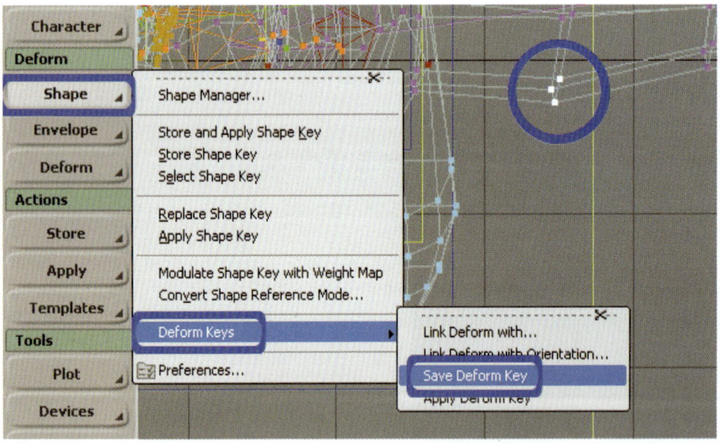


그림 4-83

7 그리고 L Fore Arm bone을 선택하고 팔꿈치를 기준으로 회전하여 원하는 만큼 Rotation 값을 준다. 그리고 Shape Deform Cluster를 선택한 후 이동/회전/스케일 등을 상용하여 원하는 만큼 모양을 이동/수정시키도록 한다. 여기서는 단순히 앞으로 튀어 나오는 모양을 기준으로 하도록 한다(그림 4-84).

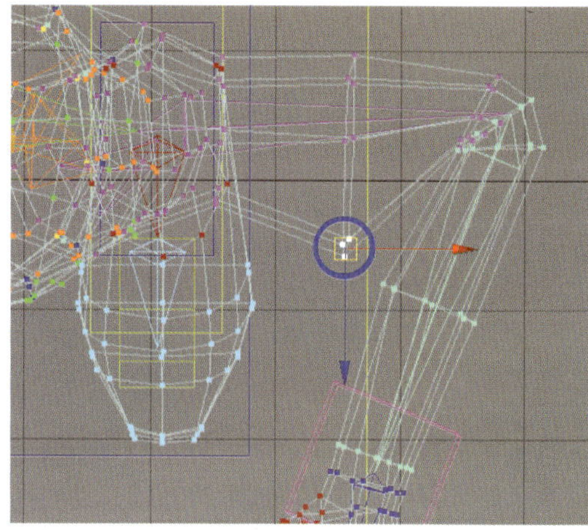
그림 4-84

8 모양 수정 작업을 마친 후 Shape Deform Cluster가 선택된 상태에서 변형된 현재의 Weight의 모양을 저장한다. Shape 〉 Deform Keys 〉 Save Deform Key 명령을 실행한다.

9 캐릭터 모델링 데이터를 Subdivision시키고 L Fore Arm을 선택하고 Rotation을 해 본다. Shape Deform Cluster의 모양이 어떻게 변화되는지 확인해 본다(그림 4-85).

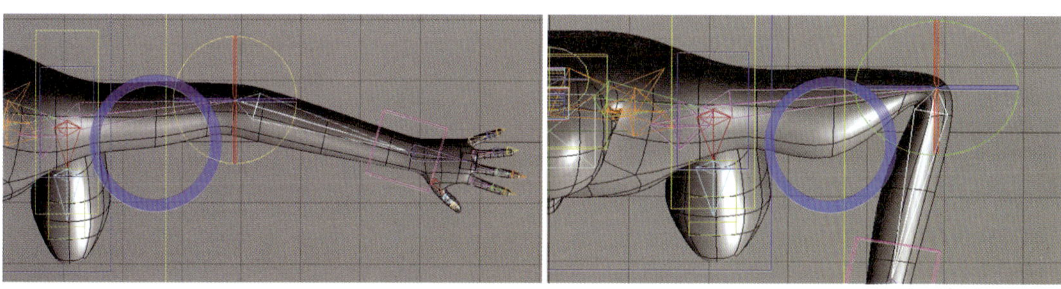
그림 4-85

## 4-3-4 Gator기능을 활용한 Weight 적용

제작 Tool의 환경은 시간이 지날수록 발전하게 되는데 그 발전의 기준은 바로 User이다. User의 불편한 제작환경이 개선되고 보다 효율적이고 빠른 작업을 원활히 수행할 수 있도록 제작 Tool은 지속적으로 발전을 거듭하리라 본다. 과거에 시간과 노력에 의존했던 기능도 어느덧 Button하나로 해결되고 과거에 생각자도 못했던 기술적인 문제가 Plug In이나 Script로 지속적으로 추가된다. 지금부터 설명하고자 하는 기능 역시 과거 수작업을 해야 했던 상황이 간단한 Tool기능으로 들어옴으로써 간단한 조작 경험에 의해 훌륭한 결과를 얻을 수 있게 된 경우이다.

바로 Gator이라고 하는 기능인데 이 기능은 원본에 있는 Texture정보, Animation정보, Mapping 정보, Weighting정보 등의 소스를 다른 오브젝트에 그대로 전이시킬 수 있는 기능이다. 즉 새로운 Clip으로 저장해서 적용하는 것이 아니라 바로 실시간으로 작업환경 안에서 적용이 가능하기 때문에 그 결과를 바로 확인할 수 있고 또 수정이 가능하다.

이 장에서는 Gator기능을 활용하여 Weight 값의 전이시키는 작업을 해보도록 한다.

Weight 작업 공정에서 Gator를 활용하는 가장 큰 장점은 바로 공들여 제작한 Weight 값의 완벽한 전이를 통해 시간을 절약하고 효율성을 증대하는 데 가장 큰 목적이 있다.

완벽하게 Weight 작업이 끝난 캐릭터에 Cloth를 입히게 될 경우 그 Cloth에 다시 Weight 적용/수정/확인 과정의 작업을 하지 않아도 된다는 것이다. 그리고 완벽하게 Weight된 Cloth 위에 가방이나 벨트, 주머니 등 부가적인 오브젝트가 생성되거나 첨가되었을 경우에도 이미 제작된 Weight 설정치를 그대로 그 위치에 재적용이 가능한 기능이다.

먼저 Weight 작업이 완성된 모델링 데이터가 있어야 한다. 지금까지 우리가 작업한 결과 데이터면 충분할 것으로 보인다. 그리고 부가시킬 오브젝트 역시 XSI에서 제공되는 Sample 데이터를 사용할 것이다.

1 우선 정확하게 Weight 할당된 캐릭터를 불러온다.

2 그리고 장신구나 옷이나 캐릭터의 Body에 첨가시켜야 할 오브젝트가 있으면 불러온다. 여기서는 XSI에서 제공되는 T-Shirt 모델링 데이터를 사용해 보도록 한다.

3 File 〉 Import 〉 Model 명령을 클릭한다(그림 4-86).

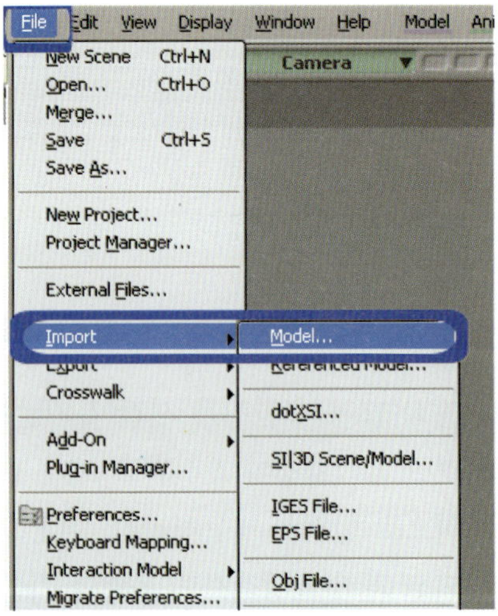

그림 4-86

**4** 경로 지정 창에서 Path 〉 XSI _ Samples 〉 Digimation 〉 T Shirt_Man.emdl 파일을 불러온다(그림 4-87).

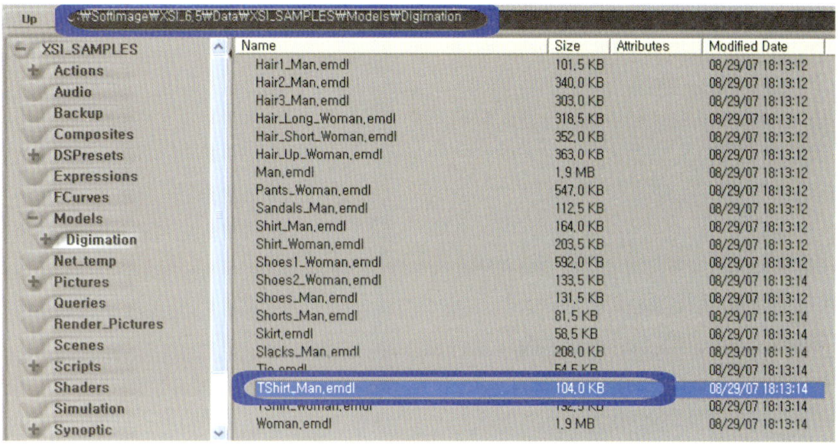

그림 4-87

**5** 불러온 T-Shirt 모델링 데이터를 캐릭터 몸통으로 이동시키고 스케일을 조절하여 캐릭터 몸통에 매치시킨다(그림 4-88).

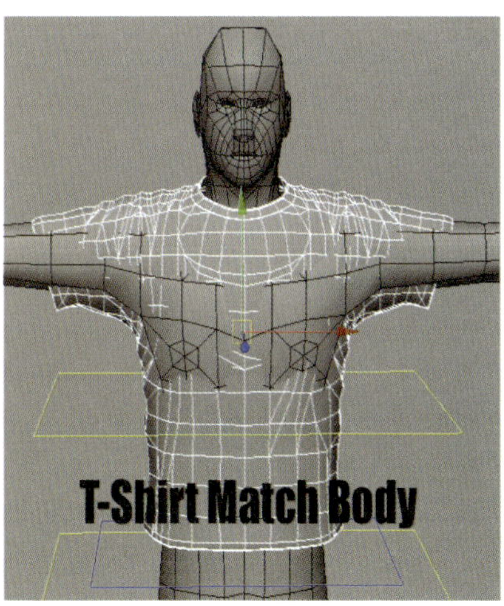

그림 4-88

**6** 좀 더 정확하게 모델링과 매치시키고자 할 경우 T Shirt 모델링을 선택하고 Primitive 〉 Lattice를 클릭하고 적당하게 Subdivision을 준 다음 Lattice를 이용하여 좀 더 정확하게 Body와 T Shirt를 매치시키도록 한다(그림 4-89).

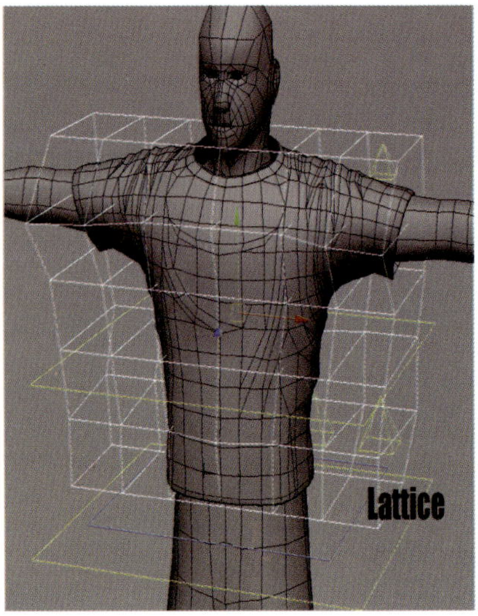

그림 4-89

**7** 모델링 Match 작업이 끝나면 T Shirt 모델링 데이터를 선택하고 Freeze를 선택한다. 이는 T Shirt 모델링과 Lattice와의 관계를 끝내는 작업으로 이 작업을 마치면 Lattice와 모델링은 이제 별개의 오브젝트가 된다. Lattice를 Delete를 시켜도 변형된 T Shirt는 그대로 남게 된다. 만약 Freeze를 하지 않은 상태로 Delete를 하게 되면 T Shirt는 변형을 주기 전 상태로 다시 돌아가게 된다.

**8** 이제 새로 생성된 T Shirt와 캐릭터 Body와 Weight Matching 작업을 해보도록 한다.

**9** 먼저 T Shirt를 선택한다. 그리고 Get 〉 Property 〉 GATOR 명령을 실행한다(그림 4-90).

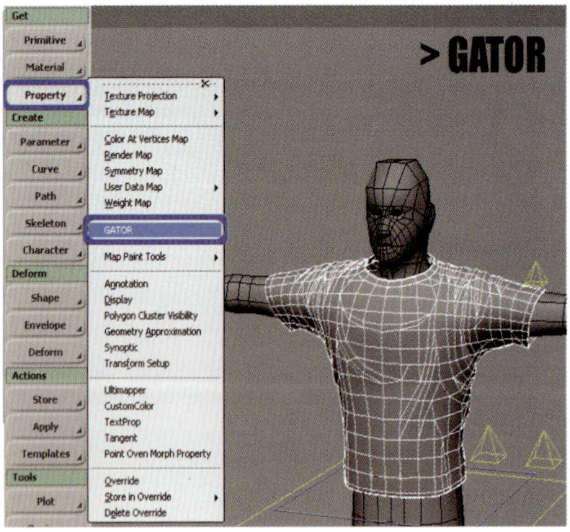

그림 4-90

**10** 마우스 세 번째 버튼을 작업 창에 클릭하여 적용시킨다.

**11** 그 결과 GATOR 속성 창이 뜨는데 옵션 내용을 보면 GATOR로 연결해줄 수 있는 속성들을 볼 수 있다. Material, UVs, vertex Colors, Weight Maps, Shape Animation, Envelope 등 많은 속성들이 GATOR에서 사용될 수 있다. 우선 우리는 Weight 정보를 이동시켜야 하기 때문에 Edit Transfer 옵션을 클릭한다(그림 4-91).

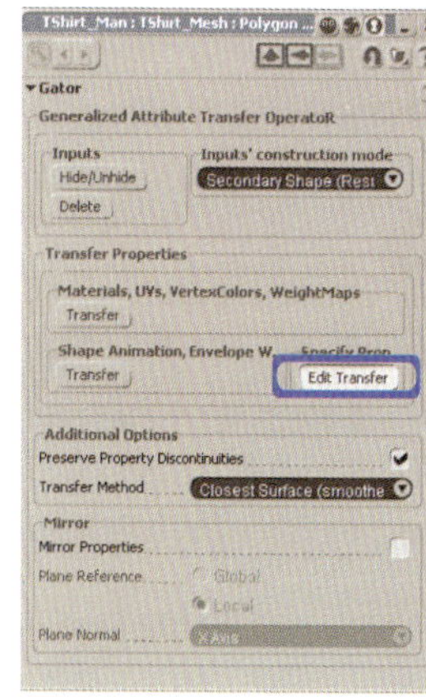


그림 4-91

**12** 그 결과 Transfer / Merge Attributes (T Shirt_Mesh.Gator) 속성 창이 뜬다. 여기서 "None" 옵션 창을 클릭하여 "enweights" 옵션을 선택한다(그림 4-92).

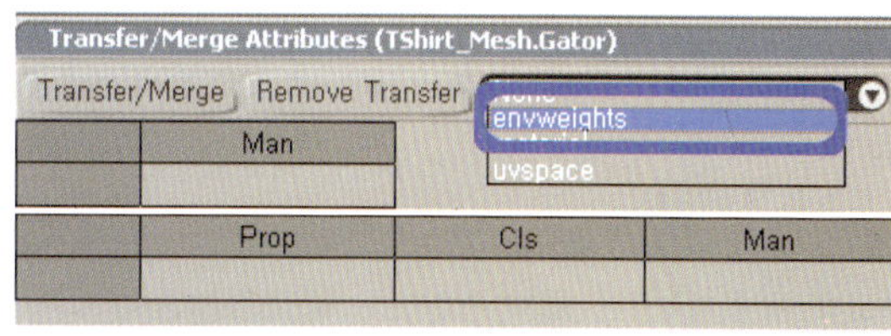


그림 4-92

**13** "enweight" 옵션을 선택하면 Man category 내에 소스를 가지고 있는 오브젝트의 속성이 나타난다. 나타난 속성을 선택하고 Transfer / Merge 옵션을 선택한다(그림 4-93).

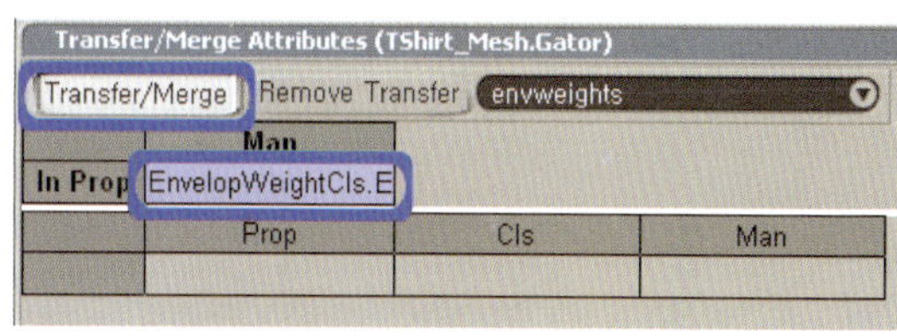


그림 4-93

**14** 연결시킨 결과 속성 창에 연결 정보가 나타난다. 그리고 T Shirt에 캐릭터 Body가 가지고 있던 Weight정보가 적용된다(그림 4-94).

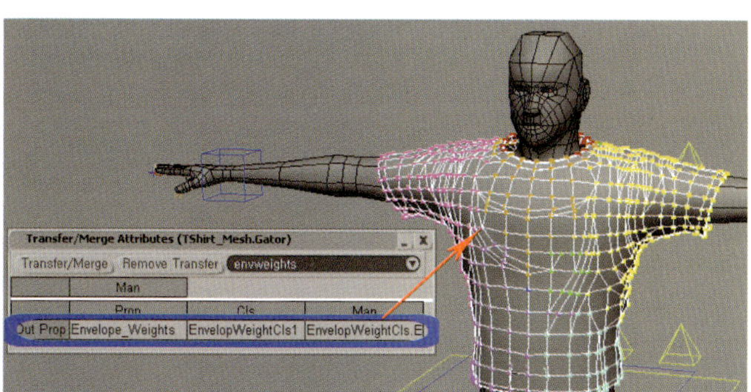


그림 4-94

15 손목 컨트롤을 잡고 이동을 하면 T Shirt도 동시에 Body와 동일한 Weight 값으로 이동되어지는 결과를 확인할 수 있다.

16 Cloth는 Cloth simulation을 적용하게 되면 완벽에 가까운 결과를 얻을 수 있지만 GATOR를 이용해서 간단하게 Weight 값을 전이시킬 수 있고 이 데이터를 Weight Editor에서 잘 활용한다면 훌륭한 데이터로 가치를 얻을 수 있다.

# 제5장 Animation Basic Tool Kit

## 5-1 Animation Interface

캐릭터 애니메이션에 들어가기 전에 보다 효율적인 Animating을 위해서 XSI에서 제공하는 기본적인 Animating Tool에 대해 먼저 알아야 한다. XSI에서 제공하는 Animating Tool은 매우 다양하고 상호 연계성이 크기 때문에 어느 정도 기본 개념에 대한 이해만 하더라고 크게 어려움이 없을 것으로 본다.

이번 장에서는 XSI에서는 어떻게 애니메이션 데이터를 제작하는지에 대해서 알아보고 다양한 메뉴나 Tool의 기능, 그리고 속성들에 대한 이해를 하게 된다. 그리고 Key에 대한 개념과 Parameter의 개념에 대해 알아보도록 한다(그림 5-1).

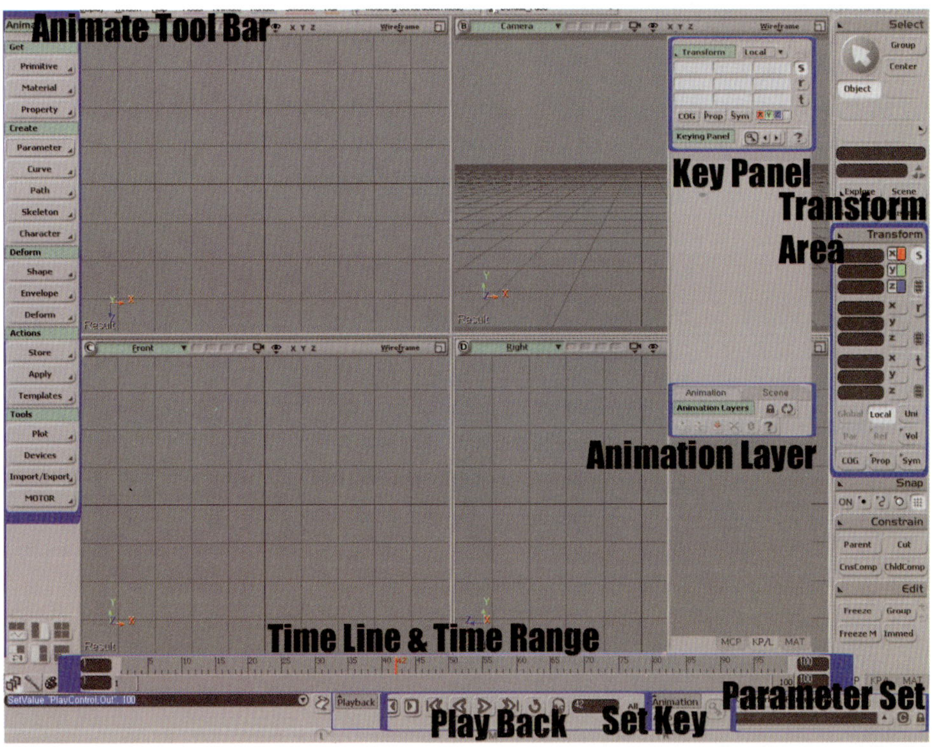


그림 5-1

### 5-1-1 Main Command Tool Bar

왼쪽 첫번째 나타나는 세로형의 명령 Tool Bar로서 Model(단축키 : 1), Animate[2], Render[3], Simulate[4], Hair[Ctrl+2] 등의 다양한 주요 메인 Command Tool bar와 Weigh Tool Bar[Ctrl+3]와

Palette Tool Bar[Ctrl+4] 등 주요 작업들을 컨트롤할 수 있는 주요 기능들이 포함된 기능 창이다(그림 5-2).

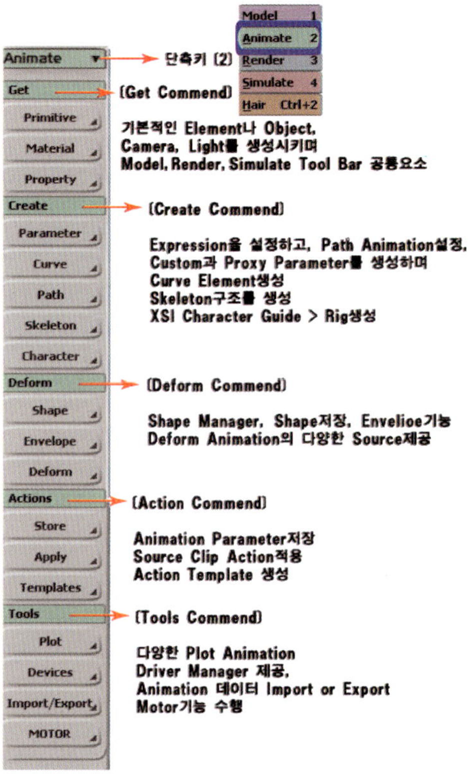


그림 5-2

## 1. Create 〉 Parameter

Create 〉 Parameter는 3D작업상에서 할 수 있는 단순한 모든 기능을 Parameter형식으로 만들어서 보다 효율적으로 컨트롤할 수 있도록 Setting하는 작업 공정이다(그림 5-3).

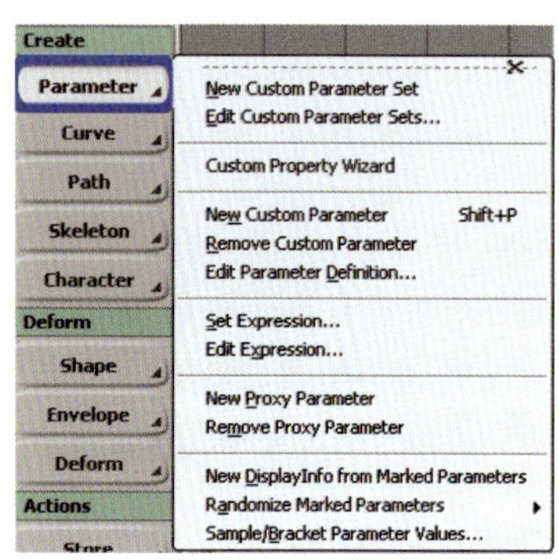


그림 5-3

### (1) New Custom Parameter Set

새로운 Custom Parameter를 만들 때 하나의 메인 Option 창을 만들 때 사용한다. 즉 Custom Parameter Set 창에는 여러 개 또는 여러 가지의 Custom Parameter를 생성시킬 수 있다. 생성되는 위치는 Explorer 창에 처음에 Custom Parameter Set을 만들고자 하는 상위 오브젝트를 선택하면 그 하위 구조에 자동으로 생성된다. 예를 들어 Scene Root 밑에 새로운 Parameter Set 창을 만들고자 할 경우 Explorer 창에서 Scene Root를 선택하고 Create 〉 Parameter 〉 New Custom Parameter Set 명령을 실행한다. 새로운 Parameter 창에 대해 이름을 쓰고 "확인" 버튼을 누른다. 그 결과 Scene Root바로 아래 새로 만든 Parameter Set 창이 생성되어 있다. 만약 오브젝트 아래 소속된 Parameter 창을 만들고 싶을 경우 오브젝트를 선택하고 New Custom Parameter Set명령어를 실행해주면 된다(그림 5-4).

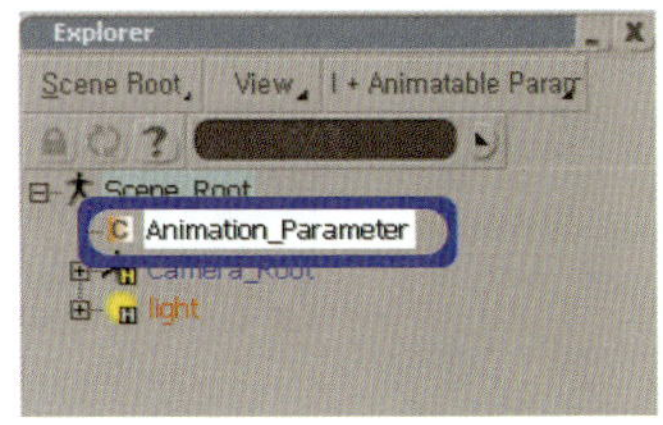

그림 5-4

### (2) Edit Custom Parameter Set

Edit는 말 그대로 생성된 Parameter Set 기능 창에 대해 수정사항이 생겼거나 Option을 바꾸고자 할 경우 Parameter Set을 선택한 상태에서 Create 〉 Parameter 〉 Edit Custom Parameter Set 명령을 실행한다.

### (3) Custom Property Wizard

Wizard는 속성 창에 필요한 속성을 추가하거나 필요한 메뉴를 추가하기 위해 다양한 plug-in을 자동 설치하기 위해 일정 코드를 설치하기 위해 사용한다.

### (4) New Custom Parameter [Shift + P]

이 명령은 보통 Parameter Set 창 내에 원하는 Parameter Option을 생성해서 효율적으로 오브젝트를 컨트롤하는 명령이다. XSI에서 보통 Parameter형식은 네 가지 정도 되지만 보통 사용하는 방법은 선택 / 해제형과 Roll형이 있다. Parameter Set과 마찬가지로 생성시키고자 하는 위치를 선택하고 명령을 실행하면 그 아래구조에 Parameter 기능 창이 생성된다(그림 5-5).

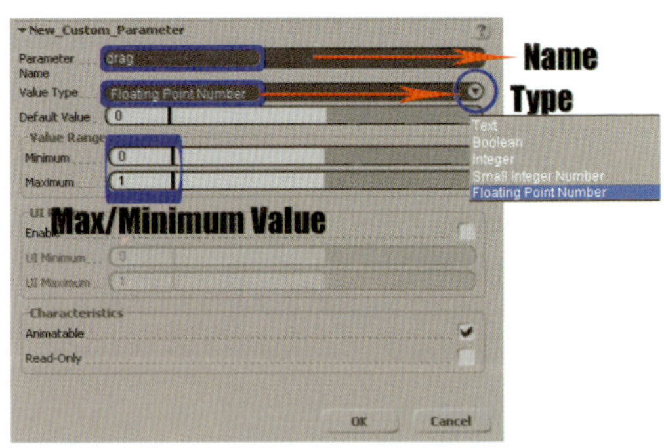

그림 5-5

1. Text Type : Text Parameter 생성(그림 5-6)

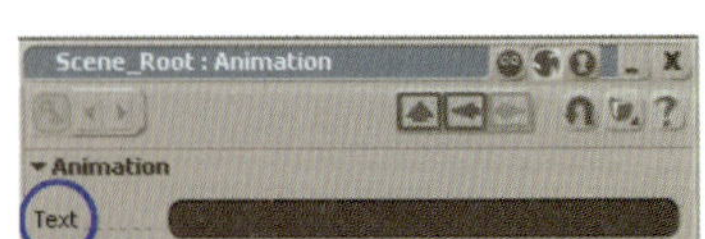

그림 5-6

**2** Text Boolean Type : 활성 / 비활성 parameter 생성(그림 5-7)

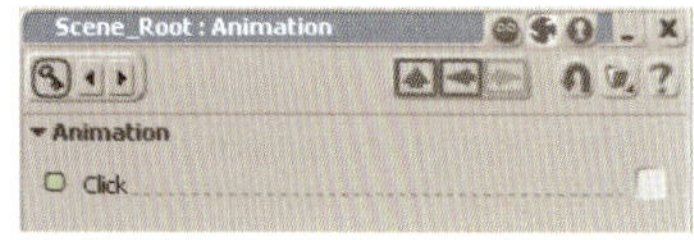


그림 5-7

**3** Floating Point Number : Control Bar Drag형태의 Parameter (그림 5-8)

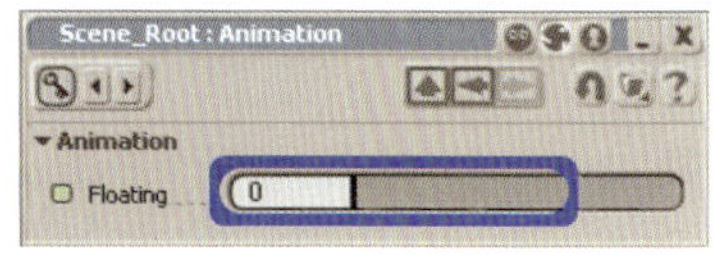


그림 5-8

### (5) Remove Custom Parameter

생성된 Parameter 가운데 불필요한 Parameter를 삭제하는 기능으로 삭제하고자 하는 Parameter를 선택하여 Remove를 시키도록 한다.

### (6) Edit Custom Parameter

생성된 Parameter의 이름과 속성을 바꿔주고 싶을 경우 이 명령을 실행한다. 범위 값이나 이름은 바꿀 수 있으나 Type 자체는 바꿀 수 없음을 명심하자.

### (7) Set Expression

두 개 혹은 그 이상의 오브젝트간의 상호관계 설정에 대한 명령어이다. 모델링, 애니메이션, Simulation 등 다양한 분야에서 활용도가 크며 그 중요성이 높은 기능이라 할 수 있겠다. 그리고 다루어야 할 내용도 많기 때문에 "5-2절 애니메이션 제작을 위해 반드시 알아야 할 작업환경"에서 하나의 Chapter로 구성해서 설명하고자 한다(그림 5-9).

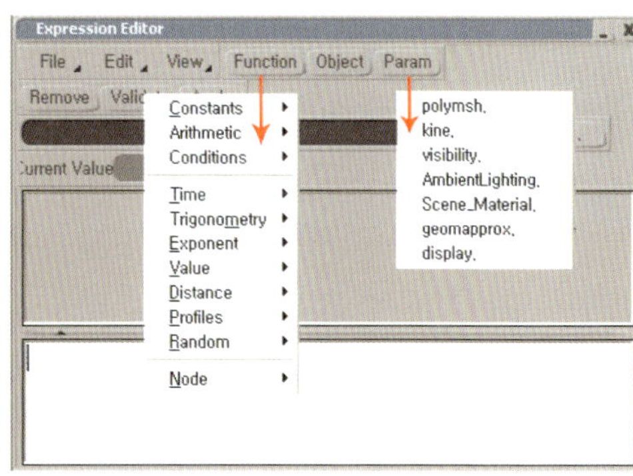


그림 5-9

### (8) Edit Expression

Expression관계를 수정하고나 편집하고 싶을 때 이 명령어를 선택한다.

### (9) New Proxy Parameter

Proxy Parameter는 지정하고자 하는 Parameter를 선택하면 어떠한 형태의 Parameter라도 새로운 Parameter Set 창에 연결된다. Pick icon 이후 선택하는 모든 속성들이 Parameter로 바로 활성화될 수 있다는 점이 특징이다.

### (10) Remove Proxy Parameter

생성된 Proxy Parameter를 제거하고자 할 경우 사용한다. 제거하고자 하는 Parameter를 활성화한 후 명령을 실행한다.

### (11) New Displayinfo from Parameter

Marking된 Parameter 정보를 작업 창 내에서 변화를 실시간으로 확인하면서 작업할 수 있는 기능이다. 그리고 실시간 변화를 주면서 작업이 가능하다. 그리고 각 Parameter 앞에 있는 작은 사각형 cube은 애니메이션 아이콘이다. 창을 열었다 폈다 할 수 있다. Marking된 Parameter를 선택해서 이 명령어를 실행해주면 Marking된 Option이 작업 창에 나타나며 작업과 동시에 실시간으로 변화된 변화 값을 알려준다. 그리고 여러 번의 Parameter를 지정해 주더라도 그 정보를 모두 알려준다. 예를 들어 Cube의 Local X, Y, Z축 Transition / Rotation / Scaling의 각각의 Parameter를 선택하고 Displayinfo from Parameter 선택한 모든 Parameter항목이 작업 창에 나타난다(그림 5-10).

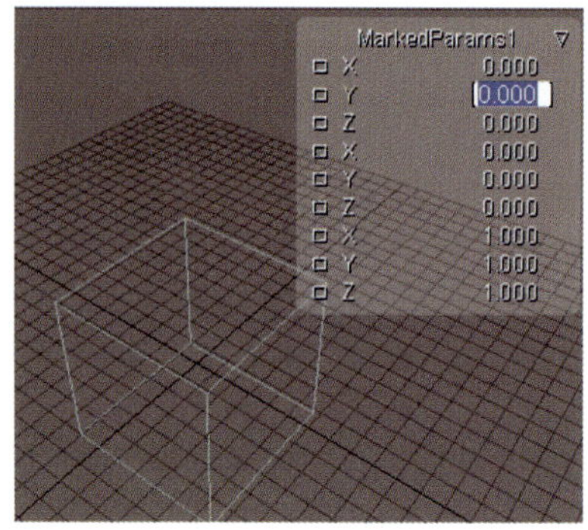

그림 5-10

### (12) Randomize marked Parameters

Parameter의 적용 한계를 Random하게 설정함으로써 일률적이고 획일적인 작업환경에서 보다 자연스럽고 유연한 작업 결과를 얻을 수 있다. Random의 범위를 최소 10%에서 Absolute 100%까지 다양하게 적용할 수 있다. 예를 들어 어떤 오브젝트의 Parameter에 Key 값을 적용한 다음 이미 적용한 애니메이션의 위치를 벗어나 새로운 위치나 포지션에 대한 변화의 가치를 확인해 보고자 할 경우 Key 값의 변화는 없는 대신에 그 Parameter의 적용 값에 대해 최소 10%~최대 100%까지 랜덤 하게 변화를 줄 수 있다(그림 5-11).

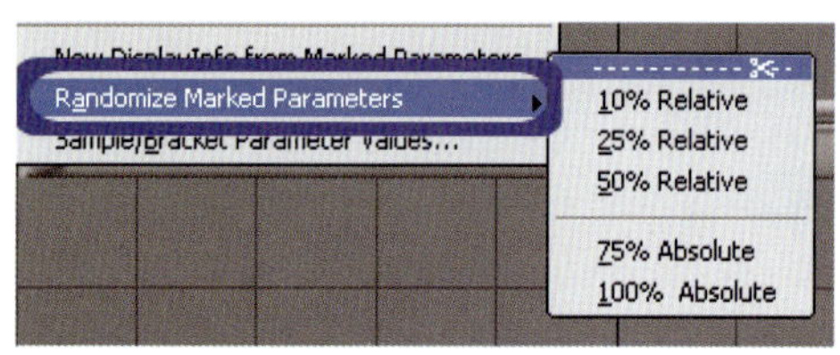

그림 5-11

### (13) Sample / Bracket Parameter Values…

Parameter에 대한 정보를 좀 더 알고자 할 경우 Sample data나 Plug in으로 제공되는 Parameter Set 정보를 공유하고자 할 경우에 사용되며 Net View와 자동 연결되어져 있고 항상 새로운 정보나 관련 Source를 확인할 수 있다.

## 2. Create 〉 Path

3D상에서 오브젝트를 애니메이션시키는 방법은 다양하다. 그 중 오브젝트의 움직임을 그려진 Path를 따라 이동시키고자 할 때 사용하는 기능이다(그림 5-12).

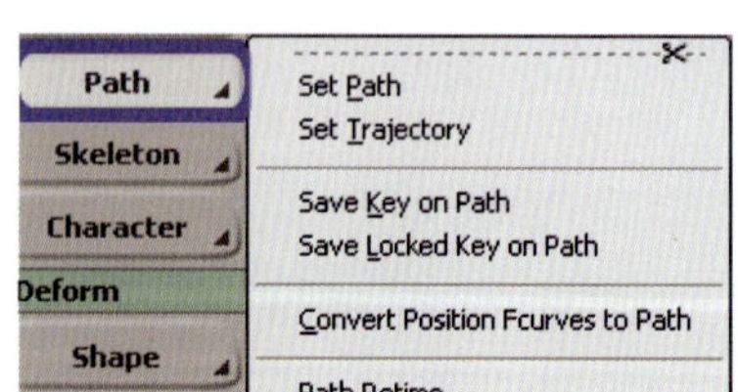

그림 5-12

### (1) Set Path

먼저 원하는 형태의 Path를 그리고 그려진 Path를 따라 오브젝트를 이동시키도록 한다. 다음 순서는 Curve를 이용한 Path animation 제작 순서와 방법이다.

1 원하는 형태로 Curve를 그린다.

2 모델링 데이터를 선택하고 Path 〉 Set Path 명령을 실행한다.

3 Apply Path Option 창에서 Linear를 체크를 하게 되면 Spline곡선보다는 다소 딱딱한 느낌의 Path animation제작에 상용하고, Tangency Option을 체크를 하게 되면 자동으로 Tangency option (진행하고자 하는 축의 방향성을 지정해주는 Option)이 활성화되어 나타난다. 체크를 하지 않더라도 나중에 Path적용 후 속성 창에서 다시 체크를 해줄 수 있다. Path적용 전에 오브젝트의 진행 방향을 잘 파악하도록 한다.

4 Path Property 창에서 필요한 Option을 조절하면서 애니메이션을 완성한다(그림 5-13, 그림 5-14, 그림 5-15).

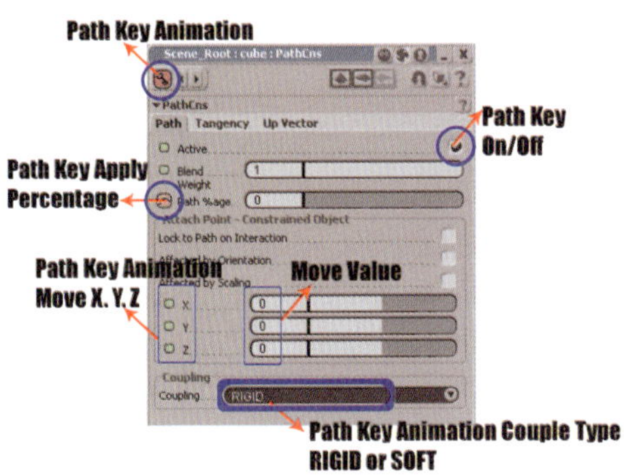


그림 5-13

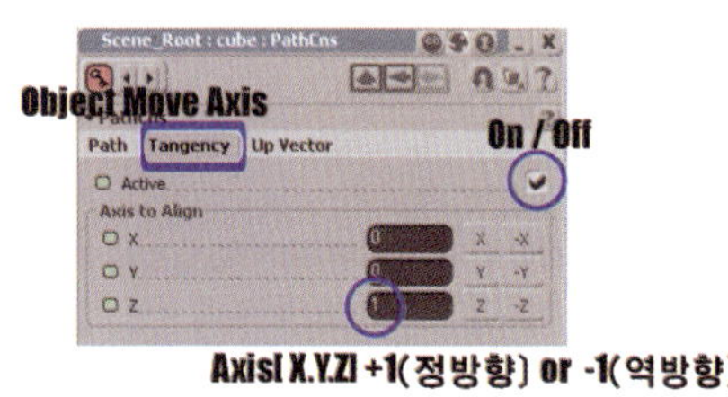


그림 5-14

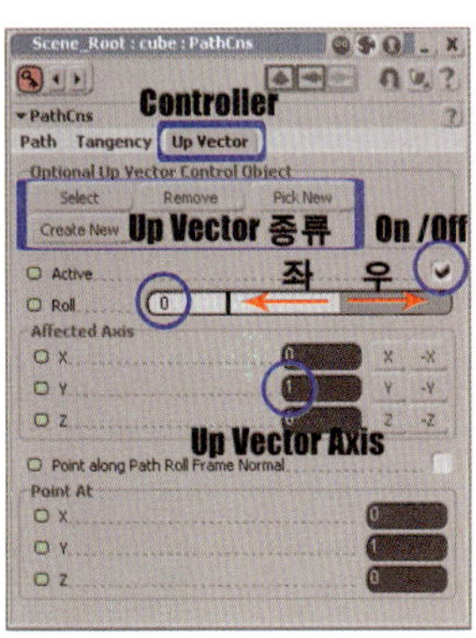


그림 5-15

### (2) Set Trajectory

Set Path와 모든 것이 동일하나 Key Setting option이 없다. 그래서 Time Line을 Play하면 오브젝트의 Path animation을 확인할 수 있다. 가장 큰 특징은 오브젝트가 단순히 Path의 형태만을 따라가는 것이 아니고 Curve에 그려진 Point를 따라 움직인다. Point수가 적을 경우 다소 딱딱해 보일 수 있다는 점을 명심해야 한다(그림 5-16).

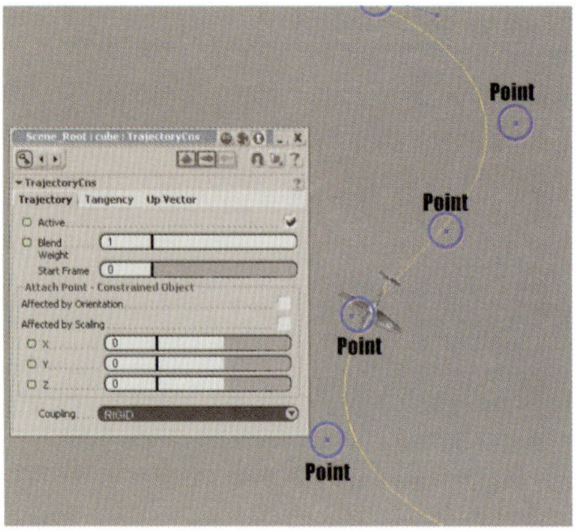


그림 5-16

### (3) Save Key On Path

Save Key는 Path animation 제작시 Time과 Pose의 위치를 상호 연계하여 Key 값을 이용한 애니메이션 제작 방법이다. 여기서 일률적인 Path 동작에서 벗어나 다양한 움직임을 보이고자 할 경우 Path 위에서의 Key 값이 적용되어야 한다. 이럴 경우에 Path Property에서 Key Icon을 누르면 되는데 이 작업과 동일한 기능을 하는 명령어가 바로 Save Key On Path이다(그림 5-17).

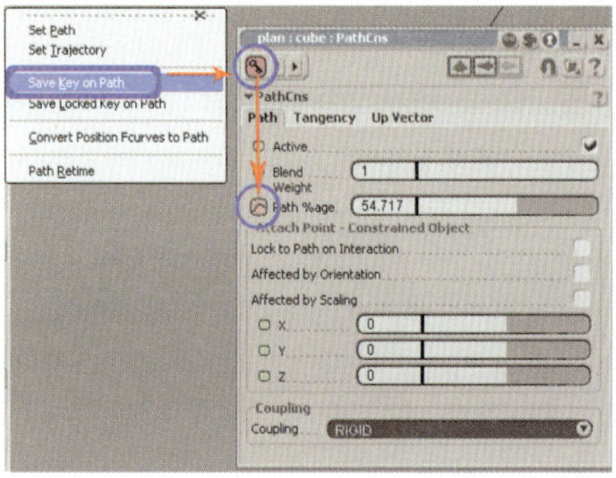


그림 5-17

### (4) Save Locked Key on Path

Path상에서 오브젝트의 움직임에 Key 값을 적용할 때 일반적인 Key 값은 Time와 Pose, 즉 Value 값의 Control이 자유롭다. 하지만 Save Locked Key on Path 명령을 실행하면 Key 값이 생성됨과 동시에 Value(pose) 값이 Lock이 된다. 즉 일시적으로 변경(수정)이 불가능하다는 의미이다. Animation Editor 정보 창에서 보면 일반적인 Key 값과 Lock Key 값의 차이가 난다(그림 5-18).

그림 5-18

Lock되어진 Key data는 Animation Editor 창에서 Key 〉 Locked in Y(Value) 옵션의 활성화를 Check하여 비활성화시켜주면 다시 일반적인 Key 값으로 환원된다.

### (5) Convert Position F curves to Path

Path animation 작업완료 후 결과 데이터를 Path animation에서 오브젝트 자체 애니메이션으로 Convert되는 명령어이다.

### (6) Path Retime

제작된 Path 애니메이션의 Time을 Start Frame과 End Frame을 Reset하는 명령어로 비록 Path animation이 Path를 기준으로 일률적인 Start와 End 값을 가지게 되지만 이러한 Option의 변형을 통해 보다 자유도를 높일 수 있는 기능이 된다(그림 5-19).

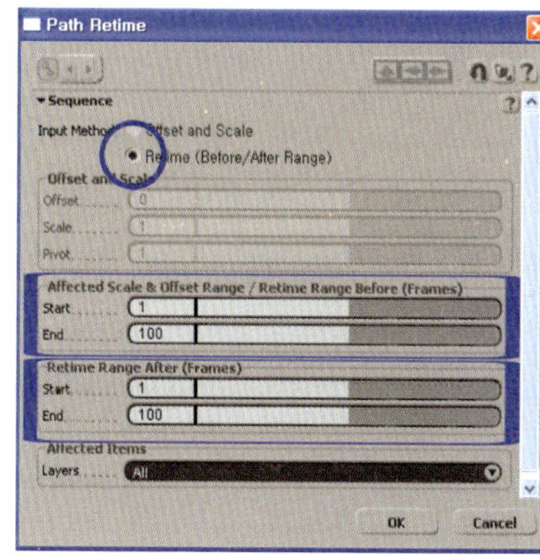

그림 5-19

## 3. Create 〉 Skeleton

3D상에서 캐릭터의 애니메이션 제작을 위해 제공되는 Skeleton을 제작하고 수정/변경하며, Skeleton제작의 다양한 기능을 소개하며 응용할 수 있는 기능들이 들어 있다(그림 5-20).

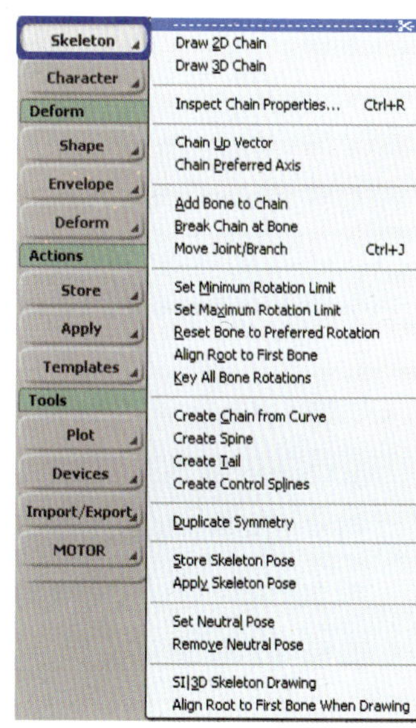

그림 5-20

### (1) Draw 2D Chain

Skeleton 제작시 2D와 3D의 가장 큰 차이는 Skeleton생성면(Plane)이 있으면 2D Chain이고 Plane이 없는 높은 자유도를 가지게 되면 3D Chain으로 볼 수 있다. 즉 2D Chain은 Front View에서 Bone을 그리다가 작업 Work area를 바꾸더라도 처음 그려지는 Plane면을 따라 그려지지만 3D Chain은 Front View에서 Bone을 그리다가 작업 Work area를 바꾸게 되면 바뀐 면을 기준으로 새로운 Bone의 방향성이 정해진다. 즉 2D Chain은 처음 만들 때 생성된 XY Plane은 다른 Work area에서 연결해서 그리더라도 XY Plane을 기준으로 생성된다(그림 5-21).

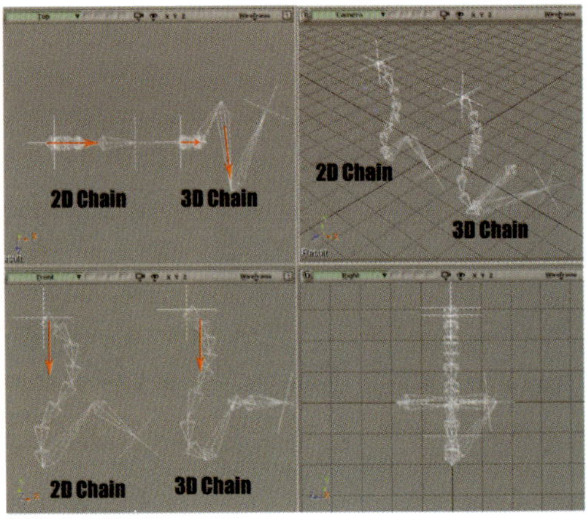

그림 5-21

### (2) Draw 3D Chain

3D Chain은 생성시 기준면이 없다. 그만큼 자유도를 많이 가지는 것이 특징인 것이다. 축이나 면에 영향을 받지 않고 자유도가 높은 오브젝트의 Skeleton제작에 사용된다. 2D는 방향성이 있는 Skeleton의 구조에 많이 사용된다. 가장 쉬운 예로 인체 Skeleton set up시 2D Chain이 사용된다.

### (3) Inspect Chain Properties…(Ctrl + R)

생성된 Skeleton의 Chain에 대한 속성 창이다. Skeleton 작업을 들어가기 전에 Setting을 해 놓으면 원하는 속성의 Chain이 생성되거나 이미 생성된 Chain이라도 변경이 가능하다(그림 5-22).

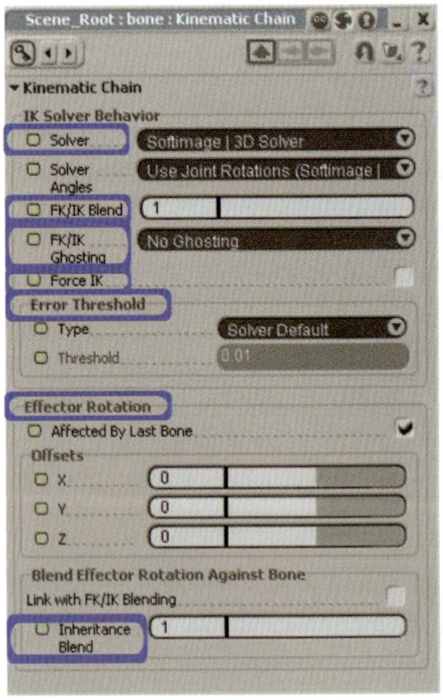

그림 5-22

- Solver : Chain의 IK에 대한 Solver선택 모드이다. SOFTIMAGE | 3D Solver는 Default설정으로 SOFTIMAGE | 3D에서 Import되어진 데이터의 Chain 알고리즘을 사용하는 것으로 만약 Chain이 Stiffness 값이나 rotation Limits 값을 가지고 있으면 효과적으로 Solver를 활용할 수 없다.

  SOFTIMAGE | XSI Solver는 SOFTIMAGE | 3D Solver보다 Effect를 이동할 때보다 빠른 결과를 제공해준다. 하지만 결국 위의 두 가지 모두 제한 상황이 없다면 같은 결과를 도출해 준다고 할 수 있다.
- Solver Angles : User Preferred Rotation from Joint Properties 선택 모드는 Joint의 일정한 방향으로 Rotation의 계산한다. 일정한 방향으로만 회전 값을 가질

수 있는 형태이다.

- IK / FK Blend : IK와 FK 애니메이션을 동시에 적용할 수 있는 Blend Option이다. 과거(초기 Version)에는 이 두 패턴의 Animation은 혼용해서 사용할 수 없었던 패턴인데 이제는 자유 자제로 원하는 Pose를 위해 혼합 사용이 가능하다.
- IK / FK Ghosting : IK / FK의 "0"과 "1" 사이 값을 가지는 범위 내에서 blend 적용시 나타나는 형상을 Ghost 이미지를 확인하고자 할 경우 사용하는 기능으로 이 기능을 활성화하기 위해서는 View옵션에 있는 Skeleton IK / FK Ghosting과 Ghosting Animation을 활성화시키도록 한다.
- Force IK : Kinematic Joint 속성 창으로부터 선호되는 각을 확정짓는 모든 순간에 IK가 그 영향력을 크게 가지게 된다.
- Error threshold : Threshold를 지정하는 방법으로 만약 Threshold의 type를 User Defined으로 설정을 하면 Threshold는 SOFTIMGE Unit단위로 이동한다.

### (4) Chain Up vector

가상의 오브젝트와 Critical Zones와 Effector와 연결되는 Joint를 컨트롤러(제1장에서 Skeleton Set up Part 참조)

### (5) Add Bone to Chain

생성된 bone구조에 새로운 Bone을 추가하고 싶을 때 사용한다. 이미 Bone 명령이 끝난 상황에서 Add Bone to Chain 명령을 사용하면 추가적으로 Bone생성이 가능하다.

### (6) Break Chain at Bone

상호 연결된 Bone의 구조상에서 어느 일정 Bone과의 관계를 끊고자 할 경우에 사용한다. 즉 여러 개의 Bone구조를 가진 Skeleton구조에서 어느 일정 Bone이하의 오브젝트와 Parents관계 등의 기본적인 관계는 유지된 상태에서 서로의 연계성을 끊고 싶을 때 사용한다. 끊어진 Bone의 상위에 있는 Bone과는 이제 연관성이 없기 때문에 하나의 구조상에 독립적인 성격을 가진 Bone이 된다. Break된 Bone을 선택해서 회전을 해보면 그 아래 구조의 Bone은 그 전과 다름없이 동시에 상위 Bone의 회전 값을 그대로 따라 하지만 Break된 Bone의 상위의 Bone을 회전하게 되면 Break되어진 Bone은 따로 독립된 Bone처럼 행동한다(그림 5-23).

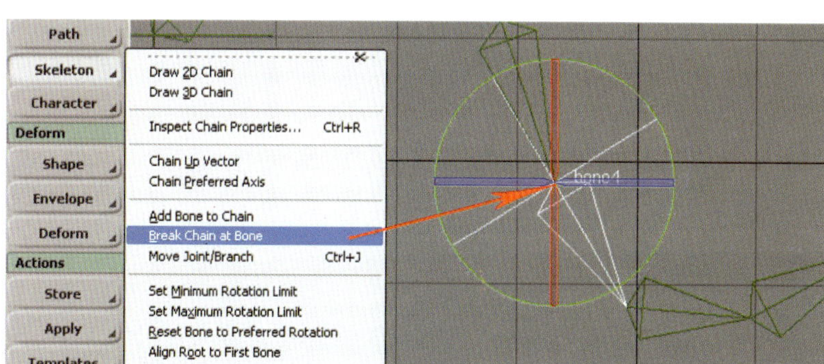


그림 5-23

### (7) Move Joint / Branch(Ctrl + J)

제1장 Skeleton Set up 내용 참조

### (8) Set Minimum Rotation Limit

제1장 Skeleton Set up 내용 참조

### (9) Set Maximum Rotation Limit

제1장 Skeleton Set up 내용 참조

### (10) Reset bone to Preferred Rotation

Bone의 Rotation을 Preferred Rotation 값으로 다시 설정할 수 있다. 이 기능은 효과적으로 체인을 설정한 모양(Shape)으로 다시 설정한다. 적용하는 방법은 하나 또는 그 이상의 bone을 선택하고 Reset bone to Preferred Rotation를 선택한다.

### (11) Align Root to First Bone

Root를 기준으로 bone을 그릴 경우 첫번째 Bone이 수직이 아닌 Rotation 값을 가졌을 경우 Root의 회전 값과 Bone의 회전 값이 틀리다. 이 경우 Root의 회전 값을 첫번째 Bone의 회전 값에 일치시키기 위해 실행해주는 명령어이다.

### (12) Key All Bone Rotation

Skeleton의 FK 애니메이션 제작시 Bone의 회전 값을 정의한 다음 전체 Bone에게 Key 값을 주는 명령어이다.

### (13) Create Chain from Curve

Curve로부터 Skeleton 구조를 만들어 내는 명령이다(제1장 Skeleton Set up 내용 참조).

### (14) Create Spine

두 개의 설정된 Object로부터 Spine Bone구조를 만들어 내는 명령어이다(제1장 Skeleton Set up 내용 참조).

### (15) Create Tail

그려진 Curve로부터 simulation되는 Tail구조를 만들어 내는 데 사용되는 명령어이다(제1장 Skeleton Set up 내용 참조).

### (16) Create Control Splines

그려진 Curve로부터 Control Splines를 만들어 내는 명령어이다. (제1장 Skeleton Set up 내용 참조)

### (17) Duplicate Symmetry

제작 완성된 Bone구조를 활용하여 대칭구조의 Bone구조를 만들어야 할 경우 이 기능을 사용하면 편리하게 제작할 수 있다(제1장 Skeleton Set up 내용 참조).

### (18) Store Skeleton Pose

제작된 또는 임의의 의도로 만들어진 현재 Bone의 Pose를 저장한다. Mixer에서 사용되는 Source 형식으로 저장되기 때문에 Apply Skeleton Pose명령을 이용하여 Reset을 실행하거나 Animation Mixer 창에서 Pose clip으로 사용 가능하다.

### (19) Apply Skeleton Pose

Store되어진 Skeleton Pose로 복귀되어지는 명령어로 작업상 변형이 생긴 Bone의 구조를 처음 저장한 Posc 상태로 되돌아가고자 할 경우 상용하는 명령어이다.

### (20) Set Neutral Pose

수정 및 변경되어진 Skeleton의 현재 상태를 기본 상태로 Reset하는 기능이다.

### (21) Remove Neutral Pose

Setting되어진 Neutral Pose를 Remove시키는 명령어이다.

### (22) SII3D Skeleton Drawing

Bone의 구조가 SOFTIMAGE|3D의 Concept으로 제작된다. XSI구조와는 Effector의 생성 위치가 틀리다. XSI에서의 Effector는 Root에 구속된 반면 SOFTIMAGE|3D의 Skeleton구조는 Effector가 마지막 Bone의 아래 구조에 연결되어 있다. SOFTIMAGE|3D에서의 Skeleton구조는 XSI에 비해 자유도가 크다. Bone구조에서 자유도가 크다는 것이 항상 효율적인 것은 아니다. 특히 인체구조에서의 Skeleton구조는 XSI의 Skeleton 구조의 움직임과 더 유사하다. 그러므로 목적과 필요에 따라 그 활용도를 잘 선택해야 한다(그림 5-24).

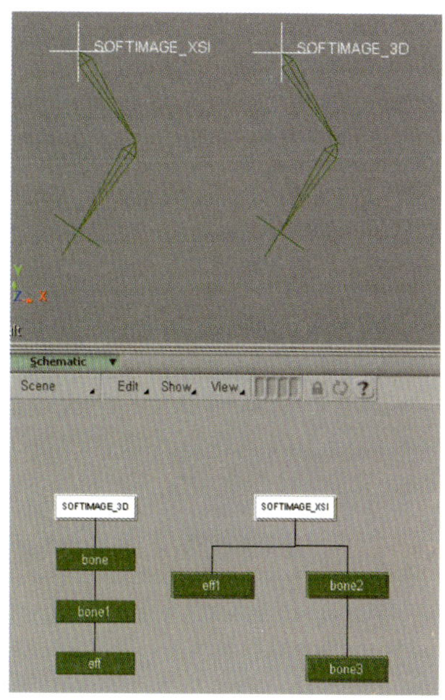


그림 5-24

### (23) Align Root to First Bone When Drawing

이 명령 옵션을 활성화시킨 후 Bone을 Drawing할 경우 처음 생성되는 Bone의 회전 값에 일치하게 Root가 생성이 된다.

## 4. Create 〉 Character

XSI에서 제공하는 Biped의 3가지 종류인 Biped Guide와 Quadruped Guide, 그리고 Biped Dog Leg Guide를 활용하여 캐릭터의 형태에 맞춰 Bone구조의 수정 가능하며 수정된 Guide로부터 3가지 종류의 완벽한 Rig를 제작할 수 있다. 그리고 Biped를 수정/보완 활용할 수 있는 기본 기능들이 들어 있다(그림 5-25).

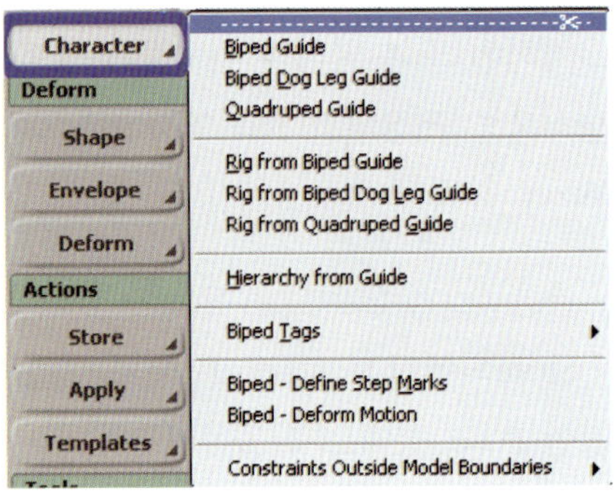

그림 5-25

### (1) Biped Guide

2족 보행 캐릭터들의 Rig Guide구조이다. 각 관절에 Control Cube가 있어서 캐릭터의 형태에 맞춰서 Rig를 제작할 수 있다. (제3장 XSI Biped Guide 내용 참조)

### (2) Biped Dog Leg Guide

4족 보행 캐릭터들의 Skeleton구조를 가지고 있으면서 2족 보행을 하는 Monster형 캐릭터의 Rig Guide구조이다. 각 관절에 Control Cube가 있어서 캐릭터의 형태에 맞춰서 Rig를 제작할 수 있다(그림 5-26).

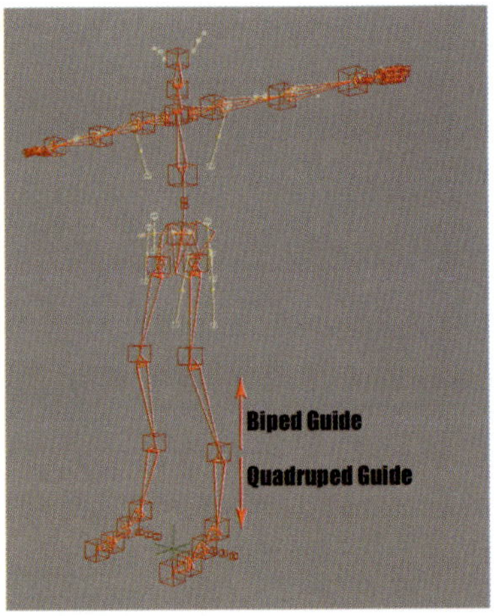

그림 5-26

### (3) Quadruped Guide

4족 보행 캐릭터들의 Skeleton구조를 가지고 있는 캐릭터의 Rig Guide구조이다. 각 관절에 Control Cube가 있어서 캐릭터의 형태에 맞춰서 Rig를 제작할 수 있다(그림 5-27).

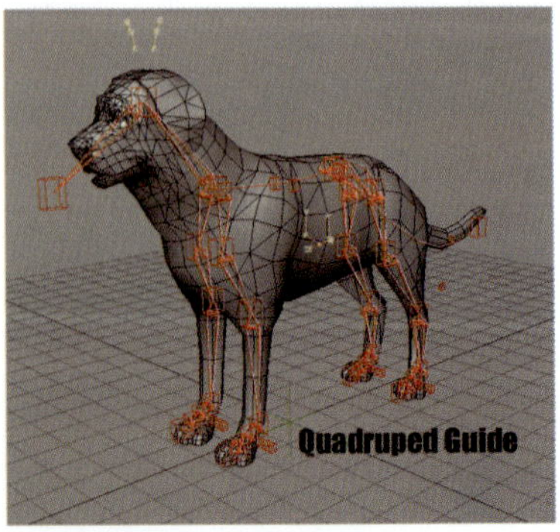

그림 5-27

### (4) Rig from Biped Guide

Biped Guide로부터 Rig구조를 생성해 내는 명령어이다(제3장 XSI Biped Guide 내용 참조).

### (5) Rig from Biped Dog Leg Guide

Biped Dog Leg Guide로부터 Rig구조를 생성해 내는 명령어이다(그림 5-28).

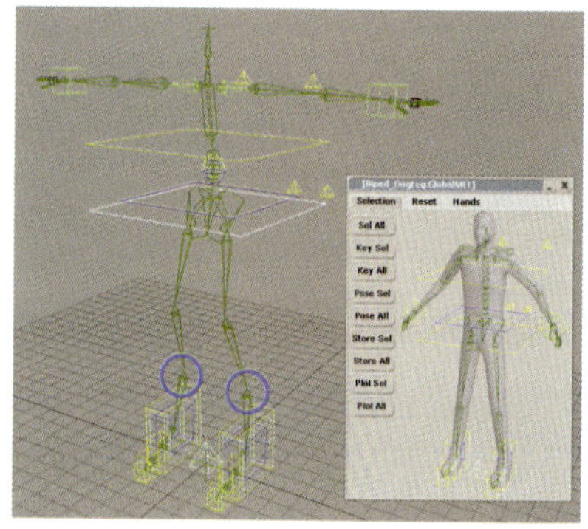

그림 5-28

### (6) Rig from Quadruped Guide

Quadruped Guide로부터 Rig구조를 생성해 내는 명령어이다(그림 5-29).

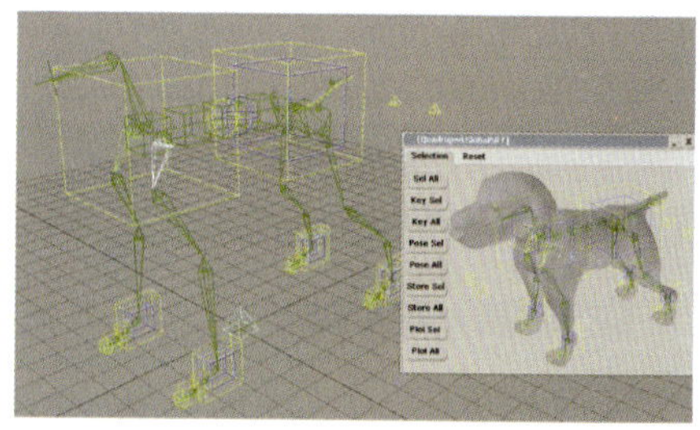

그림 5-29

### (7) Hierarchy from Guide

Guide로부터 정보를 가진 위치정보 Null이 생성이 된다(그림 5-30).

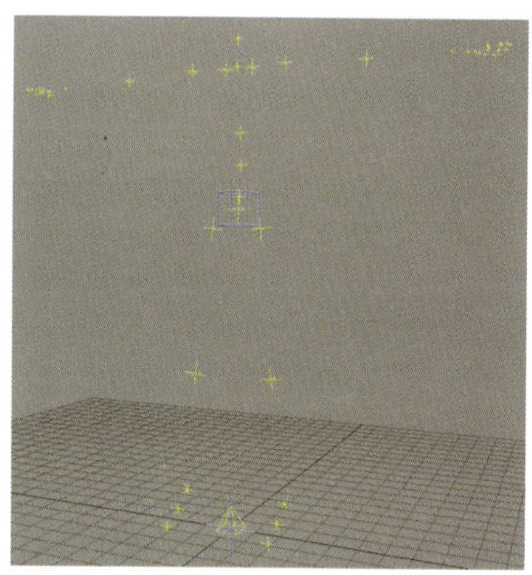

그림 5-30

### (8) Biped Taps

설정된 위치에 오른발과 왼발의 위치를 설정하고자 할 경우 사용하는 기능이다(그림 5-31).

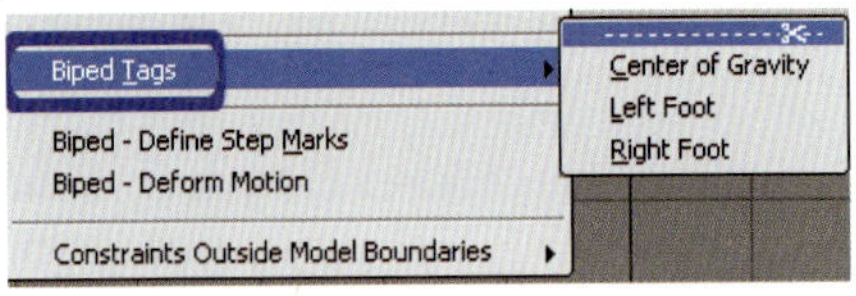

그림 5-31

- Center of Gravity
- left Foot : 왼발 흔적 위치 지정
- Right Foot : 오른발 흔적 위치 지정

### (9) Constrain Outside Model Boundaries

Model의 경계를 기준으로 Constrain관계를 설정하고자 할 경우 사용한다(그림 5-32).

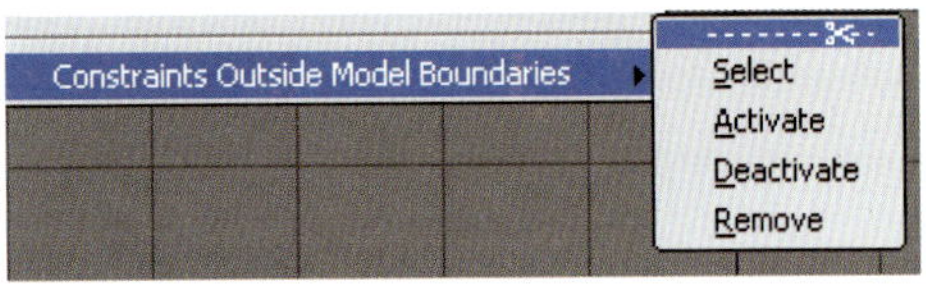

그림 5-32

- Select : 관계를 구속할 오브젝트 선택
- Active : 관계설정
- Deactivate : 관계 비설정
- Remove : 관계 제거

## 5. Deform 〉 Shape

XSI에서 오브젝트의 형태 변화 애니메이션 Part에 해당된다. 즉 Main Shape 데이터로부터 변형 하고자 하는 형태로 자유롭게 변형이 가능하며 이 Processing을 애니메이션 데이터로 제작이 가능한 기능이 들어 있다. 그리고 Shape Manager기능을 통해 캐릭터의 Facial Animation 데이터 처리가 간결하고 효율적으로 제작이 가능하다(그림 5-33).

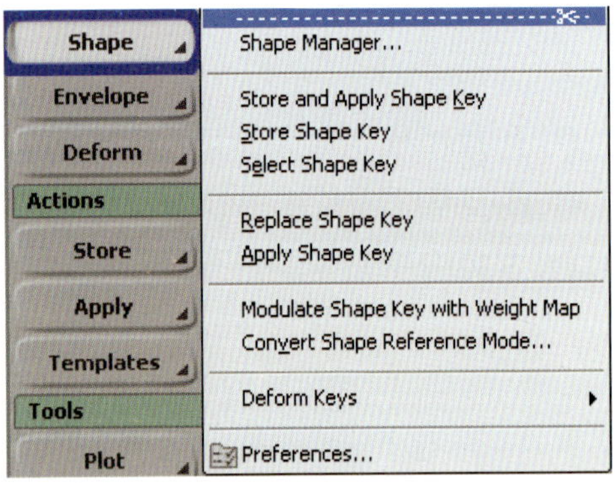

그림 5-33

### (1) Shape Manager

캐릭터나 오브젝트의 Shape Animation을 제작할 때 사용하는 편리한 기능이다. 오브젝트를 선택한 후 Shape 〉 Shape manager 명령을 실행한 후 Create Option 창에서 다양한 Shape을 제작한 다음 Animate 기능 창으로 Tap을 옮기면 Parameter 값끼리 Blend되어서 Key 값을 적용할 수 있다. Shape Animation 기능에 대한 세부적인 내용은 제9장에서 자세히 공부하기로 한다(그림 5-34).

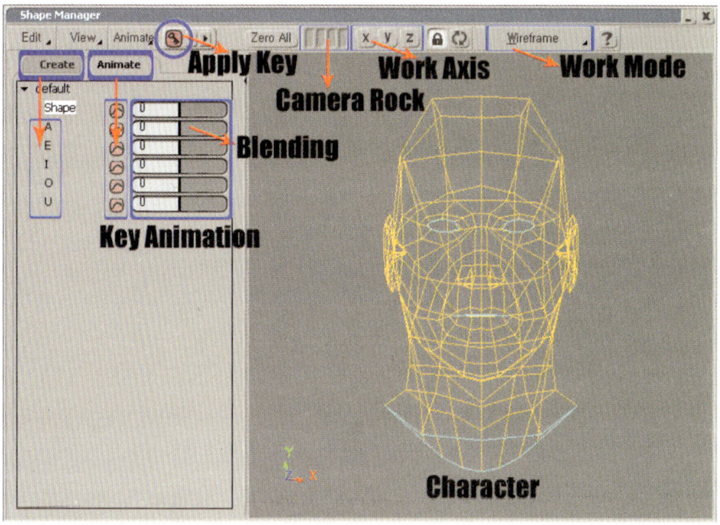


그림 5-34

### (2) Store and Apply Shape Key

오브젝트를 구성하는 Component들의 변형을 하나하나 애니메이션 저장 방식을 저장하여 애니메이션화한다. 즉 원하는 형태변화 애니메이션에 따라 시간설정을 해주고 Point를 이동하고 Store and Apply Shape Key명령 실행, 다음 Frame 설정해 주고 다시 Point 이동하여 모양을 변형시킨 다음 Store and Apply Shape Key명령 실행하면 형태변화와 함께 소스활용이 다채롭다(그림 5-35).

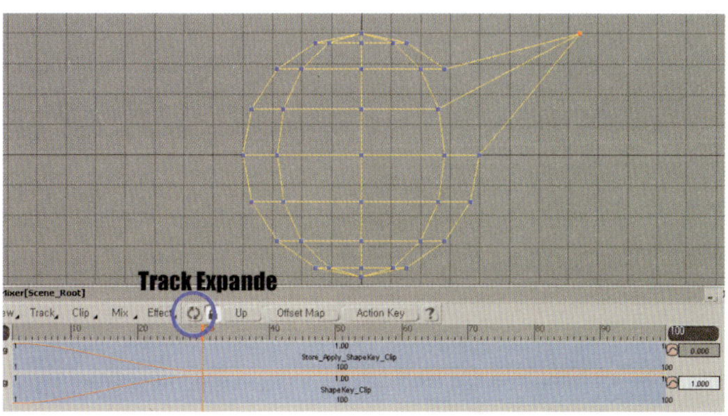


그림 5-35

### (3) Store Shape Key

Store는 변형된 Shape의 현재 값을 하나의 Shape Source로 저장하여 Shape Mixer 데이터로 활용이 가능하다. 이들 Shape Source들은 Shape Mixer 작업 창에서 Blend 애니메이션이 가능하다(그림 5-36).

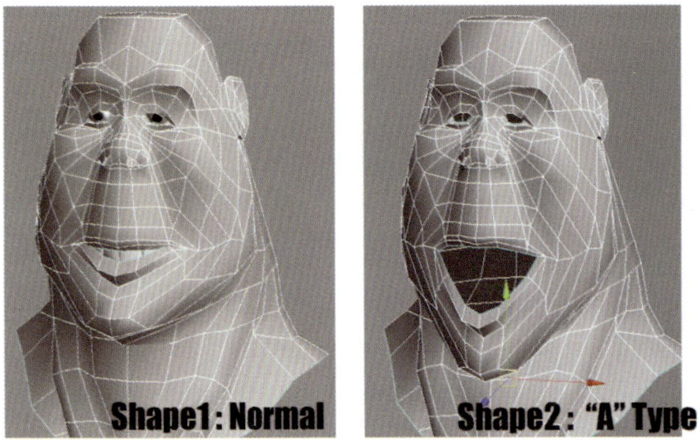


그림 5-36

두 가지 형태의 Shape가 있을 때 이 두 가지의 모양을 최대한 활용해서 Shape Source로 만들어서 애니메이션 제작에 사용할 수 있다. 방법으로 변형된 모양의 Shape Source를 저장한다. 이름은 "A" Type라고 한다. 결과확인을 위해 캐릭터를 선택한 다음 Animation Mixer(단축키 : Alto+0) 작업 창을 연다. 여기서 Default로 되어 있는 Animation Track을 Delete해서 없애고(마우스 오른쪽을 클릭한 다음 Delete Track), Shape Animation Track(단축키 : Shift+S)을 추가로 2개를 생성시킨 다음 마우스 오른쪽을 클릭하고 Insert Source를 선택하면 방금 저장한 두 개의 Shape Source가 저장된 것을 확인할 수 있다.

각각의 Track에 두 개의 Source를 Open하고 난 다음 첫번째 Track에는 Normal Source를 두 번째 Track에는 "A" Type의 Source를 Open한다. 다음 각 Source를 시작점에 일정하게 위치시키고 두 개의 Source를 멀티 선택을 한 다음 1Frame 시작 위치에 옮기고 오른 클릭을 해서 Time property를 연다. 여기 옵션 가운데 source clipping 명령 Tap에 들어가서 Out 값을 100으로 늘린다(그림 5-37).

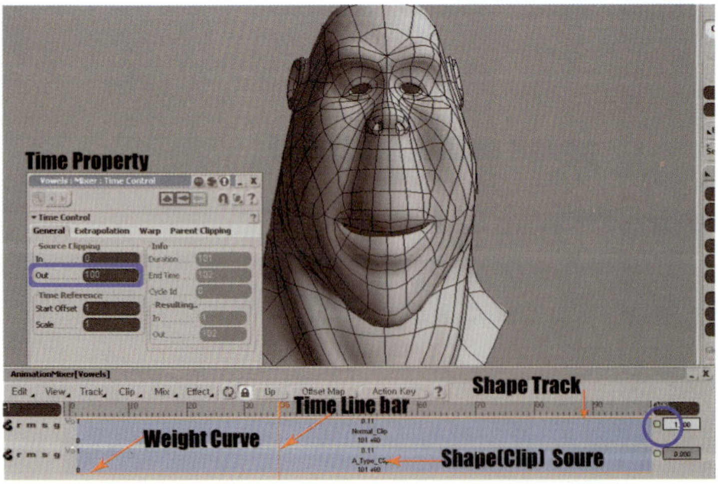


그림 5-37

이제 Weight Curve Control Parameter에서 원하는 형태로 Blend시킨 다음 Key 값을 주도록 한다(그림 5-38).

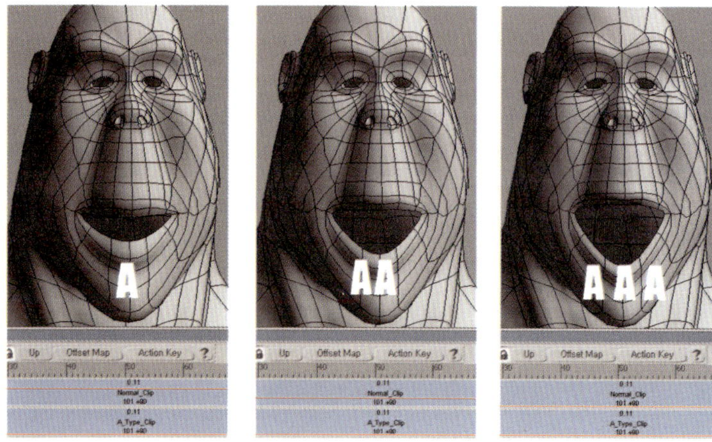

그림 5-38

## (4) Select Shape Key

원본 데이터를 기준으로 변형된 보조 데이터가 자동으로 Shape Parameter 값을 가지게 된다. 먼저 원본 데이터를 하나 만든다. 그리고 원하는 개수만큼 보조 데이터를 복사해서 모양을 변형을 시킨다(그림 5-39).

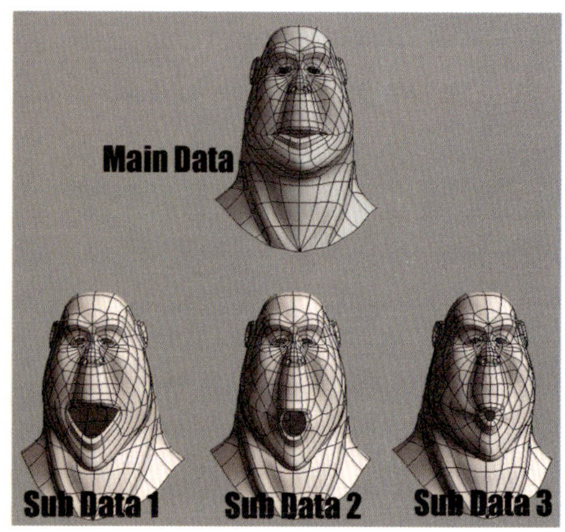

그림 5-39

그리고 원본 데이터를 선택한 상태에서 Select Shape Key 명령어를 실행한다. Pick Icon이 나타나면 변형된 보조 데이터를 차례를 하나씩 클릭하고 난 다음 오른쪽 마우스 클릭으로 적용한다. 형성된 Shape Parameter의 이름을 지정해 주고 옵션 창을 닫는다. 그리고 Explorer 창에서 원본 데이터 아래 구조에 가면 Shape Weight Parameter가 생성되어져 있다. 이 Editor 창을 열면 Default로 마지막 형태의 Parameter 수치를 가지고 있기 때문에 마지막 Shape의 형태와 동일하다(그림 5-40).

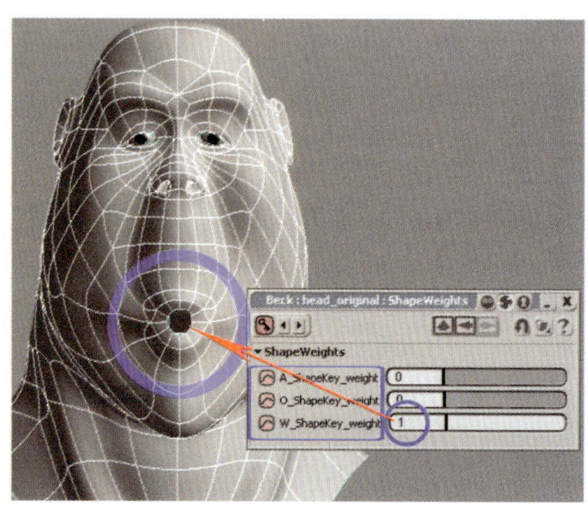

그림 5-40

마지막 형태의 Parameter 값을 '0'으로 다시 초기값을 설정해준다. 그러면 원래 초기 메인 캐릭터의 형태로 복귀된다. 자 이제 준비된 세 개의 Parameter 형식의 수치를 Blend형식을 이용하여 다양하게 연출해보도록 한다(그림 5-41).

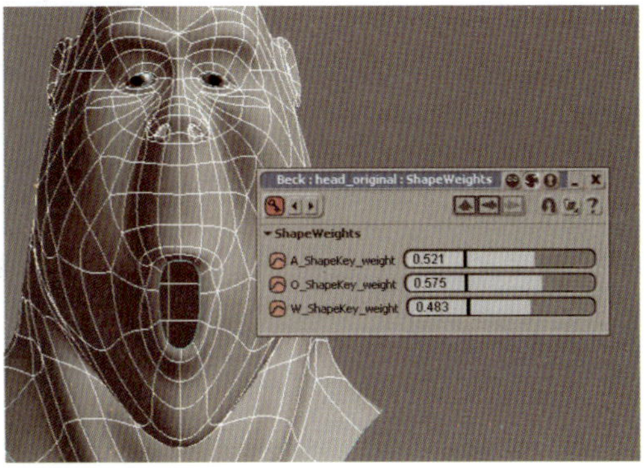


그림 5-41

### (5) Replace Shape Key

원하는 Shape의 저장형태로 다시 돌아가고 싶을 때 사용한다.

### (6) Apply Shape Key

일단 Shape Key를 만들면 Animation Mixer를 열거나 열지 않거나 그 Source를 적용할 수 있다. 원하는 오브젝트의 형태로 돌아가고 싶다면 저장되어지는 것뿐 아니라 보관되거나 선택한 Shape Key를 적용할 수 있다. 원하는 Shape의 형태를 다양하게 미리 만들어 놓고 필요할 경우마다 그 형태를 찾아서 적용시켜 줄 수 있다. 즉 여러 개의 Shape Source를 만들어 놓고 Mixer 〉 Source 〉 Shape folder에 있는 Shape Source를 선택한다. 그리고 Deform 〉 Shape 〉 Apply Shape Key를 적용한다.

### (7) Modulate Shape Key

Weight map을 활용하여 동일한 캐릭터에게 대칭구조의 동일한 애니메이션만 주는 것이 아니고 여러 형태별로 차이가 날 수 있다. 예를 들어 동이란 캐릭터가 두 눈을 깜빡일 때도 있지만 한쪽 눈만 감고 윙크를 할 경우도 있다. 이 경우 양쪽 모드를 동일시 하게 되면 위의 효과를 당연히 얻을 수 없다. Weight map을 적용해서 Weight map의 효과를 본 Blue영역은 적용되어서 나온다.

### (8) Deform Keys

Deform Key는 Link 기능을 이용하여 오브젝트의 형태를 변화시키는 기능으로 그 사용범위가 다양하다(그림 5-42).

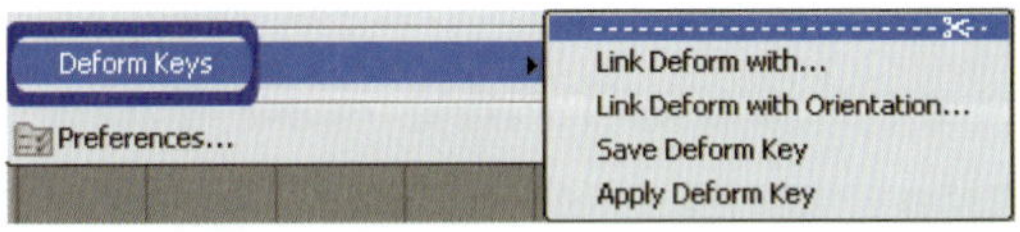


그림 5-42

- Link Deform with : 오브젝트의 형태 변화에 대해서 SRT 선택 Option을 설정해서 Deform Option을 실행하는 기능이다.
- link Deform with Orientation : 오브젝트의 Component를 Link 회전 값에 관계를 시켜서 형태를

변화시키는 명령어이다.

- Save Deform Key : 오브젝트의 Deform의 변형을 저장한다.
- Apply Deform Key : 저장된 Deform 값을 적용한다.

### (9) Preferences

Shape 명령어의 기본 속성들을 정의하는 창으로 필요한 옵션을 다양하게 선택/적용할 수 있다. Shape Key 모드는 애니메이션 믹서에서 자동적으로 추가될 때 shape Clip이 어떻게 복제되어지는지를 결정하는 Option 창이다. 예를 들면 Instance Only Mode에서 Shape클립은 자동적으로 10Frame 길이로 지정되어 있다. Shape Key를 선택/적용/저장할 때 영향을 미치는 Option은 크게 4가지가 있는데 일단 이들 중 하나의 모드를 선택하면 Cluster의 Shape Key 모드를 바꿀 수 없다(그림 5-43).

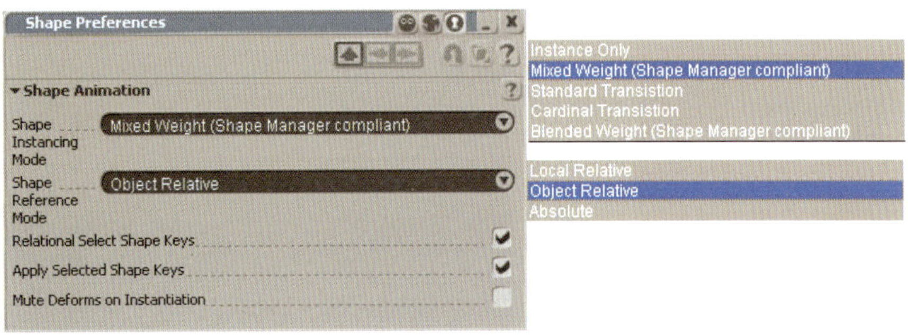


그림 5-43

- Instance Only Mode : Instance Only Mode는 10프레임 길이의 Shape Clip을 만든다. 합성(Compound) Shape Action내의 분리되어져 있는 별도의 Track 위에 복사된다.
- Mixed Weight Mode : Default Mode로 Scene과 동일한 Frame의 Shape을 만든다. 이것은 Default Weight Curve를 가지고 분리된 별도의 Track에 복사된다. 이는 한 Shape의 형태에서 다른 Shape의 형태로 Transition하는 대신 Shape의 Weight을 Mixing하여 Shape의 형태를 컨트롤하는데 유용하다.
- Standard and Cardinal Transition Mode : Standard와 Cardinal Transition Mode는 둘 다 0 Frame 길이의 Shape Clip을 만들기 때문에 서로 유사한 성질을 가지고 있다. Clip들은 같은 Track에 복사되어지고 Clip들 사이에 자동으로 Transition이 만들어진다. 각각의 Transition은 edit할 수 있는 Curve를 가지고 있다.
- Standard Transition Mode : 공간상에서 하나의 Shape에서 다음으로 직접 움직이는 Linear Interpolation(보간)을 가진 Transition을 만든다.
- Cardinal Transition Mode : 공간상에서 하나의 Cardinal Interpolation을 가진 Transition을 만든다. 이는 부드럽고 Arc type의 Transition이 생기지만 정의된 frame에서 각각의 Shape Key를 통

해 통과하게 된다. 단 두 개의 Shape Key를 가지면 Transition은 여전히 Linear이다. Cardinal Transition Curve를 위해서는 최소한 3개 이상의 Key가 필요하고 커브는 적어도 4개의 Key가 이을 때 완전하게 적용된다.

## 6. Deform 〉 Envelope

모델링 데이터와 3D Skeleton구조와 하나의 연관성을 가지게 해주는 기능으로 다양한 Envelope의 기능 적용 방법과 Weight의 속성의 정의/수정/효율적인 활용 기능들이 있다(그림 5-44).

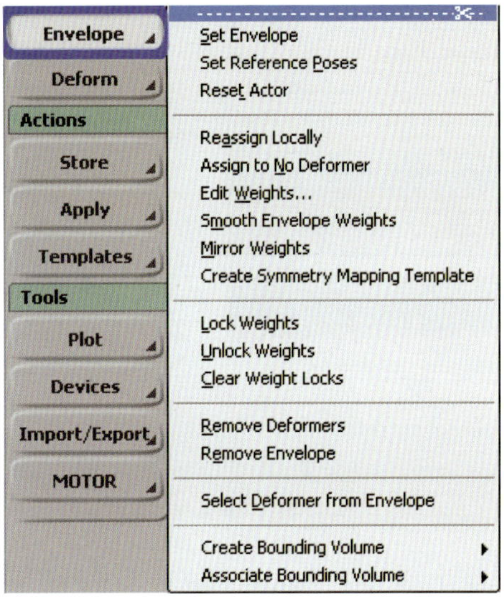


그림 5-44

### (1) Set Envelope

Envelope를 정의한다면 IK나 FK의 변형체 구조를 가진 Deformer에 "Skin"으로서 할당되어지는 오브젝트나 그 계층구조를 말한다. Envelope는 그들이 할당된 Deformer에 의해 움직이고 변형된다. Envelop은 모든 Point는 하나 이상의 Deformer로 할당된다. Deformer란 Envelope의 형태를 컨트롤하는 오브젝트이다. Skeleton의 형태일 수 있고 Component의 형태일 수 있다. 각 Point에 대해 Weight가 그 영향력을 컨트롤할 수 있는 Value가 된다. Weight란 Envelope 적용시 모든 Point는 100%라는 weight 수치를 기준으로 할당된다. 그 Value

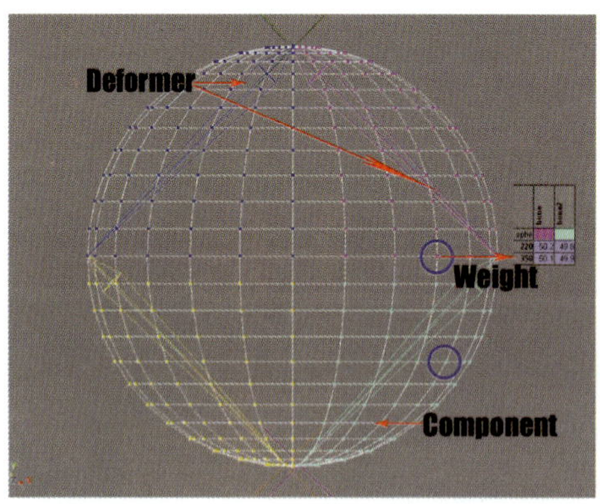


그림 5-45

는 지정된 Deformer들 사이에서 분할 적용될 수 있고 인위적인 분할도 가능하다. 이것을 Weight 수정 작업이라 한다. Envelope를 정의하는 순서는 다음과 같다.

먼저 오브젝트를 선택하고 Envelope 〉 Set Envelope명령을 실행한다. 그리고 Deformer를 선택한다(그림 5-45).

### (2) Set Reference Poses

제작된 Skeleton의 초기 Reference상태에서 변경이 되었을 경우 변경된 형태를 기본 Pose로 다시 Setting하고자 할 경우 사용하는 명령어이다.

### (3) Reset Actor

Reference Poses로 되돌아가고자 할 경우 사용하는 명령어이다.

### (4) Reassign Locally

Envelope되어진 Component(여기서는 Point)들을 원하는 Deformer에게 새로 할당 수치를 적용하고자 할 때 사용하는 명령어이다. 재할당을 원하는 Point들을 선택한 상태에서 Envelope 〉 Reassign Locally명령을 실행하고 원하는 Deformer를 선택한다. 그 결과 선택된 Point들은 재할당한 Deformer에게 100% 재할당 수치를 가지게 된다. 이는 곧 100% Control이 가능하다는 말이다.

### (5) Assign to No Deformer

선택한 영역의 Point를 Weight적용을 하지 않도록 한다.

### (6) Edit Weight(단축키 : Ctrl + E)

Component와 Deformer사이에 설정된 Weight정보를 알 수 있는 Option 창으로 Weight정보를 수정 / 저장 / 변경 작업이 가능하다. 오브젝트를 구성하는 전체 Point의 Weight정보 열람 및 수정이 가능하다(그림 5-46).

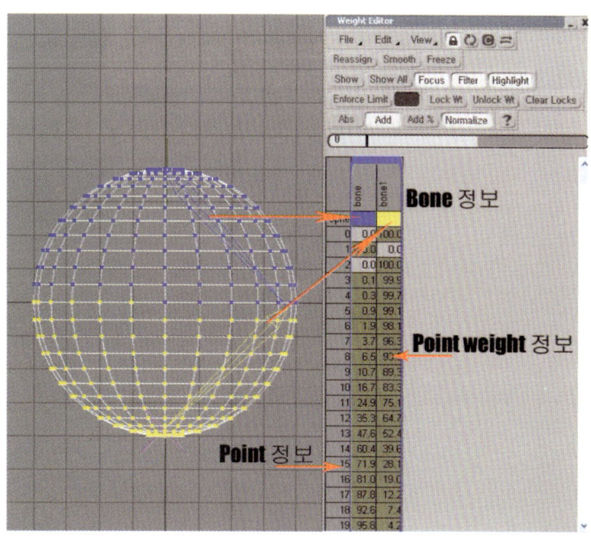


그림 5-46

또한 일부 한정된 곳의 선택 Point의 Weight 정보 열람 및 수정이 가능하다(그림 5-47).

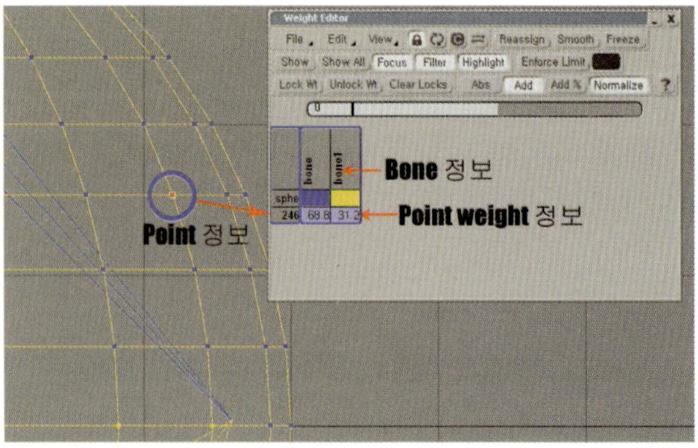


그림 5-47

그럼 Weight Editor 창에 있는 다양한 Weight 편집 기능들에 대해 알아보도록 한다(그림 5-48).

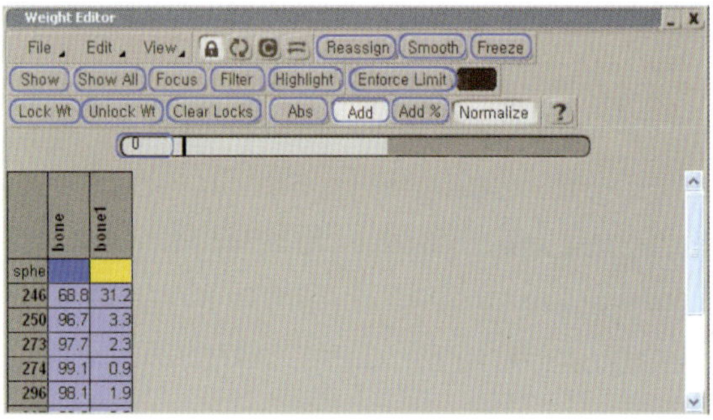


그림 5-48

- Reassign : 원하는 Point 또는 전체 Point를 다른 Deformer에게 할당하고자 할 경우 사용한다.
- Smooth : 전체 또는 선택된 Point를 좀 더 부드럽게 Envelope되도록 해 준다. 이때 Smooth Envelope Weight Operator 속성 창을 사용할 수 있다(그림 5-49).

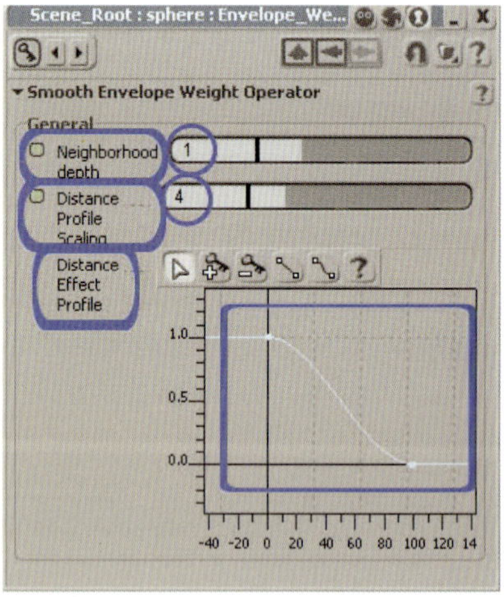


그림 5-49

- Neighborhood depth : 각각의 Point에 대해 새로운 Weight를 계산할 때 고려되어지는 범위의 크기를 조절하는 수치이다. 각각의 Point들은 이웃하는 Point들과의 연관성을 가지고 있는데 Neighborhood depth가 1일 경우 바로 주위의 Point 하나와 연계되지만 2일 경우 그 주변에 다른 주변의 영역까지 동시에 계산된다. 결국 Weight가 분산되어지기 때문에 더 부드럽게 Weight가 적용된다. 0일 경우 Weight가 한 Point에 한 Deformer가 100%의 할당치를 가지게 된다.
- Distance Profile Scaling : 수평 falloff를 컨트롤한다.
- Distance Effect Profile : Envelope Weight에 대해 Profile의 Curve의 형태에 준하여 Weight의 적용되는 강도가 이웃하는 Point들의 Weight를 계산하게 된다. Weight Curve의 형태를 직선과 곡선의 형태로 변경이 가능하며 Point를 추가/삭제하여 형태 변화도 가능하다(그림 5-50).

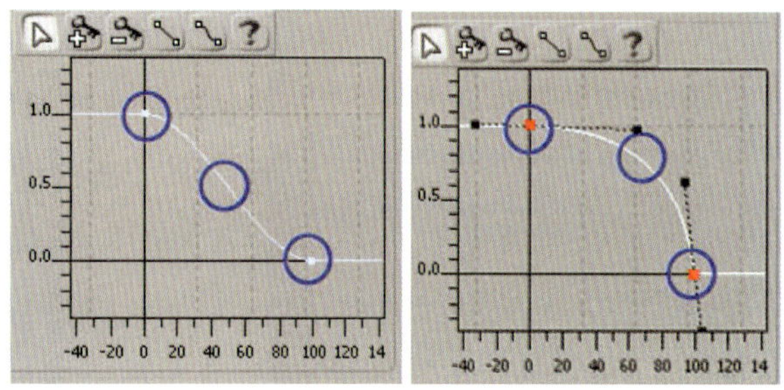

그림 5-50

- Freeze : Envelope 적용 Stack을 Freeze시킨다.
- Show : 선택되어진 Cell만 보여진다.
- Show All : 모든 Cell을 볼 수 있다.
- Focus : 자동으로 선택된 Cell만 보여지게 된다.
- Filter : Envelope 값이 0인 Cell을 Hide / Unhide할 수 있다.
- Highlight : 선택된 Cell을 Highlight시킨다.
- Enforce Limit : Point에 대한 적용되는 Deformer의 수를 제한한다.
- Lock Weight : Weight 적용을 Lock시킨다.
- Unlock Weight : Lock되어진 Weight를 다시 Unlock시킨다.
- Clear Locks : 모든 Weight Lock를 Clear시킨다.
- Add : 현재 Weight(가중치)의 양을 빼거나 더해준다.
- Abs : 적용한 바로 그 값으로 Weight(가중치)를 설정한다.
- Add % : 현재 Weight(가중치)의 % 값을 더하거나 빼준다.

### (7) Smooth Envelope Weight

선택되어진 Weight Point들을 부드럽게 Weight 값을 수정한다. 제4장 Envelope 응용편에서 팔꿈치 부분을 수정하는 방법 중 하나의 방법으로 사용하였다.

### (8) Mirror Weight

대칭구조를 가진 오브젝트의 경우 한쪽 Weight수정으로 반대쪽 Weight의 수정치가 그대로 전이되는 기능이다. 시간적인 효율을 극대화할 수 있다. 제4장 Envelope 응용 편에서 Man Character를 사용해서 Mirror Weight를 사용하였다.

### (9) Create Symmetry Mapping Template

제4장 Envelope 응용편에서 Man Character를 사용해서 Mirror Weight를 사용하기 전에 Create Symmetry Mapping Template를 사용하는 방법에 대해 학습을 하였다.

### (10) Lock Weight

선택한 Component들에 대해 일시적으로 Weight 적용을 Lock하게 된다(그림 5-51).

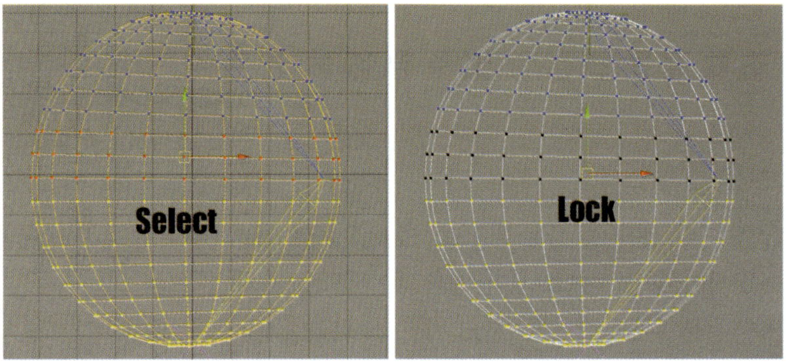


그림 5-51

### (11) Unlock Weight

Lock된 Component들을 다시 원래 상태로 복원하기 위한 명령어이다(그림 5-52).

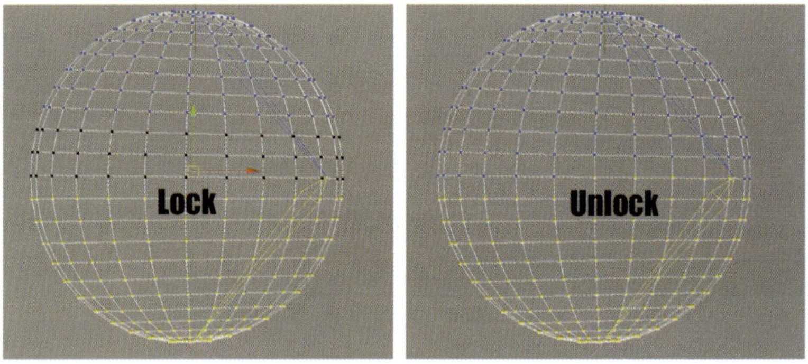


그림 5-52

### (12) Clear Weight Locks

Lock되어진 모든 Component들에 대해 Clear시키는 명령어이다.

### (13) Remove Deformer

Weight효과를 Delete시키고자 할 Deformer가 있을 경우 이 명령어를 실행한 후 Pick Icon이 생성이 되면 원하는 Deformer를 선택하면 선택된 Deformer의 Weight적용은 사라지게 된다. 결과적으로 다른 Deformer의 Weight가 재할당된다.

### (14) Remove Envelope

선택된 Object의 전체 Envelope효과를 Delete한다.

### (15) Select Deformer from Envelope

선택된 Deformer에 대해 오브젝트에 적용된 Envelope를 삭제하기 위한 명령어이다.

### (16) Create Bounding Volume

Box나 Shpere 등의 여러 형태를 기준으로 Weight영역 및 할당치 조적 가능(그림 5-53)

그림 5-53

- Box : Box 형태의 영역 표시를 설정하고 그 영역 안에 있는 Point만 Envelope효과를 가진다.
- Sphere : Sphere 형태의 영역 표시를 설정하고 그 영역 안에 있는 Point만 Envelope효과를 가진다.

### (17) Associate Bounding Volume

각 오브젝트의 형태에 맞게 Volume을 적용한다(그림 5-54).

그림 5-54

- Include : 오브젝트의 안쪽 Volume을 기준으로 작업한다.
- Exclude : 오브젝트의 외부 Volume을 기준으로 작업한다.
- Limit : 한계점을 지정해 준다.

## 7. Deform 〉 Deform

오브젝트의 고유의 성질은 유지한 채 오브젝트 자체적이나, 다른 오브젝트나 Element와의 연계되어 다양한 형태 변화를 할 수 있고 이러한 다양한 형태변화를 애니메이션 데이터로 활용할 수 있는 기능들이 있다(그림 5-55).

그림 5-55

### (1) by Curve

오브젝트의 형태변화가 Curve에 따라 변형된다(그림 5-56).

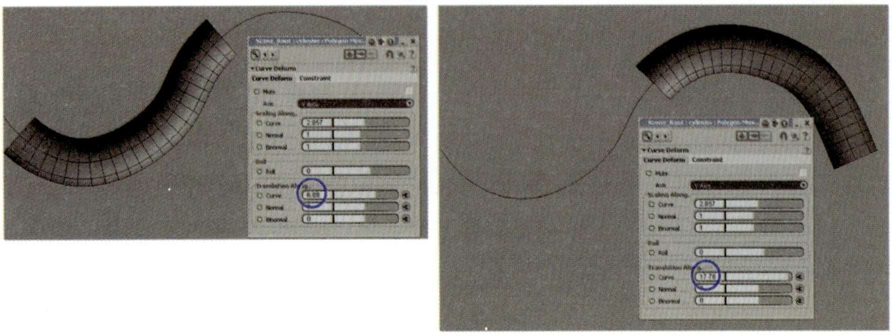

그림 5-56

### (2) by Cage

오브젝트의 형태변화가 설정된 다른 오브젝트에 따라 변형된다(그림 5-57).

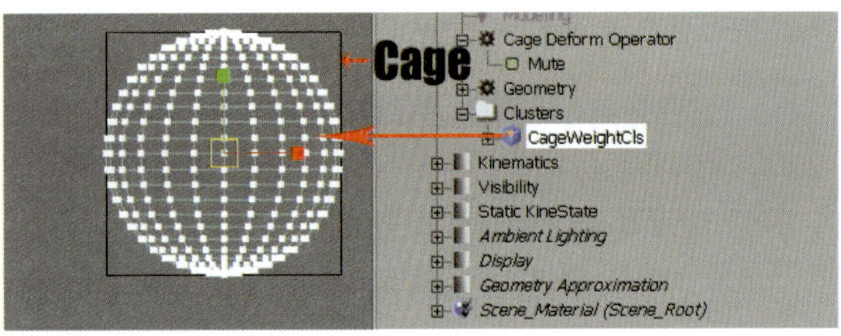


그림 5-57

### (3) by Lattice

오브젝트의 형태변화가 선택된 Lattice에 의해 변형된다(그림 5-58).

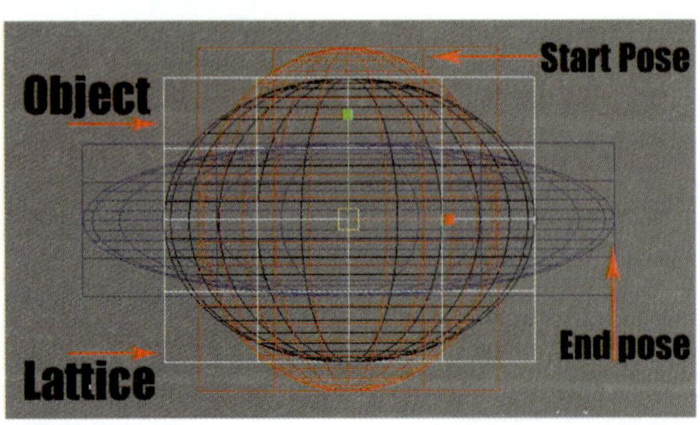


그림 5-58

### (4) by Spine

오브젝트의 형태변화가 선택된 Spine에 의해 변형된다. 즉 Grid 위의 표면을 따라 생성된 Spine curve를 그리고 오브젝트를 다시 Deform 〉 By Spine 명령을 실행하고 Curve를 선택하고 끝낸다. 생성된 커브를 이동을 시켜본다. 커브와 표면이 같이 이동한다.

### (5) by Surface

Surface표면에 따라 Surface mesh 오브젝트의 변형된다(그림 5-59).

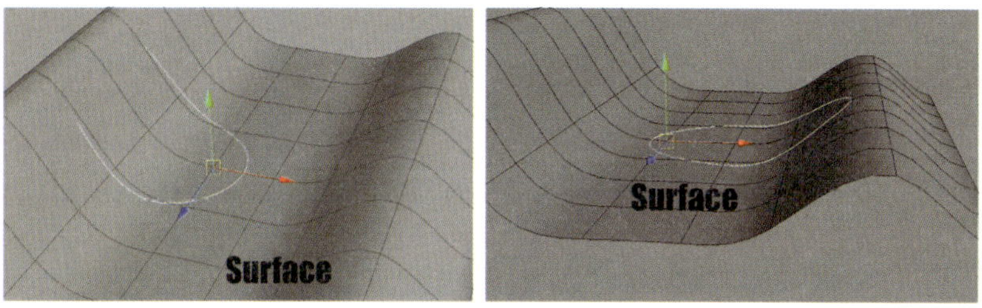


그림 5-59

### (6) by Volume

Primitive 〉 Control object 〉 Volume Deform과 같이 사용하는 명령어이다. 오브젝트와 Volume Deform의 관계가 끝났을 경우 이 기능을 이용해 다시 작업할 수 있다. 볼륨영역을 사용하여 형태 변화를 하게 된다. 볼륨영역은 적용/비적용 등의 기능들을 수시로 사용할 수 있다.

### (7) Bend

Bend는 오브젝트를 구부리는 기능을 수행한다(그림 5-60).

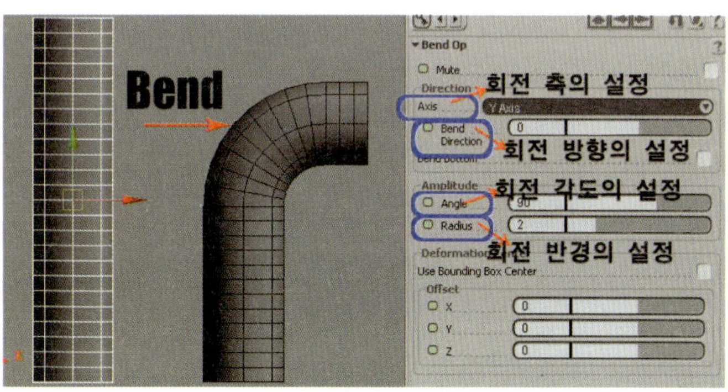


그림 5-60

### (8) Bulge

Bulge는 오브젝트의 포인트를 중심에서부터 Push out하면서 점차 Push의 힘이 완화되는 모양을 만든다(그림 5-61).

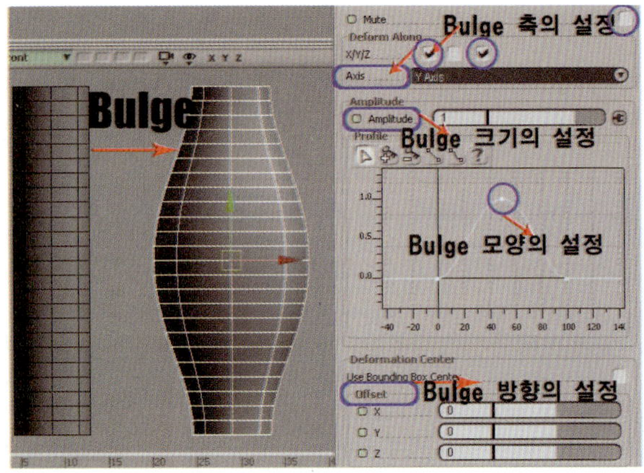


그림 5-61

### (9) Shear

Shear는 오브젝트를 지정해준 축을 기준으로 기울어지는 형태의 변형이 가능하게 한다.

기울어지는 시점과 방향, 모양의 설정이 가능하다(그림 5-62).

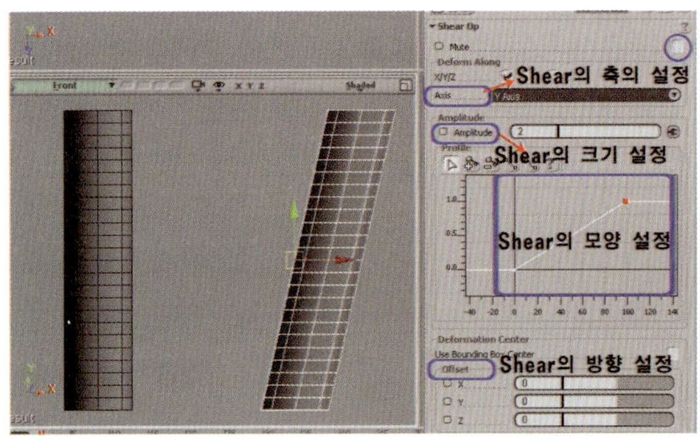


그림 5-62

### (10) Taper

오브젝트의 Component들의 쏠림 현상을 만들 수 있는 제작 환경이다(그림 5-63).

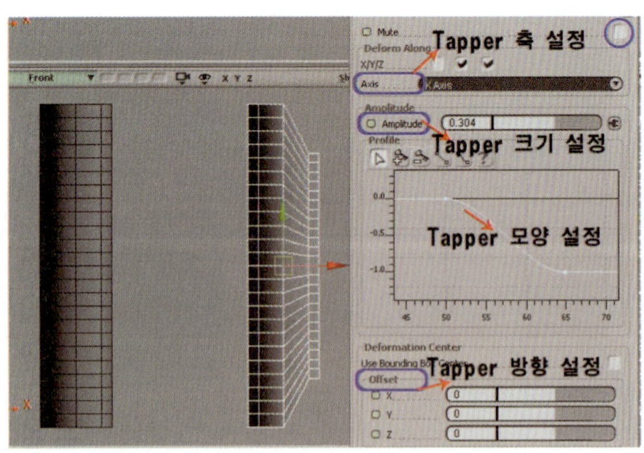


그림 5-63

### (11) Twist

오브젝트의 방향에 따라 Twist형태의 모양으로 변형이 된다(그림 5-64).

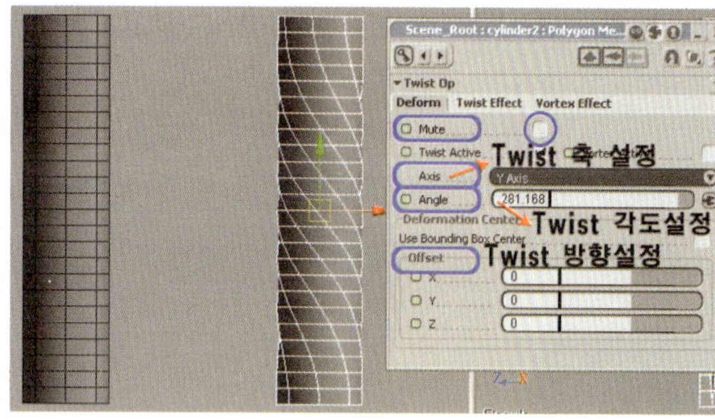


그림 5-64

### (12) Fold

Fold는 오브젝트의 중심축을 기준으로 상하좌우의 모양이 동시에 Fold되는 형태이다(그림 5-65).

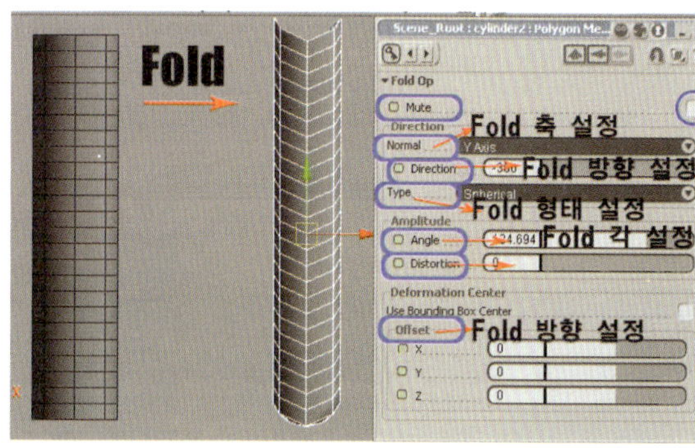


그림 5-65

### (13) Push

오브젝트의 모양을 변화시키는데 있어서 선택한 영역을 밀어내는 형태이다(그림 5-66).

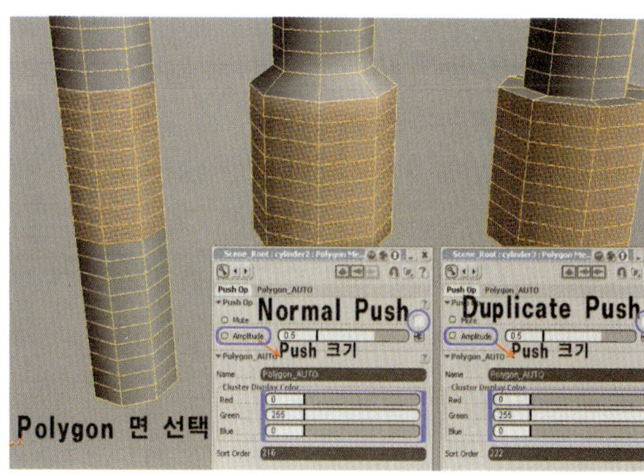


그림 5-66

### (14) Relax

Smooth와 비슷한 결과를 얻을 수 있는 기능으로 실루엣 효과 없이 구성요소의 Smooth를 주고자 할 경우에 사용한다.

### (15) Smooth

모델링 데이터의 Edge 처리가 부드러워지면서 형태 자체가 부드럽게 처리된다(그림 5-67).

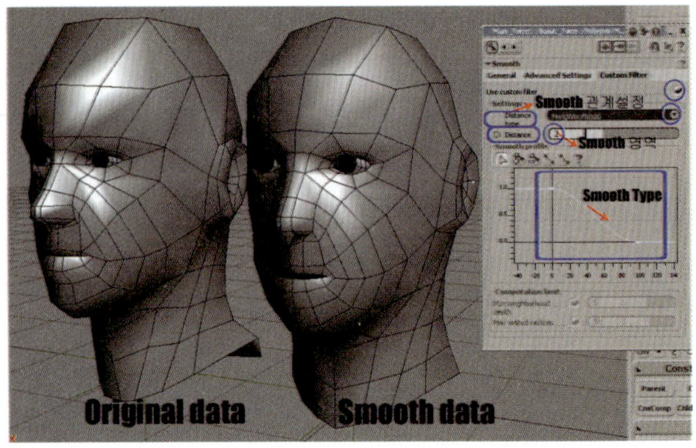


그림 5-67

### (16) Shrink Wrap

Wrap를 할 오브젝트를 선택해서 Deform 〉 Shrink Wrap명령을 실행한 다음 Wrap의 형태 오브젝트를 선택한다. Projection Type가 Inner Object로 설정되었다면 정확하게 오브젝트의 표면의 형태에 따라 Wrap을 하게 된다(그림 5-68).

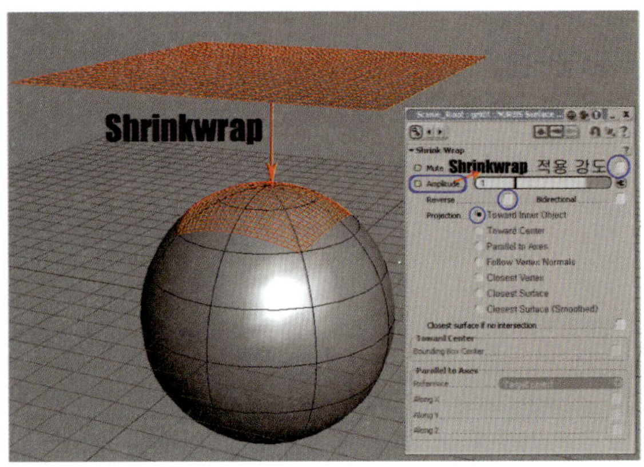


그림 5-68

### (17) Quick Stretch

Quick Stretch는 Simulation의 역할과 비슷한 결과를 만들어 내는데 Quick Stretch가 적용된 오브젝트인 경우 센터를 기준으로 Quick Move를 하게 되면 그 끝지점이 센터의 이동에 맞춰 Stretching되는 현상이 생긴다(그림 5-69).

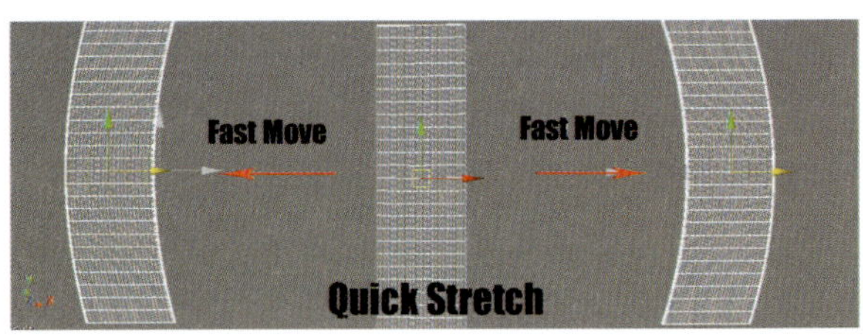


그림 5-69

### (18) Wave

Wave는 자연현상의 일종으로 다양한 형태로 구현할 수 있다. Primitive 〉 Control Object에서 Wave Operator Object를 꺼낸다. 그리고 적용시킬 오브젝트를 선택하고 Deform 〉 Wave명령을 실행한 다음 Wave Operator Object를 선택한다(그림 5-70).

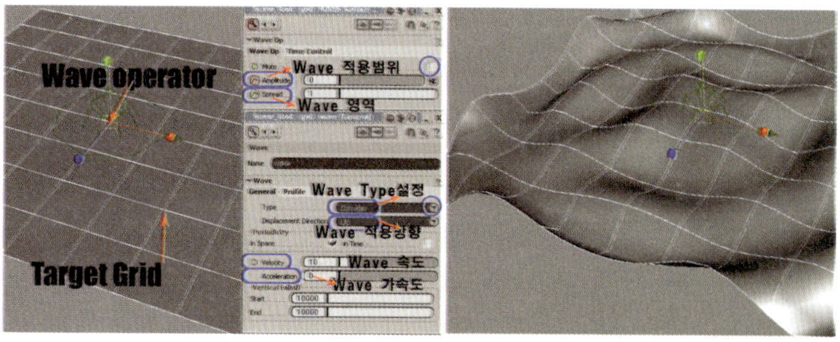


그림 5-70

### (19) Randomize

지정한 축의 방향에 따라 오브젝트를 Random하게 불규칙적인 오브젝트의 형태로 만들어 준다. 특별한 규칙이나 틀이 없이 반복과 형태에 따라서만 그 Random의 형태가 결징된다(그림 5-71).

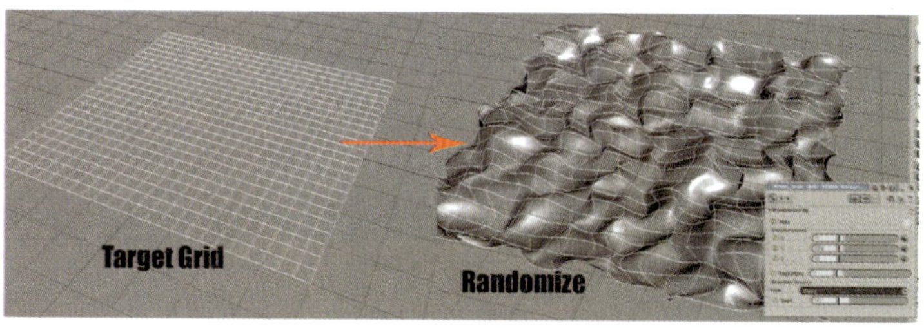


그림 5-71

### (20) Shape Jitter

Randomize와 비슷한 결과를 나타내는 기능이지만 시간의 흐름이 진행될 때 마다 자동으로 애니메이션이 되어 움직인다. 그리고 세 축의 Amplitude 수치에 의해 그 형태를 결정할 수 있다. 속도와 몇몇 힘의 원리가 적용되므로 좀 더 섬세하게 컨트롤할 수 있다(그림 5-72).

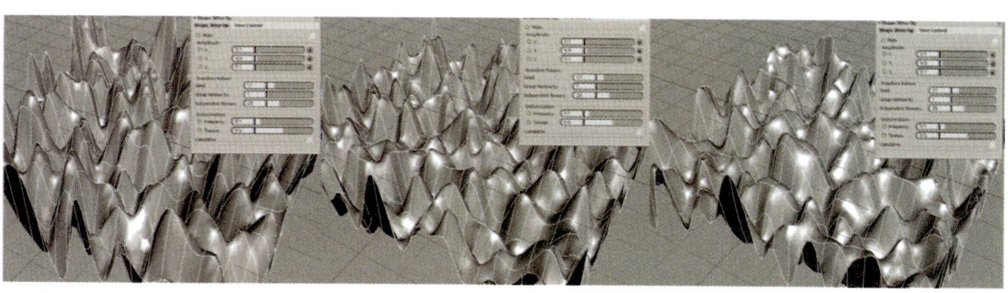

그림 5-72

### (21) Cluster Center

Cluster를 기능을 활용하고자 할 경우 Cluster를 컨트롤할 Center 오브젝트를 연결해주는 기능이다. 오브젝트에 일정 영역의 Cluster를 생성시킨 다음 컨트롤할 오브젝트를 하나 꺼내서 Deform 〉 Cluster Center를 실행하고 오브젝트를 선택해준다. Cluster Center Object를 선택해서 이동을 할 경우 지정된 Cluster도 함께 이동하게 된다(그림 5-73).

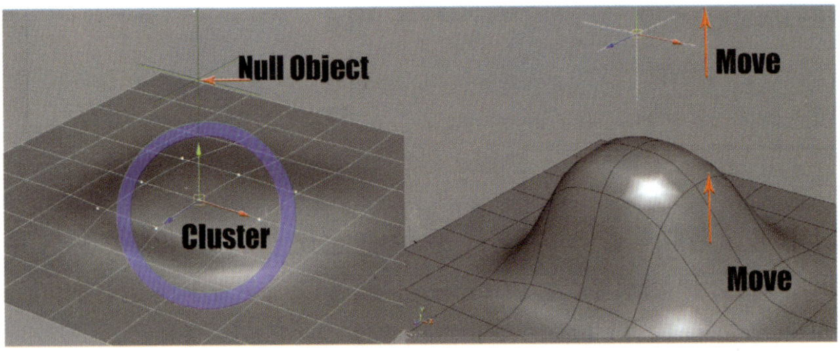


그림 5-73

## 8. Action 〉 Store

캐릭터에게 적용된 다양한 종류의 애니메이션을 하나의 Clip source로 저장하여 활용할 수 있는 기능들이 들어 있다. Clip Source로 저장하는 대상 선정, 저장방법, 활용방법 등 다양한 활용 기능이 있다(그림 5-74).

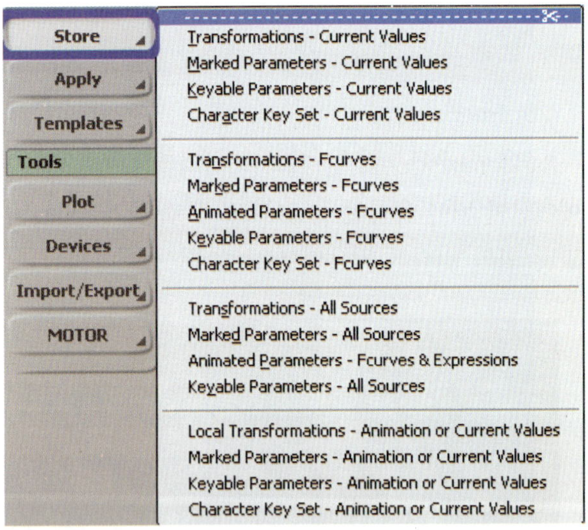


그림 5-74

- Transformation-Current Values : 오브젝트의 현재 Transformation(SRT)의 값을 Source로 저장한다.
- Marked Parameters0Current Values : 오브젝트의 속성 중에서 현재 Marked되어진 Parameter의 속성 값만을 Source로 저장한다.
- Keyable Parameters-Current Values : 오브젝트나 그 속성 가운데 Keyable할 수 있는 Parameter들의 현재 값을 Source로 저장한다.
- Character Key Set-Current Values : Key Set으로 설정된 모든 오브젝트의 현재 값을 Source로 저장한다.

- Transformation-F curves : F-Curve를 가지고 있는 모든 오브젝트의 Transformation(SRT)의 값을 Source로 저장한다.
- Marked Parameters-F curves : F-Curve를 가지고 있는 Marked되어진 Parameter의 속성 값만을 Source로 저장한다.
- Animated Parameters-F curves : F-Curve를 가지고 있는 Animated되어진 Parameter의 속성 값만을 Source로 저장한다.
- Keyable Parameters-F curves : F-Curve를 가지고 있는 오브젝트나 그 속성 가운데 Keyable할 수 있는 Parameter들의 애니메이션 데이터를 Source로 저장한다.
- Character Key Set-F curves : F-Curve를 가지고 있는 Key Set으로 설정된 모든 오브젝트의 애니메이션 값을 Source로 저장한다.
- Transformation-All Sourccs : Sccne 내에시 애니메이션에 관련된 보는 속성에 대한 Transformation (SRT)의 값을 Source로 저장한다.
- Marked Parameters-All Sources : Scene 내에서 애니메이션에 관련된 Marked Parameters에 대한 애니메이션 데이터를 Source Clip으로 저장한다.
- Animated Parameters-All Sources : Animated된 Parameter에서 애니메이션에 관련된 모든 데이터의 값을 Source Clip으로 저장한다.
- Keyable Parameters-All Sources : Keyable된 Parameter에서 애니메이션에 관련된 모든 데이터의 값을 Source Clip으로 저장한다.
- Local Transformations-Animation or Current Values : Local Transform의 모든 Kinematic 속성의 애니메이션 데이터나 현재 값을 Source Clip으로 저장한다.
- Marked Parameters-Animation or Current Values : Marked Parameters의 모든 Kinematic 속성의 애니메이션 데이터나 현재 값을 Source Clip으로 저장한다.
- Keyable Parameters-Animation or Current Values : Keyable Parameters의 모든 Kinematic 속성의 애니메이션 데이터나 현재 값을 Source Clip으로 저장한다.
- Character Key Set-Animation or Current Values : Character Key Set 의 모든 Kinematic 속성의 애니메이션 데이터나 현재 값을 Source Clip으로 저장한다.

## 9. Action 〉 Apply

Source로 저장된 Animation 데이터를 선택한 Source의 형태로 전환시키거나, 복사된 Source 데이터를 다른 캐릭터에 적용할 경우 사용하는 기능이다(그림 5-75).

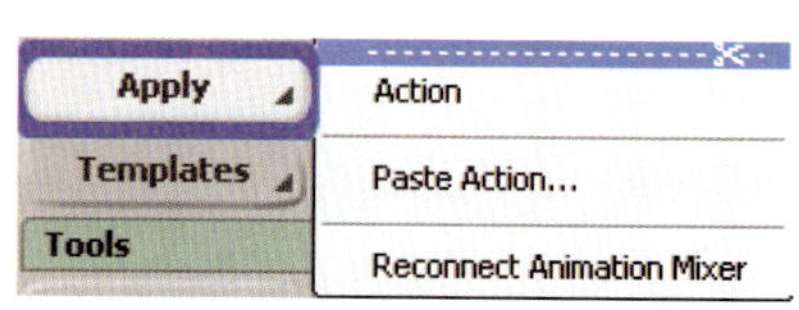


그림 5-75

- Apply Action : Store되어진 Source Clip 데이터를 적용하는 방법으로 애니메이션되어진 모든 오브젝트를 선택하고 Mixer내에 있는 Clip 중 자신의 원하는 Pose나 동작 clip을 선택하고 Apply 〉 Action 명령어를 선택하면 선택된 Source Clip의 형태로 복귀된다. 제3장 Reference Pose Setting 참고
- Paste Action : Copy된 애니메이션을 Paste한다.
- Reconnect Animation Mixer : Animation Mixer에서 Clip을 다시 연결하여 애니메이션 제작하는 방식

## 10. Action 〉 Template

Template기능으로 하나의 원본 오브젝트 데이터로부터 다른 모델링에 데이터 정보를 전이할 경우 서로 다른 구조적인 형태를 가지고 있을 경우가 많다. 이때 이 두 개의 서로 다른 구조를 Mapping Template를 적용해 일치시켜서 데이터 호환을 가능하게 만들어 주는 기능을 수행한다(그림 5-76).

그림 5-76

- Create Empty Cnx Template : Empty Template기능을 통해 새로 적용할 대상에 대해 기존의 애니메이션에 관련된 이름과 구조 전체를 이동시키는 Template방식
- Create Empty Value Template : Empty Template기능을 통해 새로 적용할 대상에 대해 동일한 이름이나 구조를 찾아서 연결시켜주는 Template방식
- Create Connection Template : 새로 적용할 대상에 대해 기존의 애니메이션에 관련된 이름과 구조 전체를 이동시키는 Template방식
- Create Value Template : 새로 적용할 대상에 대해 동일한 이름이나 구조를 찾아서 연결시켜주는 Template방식

## 11. Tools 〉 Plot

오브젝트에 다양한 형태의 애니메이션, 즉 Constrain이나 Path, Link Animation 등의 애니메이션이 적용되어 있을 경우 이 애니메이션을 원하는 Option에 따라 frame별로 애니메이션 데이터를 추출해 낼 수 있다(그림 5-77).

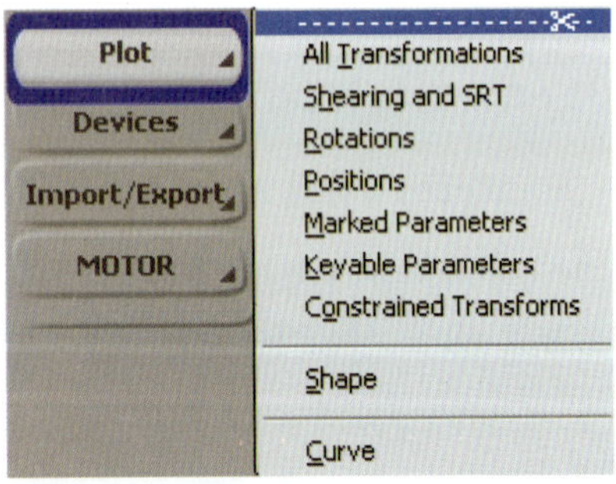

그림 5-77

- All Transformations : 모든 Transformation data로 Plot
- Rotations : 회전 값에 해당되는 Animation 데이터의 Plot

- Positions : 이동 값에 해당되는 Animation 데이터의 Plot
- Marked Parameters : Marking된 Parameter의 애니메이션 데이터를 Plot
- Keyable Parameters : Keyable한 Parameter의 애니메이션 데이터를 Plot
- Constrained Transformers : Constrain된 애니메이션 데이터를 Plot
- Shape : 오브젝트의 Shape 애니메이션 데이터를 Plot
- Curve : 애니메이션 오브젝트의 경로를 따라 Curve가 생성이 된다. 애니메이션 데이터를 가진 오브젝트를 선택하고 명령을 실행하면 오브젝트가 애니메이션하면서 경로 Path를 자동 생성한다.

## 12. Tools 〉 Devices

애니메이션 데이터를 외부로 전달하거나, 다른 환경에서 제작된 애니메이션 데이터를 불러와서 재사용을 할 경우에 보다 안정적으로 데이터를 재활용하고자 할 경우 사용하는 기능으로 외부입력장치를 사용하는 경우에 보다 사용이 간편하다(그림 5-78).

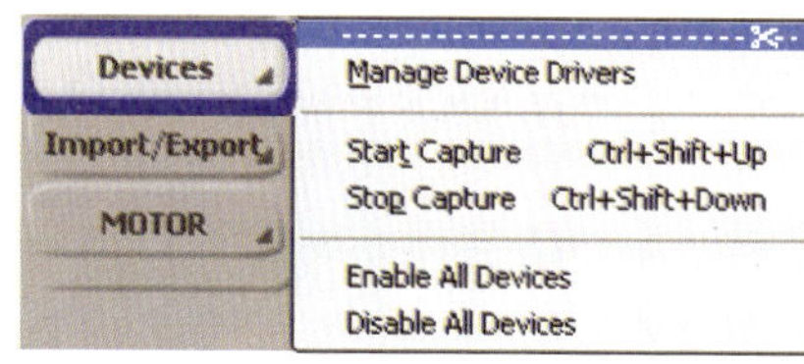


그림 5-78

- Manage Device Drivers : 사용할 외부 입력장치에 대한 Driver를 연결하고자 할 경우
- Start Capture [Ctrl+Shift+Up] : 애니메이션 데이터를 Bake(정제)시키고자 할 경우
- Stop Capture [Ctrl+Shift+Down] : 애니메이션 데이터를 Bake(정제)시키는 작업을 멈추고자 할 경우
- Enable All Drivers : 활용 가능한 모든 Device Driver
- Disable Drivers : 활용 불가능한 모든 Device Driver

## 13. Tools 〉 Import / Export

Model data를 Mixer확장자(*.xsimixer)로 저장하거나, 불러오는 명령 툴(그림 5-79)

그림 5-79

- Import Mixer : 저장한 *.xsimixer 파일 불러오기
- Import Action : 저장한 Action 소스를 불러오기
- Import Referenced Action : Referenced Action 소스 불러오기
- Export Mixer : 선택한 Model 데이터를 *.xsimixer 파일로 저장하기
- Export Action : Action 소스 저장하기

### 14. Tools 〉 Motor

Motion Capture 데이터를 활용하여 캐릭터 동작에 활용할 수 있도록 Motion capture 데이터를 XSI Rig구조에 바로 사용할 수 있는 데이터 전환 기능이 들어 있다. 과거에 Motion Capture데이터를 사용하기 위해서는 Motion Builder에서 충분히 데이터 Calculation 작업을 거쳐서 Export된 데이터를 다시 XSI에서 정확한 Skeleton 작업을 한 다음 Bone하나하나 연결해주는 작업을 해주는 번거로움이 많았는데 Motor기능이 추가되면서 이러한 단계가 과감히 줄어들었다. Motion data를 XSI로 Import하는 과정에서 필요한 구조에만 적용시켜 주면 그대로 적용이 된다. Motor기능은 제7장 Motor편의 섬세하고 정밀한 작업 내용을 참고하도록 한다(그림 5-80).

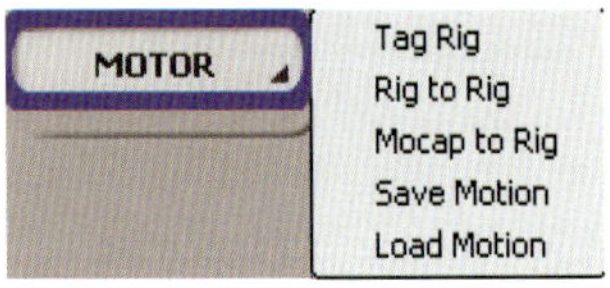

그림 5-80

- Tag Rig : XSI구조를 Motion data에 연결시키고자 Tagging하고자 할 경우 사용한다.
- Rig to Rig : Rig와 rig구조를 matching하고자 할 경우 사용한다.
- Mocap to Rig : XSI에서 제작된 Skeleton구조와 Motion Capture 데이터를 가지고 있는 Skeleton 구조와 서로 구조적으로 Matching 작업을 할 때 사용한다.
- Save Motion : 적용한 모션 데이터를 저장한다.
- Load Motion : 저장된 모션 데이터를 불러 온다.

## 5-1-2 Transform[SRT] Panel

### 1. Transform Panel

애니메이션이란 캐릭터(오브젝트)의 움직임을 표현하는 하나의 방식이기 때문에 여기서 움직임이란 대상 오브젝트나 Rig Controller의 위치의 이동/회전 등의 속성의 변화를 의미하는 것이다. 그러므로 XSI에서 이동/회전/스케일에 해당되는 옵션에 대해 잘 알아야만 캐릭터 Animation과 Modeling, Texturing 등의 작업을 원활하게 수행할 수 있게 된다. 그럼 여기에서는 이러한 요소들의 Control 방법과 활용법, 그리고 응용에 대해 알아보도록 한다. 이러한 요소들은 Transform Panel이라고 부르며 XSI 작업 화면의 오른쪽 중간에 위치해 있다(그림 5-81).

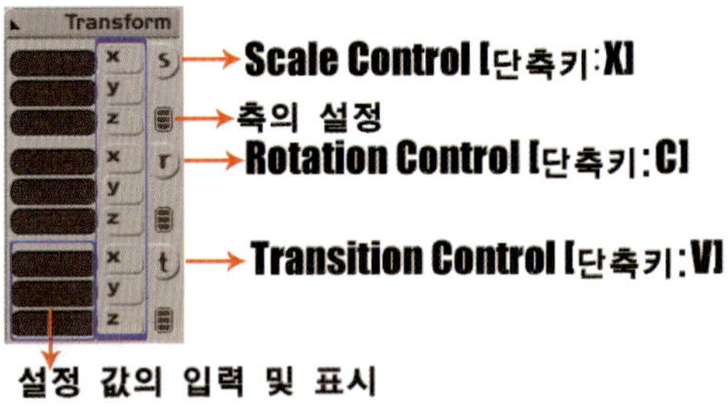

그림 5-81

### 2. Transform Option기능 – Scale

Transform Option기능은 Scale와 rotation 그리고 Transition기능으로 변환될 때마다 각기 속성에 맞게 자동 변화가 되며 변화된 속성을 잘 이해하고 활용하면 SRT 컨트롤시 아주 효율적으로 작업을 할 수 있게 된다. 먼저 Scale Transform Option기능에 대해 알아보도록 한다(그림 5-82).

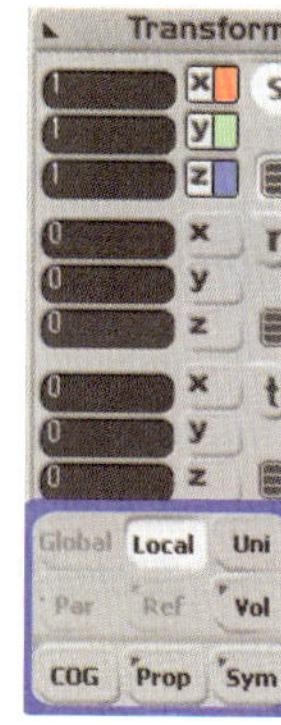

그림 5-82

- Local : 오브젝트 또는 Component가 가지고 있는 자기 자신의 고유의 축을 Local 축이라고 한다. 오브젝트 또는 Component는 Local 축으로만 회전이 진행된다.
- Uni : X, Y, Z축 모두 동일한 비율상으로 Size가 커지거나 작아지도록 하는 Option이다.
- Vol : Scale할 때 Volume을 켜 놓고 작업을 하게 되면 처음 Setting되어진 Volume 값을 유지한 상태에서 Size기능을 수행한다.
- COG : Center of Geometry로써 선택한 오브젝트 또는 Component의 임시 중심(Center)이 가운데에 생성된다. 흩어져 있는 오브젝트 또는 Component를 컨트롤하고자 할 때 센터의 위치가 불특정이거나 여러 개가 있을 경우 Control하기 매우 힘들기 때문에 COG를 활용하면 편리하다.
- Prop : Proportional로 Point를 선택해서 이동하거나 회전하거나 스케일을 할 때 여러 개의 Point 영역을 선택하여 작업하고자 할 경우 이웃하는 Point의 입력 값을 달리하여 작업의 자유도를 높여주는 Option으로 그 활용범위가 높은 기능이다. Distance Limit는 마우스 가운데 버튼을 클릭해서 Roll in Roll OUT을 통해 조절이 가능하다(그림 5-83).

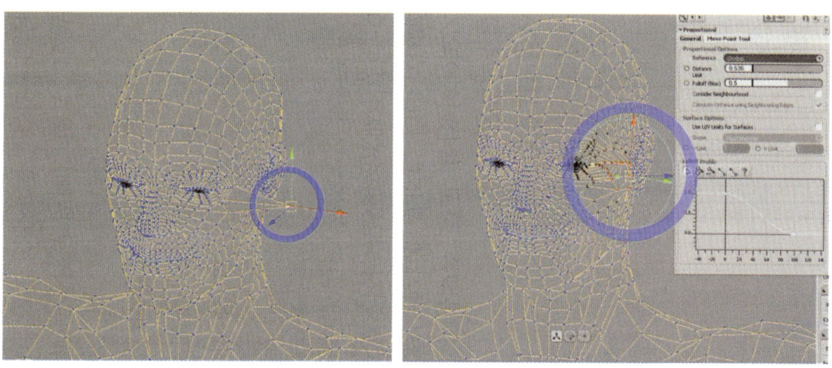
그림 5-83

- Sym : 대칭구조의 작업을 수행할 때 Sym Option을 활성화하고 작업을 진행하면 한 번의 작업으로 대칭의 결과를 얻을 수 있다. 모델링이나 오브젝트 컨트롤, 기타 Deformer 제작 및 변형, Envelope 작업 등 다양한 작업에 활용된다(그림 5-84).

그림 5-84

## 3. Transform Option기능 – Rotation

Component나 Object의 회전시 사용되는 편리한 기능의 Option기능들이다(그림 5-85).

그림 5-85

### (1) Global

Global축은 Scene전체의 축으로 Scene내의 모든 오브젝트들이 가지는 공동의 축이다. Global축은 작업 화면 왼쪽 하단에 나타나 있는 축을 기준으로 하면 된다(그림 5-86).

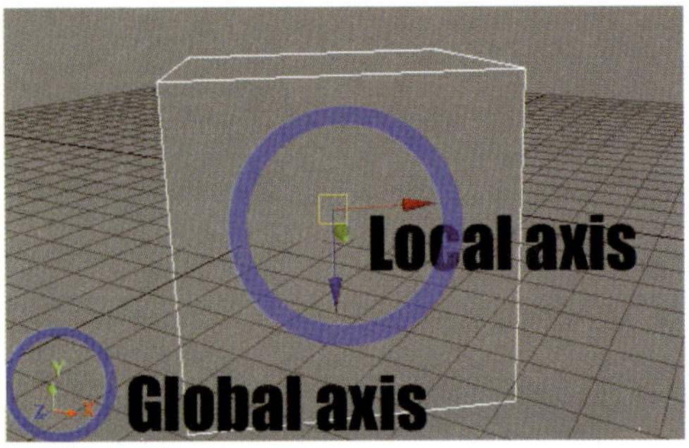


그림 5-86

### (2) Local

오브젝트 또는 Component가 가지고 있는 자기 자신의 고유의 축을 Local축이라고 한다. 오브젝트 또는 Component는 Local축으로만 회전이 진행된다.

### (3) View

오브젝트 컨트롤 모드에서 축의 개념과 무관하게 보이는 면을 기준으로 이동하게 된다. 즉 2D 평면에서의 작업 모드라고 생각하면 된다(Global이나 Local 축에 상관없는 작업자 View 모드이다).

### (4) Add

Parent의 속성을 따라 회전 값이 더해지는 작업 모드이다. 손가락 Bone작업에 대해 설명을 할 때 사용했던 기능인데 자식구조의 오브젝트들이 최상위의 부모의 회전 값을 기준으로 회전을 하게 된다.

### (5) Ref

회전시 선택한 기준점을 새로운 Center로 인식을 하게 된다. 새로 지정된 Center를 기준으로 회전하게 된다. "Ref" 명령 툴 위에서 마우스 오른쪽을 클릭하면 기준점으로 선택할 수 있는 여러 선택점들이 나타난다(그림 5-87).

- Use Current Reference : 현재 Reference를 기준점으로 한다.
- Pick New Reference : 새로운 Reference를 기준점으로 한다.
- Pick Object Reference : 선택한 Object를 새로운 Reference로 한다.
- Pick Point Reference : 선택한 Point를 새로운 Reference로 한다.
- Pick Edge Reference : 선택한 Edge를 새로운 Reference로 한다.
- Pick Polygon Reference : 선택한 Polygon을 새로운 Reference로 한다.
- View : View모드를 기준으로 회전을 한다.
- XY : XY모드를 기준으로 회전을 한다.
- XZ : XZ모드를 기준으로 회전을 한다. Default 모드이다.
- YZ : YZ모드를 기준으로 회진을 한다.
- Transform : XYZ모드를 기준으로 회전을 한다.

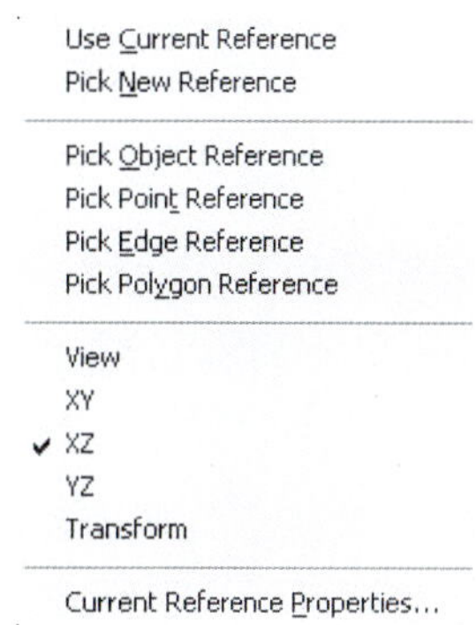

그림 5-87

### (6) Plane

지정하는 새로운 면이 기준 면(Plane)이 되는 것이다.

Ref와 동일한 기준점들을 사용한다. 이때 새로 생성된 면은 푸른 야광 빛의 선명한 Plane이므로 구분이 쉽다(그림 5-88).

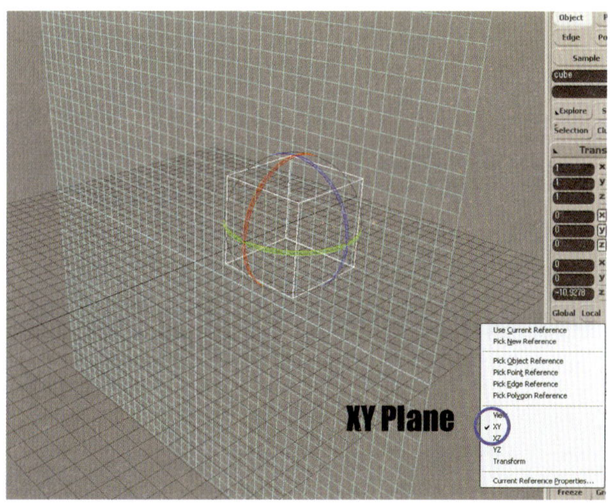

그림 5-88

### (7) COG

Center of Geometry로써 선택한 오브젝트 또는 Component의 임시 중심(Center)이 가운데에 생성된다. 흩어져 있는 오브젝트 또는 Component를 컨트롤하고자 할 때 센터의 위치가 불특정이거나 여러 개가 있을 경우 Control하기 매우 힘들기 때문에 COG를 활용하면 편리하다.

### (8) Prop

Proportional로 Point를 선택해서 이동하거나 회전하거나 스케일을 할 때 여러 개의 Point 영역을 선택하여 작업하고자 할 경우 이웃하는 Point의 입력 값을 달리하여 작업의 자유도를 높여주는

Option으로 그 활용범위가 높은 기능이다. Distance Limit는 마우스 가운데 버튼을 클릭해서 Roll in Roll OUT을 통해 조절이 가능하다.

### (9) Sym

대칭구조의 작업을 수행할 때 Sym Option을 활성화하고 작업을 진행하면 한 번의 작업으로 대칭의 결과를 얻을 수 있다. 모델링이나 오브젝트 컨트롤, 기타 Deformer 제작 및 변형, Envelope 작업 등 다양한 작업에 활용된다.

## 4. Transform Option기능 – Translation

Component나 Object의 이동시 사용되는 편리한 기능의 Option기능들이다. 회전시 사용되는 Option기능과 거의 일치하지만 변하는 Option이 하나가 있다(그림 5-89).

- Par : Parents모드로써 Parents의 속성을 따라 하위 구조인 Child 오브젝트들이 이동을 하게 된다.

그림 5-89

## 5. Transform Pop Up 메뉴

Transform Pop Up 메뉴에는 Reset SRT, Set Neutral SRT, Match SRT, Center로의 이동, SRT 작업시 필요한 각종 Menu에 대한 선택 사항들, Kinematics Option에 대한 정보 창 등 다양한 기능들이 추가로 포함되어 있다(그림 5-90).

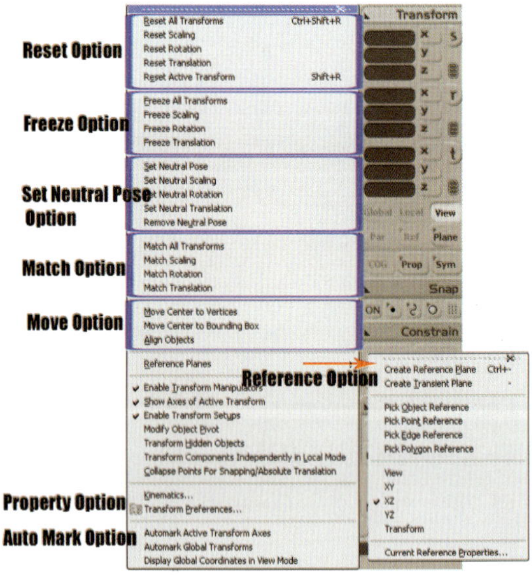


그림 5-90

- Reset All Transforms : SRT 모두 최초의 원점인 상태 X, Y, Z값이 (0, 0, 0)인 상태로 복귀된다(그림 5-91).

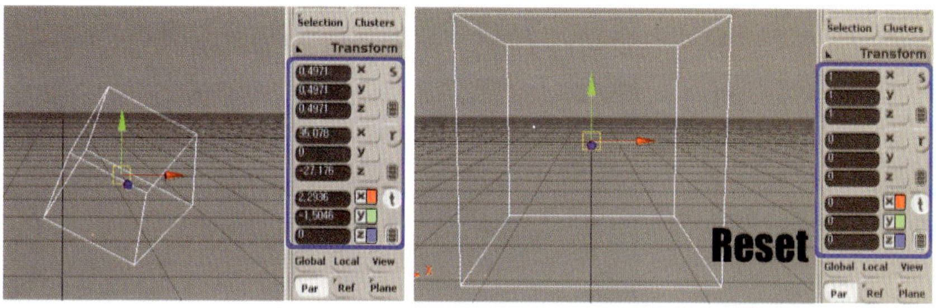


그림 5-91

- Reset Scaling : Scale 최초의 원점인 상태 X, Y, Z값이 (0, 0, 0)인 상태로 복귀된다.
- Reset Rotation : Rotation 최초의 원점인 상태 X, Y, Z값이 (0, 0, 0)인 상태로 복귀된다.
- Reset Transition : Transition 최초의 원점인 상태 X, Y, Z값이 (0, 0, 0)인 상태로 복귀된다.
- Reset Active Transform(Shift＋R) : Transition 최초의 원점인 상태 X, Y, Z값이 (0, 0, 0)인 상태로 복귀된다.
- Freeze All Transforms : SRT의 변형된 스케일 / 회전 / 이동 값을 현재 상태의 SRT를 기준 값, 즉 (0, 0, 0) 지점으로 Reset하는 명령어이다(그림 5-92).

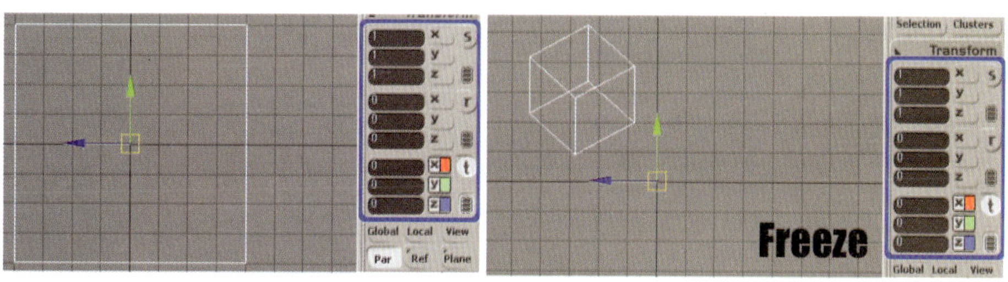


그림 5-92

- Freeze Scaling : 변형된 스케일 값의 현재 상태를 새로운 기준점, 즉 (0, 0, 0) 지점으로 Reset하는 명령어이다.
- Freeze Rotation : 변형된 회전 값의 현재 상태를 새로운 기준점, 즉 (0,0,0) 지점으로 Reset하는 명령어이다.
- Freeze Transition : 변형된 이동 값의 현재 상태를 새로운 기준점, 즉 (0, 0, 0) 지점으로 Reset하는 명령어이다.
- Set Neutral Pose : 현재의 Pose[SRT]를 초기 기준 Pose[SRT]로 설정한다.
- Set Neutral Scaling : 현재의 Scale을 초기 기준 Scale로 설정한다.

- Set Neutral Rotation : 현재의 Rotation을 초기 기준 Rotation로 설정한다.
- Set Neutral Transition : 현재의 Transition을 초기 기준 Transition으로 설정한다.
- Remove Neutral Pose : Reset된 기준 Pose[SRT]를 Remove시킨다.
- Match All Transforms : 참조 오브젝트의 새로운 SRT를 기준점으로 하여 SRT가 변화한다(그림 5-93).

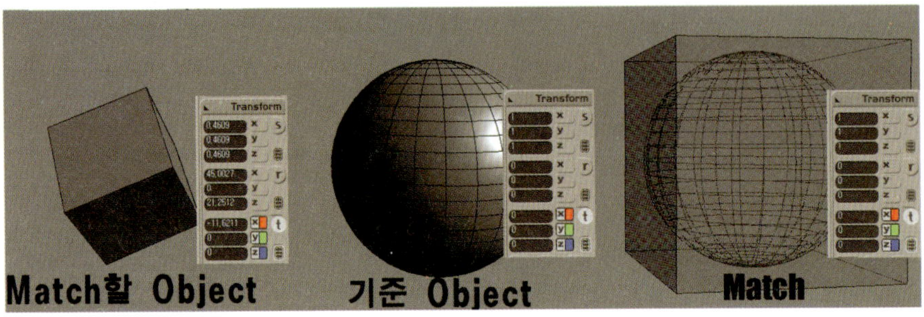

그림 5-93

- Match Scaling : 참조 오브젝트의 Scale 값을 기준점으로 하여 새로운 Scale의 형태가 변화한다.
- Match Rotation : 참조 오브젝트의 Rotation 값을 기준점으로 하여 새로운 Rotation의 형태가 변화한다.
- Match Transition : 참조 오브젝트의 Transition 값을 기준점으로 하여 새로운 Transition의 형태가 변화한다.
- Move Center to Vertex : 선택한 point를 기준으로 작업을 하기 위해 Center를 선택한 Point로 이동하는 기능이다. 회전 / 오브젝트 이동 / Matching / Constrain 모두 설정된 Vertex를 기준으로 활용할 수 있다.
- Move Center to Bounding Box : 선택된 임의 영역을 BOX형태로 인식을 하고 그 BOX형태의 가운데 지점으로 Center를 이동하는 명령이다.
- Align Object : 오브젝트를 여러 지정 옵션에 따라 정렬시키는 방법이다. X, Y, Z축 각각 Minimum, Middle, Maximum 등의 위치에 정렬시킨다(그림 5-94).

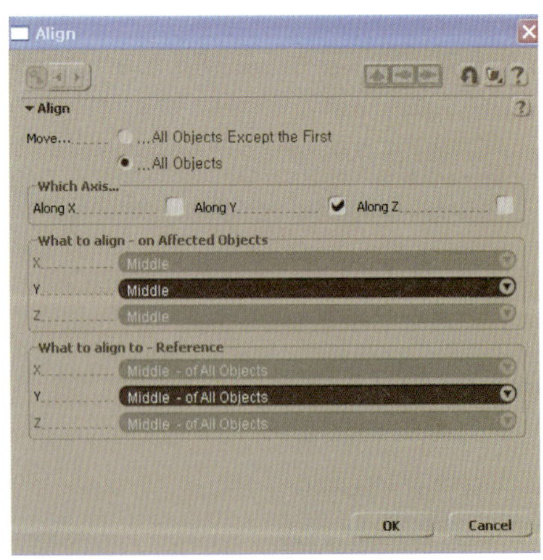

그림 5-94

- Reference Planes : SRT의 변형에 있어 새로운 참조 Plane을 생성한다.
  - Create Reference Plane : 새로운 참조 Plane을 생성한다.
  - Create Transient Plane : 새로운 Transient Plane를 기준점으로 한다.
  - Pick Object Reference : 선택한 Object를 새로운 Reference로 한다.
  - Pick Point Reference : 선택한 Point를 새로운 Reference로 한다.
  - Pick Edge Reference : 선택한 Edge를 새로운 Reference로 한다.
  - Pick Polygon Reference : 선택한 Polygon을 새로운 Reference로 한다.
  - View : View모드를 기준으로 회전을 한다.
  - XY : XY모드를 기준으로 회전을 한다.
  - XZ : XZ모드를 기준으로 회전을 한다. Default 모드이다.
  - YZ : YZ모드를 기준으로 회전을 한다.
  - Transform : XYZ모드를 기준으로 회전을 한다.
  - Current Reference Properties …
- Enable Transform Manipulators : SRT 표시기의 활성/비활성하는 옵션
- Show Axes Active Transform : SRT시 방향을 지시해주는 축의 보여짐과 숨김 옵션
- Enable Transform Set up : Property 〉 Transform set up의 활성화
- Modify Object Pivot : 오브젝트 Pivot 수정(변경)
- Transform Hidden Object : Hidden(숨긴) 오브젝트의 이동, 실제 오브젝트를 숨기면 이동이 되지 않지만 본 명령을 실행하면 이동이 가능하다.
- Transform Components Independently In Local Mode : Component들의 이동 모드에 관련된 기능으로 선택된 Component들이 이 기능을 수행하게 되면 각자 자신의 축으로 개별적으로 Transform을 한다.
- Collapse Points For Snapping / Absolute Translation : 선택한 Point들을 정렬시키는 기능으로 선택한 축 방향과 그 값을 기준으로 선택한 Point들을 정렬하는 기능이다.
- Kinematics : Global Transform과 Local Transform에 대한 정보 창이다.
  - Global Transform : 오브젝트의 Pose[SRT] 정보, Velocity / Acceleration에 대한 정보가 들어 있다.
  - Local Transform-오브젝트의 Pose[SRT] 정보, Option 속성 정보, Limit설정에 관한 정보, Pivot에 관한 정보, Natural Pose에 관한 정보 및 속성에 대해 확인/변경 작업이 가능하다.
- Transform Preferences : Transform 속성 창
- Auto mark active Transform Axes : 현재 활성화된 축을 기준축으로 자동 표시
- Auto mark Global Transforms : Global SRT로 자동 표시
- Display Global Coordinates in view Mode : View 이동 모드에서 Global축을 기준으로 이동

## 5-1-3 Time Line

애니메이션은 캐릭터 및 오브젝트의 동작(Pose)과 시간(Time)의 상관관계에 의해 만들어지는 결과이다. 즉 Pose에 대한 중요성과 시간에 대한 중요성이 동일하다는 의미이다. 그렇다면 애니메이션을 잘 만들려면 캐릭터의 동작에 대한 연구도 물론 중요하지만 시간에 대한 연구 또한 중요하다는 사실이다. 하지만 Pose나 Time에 대해 아무리 연구를 많이 하더라고 XSI내에서 Tool활용을 제대로 못 다룬다면 이건 시작조차 할 수 없다. 그러므로 XSI에서 시간을 어떻게 다루고 관리하고 적용해야 하는지에 대해 잘 알아야 한다. 그 시작이 바로 Time Line이다. 이 장에서는 기본적인 개념과 기능에 대한 설명으로 하고 본격적인 사용법에 대해서는 5-2절 Animation Editor편에서 자세히 다루도록 한다.

### 1. Time Play Bar(Range)

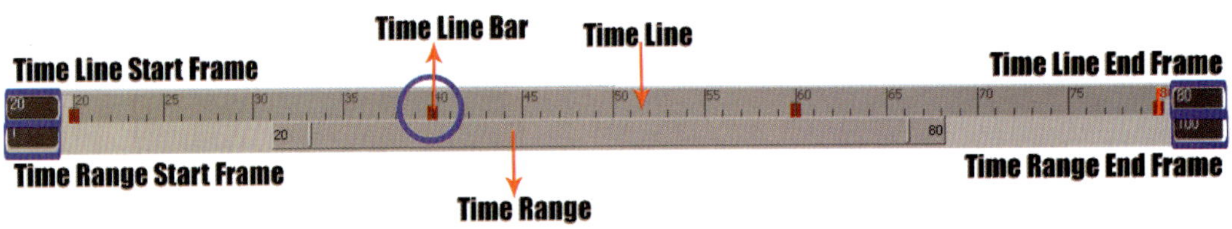


그림 5-95

- Time Line
  - Start Frame : Time Line 화면상 제일 첫 Frame을 지칭한다.
  - End Frame : Time Line 화면상 제일 마지막 Frame을 지칭한다.
- Time Range
  - Start Frame : Frame 설정 영역상 가장 첫 Frame에 해당된다.
  - End Frame : Frame 설정 영역상 가장 마지막 Frame에 해당된다.
- Time Line Bar

## 5-1-4 Play Back Control

### 1. Play Back Animation

- Playback Menu
  - Play All Frames : 모든 프레임의 데이터를 계산하면서 Play
  - Real-Time Playback : 실시간 속도(초당 / 30프레임)
  - Real-Time Playback(75%) : 실시간 속도의 75% 속도로 진행

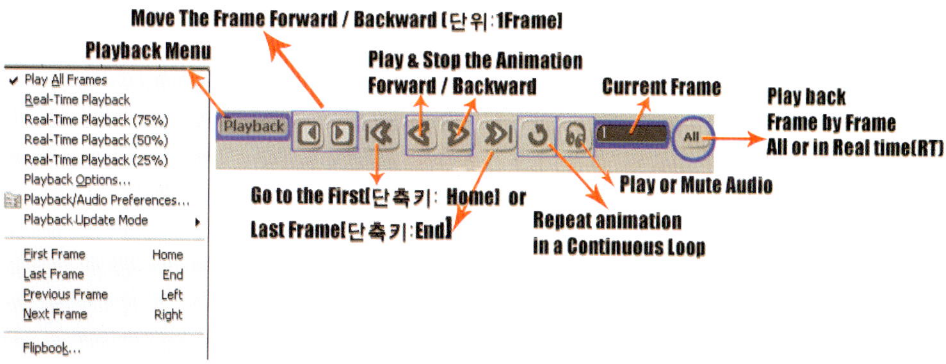

그림 5-96

- Real-Time Playback(50%) : 실시간 속도의 50% 속도로 진행
- Real-Time Playback(25%) : 실시간 속도의 25% 속도로 진행
- Playback Options-Play Control 속성 창이다. Time Line을 통해 애니메이션 작업을 Play할 경우 사용되는 여러 가지 속성들에 대해 편리하고 효율적인 정보 확인 및 수정 모드로 되어 있다(그림 5-97).
- Playback Update Mode(그림 5-98)

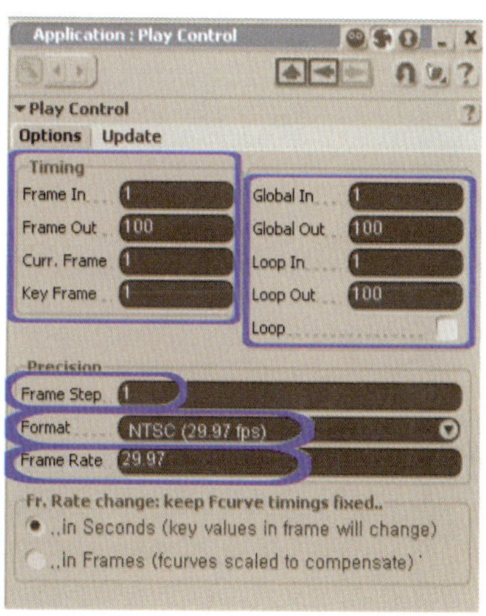

그림 5-97

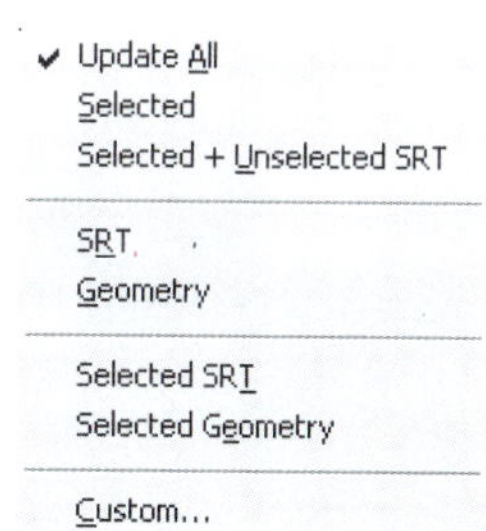

그림 5-98

- First Frame(단축키 : Home)
- Last Frame(단축키 : End)
- Previous Frame(단축키 : Left)

– Next Frame(단축키 : Right)

– Flipbook : 애니메이션 결과를 Rendering한 결과를 Play Mode에서 확인이 가능한 작업으로 연속된 Frame이미지를 연속 재생함으로써 영상 재생이 가능하게 하는 기능이다. Open Image 창과 Flip book 창으로 구성된다(그림 5-99, 그림 5-100).

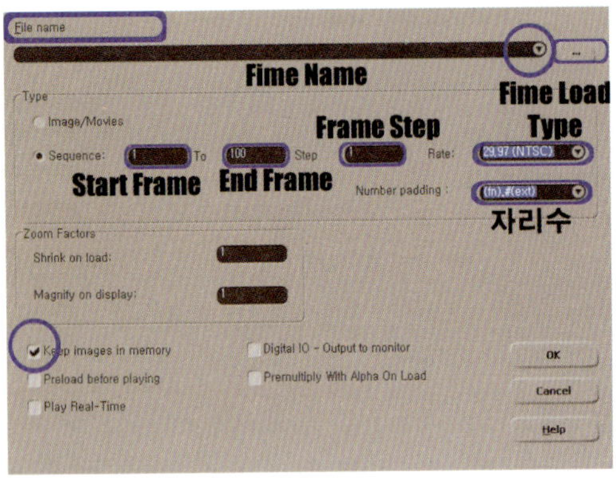


그림 5-99

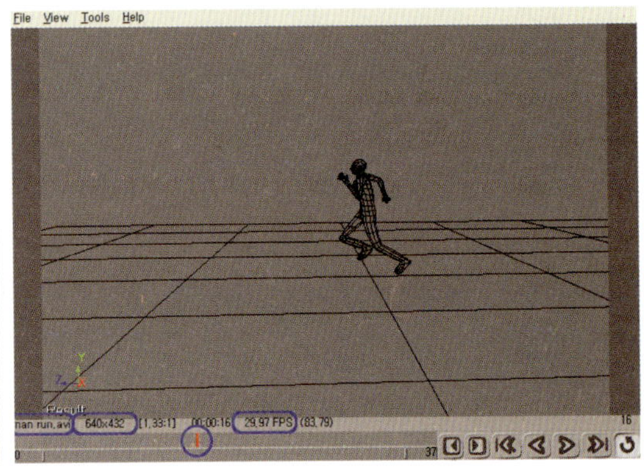


그림 5-100

- Move the Frame Forward : Forward Frame으로 이동
- Move the Frame Backward : Backward Frame으로 이동
- Go to the First Frame : First Frame으로 이동
- Go to the Last Frame : Last Frame으로 이동
- Play Animation Forward : 애니메이션 Forward Play
- Play Animation Backward : 애니메이션 Backward Play
- Repeat Animation Loop : 애니메이션 반복 재생 기능
- Play or Mute Audio : Audio Play Option
- Current Frame : 현재 Frame
- Playback Frame by Frame All or RT(Real Time) : 실시간 Play

## 5-1-5 Apply Set Key

Key 적용하는 방법에 대해 알아보도록 한다(그림 5-101).

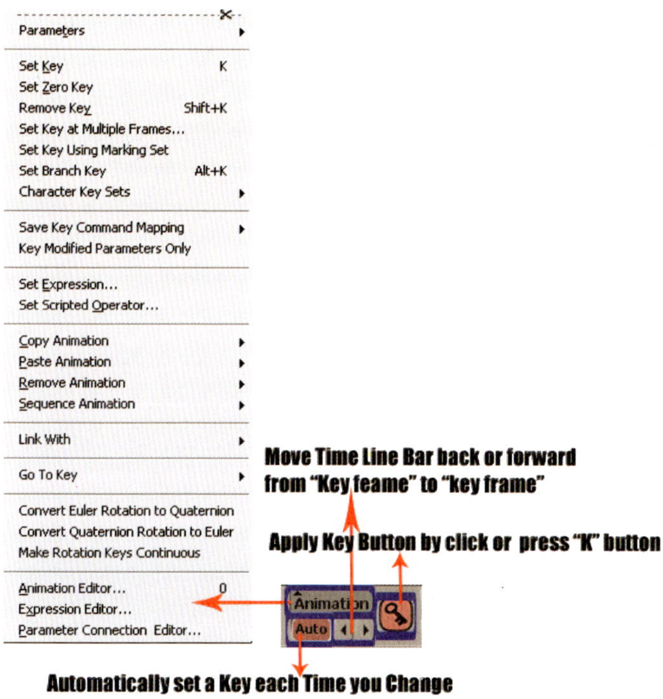

그림 5-101

### (1) Key button

 **Key 값이 전혀 없는 상태의 Key Icon**

 **Key 값이 들어가 있는 상태의 Key Icon**

 **Value값의 변화로 인해 Key값이 사라진 상태의 Key Icon**

 **다른 Frame에 이미 Key값이 들어가 있다고 알려주는 Key Icon**

그림 5-102

### (2) Auto Key button

Frame(시간) 설정 후 Pose(동작)를 적용하여 마우스를 놓은 순간 자동으로 현재 Frame에 Key 값이 적용이 된다(그림 5-103).

그림 5-103

### (3) Move Time Line Bar Frame to Frame button

Key Frame이 적용된 Frame의 Forward Frame과 Backward Frame으로만 이동하는 기능

### (4) Animation 기능 창

- Parameters Marking Parameter를 만들 수 있는 기능 창(그림 5-104)

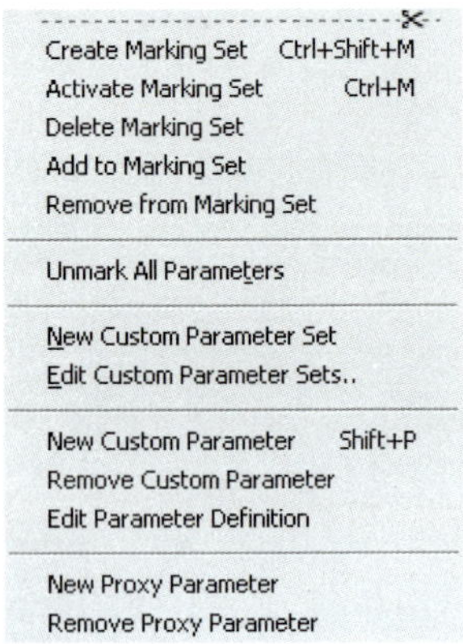


그림 5-104

- Create Marking Set [Ctrl+Shift+M]
- Activate Marking Set [Ctrl+M] : 선택한 Parameter에 Marking을 적용하는 기능
- Delete Marking Set : Parameter의 Marking을 Delete시키는 기능
- Add to Marking Set : 기존에 적용된 Marking Parameter에 다른 Parameter를 첨가하고자 할 때 사용하는 기능
- Remove From Marking Set : Marking Parameter Set으로부터 Remove하기 위해 사용하는 기능
- Unmark All Parameters : 모든 Parameter를 Unmark하기 위해 사용하는 기능
- New Custom Parameter Set : 새로운 Custom Parameter를 만들 때 하나의 메인 Option 창을 만들 때 사용한다. 즉 Custom Parameter Set 창에는 여러 개 또는 여러 가지의 Custom Parameter를 생성시킬 수 있다. 생성되는 위치는 Explorer 창에 처음에 Custom Parameter Set을 만들고자 하는 상위 오브젝트를 선택하면 그 하위 구조에 자동으로 생성된다. 예를 들어 Scene Root 밑에 새로운 Parameter Set 창을 만들고자 할 경우 Explorer 창에서 Scene Root를 선택하고 Create 〉 Parameter 〉 New Custom Parameter Set 명령을 실행한다. 새로운 Parameter 창에 대해 이름을 쓰고 "확인" 버튼을 누른다. 그 결과 Scene Root 아래 새로 만든 Parameter Set 창이 생성된다. 만약 오브젝트 아래 소속된 Parameter 창을 만들고 싶을 경우 오브젝트를 선택하고 New Custom Parameter Set 명령어를 실행해주면 된다.

- Edit Custom Parameter Set : 생성된 Parameter의 이름과 속성을 바꿔주고 싶을 경우 이 명령을 실행한다. 범위 값이나 이름은 바꿀 수 있으나 Type 자체는 바꿀 수 없음을 명심하자.
- New Custom Parameter[Shift+P] : 이 명령은 보통 Parameter Set 창 내에 원하는 Parameter Option을 생성해서 효율적으로 오브젝트를 컨트롤하는 명령이다. XSI에서 보통 Parameter형식은 네 가지 정도되지만 보통 사용하는 방법은 선택/해제형과 Roll형이 있다.
  Parameter Set과 마찬가지로 생성시키고자 하는 위치를 선택하고 명령을 실행하면 그 아래구조에 Parameter 기능 창이 생성된다.
- Remove Custom Parameter : 생성된 Parameter가운데 불필요한 Parameter를 삭제하는 기능으로 삭제하고자 하는 Parameter를 선택하여 Remove를 시키도록 한다.

- Set Key[K] : 선택된 Object에게 Key 값을 적용하는 기능 툴
- Set Zero Key : Value 값이 Zero인 Key 값을 적용할 때 사용하는 기능 툴
- Remove Key[Shift+K] : 적용된 Key 값을 없애고자 할 경우 사용하는 기능 툴
- Set Key at Multiple Frames : 설정하고자 하는 여러 개의 Frame들에게 동시에 Key 값을 줄 수 있는 기능이다.
- Set Key Using Marking Set : Marking Set을 활용한 Set Key 적용 기능이다.
- Set Branch Key[Alt+K] : Branch 구조에서 그 아래 구조 오브젝트에게까지 애니메이션 데이터가 전이되는 기능이다.

### (5) Character Key Sets

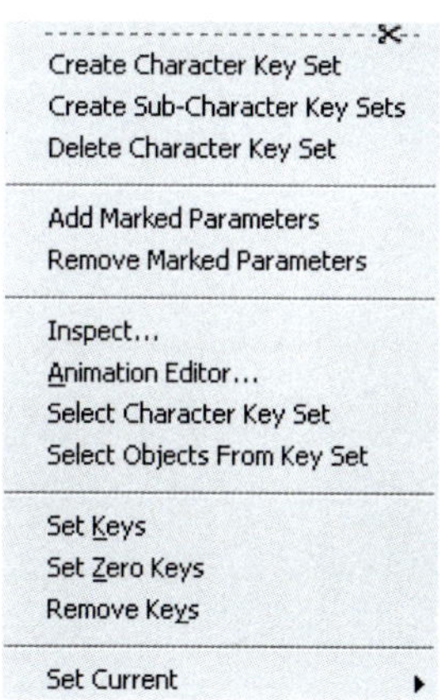


그림 5-105

- Create Character Key Set : Character Key Set 만들기
- Create Sub-Character Key Set : Sub-Character Key Set 만들기
- Delete Character Key Set : Character Key Set 지우기

- Add Marked Parameters : Marked Parameter 추가
- Remove Marked Parameters : Marked Parameter 삭제
- Animation Editor : Animation Editor 열기
- Select Character Key Set : Character Key Set 선택
- Select Object From Key Set
- Set Keys : Key 적용
- Set Zero Keys : Key Zero화
- Remove Keys : Key 삭제

(6) Save Key Command Mapping

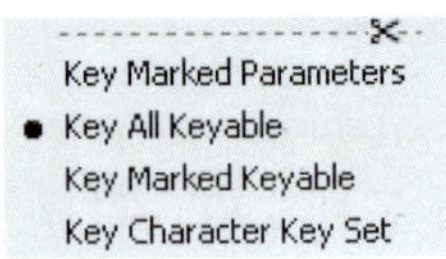

그림 5-106

- Key Marked Parameters : Marking된 Parameter에게 Key 값 주기
- Key All Keyable : Keyable한 모든 데이터에게 Key 값 주기
- Key Marked Keyable : Making된 Keyable Key 값 주기
- Key Character Key Set : Character Key Set에게 Key 값 주기
- Key Modified Parameters Only : 변경된 Parameter들에게만 Key 값 주기
- Set Expression… : Set Expression 적용

(7) Copy Animation

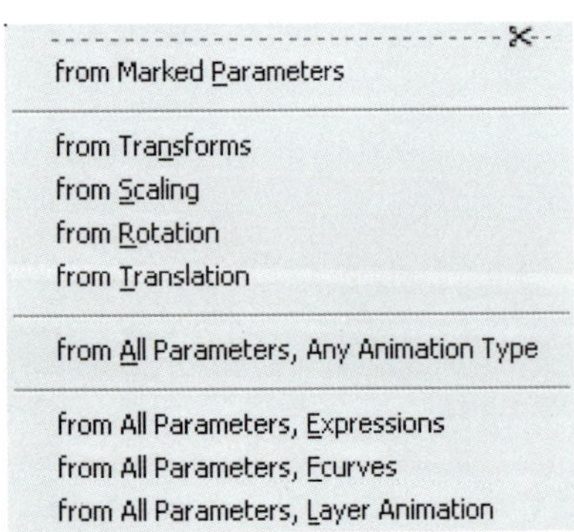

그림 5-107

- from Marked Parameters : Marked된 Parameter의 Key 값으로부터 Animation data Copy하기.
- from Transform : Transform[SRT]에 적용된 Key 값으로부터 Animation data Copy하기.
- from Scaling : Scaling에 적용된 Key 값으로부터 Animation data Copy하기.
- from Rotation : Rotation에 적용된 Key 값으로부터 Animation data Copy하기.
- from Transition : Transition에 적용된 Key 값으로부터 Animation data Copy하기.
- from All Parameters, Any Animation Type : 어떠한 종류의 애니메이션 데이터라도 Parameter에 속해 있는 모든 애니메이션 데이터 Copy하기.
- from All Parameters, Expression : Parameter에 적용된 Expression animation data copy하기.
- from All Parameters, F curves : Parameter에 적용된 F curves animation data copy하기.
- from All Parameters, Layer Animation : Parameter에 적용된 Layer Animation data copy하기.

### (8) Paste Animation

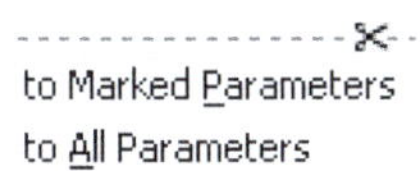


그림 5-108

- to Marked Parameters : Marked Parameter로부터 Copy한 애니메이션 데이터 Paste하기.
- to All Parameters : 모든 Parameter로부터 Copy한 애니메이션 데이터 Paste하기.

### (9) Remove Animation

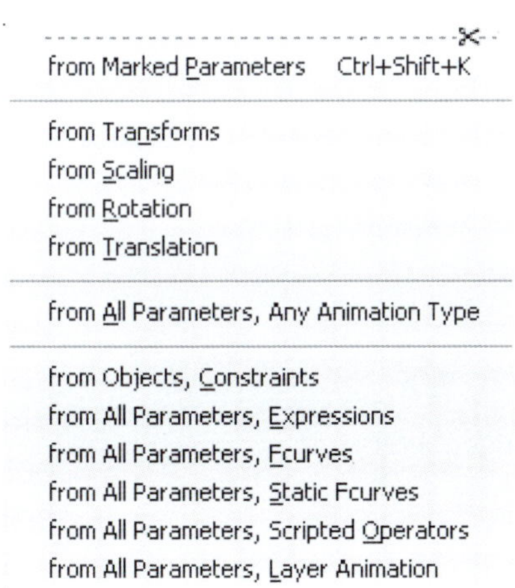


그림 5-109

- from Marked Parameters[Ctrl+Shift+K] : Marked Parameter로부터 애니메이션 데이터 지우기.

- from Transform : Transform[SRT]에 적용된 애니메이션 데이터 지우기.
- from Scaling : Scaling에 적용된 애니메이션 데이터 지우기.
- from Rotation : Rotation에 적용된 애니메이션 데이터 지우기.
- from Transition : Transition에 적용된 애니메이션 데이터 지우기.
- from All Parameters, Any Animation Type : Animation 적용 가능한 어떠한 Type의 애니메이션에 대해 모든 Parameter에 적용된 모든 애니메이션 데이터 지우기.
- from Objects, Constrains : Constrains 구속에 의해 애니메이션이 적용된 애니메이션 데이터 지우기.
- from All Parameters, Expression : Expression 구속에 의해 애니메이션이 적용된 All Parameters에 대한 애니메이션 데이터 지우기.
- from All Parameters, F curves : F curves 데이터를 가진 All Parameters에 대한 애니메이션 데이터 지우기.
- from All Parameters, Static F curves : Static F curves 데이터를 가진 All Parameters에 대한 애니메이션 데이터 지우기.
- from All Parameters, Scripted Operators : Scripted Operators 데이터를 가진 All Parameters에 대한 애니메이션 데이터 지우기.
- from All Parameters, Layer Animation : Layer Animation 데이터를 가진 All Parameters에 대한 애니메이션 데이터 지우기.

(10) Sequence Animation

애니메이션 데이터 변형하고자 할 경우(그림 5-110)

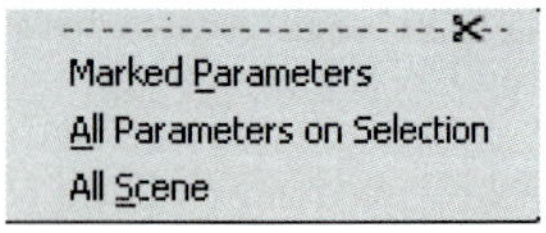

그림 5-110

- Marked Parameters : Marking된 Parameters의 Animation 변형
- All Parameters on Selection : 선택된 오브젝트의 모든 Parameter
- All Scene : 모든 Scene

### (11) Link With

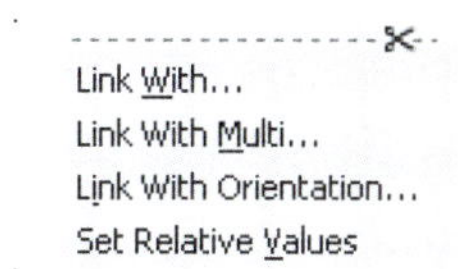


그림 5-111

- Link With… : 오브젝트의 형태 변화에 대해서 SRT 선택 Option을 설정해서 Deform Option을 실행하는 기능이다.
- Link With Multi… : 오브젝트의 Component를 Link 회전 값에 관계를 시켜서 형태를 변화시키는 명령어이다.
- Link With Orientation… : 오브젝트의 Deform의 변형을 저장한다.
- Set Relative Values : 저장된 Deform 값을 적용한다.

### (12) Go to Key

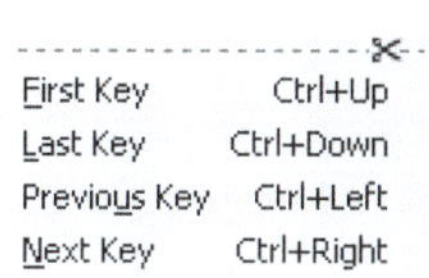


그림 5-112

- First Key[Ctrl+Up] : First Key(첫번째 키)로 가기
- Last Key[Ctrl+Down] : Last Key(마지막 키)로 가기
- Previous Key[Ctrl+Left] : Previous Key(이전 키)로 가기
- Next Key[Ctrl+Right] : Next Key(다음 키)로 가기

## 5-1-6 Keying Marked Parameters

원하는 Parameter에만 Key 값을 적용(그림 5-113)

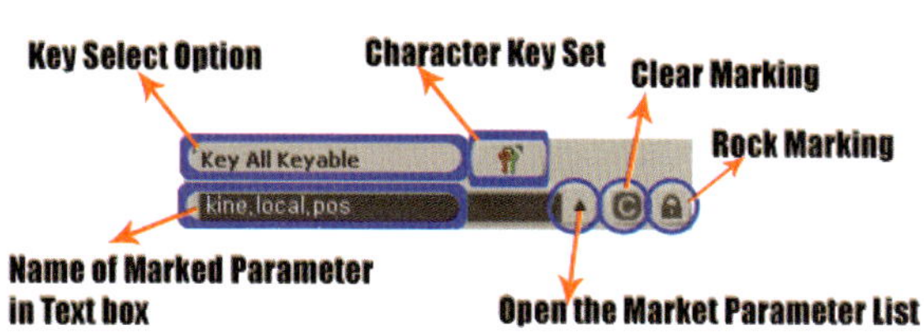


그림 5-113

### (1) Key Select Option : 선택

그림 5-114

- Key Marked Parameters : Marking된 Parameter에게 Key 값 주기
- Key All Keyable : Keyable한 모든 데이터에게 Key 값 주기
- Key Marked Keyable : Making된 Keyable Key 값 주기
- Key Character Key Set : Character Key Set에게 Key 값 주기

### (2) Character Key Set

캐릭터 애니메이션 제작시 선택한 Parameter를 하나의 애니메이션 Key Set화시키는 기능이다. 즉 Key Set 적용에 필요한 Parameter만을 지정하여 독립된 Key Set으로 만들어서 사용할 수 있다(그림 5-115).

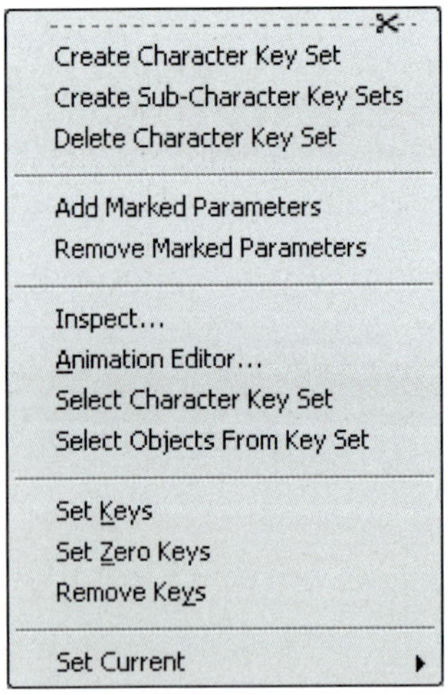


그림 5-115

- Create Character Key Set : Character Key Set 생성
- Delete Character Key Set : Character Key Set 삭제
- Add Marked Parameters : Marked Parameters에 첨가하기
- Remove Marked Parameters : Marked Parameter 해제하기
- Animation Editor : 제6장에서 자세히 다루어질 내용

- Select Character Key Set : Character Key Set 선택
- Select Object from Key Set : Set Key Object 선택
- Set Keys : Key 값 적용
- Set Zero Keys : Zero Key 값 적용
- Remove Keys : Key 값 제거

(3) Open the Market Parameter List

선택된 오브젝트의 애니메이션 정보, Parameter Making 정보(그림 5-116)

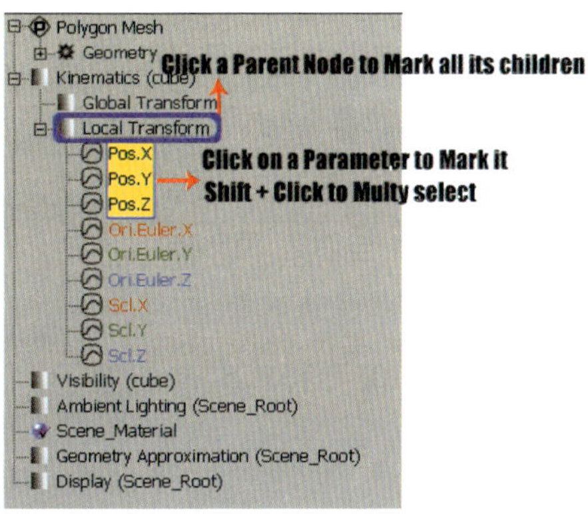


그림 5-116

(4) Clear Marking

Marking한 데이터를 Marking으로부터 해제

(5) Rock Marking

Marking한 데이터를 Rock(잠그기)하기

## 5-1-7 Keying Panel & Animation Layer

(1) Keying Panel

Key Panel은 Animation정보를 한눈에 알아볼 수 있게 디자인되어진 Panel로 오브젝트의 Transform정보와 Key를 적용할 수 있는 Keying Panel 그리고 Mark Parameter정보와 Key정보를 확인할 수 있는 Panel로 구성되어져 있다(그림 5-117).

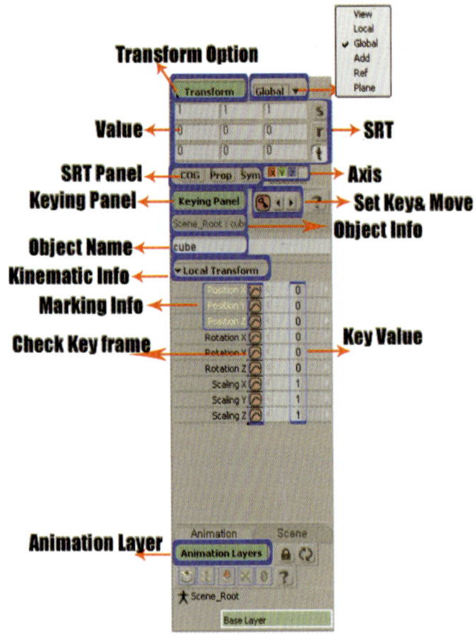


그림 5-117

- Transform Option : [SRT]
- SRT Mode : Scaling / Rotation / Transition Mode
- SRT Set & Value Check
- SRT Panel : [SRT] 모드로 전환될 때마다 필요한 참고 기능들이 자동 활성화된다.
- Select Axis : 작업에 필요한 기준축 선택
- Keying Panel : Animation Panel과 기능상 유사
- Set Key and Move : Key 적용하기
- Object Information : Object에 대한 기본 정보 확인하기
- Object Name : Object 이름 확인하기
- Kinematics Information : Local Transform에서 애니메이션에 관계된 기본 정보 창에 대한 정보
- Check Marked Parameter : Marking 정보 확인가능
- Check Key Frame : Key Frame 정보 확인가능
- Check Key frame Value : Key Frame 적용 유무 확인하기

### (2) Animation Layer

Animation Layer는 Animation Data를 Layer 개념으로 적용할 수 있는 기능 창으로 다양한 Action Pose를 Layer별로 적용하여 필요한 Layer의 Action Pose만을 선별하여 적용 가능하다(그림 5-118).

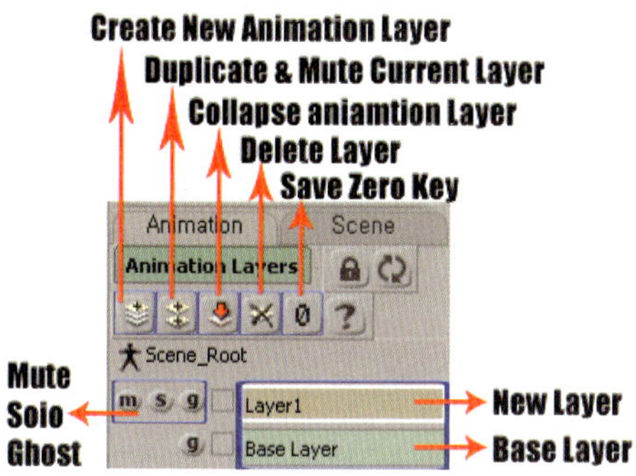


그림 5-118

- Create New Animation Layer : 새로운 Animation Layer 만들기
- Duplicate & Mute Current Layer : Animation Layer 복사하기 및 현재 Animation Layer Mute(해제)하기
- Collapse Animation Layer : Animation Layer 하나로 합치기
- Delete Layer : Animation Layer 지우기
- Save Zero Key : Zero Key 저장하기
- Mute : 잠그기
- Solo : Solo 모드에서 작업하기
- Ghost : Ghost 활성화하기
- New Layer : 새로 만든 Layer
- Base Layer : 기본 Layer

# 5-2 Animation Editing Tool Kit

## 5-2-1 Set Key & Time Line Edit

### 1. Set Key 적용 방법

XSI에서 오브젝트에게 Key를 주는 방법은 다양하다. 우선 Key Animation주는 순서에 대해서 설명하도록 한다.

1 먼저 오브젝트 또는 Parameter를 선택을 한다.

2 선택한 오브젝트에 SRT 중 Key Animation을 줄 속성을 결정(선택)한다. 이 경우 해당 속성 전부에 적용을 해 줄 수도 있고 원하는 일부 Parameter[XYZ]에 대해 세부적인 Key 값 적용을 원할 경우도 있다. 후자인 경우 Explorer 창에서 선택하거나 Transform Panel 또는 Keying Panel이나 Animatable Parameter Pup up에서 해당 Parameter를 Marking하도록 한다(그림 5-119).

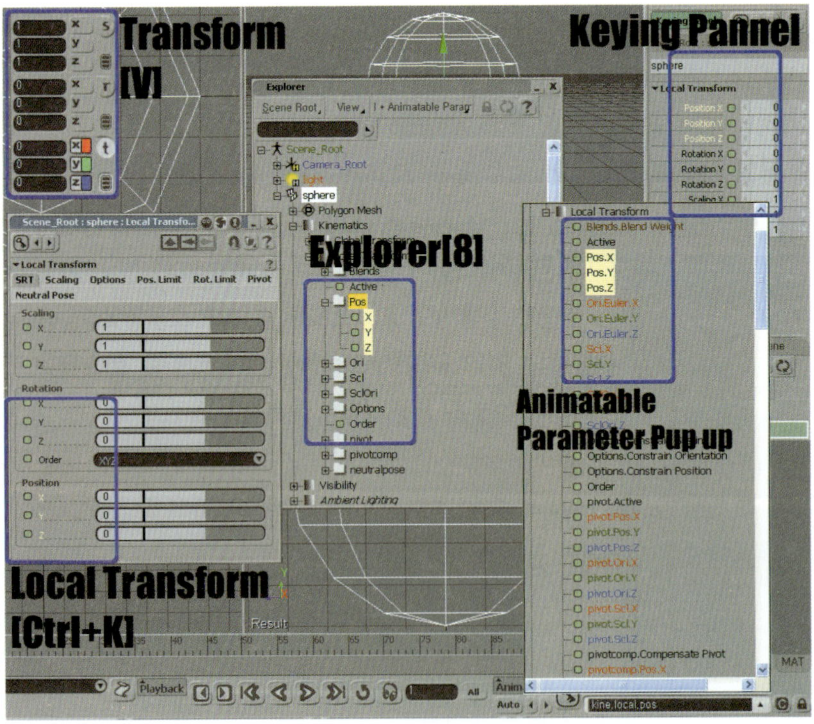


그림 5-119

**3** 현재 Frame나 Start Frame에 Key 값을 적용한다. 마우스로 Set Key Icon을 클릭하거나 키보드의 단축키[K]를 클릭한다.

**4** 일단 시작 Frame에 Key 값이 적용이 되면 원하는 Frame(시간설정)으로 Time line을 이동한다. 이동하는 방법은 마우스를 Time Line Bar(또는 Curser)를 선택해서 드래그를 통해 이동하는 방법과 Time Line 속성에 있는 Current Frame의 빈 공란에 Bar를 옮길 Frame의 수치를 삽입하고 Enter를 친다.

**5** Time이 설정이 되면 오브젝트 또는 선택된 Parameter를 원하는 만큼 이동 / 회전 / 스케일한다. 그리고 마지막으로 현재 Frame에 다시 Key를 적용한다.

## 2. Time Line과 Time Range

Time Line과 Time Range에 대해 알아보도록 한다(그림 5-120).

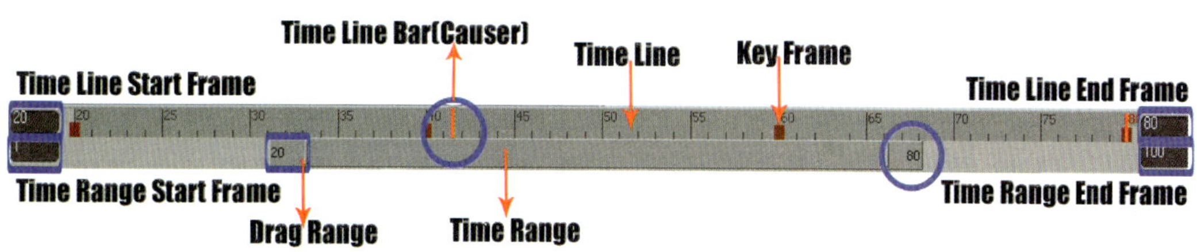


그림 5-120

### (1) 정의 및 역할

Time Line과 Time Range는 Key Frame와 밀접한 연관이 있는 기능들이다. 먼저 Time Line은 오브젝트나 Parameter에 Key 값을 직접 설정하는 영역이다. 애니메이션 동작에 대한 시간 적용이 이루어지는 영역이라 할 수 있다. 반면 Time Range는 이러한 Time Line의 활용도를 높여 효율적인 애니메이션 작업을 위해 필요한 일종의 활용도구인 셈이다. 즉 필요한 영역의 Frame을 설정해서 전체 Frame 또는 부분 Frame를 필요에 의해 수시로 변경이 가능하다는 사실이다.

### (2) 활용법

Time Line의 시작 frame와 끝 Frame의 Frame을 변경하게 되면 Time Range의 영역 또한 자동으로 변경이 된다. 다만 Time Range는 초기 Setting된 Frame의 수치는 변하지 않고 다만 Time Range 영역만 변하게 된다. 반면 Time Range의 시작 Frame과 끝 Frame를 변경하게 되면 Time Line의 영역 또한 자동으로 변경이 된다. Time Range의 영역 변경은 Time Line의 영역을 변경시켰을 때도 있지만 직접적으로 변경이 가능하다. 변경 방법은 마우스를 Time Range의 양 끝으로 이동하면 Slider 영역에 마우스를 위치시키면 마우스 아이콘이 방향 화살표로 바뀐다. 이 영역이 바로 드래그를 통해 Time Range의 영역을 원하는 대로 자유자재로 변경할 수 있는 곳이다(그림 5-121).

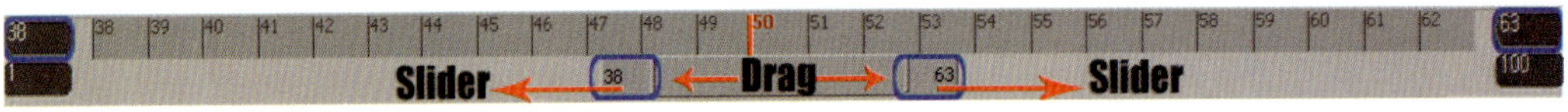

그림 5-121

### (3) 영역 변경

영역이 변경된 Time Range를 마우스로 클릭한 상태에서 좌/우로 Sliding시킨다. 그러면 그 영역에 준하여 Time Line의 Frame는 자동으로 계속해서 변경되면서 원하는 Frame영역을 찾아 애니메이션 작업을 제작 및 수정을 할 수 있게 된다.

### (4) 되돌아 가기

영역 변경 후 다시 원래의 Time Line과 Time Range로 돌아가고자 할 경우 Time Range 영역을 더블클릭한다.

지금까지 Time Line과 Time Range의 역할과 활용방법에 대해 알아보았다. 간략하게 정의를 하면 Time Line은 실제 애니메이션을 제작하기 위해 Key Frame이 적용되는 곳이고 Time Range 영역을 원하는 대로 조절해 가면서 원하는 Frame에 위치 가능하기 때문에 필요한 Frame 영역을 설정해서 애니메이션 제작 및 분석 및 수정 작업을 할 수 있도록 영역 설정을 해주는 기능을 담당한다.

## 3. Playback 기능

Playback 기능에 대해 좀 더 깊이 있게 알아보도록 한다.

- 기능 : Playback은 용어 그대로 Forward Play & Backward Play를 의미한다.
- Key 값이 적용된 오브젝트나 Parameter의 결과를 체크하고 수정 및 보완 작업을 통해 좋은 결과를 얻기 위해 자동(Entire Frame) 또는 수동 Play(Frame by Frame)하기 위해 사용한다.
- 기본적인 기능은 5-1절 Tool 설명에서 했기 때문에 Tool 설명에서 다루지 않았던 부분을 기준으로 설명한다.
- Loop : Loop영역 안에 있는 Frame에 대한 Play를 지속적으로 보여주는 기능이다.

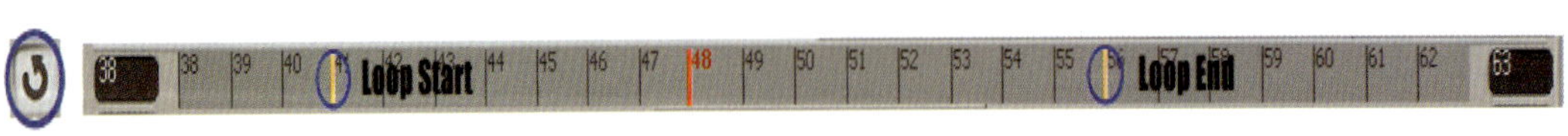

그림 5-122

- Play에 대한 몇 가지 단축키에 대해 알아보도록 하자.

| 기 능 | 단축키 | 비 고 |
|---|---|---|
| Set key | K | |
| Save Key on Pose(X, Y, Z) | Pad 1 | |
| Save Key on Rot(X, Y, Z) | Pad 4 | |
| Save Key on Scl(X, Y, Z) | Pad 7 | |
| Remove Key | Shift+K | |
| Mark Parameter 활성 | Ctrl+M | |
| Mark Parameter 생성 | Shift+Ctrl+M | |
| First Frame | Home | |
| First Key | Ctrl+Up Arrow | |
| Last Frame | End | |
| Last Key | Ctrl+Down Arrow | |
| Next Fame | Right Arrow | |
| Next Key | Ctrl+Right Arrow | |
| Previous Frame | Left Arrow | |
| Previous Key | Ctrl+Left Arrow | |
| Play Forward | Up Arrow | |
| Play in Real Time | Shift+Up Arrow | |
| Stop | Down Arrow | |
| New Custom Parameter | Shift+P | |

## 4. Key Panel에서의 Key Set 적용

Key Panel에서의 Key Set 적용에 대해 자세히 알아보도록 한다.

### (1) Set Key

작업 창에 Cube를 하나 꺼내도록 한다. 오브젝트가 없거나 있어도 선택이 되지 않으면 Key Panel에서 Local Parameter가 활성화되지 않기 때문이다. Cube를 꺼내고 KP / L Tool Panel을 클릭한다. 그러면 Cube에 대한 Transform과 Keying Panel 그리고 Animation Layer Menu 창이 나온다. 다음은 Cube에게 어떤 애니메이션 변화 값을 줄 것인지를 결정하도록 한다. 그 결정에 따라 Parameter를 선택하도록 한다. 예를 들어 Rotation Y(Y축을 기준으로 회전)를 결정했으면 마우스로 Keying Panel

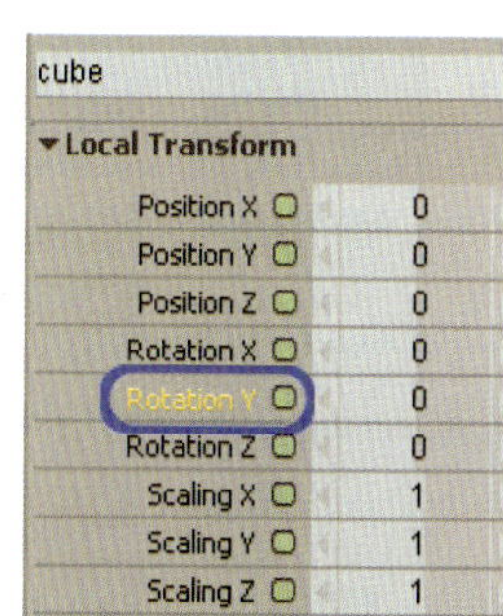

그림 5-123

에 있는 Cube의 Local Transform에서 Rotation Y Parameter를 선택한다(그림 5-123).

현재 Frame에 Key 값을 적용한다. Key 값을 적용하는 방법은 ① 단축키[K]를 클릭하거나, ② Parameter 옆에 있는 Key 적용 Icon을 클릭하거나, ③ Key Panel 옆에 있는 Key 적용 Icon을 클릭한다. ④ 선택된 Parameter Key Icon에 마우스 오른쪽을 클릭하면 메뉴 Pop UP 창이 뜨는데 여기서 Set Key를 적용해 준다. ⑤ 선택된 Parameter 그 자체에 마우스 오른쪽을 클릭하면 메뉴 Pop UP 창이 뜨는데 여기서 Key를 적용해 준다.

그러면 선택된 Parameter에만 Key 값이 적용이 된다(그림 5-124).

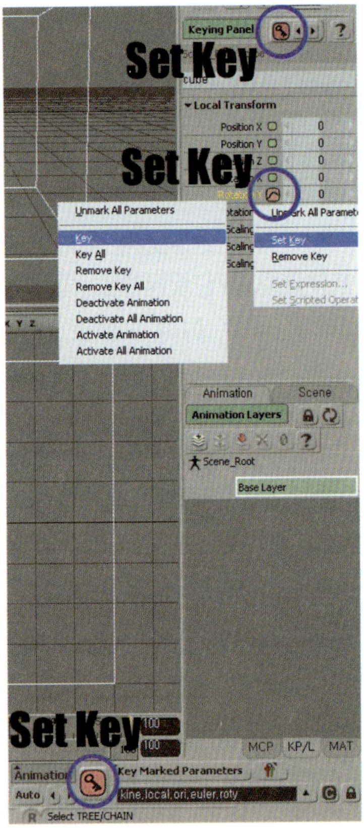


그림 5-124

### (2) Set Key 삭제

적용된 Key Icon에 대해 ① Parameter옆에 있는 Key 적용 Icon이나 ② Key Panel옆에 있는 Key 적용 Icon을 클릭한다. ③ 선택된 Parameter Key Icon에 마우스 오른쪽을 클릭하면 메뉴 Pop UP창이 뜨는데 여기서 Remove Key를 적용해주면 된다. ④ Key가 적용된 Parameter 위에 마우스 오른쪽을 클릭해서 Remove Key를 명령을 실행한다.

### (3) Key Frame를 30Frame으로 이동

Key Frame를 30Frame으로 이동한다. 시간 설정이 끝났으면 오브젝트의 변형 값을 주도록 한다. Y축으로 90도 회전 값을 주도록 한다. 오브젝트 변형 방법은 Transform 옵션에서 Rotation Y축에 90도를 입력하는 방법과 Local Transform Rotation Y축에 90도를 입력하는 방법이 있는데 편한 방법을 택하도록 한다. 만약 입력한 90도에 대해 수치 변화를 주어야 할 경우 다시 입력을 하면 되는데 그 값이 변화가 미미할 경우는 Local Transform Rotation Y축에 입력된 90도에 마우스 클릭을 하고 좌/우로 회전(Rolling)을 하게 되면 입력된 수를 기준으로 오른쪽 방향 회전-가(+)/왼쪽 방향 회전-감(-)으로 자동 변환된다. 그리고 임의의 변환가 아닌 정확한 수치 기반의 변환을 원할 때는 Local Transform Rotation Y축에 수치 입력 Bar 좌/우에 있는 +/-를 이용하면 편리하다(그림 5-125).

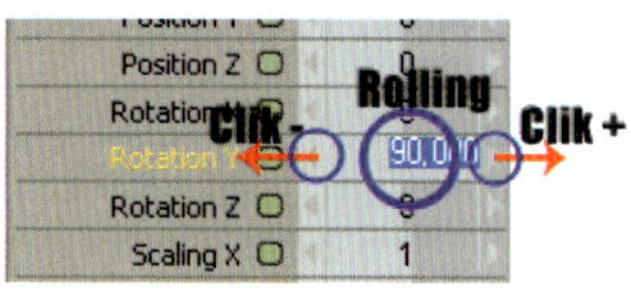


그림 5-125

## 5. Deactivate Animation From Keying Panel

Key Animation 작업에서 어느 일정한 Parameter의 편집 작업을 할 경우 다른 Parameter에 Key 값이 적용되었으면 효율적인 수정/편집 작업이 이루어지지 않는다. 이럴 경우 원하는 Parameter의 Key 값만을 유지하거나 잠시 멈추게 하거나 할 경우 사용하는 기능이 Deactivate Animation 명령이다.

1 Rotation X, Y, Z축 모두 Key 값이 적용된 상황에서 Y축의 회전 값에 대해서만 확인하면서 수정 작업을 하고 싶을 경우 X, Z축 회전 값의 변화를 잠시 멈추게 한 뒤 작업을 하면 편리하게 작업할 수 있다. Deactivate Animation는 Key Animation의 Mute 기능이다. Mute하고자 하는 Parameter를 선택하고 마우스 오른쪽을 클릭한 후 생성되는 Pop Up명령 창에서 Deactivate Animation명령을 클릭한다. 이때 생성되는 Icon의 색은 흰색으로 나타난다(그림 5-126).

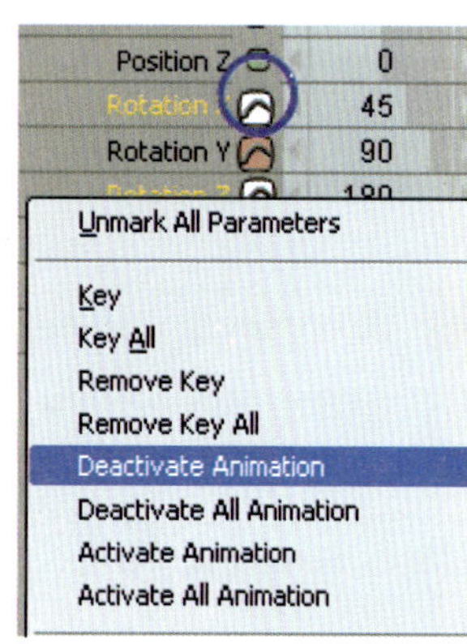


그림 5-126

**2** 다시 원래 상태로의 복귀는 동일한 방법으로 Pop Up 창을 열고 Activate Animation 명령을 클릭하면 된다.

**3** Parameter 전체에 Deactivate Animation을 적용할 경우 Deactivate All Animation 명령을 실행하거나 전체 Mute 해제시 Activate All Animation명령을 클릭하면 된다.

## 6. Copy and Paste Animation From Keying Panel

이번에는 Keying Panel 내에서 효율적으로 Key 값을 어떻게 Copy / Paste를 하는지에 대해 알아보도록 한다.

Copy하고자 하는 Key 값을 가진 Parameter를 선택하고 마우스 오른쪽을 클릭으로 Pup Up 메뉴 창을 연다. Copy Animation을 클릭하여 Key Animation data를 Copy한다. 그리고 Paste하고자 하는 Parameter를 선택하고 역시 마우스 오른쪽을 클릭하고 명령 창을 열고 Paste Animation 명령을 실행해준다(그림 5-127).

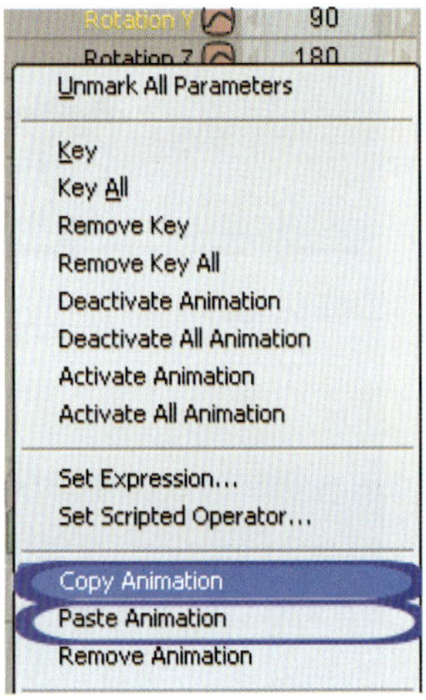


그림 5-127

## 7. Auto Key

Auto Key는 Key 작업에 있어서 시간 단축에 가장 효율적인 결과를 제공해주는 기능 중 하나다. 시간변화–동작 변화–Set Key의 Acting processing에서 Set Key단계가 자동으로 적용되는 기능이기 때문에 작업 시간 단축에 큰 기여를 하는 기능이다.

**1** Auto Key를 적용하는 방법 또한 간단하다. Time Line 아래 있는 "Auto" Icon을 클릭하게 되면 붉은 색으로 적용이 된다. 이 경우는 오브젝트 전체에 Key 값이 적용이 되기 때문에 불필요한 Key 값이 여러 Parameter에 적용될 가능성이 크다. 그러므로 Auto Key가 선택한 Parameter에 적용될 수 있도록 Setting을 해 주도록 한다.

**2** Main Menu Bar에서 File 〉 Preferences를 실행하여 Preference Option 창을 연다. 이 Option 창에서 Tools 〉 Animation Option을 클릭한다. 펼쳐진 Animation Option 창에서 제일 상단에 있는 Auto Key Set 창을 보면 Enable Auto Key가 비활성화되는데 이 명령을 활성화시킨다. 그리고 그 옆에 있는 영역 선택 Pop Up 창으로 열고 On Existing F curve only 옵션을 선택해 준다(그림 5-128).

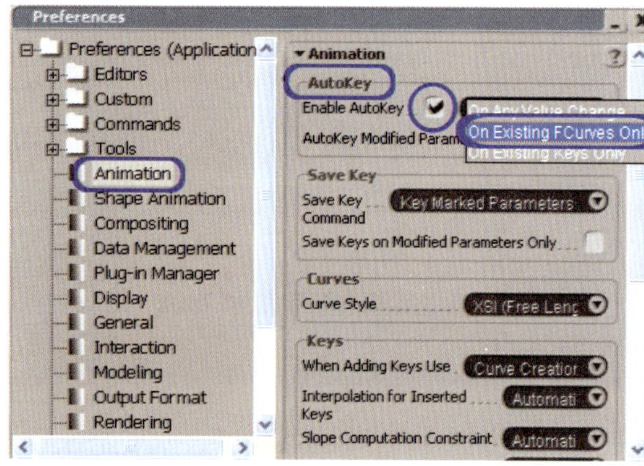

그림 5-128

**3** 그 결과 "Auto Key" Icon이 컬러 값이 Orange 색으로 변하게 된다(그림 5-129).

그림 5-129

**4** "Auto Key"를 사용하는 방법은 "Auto Key"를 활성화시킨 다음 원하는 시간(Frame)을 정하고 원하는 동작(Pose)을 정하면 자동으로 Key가 적용이 된다. 이때 반드시 시작점에 Key 값이 있어야 하고 Test Pose를 잡을 때나 실행한 모든 명령에 Key 값이 적용되기 때문에 주의를 해야 한다.

## 8. Time Line에서의 Key Frame 활용

Key에 대한 수정과 편집은 지금까지 Dope sheet이나 Animation Editor에서만 가능했다. 그러나 이제는 Key 적용의 가장 첫 단계인 Time Line에서 일차 수정이 가능하다. Key Frame 이동/복사/영역이동/영역 복사 등의 기능이 가능하다.

### (1) Frame 선택 및 이동

먼저 Cube를 꺼내서 SRT에 해당하는 임의의 Key 값들을 준다. Time Line에 생성된 Key를 Shift +마우스 Left 버튼으로 선택 드래그를 한다. 그 결과 흰색 영역이 나타나면서 Key가 선택이 된다. 선택된 Key를 마우스 가운데 버튼으로 Click한 다음 원하는 Frame으로 Drag한다(그림 5-130).

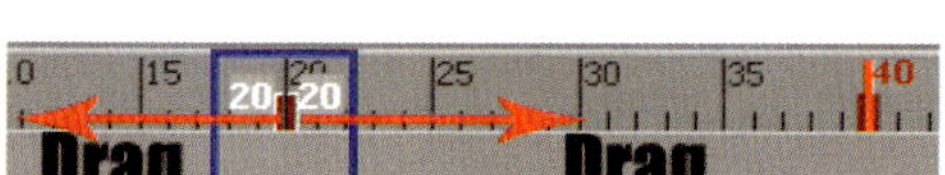

그림 5-130

### (2) Frame 영역 선택 및 이동

Time Line에 생성된 Key를 Shift+마우스 Left 버튼으로 선택 드래그를 한다. 영역에 원하는 Key 영역 전체를 드래그한다. 선택된 영역 내에 원하는 Frame이 다 들어가게 한 다음 이동은 역시 마우스 가운데 버튼으로 지정된 영역을 선택한 다음 드래그를 한다. 그러면 선택된 영역 전체가 이동을 하게 된다(그림 5-131).

그림 5-131

### (3) Frame Copy & Paste and Cut & Paste

Copy하고자 하는 Key Frame을 Drag 선택을 한다. 그리고 마우스 오른쪽을 클릭하면 Pop up 메뉴가 생성이 되는데 Copy 명령을 선택하면 복사가 된다. 이때 원하는 Frame로 Time Causer(Bar)를 이동한 다음 다시 마우스 오른쪽을 클릭한 다음 Pop up메뉴에서 Paste명령을 실행한다. 또한 Key Frame을 완전히 Cut & Paste를 하고자 할 경우에도 마찬가지 방법을 사용하되 명령어만 바꿔주면 된다. 여기서 Key Duplicate에 대한 단축키가 있는데 원하는 Key Frame을 영역 드래그를 한 다음 Ctrl+Drag를 한다. 그 결과 선택한 Key Frame이 복사되어 나타난다(그림 5-132).

그림 5-132

### (4) Time Line 상에서의 Key Copy & Paste

Time Line에서 Key Control 기능 중에는 여러 개의 Parameter에 적용된 Key 값 중에서 원하는 Parameter Key 값만 선택적으로 Copy & Paste가 가능하다. 먼저 Key 적용 Mode가 "Key Marked Parameter"로 Setting되어 있어야 한다. 예를 들어 Cube의 임의의 Frame에 Rotation Key 값이 X, Y, Z축 모든 Parameter에 들어가 있을 경우 Position Y Parameter에 대한 Key 값만을 Copy & Paste를 하고자 할 경우 여러 단계를 복잡하게 진행하게 되는데 Time Line에서 간단하게 작업이 가능하다. 먼저 Copy를 원하는 Key Frame로 Time Causer를 이동한 다음 Shift+마우스 가운데 버튼을 클릭한다. 그러면 붉은색 Time Causer와 함께 녹색 형광의 Causer가 생성이 된다. 녹색 형광 Causer는 Animation의 Play와는 전혀 무관한 Causer이다. 새로 생성된 녹색 형광 Causer를 Paste하고 하는 Frame으로 위치를 이동시킨다. 위치 이동이 끝났으면 그 위치의 Frame에 Set Key(단축키 : K)를 적용한다. 그 결과 녹색 형광의 Causer 위치에 Key Set이 적용된다. 이 Key Set은 여러 Parameter 중에서 선택된 Parameter의 값만 Paste이 되었다(그림 5-133).

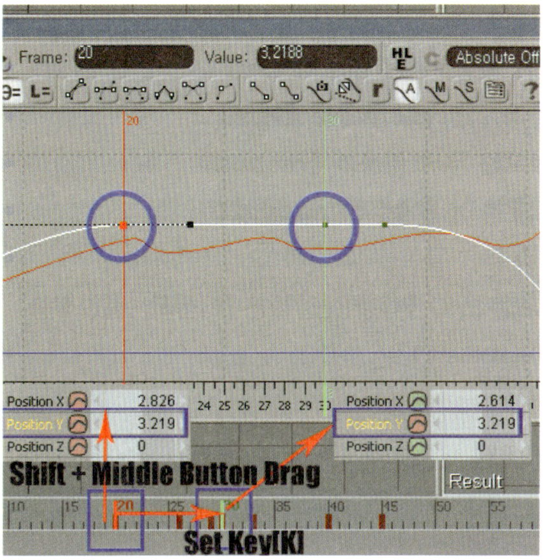


그림 5-133

## 5-2-2 Dope Sheet

Dope Sheet는 XSI에서 Animation Editor와 같이 Animation의 편집시에 자주 사용되는 툴 중에 하나이다. 단순히 Key Data의 정보만을 표시하며 아주 직관적으로 Key 데이터의 조작을 가할 수 있다는 것이 이 Dope Sheet의 장점이라 할 수 있겠다(그림 5-134).

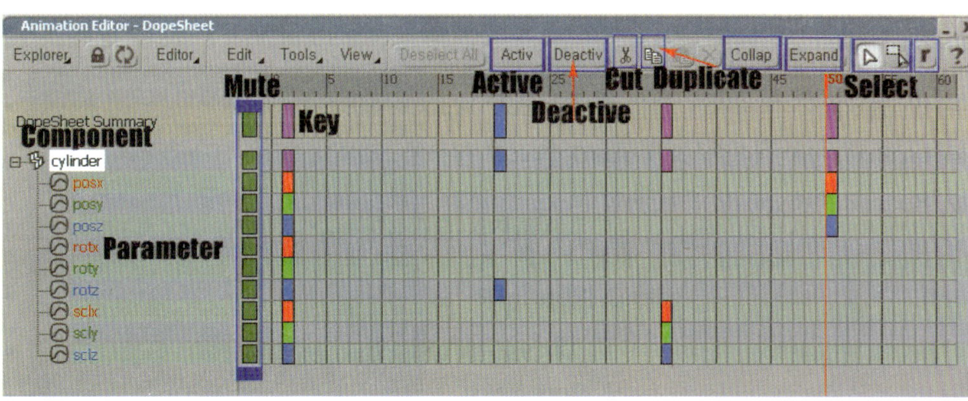


그림 5-134

### (1) Open

Dope Sheet는 XSI상단 메뉴바의 View / Views / Dope Sheet를 실행하여 윈도우를 열거나 Animation Editor, Expression Editor, Script Operator Editor의 'Editor' 메뉴를 통하여 윈도우를 열

수가 있다. 그리고 작업 창 설정 메뉴에서도 Open이 가능하다(그림 5-135).

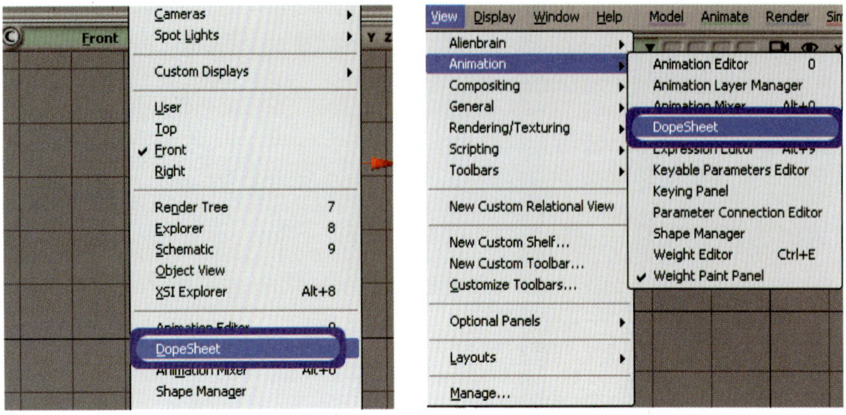


그림 5-135

또는 Animation Editor 창에서 바로 Dope Sheet 작업 창으로 전환하기도 한다(그림 5-136).

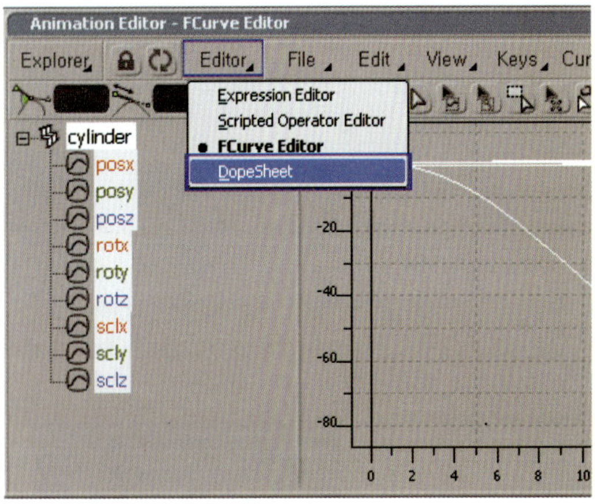


그림 5-136

### (2) Collap(축소) : 단축키(C)

먼저 Animation 정보를 가지고 있는 오브젝트를 선택하고 Dope Sheet를 열면, Animation Editor와 같이 왼쪽에 오브젝트 윈도우, 오른쪽에 Dope Sheet, 상단에 약간의 Tool Bar가 있는 것을 볼 수가 있다. Dope Sheet는 모든 데이터 디스플레이를 프레임 단위로 디스플레이를 하며 유저가 입력한 Animation 정보 중, Key 데이터만을 디스플레이하고 관리하기 때문에 Animation Editor와 같이 막강한 편집 능력을 자랑하는 것은 아니지만, Dope Sheet나름대로 Key 데이터를 이동하고 늘리고 줄이는 등의 간단한 조작을 하는 것은 훨씬 더 직관적으로 다룰 수 있으므로, 그 부분에 대해 알아보도록 하자. Dope Sheet를 열면 오브젝트내의 속성에 부여된 모든 Animation 정보들이 나열되어 보이게 된다. 이 데이터들이 모두 같은 프레임상에 존재하는 Key 데이터인 경우, 예를 들어 1프레임에 Transform, Rotation, Scale에 모두 Key가 들어가 있다고 했을 때, Dope Sheet는 이 정보를 각 속성별로 모두 나누어 보여주게 되지만, 이는 편집시에 작업효율을 떨어뜨릴 수가 있으므로, 이를 효율적으로 관리하기 위하여 Dope Sheet 윈도우의 오른쪽 상단을 보면 'Collap'이라는 버튼이 있는데, 이 기능은 같은 프레임상에 존재하는 오브젝트의 Animation 정보를 한 개의 Key로 압축하여 Display하는 버튼이다(그림 5-137).

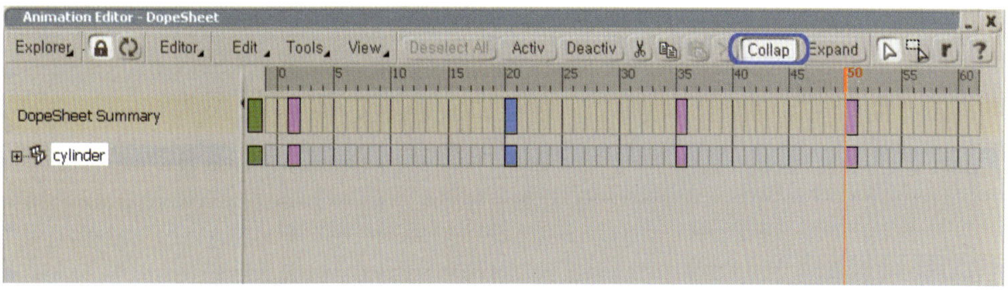


그림 5-137

(3) Expend(확장) : 단축키(E)

이는 실제로 Key 데이터를 합치는 것이 아니라, 일괄적인 편집을 용이하게 하기 위해 디스플레이만을 합치는 것으로서, 실제 오브젝트에 적용된 Animation 정보는 그대로 남아 있게 되고 아무런 영향을 끼치지 않는다. 'Collap' 버튼 옆의 'Expand' 버튼은 이렇게 합쳐서 디스플레이 된 Key 데이터를 다시 분리시킬 때 사용하는 버튼으로 각 속성별로 편집을 하고자 할 때 유용하게 사용할 수 있는 버튼이다(그림 5-138).

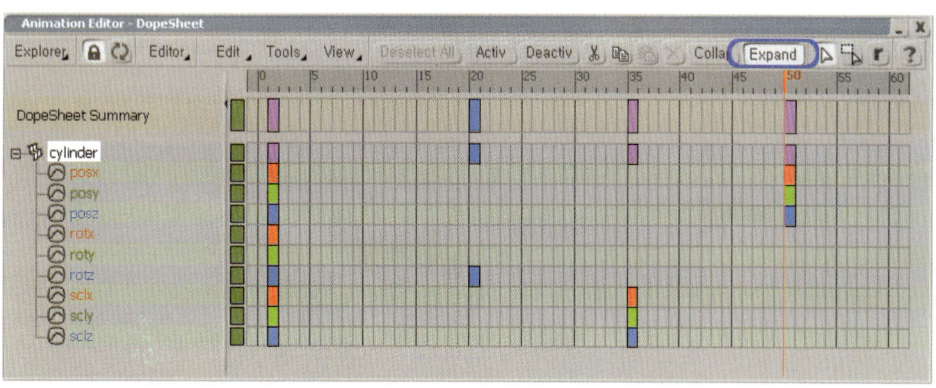


그림 5-138

## 4. Key정보 선택

### (1) Multi Select

[SRT]에 들어가 있는 모든 Key 값을 선택하기 위해서는 Multi Select Zone에서 선택을 하게 되면 해당 Frame에 들어가 있는 모든 Key Frame이 선택된다(그림 5-139).

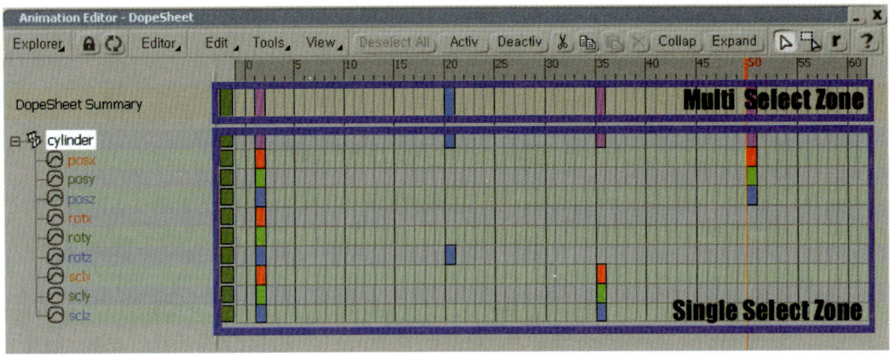


그림 5-139

### (2) Solo Select

Multi Select Zone을 제외한 모든 영역은 Single Select Zone이다. 이 영역에서는 S, R, T 각각의 X축, Y축, Z축 모두 개별적으로 선택이 가능하다. Solo Select Zone이긴 하지만 Ctrl+Select 명령을 실행하면 멀티 선택이 가능하다(그림 5-140).

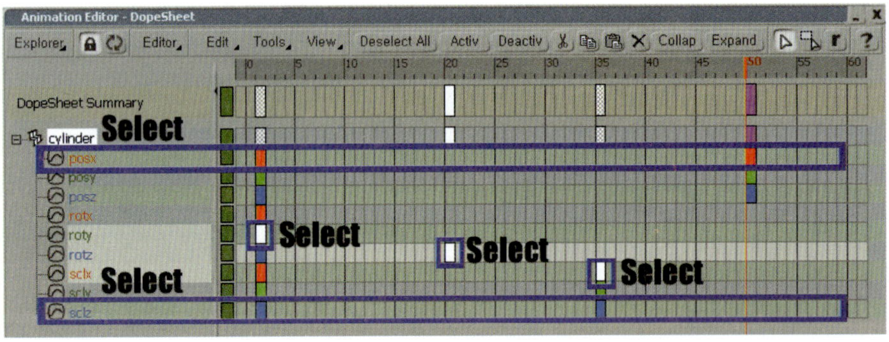


그림 5-140

### (3) Deselect All

선택된 Key Frame을 모두 선택 해제할 경우 사용한다.

임의의 일정한 Key 값에 대해 편집/이동 후 전체 선택모드에서 전체 해제시 사용한다.

### (4) Activate & Deactivate

Deactivate는 선택된 애니메이션 데이터가 잠시 중단되는 것이다. 자체 결함일 수도 있고, 다른 대원들에게 문제가 생겼을 수도 있다.

### (5) Select

Key 선택 툴이다. 싱글 선택도 할 수 있고 드래그를 통해 멀티 선택도 가능하다. 선택된 Key 값은 드래그를 통해 Key 값의 이동이 가능하다. 또한 선택된 Key 값은 Ctrl+Click+Drag를 통해 Key 값 복사가 가능하다. 멀티 선택시 마우스를 선택하고자 할 Key 값을 전체 범위에 들어오게 드래그해서 선택한다. 그러면 선택된 Key 값들은 하얗게 표시된다. 역시 멀티 선택된 Key 값들도 이동이 가능하다. 또한 선택된 멀티 Key 값도 Ctrl+Click+Drag를 통해 Key 값 복사가 가능하다(그림 5-141).

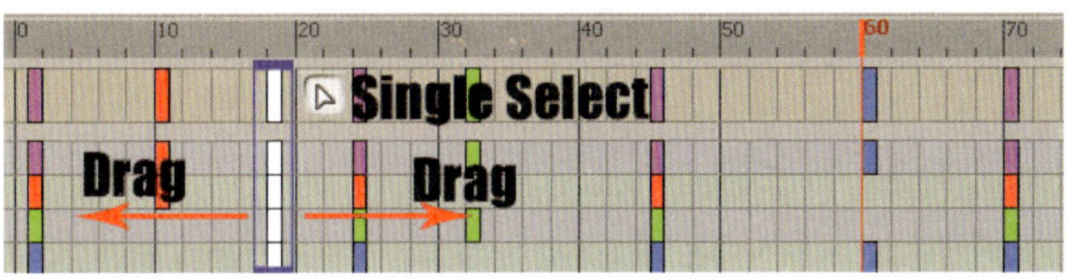


그림 5-141

### (6) Region Tool

영역 선택 툴이다. 선택할 Key 값들을 전체 드래그를 통해 영역을 설정한다. 그 영역 전체를 하나와 같이 컨트롤할 수 있다. 마우스 가운데 버튼으로 선택된 영역을 드래그함으로써 원하는 시간으로 이동이 가능하다(그림 5-142).

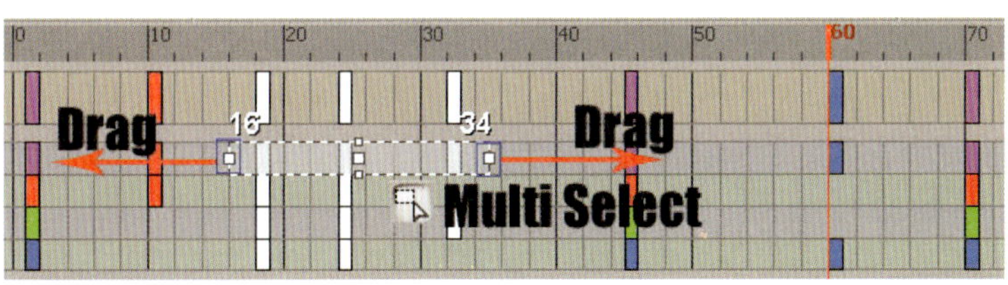


그림 5-142

### (7) Multi Selection

Multi Selection을 했을 경우 선택영역의 좌/우 있는 Control Cube를 Drag를 통해 늘렸다 줄였다 하면 그 영역 전체를 기준으로 Key 값이 늘어났다가 줄어들었다가 한다.

### (8) Ripple

Ripple은 선택한 Key 값을 이동하여 Key 값의 시간 설정을 바꾸게 되면 그 이하에 있는 모든 Key 값도 일정한 변형 시간만큼 일률적으로 동시에 이동을 하게 된다. 즉 선택한 Key 값의 이하 Key 값에 소급적용해서 수정 및 편집을 할 수 있다(그림 5-143).

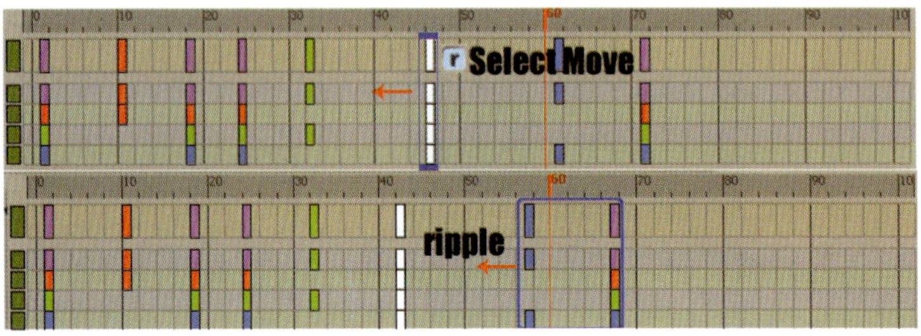

그림 5-143

### (9) Region Tool Option

Region 영역 선택 툴에서 사용되는 Pop up 메뉴들이다. 영역 선택한 다음 마우스 오른쪽을 클릭하면 생성되는 메뉴 창인데 몇 가지 주요한 기능이 있어 살펴보도록 한다. Copy, Paste, Paste 등의 기능들은 앞에서 이미 살펴보았다(그림 5-144).

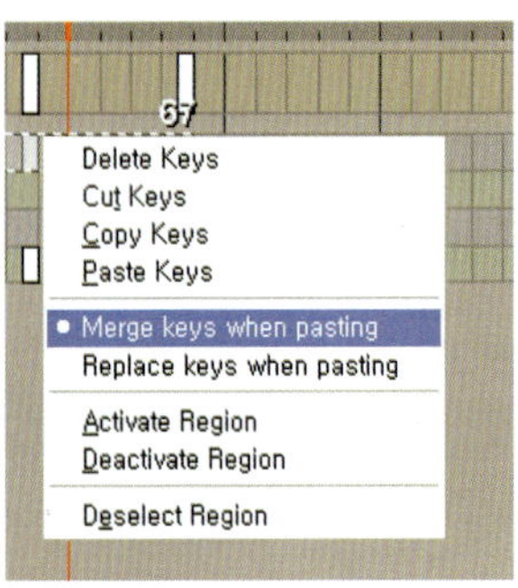

그림 5-144

### (10) Replace Keys When Pasting

Merge Keys When Pasting은 두 Key 값 사이에 어떤 Key 값을 Copy 〉 Paste를 할 경우 기존에 있던 Key 값들의 이동이 없다. 하지만 Replace Keys When Pasting 기능은 위와 상황설정과 동일하게 전개된다면 두 Key 값 사이에 어떤 Key 값을 Copy 〉 Paste를 할 경우는 자동으로 하나의 Key 값으로 변경된다.

### (11) Dope Sheet의 메인 메뉴 창

Dope Sheet의 메인 메뉴 창에 대해서 알아보도록 한다(그림 5-145).

그림 5-145

- Explorer 〉 Expand All : 모든 Dope Sheet의 Key 데이터의 정보를 펼쳐 보인다. Expand와 동일한 기능
- Explorer 〉 Collapse All : Collap(se)기능과 동일한 기능으로 오브젝트의 Animation 정보를 한 개의 Key로 압축하여 Display하는 기능
- Explorer 〉 Reset : 수정/편집 작업 도중 또는 다른 작업을 하다가 초기 상태로 되돌아갈 경우 사용하는 기능
- Editor는 작업 모드 설정 메뉴이다. Expression Editor, Scripted Operator Editor, F-curve Editor, Dope Editor
- Edit 〉 Cut Keys(단축키 : Ctrl+X) : 선택된 Key 데이터를 Cut(잘라내기)을 하는 기능
- Edit 〉 Copy Keys(단축키 : Ctrl+C) : 선택된 Key 데이터를 Copy(복사)를 하는 기능
- Edit 〉 Paste Keys(단축키 : Ctrl+V) : 선택된 Key 데이터를 Paste(붙여넣기)를 하는 기능
- Edit 〉 Delete Keys(단축키 : Delete) : 선택된 Key 데이터를 Delete(삭제)를 하는 기능
- Edit 〉 Select All Track(단축키 : Ctrl+A) : 모든 트랙을 선택할 수 있는 툴 기능
- Edit 〉 Select All Key : 모든 Key를 선택할 수 있는 기능
- Edit 〉 Deselect 〉 All : 선택된 모든 Key의 선택 해제 기능
- Edit 〉 Deselect 〉 All Track : 선택된 모든 Track을 해제 기능
- Edit 〉 Deselect 〉 All Keys : 선택된 모든 Key를 해제하는 기능
- Edit 〉 Collapse All Track : 선택상황과 무관하게 모든 트랙을 Collapse 기능
- Tools 〉 Select Tool(단축키 : Space) : Key 선택 기능
- Tools 〉 Region Tool(단축키 : Q) 멀티 Key 선택 기능
- Tools 〉 Navigate Tool(단축키 : S) : 마우스 이동 거리만큼 좌/우 영역 이동 기능
- Tools 〉 Pan and Zoom Tool(단축키 : Z) : 마우스 오른쪽 버튼은 Pan기능을, 가운데 버튼은 Zoom In, 마우스 왼쪽 버튼은 Zoom Out기능을 담당한다.
- Tools 〉 Rectangular Zoom Tool : 어느 일정 영역만 확대하는 기능. 마우스 첫 번째 버튼은 Rectangular Zoom In, 마우스 왼쪽 버튼은 Rectangular Zoon Out, 마우스 가운데 버튼은

Interactive Zoom(좌/우 영역의 Zoom In/Zoon Out 기능)

- Tools 〉 Vertical and Zoom Tool : 수직방향 Zoom In/Zoon Out 기능
- Tools 〉 Horizontal Pan and Zoom Tool(단축키 : X) : 마우스 첫번째 버튼은 Pan
- View 〉 Animated Parameters : Animated Parameter의 Key 데이터만 생성
- View 〉 Marked Parameters : Marked Parameter의 Key 데이터만 생성
- View 〉 Selected Parameters : Selected Parameter의 Key 데이터만 생성
- View 〉 Frame All(단축키 : A) : Dope Sheet 창 내에 모든 Key 값을 정렬
- View 〉 Frame Selection(단축키 : F) : 선택된 Key로만 작업 화면에 정렬
- View 〉 Frame to Time Line(단축키 : R) : 현재 Time Line에 Setting된 Frame 범위와 동일하게 Setting되는 기능
- View 〉 Align Tracks with Tree View : 모든 Parameter별로 확장된 Key 값을 볼 수 있도록 하는 기능. 기본 Default로 지정되어 있다. 지정 해제시 모든 Key 값이 하나의 Key 값으로 통합되어 하나의 Bar로 나타난다.

## 5-2-3 Animation Editor F-Curve Editor

### 1. Animation Editor 개념

XSI에서 Key를 이용한 애니메이션 제작시 반드시 그 기능을 알아야 하는 것이 있다면 바로 이번 장에서 설명하는 Animation Editor 또는 F-Curve Editor(단축키 : 0)이다. Animation Editor는 모델링 제작과정에서 비유를 한다면 형태를 잡고 난 다음 정교하게 형태를 재수정하고, 점, 선, 면의 추가/삭제 등을 통해 최종 형태를 잡아가는 과정에 해당된다. XSI에서 Key 값을 두 개 이상 설정을 하게 되면 첫 번째 Key와 두 번째 Key 사이에 Curve형태의 연결 라인이 생성이 되는데 이것이 바로 Function Curve, 또는 줄여서 F-Curve라고 한다. 예를 들어 Sphere를 30프레임 동안 Y축으로+5만큼 이동을 하는 애니메이션을 제작했다면 그 결과 나타나는 F-Curve를 만들어 보자(그림 5-146).

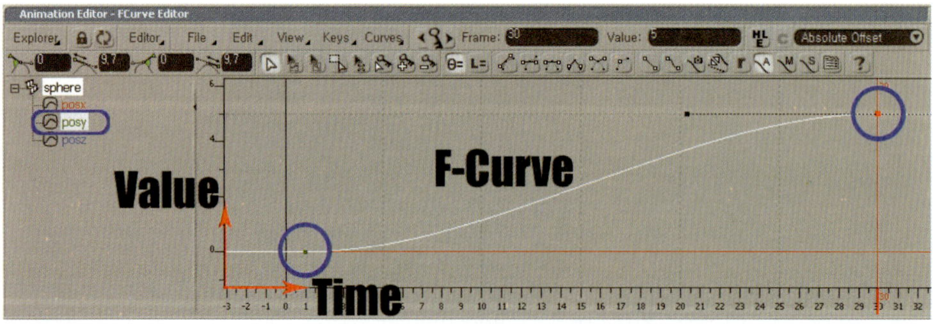


그림 5-146

## 2. Animation Editor 창을 여는 방법

먼저 Pup up형식으로 열고자 할 경우 Work Area에 상관없이 Key 값이 적용된 오브젝트를 선택한 상태에서 단축키[0]을 누르면 된다. 또는 각 Work Area에서 작업 창 선택 모드에 있는 메뉴에 가면 Animation Editor를 선택할 수 있다. 그리고 Dope Sheet 창에서 Key Edit 작업이 끝난 경우 Editor 〉 Animation Editor를 선택하면 바로 Animation Editor 작업 창으로 전환된다.

## 3. Key 값에 대해 수정 / 편집

즉 Key 값의 위치를 이동하거나 Key 값을 삭제하거나 Copy해서 Paste하거나, 전체 영역을 Drag해서 이동하거나 축소하거나 하는 부분은 유사하지만 Dope sheet와 Animation Editor와의 가장 큰 차이점은 Animation Editor는 Key 값의 직접적으로 Key 값과 Value 값의 변형시킬 수 있다는 사실이다. 즉 Animation Editor 창에서의 Curve는 오브젝트의 애니메이션 데이터 값의 변화 값을 보여주는 지시자인 동시에 Key 값을 자지고 있는 데이터 창고인 샘이다.

## 4. View 메뉴

Animation Editor 창에서 F-Curve를 다루는 방법에 대해 알아보도록 한다. 이러한 기능은 메뉴 Bar의 View 메뉴에서 찾을 수 있다(그림 5-147).

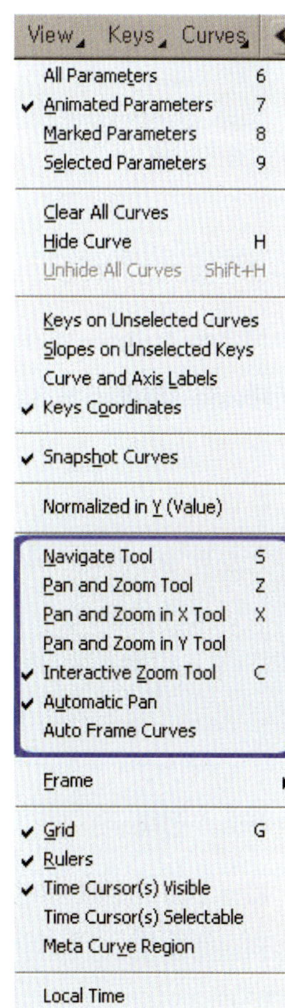

그림 5-147

## 5. F-Curve 컨트롤

Work Area와 같이 F-Curve에 대해 Pan기능과 Zoom in-Out기능(단축키 : K)이 가능하고 Frame all(단축키 : F)기능도 가능하다. 선택한 하나의 F-Curve에 대한 Frame도 가능하고 선택한 Multi F-Curve에 대한 Frame도 가능하다. 그리고 전체 Frame All 기능도 가능하다. 그리고 단축키 S키를 이용하여 Pan기능과 Zoom in-Out기능도 동시에 가능하다. 단축키 : C기능은 Work area에서는 사용되지 않는 키로 F-Curve에 대해서는 컨트롤 기능을 한다. 오른 마우스 키는 Zoom In-Out기능을 하고 가운데 버튼은 Pan의 기능을 하며, 마우스 왼쪽 키는 Interactive Zoom (마우스 Rolling에 따라 F-Curve의 모양이 다양하게 변형이 됨) 역할을 한다. 단축키 : X키 (Pan and Zoom In X Tool)는 Value에 대한 F-Curve의 변화는 없지만 Time에 대해 Zoom in-Out이 가능한 툴이다. Pan and Zoom In Y Tool과는 그 기능이 반대라고 보면 된다. 기본 default로 Automatic Zoom Tool이

Setting되어 있다. 이러한 기능들은 Key 값에는 전혀 영향을 미치지 않고 다만 F-Curve에 대해서만 역할을 수행한다.

## 6. View 〉 Keys on Unselective Curves

View 〉 Keys on Unselective Curves 기능은 선택되지 않은 F-Curve에서도 지정된 Key 값을 확인할 수 있다. Default는 선택된 Parameter나 선택된 F-Curve에 대해서는 적용된 Key 값을 확인할 수 있도록 되어 있다(그림 5-148).

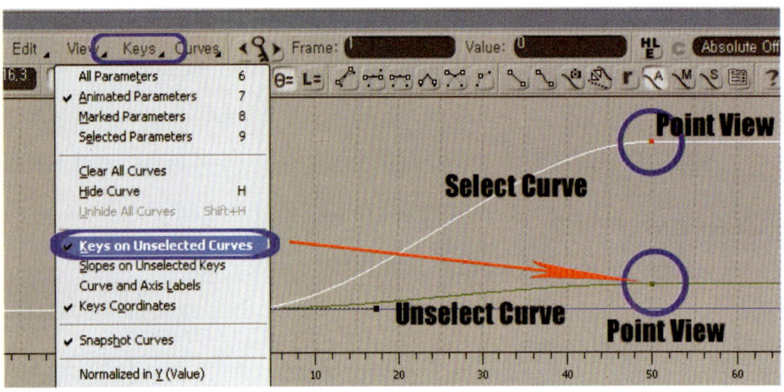

그림 5-148

## 7. F-Curve 속성

다음은 F-Curve가 나타나는 형태에 대해서 알아보기로 한다. 이 메뉴 역시 View에 들어 있다(그림 5-149).

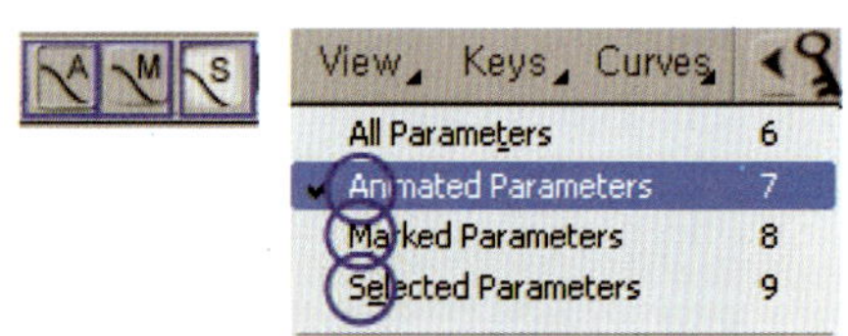

그림 5-149

- View 〉 All Parameter(단축키 : 6) : Animation 적용된 모든 Parameter에 대한 F-Curve 정보 확인
- View 〉 Animated Parameter(단축키 : 7) : Animated Parameter에 대한 F-Curve 정보 확인
- View 〉 Marked Parameter(단축키 : 8) : Marked Parameter에 대한 F-Curve 정보 확인
- View 〉 Selected Parameters(단축키 : 9) : Selected Parameter에 대한 F-Curve 정보 확인

## 8. Key 선택

Key Point 선택 / 이동–F-Curve에서 Key선택은 마우스로 원하는 Key Point를 드래그하면 된다. 멀티선택을 할 경우 선택하고자 하는 모든 Key Point를 드래그 영역 안으로 포함시키도록 한다(그림 5-150).

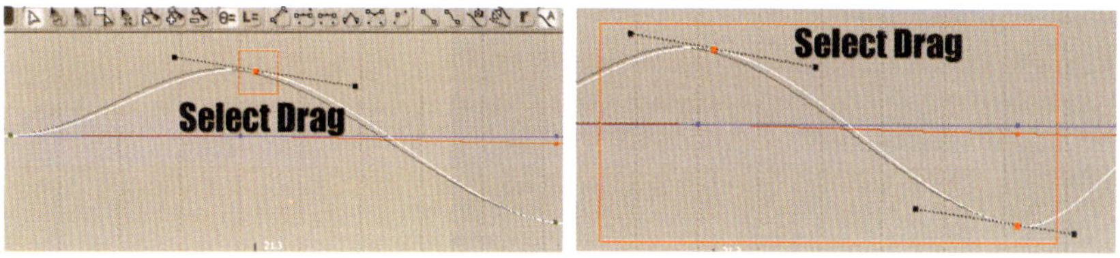

그림 5-150

## 9. Key 이동

Edit 〉 Translate Tool : 선택한 Key Point를 이동하고자 할 경우는 마우스 첫 번째 버튼을 이용해서 선택 및 이동 기능을 수행해도 되고 마우스 가운데 버튼으로 이동을 해도 된다.

## 10. View-Local time

Local Time은 현재 선택된 Key Frame 데이터가 몇 프레임에 해당하는지에 대해 활성화되어 표시된다(그림 5-151).

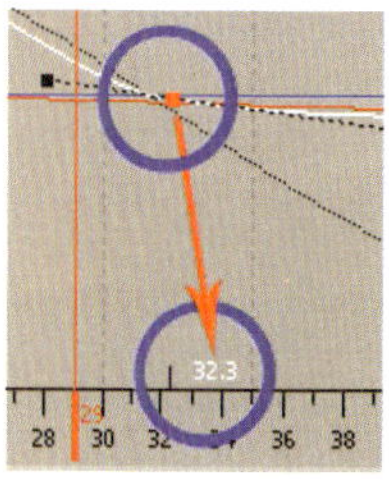
그림 5-151

## 11. Edit 〉 Auto Snap to Frames

보통 Key Frame은 정수단위로 적용이 되는데 Animation Editor 창에서 Key수정을 하다 보면 소수자리까지 Key Frame이 설정되는 경우가 있다. 이럴 경우 Key Frame을 정수단위로 Setting을 고정시키게 되면 작업하는데 도움이 많이 된다. Key Frame를 정수단위로 Snap하는 기능이다.

## 12. Key Region

영역 선택 툴(단축키 : Q) : Dope Sheet에서 영역선택 툴인 Q와 동일한 기능으로 이해하면 된다. 적용된 Key 값의 Time과 Value 값을 전체 영역으로 선택하여 자유롭게 Time과 Value 값을 조절할 수 있다. Key영역의 이동과 Time을 늘이거나 줄이기, Value 늘이거나 줄이는 작업을 통해 한번 적용된 Key 값의 활용도를 높일 수 있다(그림 5-152).

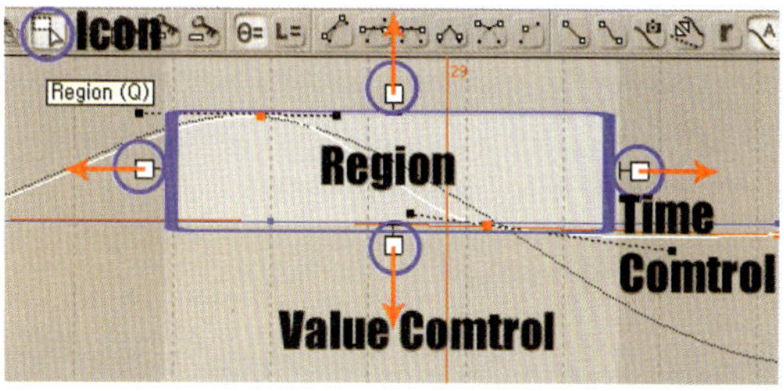

그림 5-152

## 13. Delete Key(단축키 : D)

Setting된 Key 값은 선택을 해서 Delete를 누르면 적용된 Key Point가 사라진다. 또는 Remove Key아이콘을 활용해도 된다.

## 14. Edit 〉 Stretch With Pivot Too

Edit 〉 Stretch With Pivot Too(단축키 : V)은 F-Curve의 Scale 조절 기능이다. Key영역을 스케일 할 경우 원하는 F-curve를 선택하거나 원하는 Key Point를 선택한다. 그리하여 Edit 〉 Stretch With Pivot Tool 명령을 실행한다. 마우스 첫 번째 클릭은 Stretch in X / Y(Free)기능으로 자유롭게 스케일을 늘리거나 줄일 수 있고 마우스 두 번째 버튼은 Stretch Vertically(수직)을 마우스 세 번째 버튼은 Stretch Horizontally (수평)방향으로 스케일 조절을 할 수 있다(그림 5-153).

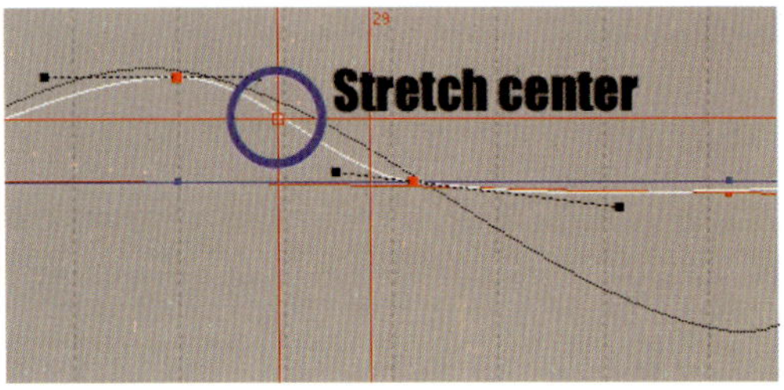


그림 5-153

## 15. Edit Menu

Edit명령 툴에 대해 알아보도록 한다(그림 5-154).

- Cut(단축키 : Ctrl + X) : 선택한 Key를 Cut(잘라내기)하는 기능
- Copy(단축키 : Ctrl + C) : 선택한 Key를 Copy(복사)하는 기능
- Paste(단축키 : Ctrl + V) : Cut이나 Copy한 Key를 Paste(붙여넣기)하는 기능
- Select Tool(단축키 : Y) : Key 선택 기능
- Region Tool(단축키 : Q) : Key 영역 선택 기능
- Select Curve Key(단축키 : Space) : 커브를 선택하는 기능
- Select and Move Curve Tool(단축키 : N) : Curve를 선택하고 이동하는 기능
- VSelect With Priority To Tangents(단축키 : P) : 선택 모드 활성/비활성
- Translation Tool(단축키 : V) : 선택된 Key Point 이동 기능
- Stretch with Pivot Tool(단축키 : B) : 지정된 Pivot을 기준으로 Scale하는 기능

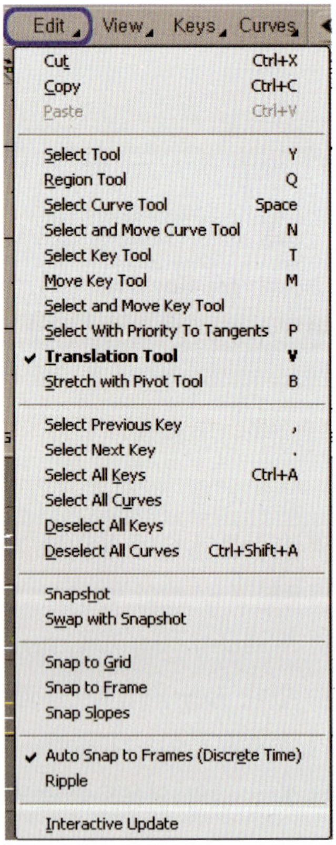


그림 5-154

- Select Previous Key(단축키 : ,) : 선택한 Key의 앞 Key 선택 기능
- Select Next Key(단축키 : .) : 선택한 Key의 다음 Key 선택 기능
- Select All Key(단축키 : Ctrl+A) : Key 전체 선택
- Select All Curve : 모든 커브 선택
- Deselect All Key : 모든 key 선택 해제
- Deselect All Curve(단축키 : Ctrl+Shift+A) : 모든 커브 선택 해제
- Snap Shot : 변형된(수정된) 커브로 Setting
- Swap with Snap Shot : 수정된 커브로 이동 또는 원래 커브로 다시 이동
- Snap to Grid : Grid에 Snap시키는 기능
- Snap to Frame : Frame에 Snap시키는 기능
- Snap Slope : Slop을 좌 / 우 Snap시기는 기능
- Auto Snap to Frame : Frame정보 활성화 기능
- Ripple : Ripple이 활성화되어 있을 경우 선택한 Key이동시 그 이하의 모든 Key도 동시에 이동한다.

## 16. Key Value or Time값 추가

Key편집에서 만약 선택된 Parameter의 Curve의 전체 Value값을 5를 높여 주고자 할 경우 적용할 모든 Key를 선택한 다음 Value Text모드에서 "5+"를 쓰고 Enter를 친다. 그러면 선택된 모든 Key는 Value가 5가 추가되어 설정된다. 이 기능은 Value값의 수정과 함께 Frame에도 동일하게 적용할 수 있다. 그리고 만약에 Key의 값을 배수로 변형을 주고자 할 경우는 "2*"를 사용해 주도록 한다. Frame적용도 마찬가지로 할 수 있다(그림 5-155).

그림 5-155

## 17. Key Lock

다음은 Key Lock하는 방법에 대해 알아보도록 한다. Animation Editor에는 Key 값에 대해 Value와 Time에 대해 각각 Lock(고정 : 불변)를 하는 방법이 있다. Lock명령을 실행시킬 수 있는 방법은 메뉴 바에서 Key메뉴 또는 선택한 Key Point의 마우스 오른쪽 클릭을 통해 나타나는 Pop up 메뉴를 통해 실행할 수 있다. 먼저 Lock in X를 실행할 경우 Time에 대한 임의 이동 및 변경은 할 수 없다. 그러므로 선택한 Key를 수정할 때 시간(Time)을 고정시키고 작업을 하고자 할 경우 사용할 수 있는 명령어이다(그림 5-156).

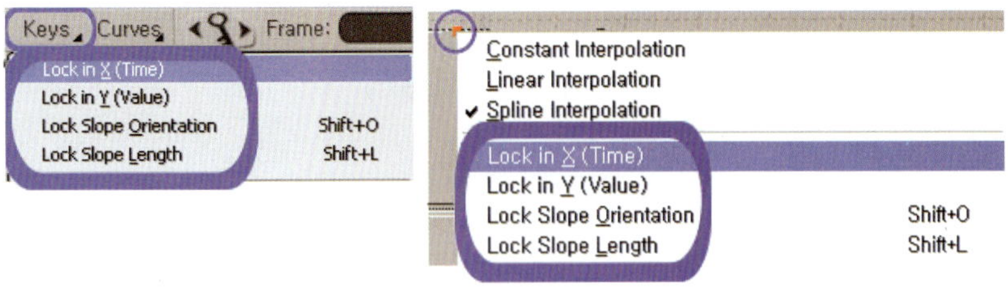


그림 5-156

또는 Value 값을 고정시킨 상태에서 Time에 대한 수정을 하고자 할 경우는 Lock in Y를 통해 할 수 있다.

- Lock in X : Time은 고정시키고 Value 수정하고자 할 경우 사용
- Lock in Y : Value은 고정시키고 Time 수정하고자 할 경우 사용
- Lock Slop Orientation : Key의 Slop의 회전이 되지 않고 길이(Length)만 조절할 수 있다.
- Lock Slop Length : Key의 Length는 조절되지 않는 상황에서 회전의 컨트롤만 할 수 있도록 Setting한다.

이 명령어는 선택한 Key에만 적용되는 것이 아니고 선택한 영역전체에도 활용 가능하다(그림 5-157).

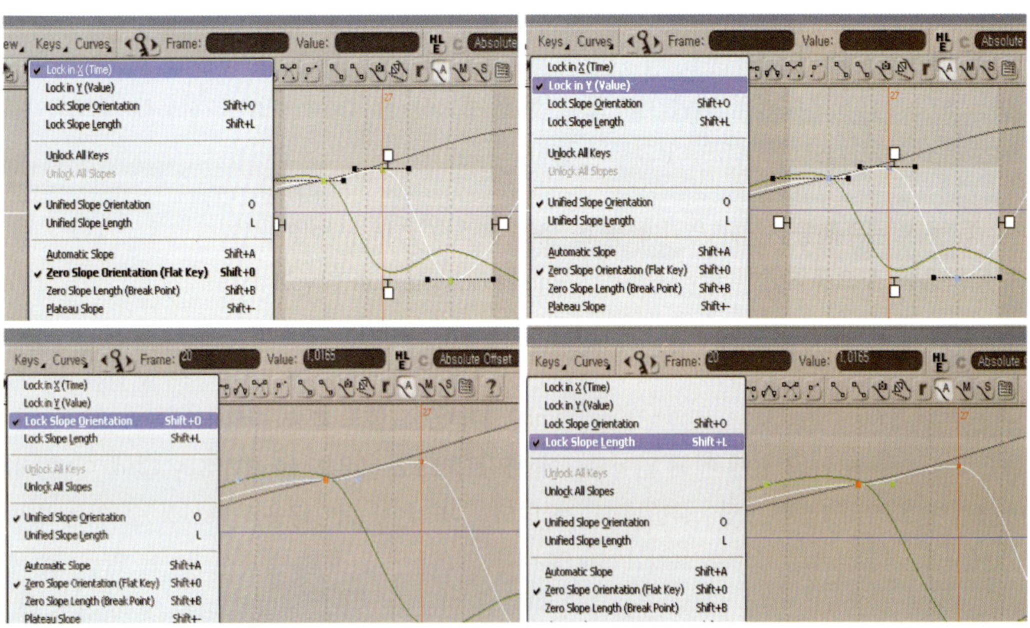


그림 5-157

## 18. Key 추가 / 삭제

다음은 Key를 첨가하거나, 삭제 또는 편집할 수 있는 기능에 대해 알아보도록 한다. 먼저 필요한 Frame에 Key를 추가하고자 할 경우 Add Key아이콘을 클릭하거나 (단축키 : I)를 선택한다. 그리고 Key추가를 원하는 프레임에 클릭한다. 그리고 불필요한 Key를 삭제하고자 할 경우는 Delete Key아이콘을 선택하거나 (단축키 : D)를 선택한다. 메뉴 창에서는 Key메뉴 아래에 해당 명령어들이 있다(그림 5-158).

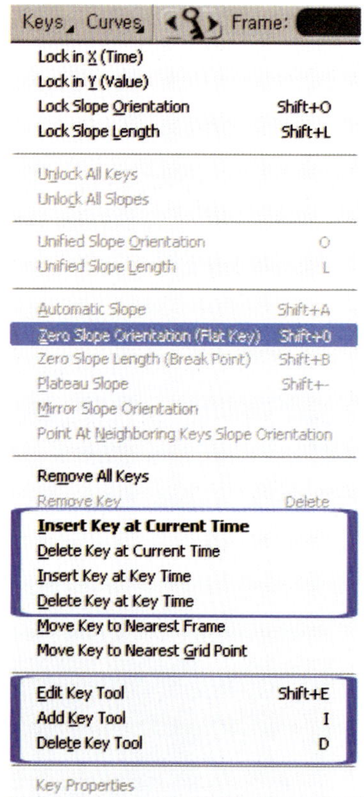

그림 5-158

## 19. Key Edit(단축키 : Shift+E)

Key 편집 툴 기능은 다양하다. 마우스 첫 번째 버튼은 Select 모드(Key, Curve, Slop)이고 두 번째 버튼은 Add Key, 세 번째 버튼은 Delete Key이다.

**20.** Key Copy(단축키 : Ctrl+C) : Key Copy 기능

**21.** Key Paste(단축키 : Ctrl+V) : Key Paste 기능

**22.** Key Cue(단축키 : Ctrl+X) : Key Cut 기능(그림 5-159)

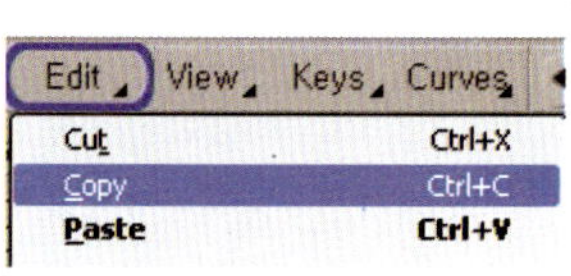

그림 5-159

## 23. Key 값의 전이

오브젝트에게 정해진 Key 값을 다른 오브젝트에게 Key 데이터를 전이시키는 방법에 애해 알아보도록 한다.

### (1) 오브젝트 복사

Key가 적용된 object를 복사(Ctrl+D)를 하게 되면 원본 데이터의 Key 값이 그대로 복사된다.

### (2) F-Curve복사

Key 값이 적용된 오브젝트의 Parameter의 Key를 복사(Ctrl+C)해서 다른 오브젝트의 Parameter Curve에 Key를 Paste(Ctrl+V)하도록 한다.

예를 들어 Sphere에 있는 Key 값을 Cube에 전이시키고자 한다면 먼저 Sphere의 F-Curve에서 복사하고자 하는 Parameter를 선택한다. (모든 커브의 Key 값을 복사할 수 있다). 선택된 Parameter Curve의 Key 값을 선택한다. 그리고 Cube를 선택해서 Key 값을 전이시키고자 하는 Parameter에 Key 값을 준다. 그리고 F-Curve를 선택한다. 마지막으로 Key를 Paste(Ctrl+V)하도록 한다(그림 5-160).

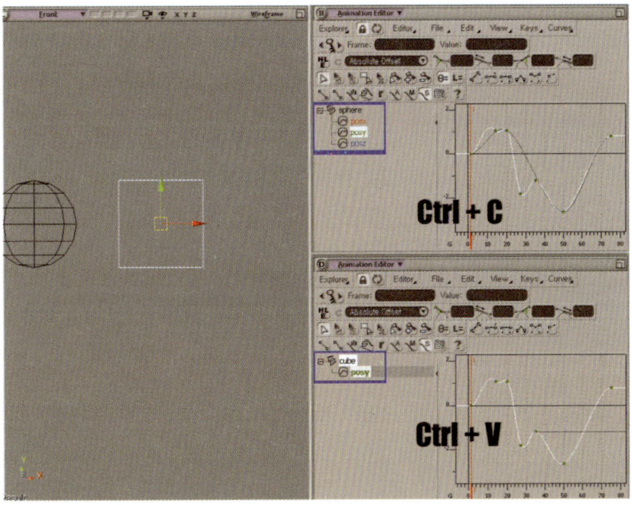

그림 5-160

## 24. Swap Curve

Swap Curve기능은 F-Curve를 수정을 하게 되면 수정하기 전의 Curve와 수정한 후의 Curve를 서로 비교하면서 작업을 할 수 있도록 하는 기능이다(그림 5-161).

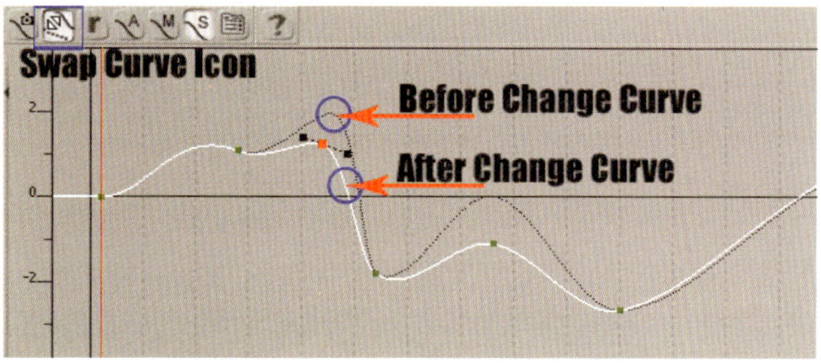

그림 5-161

## 25. Snap Shot

수정 전 또는 수정 후 생성된 Curve 중에서 최종 선택된 Curve만 Animation Editor 창에 존재하게 한다(그림 5-162).

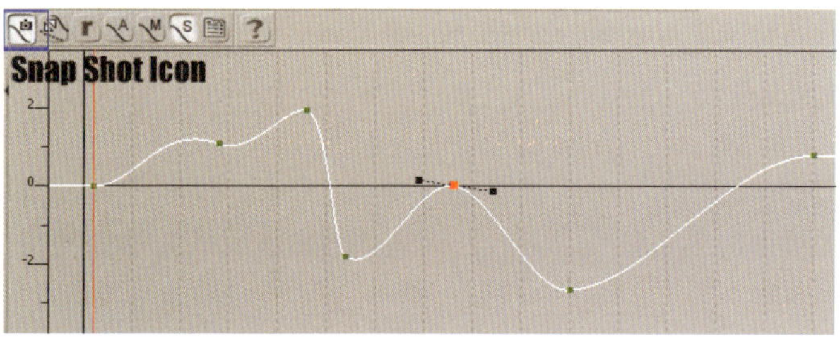

그림 5-162

## 26. Slop Control

이번에는 Slop Control하는 방법에 대해 알아보도록 한다. Slop는 Key Point 생성과 함께 동시에 생성이 되며 Key활성화와 함께 동시에 활성화된다. Key를 중심으로 F-Curve의 앞과 뒤의 모양을 컨트롤하므로 애니메이션의 결과와 아주 밀접한 관계를 가지고 있다.

### (1) Slop선택

Slop 선택은 마우스 클릭을 한다. 그리고 Slop은 통상 좌/우 두 개의 Slop가 동시에 생성되므로 좌/우 각각 선택이 가능하다(그림 5-163).

그림 5-163

### (2) Slop 회전 / 길이 조절

Slop은 선택한 다음 회전을 통해 F-Curve의 모양 수정이 가능하고 동시에 길이 조절을 통해서도 F-Curve의 모양 조절이 가능하다.

### (3) Unified Slop Orientation(단축키 : O)

기본적으로 Default상태에서 Slop는 좌우 회전각이 동일하게 움직인다. 만약 한쪽 Slop만 회전을 하고 싶을 경우 사용하는 기능이다. 이 기능을 활성화하게 되면 Key를 기준으로 한쪽 Slop만의 회전할 수 있어서 F-Curve의 앞과 뒤의 모양을 따로 컨트롤할 수 있다(그림 5-164).

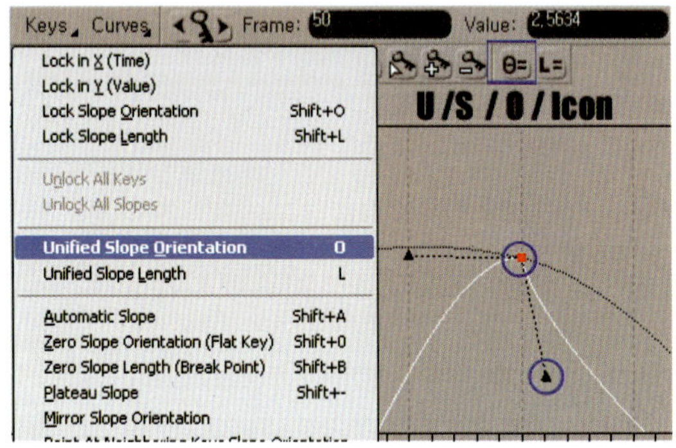

그림 5-164

### (4) Unified Slop Length(단축키 : L)

기본적으로 Default상태에서 Slop는 좌우 길이 값이 동일하게 움직인다. 만약 한쪽 Slop만 이동을 하고 싶을 경우 사용하는 기능이다. 이 기능을 활성화 하게 되면 Key를 기준으로 한쪽 Slop만의 이동할 수 있어서 F-Curve의 앞과 뒤의 모양을 따로 컨트롤할 수 있다(그림 5-165).

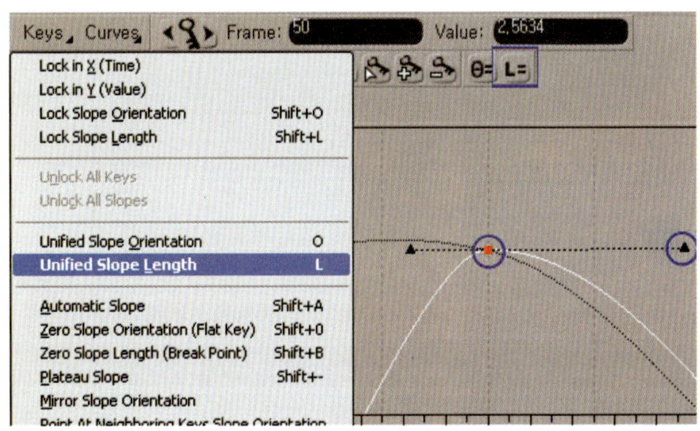

그림 5-165

### (5) Automatic Slop(단축키 : Shift + A)

Slop의 길이와 회전 Control을 대칭 상태로 다시 되돌려 놓을 때 사용하는 기능

### (6) Zero Slop Orientation(Flat Key)(단축키 : Shift + 0)

Slop의 회전 값을 Zero "0"으로 Setting하는 기능(그림 5-166)

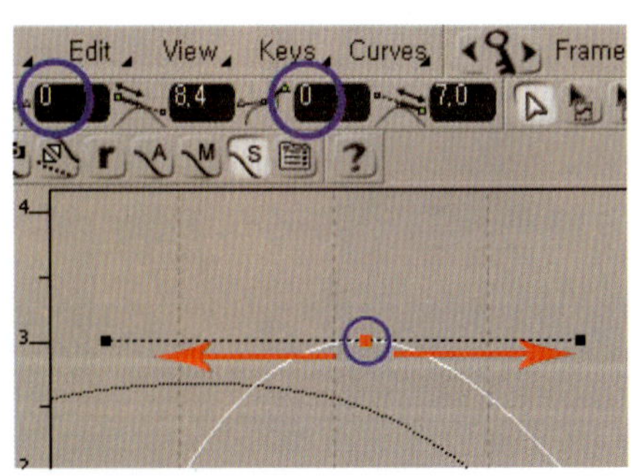

그림 5-166

#### (7) Zero Slop Length(Break Point)(단축키 : Shift + B)

Slop기능을 Mute시킨다. 선택된 Key Point 앞과 뒤의 Curve의 형태에 따라 Slope Control이 없어진다(그림 5-167).

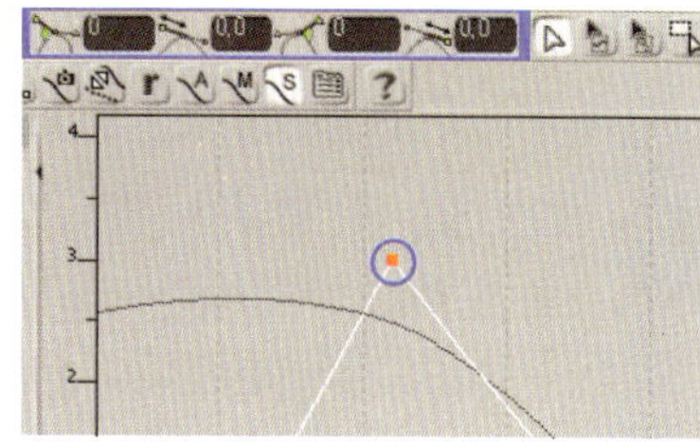

그림 5-167

#### (8) Lock Slop Orientation

Key의 Slop의 회전이 되지 않고 길이(Length)만 조절할 수 있다.

#### (9) Lock Slop Length

Key의 Length는 조절되지 않는 상황에서 회전의 컨트롤만 할 수 있도록 Setting한다(그림 5-168).

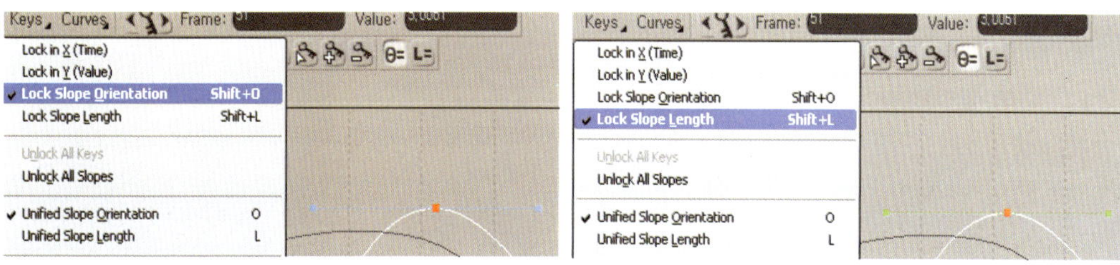


그림 5-168

#### (10) Plateau Slop

선택된 두 개 이상의 Slop를 서로 나란하게 만들어 주는 기능

#### (11) Mirror Slop Orientation

한쪽의 Slop를 회전 컨트롤할 경우 다른 쪽 Slop은 자동으로 동일하게 회전 컨트롤되는 기능(그림 5-169)

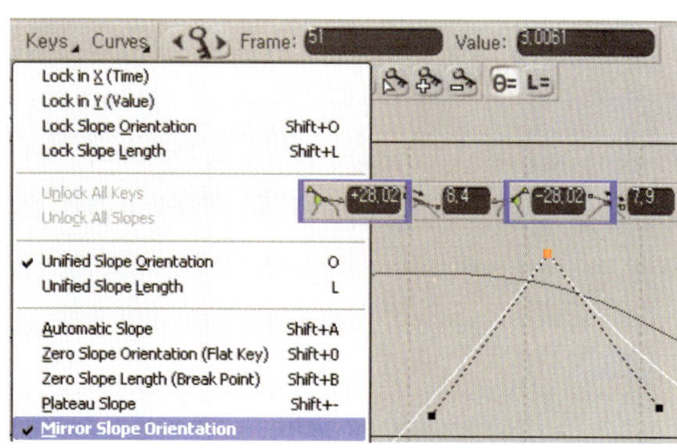


그림 5-169

### (12) Point at Neighboring Keys Slope Orientation

선택된 Key Point의 좌/우 Curve의 모양에 맞추어 Slop의 형태가 자동으로 변형되는 기능(그림 5-170)

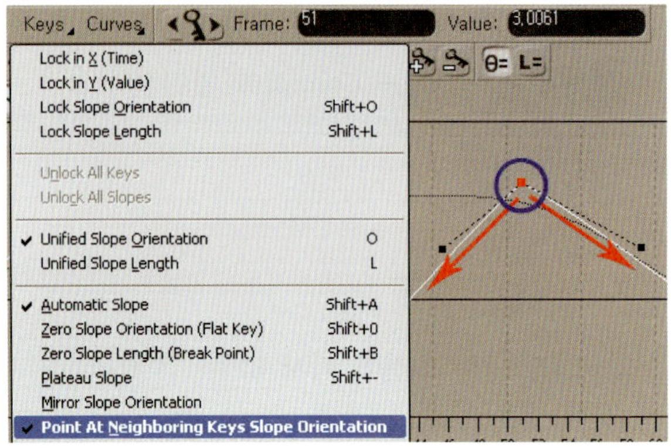

그림 5-170

## 27. Flip Curve

- Flip X(Time) : Time 값이 반대로 나타난다.
- Flip Y(Value) : Value 값이 반대로 나타난다(그림 5-171).

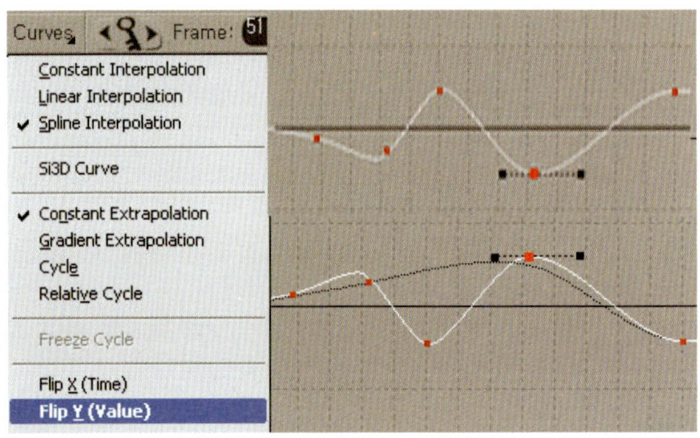

그림 5-171

## 28. Key Transform

지정된 Key 값에 추가적으로 Time 값과 Value 값의 변형을 주고자 할 경우 사용하게 된다. Default에는 나타나지 않기 때문에 Animation Editor의 메뉴 바 위에 마우스 오른쪽을 클릭한 다음 비활성화되어 있는 transform 명령어를 활성화한다(그림 5-172).

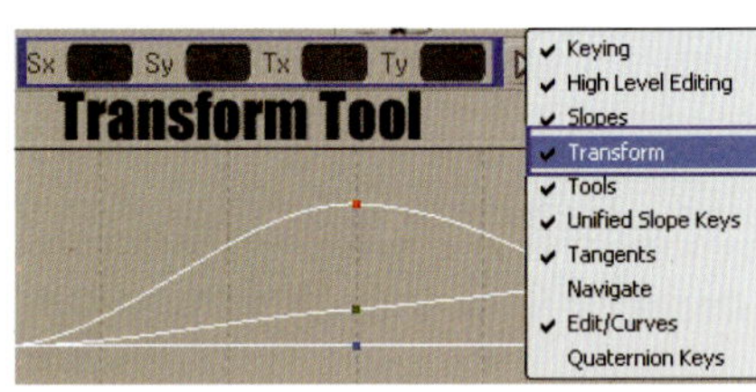

그림 5-172

- Sx : 선택된 Time Curve가 Text 모드에 기록한 숫자만큼 배수로 증가(Scale)한다.
- SY : 선택된 Value Curve가 Text 모드에 기록한 숫자만큼 배수로 증가(Scale)한다.
- Tx : 선택된 Time Curve가 Text 모드에 기록한 숫자만큼 정수로 증가(Scale)한다.
- Ty : 선택된 Value Curve가 Text 모드에 기록한 숫자만큼 정수로 증가(Scale)한다.

## 29. Ripple

Ripple 기능이 활성화되었으면 임의의 Frame에 Key Point를 추사 / 삭제시 첨가된 key만큼 그 이하 Key Frame이 밭아서 자동으로 뒤로 이동을 하게 된다(그림 5-173).

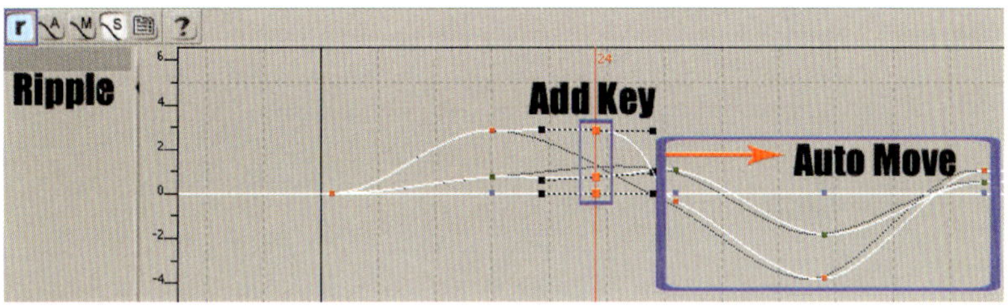


그림 5-173

## 30. HLE( = High Level Editing)

애니메이션 데이터의 속성을 가지 F-Curve를 하나의 전체 Control로 묶어서(OFF SET) 이동 및 스케일을 통해 애니메이션 데이터를 수정 / 편집을 한다.

### (1) Absolute Offset

선택된 전체 Key 값을 가진 F-Curve를 하나의 컨트롤 라인으로 Reset하여 새로운 Control Curve를 생성하게 된다. Absolute Offset은 그 중 하나의 방식으로 새로 생성된 Control Curve를 이동을 통해 애니메이션 전체의 흐름을 수정 및 편집을 한다(그림 5-174).

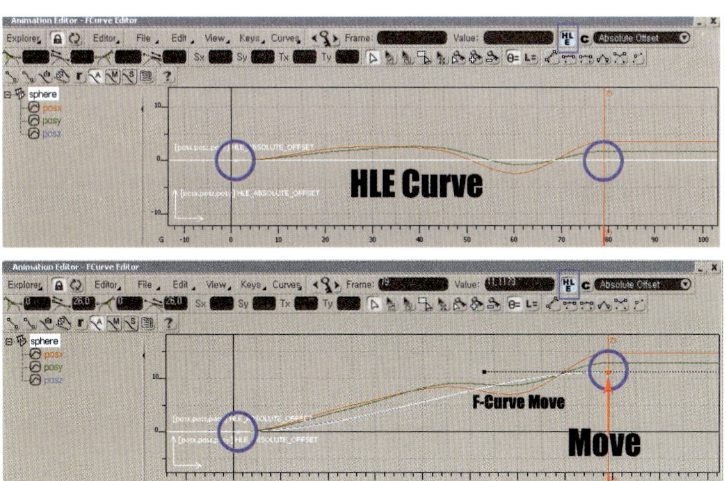


그림 5-174

### (2) Absolute Scale

Absolute Scale은 새로 생성된 Control Curve를 스케일 형태를 통해 애니메이션 전체의 흐름을 수정 및 편집을 한다(그림 5-175).

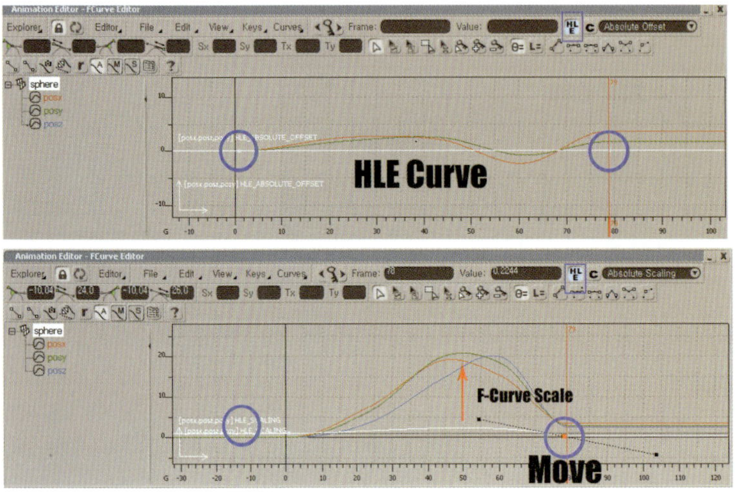


그림 5-175

### (3) Relative Offset

Relative Offset은 새로 생성된 Control Curve가 기존의 F-Curve와 동일한 형태로 새로 하나가 만들어지는데 이때 생성되는 컨트롤 Curve는 기존의 F-Curve의 형태를 자유자재로 수정 및 편집이 가능한 Curve다(그림 5-176).

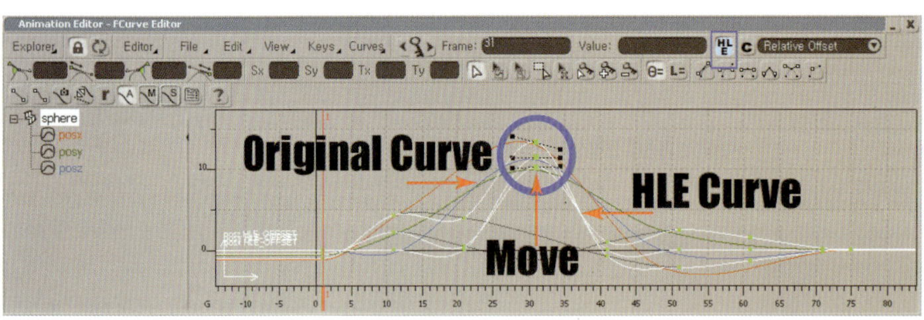


그림 5-176

## 31. F-Curve Cycle

생성된 Key 데이터가 일정 프레임동안 동일한 패턴으로 지속적인 애니메이션을 해야 할 경우 잘 수정된(완성된) F-Curve가 있으면 Cycle명령을 통해 간단하게 해결할 수 있다(그림 5-177).

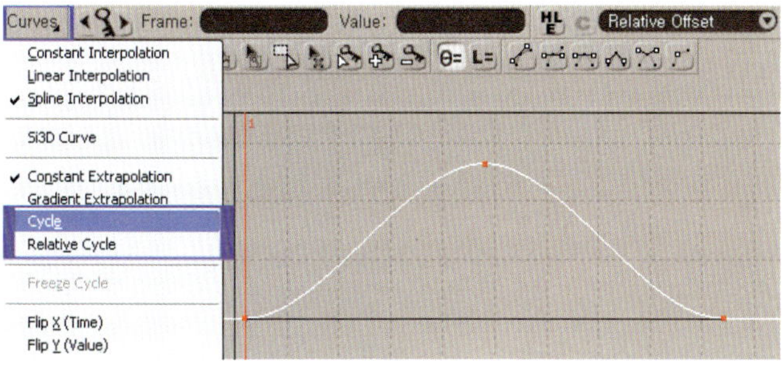


그림 5-177

### (1) Cycle

진행형이 아닌 제자리에서 지속적인 애니메이션이 반복되는 형태일 경우 사용한다(그림 5-178).

### (2) Relative Cycle

진행형의 반복, 즉 지속적인 진행의 패턴을 보이는 애니메이션의 경우 Relative Cycle의 명령을 사용한다(그림 5-178).

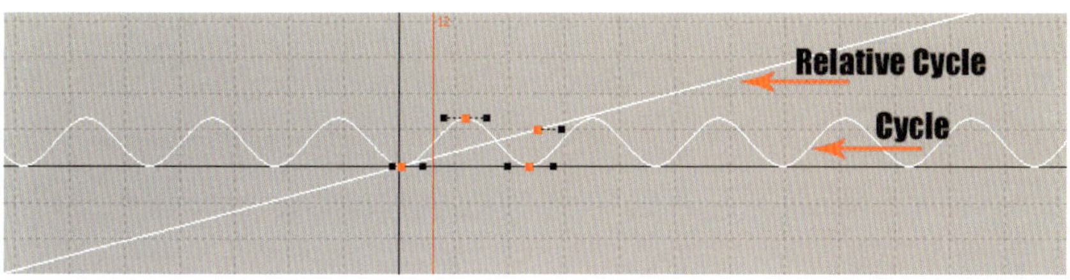


그림 5-178

## 5-2-4 Animation with Constrain

XSI에서 두 개 혹은 그 이상의 오브젝트사이의 관계를 설정해 주는 기능 중 하나로 다양한 형태로 사용이 가능하다. 모든 Constrain관계의 기준점은 Center이다. 간략하게 몇 가지 중요한 기능들에 대해 살펴보도록 한다(그림 5-179).

- Constrain 〉 Position : 두 오브젝트간의 위치 값을 구속(일치 – 이때 일치점의 기준은 두 오브젝트간 Center가 된다) Constrain 적용을 위한 작업 순서는 먼저 구속당할 오브젝트를 선택하고 명령어를 실행하고 구속할 오브젝트를 선택하면 된다. 다시 정리하면 ① 오브젝트 선택, ② Constrain 〉

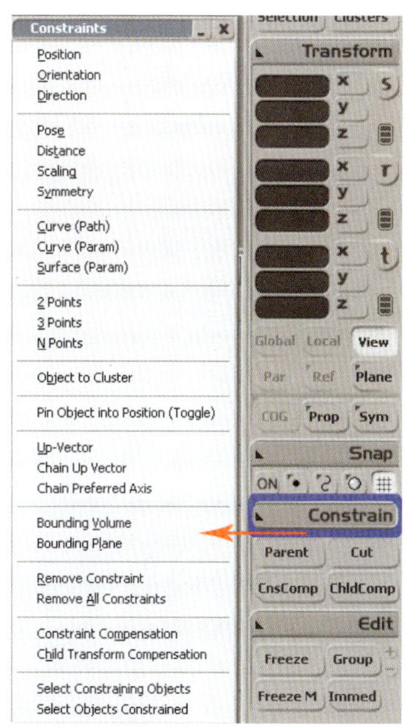


그림 5-179

Position 명령어 클릭, ③ 기준 오브젝트 선택을 하면 된다.

- Constrain 〉 Orientation : 두 오브젝트간의 회전 값을 일치시키기 위한 구속력 지정
- Constrain 〉 Direction : 두 오브젝트간의 방향 값을 일치시키기 위한 구속력 지정
- Constrain 〉 Direction : 두 오브젝트간의 Pose(SRT)을 일치시키기 위한 구속력 지정
- Constrain 〉 Distance : 두 오브젝트간의 항상 일정한 거리를 유지시키기 위한 구속력 지정
- Constrain 〉 Scaling : 두 오브젝트간의 스케일 값을 일치시키기 위한 구속력 지정
- Constrain 〉 Symmetry : 지정된 Center축을 기준으로 두 오브젝트가 동일한 SRT의 변화 값을 공유하도록 지정
- Constrain 〉 Curve(Path) : 오브젝트와 Path와의 관계 설정(Path Animation)
- Constrain 〉 Curve(Param) : 오브젝트의 설정되어진 Parameter와 Path와의 관계 설정(Path Animation)
- Constrain 〉 Surface(Param) : Surface mesh 오브젝트를 사용하여 두 오브젝트의 표면에 대한 관계설정, 즉 표면의 형태에 따라 움직이도록 지정하는 기능
- Constrain 〉 2 Point : 어떤 오브젝트를 다른 두 개의 오브젝트 Center에 항상 위치하도록 Setting하고자 할 경우 사용
- Constrain 〉 3 Point : 어떤 오브젝트를 다른 세 개의 오브젝트 Center에 항상 위치하도록 Setting하고자 할 경우 사용
- Constrain 〉 N Point : 어떤 오브젝트를 다른 N개(개수와 무관)의 오브젝트 Center에 항상 위치하도록 Setting하고자 할 경우 사용
- Object to Cluster : 선택한 오브젝트가 지정된 Cluster의 Center 기능을 수행할 수 있도록 Setting
- Up-Vector : 지정된 위치에서 두 오브젝트를 동시에 컨트롤할 수 있도록 Setting된 컨트롤러
- Chain Up-Vector : 연결된 두 개 이상의 Bone의 동일한 방향으로 이동시 사용하는 컨트롤러
- Bounding Volume : 일정한 볼륨을 유지한 상태에서 작업 수행
- Bounding Plan : 어느 지정된 면을 기준으로 Bouncing되도록 설정
- Remove Constrain : 설정된 Constrain 관계 제거
- Remove All Constrain : 설정된 모든 Constrain 관계 제거
- Select Constraining Object : 오브젝트 중 Constrain 기준 오브젝트 선택시 사용
- Select Object Constrained : 오브젝트 중 Constrain 적용 오브젝트 선택시 사용

### 5-2-5 Animation Editor기능을 활용한 Path & Plot Animation

다음은 애니메이션 종류 중에서 오브젝트나 Parameter에 직접 Key를 주는 방법이 있고, 지정된 방향이나 모양대로 Curve를 그려서 오브젝트로 하여금 그 Curve를 따라 애니메이션할 수 있도록

Setting하는 Path Animation이 있다. 지금부터 Path 애니메이션 제작의 방법과 원리에 대해 설명하기로 한다.

**1** 먼저 Path 애니메이션을 제작하기 위해서 필요한 요소는 애니메이션을 제작할 오브젝트와 그 오브젝트를 이동할 수 있는 Path가 필요하다. Path 애니메이션 적용하는 순서는 먼저 1) 오브젝트를 선택하고, 2) Animate Tool bar에 있는 Path 〉 Set Path 명령어를 적용한 다음, 3) 지정된 Path를 선택한다.

**2** Poly mesh 〉 Sphere를 꺼낸다.

**3** Sphere를 이동시킨 커브를 하나 꺼낸다.

**4** Animate 〉 Curve 〉 Draw Cubic by Knot Points 명령을 실행하고 임의의 Path를 하나 그린다(그림 5-180).

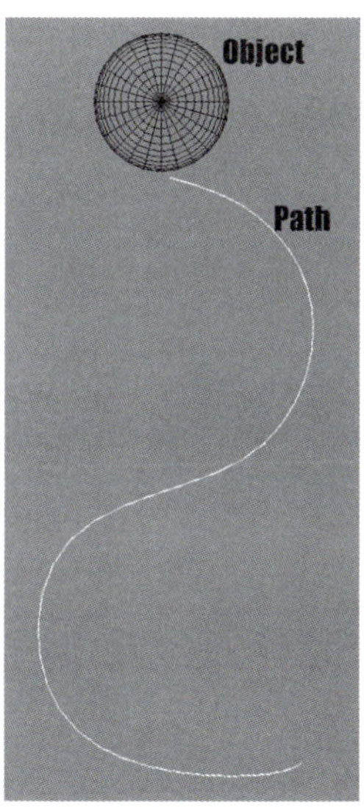


그림 5-180

**5** 오브젝트를 선택하고 Path 〉 Set Path 명령어를 적용한다.

**6** 이때 Path animation이 적용되기 전에 속성 창이 나타난다. Path animation 전용 속성 창이 아니다(그림 5-181).

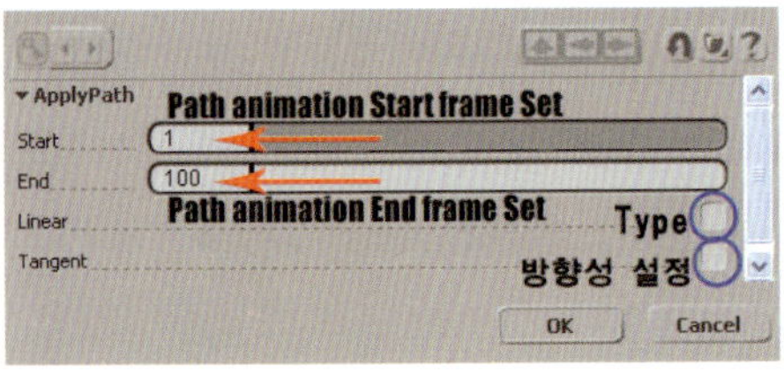


그림 5-181

**7** "OK"와 동시에 Pick 아이콘이 생성되는데 이때 Path를 선택하면 일단 Path animation적용은 완료된다. 이제 Path animation의 속성 창에서 몇 가지 중요한 기능에 대해 알아보도록 한다(그림 5-182).

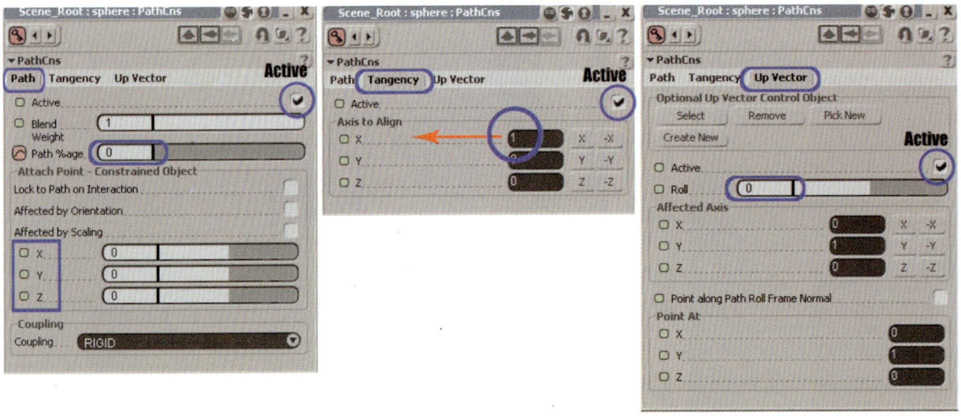


그림 5-182

- Active : 각 명령(기능) Tap마다 활성/비활성에 대한 옵션이다.
- Path 〉 Blend Weight : 오브젝트가 Path를 따라 Path animation을 하는데 있어서 가중치를 얼마나 줄 것인가에 대한 옵션이 있다.
- Path % age : 설정된 100frame내에서 가중치 100%을 기준으로 Path와 오브젝트의 애니메이션 간의 연결된 애니메이션 수치(%) 컨트롤이다. 기본적으로 자동으로 Key가 setting된다.
- Path 〉 Lock to Path on Interaction : 정해진 방향으로 축이 Lock이 되면서 오브젝트 자체의 회전값을 통해 일정한 방향성을 유지한다(그림 5-183).

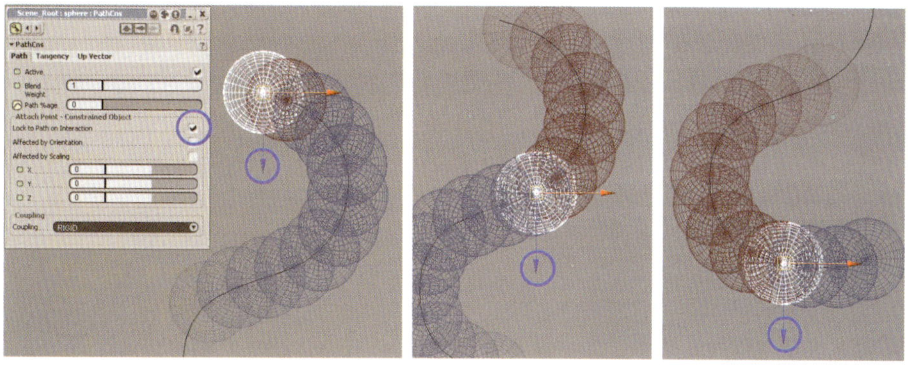

그림 5-183

- X, Y, Z : Path를 기준으로 오브젝트를 이동하면서 Path animation의 결과를 확인할 수 있다.
- Tangency : Path를 따라 이동하는 오브젝트의 방향성을 설정하는 명령 Tap이다. X, Y, Z 각각 기준 값은 1이다. 그 값을 설정해주는 축의 방향으로 Path를 따라 애니메이션이 된다. −X, −Y, −Z는 정방향(원래 진행방향)에서 역방향(반대방향)으로 진행을 하도록 한다.
- Up vector : Affected Axis : 오브젝트를 어느 한 점을 기준으로 컨트롤할 수 있도록 한다. 그 기준 점은 X, Y, Z Tap에서 정수 0(비적용)과 1(적용)사이에서 선택을 해주면 된다.
  Point at : 직진시보다 회전을 하는 곳에서 선택된 축을 기준으로 회전 값을 주고자 하는지 그렇지 않은지에 대한 선택사항이다(그림 5-184).

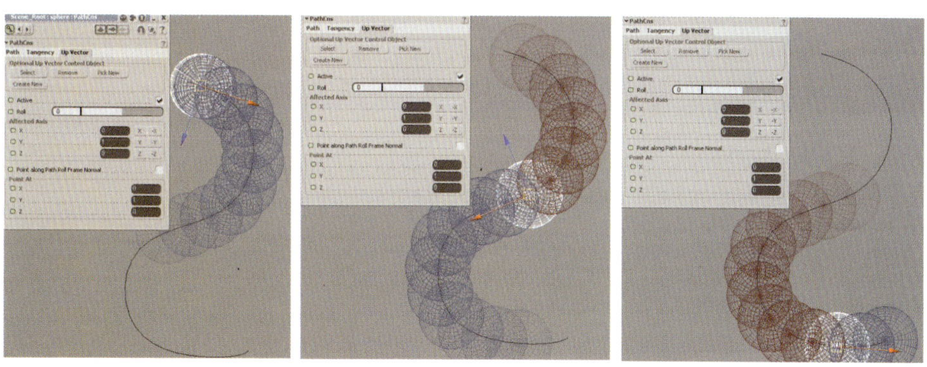

그림 5-184

- Point at : curve를 따라 이동을 함에 있어서 방향성이 계속 유지되는 경우가 있고, 방향이 반대로 돌아가야 하는 경우들이 있다. 이 경우 원하는 축을 기분으로 회전을 하면서 Key 애니메이션이 제작된다면 상당히 고무적이다.
- Roll : 기준 값 "0"을 중심으로 좌/우 Rolling 회전 값을 가질 수 있다.

**8** Path animation의 정보는 Explorer 창에서 해당 오브젝트의 Kinematics 〉 Constraints 〉 Path Cns가 있다. 이 명령을 클릭하거나 아이콘을 두 번 클릭하면 조금 전 만들어졌던 Path animation의 속성 창이 다시 나타나게 된다(그림 5-185).

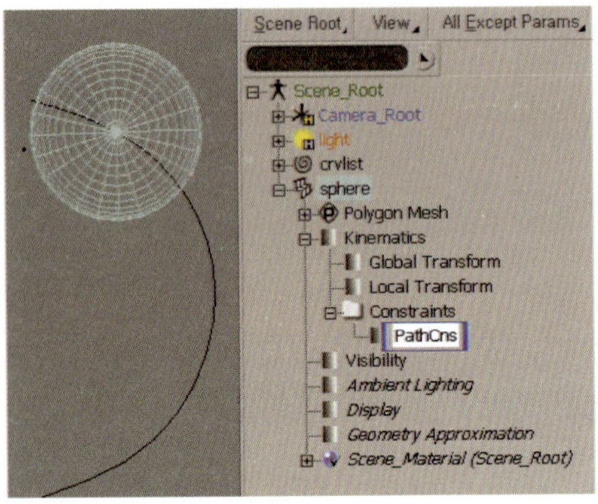

그림 5-185

**9** 이제 Path를 따라 움직이는 Sphere를 선택하고 Animation Editor[0]를 연다(그림 5-186).

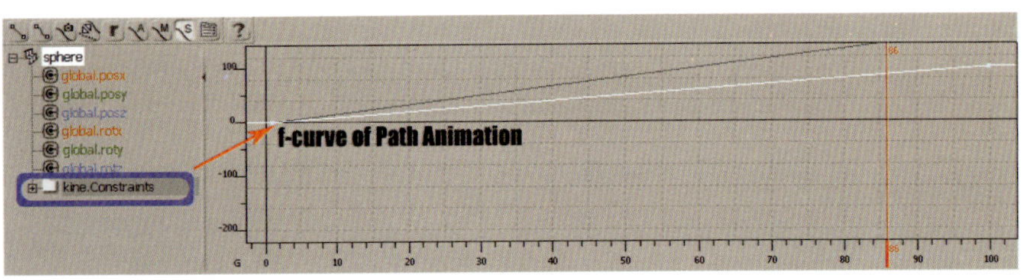

그림 5-186

**10** 생성된 Path animation F-Curve는 slope의 움직임을 이용해 Path animation의 속도 조절이나 모양 변경 등의 편집이 가능하다(그림 5-187).

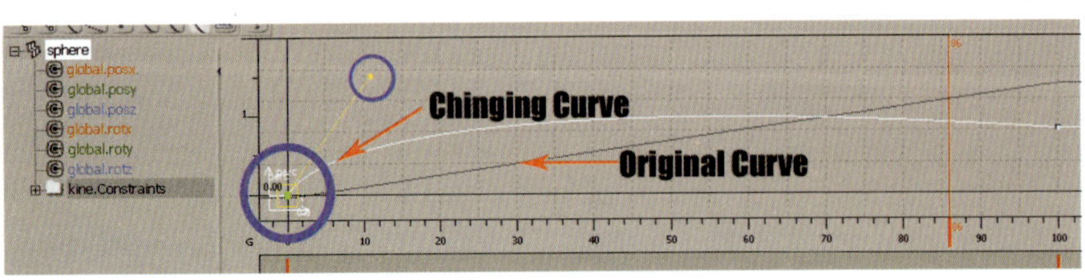

그림 5-187

**11** Plot : 오브젝트에게 적용된 Animation data를 Key 프레임 데이터로 전환시켜 주는 기능을 한다. 해당되는 요소와 주요 기능에 대해 살펴보도록 한다(그림 5-188).

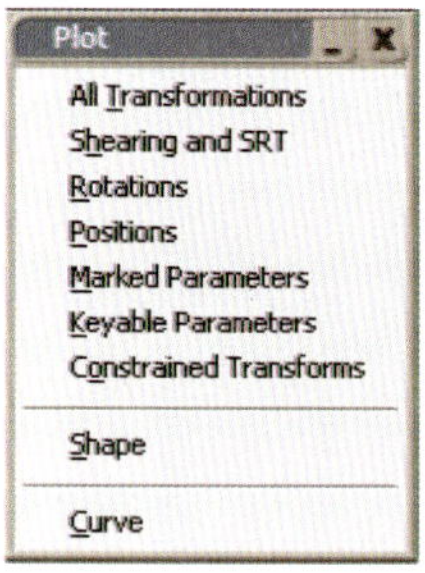


그림 5-188

- All Parameters : 애니메이션 데이터가 모든 Parameter에 적용된 경우 사용
- Sharing and SRT : S(Scale), R(Rotation), T(Transition) 각각에 대한 애니메이션 데이터를 활용할 경우 사용
- Rotation : R(Rotation)에 적용된 애니메이션 데이터만을 사용할 경우 사용
- Position : T(Position)에 적용된 애니메이션 데이터만을 사용할 경우 사용
- Marked Parameters : Marked Parameters에 적용된 애니메이션 데이터만을 사용할 경우 사용
- Keyable Parameters : Keyable Parameters 에 적용된 애니메이션 데이터만을 사용할 경우 사용
- Constrain Transforms : Constrain Transforms에 적용된 애니메이션 데이터만을 사용할 경우 사용
- Shape : Shape(형태변화) 애니메이션 데이터를 활용할 경우 사용
- Curve : 애니메이션 데이터를 커브 형태로 만들어 내고자 할 경우 사용

**12** Sphere에 적용된 Path 애니메이션 데이터를 Plot시켜서 편집을 해보도록 한다. 먼저 오브젝트를 선택하고 애니메이션된 Parameter를 선택한다. 여기서 position값의 이동이기 때문에 (Path 애니메이션의 기본은 위치 값의 변화를 기준으로 함) Position X, Y, Z를 멀티 선택을 한 다음 Plot 〉 Marked Parameters 명령을 실행한다. 명령을 실행하게 되면 Plot Animation 속성 창이 나타난다. 여가서 원하는 프레임을 설정해 주고, 애니메이션 F-Curve의 형태를 설정해 줄 수 있다. "OK"를 누르면 Path 애니메이션 데이터가 속성 창에서 설정해준 Option대로 Key 애니메이션 데이터로 전환이 된다. Time Line과 F-Curve에서 확인할 수 있다. Plot 속성 Frame Step Value를 1frame으로 설정을 했기 때문에 1Frame간격으로 Key 값이 설정된다. 그리고 Path animation 데이터를 그대로 두겠다고 설정을 했기 때문에 Path animation 데이터도 그대로 존재해 있다(그림 5-189).

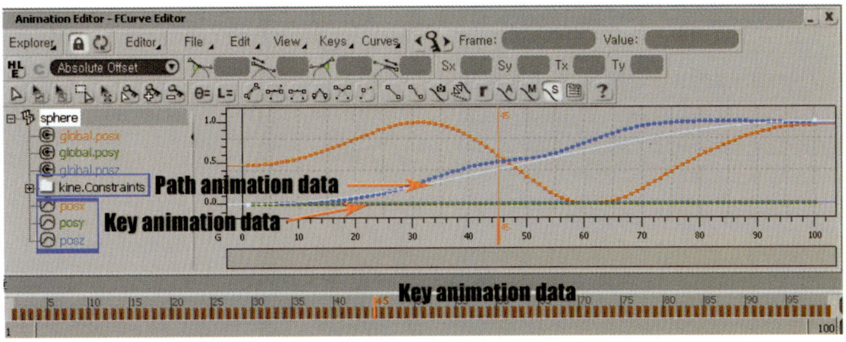

그림 5-189

**13** Plot Animation data 속성 창은 제작된 Plot Animation data를 최적화하도록 한다. 이때 사용할 수 있는 F-Curve기능에 대해 알아보도록 한다(그림 5-190).

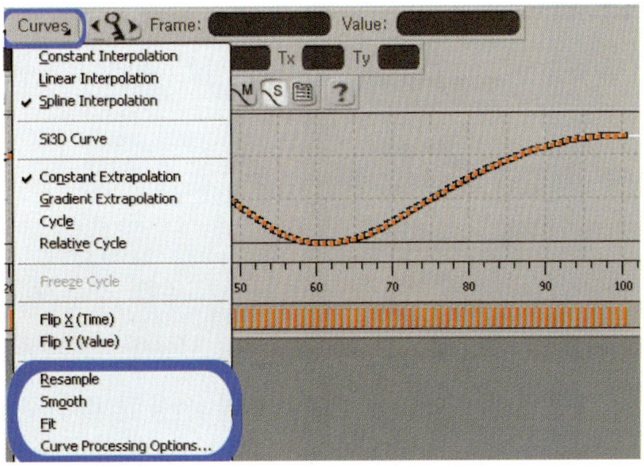

그림 5-190

- Resemble : F-Curve에 존재하는 Key Frame의 수를 조절해 준다. Option 값에 따라 Key Frame의 수를 더 추가해주거나 더 감소해 줄 수 있다.
- Smooth : F-Curve의 형태를 부드럽게 만들어 준다.
- Fit : F-Curve의 형태를 최대한 유지할 수 있는 최소한의 Key Frame 값만 남겨 둔다. (Fit을 적용하기 전에 Resemble를 보통 먼저 적용해 준다.)
- Curve Processing Options : Animation Editor에 대한 Option과 Resemble, Smooth, Fit에 대한 설정 Option을 Reset할 수 있는 속성 창이다(그림 5-191).

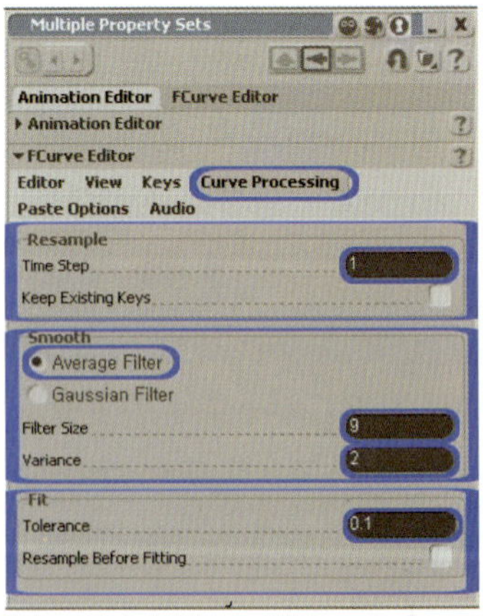

그림 5-191

**14** F-Curve를 가진 각각의 Parameter를 선택한 후 Curve 〉 Fit기능을 적용해 주도록 한다(그림 5-192).

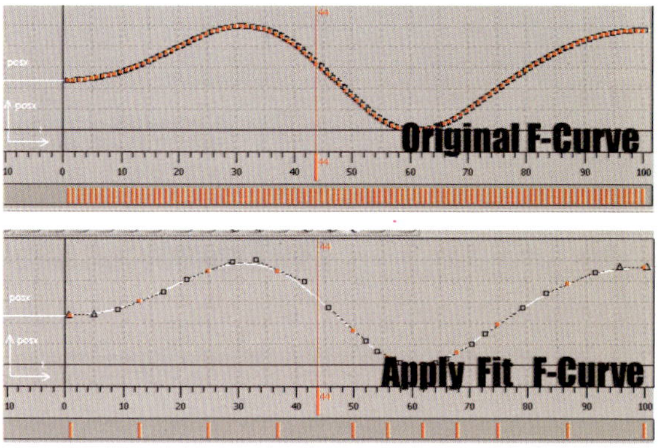


그림 5-192

**15** 나머지 Y축과 Z축이 F-Curve도 X축과 동일한 방법을 적용해서 Fitting시켜 주도록 한다(그림 5-193).

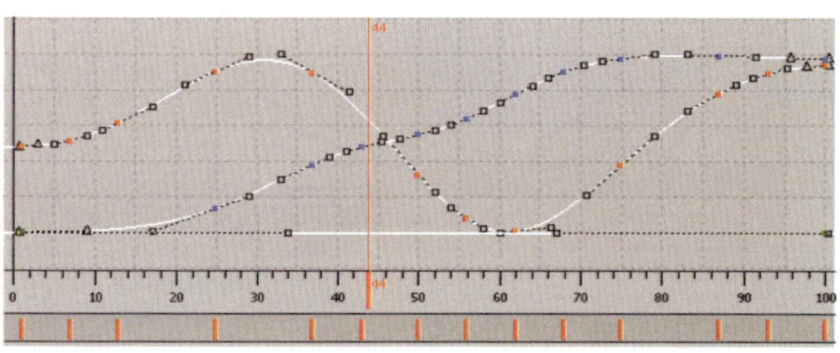

그림 5-193

## 5-2-6 Set Expression

Expression은 수학의 일반적인 원리를 XSI Parameter에 연결시키는 방식으로 관계설정이 가능한 두 개의 오브젝트나 Parameter를 Expression관계로 정의하는 것이다. 즉 애니메이션이 가능한 모든 속성을 Expression관계로 구속 또는 Up grade를 시키는 것이다. 동일한 Parameter에 대해서 하나 이상의 애니메이션 소스를 직접 사용할 수 없다. Expression은 오브젝트, parameter, 수학적 Operator, Function 또는 Constant를 나타내는 일련의 작업공정을 총칭하며 Expression은 parameter간에 원하는 어떠한 연결 속성이라도 적용이 가능할 정도로 유연성과 광범위한 영역을 가지고 있다. Expression은 애니메이션될 수 있는 모든 Parameter, 사전 정의된 변수, 표준 수학함수, 랜덤 값 제너레이션 등을 참조할 수 있게 한다. Parameter에 Expression을 하게 되면 Parameter를 더 이상 인터랙티브하게 다룰 수 없다. 예를 들며 함수식을 오브젝트의 Local X축에 적용을 하게 되면 더 이상 이동 툴을 사용하여 X축으로 오브젝트를 이동할 수 없다. 즉 Constrain관계처럼 Expression관계로 인해 구속이 되는 것이다. 하지만 Link parameter는 예외다. 함수 관계로 연결되어 있어도 구동 Parameter를 바꿀 수 있다. 함수 값은 항상 Floating Point 값이다. 즉 "2"라는 상수이기 보다는 각도 값이나 이동 값, 회전 값에서 "2.2123"과 같은 형태가 대부분이다. Expression은 이러한 소수점을 모두 인정하고 받아들인다. 간혹 함수식에서 이러한 Floating Point 값을 수용하지 않는 경우가 있긴 하지만 이럴 경우 자동적으로 반올림하거나 사용 전에 정확한 수형태로 고정이 된다(그림 5-194).

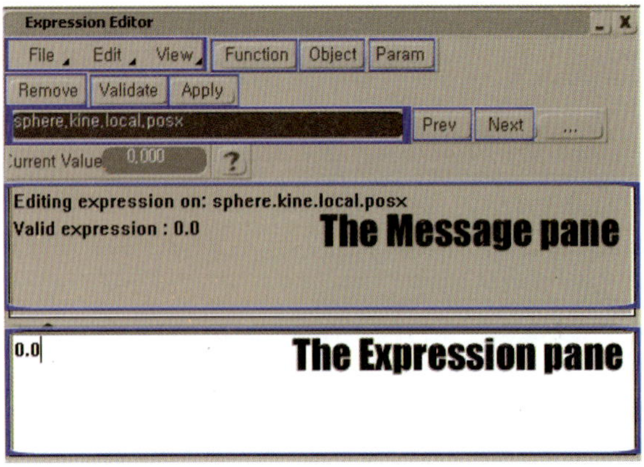


그림 5-194

## 1. File

Expression을 열고(Open), 저장하는(Save, Save as) 기능 창이다.

## 2. Edit 메뉴

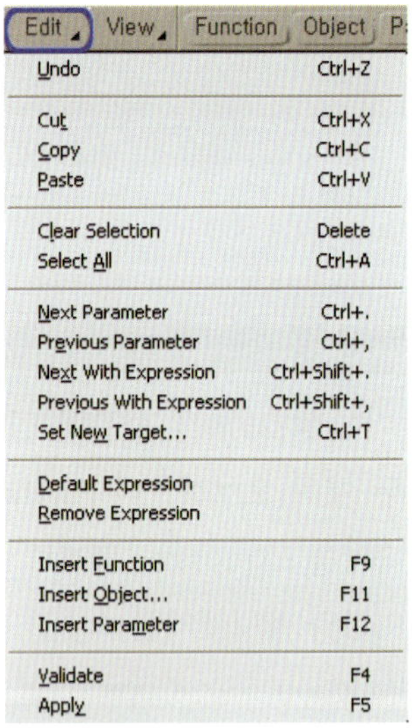


그림 5-195

- Undo(Ctrl+Z) : 직전의 작업으로 이동
- Cut(Ctrl+X) : 잘라내기
- Copy(Ctrl+C) : 복사하기
- Paste(Ctrl+V) : 붙여넣기
- Clear Selection(Delete) : Selection의 내용을 모두 지우기
- Select All(Ctrl+A) : 모두 선택
- Next Parameter(Ctrl +.) : 다음 설정될 Parameter 선택 모드
- Previous Parameter(Ctrl +,) : 이전에 설정된 Parameter 선택 모드
- Next With Expression(Ctrl+Shift +.) : 다음 설정될 Expression 선택 모드
- Previous With Expression(Ctrl+Shift +,) : 이전에 설정된 Expression 선택 모드
- Set New Target(Ctrl+T) : 새로운 TARGET 지정
- Default Expression : 기본 Expression 지정
- Remove Expression : Expression 제거
- Insert Function(F9) : 적용할 함수(Function) 넣기

- Insert Object(F11) : 적용할 오브젝트 넣기
- Insert Parameter(F12) : 적용할 Parameter 넣기
- Validate(F4) : 적용한 함수와 오브젝트와의 관계가 적합한지에 대한 판단
- Apply(F5) : 지정한 함수관계 적용

## 3. View 메뉴

- Clear Massage Log : 함수 적용 Massage를 없애기 위해 사용
- Text Editor(Ctrl+E) : 메모장(*.txt) 파일로 전환
- Show Graphic(Ctrl+G) : Animation Editor편집 모드로 전환

## 4. Function 메뉴

다양한 함수관계를 정의할 수 있는 명령어(그림 5-196)

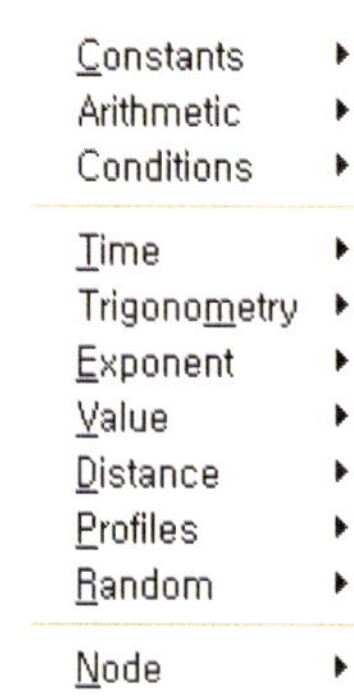

그림 5-196

- Object : 오브젝트나 Parameter를 설정하고자 할 경우 선택
- Param : Parameter의 내부 속성을 정의하고자 할 경우 사용
- Remove : 적용 함수관계 Remove
- Validate : 정의한 함수관계가 유효한지에 대해 확인 작업
- Apply : 정의한 함수관계 적용
- The Massage Pane(결과 창) : Massage 페이지로 새로운 Expression을 적용할 때 그 결과에 대해 확인하는 작업 창으로 그래프나 수식으로 확인 가능한 창이다. 계속 Up load가 가능하다.
- The Expression Pane(Text Editor 창) : 직접 Expression관계를 쓰거나 메뉴로부터 선택을 하거나 해서 Expression 요소를 정의하는 작업 창
- 먼저 복잡하지 않은 이론을 바탕으로 Expression관계에 대해 구체적으로 알아보도록 한다. 위치 값에 대한 Expression을 계산해 보도록 한다.

## 5. Cubed와 Sphere의 SRT 관계설정하기

**1** 작업 화면에 Sphere와 Cube를 꺼내서 나란히 배치를 한 다음 Sphere의 Kinematic정보(Ctrl+K)를 연다. 여기서 Position X의 Animation Icon 위에 마우스를 올려놓고 마우스 오른쪽을 클릭하여 Pop up 명령어 창을 연다. 이 명령어 창에서 Set Expression 명령을 클릭한다. 그러면 명령 실행과 동시에 Expression Editor가 생성이 된다.

**2** 상단의 Object 메뉴에서 Cube 〉 Kine〉 Local. Pos X의 Parameter의 연결모드를 선택한다.

3 그 결과 Expression pane에 지금 설정한 Parameter 경로가 그대로 나타난다. 마지막에 있는 "0.0"의 값을 지우고 그 위치에 "+10"을 추가하도록 한다.

4 적용에 대해 유효한지의 여부를 확인하기 위해 Validate를 클릭한다(그림 5-197).

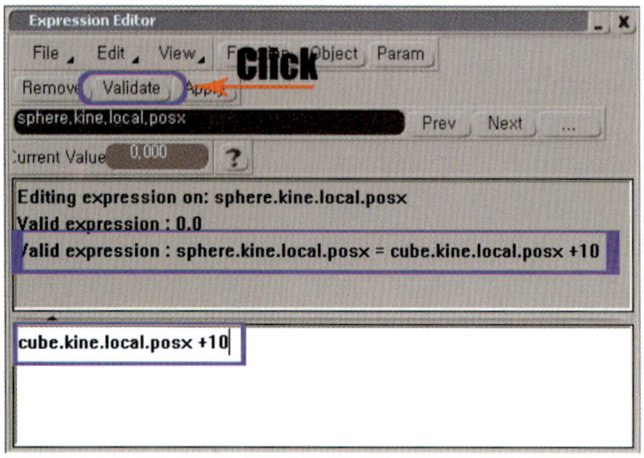

그림 5-197

5 Apply를 눌러 결과를 확인한다. Cube를 선택해서 이동을 하게 되면 Sphere가 두 오브젝트의 Center를 기준으로 항상 거리 값을 '10'을 유지한 채 이동을 하게 된다. Constrain 〉 Distance를 Expression관계로 제작을 한 경우이다.

6 이 경우 Sphere의 position X의 애니메이션 아이콘의 변화를 보면 Expression관계설정이 되어 있다고 표시를 하고 있다(그림 5-198).

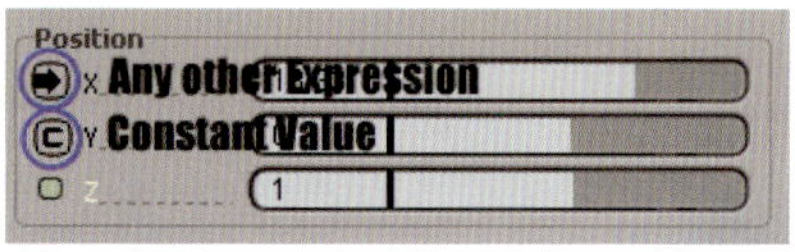

그림 5-198

## 6. Parameter set과 연계된 간단한 작업

이번에는 Parameter set과 연계된 간단한 작업을 해보도록 한다. Light의 효과를 활성화 또는 비활성화하고, 오브젝트의 기본 컬러 값을 변형시키는 Set Expression을 제작해 보도록 한다.

1 Primitive 〉 Light 〉 Spot Light를 꺼낸다.

2 Primitive 〉 Poly mesh〉 Sphere를 꺼낸다(그림 5-199).

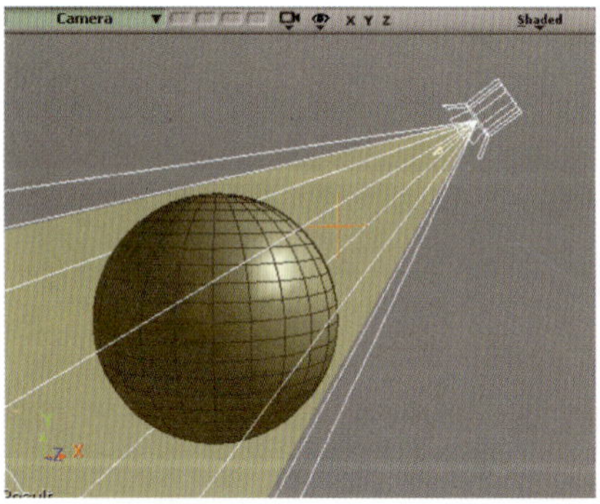

그림 5-199

3 Explorer에서 scene Root를 선택한다.

4 Animate Tool bar에서 Create 〉 Parameter 〉 New Custom Parameter Set를 선택한다.

5 새로 생성된 Parameter를 선택하고 Create 〉 Parameter 〉 New Custom Parameter를 선택하고 새로운 Parameter를 하나 생성시킨다.

6 새로 만들어진 Parameter에 Set Expression라고 이름을 지어 주고 Value Type를 Boolean을 선택한다. 이는 선택 / 비선택 타입의 Parameter이다. "OK"를 클릭하도록 한다. 이 Parameter는 Spot Light의 ON / OFF상태를 컨트롤하게 된다.

7 New Custom Parameter를 선택하고 새로운 Parameter를 하나 생성시키고 이름을 Color Change라고 한다. Range를 0-1로 둔다(그림 5-200).

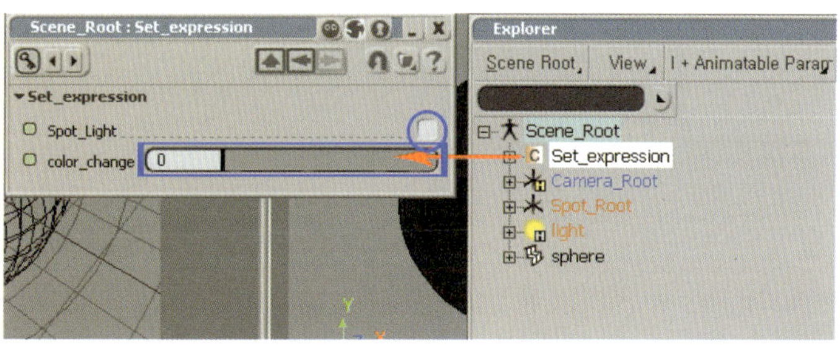

그림 5-201

8 Sphere 오브젝트에게 기본 재질(material)을 적용한다. 오브젝트를 선택하고 Material 〉 Phong 을 적용한다.

9 Set Expression parameter set를 열고 Lock으로 속성 창을 잠근다.

10 Sphere의 Material node를 따라 Diffuse 〉 red parameter의 경로를 찾는다(그림 5-201).

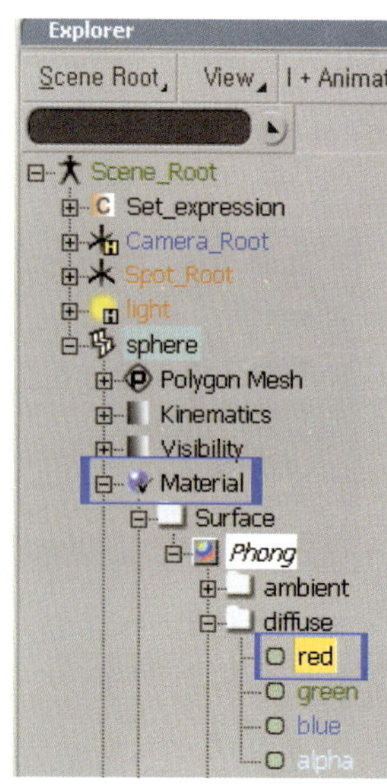

그림 5-200

**11** Sphere의 red Parameter 노드를 오른 클릭하고 Set Expression을 한다.

**12** Object를 눌러 Set Expression custom parameter Set의 Color change custom parameter를 선택한다. Validate 명령을 실행해서 연산에 문제 없는지 확인한다. 만약 연결에 문제가 있거나 함수식 적용에 문제가 있어도 error 메시지 항목이 뜬다. 그렇지 않은 경우 연산에 아무런 문제가 없다는 의미이다.

**13** 만약 연결식에 아무런 문제가 나타나지 않으면 Apply를 클릭해서 적용한다(그림 5-202).

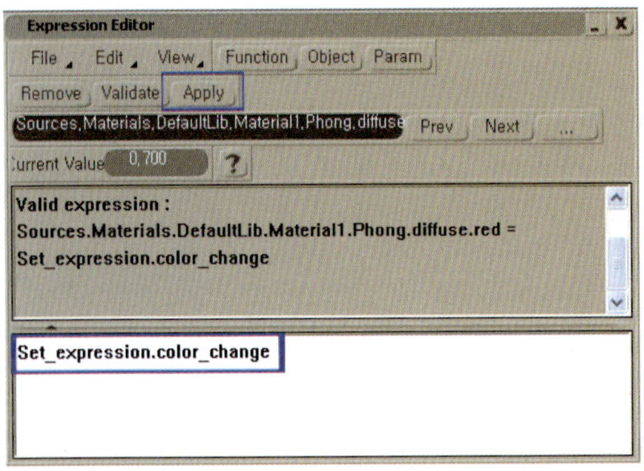


그림 5-202

**14** Sphere의 재질 컬러를 붉은색으로 맞추도록 한다. R : 100, G : 0, B : 0 그러면 기본적으로 Sphere는 붉은색이라는 단색 채도를 가지는 오브젝트가 되었다. 결과를 적용해보도록 한다. 먼저 카메라 View에서 Sphere를 확대시키고 Set Expression 명령 창을 연다. 여기서 Color Change Parameter set을 동시에 열도록 한다. Color Change Parameter 값을 드래그 인한다(그림 5-203).

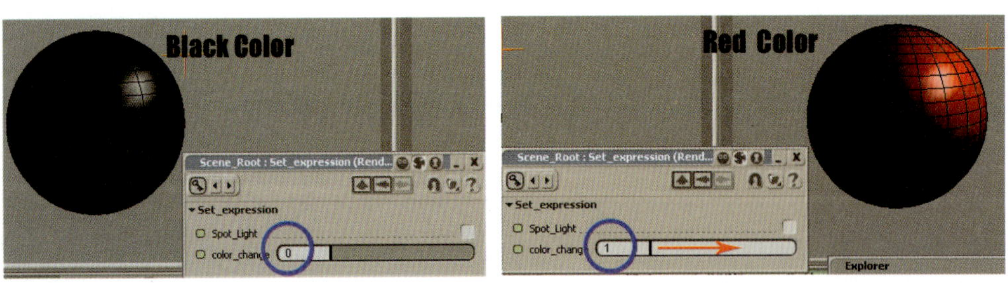


그림 5-203

**15** 다음은 Spot Light에 Expression을 연결해 보도록 한다.

**16** 먼저 Explorer 창에서 Spot Light의 Visibility 〉 View Visibility Parameter의 오른 클릭으로 Set Expression을 연결한다(그림 5-204).

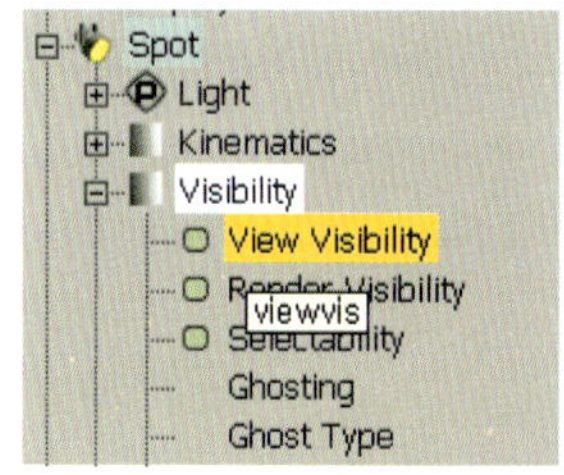

그림 5-204

**17** Expression Editor에서 Object를 명령을 클릭하고 Set Expression에서 Spot Light Parameter를 선택한다.

**18** Expression Editor에서 기존 값이던 "1"을 삭제하고 Validate를 클릭해서 유효성을 확인하고 문제가 없음이 확인이 되면 Apply를 클릭해서 적용한다(그림 5-205).

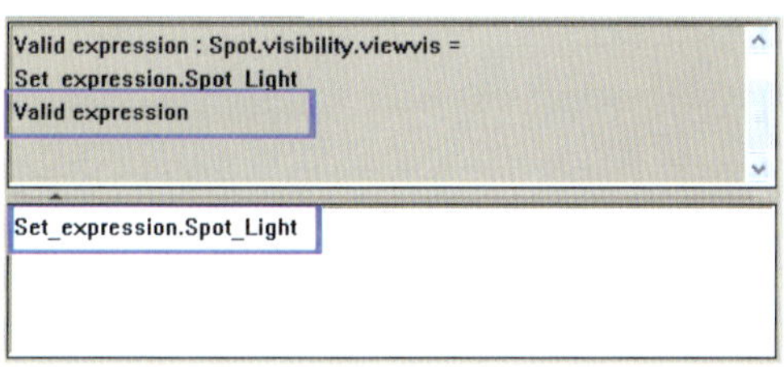

그림 5-205

**19** Explorer 창에서 Set Expression Parameter Set를 선택해서 Custom Parameter 창을 열고 Spot Light의 체크 옵션을 활성 또는 비활성시켜 본다.

**20** 활성화시 Light는 나타나고 비활성화시 Light는 작업 화면에서 사라진다(그림 5-206).

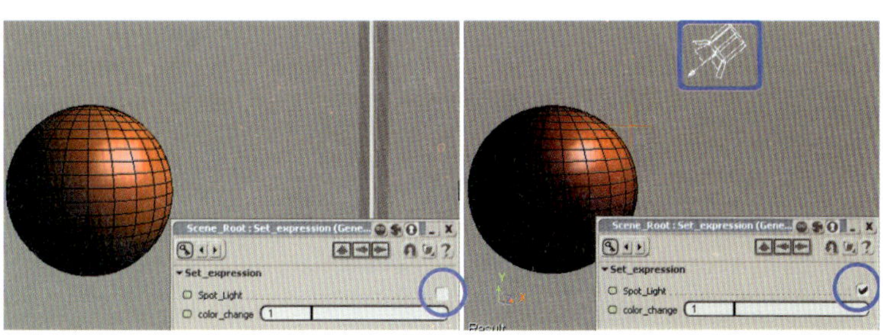
그림 5-206

**21** 이렇듯 두 Parameter 속성을 연결하여 서로 관계를 구속하는 Expression의 활용도는 무궁무진하다. 보다 빠른 이해를 돕기 위해 함수식은 생략하고 간단한 원리를 적용해 보긴 했지만 어떠한 함수식이라도 Expression을 적용하는 방법은 일치한다.

## 7. Set Expression에서 약간의 함수식을 이용한 예제

이번에는 Set Expression에서 약간의 함수식을 이용한 예제를 만들어 보도록 한다.

**1** 한 개의 오브젝트가 관계하는 다른 하나의 오브젝트의 위치 점으로부터 아래로 내려오는 순간부터 회전 값을 갖도록 하는 장면 연출이다. 비행접시의 착륙과 같은 연출시 비행접시가 바닥에 다가오면서 조종석(Cover)이 점차 자동으로 열리게 하는 동작을 간단한 함수식을 이용하여 Expression관계를 지정해 주도록 한다.

**2** 간단하게 Scene를 만들어 보도록 한다. 필요한 오브젝트는 비행접시, 바닥면, 참조 오브젝트이다. 비행접시는 뚜껑이 따로 존재하는 간단한 오브젝트의 형태로 만든다. 두개의 반쪽짜리 Sphere를 붙여 만들도록 한다. Sphere를 꺼내어 속성 창에서 start V의 각도를 90도로 조정한다. 그러면 반쪽짜리 원형이 만들어지는데 오브젝트를 선택해서 Skeleton 〉 Duplicate Symmetry 명령을 실행하고 복사 기준면을 XZ평면으로 설정하면 아래에 똑같이 생긴 Sphere가 생성이 된다. 위의 생성된 Sphere를 뚜껑으로 사용하기 위해 아래 접시의 자식구조로 만들고 Center를 X축 −4만큼 이동하여 회전 축의 중심을 뒤로 이동시킨다. 그리고 Transform 〉 Set natural Transition으로 Reset시킨다.

**3** 그리고 간단한 path를 비행접시가 위로부터 바닥면으로 착륙하는 듯한 Path animation 장면을 만든다(그림 5-207).

그림 5-207

4 Explorer 창에서 뚜껑의 연결 요소를 찾는다. Cover 〉 Kinematics 〉 Local Transform 〉 Ori 〉 Euler 〉 X축을 선택하고 오른 클릭으로 Set Expression을 선택한다(그림 5-208).

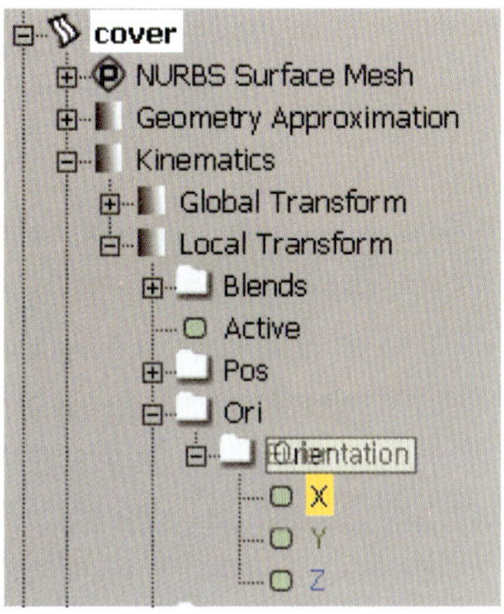


그림 5-208

5 함수식을 사용할 때는 Function Tap을 사용한다. 첫번째 Component을 쓰고 난 후(마침표를 포함해서), F12를 누르면 적용한 함수식을 완성시키는 것을 도와준다.

6 다음과 같은 함수 문구를 넣는다.

7 cond(ship.kine.global.posy 〈 Cover_trigger.kine.global.posy,-( Cover_trigger.kine.global.posy-ship.kine.global.posy) * 4, 0)

8 Ship이 기준점을 지나면서부터 Cover의 움직임을 잘 관찰한다(그림 5-209).

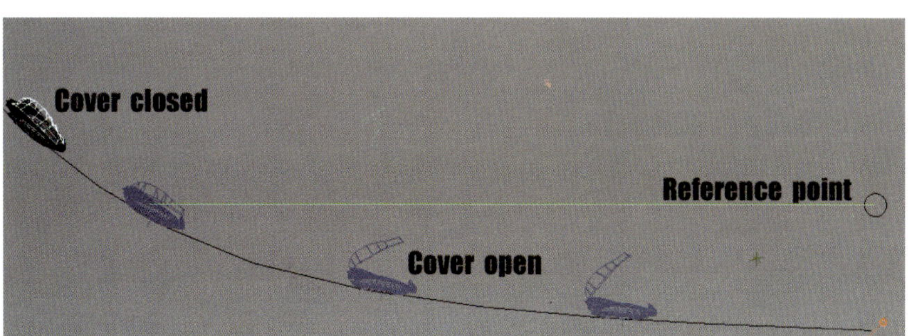


그림 5-209

## 5-2-7 Animation Layer

애니메이션 작업도 Scene Layer와 같이 Layer를 만들어서 Layer별로 작업을 하고 최종 결과는 Layer의 종류만큼 다양한 Performance를 양산해 낼 수 있다.

### 1. 개 념

Layer란 어떠한 일련의 형태의 작업을 분리해서 작업을 한다는 개념이다. 하나의 scene내에 캐릭터와 배경이 있을 때 캐릭터 layer와 배경 layer를 나눠 작업을 하게 되면 효율적인 작업을 할 수 있다. 즉 배경은 스케일이 큰 반면 그에 비하면 캐릭터의 작업 반경은 배경에 비해 상대적으로 작다. 이렇게 스케일과 비율이 전혀 맞지 않는 여러 대상을 하나의 Scene내에서 작업을 한다는 건 여가 어려운 작업이 아닐 수 없다. 그래서 각 오브젝트에는 Render, select, visibility 등의 선택 옵션이 있어서 선택적으로 해당되는 옵션을 체크하면서 작업을 했었다. 또는 지정된 Scene layer에서 전체적으로 Render, select, visibility 등의 결과에 대해 사전에 조절하면서 작업이 가능했다(그림 5-210).

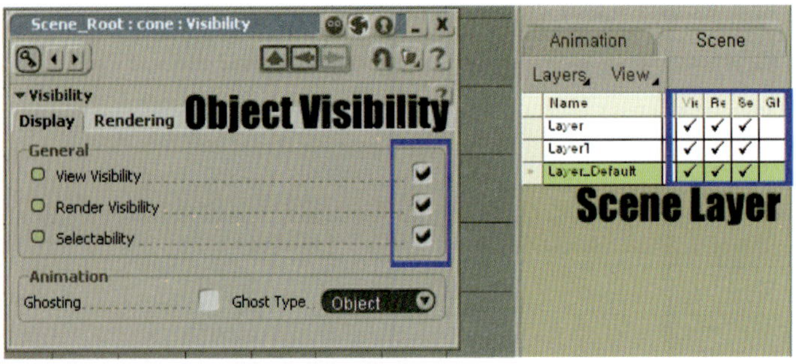


그림 5-210

하지만 애니메이션에서 만큼은 그러한 기능이 없었다. 하나의 캐릭터에 애니메이션을 나눠서 한다는 작업을 하기 위해서는 일정 기간 작업을 한 다음 새로운 scene으로 작업을 하거나 새로운 frame을 설정해서 작업을 했어야 했다. 이제 animation layer기능이 추가됨으로써 하나의 scene에서 여러 애니메이션 작업을 분해서 작업할 수 있게 되었다. Key를 분리해서 작업을 할 경우 일단 애니메이션 작업시 다른 Key 값을 신경쓰지 않아도 되므로 작업의 능률을 높일 수 있다. 그리고 수정 작업시 많은 효율을 가져다준다. 다른 Key 값과 섞여 있게 되면 수정 작업시 수정해야 하는 Key 값인지, 수정하지 않아도 되는 KEY data를 일일이 Key 값을 확인해야 하는 상황이 생긴다.

## 2. Animation Layer 창 열기

### (1) 위 치

XSI에서 animation layer는 오른쪽 메인 Command Area 아래쪽 KP / L(Keying Panel / Layer) 툴 kit 실행한다(그림 5-211).

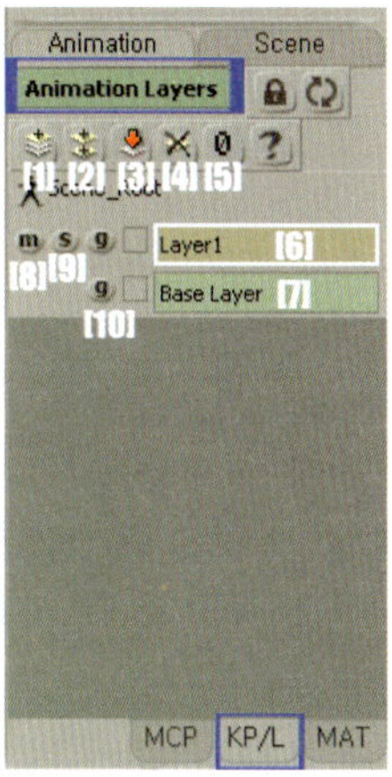


그림 5-211

### (2) Animation Layer 옵션 창 살펴보기

- [1] : 새로운 LAYER 추가
- [2] : AYER 복사
- [3] : Collapse layer
- [4] : Delete layer
- [5] : Save zero key
- [6] : 추가 생성된 layer 선택(흰색 가드라인) / 해제
- [7] : 기본 layer
- [8] : Mute
- [9] : Solo
- [10] : Ghost

### (3) Animation Layer 기본활용하기

1. 작업 창에 sphere를 꺼낸다.
2. 1frame에서 100frame까지 X축으로 30unit만큼 이동하는 애니메이션을 제작한다(그림 5-212).

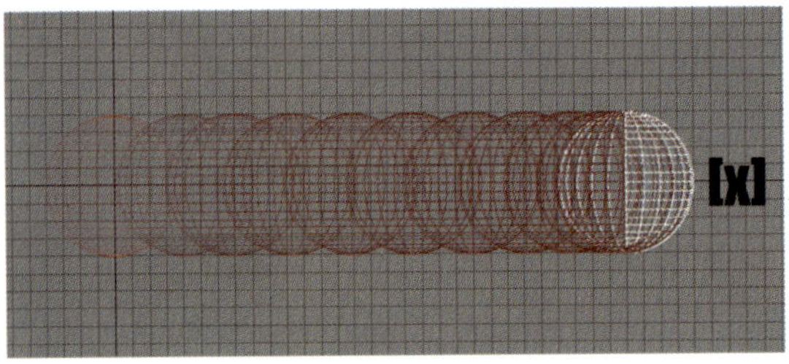


그림 5-212

3. kp / l모드로 전환해서 animation layer 창을 연다.
4. 이번에는 동일한 오브젝트(sphere) 새로운 애니메이션을 추가한다.
5. Y축으로 10unit만큼 30Frame동안 애니메이션 주도록 한다.
6. 새로운 layer에서 key 작업을 할 경우 key frame적용이 파란색으로 표시된다.
7. 두 layer의 믹서된 결과를 확인한다(그림 5-213).

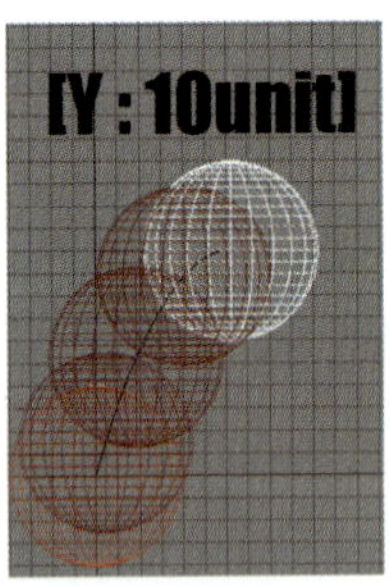


그림 5-213

8. 새로운 Animation Layer를 하나 더 생성시킨다.
9. 이번에는 60frame동안 Y축으로 20unit 더 올린다.

**10** 결과를 확인한다(그림 5-214).

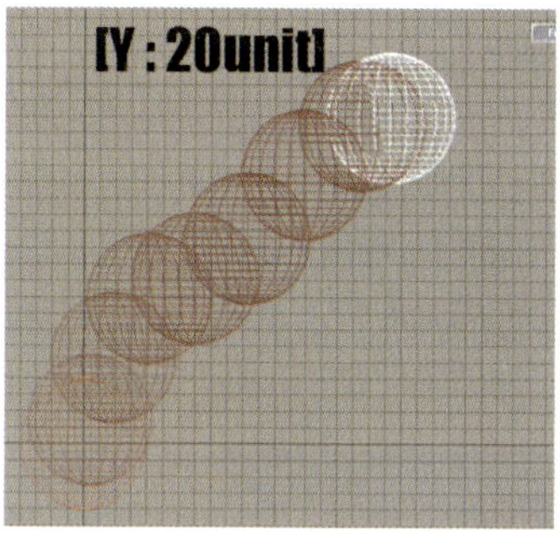

그림 5-214

**11** layer의 옵션을 활용하여 다양한 애니메이션을 제작할 수 있다(그림 5-215).

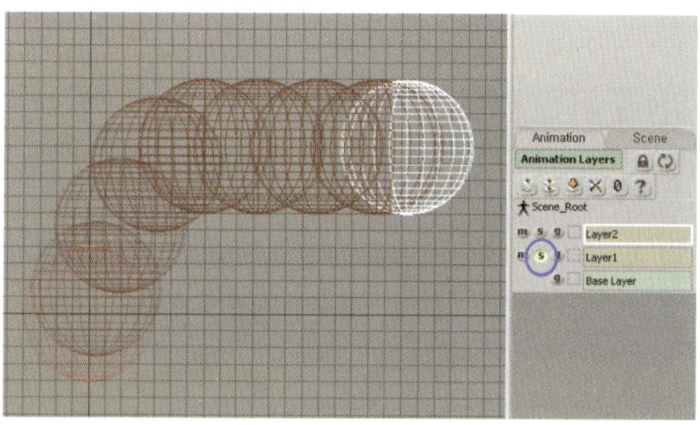

그림 5-215

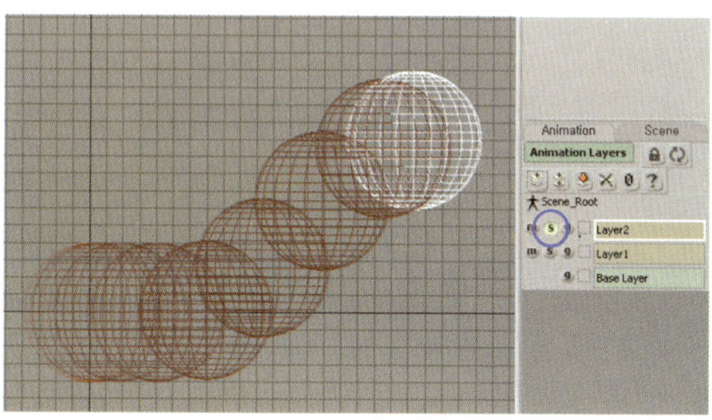

그림 5-216

**12** 애니메이션 믹서와 다른 점은 Basic Layer를 바탕으로 한다는 것이다. Basic layer를 기준으로 새로운 형태의 애니메이션이 제작이 된다. 이 결과는 Animation editor이나 dope sheet에서 다시 수정 편집이 가능하다(그림 5-217).

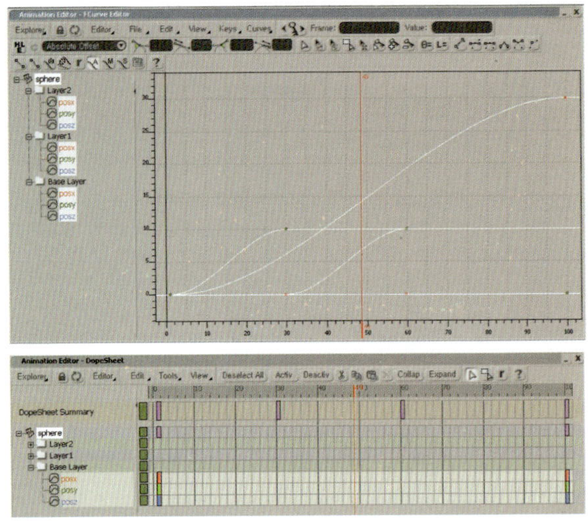

그림 5-217

### (4) Animation Layer 고급활용하기

캐릭터에게 적용해서 기존 애니메이션 데이터에 필요한 애니메이션을 Layer로 추가해서 제작해 보도록 한다. (SOFTIMAGE社에서 제공한 자료)

**1** 캐릭터 Layer 1 : Walking animation(그림 5-218)

그림 5-218

**2** 캐릭터 Layer 2 : 지친 병사의 축 쳐진 모습을 애니메이션–졸면서 걷기(그림 5-219)

그림 5-219

**3** 캐릭터 Layer 3 : 깜짝 놀라 뒤돌아보는 모습의 애니메이션(그림 5-220)

그림 5-220

**4** 캐릭터 Layer 4 : 다시 제자리로 돌아와 처음과 같이 걷는 모습(그림 5-221)

그림 5-221

## 5-3 Start Capture & Flip Book

Mapping이나 Lighting 또는 Shader, Particle과 같이 그 결과를 확인하기 위해서는 Rendering이 필요한 제작공정이 있다. 하지만 이러한 작업 공정들은 시간이 많이 소요될 뿐 아니라 그 결과를 통해서만 설정 값이나 기능들을 추가적으로 작업을 해 줘야 하기 때문에 작업공정 자체에 시간이 많이 소요된다.

### 1. Start capture

#### (1) 개 념

모델링의 Shader형태나 Mapping은 Rendering이라는 작업공정을 거쳐야만 최종 Output에 대해 평가가 가능하다. 하지만 Rendering이 시간이 많이 소요되는 공정이기 때문에 이에 대한 대안은 많이 좋아지고 있다. Path Rendering이나 Region render 등이 그것인데 애니메이션은 시간설정과 포즈에 대한 결과분석은 Rendering을 걸지 않고는 정지 이미지나 형태로 만으로는 예측하기 쉽지 않다. 그렇다고 캐릭터의 동작에 대한 결과를 확인하지 않고 최종 Rendering을 건다는 것 또한 말이

되지 않는다. 어쨌든 결과에 대한 분석은 Rendering된 결과가 그 기준이 된다는 것이다. 물론 메인 캐릭터의 동작에 대한 검증 작업이 필요할 경우 다른 배경이나 도구에 대해 Rendering되지 않게 옵션을 지정해주거나 더미 데이터를 만들어서 움직임에 대해 가볍게 작업을 마치고 원본 모델링에 제작한 애니메이션 데이터를 그대로 전이시키는 방법도 있다. 하지만 이러한 방법은 과정에 대한 자료일 뿐 최종 애니메이션 결과를 확인하는 방법은 Rendering 걸어서 나온 결과를 확인하는 방법 외에는 없다.

### (2) Start capture 기능을 활용

XSI에서는 이러한 문제점에 대한 대안의 하나로 Start capture 기능을 활용한다. 오브젝트의 속도나 포즈에 대한 검증이 필요할 경우 Start capture를 실행하면 결과의 형태는 시간설정은 실제 최종 결과와 동일한 결과를 제공해 주기 때문에 오브젝트의 움직임이나, 카메라 이동 등의 실제 Shader와 상관없이 애니메이션되는 장면의 결과를 분석할 때 사용하는 방법이다. 그리고 가장 큰 특징 중 하나는 각 작업 View마다 전부 Capture가 가능하기 때문에 하나의 동작을 4개의 View에서 동시 분석이 가능하다. 그러므로 Animator에게는 꼭 필요한 기능 중 하나다.

### (3) Start capture 실행하기

Start capture는 각 작업 View의 Camera Icon아래 Pop up 메뉴 아래에 있다(그림 5-222).

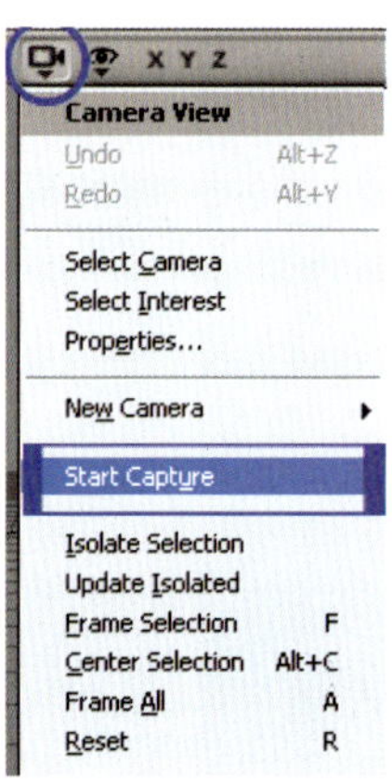


그림 5-222

### (4) Start capture 옵션보기

Start capture 명령을 실행하면 결과에 대한 속성 창에 나타나는데 그 속성 창에 대해 몇 가지 살펴보도록 한다(그림 5-223).

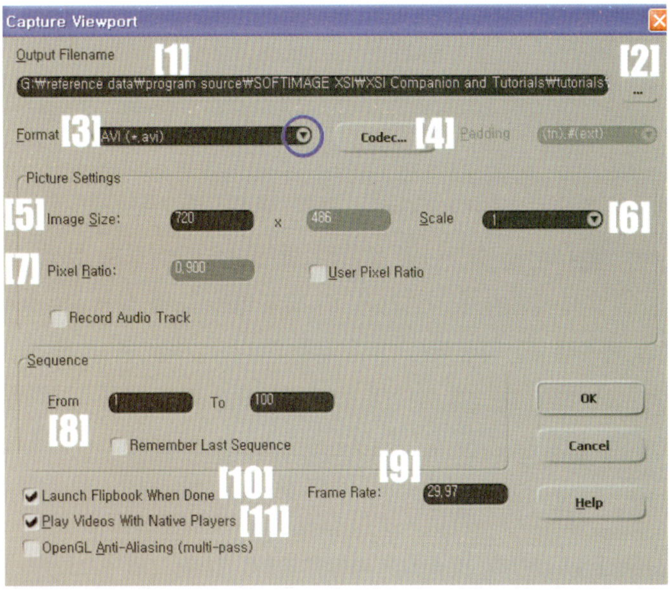


그림 5-223

- [1] : 저장 경로
- [2] : 경로 찾기
- [3] : 저장 Format
- [4] : Codec 설정
- [5] : 결과 Image Size 결정
- [6] : 정해진 이미지에 대한 Size
- [7] : Pixel 비율
- [8] : Frame 설정
- [9] : Frame / 초
- [10] : Capture 작업이 끝나면 Flip Book으로 Play
- [11] : 설정된 Player로 출력

### (5) 결과 창 옵션 보기(그림 5-224)

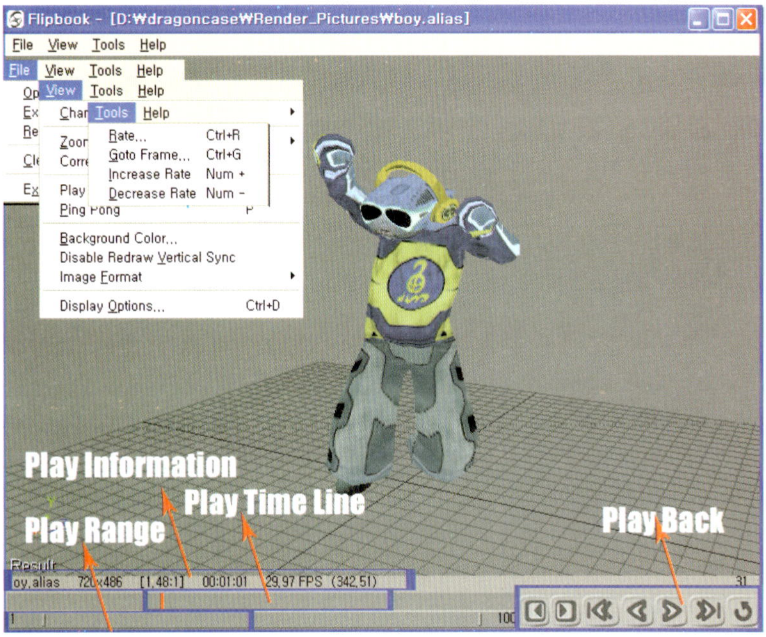

그림 5-224

- File
  - Open Image[Ctrl+O] : Image 불러오기
  - Export[Ctrl+E] : 내보내기
  - Road Images[F5] : 저장한 이미지 불러오기
  - Clear Flip Book : 삭제
  - Exit[Alto+F5] : 나가기
- View
  - Channel : 결과 이미지에서 필요한 Channel만 선택적으로 확인 가능
  - Zoom : 50 %, 100%, 200%, 400% 화면 크기 설정 재생
  - Correct Aspect Ratio [Q] : 비율 재설정
  - Play Real Time [T] : 실시간 Play
  - Ping Pong [P] : 정순행+역순행
- Tools
  - Rate[Ctrl+R] : Platback rate (29.97)의 변경

- Goto Frame [Ctrl+G] : 설정한 frame으로 바로 이동
- Road Images [F5] : 저장한 이미지 불러오기
- Increase Rate [Num+] : 비율 점차 증가
- Decrease Rate [Num −] : 비율 점차 감소

(6) 최종 결과를 확인(그림 5-225)

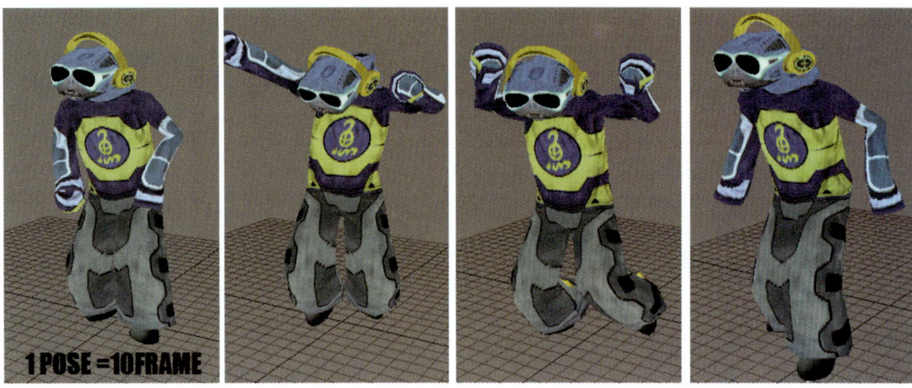


그림 5-225

## 2. Flip Book

Flip book은 최종 랜더링 결과를 확인할 때 사용하는 방법으로 연결된 스틸이미지를 Flipbook형식으로 XSI내에서 그 연결동작을 확인하는 개념이다.

**1** Flip Book 실행(그림 5-226)

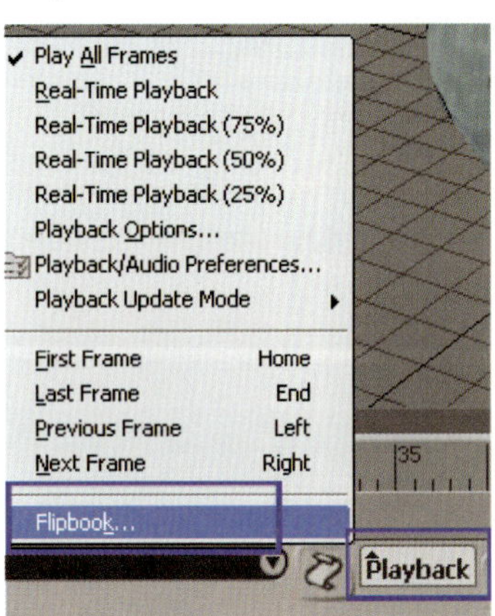


그림 5-226

**2** Flip Book 창 옵션 확인(그림 5-227)

- [1] : 파일 경로 지정
- [2] : 파일 불러오기 경로 찾기
- [3] : 저장 형식 and Frame 설정
- [4] : 저장 및 출력 방식 설정
- [5] : 결과 파일 자리수 맞추기
- [6] : Memory내 이미지 저장
- [7] : 실제 Playback하기 전에 미리 Preload하기
- [8] : 실시가 Play

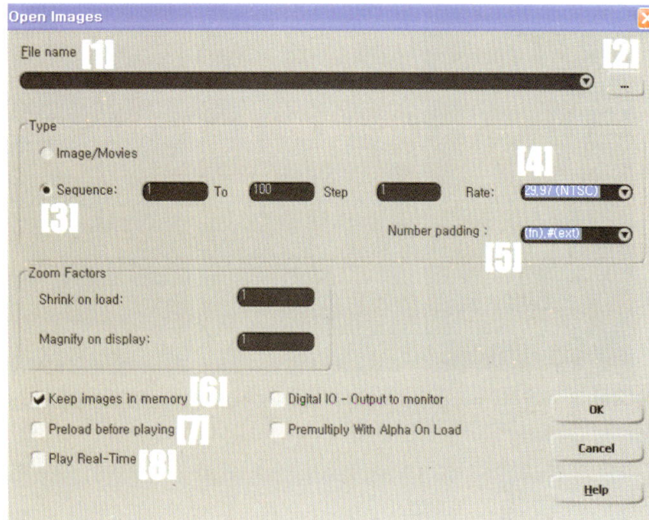


그림 5-227

**3** flip book Player 옵션 창 보기 : Start capture와 동일(그림 5-228)

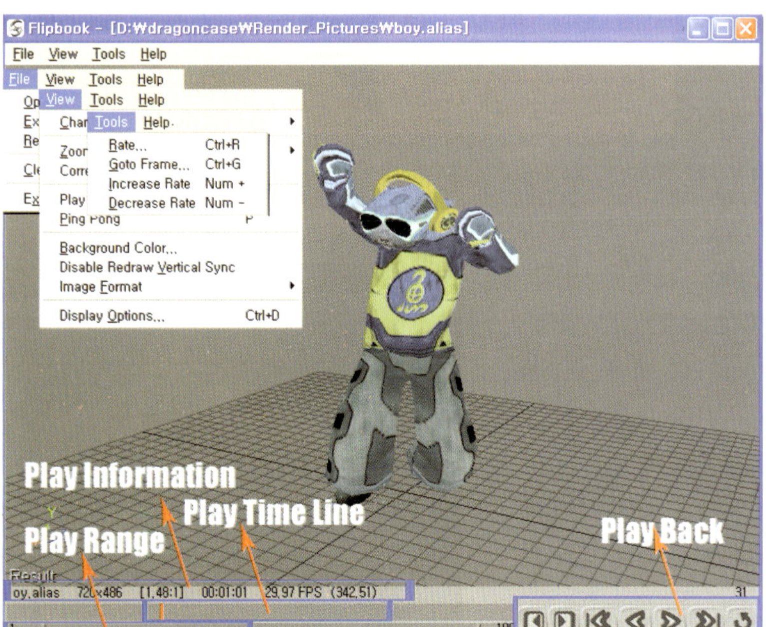


그림 5-228

## 4 결과보기

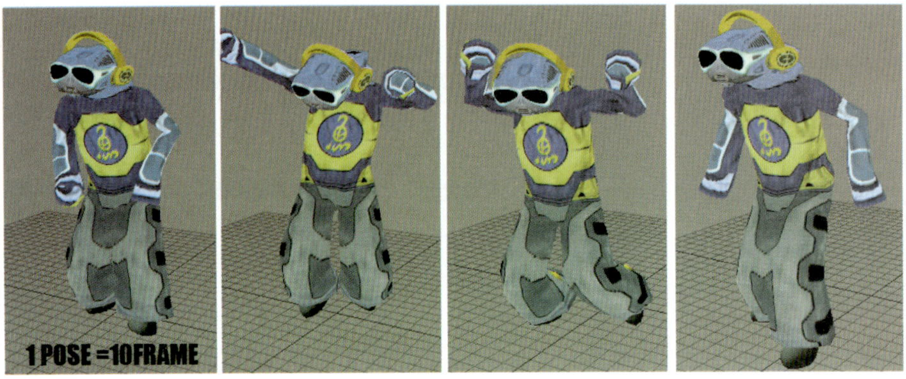


그림 5-229

## 5-4 Synoptic View 제작하기

Animating을 시작하기 전에 캐릭터의 여러 컨트롤 Rig구조를 작업 화면이 아닌 별도의 화면(Synoptic View)에서 쉽게 선택 및 해제할 수 있고 Key setting도 자유롭게 할 수 있다. 많은 Rig를 다양한 각도에서도 쉽게 선택할 수 있도록 도와주는 Synoptic View를 만들어 보도록 한다.

1 Render 〉 Region : Envelope 완성된 캐릭터에 대해 먼저 Rig Controller와 뼈대구조를 잠시 안보이게 한다. 캐릭터를 Region Render를 하여 Synoptic Page로 사용할 이미지 한 장을 만든다(그림 5-230).

그림 5-230

2 메인 메뉴 바에서 View 〉 General 〉 Synoptic Editor 명령을 실행한다(그림 5-231).

그림 5-231

3 Synoptic Editor에서 File 〉 Import·Picture from Region을 선택함과 동시에 Setting되지 않은 Synoptic View가 나타난다(그림 5-232).

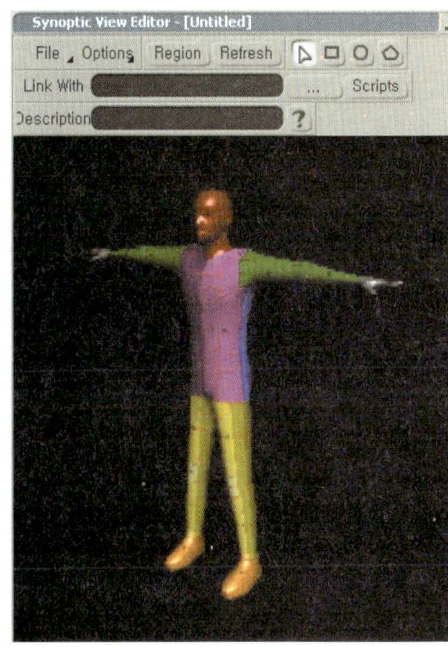


그림 5-232

4 생성된 Synoptic View에서 File 〉 Save를 통해 저장한다.

5 Hidden했던 Rig Controller와 뼈대구조를 다시 불러온다.

**6** Synoptic View Editor 창에서 영역선택 모양 설정 기능 중에서 사각형을 선택해서 손목 이하 부분부터 손가락 끝까지 영역 드래그를 해준다(그림 5-233).

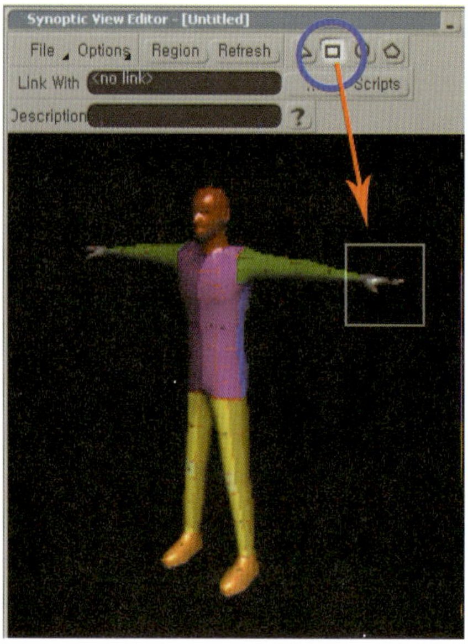


그림 5-233

**7** Synoptic View Editor 창에서 Link With 텍스트 박스에 LHand를 입력한다. 이는 선택시 사용되는 참조용으로 사용되는 "이름"이다.

**8** 이름을 입력하고 난 다음 오른쪽에 있는 "Script" 명령을 실행한다(그림 5-234).

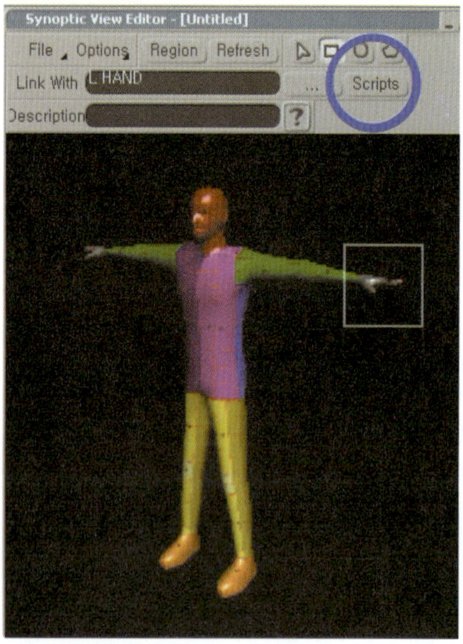


그림 5-234

9 Script Editor 창이 뜬다(참고 5-235).

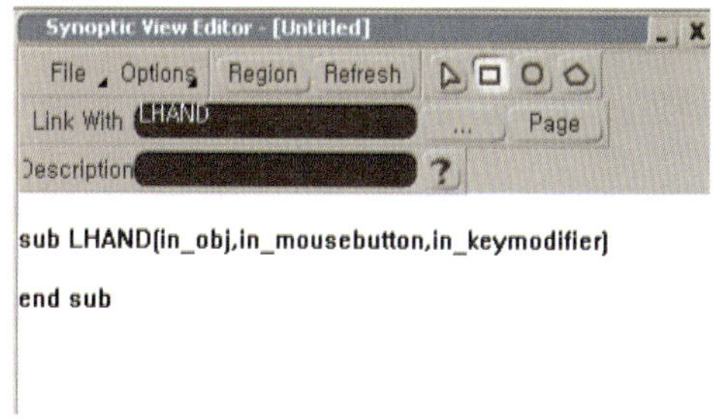

그림 5-235

10 캐릭터의 Rig구소를 다시 보이게 한 다음 왼쪽 손목 컨트롤러 이하의 구조를 Branch 선택한다(그림 5-236).

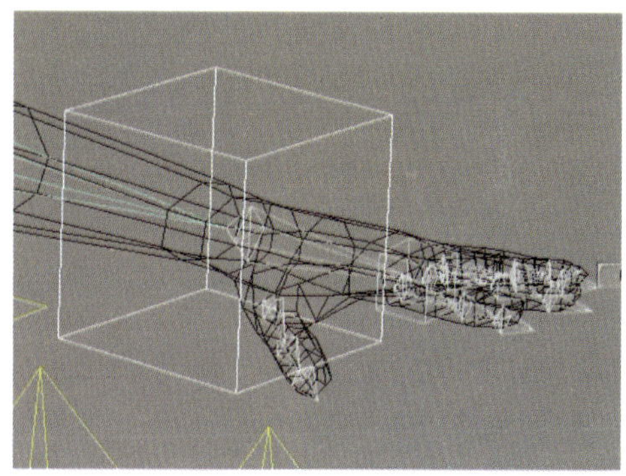
그림 5-236

11 전체 작업 화면 왼쪽 아래 Script 창 옆에 작업 History에서 손목 Branch명령을 그대로 복사한다(그림 5-237).

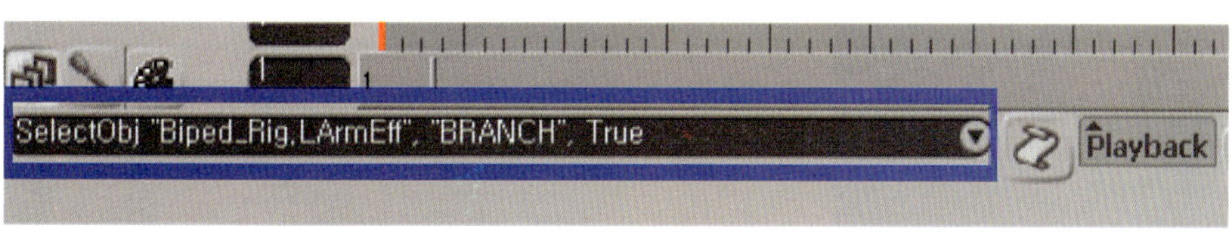

그림 5-237

12 복사한 실행 명령어를 Script Editor 창에 가운데 라인에 "Paste"한다(그림 5-238).

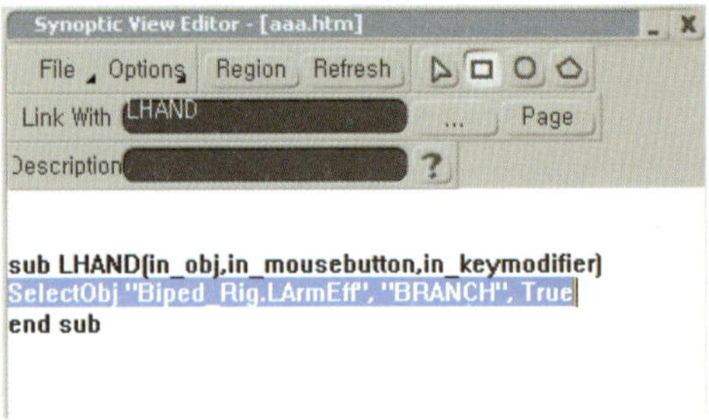


그림 5-238

13 File 〉 Save 명령을 실행하여 Synoptic View를 저장한다.

14 이와 같은 방법으로 Rig Controller 전반에 걸쳐 작업을 해 준다. 필요한 모든 선택사항에 대해 미리 작업을 해 두면 나중에 Key 작업을 할 경우 많은 도움을 받을 수 있다.

15 Synoptic View를 불러올 때는 View 〉 General 〉 Synoptic Editor 명령을 실행한 뒤 File 〉 Open 명령을 실행해서 저장한 Synoptic View를 불러와서 사용한다.

# 제6장 Key Animation Basic

# 6-1 Key Animation Basic

## 6-1-1 애니메이션 용어

Animation을 시작하기에 앞서 먼저 C.G Animation에서 주로 사용되는 용어들과 용어의 내용을 먼저 알아보아야 할 것이다. 완전하게 Interface 부분만을 따로 추출하여 외우는 방식으로 익히는 것보다 용어를 이해하고, 용어와 관련된 XSI의 Interface를 이해하는 것이 실제 작업하기 전 기본이라 생각하므로, 먼저 용어들과 해당 용어들이 XSI에서 어떤 방식으로 표현되며 구현되는지 알아보도록 하자.

### 1. Parameter

XSI의 Animation을 익히게 되면 Parameter라는 용어를 많이 듣게 된다. Parameter는 XSI의 모든 오브젝트들에 있는 고유 속성이나 매개 변수 등을 통틀어 지칭을 하는데, 예를 들어서 오브젝트가 가지고 있는 기본적인 Transform에 대한 각 변수들, 그리고 Material을 조정할 때 사용하는 Color Bar나 모든 속성 값들을 Parameter라 부른다. Parameter는 오브젝트의 고유 속성을 제어하는 컨트롤러 역할을 할 수도 있으므로, 각 Parameter의 역할과 적용범위 등을 파악해 놓아야 Animation시에 생기는 오류를 최대한 막을 수가 있다. XSI에서는 구체적으로 오브젝트를 움직이지 않고도 이 Parameter들을 조정하는 Animation이 상당수 나오며, 유저는 작업의 편의성과 능률을 위해 별도로 유저 스스로 이 Parameter를 만들고 관리할 수 있도록 XSI에서 기능을 제공한다. 결국 Parameter는 XSI에서 제공되는 기본적인 설정이기도 하지만, 유저가 사용의 편의를 위해 제작할 수도 있는 진보된 Interface의 한 부분이라 생각하면 될 것이다.

### 2. Frame 단위

실제 공간에서는 움직임의 시간적인 단위를 Time (hour, min, sec)등으로 나누지만, C.G에서는 이를 Frame으로 나눈다. Frame은 1초를 몇 장의 연속된 Still Image로 움직임을 표현할 것인지에 대한 것을 결정해주는 것이라 보면 이해하기가 쉬운데, 이 Frame에 대한 이해를 먼저하여야 동작의 시간대를 결정할 수가 있으므로 Frame의 이해는 필자가 제안하는 C.G에서의 기본이라 할 수 있다. 이 Frame 단위를 정확하게 이해하고 있지 않으면 빨리 뛰어가야 하는 캐릭터의 동작이 느려 보일 수도, 또 느리게 걸어야 하는 캐릭터의 동작이 빨라질 수도 있게 되므로, 한 동작이 몇 Frame 단위의 동작을 갖고 있는지에 대한 것은 수많은 작업을 통하여 미리 머릿속에 라이브러리화되어 있거나, 또는 스톱워치 같은 도구를 이용하여 실제 동작의 움직임을 계산하여 Animation 작업을 해야만 정확한 동작이 나올 수가 있다. 또한 모든 매체는 그 특성에 따라 1초에 보여질 수 있는 Frame수를 지정하고 있어 미디어와 같은 매체를 타는 Animation을 만들 때는 이 Frame수를 지켜 주어야 제대로 보이게 되므로, 각 주용 미디어에서 어떤 Frame 단위를 사용하는지도 알아야 실제 작업에서 오류 없이 작업할 수 있으므로 최종 아웃풋에서도 상당히 중요한 부분을 차지한다고 할 수 있다.

방송용 표준 Frame수 = 29.97Frame = 30Frame

Film용 표준 Frame수 = 24Frame

거의 모든 매체는 위의 두 개의 매체를 타고 보여질 수 있는데, 대표적인 두 가지 매체의 초당 Frame 재생률은 서로 틀리다. 방송용 Frame의 수는 29.97의 Frame 단위를 가지고 있으므로, 이를 C.G에서 작업시에는 근사치의 반올림인 초당 30Frame의 재생률을 가지고 작업하여야겠지만 Film의 경우는 초당 24Frame이므로, Film용으로 아웃풋이 만들어져야 하는데 초당 30Frame으로 그 움직임을 잡는다면 최종 이미지는 전체적으로 초당 6Frame씩 느려지게 되는 결과물을 낳게 된다. 초당 30Frame에서 6Frame의 차이가 얼마나 있겠냐고 생각하는 유저들도 있을 것이다. 하지만, 인간의 눈은 초당 30Frame의 단 1Frame에서 생겨나는 오류 현상도 포착할 수 있으므로 Animation 작업시 단 1Frame의 오류를 없애기 위해 고생하는 경우도 많다. 만약 Film용 animation 작업에서 캐릭터 작업을 한다고 하자. 캐릭터는 설정된 연출에 따라 느릿느릿 걷는다고 하였을 때, 실제 사람의 느릿느릿한 동작의 한 구간을 스톱워치로 재었을 때 그 시간이 1.5초가 나왔다고 하면, 그 동작을 C.G에서 구현하고자 Frame단위를 계산할 때는 다음과 같은 계산이 된다.

실제동작의 초(sec)단위 x 미디어별 Frame 재생률 = C.G에서의 Frame수

위의 계산법을 이용하여 1.5초 동안의 캐릭터 움직임을 Film용으로 계산한다면 그 캐릭터의 움직임은 C.G상에서 36Frame 동안 한 구간의 움직임을 생성해 주어야 제대로 된 속도를 가진 움직임이 만들어질 수 있게 되는 것이다. 만약 미디어가 Film이 아니라 Broadcasting용이라면 미디어 별 Frame 재생률에 30을 입력해야 하므로 한 구간의 움직임은 45Frame이라는 단위가 나오게 되므로, 두 매체에서의 Frame 단위의 차이는 상당히 큰 것을 알 수가 있다. XSI에서는 Animation시에 이 Frame 단위를 한눈에 알아볼 수 있도록 화면 하단에 'Time Bar'를 위치하여 Frame 작업을 편리하게 하고, 각 Frame간의 간단한 복사 작업 또한 편리하게 할 수 있는 Interface를 제공한다. 유저는 원하는 Frame으로 시간을 이동하고자 할 때는 Time Bar의 원하는 Frame상에 커서를 놓고 마우스 왼쪽 클릭을 하여 이동할 수 있으며, 또한 Animation되는 처음 Frame과 끝 Frame을 입력해 놓고 원하는 구간을 작업할 수도 있다. XSI에서는 새로운 Time Bar 개념이 도입되어 Start Frame과 End Frame을 설정할 때 기존의 Frame 입력 방법과는 달리 조금 더 인터액티브하게 영역을 설정할 수 있는 Time Range 개념을 도입하여 작업 능률을 올릴 수 있게 되었다.

## 3. Key Frame

Key Frame이란 유저가 직접 입력한 Animation Data가 위치한 Frame을 말한다. 이 Key Frame에는 XSI에서 Animation 될 수 있는 모든 정보가 포함이 될 수 있으며, XSI에서는 Animation Icon이 붙어있는 모든 Parameter에 독립된 Key Frame 정보를 입력하고 수정할 수 있게 되었으므로, 거의 모든 Parameter를 Animation시킬 수 있다고 보아도 될 만큼 많은 Parameter들이 Animation기능을 지원하게 된다.

해당 Parameter에 Animation이 등록이 되었다면 유저가 입력한 특정 Frame의 Animation Data는 Key Frame화되어 각 Parameter의 Property window에 표시가 되며, 해당하는 Parameter를 수정, 보완 작업을 할 경우, Property window 내의 Key Frame Icon을 마우스 우측으로 클릭하여 나오는 팝업메뉴에서 원하는 Editor를 오픈하여 수정하거나 또는 지우거나 복사, 붙이기 등의 명령 등은 바로 실행할 수 있는 환경을 지원한다.

이 저장된 Key Frame을 수정할 때에는 Key Frame이 저장된 Frame으로 Time Bar를 이동하여 즉각적으로 수정을 하든지, 또는 'Animation Editor'나 'Dope Sheet' 같은 Animation 전용 편집 Tool을 이용하여 수정할 수 있다. Animation Editor와 Dope Sheet는 XSI Animation의 대표적인 기능 중 하나로 막강한 Animation 보정 기능을 포함하고 있으며, Animator를 꿈꾸는 유저들은 반드시 알아두어야 할 기능들을 포함하고 있다. (Animation Editor와 Dope Sheet의 기능은 해당 Part에서 익힐 수 있다) XSI에서 원하는 Frame안에 원하는 정보를 Key Frame화하기 위해서는 두 가지 방법이 제공되는데 하나는 Animation Icon을 클릭하여 붉은색의 Icon으로 바꾸든지, 키보드 단축키 'K'를 이용하는 방법이 있다.

예를 들어 Animation Icon을 클릭하여 해당 Frame에 원하는 Parameter 값을 Key Frame화하였다면 Animation Icon은 원래의 녹색에서 붉은색으로 표시가 되며, 현재의 Frame에 유저가 입력한 Animation Data가 있다는 것을 표시하게 되고, 해당하는 Parameter 값을 갖는 Property window의 상단에는 Key Frame Icon이 붉게 활성화되어 Property의 특정한 값에 Key Frame이 저장되었다는 것을 표시하여 준다. 각 Parameter의 Animation 정보는 이 Animation Icon의 색깔로 알아볼 수가 있다.

위와 같이 붉은색으로 표시되는 Icon은 현재 Frame에 Animation이 저장이 되어 있다는 표시이고, 노란색 아이콘은 현재 Frame에 Animation이 저장되어 있지만, 다른 동작으로 인해 Animation 값이 수정되어 있지만, Key가 저장이 되어 있지 않은 상태를 뜻하므로, 이 상태로는 Animation을 수정하였다 하더라도 Time Bar를 다른 Frame으로 옮겨 버리면 전에 저장되어 있던 Animation 상태로 돌아온다. 녹색의 아이콘에 그래프가 그려져 있는 Icon은 현재 Parameter에 Animation이 등록되어 있지만, 현재의 Frame에는 Key Frame이 없다는 뜻으로 Parameter에 Animation이 적용되어 있다고 받아들이면 된다.

특정한 Parameter들은 이런 방법으로 Key Frame을 줄 수가 있지만, 대표적인 Animation인 Flying Animation-Transform의 정보를 갖는 Animation으로서 Trans(이동), Rotation(회전), Scale(크기) 등의 값만을 조절하여 Animation하는 것의 경우, 이 Animation Icon을 이용하지 않아도 Transform의 단축키를 맞추고 원하는 프레임에 원하는 동작을 준 후, 키보드 단축키 K를 누르거나, 화면 하단의 Animation Panel의 Key Frame Icon을 클릭하여 Animation 값을 저장할 수가 있다.

이 책을 설명하면서 또는 여러분들이 실무의 Animation 작업을 하게 되면서 가장 많이 접할 말이 바로 Key Frame이며, 다른 작업을 진행하기 전에 먼저 Key Frame의 제대로 된 의미를 먼저 알아두는 것을 잊지 말도록 하자.

### 4. In Between system

C.G의 Animation System은 Cell Animation과는 달라서 움직임에 대한 모든 Frame을 일일이 유저가 작업을 해 주지 않아도 된다는 장점이 있다. 예를 들어 자동차가 움직인다고 할 때, 움직임에 별다른 추가적인 동작이 없다면 C.G에서는 출발지점의 Frame에 Key Frame을 설정하고, 움직임이 끝나는 지점과 Frame에 Key Frame을 설정해주면 그 중간 과정은 자동으로 움직임이 생기게 되는 것인데 이런 System을 In Between System이라 한다. 또한 In between으로 작업된 Animation의 경우 자동으로 Easy In, Easy Out의 정보를 갖고 있으므로, 부드럽게 움직이는 애니메이션의 결과를 얻을 수 있다.

이 Easy In, Easy Out의 정보는 'Animation Editor' 윈도우에서 확인할 수 있고, 해당하는 오브젝트의 움직임에 대한 정보를 보고자 'Animation Editor' 윈도우를 열 때는 View 메뉴의 Animation Editor 명령을 클릭하거나, Working View의 팝업 메뉴 중 Animation Editor를 이용하거나 또는 Working View 아무 곳에서나 키보드 단축키 '0'을 입력하여 해당하는 오브젝트의 Animation Editor를 열어 어떻게 Animation이 등록되어 있는지 한눈에 볼 수가 있다. 이렇게 중간단계를 바로 생성해주는 In Between system은 장단점을 갖고 있는데, 장점이라면 중간 과정을 일일이 생성하지 않아도 된다는 시간 절약적인 측면에서 장점을 가지고 있고, 단점이라면 한 Key Frame과 Key Frame 사이를 XSI가 알아서 자동으로 움직임을 생성해주는 것이기 때문에 유저가 원하는 정확한 움직임을 만들어 내기가 힘들다는 것에 있다.

이렇게 자동으로 생성된 In Between 데이터는 거의 대부분 유저가 다시 보정하여 사용해야 한다는 번거로움이 있지만, 이 또한 전통적인 Cell Animation기법보다는 많은 시간절약을 불러올 수 있고, 미리 만들어진 중간 데이터만을 편집하면 되므로 역시나 이 In Between system에 빨리 적응하게 되면 자신이 만든 Key Frame 사이의 데이터가 어떤 형태로 만들어진 것인가를 먼저 예측할 수 있게 되어 Animation 작업시 생기는 오류를 최대한 방지할 수 있다.

## 5. Global & Local Animation

XSI는 Global과 Local영역에 대한 뚜렷한 경계를 가지고 있다. 모든 프로그램이 그러하겠지만 XSI는 별도로 Transform 메뉴에 Global과 Local버튼을 따로 만들어 두어, 오브젝트를 Animation할 때 조금 더 정확하고 유저의 입장에서 만들 수 있도록 하는 배려를 둔다. 먼저 Global에 대하여 알아보도록 하자. Global이란 것은 XSI에서 처음 Scene을 생성시에 자동으로 만들어지는 일종의 Scene내에 자동으로 규정된 영역을 말한다.

이는 각기 X, Y, Z축으로 표현이 되며 오브젝트가 어느 위치에 있던 이 Global 값은 절대값이므로 변하지 않는다. 따라서 오브젝트가 Global 정중앙에서 X축으로 +10의 값만큼 이동한다면 해당하는 오브젝트의 Transform의 정보는 10이라고 나오게 된다.

이 값은 오브젝트가 현재 Global 좌표의 어디에 위치해 있는가를 알아볼 수 있는 유일한 방법이며, 이 값을 Animation하여 오브젝트를 이동하거나 회전하거나 크기를 늘릴 수 있게 된다. 하지만 이 절대적인 Global 값은 계층구조에 의한 Local 값으로 변할 수가 있다.

C.G에서는 각 오브젝트의 관계를 설정할 수가 있는데, 가장 기본적인 설정관계는 계층구조를 이용한 방법이 있다.

XSI에서는 Transform Tool 하단에 오브젝트 관계를 설정하기 위한 'Parent' 'Child' 버튼이 있다. 이 버튼은 Scene내의 오브젝트간에 계층구조를 만들어 오브젝트 관리와 Animation시 추가적인 효과를 발생할 수 있도록 할 수 있는 기능을 한다.

이 Global 값과 Local 값은 오브젝트의 Property 윈도우에서 확인할 수가 있는데, 오브젝트를 선택하고 Selection 버튼을 클릭하여 나오는 팝업 메뉴에서 'Local Transform' Icon을 클릭하면 해당 오브젝트의 Local Transform의 값이 어떻게 저장되어 있는지 볼 수가 있다.

XSI의 대부분의 Transform Animation 값은 Local에 자동으로 저장이 되도록 세팅되어 있으며, Global의 Animation 값에 저장을 하려면 별도로 설정을 해 주어야 하는데, XSI 하단의 Marking 메뉴를 클릭하면 나오는 팝업 메뉴의 Global Transform의 X, Y, Z 값을 선택하고 Key를 저장하면 해당하는 Global Animation에만 저장이 되고 Local Animation 값에는 저장이 되지 않으므로 Global Animation 값을 이용할 때는 Marking 메뉴를 이용하면 된다. 하지만, Global Animation은 Local Animation보다 우선하여 계산되기 때문에, Global Animation과 Local Animation을 동시에 사용하려면 별도의 다른 방법을 추가하여 사용해야 한다. Animation시에 배우게 될 거의 모든 Animation Tool은 Local Transform을 이용하여 작동하는 경우가 많으므로, Local Animation에 대해 먼저 이해를 하는 것이 바람직할 것이라 생각한다.

## 6-1-2 애니메이션 원리

움직임은 그 물체에 작용하는 힘에 의한 것이다. 캐릭터의 움직임은 얼굴 표정과 몸 전체 그리고 그 동작의 일부를 포함한다. 캐릭터가 아니더라도 배경의 일부, 또는 어느 소품이라도 움직임이 있어야 한다.

동선에 따라서도 느낌이 달라지는데 가령, 캐릭터가 왼쪽에서 오른쪽으로 움직일 때 자연스럽게 보인다. 이것은 자연스런 인간의 눈 감각 흐름 때문이며 휴식 효과도 있다. 정지 상태에서 움직이기 시작하는 첫 단계와 멈출 때의 마지막 단계에서는 동작이 감소되고, 중간 단계는 매우 빠르다. 강한 힘에는 동작이 빠르고 폭이 커지며, 약하면 동작이 느리고 폭이 좁아진다. 큰 것의 동작은 느리게 표현되고, 작은 것은 빠르게 표현된다. 애니메이션 동작이 느린 것은 그림 컷(동화 매수)을 많이 넣어 자연스럽게 그리고 천천히 움직이도록 한다. 또한 촬영에서도 그 효과를 증대시킬 수 있다.

### 1. 준비 동작(Anticipation)

스크린에는 정지하고 있는 몇 개의 물체가 있고 관객의 주의는 그것들에 한 가지로 향해 있더라도 그 중의 하나가 움직이기 시작하면 1 / 5초 뒤에는 그 움직이기 시작한 것에 주의가 집중된다. 실제 움직임이란 것은 사람들의 시선을 불러모으는 시그널 역할을 해낸다. 따라서 킥(발로 참)하는 동작을 그릴 때 그 준비 동작으로서 발을 뒤로 당기는 동작이 덧붙여 있으면 미리 그 발에 주의를 이끌 수 있게 한다.

준비 동작의 양은 그에 이어지는 액션의 스피드에도 큰 영향을 미친다. 만약 관객에게 무엇인가 일어날 것이라는 예감을 가지게 할 수 있다면 액션이 꽤 빠를지라도 그것이 어떤 행위였는지에 대해 놓치게 하지는 않을 것이다. 혹 관객의 마음이 준비가 되지 않았는데 무엇인가 재빨리 일어난다면 그것은 그대로 지나쳐 버릴 것이다. 그럴 경우에는 액션을 천천히 하지 않으면 안된다. 적절한 준비 동작이 있기만 하면 실제의 액션은 관객에게 그것이라고 알 수 있는 정도의 암시나 표현으로도 충분할 때가 있다.

### 2. 뉴튼의 운동법칙(Newton's laws of motion)

물체를 움직이려고 할 때 우선 기억해 두어야 할 것은 운동의 자연의 법칙이다. 애니메이션일지라도 현실 세계의 투영이기 때문에, 운동의 자연 법칙을 그대로 또는 과장하여 재현함으로써 캐릭터를 실제 하는 것처럼 생생하게 표현할 수가 있는 것이다. 모든 등장 인물이나 물체는 중량을 가져 힘이 가해지지 않는 한 움직이지 않는다. 정지하고 있는 것은 언제라도 계속 정지해 있으려 하고 움직이려는 것은 계속 움직이려고 한다. 이러한 관성의 법칙은 그 물체의 중량이 크면 클수록 그 움직임의 방향을 바꾸려면 보다 많은 힘이 필요하게 된다. 그러므로 감독은 매우 무거운 물체를 취급할 때는 그것들이 움직이기 시작하여 정지하거나 방향을 바꿀 때까지 시간을 어느 정도 잡지 않으면 안 된다. 애니메이터는 물체가 움직이기 시작하고 멈추고 혹은 방향을 바꾸는데 그러한 힘이 가해진다는 것을 알아차리는 것이 능력이며 역할이다.

### 3. 정지에서 운동으로, 운동에서 정지로(Getting into and out of holds)

운동상태에서 정지에 이르기까지 걸리는 시간은 그 물체 혹은 캐릭터의 힘에 의해서 결정된다. 체중이 무거운 사람은 달리는 상태에서 멈추기까지 수 초가 걸리고, 몸을 쓰러뜨리며 무엇인가 귀를 기울이고 있는 자세를 한 사람도 완만하게 정지할 수가 없다. 움직임을 멈출 때는 신체 각 부분의 움직임을 한꺼번에 멈추거나 하지 않는다. 예컨대 캐릭터가 점프할 때, 그는 포물선을 그리며 착지(발이 땅에 닿았을 때)하면, 몸을 푹 숙였다 다시 쭉 편 뒤에야 멈추는 것이다. 그러나 멈춘 뒤에는 2~3프레임 정도는 팔이 움직이고 있는 것이 효과적이다. 이 캐릭터가 코트를 입고 있거나 모자에 새 깃을 꽂고 있다면 코트의 깃이나 새 깃의 움직임이 멈추기까지 얼마간의 시간이 걸릴 것이다.

캐릭터가 놀라거나 어쩔 줄 몰라하거나 하여 갑자기 움직이기 시작할 때 근육은 갑자기 수축되어 그는 반사적으로 몸을 빼낸다. 그 다음에 그의 움직임은 멈춘다.

이런 경우 정지가 완만한 동작으로 나타나면 그 놀라움은 잘 표현되지 않는다. 급하게 동작을 멈출 때에도 손이나 머리카락의 움직임을 오버랩하여 멈춤을 부드럽게 할 필요가 있다. 정지 상태에서 다시 움직일 경우, 그 움직임이 부드러운 것이면 프레임마다의 그림의 변화는 서서히 줄어가도록 한다. 옷깃의 끝은 처음에 좀 뒤로 남기고, 그 다음에 몸으로 남기고 그 다음에 몸으로 나붓껴 가도록 그린다. 만약 캐릭터가 걷기 시작하는 등 훨씬 빠른 움직임으로 옮겨가려고 할 때는 몸을 약간 뒤로 끌리듯이 그린다.

### 4. 완만한 움직임의 타이밍(Timing a slow action)

애니메이션에서 움직이는 모양을 확실하게 표현할 수 있는 것은 타이밍이다. 아무리 잘 그려진 그림이라도 타이밍이 잘못되어 있으면 그 애니메이션은 유치하며 설득력을 잃어버린다. 즉 타이밍은 그림과 그림의 간격으로 조절하는 것이 아니라, 움직임에 필요한 시간으로 정확하게 나누어지고 맞게 그려져야 한다. 예를 들어 같은 동작을 요구하는 것이라 해도 먼 곳의 물체를 돌아보는 것과 뒤에서 폭발하는 것을 돌아보는 것의 속도는 달라질 것이다. 그러므로 상황에 따라 필요한 동작의 시간을 기억하고 계산하는 것이 적절한 타이밍을 산출하는 방법이라 하겠다. 때때로 느린 움직임의 경우처럼 힘의 매체를 극한까지 긴장화하는 움직임을 애니메이션화할 필요가 생긴다. 서정적 분위기일 경우, 느린 동작(slow motion) 혹은 희극적인 국면(situation)같은 경우가 그럴 것이다. 프레임과 프레임사이의 그림의 변화가 적으면 적을수록 슬로우 모션으로 움직이고 있는 것으로 보인다. 한편, 프레임과 프레임간의 그림의 변화를 크게 하면 빨리 움직이는 것처럼 스크린(screen)에 비친다. 그러나 어느 경우일지라도 한계라는 것이 있다. 프레임과 프레임 사이의 변화를 적게 했을 경우 대단히 정확한 그림이 그려지고, 더욱 변화의 이동이 정확히 계산되지 않으면 화면에 비치는 그림은 맥이 빠지고 부자연스러울 것이다.

애니메이션에 있어서는 일반적으로 극단적인 슬로우 모션은 피해야 좋을 것이다. 슬로우 모션을 쓸 경우 리듬감이나 역동감, 유연성 등을 교묘하게 표현할 수는 있다. 애써 한 장 한 장의 그림을 매꿔가는 것보다 쇼트 카메라(짧게 over lap하는 것)에 의한 노출의 변화로 애니메이션을 진행시키는 쪽이 좋은 경우도 있다. 모든 기법은 시험적으로 라인 테스트를 해본 후에 활용하는 것이 좋은 태도이다.

## 5. 빠른 움직임의 타이밍(Timing a fast action)

애니메이션에서는 느린 액션보다 빠른 액선쪽이 적합하다. 그것은 애니메이션이 보통 배우의 연기에서는 표현하기 어려운 에너지나 페이스의 감각을 비교적 쉽게 창조할 수 있기 때문이며 그러므로 실연 영화에서는 보여지기 힘든 특유의 재미를 표출할 수 있다. 빠른 액션의 표현에서 잊어서는 안될 것은 관객이 그 스피드를 따라갈 수 있는지에 대하여 확인하는 것이다. 액션은 언제나 관객이 이해할 수 있는 범위내의 스피드로 행해져야 한다. 빠른 액션을 표현할 경우 그에 이르는 준비 동작(anticipation)이 매우 중요한 역할을 해낸다. 캐릭터는 무엇을 하려고 할 때에는 반드시 준비 동작을 하는데 그 때문에 관객은 마음의 준비되어 비상하게 빠른 동작에서 따라갈 수가 있다. 물론 모든 움직임에 준비 동작을 붙인다면 지루해지니까 때로는 깜짝하는 움직임도 관객을 놀래게 해주는 것도 필요하다. 예컨대 캐릭터가 상대의 아래턱을 노리고 펀치를 휘두를 때, 팔이 완전히 펴진 시점에서 움직임을 멈추게 무엇이 행해지고 있는지를 알 수 있게 한다. 그때 그이 팔이 실제보다 길게 펴지고 비교적 천천히 멈춘 상태에 돌아오도록 그리면 보다 큰 충격(impact)이 표현될 것이다.

## 6. 애니메이션과 물질의 성질

애니메이터에게 있어서 가장 기본적이면서도 어려운 문제는 "물체의 어떤 힘이 가해졌을 때, 그 물체는 어떻게 되는가?" 라는 것이다. 그 문제는 그 애니메이션이 얼마만큼 잘 되었냐에 대한 결과가 되기도 한다. 자연계의 모든 물체는 각기 고유한 중량, 구조, 부드러움의 정도를 가지고 있다. 따라서 그 물체에 힘이 작용하면 물체는 각기 독자적인 운동을 시작한다. 이 습성 위치와 타이밍의 배합이 애니메이션의 기본이다. 그러나 애니메이션에는 무게도 없고 거기에 작용하는 힘도 없기 때문에 이와는 다르다는 것을 염두해 두어야 한다. 만약 추상적 애니메이션이라면 몇 개의 움직임의 패턴으로 표현할 수 있지만, 움직임에 의미를 주기 위해서 애니메이터는 인물이나 움직임에 필요한 지식을 제공해주는 뉴턴의 법칙에 대해 생각해 보지 않으면 안될 것이다.

애니메이션에 있어 장면의 타이밍을 취하는 방법은 두 개의 상을 가지고 있다.

### (1) 무생물의 타이밍

문이 쾅하고 닫히는데 시간이 얼마나 걸리는가? 얼마나 빨리 구름은 하늘을 가로질러 가는가? 중심을 잃은 전동기가 비탈을 굴러내려 벽돌 벽을 뚫어 부수는데 얼마만큼의 시간이 걸리는가? 깃발이 어떻게 날리는가 등 무생물의 경우 문제는 역학적인 것에 있다.

### (2) 생물의 움직임의 타이밍

생물의 경우에도 같은 문제가 나타난다. 인물일지라도 결국 그것은 실연 영화가 아니고서는 한 조각의 고깃덩이와 다를 바 없기 때문이다. 그러나 여기에 더하여 등장인물이 화면에서 살아 움직이는 것처럼 보이게 하려면 심리적 조작으로 하여 생기는 시간이 주어지지 않으면 안된다. 그는 자기의 행동을 의식하고 있는 것처럼 보이게 해야 하고 의지와 근육의 힘으로 자신을 움직이고 있는 것처럼 보이지 않으면 안되기 때문이다. 그러므로 애니메이션 안에 등장하는 모든 사물은 스스로 어떤 행위를 만들어 낼 수 없으며 이 모든 것들은 그것을 그려내는 애니메이터로 인하여 창조되고 움직이게 된다. 그러므로 이 움직임의 작업은 실로 까다로우며 해결하지 않으면 안되는 궁극적인 목표라고도 볼 수 있다.

## 7. 움직임과 만화화

물체의 움직임에 대한 전문가가 아닐지라도 우리는 움직임에 대한 모양을 무의식 중에 파악하고 있다. 그렇기 때문에 애니메이션 속의 움직임이 조금이라도 어설프다면 그것은 큰 실수로 보여진다. 그러나 여기서 확실히 알아두어야 할 것은 말 그대로 어설프고 어색한 움직임과 과장이 섞인 만화적 움직임은 전혀 다르다는 것이다. 애니메이터의 작업은 움직임을 합성하고 적당히 과장을 가하여 만화라는 매체속에서 움직임을 자연스럽게 보이게 하는 것이다. 만화 영화는 만화화(Caricature)한 매체다. 어떤 물체라도 그에 따른 특성을 살려 과장하는 것이 대부분인데 이것들이 바로 만화화된 것이라도 생각하면 쉽겠다. 만화영화는 또 극적인 매체라고도 할 수 있다. 이 독특한 성질은 여러 가지 방법이 있지만 그 중에도 템포가 빠른 액션이나 심하게 과장된 타이밍을 취하는 방법에서 얻어진 것이다. 만화성을 가진 액션, 혹은 유머나 드라마성을 가진 액션의 타이밍의 다양성은 대단히 미묘한 것으로, 결국 이 다양성을 터득하는 길은 애니메이션의 타이밍에 대하여 충분히 경험을 쌓을 수 밖에 없다. 만화화된 사물은 자연의 그것과 같은 특성을 가지고 있다. 여기서 만화화된 사물이 어떻게 움직이는가를 알려면 자연 속에서의 사물의 움직임을 세밀히 조사 연구할 필요가 있다.

## 8. 공중에 던진 물체

어떤 물체가 공중에 수직으로 던져 올려졌을 때 그 속도는 점차로 감소되어 0이 된다. 그 다음 물체는 아래를 향해 다시 가속된다. 물체가 얼마나 높이 솟아오르는가는 던져질 때의 속도에 의하여 결정된다. 공을 어떤 각도로 던져 올렸을 때 그 움직임은 두 개의 요소를 지니고 있다. 수직적인 요소와 수평적인 요소다. 수직적인 속도는 0까지 감속해 가서 낙하가 시작되면 가속되지만 그 동안 공이 날아가는 움직임에는 아무런 변화도 생기지 않는다. 이것은 공이 포물선을 그리며 난다는 것을 의미한다. 공이 단단하고 매끄러운 바닥에 떨어지면 공은 몇 번이나 튀면서 반복하여 이동해간다. 하나의 바운드나 다음 바운드 사이에 공의 운동이 그리는 곡선도 또한 포물선이다. 바운드마다 힘을 잃어가므로 바운드의 높이도 차츰 줄어든다. 만화의 등장 인물도 공과 같이 바운드한다.

## 9. 회전하는 물체

튀면서 전진하는 공이나 던져진 공이 포물선을 그리는 것은 실제로 그 물체의 중심이 그러한 운동을 하고 있다는 것을 의미한다.

### (1) 변화한 형태의 무생물의 물체

달라진 형체의 물체가 낙하하거나, 공중에 던져졌을 때 중심이 포물선을 그리며 날아가는 운동의 타이밍을 잡는 것은 가능한 것이다. 거의 모든 물체는 공중에 던져지면 회전하는 성질이 있으므로 그 물체는 변화해 가는 중심의 위치 가까이에서 일정한 회전을 하면서 포물선을 그려 가는 경향이 있다. 예컨대 중량이 있는 망치의 경우 거의 모든 중량은 금속성으로 만든 머리 쪽에 있다. 그러므로 이 중심에서 위치를 변화시켜 가는 망치는 그림처럼 그릴 수가 있다. 망치의 모양이나 속도 회전하는 방향은 각각이지만 움직임의 원칙은 일정하여 변함이 없다. 애니메이션에서는 물체의 스피드가 충분하면 회전할 때의 형태의 변화는 거의 없다. 보통 물체의 중심 위치는 그 그림이 중심을 맞추어 그려 베끼면 된다. 그 다음에 다음 중심 위치에서 필요한 만큼 회전시켜 그림을 놓고 그것을 옮겨 그리고 그것을 되풀이한다.

### (2) 생물 캐릭터의 경우

여러 가지 형태를 한 물체의 경우 예를 들면 사람인 경우는 중심의 위치까지 변화해 간다. 사람이 낙하하거나 점프하거나 할 때 그의 중심은 포물선을 그린다. 그의 몸이 변화할지라도 말이다. 그는 무생물처럼 회전까지도 할지 모른다.

## 10. 구부려지는 이음새를 전해가는 힘

한쪽 끝에 끈을 맨 나무토막이 매끄러운 바닥에 놓여 있다고 가정하자. 나무토막과 대체로 수직이 되는 방향으로 끈을 당겨 나무토막의 길이만큼 끌어 본다. 분명히 끈을 늦춰졌을 때는 토막은 움직이려고 하지 않을 것이다. 토막의 중량은 중심에 올 때까지 잡아 당겨지는 방향으로 움직이려고 하지 않는다. 즉 토막의 회전축과 끈이 일직선상에 일치할 때까지 토막은 회전하여 그 다음에 움직이기 시작한다.

움직임의 특성은 다음과 같다.

최초의 토막이 가속되어 방향 전환을 할 때 제2의 토막의 연속하는 그림은 토막의 회전에 따라 서로 겹친다. 만약 세 개의 토막이 자유로이 작동되는 이음새로 연결되어 있다면 상당히 빠르게 이 쪽 저 쪽으로 움직이므로 다른 두 개의 토막의 연속 움직임의 효과는 현저해질 것이다.

## 11. 관절로 전해지는 힘

캐릭터 애니메이션에서 대체로 구부러질 수 있는 움직임은 관절로 힘이 전해진다. 사람이나 동물의 몸은 관절에 의해서 부드럽게 이어져 있다. 다리는 골반에 이어져 있고, 무릎부터 아래는 무릎에 연결되어 있다. 또 발은 발목에 자유롭게 움직일 수 있도록 연결되어 있다. 팔도 같은 모양으로 어깨에 이어져 있다. 따라서 캐릭터의 어깨가 갑자기 뒤로 당겨지면 손은 팔의 중심의 움직임에 따라 움직이게 한다.

물론 이것은 모든 생물의 움직임에 완전히 그대로 들어맞는다는 것은 아니다. 동작이 느릴 때에는 근육을 수축시키거나 근육의 움직임을 중지하고, 팔을 곧게 뻗는데 시간이 걸리기 때문이다. 그렇다 할지라도 앞에서 말한 바와 같은 경향이 있는 것은 확실하며, 애니메이터는 그러한 경향을 알아서 과장하는 법이다. 그 과장의 정도는 액션의 스피드가 증가함에 따라 강조되어 가는 법이다. 손목이 앞쪽으로 움직일 때에는 부드러운 손목의 작용으로 손부분은 뒤로 당겨지고, 또 다리가 상하로 움직일 경우나 발로 차는 경우, 발끝은 발밑의 움직임과 반대의 방향으로 당겨지는 경향이 있다.

또, 손에 쥐어진 물체는 손의 움직이는 방향에 따라 같은 움직임을 보인다.

## 12. 무게와 힘을 암시하는 타이밍

신체의 각 부분은 근육에 의하여 움직인다. 즉 그것들이 접속하는 세 부분에 의해 움직인다는 것이다. 팔이 올라갈 때에는 맨 처음 윗부분이 어깨의 근육에 의해서 들어 올려진다. 팔꿈치는 부드러운 관절이므로 팔 끝은 조금 늦게 움직이고, 손바닥은 그보다 더욱 늦게 움직이는 것이 된다. 걷고 있을 때 무릎은 접변 관절로, 발목은 구와 관절로 움직인다. 만약 정강이와 발등의 각도가 언제나 같다면 발목 관절은 고정된 것처럼 보인다. 그러므로 이 각도는 변하지 않으면 안된다. 무릎을 꺾으면서 발을 지면에서 떼면 발등은 쳐지면서 뒤꿈치부터 먼저 올라간다. 발끝은 발이 가장 높은 위치로 올려질 때까지 계속 아래를 향하고 있으나 다리가 펴짐에 따라 발등은 차츰 위를 향한다. 그리하여 발은 뒤꿈치를 내리기 시작하여 땅바닥에 닿을 때까지 원을 그려간다. 캐릭터가 줄을 세게 잡아당길 경우 최초에 움직일 신체의 부분은 엉덩이다. 그 다음에 가슴이나 어깨가 움직이고 최후에 줄이 움직이기 시작한다. 그 운동량은 캐릭터의 힘과 줄에 매달린 물건의 무게, 그 장면의 분위기로 결정된다. 그러나 대개의 부분은 움직임에는 변화가 없다. 같은 설정으로 캐릭터의 잡은 줄의 다른 한쪽이 어떤 힘에 의하여 당겨지고 있다면 움직임은 전혀 반대가 된다. 즉 처음에 줄이 움직이고, 이어서 팔이, 어깨가, 엉덩이가 하는 순서로 움직이게 된다. 처음에 당겨지는 것은 늦추어 있던 줄이다. 만약 그 운동이 빠르면 캐릭터의 어깨는 줄과 팔이 일직선이 되도록 당겨질 때까지 움직이지 않을 것이다. 어깨가 갑자기 당겨지는 시점에서는 그이 몸도 곧게 뻗어져 스크린 밖으로 튀어나간다. 그러나 천천히 당겨지고 있다면 캐릭터는 그 힘에 대항해 보려는 여유를 가질지도 모른다.

## 13. 타이밍의 중요성 이해하기

타이밍은 여러 단계에서 필름의 모든 면에 영향을 끼친다.

첫째, 필름은 일정한 길이를 가진다. 30초짜리 상업광고에서 2시간짜리 장면 영화에 이르기까지. 둘째, 이런 시간적 제약 내에서의 장면 편집은 필름의 분위기와 속도에 영향을 미친다. 셋째, 캐릭터 연기와 연기의 타이밍은 각 개별적인 장면들이 어떻게 상연되는지에 영향을 끼친다. 필름을 음악이라 생각해 보자. 두 매체 모두 전적으로 시간에 의지하고 있다. 노래가 음악가의 작품 전체를 이루는 것과 마찬가지로 필름은 작품 전체를 이룬다. 필름의 장면들을 시나 합창이나 율동으로 생각할 수 있다. 악기들의 개별적인 음색은 캐릭터들의 개별적인 액션과 마찬가지이다. 각각의 음색에서처럼 각각의 액션은 적시에 적소에서 일어나야만 한다. 음악에서처럼 애니메이션에서 타이밍을 못맞추면 거북스러워진다.

"한 번에 하나씩"은 애니메이션 타이밍의 기본 규칙이다. 관객은 액션이 연속적으로 이루어질 때 액션을 가장 잘 이해할 수 있으므로 주요 액션을 그런 방식－매끄럽게 이어지는 모션들의 연속선상에서 한 번에 하나씩－으로 제공해야 한다. 캐릭터는 발 끝에 채여 뒤로 주춤했다가 반응을 한다. 반응이 너무 빠르다면, 관객이 이를 이해할 시간이 충분치 못할 것이므로 뒤로 주춤하는 동작이 주요 액션 사이의 다리 역할을 한다.

대개 관객은 여러분의 필름을 처음으로 보고 있는 것이라는 사실을 유념해야 한다. 애니메이터로서의 여러분은 관객들을 안내하고, 그들에게 필름의 각 시점에서 정확히 어디로 보아야 하는지에 대한 실마리를 주어야 한다. 로드러너 만화의 경우를 생각해 보자. 코요테가 벼랑끝 밖으로 걸음을 내딛을 때 자신이 공중에 떠있음을 눈치챌 때까지는 좀 시간이 걸린다. 이에 대해 그는 전형적인 반응을 보이고, 그 다음에 가엾은 표정으로 직접 카메라를 정면으로 바라본다. 이런 한 장면의 그림이 거의 일초간이나 지속될 수 있다. 눈을 깜빡이거나 수염을 실룩거릴 수도 있지만, 이는 본질적으로 정지 포즈이다. 그리고 나서 몇 프레임에 걸쳐 화면에서 휙 하니 사라져버린다. 관객들은 포즈가 정지된 잠깐 동안에 코요테 자신과 똑같은 깨달음－그는 이 끝장났구나－을 얻게 되기 때문에 이는 타이밍을 보여주는 아주 좋은 예가 된다. 또한 코요테가 화면에서 떨어질 때 관객들은 이를 분명히 볼 수 있기 때문에 관객들의 시선을 그에게 집중시키게 된다.

타이밍에 관해 알아두어야 될 매우 중요한 사항 중 하나는 움직이기 전에 움직이려 하는 것에 시선을 모아야 한다는 점이다. 액션은 관객이 그것에 완전 몰두했을 때에만 효과적으로 이해된다. 애니메이터로서 캐릭터의 액션을 통해 관객의 시선을 이끌어나가야 한다.

## 14. 좋은 타이밍 개발하기

모든 애니메이터는 사물들이 시간과 관련해서 어떻게 움직이는지 이해해야 한다. 좋은 타이밍 감각은 애니메이터들이 수년의 연습을 거쳐 개발하는 것이다. 다음 절에서는 자신의 타이밍 감각을 개발하는 데 거쳐야 하는 기본적인 단계들을 일부 살펴볼 것이다. 주변 환경 관찰이 이런 과정에서의 첫 번째 단계이다. 관찰은 모습들을 정확한 타이밍으로 분석하는 것이 다음 단계이다. 타이밍을 이해하려고 고전 애니메이션 필름과 생동감 있는 필름들을 프레임 하나하나로 나누어 보는 애니메이터들을 필자도 많이 알고 있다. 애니메이터라면 정지 화면 기능이 뛰어난 VCR에 과감히 투자해 볼 만하다.

애니메이터에게 다음으로 필수적인 도구는 스톱워치이다. 한 숏의 시간을 조절할 필요가 있을 때마다 필자가 제일 먼저 하는 일은 스톱워치를 가져와서 장면을 연출해서 각 액션의 대략적인 길이의 시간을 재는 것이다. 이렇게 잰 시간들을 대강의 포즈 타이밍에 맞추어본 다음 3D 프로그램에서 이를 조정해나간다. 스톱워치는 애니메이터가 가질 수 있는 가장 중요한 도구 중 하나이다. 이것을 활용하면, 장면을 물리적으로 연출하여 타이밍에 대한 상당히 좋은 아이디어를 가질 수 있다. 부끄럽다고 생각하면 문을 닫고 창문의 블라인드를 내리고 하여튼 자신의 숏들을 연출하기 바란다. 캐릭터가 시간과 관련하여 어떻게 움직일지를 이해하는 것은 매우 중요하다.

컴퓨터 애니메이터들은 타이밍을 조절하고 조정하는 문제에서 특별한 이점을 가지게 된다. 디지털 애니메이션의 뛰어난 쌍방향성으로 중간 테스트를 매우 쉽게 할 수 있다. 이런 즉각적인 피드백은 효과가 매우 크다. 필자가 애니메이션 학교에 다닐 때 모든 것을 슈퍼8로 촬영 작업을 해서 연필 테스트 결과가 나오기까지 며칠을 기다려야만 했던 일이 생각난다. 그것은 여러분이 얻을 수 있는 쌍방향성과는 거리가 아주 멀며, 효과 있는 타이밍은 어떤 것이고, 그렇지 않은 것은 어떤 것인지 알게 되기까지는 한참이 걸렸다. 마침내 어느 정도 저렴한 애니메이션 소프트웨어를 장면 하여 연필 테스트 결과를 즉시 볼 수 있었을 때 필자의 타이밍 감각도 바로 향상될 수 있게 되었다.

자동적인 중간 화면 생성도 컴퓨터 애니메이터에게 이점이 될 수 있다. 컴퓨터로 주요 포즈 사이를 잇는 중간 프레임들을 계산하도록 함으로써 보다 융통성 있게 포즈를 변경하고, 바꿀 수 있고, 아주 매끄러운 애니메이션이 될 수 있다. 컴퓨터에게 너무 많은 작업을 하도록 하면 애니메이션이 진부하고 평범해 보일 수 있다. 항상 컴퓨터가 어떻게 중간 화면들을 계산하는지를 정확히 알고 있어야 한다. 수많은 방법을 통해서 이를 파악할 수 있으며 그 중 가장 중요한 것은 모션 그래프와 패스이다.

### (1) 모션 그래프

대부분의 웬만한 애니메이션 소프트웨어는 오브젝트들이 어떻게 움직이는지를 그래프 표시, 곧 모션 그래프(motion graph)로 나타낼 수 있다. 모션 그래프는 애니메이션 문제들을 찾아내고 해결할 때 애니메이터에게 없어서는 안될 소중한 도구이다. 모션 그래프를 읽고 다루는 법을 아는 것은 필수적인 기술이다. 모든 소프트웨어 패키지마다 다 다르지만, 대부분의 모션 그래프는 비슷한 방식으로 작동한다. 일반적으로 그래프의 수평축은 시간을 나타내고 수직축은 매개변수, 곧 위치, 회전, 배율을 나타낸다. 이런 매개 변수들은 오브젝트가 정확히 어떻게 움직일지를 일러주게끔 그래프로 작성된다. 예를 들어 도시 거리를 차로 운전한다고 하자. 차의 모션은 그래프로 나타낼 수 있다. 먼저 차는 시속 35m의 일정한 속도로 갈 수 있다. 차가 정지 신호를 만나면 잠시 멈추기 위해 속도를 늦춘다. 신호가 바뀌면 차는 속력을 내 일정한 속도로 다시 돌아가게 된다. 차가 일정 속도로 달리면 그래프는 일직선—곧은 대각선이 된다. 차가 멈추면 변화가 없으므로 그래프는 펑펑해진다. 차가 가속이나 감속이나 또는 어떤 방식으로 변속을 하게 되면, 결과는 곡선으로 나타난다. 수직쪽으로 기울어진 곡선은 가속을, 수평쪽으로 기울어진 곡선은 감속을 나타낸다. 대부분의 소프트웨어 패키지에서는 대상 오브젝트에 관한 모션 그래프가 셋—x측, y측, z측 각각에 하나씩—이어서 이들을 개별적으로 조정할 수 있다. 모션 그래프는 또한 애니메이션에서 사소한 이상 부위를 찾아내고 해결하기에 좋다. 일반적으로 애니메이션 문제는 모션 그래프에서 삐죽 솟은 선으로 나타난다. 삐죽 솟은 부분은 키가 변경되었거나 틀린 위치를 가리킬 수 있다. 모션 그래프의 또 다른 용도는 무언가가 움직이는지 아닌지를 판별하는 데 있다. 캐릭터의 발이 바닥에 고정되면, 발의 모션 그래프는 바닥 높이에서 평평한 채로 지속된다.

모든 패키지는 다르며 모든 패키지는 자신의 기능에 서로 다른 이름을 붙인다. 이 책에서 필자는 보다 넓은 개념을 전달하고자 하므로 어떤 애니메이션 패키지를 사용하든 간에 이런 개념을 응용할 수 있다. 이 책에서 사용한 용어가 여러분이 갖고 있는 사용자 설명서의 용어와 정확히 일치하지 않아 혼란스러울 수도 있다. 모션 그래프는 여러 패키지에 적용할 수 있는 개념이 좋은 예가 된다. 이런 기능이 각자의 소프트웨어에서 어떻게 존재하는지 알기만 하면 된다. 이와 같은 대화 상자들은 세 플랫폼(맥, PC, 유닉스)에서 다 이용하므로 모습은 다를 수 있지만 똑같은 일을 한다. 다시 말해서 모두 시간을 기준으로 애니메이션 매개변수(위치 이동, 배율, 회전 등등)들을 그래프로 그릴 수 있고, 곡선들을 편집하는 것을 허용한다. 이런 네 개의 패키지만이 이 기능을 지원하는 유일한 소프트웨어들은 아니다. 물론 기능의 이름은 별로 중요하지 못하며 사용하는 소프트웨어에 상관없이 개념은 똑같다.

### (2) 패 스

애니메이션을 살펴볼 수 있는 또 다른 방법은 패스(path)를 통해서이다. 대부분의 패키지들에서는 오브젝트가 공간을 가로질러 가는 패스를 나타낼 수 있다. 오브젝트가 정확히 어떻게 움직이는지를 결정하게 해주는 좋은 방법이다. 패스의 위치와 형상을 바로 잡음으로써 물체나 캐릭터가 장면에서 움직이는 길을 바꿀 수 있다. 키 프레임이 설정된 모션의 패스를 만들어내는 것과 더불어 여러 패키지들은 또한 스플라인을 그려 이 선을 패스로 이용할 수도 있게 한다. 일례로 캐릭터가 직선을 따라 움직이도록 하고 싶다면 패스도 또한 곧은 직선이 된다.

## 15. 타이밍을 이용하여 무게 추측하기

소프트웨어가 실세계의 물리적인 사항들을 계산하지 않는다면 오브젝트의 무게를 알 수 있는 방법은 없을 것이다. 땅 위에 놓여 있는 간단한 구를 생각해 보자. 이것은 볼링공일까 농구공일까? 움직이기 전까지는 그 구의 속이 비어 있는지 납으로 차 있는지를 알 도리가 없다. 구가 움직이고 나서야 구의 특징 일부가 분명해진다. 볼링공은 무겁다. 천천히 움직이고 방향을 바꾸려면, 많은 힘을 들여야 한다. 반면 농구공은 비교적 가볍다. 빨리 움직이고 쉽게 튀어오르며, 적은 힘으로도 쉽게 방향을 바꿀 수 있다. 타이밍 감각을 개발할 수 있는 좋은 방법 중 하나는 구나 상자처럼 간단한 오브젝트들로 실험을 여러 번 해 보는 것이다. 이런 형상들은 어떤 3D 패키지에서도 손쉽게 모델링하고 애니메이션할 수 있다는 점이 좋다. 또한 간단한 오브젝트들을 애니메이션함으로써 모션과 타이밍에만 신경쓸 수 있다.

## 16. 움직임의 언어 이해하기

애니메이터는 움직임의 언어를 이해해야 한다. 이는 애니메이터들이 끌어낼 수 있는 매우 특정 모션 어휘가 애니메이션에 있음을 말한다. 이 어휘에는 호, 앤티시페이션, 오버슈트, 제2차 모션, 팔로스루, 오버랩, 무빙 홀드 등이 들어간다. 이런 모션들은 원재료이다. 타이밍은 이들을 모두 하나로 이어 붙인다.

### (1) 호

실제에서 인체의 거의 모든 부분은 호를 그리며 움직인다. 물리적인 이유와 근육이 움직이는 방식에 기인하기도 하지만, 또한 신체의 거의 모든 관절들이 회전한다는 사실도 이유가 된다. 손은 단순하게 앞쪽으로만 움직이지는 않는다. 어깨와 팔꿈치는 손의 움직임과 짝을 이뤄 회전한다. 이때문에 손이 직선이라기보다는 곡선을 그리며 공간에서 움직인다. 중력 또한 물체가 호를 따라 움직이게 하는 중요한 요인이 된다. 낙하하는 물체와 만화 캐릭터의 신체는 호를 이룬다. 중력은 행성들이 타원 궤도를 따라 돌게 한다. 또한 던진 공이 포물선 모양을 따라가게도 한다. 알다시피 호는 자연 어디에서나 볼 수 있다.

### (2) 슬로인과 슬로아웃

자연의 운동에서 사물은 단순하게 출발하여 갑자기 멈추지는 않는다. 그 대신 출발시에는 가속되고, 멈출 때에는 감속된다. 힘은 모든 모션에서 중요한 역할을 한다. 뉴턴의 물리학에서는 힘이 가해진 모든 물체는 속력이 증가한다고 말한다. 위로 곧게 던진 공을 생각해 보자. 중력은 공이 멈출 때까지 속력을 느리게 하고, 그리고 나서 다시 땅으로 떨어지면 공의 속력을 빠르게 한다. 애니메이션에서는 이런 효과를 슬로인(slow-in)과 슬로아웃(slow-out)이라 한다. 신체의 관절조차 이 법칙을 따른다. 근육은 관절에 일정한 힘을 가하고, 한 방향으로의 사지의 속력을 빠르게 한다. 다른 근육은 이를 반대 방향으로 잡아당겨서 멈추도록 한다. 대부분의 소프트웨어는 두 포즈 사이의 중간 장면을 자동으로 만들어내어 슬로인과 슬로아웃을 여러 번 대신 수행한다. 슬로인과 슬로아웃이 필요치 않을 때도 많이 있다.

### (3) 힘과 드래그

애니메이션할 때 잊어서는 안될 것은 물체에 대한 드래그 효과이다. 물체에 전달된 힘은 물체의 모든 부분에 공평하게 영향을 끼치지는 않는다. 유연한 마디로 연결된 막대기 두 개가 있다고 해 보자. 이 가운데 한 막대기를 곧장 아래로 잡아당기면 나머지 막대기가 말하자면 "일직선으로 정렬"되는 데는 시간이 약간 걸린다. 이런 효과를 드래그(drag) 효과라 한다. 또한 고려해야 할 점은 여러 개로 연결된 물체가 움직이는 방식이다. 물체에 두 개 이상의 연결 마디가 있다면 각 연결 부분은 순서대로 끌어당겨진다. 두 번째 연결 마디 다음에 세 번째 마디가 끌어당겨진다. 세 개의 막대기는 드래그 효과가 더 커짐을 뜻한다. 세 번째 막대기는 첫 번째 막대기 다음으로 끌어당겨지는 두 번째 막대기 다음에 끌어당겨진다. 동일한 원칙이 여러분의 캐릭터에도 적용된다. 척추는 실제로 비슷한 관절들의 집합에 불과하다. 척추 한 끝에 전달된 힘이 다른 끝에 도달하려면 시간이 걸린다. 팔에 가해진 힘도 어깨, 그리고 더 멀리 발에까지 도달하려면 시간이 걸린다. 강아지의 꼬리를 예로 들어 보자. 꼬리에 있는 관절들은 막대기의 예에서와 같이 마디들도 똑같이 움직인다. 꼬리의 밑부분은 원을 그리며 돌며, 꼬리의 바깥 부분이 끌어당겨지게 한다.

### (4) 찌그러뜨리기와 늘이기

자유의 여신상을 애니메이션하고 있는 것이 아니라면 캐릭터는 대개 살로 이루어져 있을 것이다. 살은 매우 유연하여 움직일 때 많이 구부려지고 굽혀진다. 사람의 얼굴이 얼마나 다양한 모습을 띨 수 있는지 생각해 보라. 신체의 다른 어떤 부분에도 똑같이 해당되는 말이다. 이런 특징들은 찌그러뜨리기와 늘이기로 알려져 있다. 튀어오르는 공에서 이런 개념을 쉽게 알 수 있다. 공이 땅에 부딪히면 충격으로 구에서 타원형으로 찌그러진다(squash). 다시 튀어오르면 반대 방향으로 늘어남(stretch)을 볼 수 있다. 똑같은 원칙이 캐릭터 애니메이션에도 적용된다. 캐릭터가 공중으로 뛰어오를 때 위로 치솟으면 쭉 늘어난다. 내려앉을 때는 찌그러진다. 근육과 사지 같은 것에도 마찬가지가 적용된다. 찌그러뜨리기와 늘이기에서 항상 캐릭터의 일정한 부피를 유지시켜야 함을 명심해야 한다. 물로 채운 풍선을 예로 들어보자. 이 풍선을 늘이거나 찌그러뜨리면, 풍선의 이쪽에 있던 물이 다른 쪽으로 움직인다. 부피는 결코 변화하지 않는다. 사람들 역시 대부분 몰로 이루어져 있고 같은 원칙이 적용된다. 캐릭터를 찌그러뜨리든, 늘이든, 부피는 똑같게 유지되어야 한다. 부피가 커지거나 작아지면, 캐릭터가 자랐거나 줄어든 것처럼 보인다. 컴퓨터로 캐릭터를 찌그러뜨리고 늘이는 정확한 방식은 캐릭터가 구성되고 애니메이션되는 방식에 상당 부분 의지한다. 다음에는 캐릭터를 찌그러뜨리고 늘이는 방법들이 몇 개 나와 있다.

## 17. 속도와 가속도

운동에 관한 많은 책에서도 볼 수 있듯이 운동의 기본 중에서도 중요한 부분을 차지하는 것은 속도와 가속도이다. 여기서는 여러분들이 Animation할 때 도움이 될 수 있을 만큼 적당한 수준까지 그리고 알기 쉽게끔 다시 설명을 해 보도록 하겠다. 움직임에 따라, 그 전체적인 움직임이 갖는 시간에 따라, 또 연출된 상황에 따라 이 가속도는 붙을 수도, 또는 안 붙을 수도 있으며, 빠르게 붙을 수도 있고, 느릿하게 붙을 수도 있게 되기 때문이다. 가속도를 정확하게 표현하는 방법은 실제 움직임을 재는 것이 가장 좋은 방법이지만, 이 또한 주변 장비(움직임을 촬영할 수 있는 캠코더나 시간을 잴 수 있는 스톱워치 등)들이 있어야 가능한 것이므로 일반적인 작업환경에서는 선뜻 이를 정확히 표현하기는 힘들다.

## 18. Stretch & Squash(늘이기 & 줄이기)

기계와 같은 딱딱한 외피를 가지고 있는 움직임이 아닌 경우 대부분의 사물은 움직임이 있을 때 그 움직임의 강도에 따라 외피가 늘어나거나 줄어드는 현상이 생긴다. Animation시에는 이러한 부분에 별도로 실사에서 보다 훨씬 더한 과장을 심하게 주어, 캐릭터의 동작이나 형태를 재미있게 표현을 하는 경우가 많다. 디즈니메이션의 대표적인 테크닉인 이러한 표현방법은 Animation을 조금 더 Animation답게 보여주는 기능을 충실하게 수행을 한다. C.G에서도 마찬가지로 재미있는 컨셉의 움직임을 만들고자 할 때 이 스트레칭과 스쿼시를 충분히 삽입을 해 주어야 움직임이 자연스럽게 보이게 된다.

## 19. 선행동작, 이차동작

Animation 단계에 입문한지 얼마 안된 유저에게 "놀래는 동작을 만들어라" 라는 지시를 내리면 그 유저는 별 다른 생각 없이 단순히 놀래는 동작을 만든다. 단순히 그 동작을 '만든다' 라는 개념에서 벗어나 주어진 동작을 어떻게 만들 것인가를 먼저 연구를 해 보아야 하는데, '선행동작'이 바로 그러한 부분이 될 것이다. 기본 포즈에서 완전히 놀래는 동작이 나오기 전, 완전히 놀라는 동작이 몸이 최대한 스트레칭된 상태이므로, 이 전에 움츠린 동작을 하나 더 넣어주어, 기본포즈에서 놀래는 동작으로 이어질 때, 자연스럽게 몸이 움직이는 것처럼 표현하기 위해 '놀라다'라는 움직임에 선행 동작을 넣어주었고, 그 이후 단순히 놀랬다 할 때 놀라는 포즈 뒤에 부르르 몸을 떠는 동작을 넣어 재미있게 생긴 캐릭터에 맞게끔 이차동작을 넣어서 '놀란다'라는 동작을 마무리하였다.

무분별하게 디즈니메이션과 재패니메이션의 표현 기법만을 따라 하기보다는 그 중에서 나은 부분, 그리고 우리 문화적 적성에 맞는 표현기법을 찾아내는 것이 급선무라 생각한다.

## 6-2 Bouncing Ball Animation

Bouncing는 애니메이션을 처음 시작하는 사람이라면 누구나 한번쯤은 작업을 해야 하고 또 해봤을 것으로 본다. 왜 그럼 Bouncing이 Animator의 필수 교육 과정이 되고, 또 어렵다고 하는 것일까? 3D상에서의 애니메이션은 과연 무엇일까? 이 질문에 답을 할 수 있다면 3D상에서의 애니메이션에 대한 개념에 대해 정리만이라도 되었다면 커다란 숙제를 푼 셈이니 그 다음은 결과에 대한 집착이 필요한 단계로 생각해도 좋을 듯하다.

그러므로 위의 질문은 곰곰이 생각해 봐야 할 문제일 듯싶다. 그럼 필자가 생각하는 3D상에서의 애니메이션은 바로 동작과 시간의 상관관계라고 말하고 싶다. 동작(Pose)과 시간(Time)은 움직임의 기본 단위이다. 둘 중 어느 하나만이라도 없다면 그건 정지(Stop) 동작이 되는 것이다. 그렇다면 훌륭한 Animator가 되고자 한다면 동작(Pose)과 시간(Time)에 대해 정확한 개념과 이해를 해야 할 것이고 그 다음은 이 둘과의 상관 관계에 대해 이해하고 적용할 수 있으면 된다.

동작은 말 그대로 "어떻게"이다. 즉 캐릭터나 오브젝트의 어떻게 움직일 것인가에 대한 고찰이고, 시간은 "얼마동안" 즉 얼마나 오래, 또는 얼마나 빨리, 얼마나 천천히 등의 개념을 적용해주면 된다. 요약하면 애니메이션은 사물(캐릭터나 오브젝트)을 어떻게(Pose) 얼마만큼(Time) 움직일 것인가를 정의하는 것이다. 애니메이션 커브는 3D 그래픽에서 애니메이션 제작 부문에 있어서 모든 제작 툴의 공통점이기도 하다. 바로 이 애니메이션 커브가 바로 동작(Pose)과 시간(Time)의 상관관계를 나타내는 상관 그래프이다. 그렇다면 훌륭한 Animator란 동작(Pose)과 시간(Time)의 상관관계를 잘 표현 하는 사람으로 정의할 수 있다. 3D 그래픽에서의 애니메이션의 특징은 무엇인가? 한마디로 요약한다면 Pose to Pose 법칙의 적용이다. 법칙이라 함은 반드시 그렇게 해야 한다는 의미인 동시에 그렇게 하지 않으면 올바르지 않다는 의미이다. 2D 애니메이션을 원화와 동화의 법칙이라고 정의한다. 그럼 3D상에서의 Pose에 대한 개념이나 정의를 보다 쉽게 이해하기 위해서는 2D에서의 원화에 대해 깊이 있게 이해를 하면 된다. Bouncing Ball은 이러한 Pose to Pose의 원리를 가장 잘 표현할 수 있는 동작임과 동시에 Pose와 Time의 변화가 가장 조화를 이루는 연출 Scene이므로 Key animation을 연습할 때 한번쯤은 경험을 하게 된다.

이번 장에서는 이러한 원리를 이용하여 XSI에서 Key를 적용해서 애니메이션을 제작하는 방법을 숙지하는 동시에 Time와 Pose의 상관 관계, 그리고 Pose to Pose에 대한 충분한 이해를 할 수 있는 기회가 되길 바란다. Bouncing Ball의 물리학이나 수학적 원리를 증명하는데 목적이 있는 것은 아님을 미리 말해두고자 한다(그림 6-1).

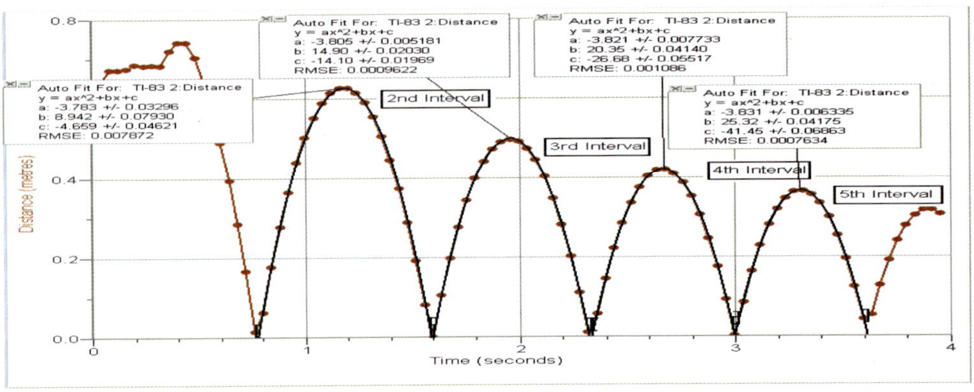


그림 6-1

## 6-2-1 ROTOSCOPE를 이용한 Bouncing Ball 애니메이션 제작

우선 Bouncing Ball의 움직임에 대한 물리학이나 수학적 지식을 총동원하여 Bouncing Ball 이론을 해석하는 이론적 고찰이 필요하겠지만 우리는 이러한 원리를 이용하여 그래픽상에 재현을 해야 하기 때문에 함수적 고찰 통해 나온 이론적 결과만 필요할 때도 있다. 그렇다고 모든 제작과정이 결과만 있어야 하는 것은 아니다. 처음 시도되는 지구상에 존재하지 않는, 이론적으로 규명되지 않는 현상이나 이론에 대해서는 제작자의 결과에 대한 책임과 의무가 반드시 따른다고 볼 수 있다. 하지만 Bouncing Ball의 동작은 이미 많은 연구 결과가 나왔고 어느 정도 일반적인 원리의 적용을 통해 나오는 현상이기 때문에 그러한 조사의 결과를 통해 우리는 제작을 하면 된다.

그래서 필요하다면 그러한 결과를 활용하여 작업에 이용을 하는 것도 하나의 훌륭한 작업 수단이라 할 수 있다(그림 6-2, The Animator's Survivals Kit에서 발췌).

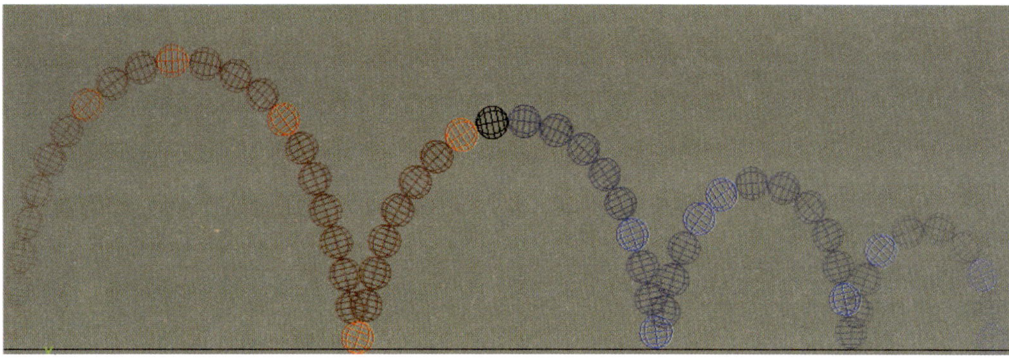

그림 6-2

이러한 참고 이미지를 잘 활용하여도 훌륭한 결과를 얻을 수 있다. 작업을 하는 동안 스스로 많은 연구를 병행해야 다음 작업에는 스스로 찾아서 할 수 있다. 우리는 늘 초보임을 잊지 않는다. 이러한 데이터를 XSI 작업 화면에 그대로 띄운다. Modeling 작업시에만 참고 이미지를 Rotoscope를 하는 것이 아니라 애니메이션 작업시에도 Pose 동작에 대한 참고 이미지나 동영상을 Rotoscpoing하여 작업을 한다.

## 1. Image 저장

먼저 사용할 이미지를 현재의 project의 Pictures 폴더 방안에 넣는다. 그래야 불러오는 경로를 찾기 쉽고 기억하기 쉽다. 그래서 Project단위로 Scene을 관리하는 것이다(그림 6-3).

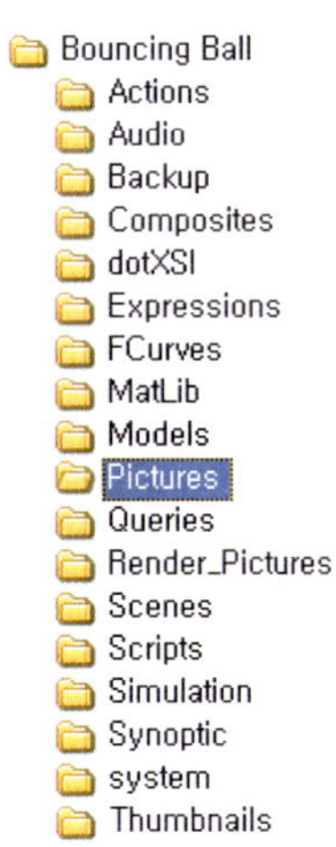


그림 6-3

## 2. Rotoscoping

Bouncing Ball은 옆면을 기준으로 작업을 진행하는 것이 많으므로 Right View에서 작업을 하도록 한다. Right View에서 작업 화면 설정 모드를 활성화시켜서 제일 아래 부분에 있는 Rotoscope 명령을 실행한다. Rotoscope 속성 창에서 상단 오른쪽에 있는 New 〉 New from File을 통해 Image를 불러온다(그림 6-4).

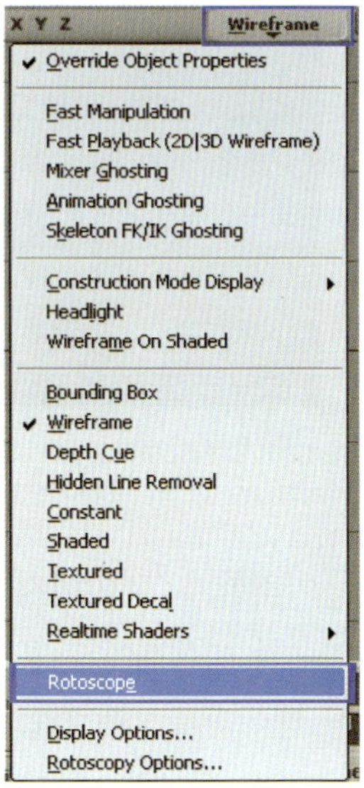


그림 6-4

## 3. Rotoscope Editing

작업 화면에 선택한 이미지가 나타난 것을 확인할 수 있다. 그런데 이미지 원본 바탕색이 흰색이라 오브젝트 선택모드와 동일한 컬러라서 나중에 작업 화면에서 오브젝트를 선택하면서 작업하기 곤란해질 수 있기 때문에 불러온 이미지의 바탕색을 바꿔 보도록 한다. Rotoscope 속성 창에서 Edit 메뉴를 클릭한다. Edit 메뉴 창에서 Adjust를 클릭한다. 중간쯤에 있는 Enable Effects를 클릭한다. 비활성화되어 있던 Color Correction이 활성화된다. 여기서 Gain 값을 50으로 줄여준다(그림 6-5).

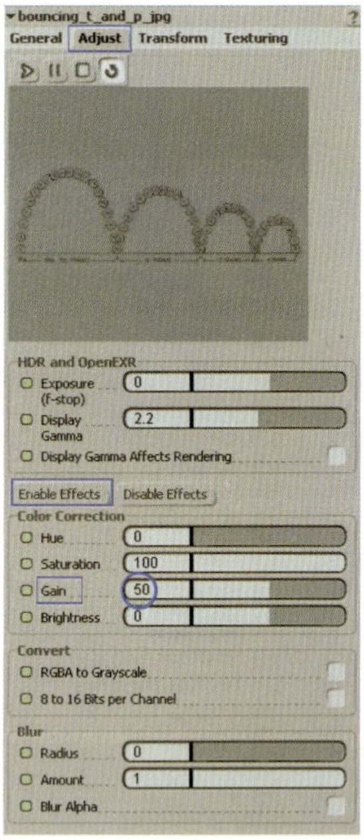


그림 6-5

4. 작업 화면이 훨씬 보기 좋게 바뀌었다. 향후 Rotoscope를 사용할 경우 Color 값이나 위치 이동 값은 Rotoscope의 속성 창에서 어느 정도 활용이 가능하기 때문에 굳이 2D이미지 편집 작업을 할 필요가 없다.

## 5. Curve 생성

참고 화면을 기준으로 작업을 해 보도록 한다. 먼저 Sphere를 꺼낸다. 이름을 Ball이라고 명명하고 참고 이미지의 Ball의 크기와 맞추기 위해 Radius 값을 "0.15"로 정해준다. 생성된 Ball은 Bouncing의 시작 점으로 옮기고 곡선 형태의 커브를 Bouncing Ball의 이동 경로에 맞춰 그린다(그림 6-6).

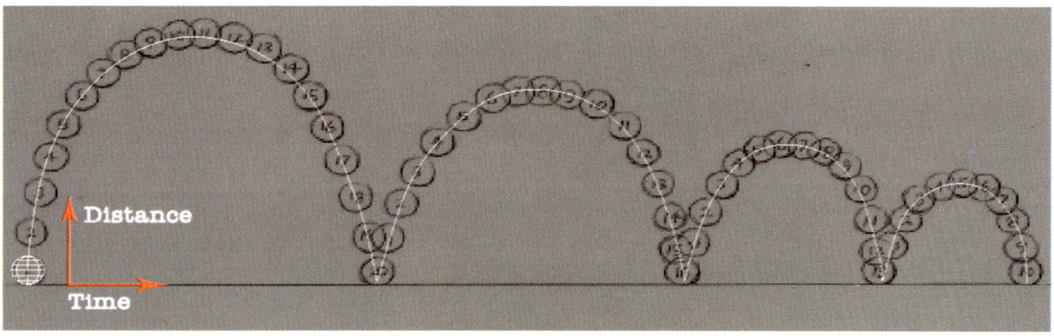

그림 6-6

## 6. Curve 수정

커브를 그릴 때 Bouncing되는 지점과 같이 날카로운 형태를 가지게 할 경우는 그 위치에 Point 값을 한 번 또는 두 번 정도 더 준다. 즉 한 지점에 여러 번의 Curve 명령어를 실행하게 되면 Knot (Point지점)이 쌓이면서 날카로운 화살표 이미지를 만들어낼 수 있다. 생성된 커브를 수정하고자 할 경우 [M]키를 누르면 Knot(커브를 그릴 때 찍었던 지점)과 Slope을 컨트롤할 수 있다.

## 7. Color Palette

Curve의 비선택시 컬러 값이 검은 색이라 이미지랑 겹쳐 있을 경우 자칫 선택이나 작업상 오류를 범하는 현상이 발생한다. Palette 창에서 Curve의 색을 바꿔주도록 한다. Palette 창 모드로 전환한 다음 원하는 컬러를 선택하고 Curve를 클릭하면 된다(그림 6-7).

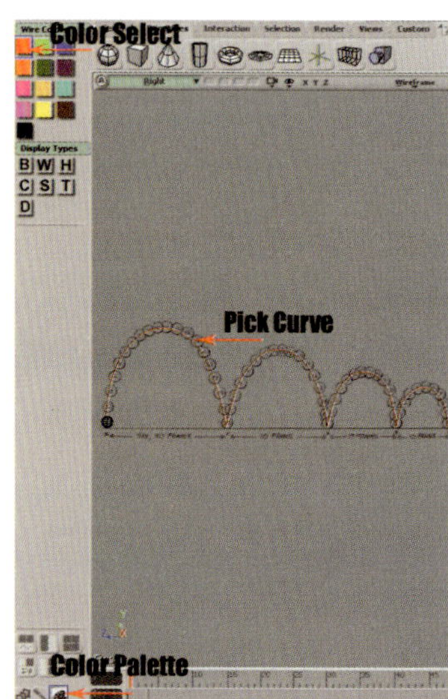

그림 6-7

## 8. Path Animation

Time Line의 End Frame을 60Frame정도로 줄이고 Ball을 선택한 다음 Animate 〉 Create 〉 Path 〉 Set Path 명령을 실행한 다음 Path 애니메이션 적용 속성 창에서 Linear와 Tanency 옵션을 체크하고 난 다음 "OK"를 누르고 Bouncing Curve를 선택한다.

## 9. Path Animation 수정

Play를 하게 되면 Ball에는 Path 애니메이션이 적용되어 커브를 따라가는 Bouncing animation이 된다. 생성된 Path 애니메이션 속성 창에서 Tangency에서 axis to Align Tap에서 Y축의 방향으로 진행되므로 Y축에 "1"을 넣고 다음 Tap인 Up Vector 창으로 이동한 뒤 Active활성화를 한다(그림 6-8).

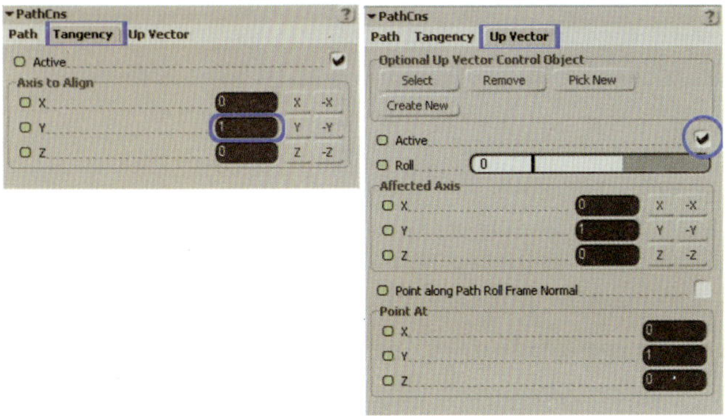

그림 6-8

## 10. Bouncing Ball의 결과 편집

이제 참고 자료를 바탕으로 만들어진 Bouncing Ball의 결과를 편집해 보도록 한다. 먼저 Path Animation은 Ball이 Path에 구속되어 있기 때문에 현재 상태로서는 편집이 불가능하다. 그러므로 Plot 기능을 이용하여 Path 애니메이션 데이터를 Key 애니메이션 데이터로 전환을 시키도록 한다(그림 6-9).

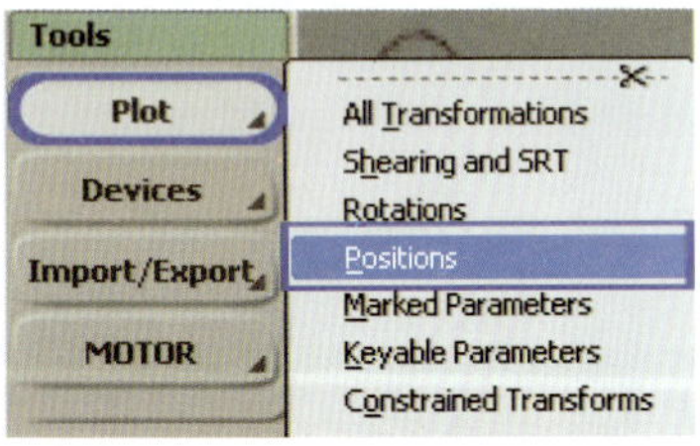


그림 6-9

**1** Plot : 먼저 Path Curve를 Hidden[H]를 시키고 Ball을 선택한 다음 Plot 〉 Transition을 선택한다. Plot의 속성 창은 기본 Default로 두고 적용한다. 그 결과 Time Line와 Animation Editor 창에 Ball 오브젝트에 대한 Key 값이 정의된다(그림 6-10).

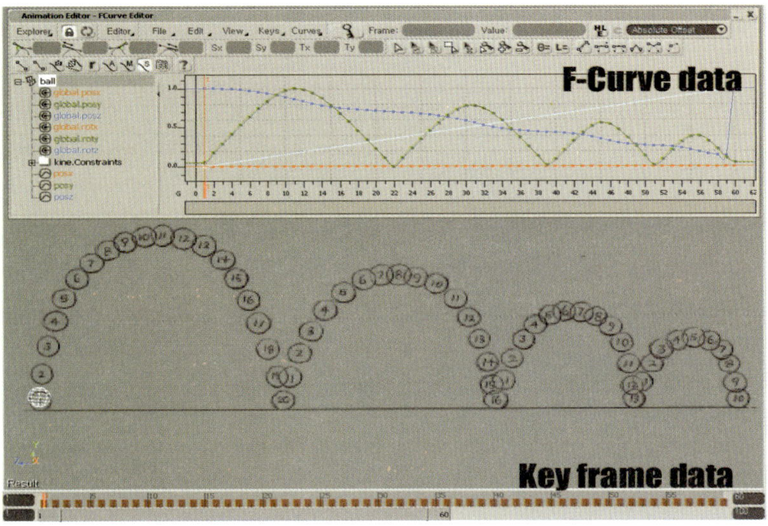


그림 6-10

**2** 이제 Path animation data로부터 전이된 Key animation data를 수정 및 편집 작업을 통해 마무리하도록 한다.

**3** Fit : 먼저 Animation Editor 창에서 Ball에 적용된 Position 애니메이션 데이터 중에서 Position Y Curve를 선택한 다음 Curve 〉 Fit 명령을 실행한다(그림 6-11).

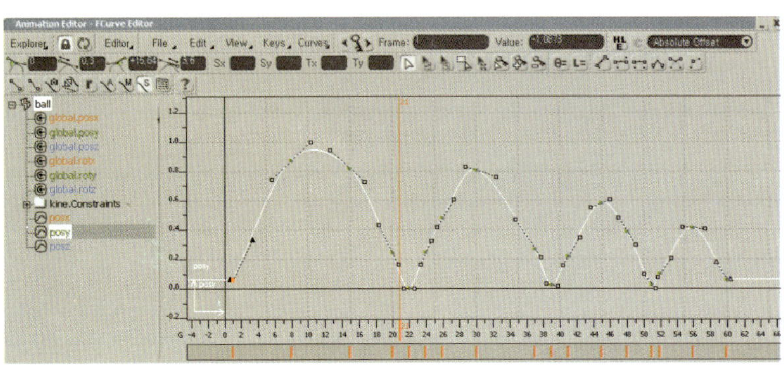

그림 6-11

**4** F-Curve수정 : Fit 작업을 통해 불필요한 Key를 모두 제거를 했지만 아직 더 남아 있는 Key 값들을 정리해 보도록 한다(그림 6-12).

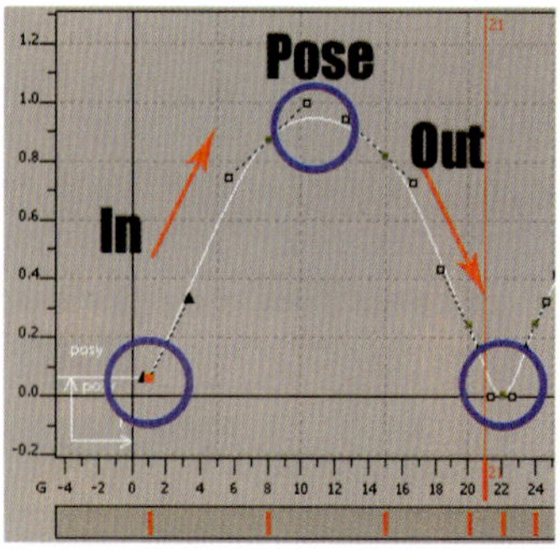


그림 6-12

**5** Ball은 F-Curve의 형태에 따라 이동을 하기 때문에 F-Curve의 형태를 어떻게 결정하는가에 따라 Ball의 이동 형태도 달라지게 된다(그림 6-13).

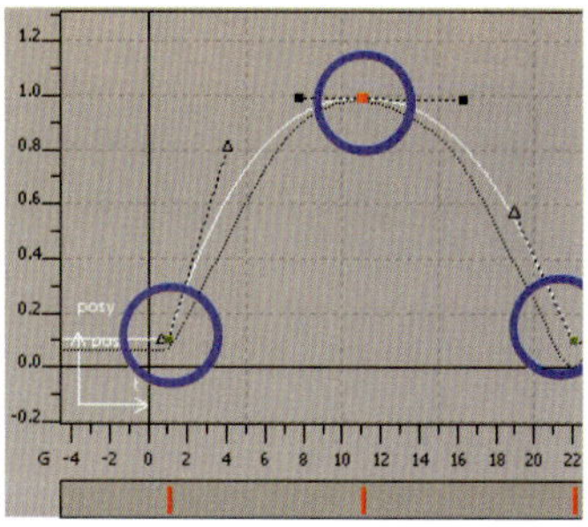

그림 6-13

**6** F-Curve 전체에 대해 Pose와 Time 값을 조절하면서 마무리를 한다. Key Point의 삭제 / 추가, Slope의 형태 변화 등의 다양한 F-Curve의 편집 기능을 활용하도록 한다(그림 6-14).

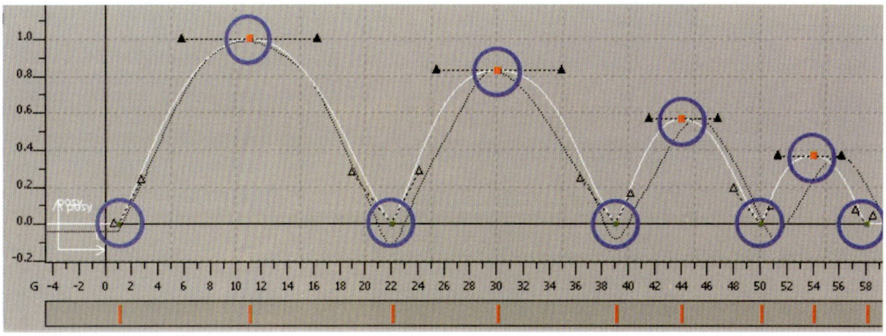

그림 6-14

7 Ball Animation의 이동 모양을 Ghost를 이용해서 그 결과를 확인한다(그림 6-15).

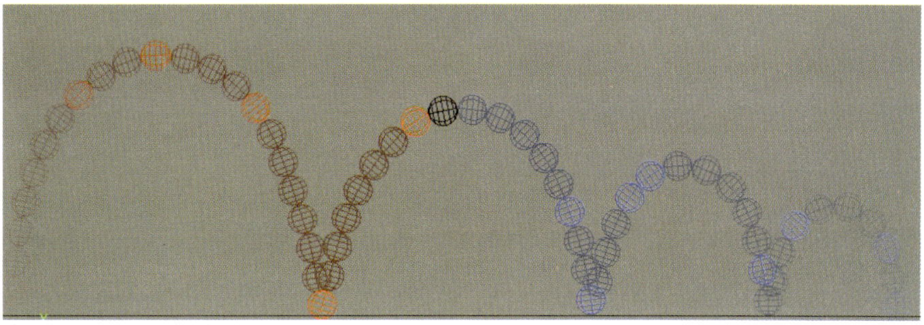

그림 6-15

### 6-2-2 Animation Editor 창에서의 수정 및 편집을 통한 Bouncing Ball 애니메이션 제작

보통 유능한 Animator란 Animation적인 감각이 풍부하여 Pose와 Time을 정해진 Concept에 잘 부합하는 결과를 만들어 내는 사람을 총칭하지만 감각만 뛰어나서는 훌륭하다고 하지는 않는다. 오히려 수많은 노력과 부단한 연습을 통해 자기 능력의 한계를 조금씩 뛰어넘어가는 사람도 훌륭한 Animator이라고 한다. 보통 Animator들은 같은 동작을 수많은 반복 작업을 하게 되는데 이렇듯 어떤 동작에 대한 F-Curve의 형태가 자연스럽게 머리 속에 그려지게 된다면 필자는 그 사람을 훌륭한 Animator라고 감히 말해주고 싶다.

우리도 Bouncing Ball을 직접 Animation Editor 창에서 만들어보도록 한다. 오브젝트나 작업 창에서 결과 확인은 최종 마무리를 한 다음 확인해보도록 한다. 그러기 위해서는 기본적으로 Bouncing Ball에 대한 이론적인 지식과 F-Curve의 형태가 머리 속에 그려져야 한다. 수십 수백 번을 반복하고 반복하면 그러한 경지에 이르게 된다.

그림 6-2의 Time과 Pose를 기준으로 작업을 해보도록 한다. 일단 Bouncing Ball의 Time과 Pose를 분석해 보도록 한다. 시간이 흐를수록 Bouncing Point가 짧아지며 시간도 줄어든다. 결국 힘이 탄성과 관성이 중력과 마찰력에 의해 소멸되어 바닥에 구르다가 멈춰 설 때까지 시간은 줄어들고 간격은 좁아진다. 이것은 법칙이다. 그럼 Bouncing Ball에서 Pose와 Pose의 구간을 어디로 정할 것인지 정해야 하고 Pose와 Pose의 구간이 정해지면 Time의 흐름을 정해야 한다. Bouncing Ball에서 Pose와 Pose는 바닥에서 튕겨 올라가는 Bouncing Point와 공중에서 다시 내려오는 Turning Point가 된다. 그리고 Time는 Pose와 Pose가 진행되면서 점차 줄어들게 된다. 이러한 기본 원리를 바탕으로 작업을 해보도록 한다. 모든 동작은 분석이 필요하다.

1 먼저 Sphere를 꺼내서 Subdivision값을 U : V=24 : 24로 주고 반경은 "1"로 지정해 주고 이름은 Ball로 정해준다.

2 60Frame 정도되는 애니메이션을 만들 예정이므로 Time Line의 End Frame을 60으로 지정해 준다.

3 Keying Panel에서 Ball의 Position X, Y, Z의 Parameter를 멀티 선택한다. 그리고 1Frame에 Key[K]를 준다(그림 6-16).

4 Time Line에서 1Frame에 지정해 준 Key 값을 복사해서 마지막 Frame인 60Frame에 Paste한다. Ball이 선택된 상태에서 Animation Editor를 연다. 1Fream와 60Frame에 각각 "0" Position 값을 가진 Key 값이 들어가 있음이 확인된다(그림 6-16).

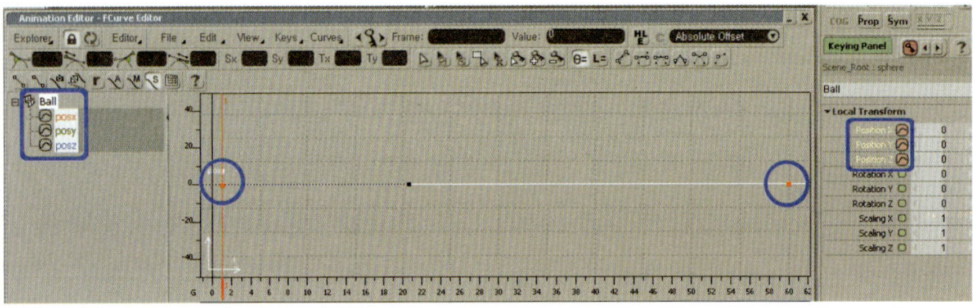

그림 6-16

5 Edit Option에서 Auto Sanp to Frames 명령어를 체크한다. Y축 Curve만 활성화시키고 Add Key기능[I]을 이용해서 Key를 우선 두 개 추가시킨다. 가능하면 Pose to Pose의 이론적 근거를 바탕으로 한다.

6 생성시킨 첫 번째 Key의 Value 값을 10~12정도로 지정해 준다. 그리고 Time 값은 두 번째 Key Frame에 10Frame을 지정해 준다. 애니메이션을 해 보면서 적당한 높이를 찾는 것도 한 방법이다.

7 세 번째 Key Frame은 Time 값은 19Frame을 지정해 주고 Value 값을 다시 원점인 "0"로 지정해 준다.

8 다음에도 역시 Key Frame을 두 개 추가시킨다.

**9** 첫 번째 생성시킨 Key 값은 27Frame에 위치시키고 Value 값은 "8"정도 지정해 준다(그림 6-17).

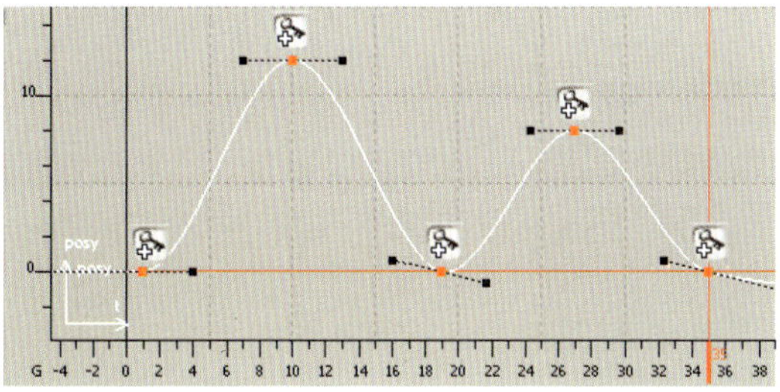

그림 6-17

**10** 동일한 방법으로 Bouncing Point를 세 개 더 만든다(그림 6-18).

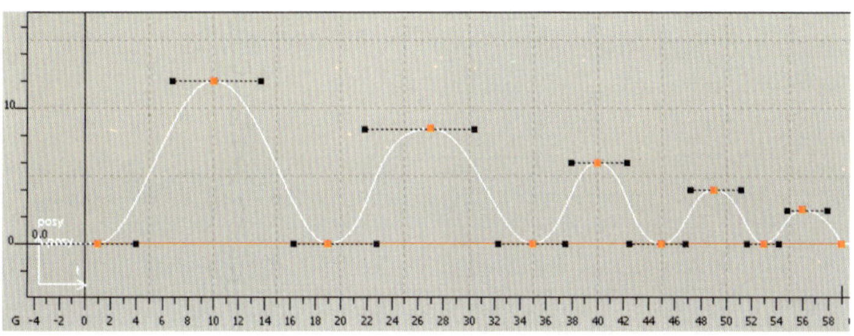

그림 6-18

**11** 커브의 형태를 조절하도록 한다. 커브 조절은 Slope의 다양한 기능을 활용하도록 한다. 먼저 Plateau Slop Orientation[Shift+−]를 클릭하여 Slop의 모양을 Unique하게 만들어 준다(그림 6-19).

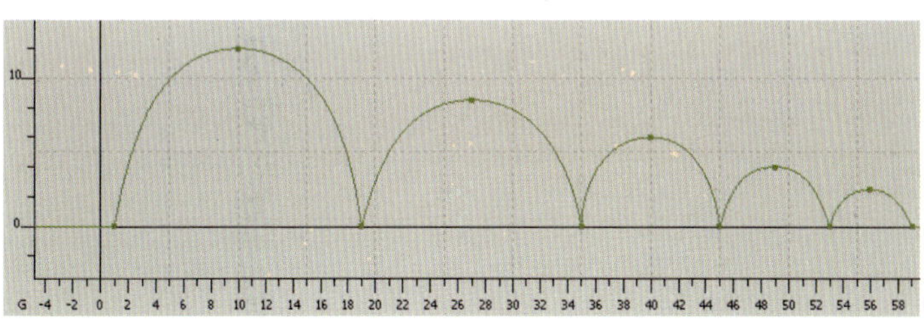

그림 6-19

**12** Position X값에 대한 설정을 주도록 한다. End Frame 값의 Value 값을 "30"으로 설정해 준다. Curve Type를 Linear 형태로 적용해 준다(그림 6-20).

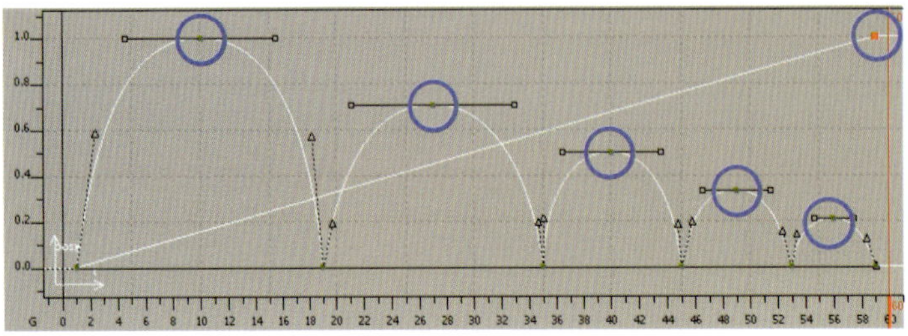

그림 6-20

**13** Ghost로 결과를 확인한다(그림 6-21).

그림 6-21

## 6-2-3 형태변화에 따른 Volume 값의 변화(Squash & Stretch Ball)를 적용한 Bouncing Ball 애니메이션 제작

그림 6-22

애니메이션은 법칙이 있다. 애니메이션 제작의 한 방법으로 Anticipation이라는 법칙이 있는데 이는 어떤 Pose를 행하기 전에 추진력을 얻기 위해 미리 사전동작을 하기 위해 제작하는 자연스러운 제작 방법이다.

멀리뛰기를 할 때 사람이 추진력을 얻기 위해 움츠리는 자세를 먼저 취한다든가, 타자가 공을 치기 위해 야구방망이를 뒤로 뺐다가 치는 경우 등이다. 만약 이런 동작에서 Anticipation이 없다면 실제 있는 동작을 표현하지 않았기 때문에 보는 관객들로 하여금 어색함을 불러오는 건 당연하다.

Bouncing Ball에도 이러한 Anticipation을 적용할 수 있다. 공이 공중에서 Tuning Point로부터 Bouncing Point까지 내려오는 동안 힘이 아래로 실려 공이 일그러지고, Bouncing Point에서는 바닥과의 충돌 때문에 완전히 펴지게 된다. 그리고 다시 반발력으로 튕길 경우 모양은 다시 힘의 이동방향으로 일그러지게 된다. 이러한 부분을 잘 살려 애니메이션을 만든다면 훨씬 자연스럽고 멋스러운 장면을 연출할 수 있을 것이다. Bouncing Ball에서 Anticipation을 표현하는 방법은 Expression이나 Lattice 등을 사용하는 방법 등 다양하다. 그 가장 간단하게 표현하는 방법으로 SRT를 사용하도록 한다.

1 먼저 회전 값이 대한 설정이다. 공이 Tuning Point로부터 Bouncing Point에 이르기까지 진행방향을 기준으로 회전 값을 갖는다. Rotation Z축이다(그림 6-23).

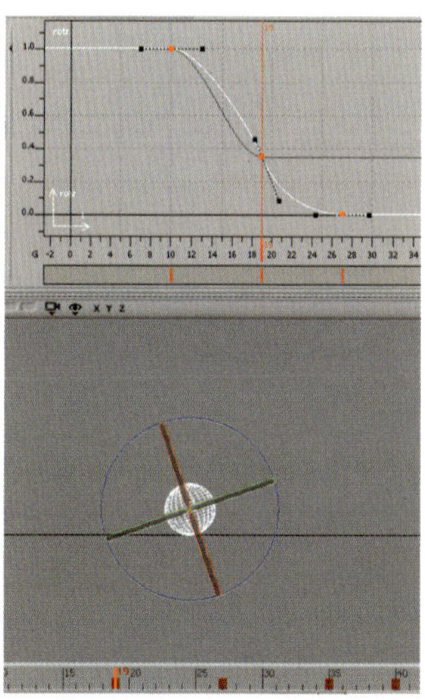
그림 6-23

2 다음은 Scale 값에 대한 조절이다. Scale 애니메이션을 제작할 때는 반드시 Vol 옵션을 활성화시키도록 한다. 이는 Scale시 원본 데이터의 부피 값을 유지시켜 주는 역할을 한다. Ball이 Bouncing한다고 원래 가지고 있던 부피에는 변화가 없다. Tuning Point로부터 Bouncing Point에 이르기까지 진행방향을 기준으로 부피 변화 값을 갖는다. 옆의 참고 자료는 Bouncing Ball Animation이 원리가 적

용된 캐릭터 애니메이션의 한 예를 보여 주고 있다. —RICHARD WILLIAMS의 THE ANIMATOR'S SURVIVAL KIT. pp95에서 이미지 참조(그림 6-24)

그림 6-24

## 6-3 Deform and Path Animation

### 6-3-1 상어 Animation

#### 1. 상어 Path 그리기

상어의 살아 움직이는 생생한 애니메이션을 제작해 보도록 한다. 일단 상어의 움직임을 정확히 이해하는 것이 필요한데 이는 각자 상어에 대한 자료를 구해서 상어의 움직임을 관찰할 수 있도록 하고, 여기서는 간단한 상어의 유영에 대해서 작업을 하도록 한다. 먼저 상어의 움직임을 하나의 Curve에 귀속을 시키기 위해 상어의 움직임을 고려한 Curve를 그리도록 한다. 커브는 오른쪽 메인 메뉴의 가운데 부분에 Curve 옵션이 있다. Curve 〉 Draw Cubic by CVs를 선택하여 그리도록 한다. 이때 Curve는 Top view에서 상어의 나가는 방향과 일치하게 그리면 훨씬 쉽게 그릴 수가 있다. 또한 키보드의 "Z"키를 사용하여 Camera의 Zoom-in(마우스의 가운데 버튼), Zoom-out(마우스의 오른쪽 버튼) 기능을 동시에 사용하면 제대로 된 Curve를 그릴 수가 있다(그림 6-26).

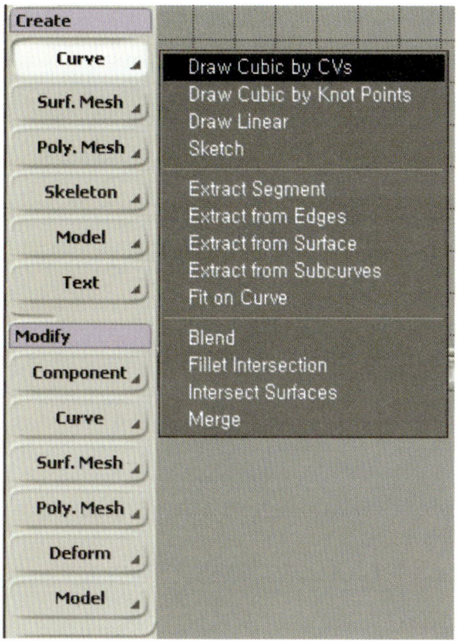


그림 6-25 Curve Option

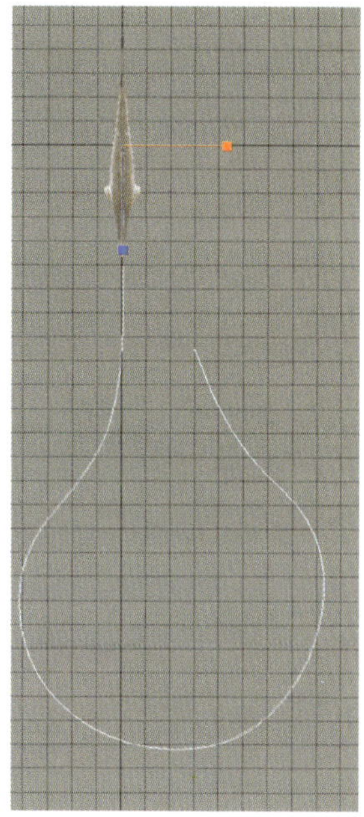

그림 6-26 Curve 그리기

## 2. Deform Animation Setting

다음 작업 단계는 상어를 그려진 Curve 모양으로 애니메이션을 시켜야 한다. 그전에 해야 할 작업 중 하나가 상어의 Modeling 데이터를 Default 상태로 만들어야 한다. 그래야만 정확한 모양으로 Curve를 따라 애니메이션할 수 있다. 먼저 상어를 선택한 상태에서 SOFTIMAGE|XSI 작업 화면의 오른쪽 중앙에 있는 Transform 메뉴 bar를 클릭하면 여러 옵션의 팝-업 메뉴가 뜨는데 그 중에서 그림 6-27과 같이 Freeze All Transform을 선택한다. 그러면 자동으로 상어 모델링 데이터는 기본 Default 값(크기, 회전, 이동 값이 1, 0, 0인 초기상태)을 갖게 된다(그림 6-27).

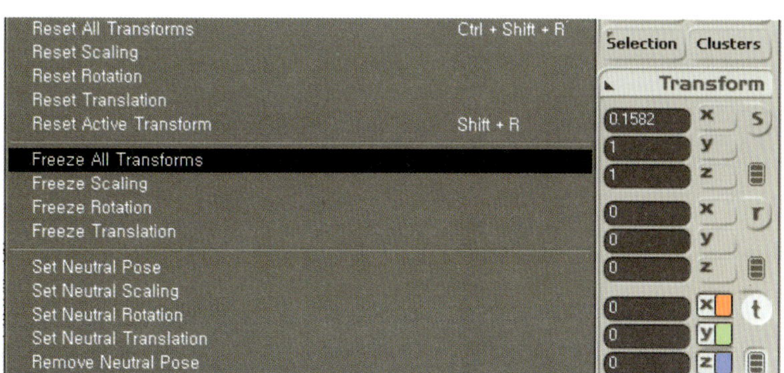


그림 6-27 Freeze All Transform-모델링 데이터의 초기화

그리고 마지막으로 애니메이션의 Time을 조절하도록 한다. 즉 기본 Default 애니메이션 Time은 100Frame으로 지정되어 있는데 이는 실제시간으로 한다면 3초 약간 넘는 시간이다.

기본적으로 30Frame을 1초 단위로 적용을 하도록 한다. 그러므로 애니메이션되는 시간을 300 Frame으로 늘리도록 한다. 이는 SOFTIMAGE|XSI 작업 화면의 맨 아래쪽에 있는 애니메이션 관련 메뉴 bar 중에서 그림 6-28과 같이 End Frame을 300으로 바꿔주면 된다. 그러면 여러분이 그린 Curve을 따라 애니메이션되는 상어는 300Frame(약 10초)으로 애니메이션하게 된다(그림 6-28).

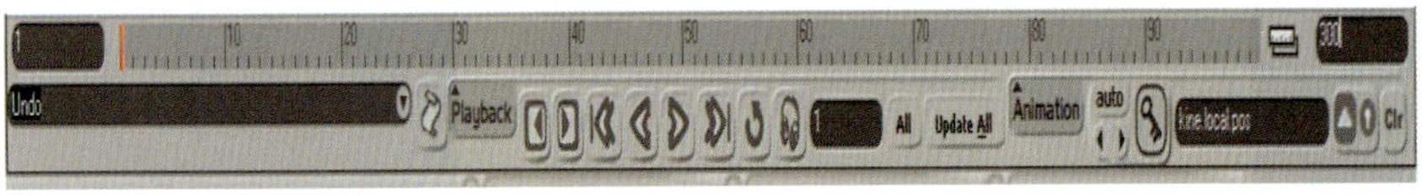

그림 6-28 애니메이션 타임라인 옵션 변경

자 이제 애니메이션을 위한 모든 setting 작업이 끝났으니 본격적으로 애니메이션으로 들어가보도록 한다.

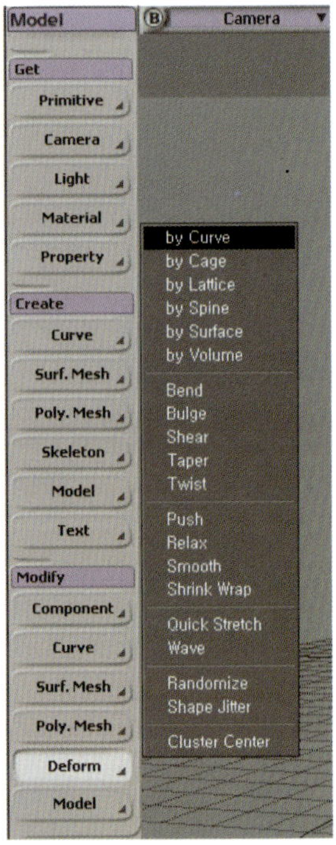


그림 6-29 Deform 〉 by Curve

## 3. Deform Animation

먼저 상어 Modeling 데이터를 선택한 상태에서 Deform 〉 by Curve를 선택한다. 그러면 마우스 아이콘이 "pick" 아이콘으로 변경되는데 이때 여러분이 만든 Curve를 picking(선택)하면 된다. 그 결과 그림 6-30과 같이 Curve Deform Option 창이 뜨고 상어 모델링은 커브에 Matching이 된다.

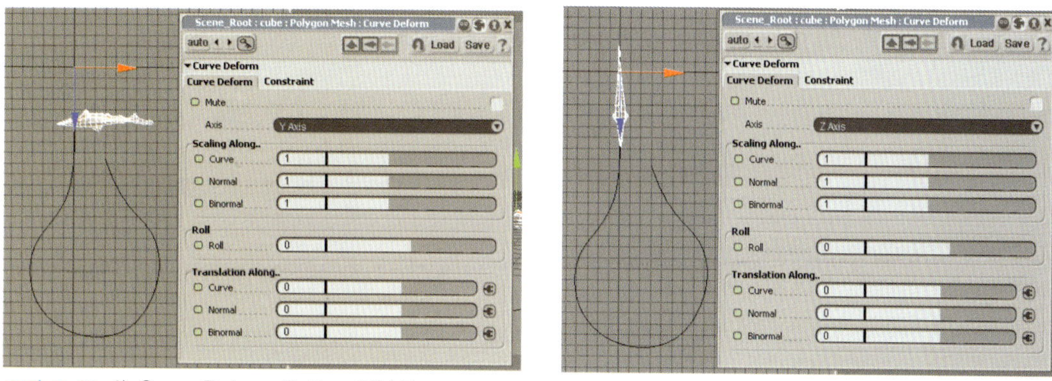


그림 6-30 1) Curve Deform Option 창(Y축) 2) Curve Deform Option 창(Z축)

하지만 Matching결과를 보면 상어의 방향이 뒤집혀진 상태로 있는데 이는 Curve Deform Option 창의 방향이 기본적으로 Y축에 고정되어 있기 때문이므로, 우리는 이 축을 상어의 진행방향, 즉 Z축으로 변경시켜 주면 상어의 모양이 흐트러짐 없이 Curve에 Matching되는 결과를 얻을 수 있다(그림 6-30).

이제 Curve Deform Property 내에서 상어 모델링이 Curve를 따라 애니메이션할 수 있도록 관장하는 Option은 Transform Along..에 있는 Curve이다. 이 Option의 값을 변경해 보면 변경된 값에 따라 상어가 Curve를 따라 서서히 움직이는 것을 볼 수 있다. 이때 이 Curve 값을 50정도 적용하면 그려진 Curve의 시작과 끝 지점에 상어가 위치하는 것을 확인할 수 있다. 결국 상어의 Curve Deform Animation은 Curve 값이 1에서 50까지의 값을 가지고 1Frame에서 300Frame까지 애니메이션이 된다(그림 6-31).

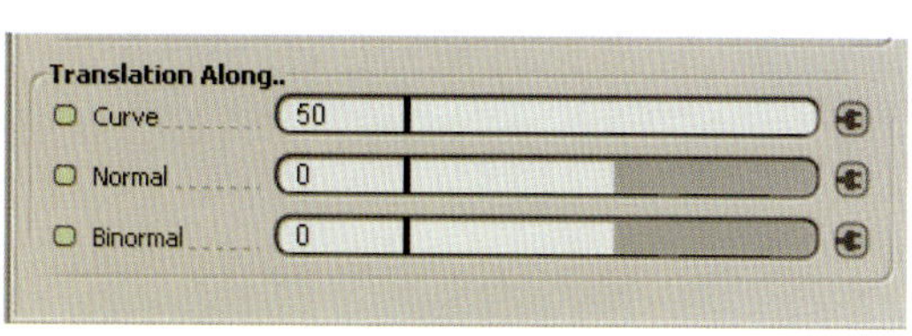


그림 6-31 Translation Along의 Curve 값

## 4. Key 설정

그러면 다음 단계인 애니메이션을 위한 값을 정해 주어야 한다. 우선 Time Line에 있는 Time Line bar를 1Frame에 위치시키고 Translation Along의 Curve 값을 0으로 옮긴 다음 그림 6-32와 같이 Curve앞에 있는 애니메이션 아이콘을 클릭하여 활성화시킨다. 그 다음 Time Line에 있는 Time Line bar를 300Frame에 위치시키고 Translation Along의 Curve 값을 50으로 옮긴 다음 Curve앞에 있는 애니메이션 아이콘을 클릭하여 활성화시킨다(그림 6-33).

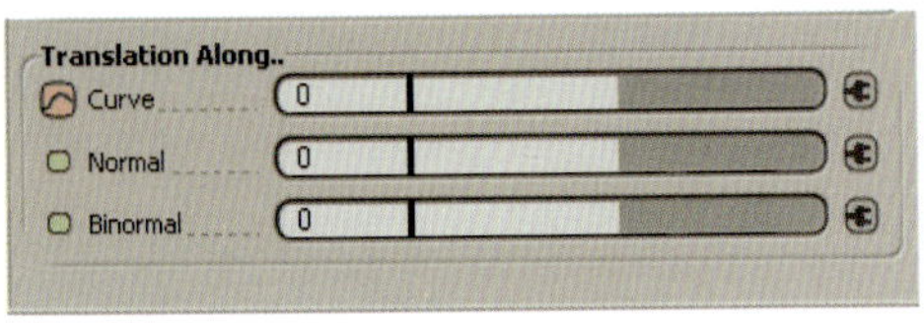

그림 6-32 1Frame에서의 Curve 값

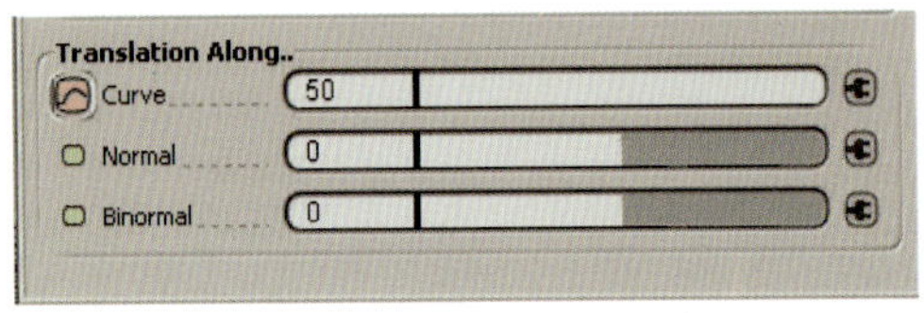

그림 6-33 300Frame에서의 Curve 값

## 5. Play

이제 Time Line에 있는 Play 버튼을 클릭하면 커브를 따라 자연스럽게 유영을 하는 상어의 모습을 볼 수 있다. 그림 6-34부터 그림 6-39는 10Frame별로 애니메이션하는 상어를 Capture한 그림이다.

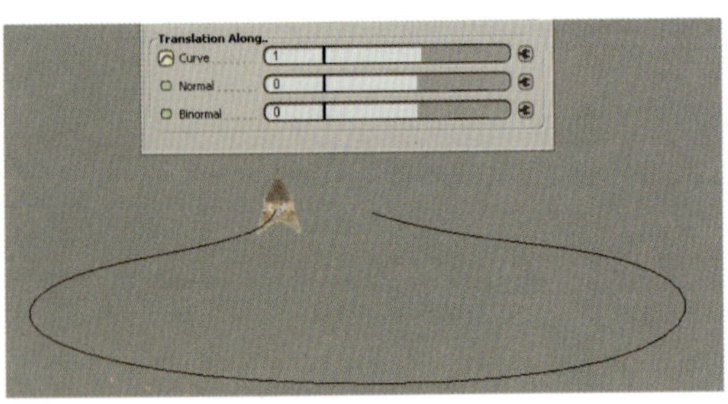
그림 6-34 1Frame에서의 상어

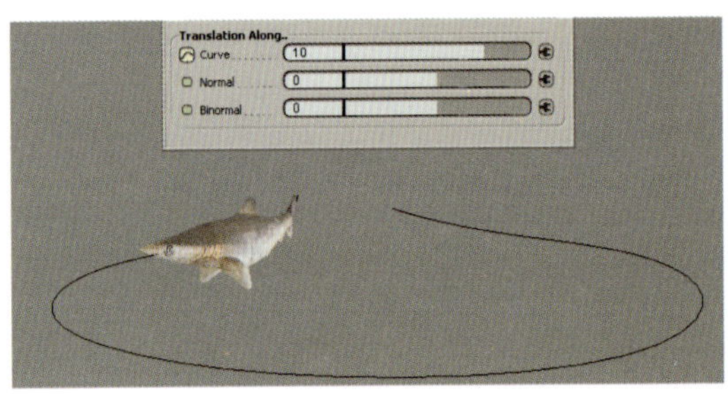
그림 6-35 10Frame에서의 상어

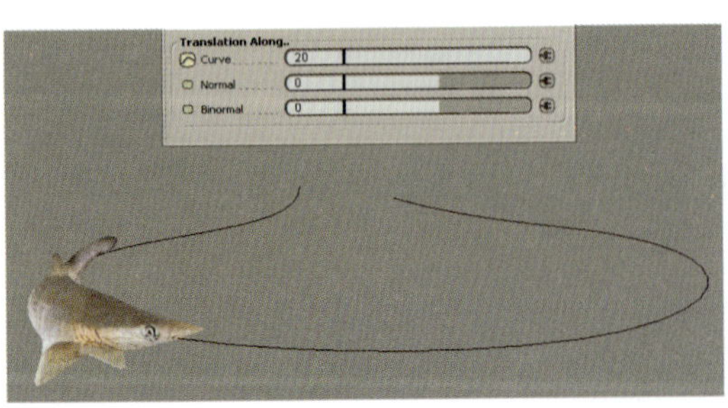
그림 6-36 20Frame에서의 상어

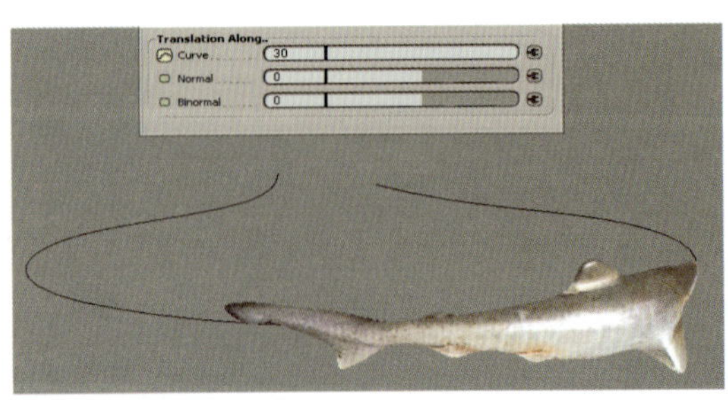
그림 6-37 30Frame에서의 상어

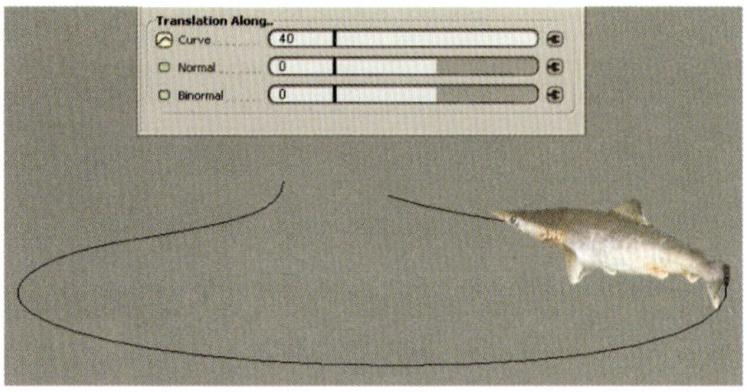


그림 6-38 40Frame에서의 상어

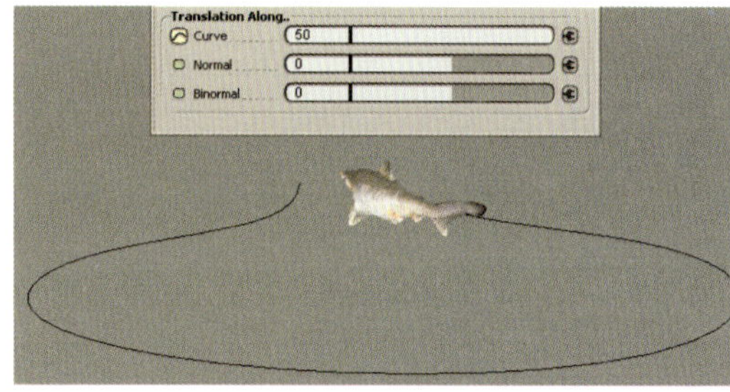


그림 6-39 50Frame에서의 상어

여기서 상어 움직임의 방향성을 제시해주는 Curve는 Hide시켜서 안보이게 한다. 즉 Curve를 선택한 상태에서 단축키 "H"를 누르면 자동으로 Hide된다. 이 Curve는 다시 'H'를 누르기 전에는 작업창에서 전혀 보이지 않게 된다.

이 애니메이션의 제작 방법은 상어와 같은 각종 어류에 대한 Modeling-Texturing-Animation뿐만 아니라 뱀이나 지렁이 또는 유충 등의 비슷한 유영활동을 하는 모든 작품에 이용할 수 있다.

## 6-3-2 비행기 Animation

### 1. Path 그리기

비행기 애니메이션을 상어 애니메이션과 마찬가지로 Curve를 그려서 그려진 Curve를 하나의 Path화시켜서 그 Path를 따라 이동하도록 하는데 이때 상어와는 다른 것은 비행기 모델링 자체가 Curve의 형태에 따라 변하지 않고 단지 방향성만을 따라 이동만하게 된다. 즉 모델링 데이터의 변형이 없이 단지 그려진 Path를 따라 위치 이동만 하게 되는 것이다. 그럼 비행기를 따라 움직이게 할 Curve를 하나 그리도록 한다(그림 6-40).

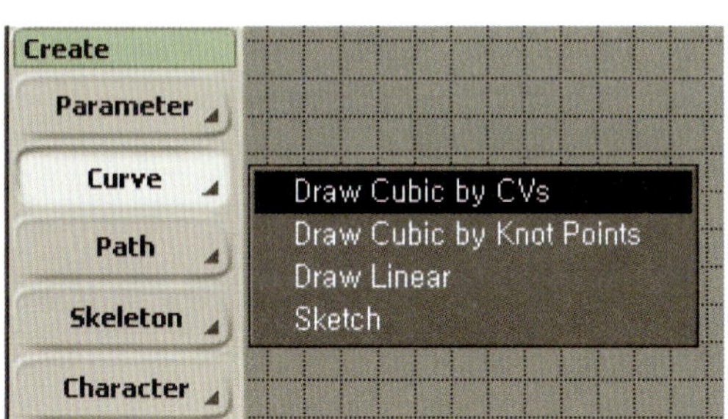


그림 6-40 Curve 그리기

일단 비행기가 타고 움직일 기본적인 Curve를 Top view에서 그리도록 한다. 너무 왜곡되거나 굴곡이진 Curve형태는 피하도록 한다(그림 6-41).

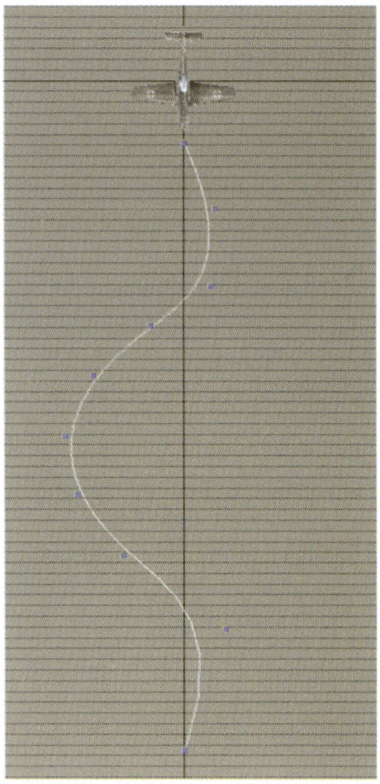

그림 6-41 Top view에서의 Curve형태

## 2. Path 수정

Top view에서 어느 정도 기본적인 Curve형태를 잡은 다음 이번에는 Right view에서 Curve의 모양을 수정해보자. 이러한 과정이 필요한 이유는 향후에 비행기 애니메이션이 도심의 건물사이나 산의 계곡 또는 수풀의 나무 사이를 비행하고자 할 경우에는 Path가 되는 Curve의 형태를 바꾸어줌으로써 쉽게 애니메이션의 형태를 잡을 수 있다.

Curve 형태의 수정 방법은 Curve를 선택한 상태에서 키보드의 단축키인 'M'키를 누르면 Curve를 이루고 있는 Point들이 활성화된다. 이때 이동하고자 하는 Point를 클릭해서 이동하면 자유롭게 Point이동이 가능하고 Point가 이동됨으로써 Curve의 모양은 자연스럽게 변형이 된다. 이때 반드시 단축키 'M'키는 작업을 마칠 때까지 계속 누르고 있어야 한다(그림 6-42).

그림 6-42 Curve의 수정 작업

## 3. Time 설정

Path animation을 하기 전에 반드시 체크를 해두어야 할 사항은 첫 번째 해당되는 Path를 따라 애니메이션할 타이밍이다. 지금 Time Line상에 나와 있는 Start frame과 End frame이 현재 그려진 Path에 대한 Animation Time이 되기 때문에 미리 Time을 정한 다음 해당되는 Frame을 Time Line 상의 Start frame과 End frame을 고치고 난 다음에 애니메이션을 주도록 한다(그림 6-43).

그림 6-43 Time Line상에서의 Start frame과 end frame

## 4. 진행방향 측정

두 번째는 비행기의 방향성을 미리 체크해 둘 필요가 있다. 즉 비행기 같은 물체의 애니메이션은 나가고자 하는 방향에 대한 방향성이 있으므로 향후 Path animation에서는 그러한 물체의 방향성을 체크하는 부분이 나오기 때문에 미리 비행기가 나가고자 하는 방향이 어떤 축인지를 확인할 필요가 있다. 현재 이 비행기의 진행방향 Local축을 기준으로 해서 Z축이다(그림 6-44).

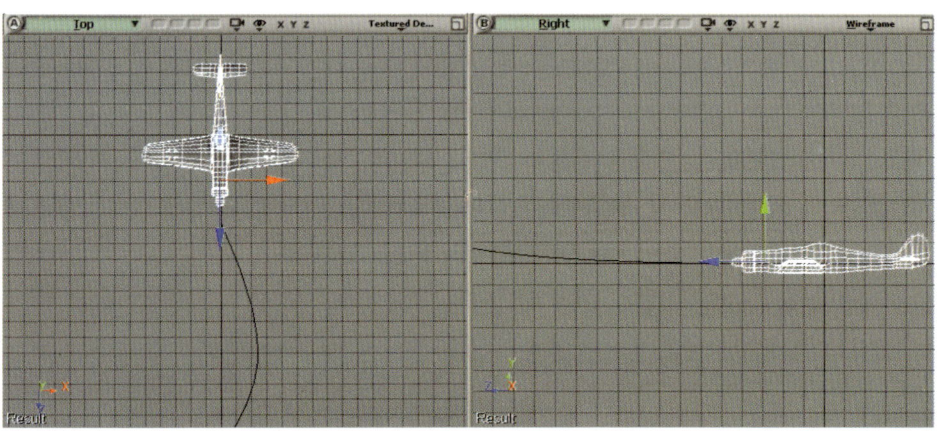


그림 6-44 비행기의 진행 방향성에 대한 파악

## 5. Path Animation

두 가지 사항에 대한 체크가 끝났으면 이제 비행기의 Path animation을 하도록 한다. 먼저 비행기 모델링을 선택 상태에서 Animate Tool bar에 Create 〉 Path 〉 Set Path를 클릭한다(그림 6-45).

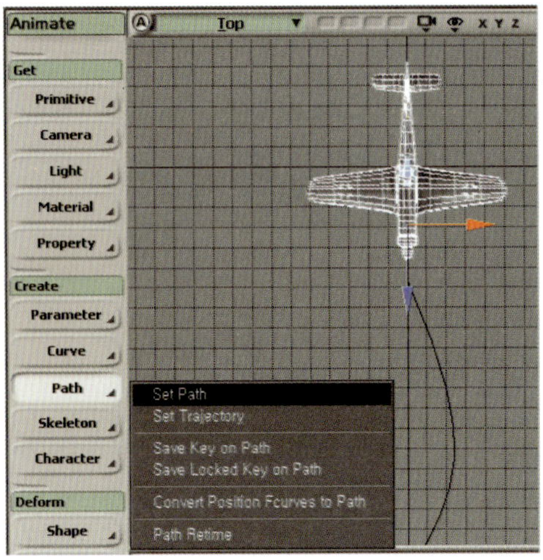

그림 6-45 Path 〉 Set Path

## 6. Path Animation Option

Path 〉 Set Path를 클릭하게 되면 Path animation에 대한 Option 창이 뜨는데 이때 여기서는 Path animation에 대한 Time을 정해준다. 이때 나타나는 Start frame과 End frame은 처음 지정해준 frame 값을 가지게 되는데 Start frame과 End frame을 원하는 frame만큼 다시 지정해 줄 수가 있다(그림 6-46). 그리고 Linear와 tangent의 기능이 비활성화되어 있는 것을 볼 수 있는데 이때 Linear은 Path를 따라 움직이는 모델링의 움직임의 형태에 관한 사항이고, Tangent는 방향성에 대한 사항이다. 두 Option을 모두 체크하고 Start frame과 End frame의 값은 그대로 두도록 한다(그림 6-47).

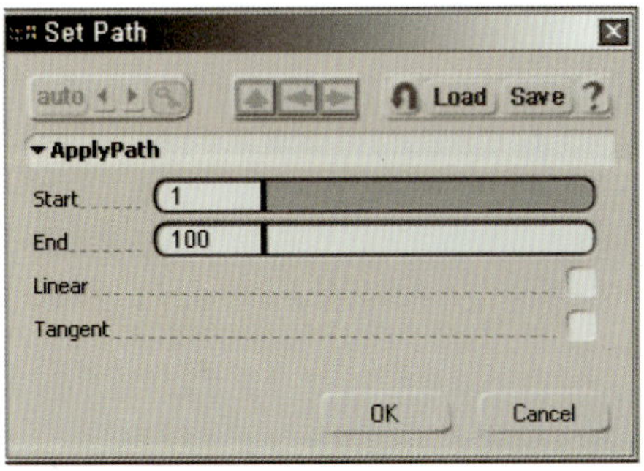

그림 6-46 Set Path Option 창 그림

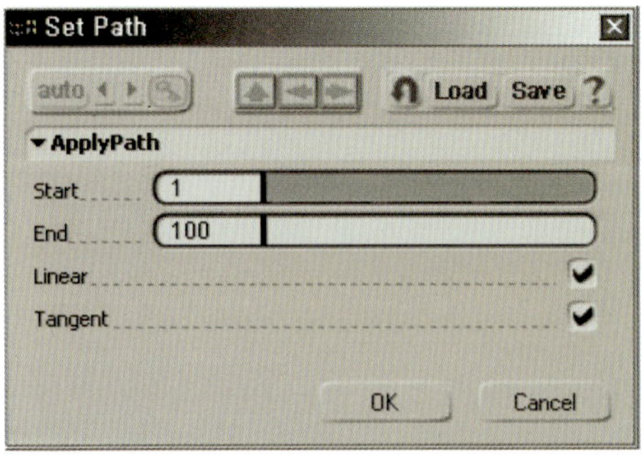

그림 6-47 Frame & Linear & Tangent

OK를 클릭하게 되면 마우스 아이콘은 pick의 선택 아이콘으로 자동 변환되는데 이때 비행기가 따라 움직일 Path를 클릭한다.

그러면 그림 6-48과 같이 Path animation에 대한 Property 창이 뜬다. 중요한 Option 값들에 대해 체크해 보도록 하자.

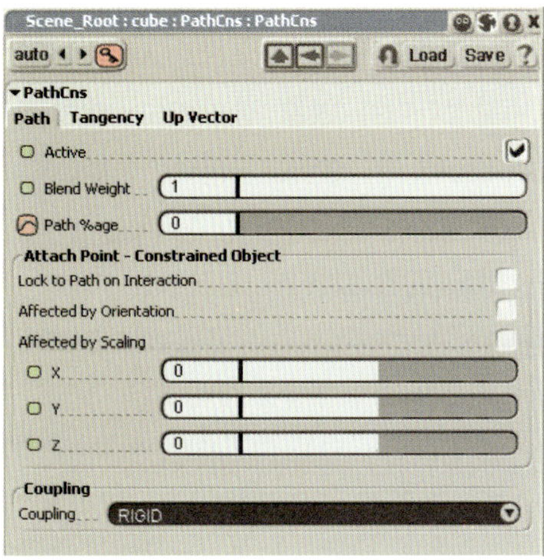


그림 6-48 Path animation Property Option 창

먼저 Path에 관련된 상황을 보도록 하자. Active가 활성화되어진 상태(체크되어진 상태)를 볼 수 있는데 이는 현재의 애니메이션이 Path를 따라 애니메이션된다는 상황을 알려주는 것이고 만약에 이 Option을 비활성화시키면 Path animation은 진행되지 않는다. 그리고 붉은색으로 활성화되어 있는 Path %age는 기준 값 0~100을 가지는 값으로 그 값이 0일 경우 Start frame상태(Path의 시작 시점)이고, 50일 경우 path의 가운데 위치 점에 위치하게 된다. 그리고 그 값이 100일 경우 End frame값(Path의 마지막 지점)을 의미한다.

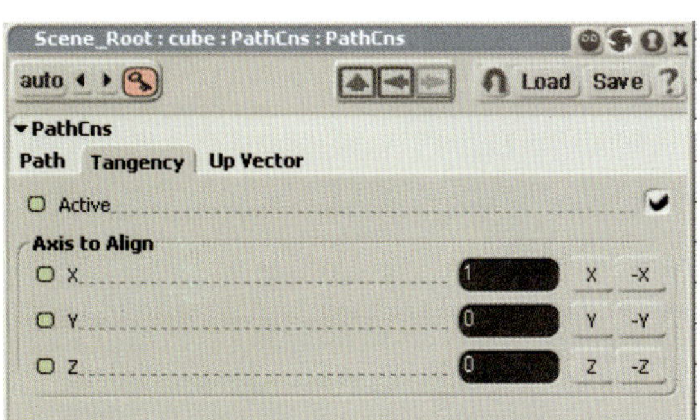


그림 6-49 Tangency Option(X축)

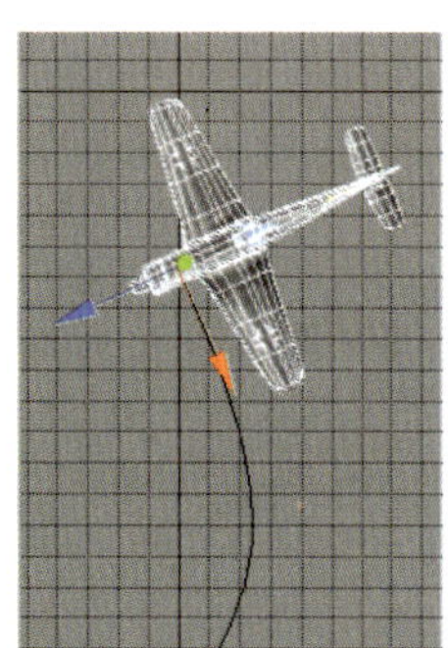

그림 6-50 Local X축 진행방향

마우스로 그 값을 변화시켜 보면 비행이가 어느 위치에 있는가를 확인해 보도록 한다. 다음으로 Tangency에 관련된 사항을 보자. 이 Option은 Path animation을 주었을 때 나타나는 초기 Option 화면(그림 6-47)에서 Tangency값을 체크를 하였기 때문에 그림 6-49처럼 자동적으로 활성화되는 Option값이다. 앞에서 언급했듯이 Tangency는 Path를 따라 애니메이션을 하는 비행기의 방향성에 관한 사항으로 Path animation에서 가장 중요한 상황 중 하나이다.

Active 역시 비행기 애니메이션의 방향성에 대한 실행 여부를 체크하는 Option으로 Active가 활성화되었으면 방향성에 대한 고려를 하겠다는 의미이고, 비활성화되어 있을 경우 이는 굳이 Path animation의 방향성에 대한 고려를 하지 않아도 된다는 의미이다. 이 경우는 "구"나 "정육면체" 등 진행 방향성에 대한 결정이 애매하거나 필요 없을 경우 사용한다. 여기서는 비행기나 새, 그리고 미사일 등과 같이 진행하는 방향성이 정해져야 할 경우에는 반드시 활성화시켜서 작업을 해야 한다. 이때 기본적으로 방향성에 대한 Option은 X축을 기본 default로 나타나게 된다. 그럴 경우 비행기는 X축 방향으로 이동하고자 자세를 잡게 된다. 앞에서 우리는 비행기의 방향성에 대해 미리 체크를 해 두었다. 우리가 제작한 비행기는 Local축을 기준으로 Z축이었다(그림 6-51). 그러므로 Axis to Align에서 default인 X축의 값을 0으로 하고 Z축의 값을 1로 바꾸도록 한다. (이때 "양수"는 정방향, "음수"는 역방향이다.

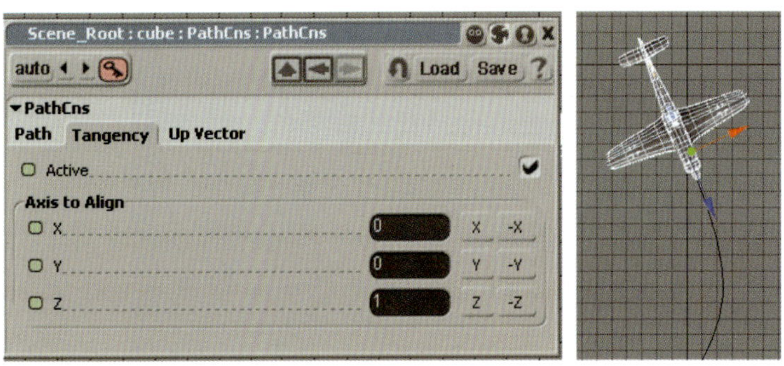


그림 6-51 Tangency Option(Z축)

## 7. Play

일단 여기가지 작업을 진행한 상황에서 그 결과를 확인해 보도록 한다.

Time Line에 있는 Play아이콘을 클릭한다.

Path를 따라 1frame에서 100frame까지 자연스럽게 애니메이션되는 비행기를 관찰할 수 있을 것이다(그림 6-52~그림 6-54).

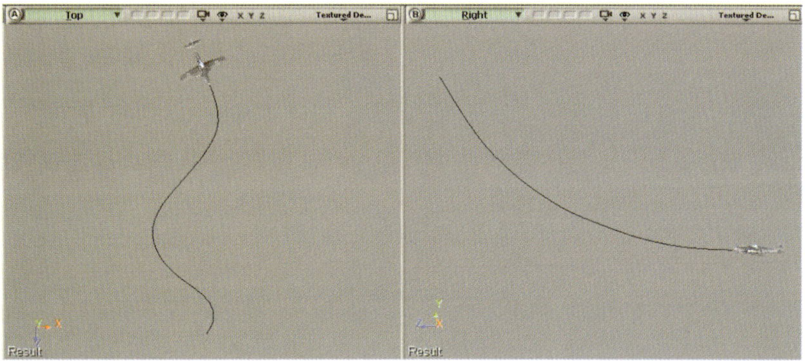


그림 6-52 1frame에서의 애니메이션

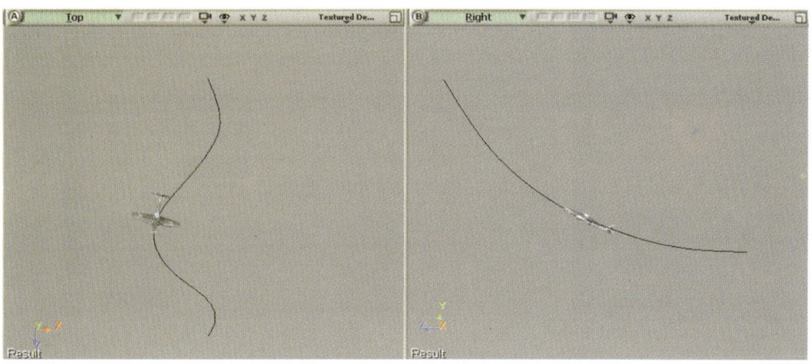


그림 6-53 50frame에서의 애니메이션

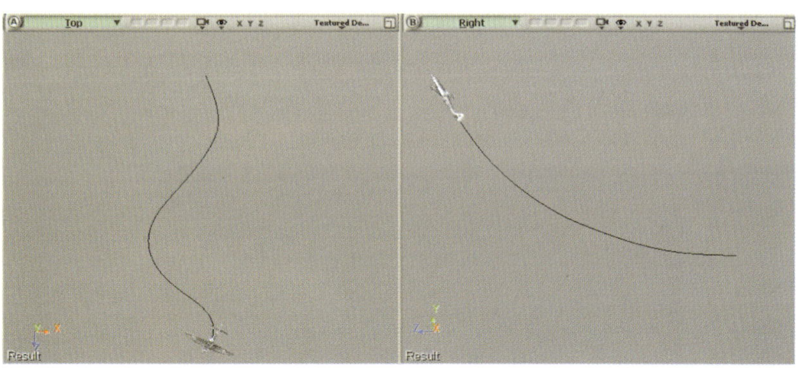


그림 6-54 100frame에서의 애니메이션

이제 시간과 방향성까지 충분히 고려가 된 상황에서 다음으로 Up-Vector Option을 체크해 보도록 하자. 여기서 Up Vector의 기능은 비행기가 애니메이션을 할 때 양 날개의 움직임을 Control할 수 있는 Rolling값에 대한 사항이라고 생각하면 된다. 이때 나타나는 수치는 비행기가 회전할 수 있는 각도를 나타낸다. 이는 좀 더 Real한 애니메이션을 위해 필요한 부분이므로 반드시 알아두고 넘어가야 할 부분이다.

보통 비행기가 공중에서 애니메이션을 할 경우 그 진행 방향에 따라 Rolling을 하게 된다.

Up Vector기능은 default로 비활성화되어 있는데 이를 활성화시키면 여러 가지 Option 창이 활성화된다(그림 6-55).

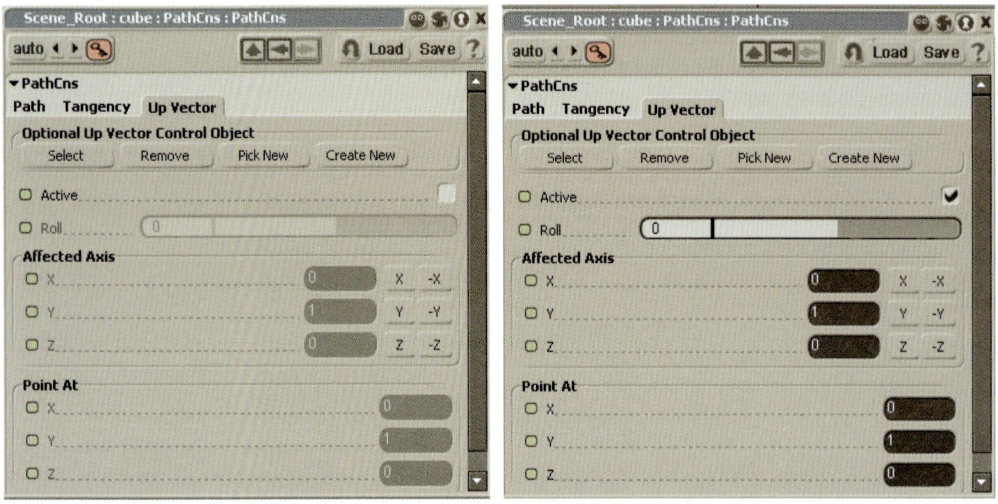

그림 6-55 비활성 Up Vector Option 창

여기서 Rolling에 관련된 기능들에 대해 살펴보도록 하자. 기본적으로 활성화되어진 상태에서의 Rolling값은 '0'이다. 이것은 현재 비행기 상태가 수평임을 알려주는 수치이다.

마우스를 Roll Option에 가져가서 bar를 드래그하면서 그 값을 변화시켜 보도록 한다. 이때 비행기의 움직임도 함께 관찰하면서 시행한다(그림 6-56).

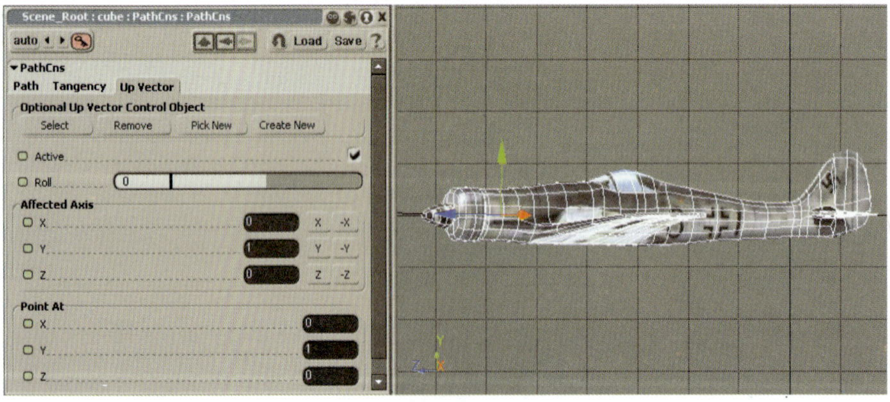

그림 6-56 Rolling 값이 0도일 때의 비행기 움직임

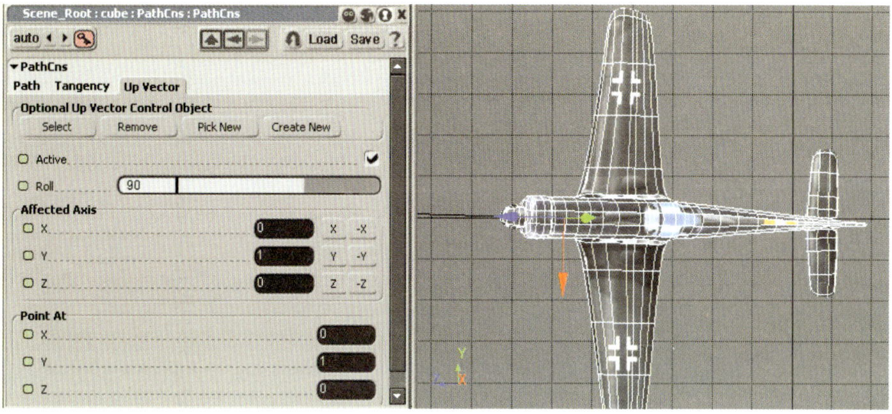


그림 6-57 Rolling 값이 90도일 때의 비행기 움직임

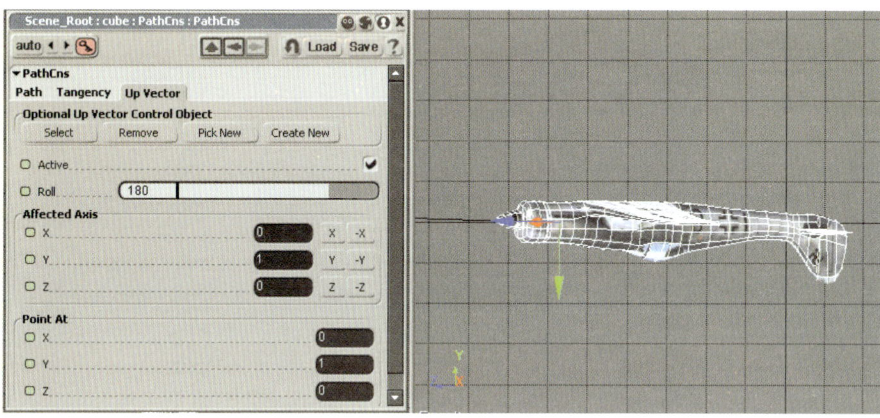


그림 6-58 Rolling 값이 180도일 때의 비행기 움직임

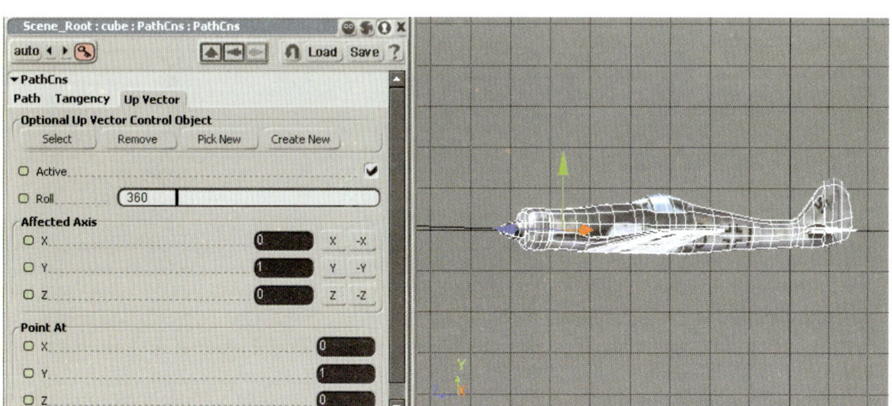


그림 6-59 Rolling 값이 360도일 때의 비행기 움직임

이제 끝으로 위의 Rolling 값을 적용한 비행기의 Path animation을 구현함으로써 이 강좌를 마치도록 한다.

Time Line의 Start frame을 1 frame에 위치시킨다.

그리고 Path animation Property 창에서 Up Vector Option 창에서 "Roll" 앞에 있는 애니메이션 아이콘을 클릭하여 붉은색으로 활성화시킨다(그림 6-60~그림 6-63).

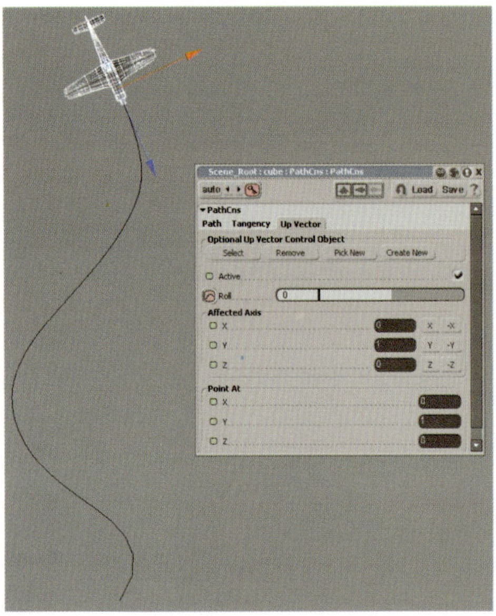


그림 6-60 1frame에서 Up vector "0도"

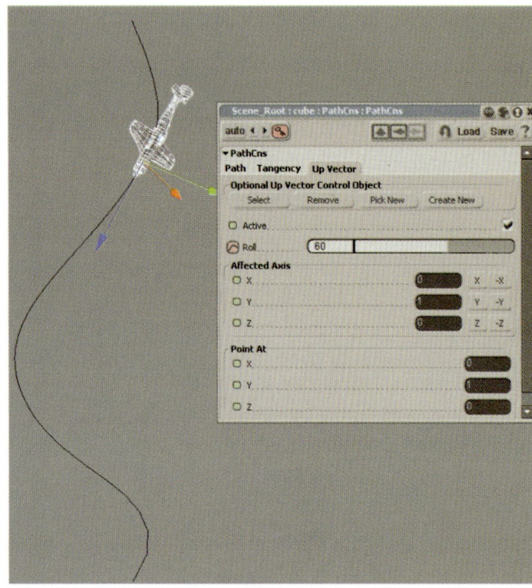


그림 6-61 20frame에서 Up vector "60도"

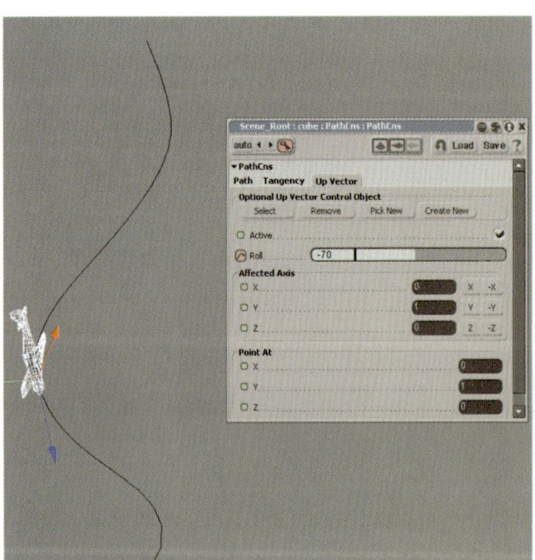


그림 6-62 55frame에서 Up vector "-70도"

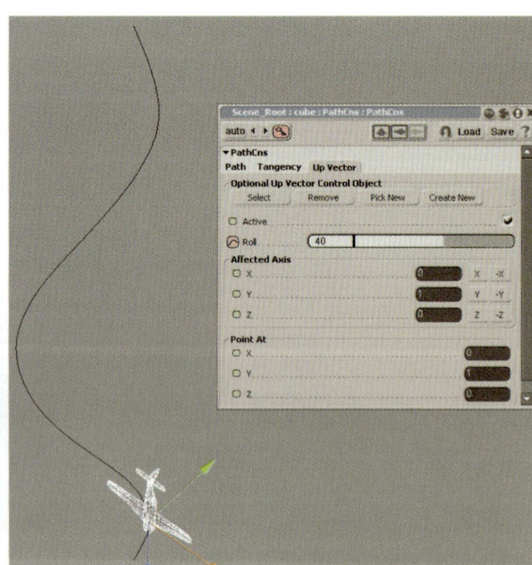


그림 6-63 90frame에서 Up vector "40도"

Play를 해본다. 자연스럽게 비행하는 비행기의 애니메이션을 경험할 수 있을 것이다.

이 애니메이션 방법은 비행기나 조류, 기타 방향성의 유/무에 상관없이 모두 적용할 수 있는 아주 광범위하고 실용적인 애니메이션 방법으로 실제 애니메이션 제작 및 영화나 게임 제작에 많이 사용되는 애니메이션 기법이다. 특히 이러한 Path animation은 카메라나 라이트의 애니메이션으로도 많이 활용되고 있다.

## 6-4 Character Walking Animation

Walking Pose는 Bouncing Ball만큼이나 캐릭터에 있어서 기본적인 동작이다. 다시 말해 일반적인 동작인 동시에 어려운 동작이기 때문이다. 가장 기본적이고 간단할 것 같은 Walking 동작이 왜 어려운 것일까? 그것은 우리 사람이 무의식적으로 행한 가장 반복적인 패턴의 운동이기 때문이다. Walking에 대한 원리는 잘 몰라도 그에 대한 학습은 의식적이든 무의식적이든 너무나 많이 반복적으로 해오고 있는 셈이다. 그래서 아무나 만들기는 어렵지만 아무나 비평하기는 쉽다. 본능적인 학습되어 있기 때문에 항상 비교하고 비평할 준비가 되어 있다. Walking Pose는 그만큼 많은 사람들로 하여금 연구의 대상이었다. 인류학적인 측면이나 운동학적인 측면에서 중요한 영역을 담당하고 있기 때문이다. 그렇기 때문에 Walking Pose의 제작방법에 관련된 자료도 많고 제작방법도 다양하다. 그리고 어느 정도 제작방법에 대한 알고리즘도 나와 있다. 다만 캐릭터의 Concept이나 설정에 따라 달라지기 때문에 이러한 캐릭터성의 변형은 전적으로 그 캐릭터를 담당한 Animator의 몫이다.

Walking을 포함한 대부분의 기본 Pose는 제자리형과 진행형이 있다. 고정형(제자리에서 반복적인 패턴을 기준으로 작업하는 방법)과 진행형(일정한 방향성을 가지고 진행하는 경우)이 있다. 통상 반복적인 동작 패턴은 게임회사에서 주로 사용된다. 반복적인 패턴만 있으면 프로그래밍을 통해서 원하는 패턴을 자유자재로 구사할 수 있기 때문이다. Normal한 데이터를 Fast 또는 Slow형태로 변환이 가능하고 다른 데이터에도 전이가 가능하다. 애니메이션에서의 고정형은 주로 테스트 버전(Dummy)이나 연습용(Test)으로 많이 제작한다. 실제 애니메이션 제작에서 캐릭터가 고정형으로 Acting을 하는 경우는 거의 드물다. 그래서 Walking이라는 Pose를 통해 고정형과 진행형 모두에 제작해 보는 연습을 하고자 한다. 그리고 Walking Pose는 반복 패턴이기 때문에 고정형이든 진행형이든 한 Cycle만 있으면 원하는 시간동안 재생이 가능하다. Cycle 반복 기능을 활용해 보도록 한다(그림 6-64).

그림 6-64

## 6-4-1 XSI Key Setting

### 1. 캐릭터 Set up

먼저 Weighting 작업이 잘된 캐릭터 데이터를 불러온다. 일반적으로 Acting 테스트 작업시 Weight가 완성된 데이터 보다는 가볍고 다루기 편한 Dummy 데이터를 사용하기도 한다. 여기서는 샘플 데이터를 XSI에서 제공되는 Basic Character data와 XSI Basic Rig를 사용하도록 한다(그림 6-65).

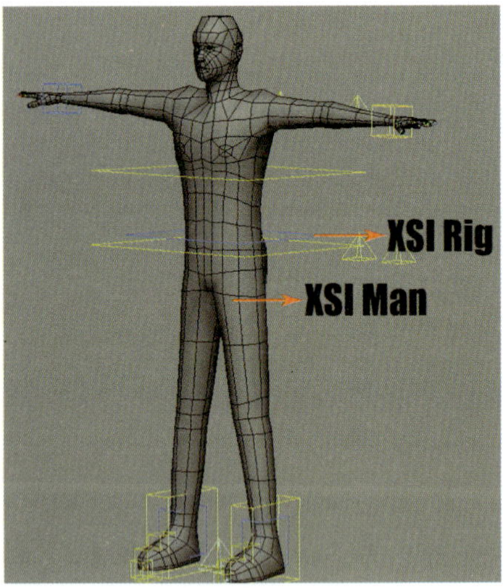


그림 6-65

다음은 XSI에서 Key 작업을 수행하기 전에 몇 가지 기본적인 사항을 체크해야 한다. Key Setting 이란 Key Animation 작업을 효율적으로 하기 위해 몇 가지 Key 적용 방법에 대해 소개를 하고 그 중 Concept이나 목적에 맞는 방법을 찾고, 자신이 사용하기 편하다고 판단되는 방법으로 Key 값을 적용하면 된다. Key Setting의 가장 큰 목적은 시간의 효율성 때문이다. 동일한 결과라면 작업 시간을 줄이는 것이야 말로 프로의 세계에서는 인정받을 수 있는 중요한 부분이기도 한다.

## 2. Transform Set up

### (1) Transform Set up 개념

Key 애니메이션 제작시 불필요한 Parameter에 Key 값이 적용되는 것을 방지하고 필요한 Parameter 요소에만 Key 값을 적용하기 위해 사용하는 방법은 다양하다. 그 중 Transform Set up 기능에 대해 알아보도록 한다. 일단 XSI Rig Controller는 Transition 기능을 담당하는 Controller와 Rotation기능을 담당하는 Controller와 Transition와 Rotation를 동시에 담당하는 Controller로 나눌 수 있다. 이 경우 각각의 목적과 기능에 맞도록 미리 Setting을 하게 된다면 앞으로 Key 작업시 많은 시간과 노력 그리고 실수를 줄일 수 있게 된다. 즉 하나의 Controller에 Key 값을 적용하기 전에 미리 적용될 Parameter를 지정하고 이 Parameter에게만 Key 값이 적용되게 만들어 주는 방식이다. 각 Parameter중 Key 값이 적용되는 Parameter만 미리 정해 놓고 Key 작업할 수 있게 하는 자동 선택 기능이다.

### (2) Transform Set up 적용

먼저 Left Hand 컨트롤러를 선택하고 Get 〉 Property 〉 Transform Set up 명령을 실행한다.

### (3) Parameter 활성화

SRT 중에서 Translate[V] 모드로 전환시키고 Ref(erence) Mode의 마우스 오른쪽 클릭을 통해 축이 Mode를 View로 Setting하고 X, Y, Z 세 축을 모두 선택한다. 이제 Transform Set up을 적용한 오브젝트는 선택할 때마다 Setting된 Parameter만 활성화된다(그림 6-66).

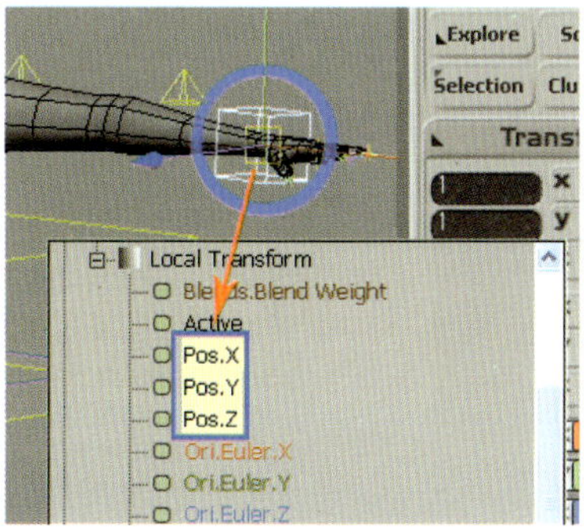

그림 6-66

## 3. Marking Set

### (1) Marking Set 개념

Key Setting 작업을 효율적으로 제작할 수 있도록 도움을 주는 기능 중의 하나로 Marking Set이라는 기능이 있다. 이 marking set 툴 기능은 오브젝트를 구성하는 많은 Parameter 중에서 액션에 필요한(사용되는) Parameter를 미리 정해서 활성화시켜 놓고 Key 작업을 하게 된다.

### (2) Clear Marking set

Left hand Controller를 선택하고 XSI 작업 창 왼쪽 제일 아래 있는 Clear Marking set 명령 아이콘을 선택해서 기존에 잔류해 있을 선택된 Marking Parameter를 모두 지정 해제한다.

(3) Left hand Controller가 선택된 상태에서 Local Transform [Ctrl+K] 속성 창을 열고 Position X, Y, Z Parameter를 선택한다(그림 6-67).

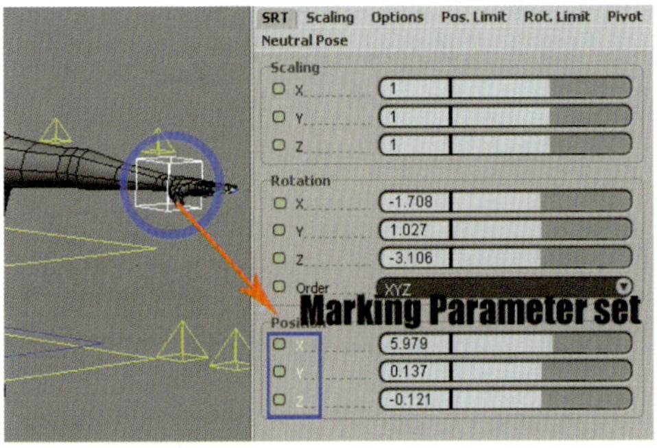

그림 6-67

(4) Animation 〉 Parameter 〉 Creative Marking Set [Shift+Ctrl+M]을 선택하여 Marking Set을 만든다. 생성된 Marking Set은 Explorer의 오브젝트의 아래구조에 자동 생성된다(그림 6-68).

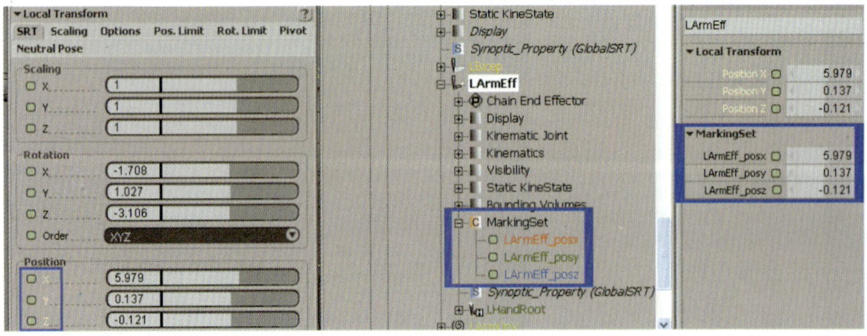
그림 6-68

(5) 원하는 위치에서 Key를 주고 싶을 경우 Animation > Parameter > Activate Marking Set [Ctrl+M]을 선택한다. Parameter들이 선택되어 있는 가운데 Key를 설정해주면 선택된 Parameter 요소들에게만 Key 값이 적용된다. 현재 Key 값이 적용된 Parameter를 확인하고자 할 경우 Parameter 오픈 아이콘을 클릭해서 확인해 보도록 한다(그림 6-69).

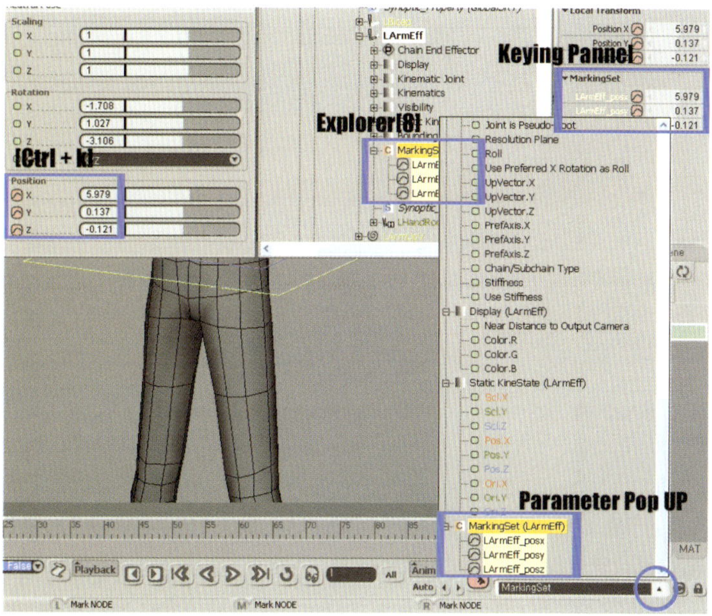


그림 6-69

## 4. Auto Key Frame Setting

### (1) Auto Key Frame Setting의 개요

Key 작업을 편리하게 하기 위해 Key Setting 작업을 해 주기로 한다. 이러한 Key Setting는 Animator에게 작업 시간을 줄여 줄 뿐 아니라 작업의 능률을 향상시켜준다. XSI에서 제공하는 기본 Rig구조는 Transition 9개, Rotation 13개로 모두 22개의 Controller를 사용한다. 즉 한 프레임의 Pose당 최소한 22개의 Key 값이 필요하다는 의미이다. 그렇다면 Walking Pose를 한 Cycle로 구분할 때 평균 10개의 Key Frame이 필요하다면 Walking 1Cycle를 제작하는데 10 * 22 = 220번의 Key Setting의 노력과 시간이 필요하다. 당연히 비효율적인 작업이다. 그렇다면 Pose는 어차피 당연히 필요한 요소라고 볼 때 Key 적용 횟수를 줄여야 한다는 결론이다. 그렇다면 Key 적용 횟수를 줄이는 방법에 대해 알아보도록 한다. 즉 한번의 Key 적용으로 22개의 Controller들에게 Key 값이 적용이 된다면 10* 1 * 2(이동+회전)=20번의 Key 적용만 있으면 Walking 1Cycle이 완성이 된다. 물론 Auto Key가 있어서 Pose 설정을 해주면 자동으로 Key가 적용이 되지만 Start Frame에서 Auto

Key가 적용이 안되기 때문에 Controller에게 Key를 일일이 적용을 해줘야 한다. Auto Key Setting 이란 하나의 새로운 Tool Bar를 만드는 것이다(그림 6-70).

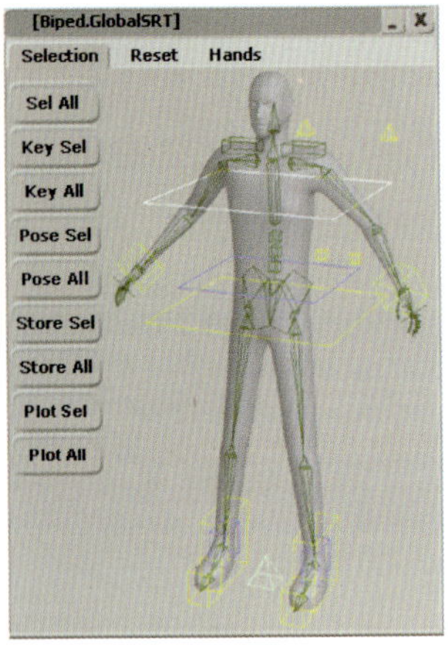


그림 6-70

### (2) Transition Group 만들기

Rig Controller를 이동그룹(Transition Group)과 회전그룹(Rotation Group)으로 구분하도록 한다. 이동그룹(Transition Group)에 포함되는 Controller는 왼발과 오른발, 왼손과 오른손 허리, 4개의 Up vector이다. 이들 요소를 멀티 선택을 하고 오른쪽 명령 창 아래 있는 Group을 선택한다. 그리고 이름을 Transition Group이라고 한다(그림 6-71).

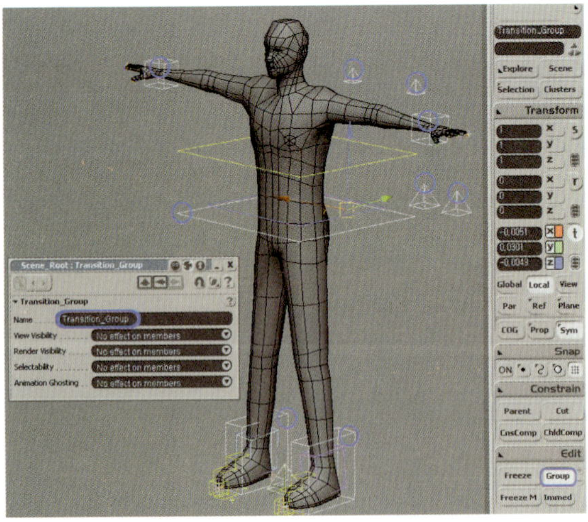


그림 6-71

### (3) Rotation Group 만들기

양쪽 발과 양쪽 발목과 발가락, 허리, Hip, 가슴, 양 손, 손등 등을 선택해서 Rotation Group으로 지정한다(그림 6-72).

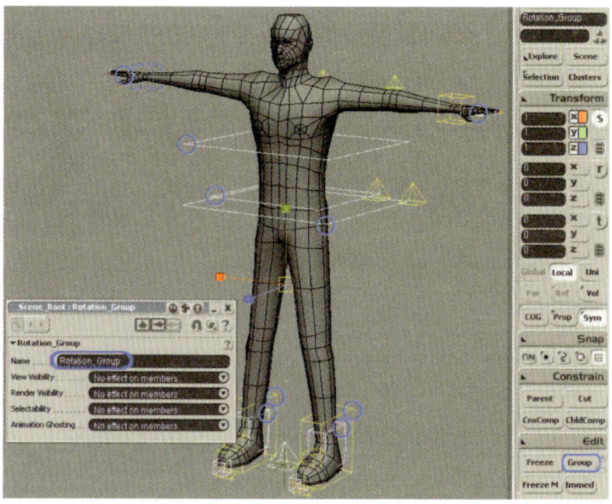


그림 6-72

지정된 두 개의 Group을 각각 선택했을 때 연결할 요소의 Controller들이 모두 포함되는지 확인한다.

이제 이들을 컨트롤할 수 있는 새로운 Tool bar를 하나 만들어 보도록 하자.

**1** 상단 메인 메뉴 바에서 View 〉 New Custom Tool Bar 명령을 실행한다. 그러면 작업 창에 새로운 툴 바를 만들 수 있는 빈 창이 생성이 된다.

**2** Explorer 창에서 Transition Group를 선택하고 마우스 오른쪽을 클릭한 다음 Select Members 옵션을 선택해 준다. 이는 Group내에 있는 모든 개체들을 개별 선택을 하기 위함이다. 부모-자식관계에서 Key 값을 줄 때 부모를 멀티 선택해서 Key 값을 적용하면 아래 구조인 자식들에게 Key 값이 적용되지 않는다. 만약 그렇다면 우리는 이렇게 굳이 새로운 툴 바를 않아도 된다. 지금 만드는 새로운 툴 바는 한번의 Key 적용으로 Group내에 있는 모든 요소의 오브젝트에게 Key 값이 적용되는 Setting을 만들고 있는 것이다.

**3** 마지막 명령인 Select Members 옵션을 선택한 다음 Time Line 아래 Play back 툴 바 옆에 있는 Script Editor 창을 연다.

**4** Script Editor 창을 열면 실행 창에 방금 여러분들이 실행한 명령이 마지막 Line에 그대로 나와 있다.

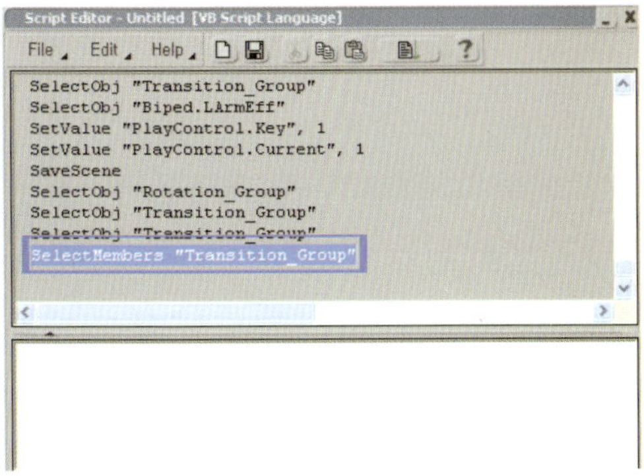


그림 6-73

**5** Script Editor 창에 있는 마지막 수행 기록을 마우스로 클릭 드래그를 하여 영역 선택을 한 다음 조금 전에 만든 새로운 툴 바로 드래그 인 드롭을 한다. 그러면 새로운 툴 바를 생성할 것인가에 대한 질문을 한다.

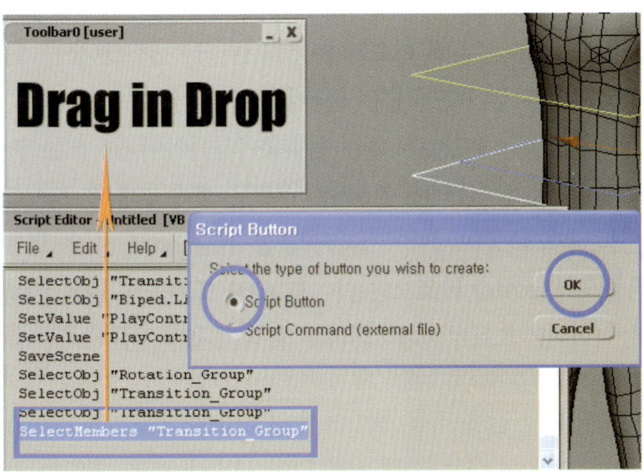


그림 6-74

**6** 새로 생성될 툴 바의 명령 내용을 확인하고 Button Label칸에 새로 생성될 버튼의 이름을 적고(Transition Button) "OK"를 한다. 그 결과 비어 있던 툴 바 창에 툴 버튼이 생성되었다(그림 6-76).

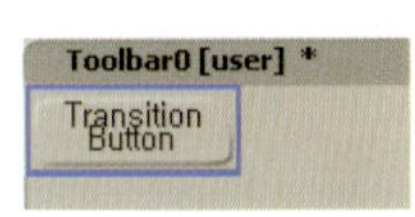


그림 6-75

7 동일한 방법으로 Rotation Group Select 툴 바를 만들어 보도록 한다(그림 6-76).

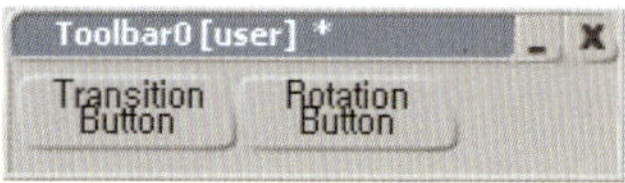


그림 6-76

8 이제 Pose를 잡은 다음 생성된 툴 바를 선택하고 Key 적용을 해주면 Group내 포함되어 있던 모든 오브젝트 Controller에게 Key 값이 적용이 된다.

9 여러 가지 Key Setting방법에 대해 알아봤다. 이런 방법 외에도 Auto Key를 활용하거나 Synoptic View에서 Key All을 적용하는 방법 등 응용이 가능한 부분이 다양하다. 이중에서 자신이 가장 선호하거나 효율적으로 사용이 가능한 기능을 활용하도록 한다. 새로 만들어진 Tool 바는 툴 바 위에서 마우스 오른쪽을 클릭한 후 Save를 할 수 있기 때문에 저장했다가 다시 불러오면 계속 사용이 가능하다.

## 6-4-2 Walking Pose

일반적으로 걷기 동작에 익숙한 Animator들은 참고 자료나 참고 포즈가 필요 없을 수도 있으나 익숙하지 않거나 처음 접하는 사람들은 보통 참고 동영상이나 참고 이미지, 또는 참고 자료를 바탕으로 작업을 한다. 참고 자료는 사진이나 이미지 또는 동영상 어떤 것이라도 무관하지만 한 Cycle을 정확히 파악할 수 있는 데이터라 참고 자료로서의 활용가치가 있다. 일단 옆 모습을 참고하여 Pose를 잡아보도록 한다(그림 6-77).

그림 6-77 SOFTIMAGE(社) Tutorial Guide 이미지 제공

**1** 1번 포즈의 특징 : 앞/뒤 다리가 가장 크게 벌려지고, 양 팔도 가장 크게 벌려진 상태이다. 앞에 나간 다리는 뒤꿈치를 중심으로 최대 회전 값을 가지고 있고, 뒷다리 역시 앞꿈치를 중심으로 회전되어 있다. 허리를 기준으로 상체는 약간 앞으로 회전 값을 가지고 있다. Hip과 어깨는 향후 조절하도록 한다. 양팔과 다리는 좁게 안쪽으로 이동하고 보폭을 조절한다. 1번 포즈의 특징을 기준으로 XSI 캐릭터의 Pose를 잡는다(그림 6-78).

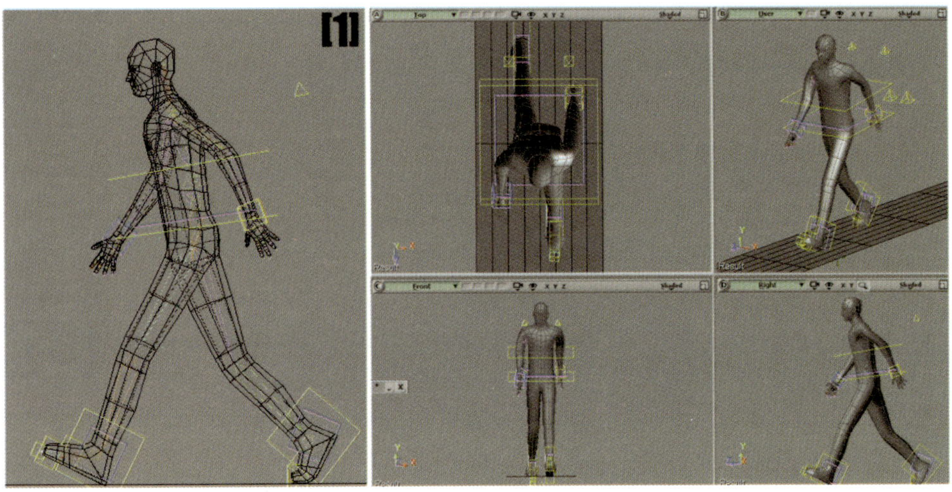

그림 6-78

**2** 첫 번째 Pose를 잡고 난 다음 가상의 가이드라인을 만든다. 가이드라인의 역할은 Walking Pose가 동일한 패턴의 반복 동작이므로 다음 포즈에서의 각 Controller들의 위치의 변화를 미리 예측하고 다음 Pose를 취할 때 정확한 위치를 파악할 수 있도록 하기 위함이다. 보통 가이드라인은 Curve를 사용하는데 필자는 Grid를 사용한다. Grid에는 많은 라인들이 있기 때문에 목적에 맞춰 다양한 곳에 적용할 수 있기 때문이다. Get 〉 Primitive 〉 Grid를 하나 꺼내서 Center를 제일 오른쪽의 하단에 이동 시킨다. (기준점을 기준으로 스케일하기 쉽기 때문이다) 다시 오브젝트 선택 모드로 전환한 스케일 조절을 하여 각 Point의 가이드라인으로 만든다(그림 6-79).

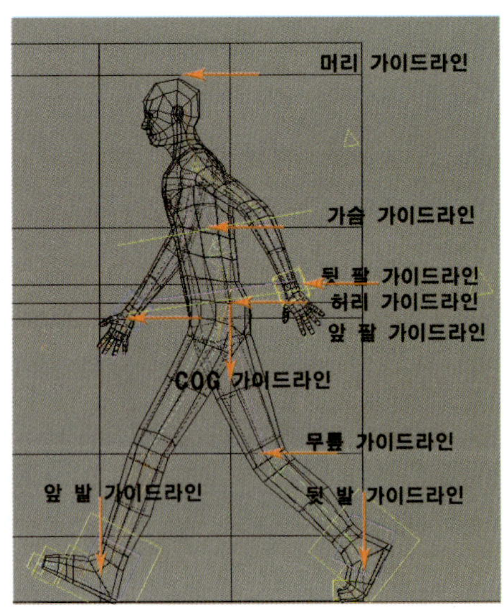

그림 6-79

**3** 이제부터 Key를 잡는 데는 캐릭터나 기타 다른 오브젝트는 선택할 필요도, 선택되어서도 안된다. 오로지 Rig Controller의 선택과 회전, 이동을 통해 애니메이션이 제작되기 때문에 Rig Controller를 제외한 모든 오브젝트는 선택이 되지 않도록 한다. Layer를 만들어서 Unselect 옵션을 활성화하도록 한다.

**4** KP / L로 전환한 다음 Scene 창에서 Layer 〉 New Layer 명령을 선택하고 새로 생성될 Layer의 이름을 Unselect라고 명명한다(그림 6-80).

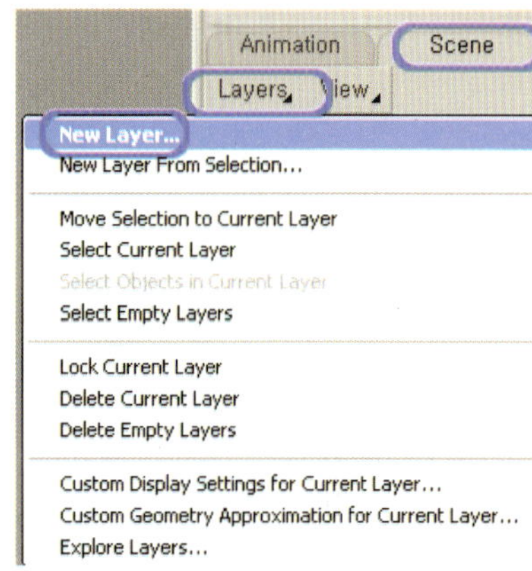

그림 6-80

**5** 생성된 Unselect Layer에 Key 애니메이션 제작에 불필요한 요소들을 첨가하도록 한다. Unselect할 오브젝트를 선택하고 Unselect Layer의 마우스 오른쪽을 클릭하면 Move Selected Objected to Layer라는 명령을 실행한다. 이 명령은 말 그대로 선택한 오브젝트를 현재 선택한 Layer로 이동하겠다는 의미이다(그림 6-81).

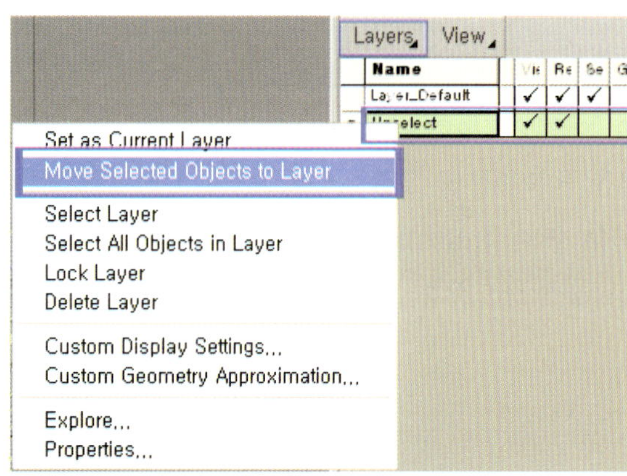

그림 6-81

**6** 이렇게 해서 캐릭터 Walking Pose의 출발 준비가 마무리되었으니 본격적으로 캐릭터를 움직여 보도록 한다. Rig Controller를 하나 선택한 후 단축키 [F3]을 눌러 Synoptic View를 꺼낸다.

**7** 첫번째 Pose의 동작이 잡혔으면 현재 동작에 1Frame에서 Key 값을 준다. Synoptic View의 Key All을 누르면 각 Controller별로 이동 값과 회전 값에 대한 Key가 적용이 된다(그림 6-82).

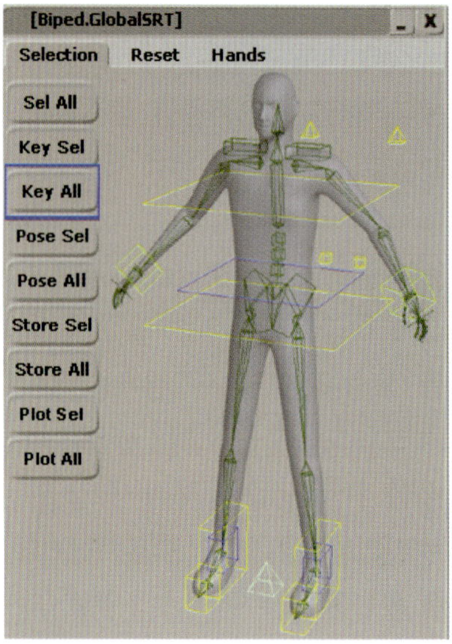

그림 6-82

**8** 두 번째 Pose를 만들어 본다. 시간 설정은 5 Frame이다. 두 번째 Pose의 특징은 Walking pose 중에서 가장 몸의 높이가 낮은 단계로 앞발은 바닥면에 평평하게 닿고, 앞다리는 크게 구부러지며, 뒷발은 접혔던 발가락은 펴지고 회전 값은 더욱 몸쪽으로 커진다. 양 팔은 더욱 크게 벌려지며 허리는 가장 낮은 자세를 취한다(그림 6-83).

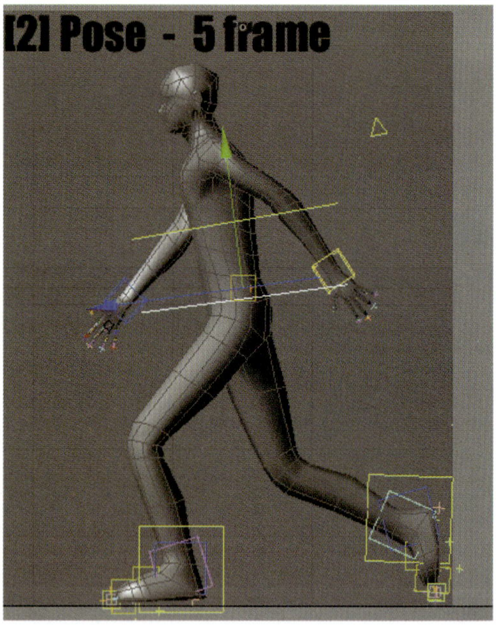

그림 6-83

**9** 세 번째 Pose를 잡아 보도록 한다. 시간설정은 9 Frame이다. 세 번째 포즈는 걷는 동작에 있어서 가장 단순한 동작으로 우선 양 다리가 교차하기 위한 시점으로 뒷다리의 발목이 앞다리의 발목을 향해 다가오고 양팔은 교차 지점에 위치를 하게 된다. 그리고 점차 앞다리는 힘을 받고 튕겨올라가는 느낌으로 위를 향해 오르기 시작한다(그림 6-84).

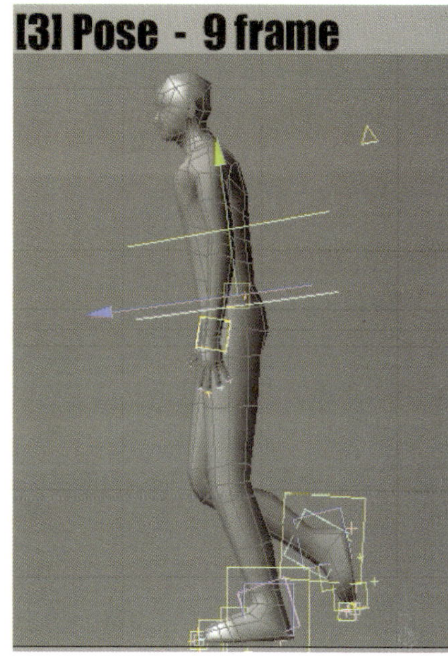


그림 6-84

**10** 네 번째 Pose를 잡아본다. 시간 설정은 13 Frame이다. 네 번째 포즈의 특징은 있다 Walking pose 중 가장 상/하체의 높이가 높다. 전반적으로 뒷발의 뒤꿈치가 회전 값을 가지며 팔도 반대로 벌려지기 시작한다(그림 6-85).

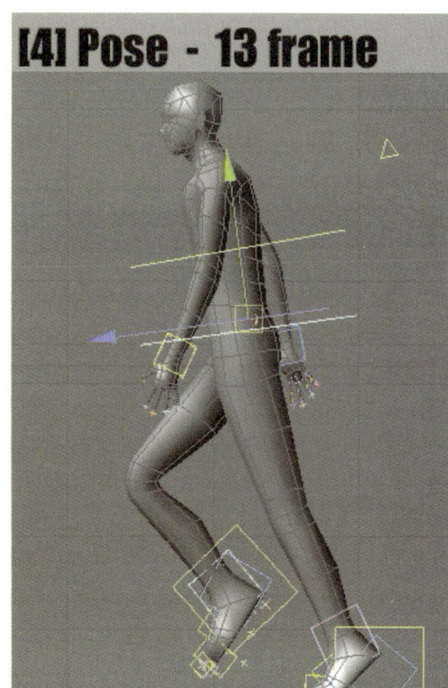


그림 6-85

**11** 마지막 Pose를 잡는다. 시간 설정은 17Frame을 설정한다. 마지막 포즈의 특징은 첫 번째 포즈와 동일한 상태에서 팔과 다리만 서로 바뀐 것뿐이다. 즉 Walking pose의 1 / 2 Cycle를 제작한 것이다. 이제부터는 팔과 다리의 위치만 바뀔 뿐 Pose를 취하는 것은 이제 끝난 것이다(그림 6-86).

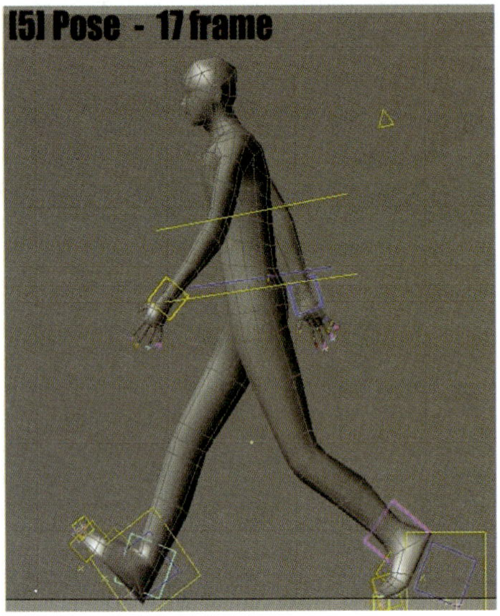


그림 6-86

**12** 종합 : 일단 참고 자료를 통해 Walking의 기본 자세는 알 수 있었다(그림 6-87).

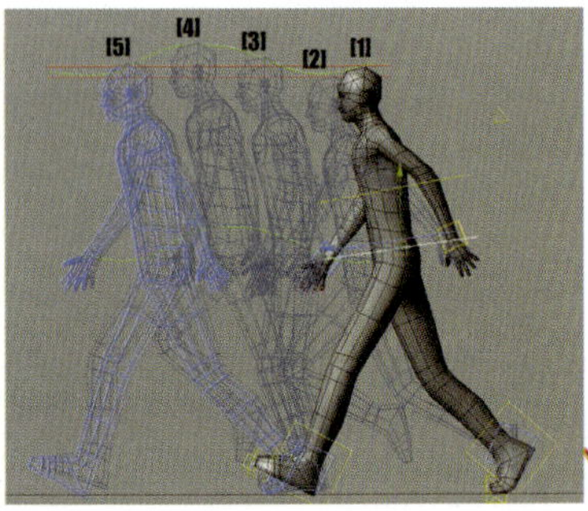


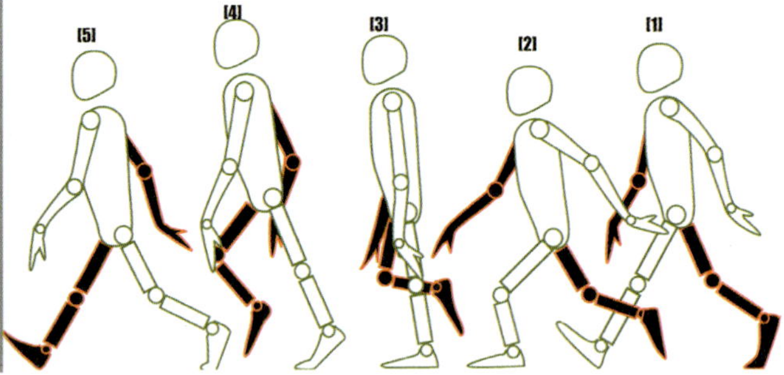


그림 6-87

**13** 현재 작업은 한 Cycle의 1 / 2까지다. 이제 동일한 Pose와 Time 설정으로 나머지 동작을 잡는다. 그전에 세부적인 사항을 점검하도록 한다. 이때 F-curve Editor나 Dope Sheet을 활용하면 효율적인 작업이 가능해진다.

**14** 발의 F-Curse 수정 : F-Curve가 Spline 커브 형식이고 Slope이 생성되기 때문에 간혹 동일한 Value의 값을 주더라도 커브의 Value Curve에 문제가 생기 때문에 반드시 이러한 부분에 수정이 필요하다. 이러한 현상으로 인해 발이 이유없이 앞/뒤로 밀리거나 미세하게 위/아래로 떨리는 현상이 발생한다. 그러한 현상이 생기는 부분을 찾아서 반드시 수정을 해주어야 한다(그림 6-88).

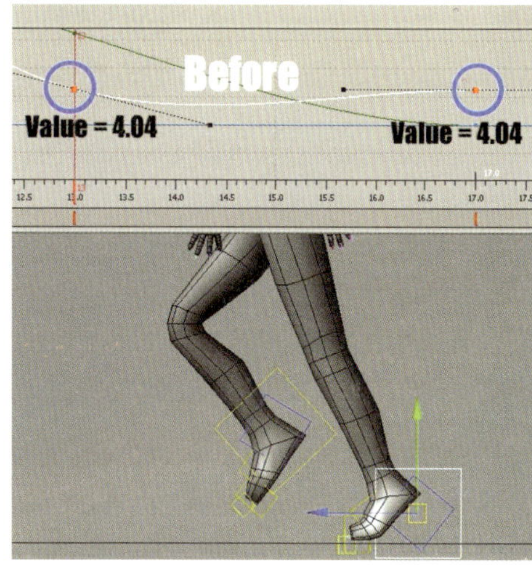


그림 6-88

**15** 수정하는 방법은 그러한 현상이 생기기 시작한 Curve의 Key Point의 Previous point를 선택하여 Linear 커브 아이콘을 클릭해주면 된다(그림 6-89).

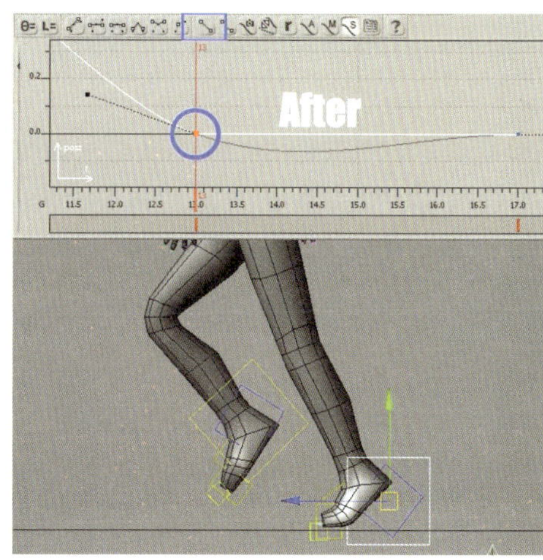


그림 6-89

**16** 일단 이러한 현상이 발생되는 모든 부분에 대해 F-Curve 수정이 필요하다. 이러한 부분이 수정이 되고 난 다음 자세에 대한 세부 수정이 필요하다. 불필요한 Key Point는 제거하고, Key Point가 새로 필요한 부분은 추가하면서 최적의 F-Curve를 만들어야 한다. 그리고 대칭이 되는 부분은 반드시 대칭 구조를 가지도록 Value 값을 조정해야 한다(그림 6-90).

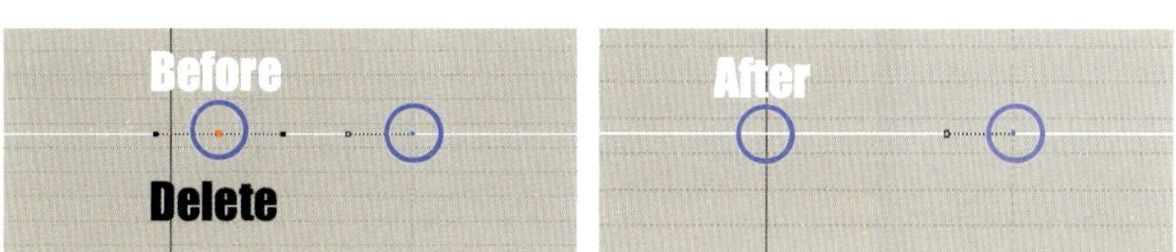


그림 6-90

**17** 허리의 F-Curve 수정 : 가장 확실하게 확인할 수 있는 Parameter는 Pos Y이다. 우선 시작점과 끝점이 동일해야 하고 반복 패턴을 보이는 전형적인 요소이기 때문이다(그림 6-91).

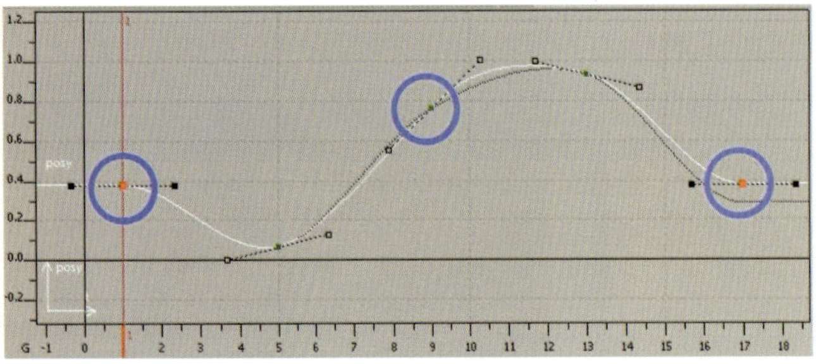

그림 6-91

**18** 양쪽 다리의 Transition Controller와 Rotation Controller, 허리, 양쪽 팔에 대해서도 이와 동일한 작업들을 해 주어야 한다.

**19** 그리고 이러한 부분의 수정 작업이 끝나면 이제는 Pose to Pose의 자세에 대한 교정 작업에 들어가야 한다. 어색하거나 Time과 Pose가 조화를 이루지 못하거나 In-Out의 형태가 부자연스럽거나 하는 부분들을 찾아서 적절하게 수정을 해줘야 한다. 이러한 부분은 Key를 잡은 사람마다 아주 미세하게 틀리게 나타나기 때문에 각자 작업을 해야 한다. 이러한 수정 작업이 끝나면 이제는 자세의 교정 작업에 들어가도록 한다.

**20** Hip 자세 교정 : Hip은 그 기능상 하체와 상체의 힘의 전달을 해주는 중요한 역할을 수행한다. 몸의 중심을 잡거나 섬세하게 힘의 일정한 분배를 담당하는 역할 수행한다. 즉 Walking 동작시 앞으로 나간 발이 자연스럽고 부담 없이 나갈 수 있도록 방향을 틀어주는 역할을 담당한다. 회전 값에 대한 추가 작업이 필요하다. Hip 작업은 Top view에서 실시해주면 편하게 할 수 있다. 캐릭터의 형태에 따라 그 회전 각도가 많이 차이가 나겠지만 어

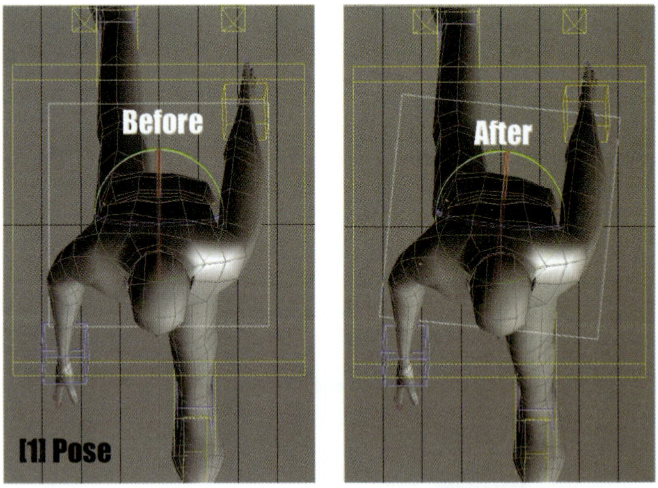


그림 6-92

색하지 않을 정도, 인위적인 컨셉(모델 워킹이나, 비정형적인 다리 구조를 가진 캐릭터)을 제외하고는 5~10도 내외에서 제작을 한다. 먼저 [1] Pose는 왼발이 앞으로 나간 상태이므로 왼쪽으로 회전 값을 주도록 한다. 여기서는 6도와 −6도 값으로 지정해 주도록 한다(그림 6-92).

**21** 마지막 Pose에서 +6도의 Key 값을 추가해 준다. 그러면 [1]Pose와 [5]Pose 사이의 값이 자연스럽게 보간이 되면서 자연스러운 표현이 가능해진다(그림 6-93).

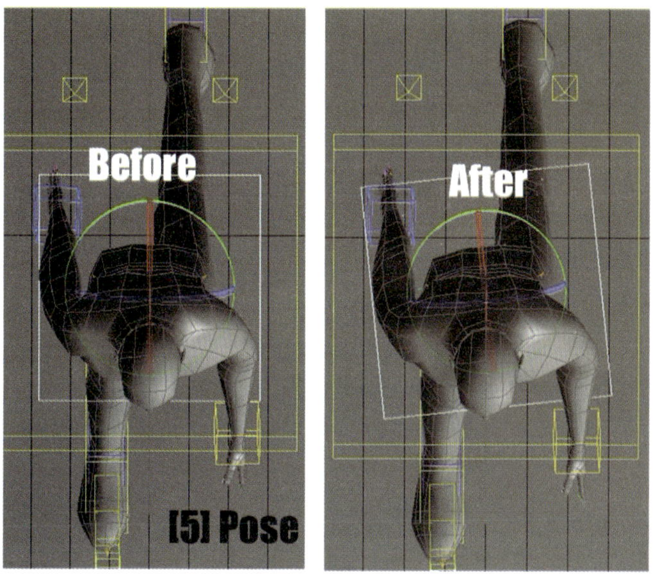


그림 6-93

**22** 다음은 Hip의 정면에서의 회전 값의 추가이다. 앞에서도 설명했듯이 Hip의 역할은 힘의 적절한 분배를 통해 상체와 하체의 자연스러운 균형을 유지시켜 준다. 이번에는 다리를 제일 많이 들어 올린 Pose인 [3]Pose에서 작업을 한다. 다리를 들어 올린 방향으로 Rotation Z축으로 Hip을 회전시킨다. 이때의 범위도 5~10를 넘기지 않는다. 여기서는 +5, −5를 기준으로 한다(그림 6-94).

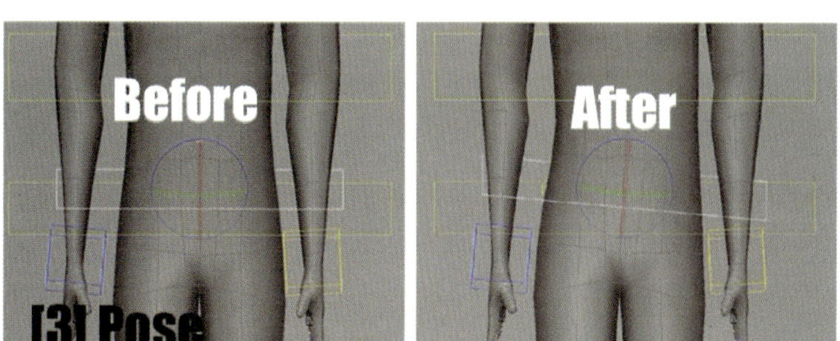


그림 6-94

**23** 다음은 Chest에 대해 정리를 해보도록 한다. Chest(가슴)은 팔의 움직임에 영향을 받는다. 즉 가슴은 어깨와 함께 상체의 힘을 팔을 통해 전달하는 중간자적인 역할을 담당한다. 상체의 흔들림이 크다면 상대적으로 팔의 이동 값이 더 커지면서 상체의 균형을 잡듯이 Chest의 회전 값 역시 Hip의 역할과 함께 중요한 부분이다. Chest 역시 Top view에서 작업을 해주면 좋다. 회전 값의 범위는 Hip의 범위와 동일하게 정하되 Hip의 회전 값과 동일한 수치를 적용해 주도록 한다. 하지만 방향은 Hip과 반대방향이 된다(그림 6-95).

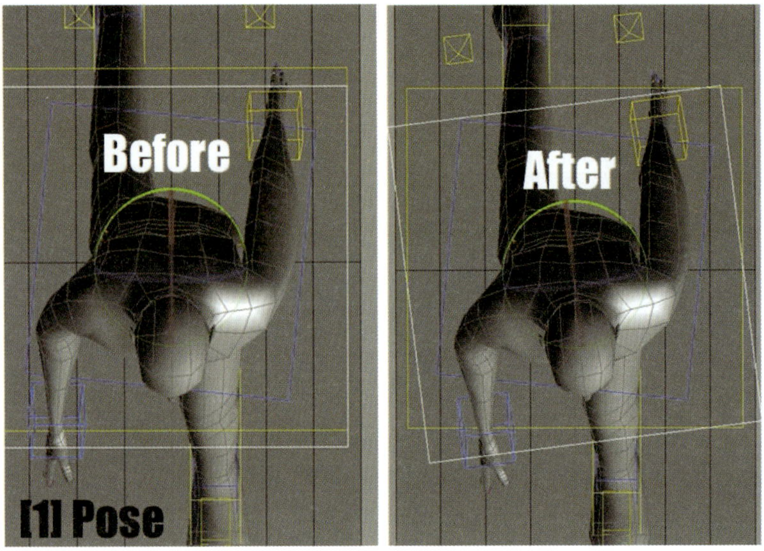

그림 6-95

**24** [5] Pose에서의 Chest의 동작을 [1] Pose에서의 반대 방향으로 −6도를 적용해 주도록 한다.

**25** 팔동작 : 팔동작은 가장 중요하게 다뤄야 할 부은 앞으로 나간 팔과 뒤로 나간 팔의 자연스러운 회전 모양이다. 물론 양 팔의 움직임이 일치하는 것은 기본이다. 자세를 잡은 다음 왼팔과 오른팔의 F-Curve를 일치시키는 작업도 중요하다. F-Curve를 일치시키기 전에 정확한 자세를 잡아줘야 한다.

앞으로 나간 팔은 가슴과 어깨의 영향을 받기 때문에 Body의 안쪽으로 들어온다. 반대로 팔이 뒤로 나가 있을 경우는 어깨의 움직임에 영향을 받아서 팔이 바깥쪽으로 나가게 된다. 이때 각각의 자세에서 팔꿈치를 위치를 컨트롤하기 위해 Up vector를 활용한다. 캐릭터의 형태나 성격에 따라 그 범위나 크기가 차이가 나지만 기본적인 형태가 정확히 어떤 것인지에 대해서 알아야 그러한 변형동작이 가능하다. 스트레칭 동작도 Basic 동작에서 출발한다. 기본이 무시된 변형은 인정받지 못하는 경우가 많다. 먼저 팔이 제일 많이 앞으로 나간 Pose, 즉 [1] Frame에서의 팔의 위치와 모양을 수정해 본다(그림 6-96).

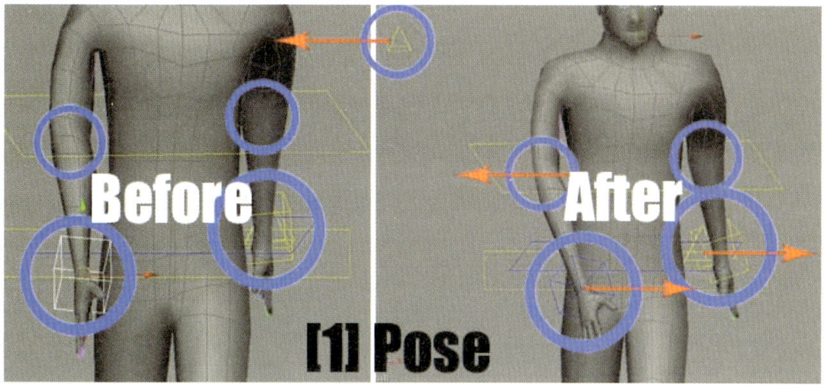

그림 6-96

**26** 나머지 1 / 2 Cycle의 Key Frame삽기 : 이젠 Walking 한 Cycle을 위해서 남은 1 / 2 Cycle을 잡는다. 이 경우 위의 다리와 허리, 팔의 동작뿐 아니라 Hip이나 Chest의 회전 값의 적용 및 팔동작의 자연스러움까지 Frame마다 적용을 해주면서 제작한다면 시간적인 부분에 있어 많은 절약을 가져 올 수 있을 듯하다.

**27** 나머지 동작은 원리, 적용 방법에 있어서 위의 5frame 동작과 일치하기 때문에 위의 제작 방법을 참고로 한다면 누구나 어려움 없이 제작이 가능하다.

**28** [1]포즈는 다시 잡을 필요가 없다.

**29** 21Frame에서 [2] Pose와 동일하게 Pose와 Time을 적용한다.

**30** 25Frame에서 [3] Pose와 동일하게 Pose와 Time을 적용한다.

**31** 29Frame에서 [4] Pose와 동일하게 Pose와 Time을 적용한다.

**32** 33Frame에서 [5] Pose와 동일하게 Pose와 Time을 적용한다.

33 F-Curve 수정과 동작의 Detail을 살리고 작업을 마친다(그림 6-97).

그림 6-97

## 6-5 Character Running Animation

Animation 제작에 있어서 Running Pose는 Walk Pose와 더불어 가장 기본적인 동작에 속한다. 일단 반복 동작이고, 시간 타이밍과 Pose 동작의 구분이 확실하며, 동일 동작 내에서도 Slow and Fast가 지속적으로 반복 패턴을 나타내고 있기 때문에 타이밍과 Pose를 연구하는데 아주 유용한 동작이기 때문이다. 역시 기본적인 참고 데이터를 활용하여 이론적인 바탕을 이해한 다음 Key 애니메이션 제작이 들어가도록 한다.

Key 작업에 앞서서 제작할 Pose에 대한 연구는 반드시 이루어져야 할 선행 학습이다. 만약 이 선행 학습이 제대로 이루어지지 않은 상태에서 Key 작업부터 진행을 한다면 상상과 이론 사이를 오락가락하며 수많은 시행착오를 경험할 뿐만 아니라 이러한 시행착오를 지속하다 보면 쉽게 지쳐버려서 결국 Pose를 완성하지 못하게 된다. 초보자들이 가장 쉽게 경험할 수 있는 가장 나쁜 습관 중 하나다. 연구하지 않은 Animator의 수명을 그리 길지 않음을 명심하자(그림 6-98).

그림 6-98

Running은 Walking보다 Step(중간 pose)이 더 들어가 있다. Running 동작에는 크게 Wild 동작과 Soft 동작으로 구분이 된다. Wild 동작은 100M 달리기의 전력질주 동작과 같이 그 크기가 매우 크고 광범위하지만 Soft동작은 마라톤이나 장거리 오래달리기 같이 가볍게 뛰는 동작을 말한다. Running한 Cycle를 잡는데 7개(Start 동작 포함)의 동작을 잡는다. 시간 간격은 각 Pose당 2Frame을 잡는다. 일단 각 Pose마다 동일한 간격으로 Key를 준 다음 편집과정에서 시간과 Pose의 동작관계를 기반으로 시간 설정을 다시 할 수 있다. Pose의 가장 큰 특징은 하체는 동작이 크지만 그에 비해 상체는 그다지 큰 동작은 없다. 팔의 반복 동작도 Walk 동작에 비해 짧고 빠르다. 어깨도 힘이 들어가 있으니 회전 각도 역시 Walking보다는 작다. 골반도 무게 중심이 발과 계속 동시에 이동을 하기 때문에 거의 일정한 패턴으로 진행이 된다. 자 이제 이러한 동작 분석을 바탕으로 캐릭터를 달려보게 하자.

## 6-5-1 Start Pose - 1Frame

### (1) 특 징

착지 전의 단계로 뒤에 따라오는 발이 가장 높은 곳에 위치하게 된다. 무게 중심은 앞발로 이동해 오고 있는 과정으로 중력과 가속도가 함께 작용을 하게 되므로 전체적으로는 빠른 속도에 해당되는 Pose이다. 착지를 하기 직전의 단계이므로 상체를 약간 앞으로 구부리면 더욱 괜찮은 동작이 될 듯 하다.

(2) 하 체

앞발은 바닥을 향해 작지 준비 / 뒷발은 균형을 잡기 위해 최대한 위로 올려진 방향이다.

(3) 상체

교차하기 직전의 자세로 약간의 거리 값을 가지고 있는 상태이다.

(4) XSI 캐릭터 Synoptic View 옵션(단축키 : F3(임의의 Rig controller를 선택하고))에서 Key All 명령을 실행한다(그림 6-99).

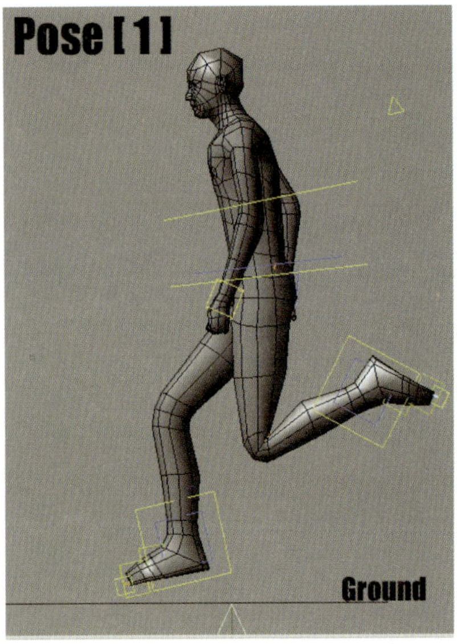


그림 6-99

(5) Key 값을 적용하고 난 후 Pose수정을 원할 경우 Auto Key를 활성화한 다음 작업을 하면 편리하게 수정 작업을 할 수 있다.

## 6-5-2 2Th Pose－3Frame

(1) 특 징

공중에서 제일 먼저 바닥으로 착지를 하는 동작 무게 중심이 아래로 내려오기 때문에 전체적인 높이가 가장 낮은 Pose가 특징이다. 다시 공중을 향해 뛰어오르는 첫 번째 자세이기도 하다. 그러므로 힘을 비축하는 단계로 무릎의 반동을 준비하는 단계이다.

(2) 하 체

앞발은 바닥을 향해 착지 준비 / 뒷발은 균형을 잡기 위해 최대한 위로 올려진 방향

(3) 상 체

교차한 후 다시 거리가 멀어지기 시작하는 자세로 반동의 첫 번째 자세라고 봐도 좋을 듯하다.

(4) XSI 캐릭터 Synoptic View 옵션에서 Key All 명령을 실행한다(그림 6-100).

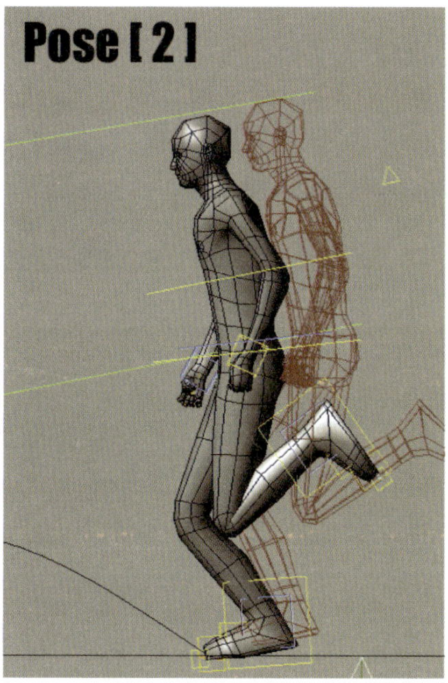


그림 6-100

(5) Auto Key를 활성화한 다음 Pose 수정 작업을 한다.

## 6-5-3 3Th Pose – 5Frame

(1) 특 징

발끝을 이용해서 캐릭터의 가속도를 다시 위치에너지로 전환하기 위한 발판을 마련하는 단계이다.

(2) 하 체

앞발은 착지한 후 곧바로 반등을 위한 준비단계 / 발가락을 기준으로 힘을 한 곳에 집중시키고 있는 자세 / 뒷발은 이제 고정된 다리를 스쳐 앞으로 나가고자 최대 균형을 유지하는 자세

(3) 상 체

교차된 위치가 확연하게 구분되어 앞으로 진행하는 팔과 뒤로 뻗어나가려는 팔의 위치가 확실히 잡히는 자세

(4) XSI 캐릭터 Synoptic View 옵션에서 Key All 명령을 실행한다(그림 6-101).

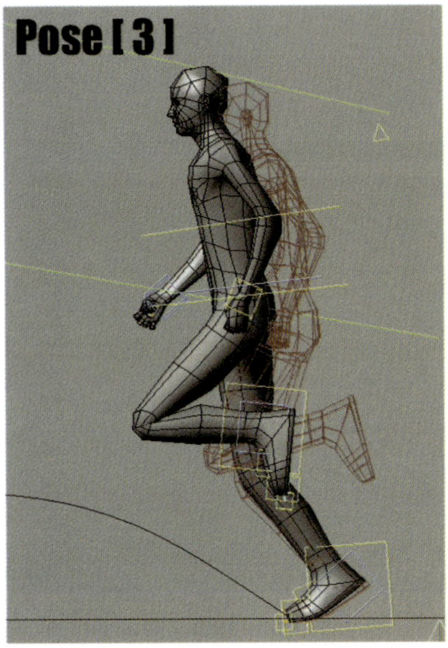


그림 6-101

(5) Auto Key를 활성화한 다음 Pose 수정 작업을 한다.

## 6-5-4 4Th Pose – 7Frame

(1) 특 징

가속도(운동에너지)가 위치에너지+가속도(운동) 에너지로 전환되는 첫 번째 자세이다. 힘차게 도움닫기하는 지상에서의 마지막 자세이다.

(2) 하 체

앞발은 이제 점프를 위한 자세를 잡고 있고 뒷발은 힘차게 도약을 위한 발판을 마련하고 있다. 앞발의 각도나 뻗음 정도는 향후 점프의 폭과 높이를 결정하는 요소로서 다음 포즈에 대한 연결 동작을 고려해서 포즈를 잡아야 한다. 가령 높이 뛰어오르고자 한다면 무릎을 높이 들어올려서 각도를 최소화시켜야 하고, 멀리뛰는 것이 목적이라면 무릎을 낮고 멀리 방향을 잡아야 한다. 이때 점프를 어느 정도할지에 대한 가이드라인을 미리 그려 두고 작업을 하면 편리하게 포즈를 잡을 수 있다.

(3) 상 체

팔은 힘을 받아 힘차게 뻗을 준비를 하는 단계 뒤로 나가는 팔은 균형을 잡고자 최대한 움츠리려는 자세를 유지, 너무 멀리 뻗지 않는다.

(4) XSI 캐릭터 Synoptic View 옵션에서 Key All 명령을 실행한다(그림 6-102).

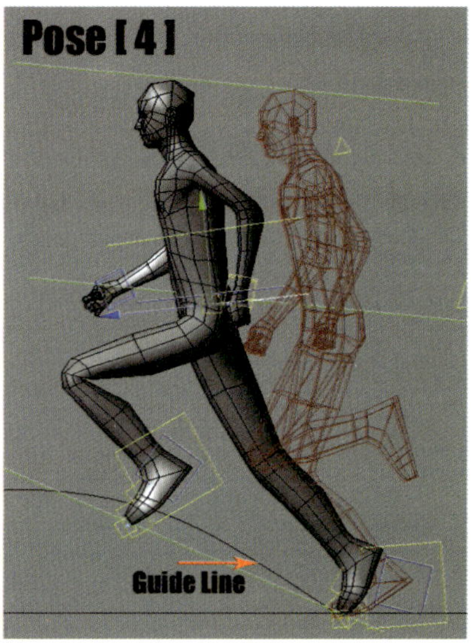


그림 6-102

(5) Auto Key를 활성화한 다음 Pose 수정 작업을 한다.

### 6-5-5 5Th Pose – 9Frame

(1) 특 징

Running에서의 첫 번째 공중동작이다. 가속도가 제일 강하게 받으며 점프하는 동작이다.

(2) 하 체

공중동작이므로 도약부터 공중동작의 위치를 잡는 것이 다소 어렵다. 너무 먼 속에서 자세를 잡으면 생가보다 너무 불안전하게 빠르게 보일 수 있고, 너무 가까운 곳에서 공중동작을 취하면 너무 느리게 느껴진다. 가능하면 가이드라인을 마련해 놓는다. 그 가이드라인을 따라 공중동작을 잡으면 아주 깨끗한 데이터를 얻을 수 있다. 가이드라인을 그릴 때는 실제 동작의 움직임을 관찰하거나 동영상 동작이 있을 경우 그런 데이터를 참조해도 된다. 그런 상황이 여의치 않으면 지금 책상에서 일어나서 가볍게 한 번 뛰어본다. 느낌을 받았으면 그대로 적용하도록 한다. 그 느낌이 바로 Animator의 가장 확실한 데이터이자 실력이 되는 것이다.

(3) 상 체

팔의 움직임을 그렇게 강하지 않다. 속도가 빠르기 때문에 그 사이에 팔의 동작이 그렇게 움직이면 안된다. 그냥 방향만 유지할 수 있도록 한다.

(4) XSI 캐릭터 Synoptic View 옵션에서 Key All 명령을 실행한다(그림 6-103).

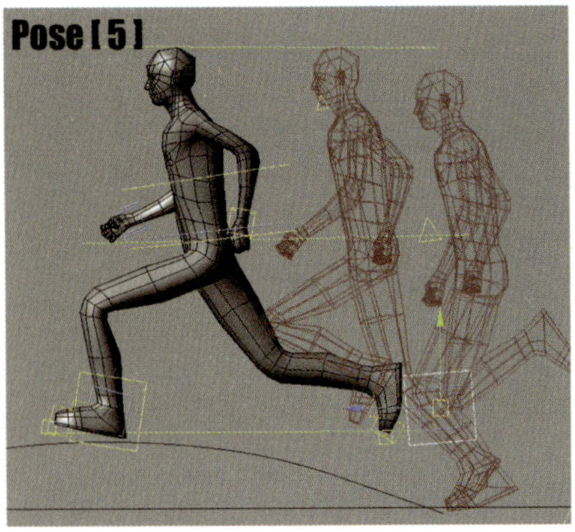


그림 6-103

(5) Auto Key를 활성화한 다음 Pose 수정 작업을 한다.

## 6-5-6 6Th Pose - 11Frame

(1) 특 징

Running에서의 첫 번째 공중동작이다. 가속도가 제일 강하게 받으며 점프하는 동작이다.

(2) 하 체

공중동작이므로 도약부터 공중동작의 위치를 잡는 것이 다소 어렵다. 너무 먼 속에서 자세를 잡으면 생가보다 너무 불안전하게 빠르게 보일 수 있고, 너무 가까운 곳에서 공중동작을 취하면 너무 느리게 느껴진다. 가능하면 가이드라인을 마련해 놓는다. 그 가이드라인을 따라 공중동작을 잡으면 아주 깨끗한 데이터를 얻을 수 있다. 가이드라인을 그릴 때는 실제 동작의 움직임을 관찰하거나 동영상 동작이 있을 경우 그런 데이터를 참조해도 된다. 그런 상황이 여의치 않으면 지금 책상에서 일어나서 가볍게 한 번 뛰어본다. 느낌을 받았으면 그대로 적용하도록 한다. 그 느낌이 바로 Animator의 가장 확실한 데이터이자 실력이 되는 것이다.

(3) 상 체

팔의 움직임을 그렇게 강하지 않다. 속도가 빠르기 때문에 그 사이에 팔의 동작이 그렇게 움직이면 안된다. 그냥 방향만 유지할 수 있도록 한다. 이 전 동작과 몸의 위치 점이 거의 변화가 없다. 멀리뛰는 것이 아니기 때문에 높이 뛰어오를 필요가 없는 것이다. 그냥 가속도의 흐름에 따라 한 방향으로 가볍게 내달리는 형태인 것이다.

(4) XSI 캐릭터 Synoptic View 옵션에서 Key All 명령을 실행한다(그림 6-104).

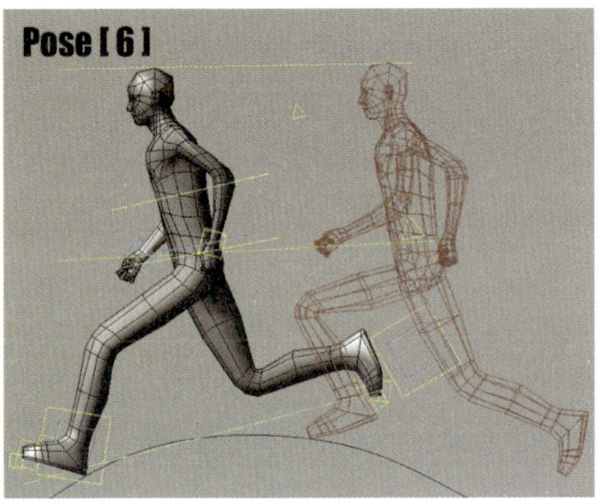


그림 6-104

(5) Auto Key를 활성화한 다음 Pose 수정 작업을 한다.

## 6-5-7 7Th Pose - 13Frame

- Start Pose-1Frame의 자세와 동일하다.
- Running의 1/2Cycle 작업을 마쳤다.
- 나머지 1/2Cycle 작업을 마치도록 한다(그림 6-105).

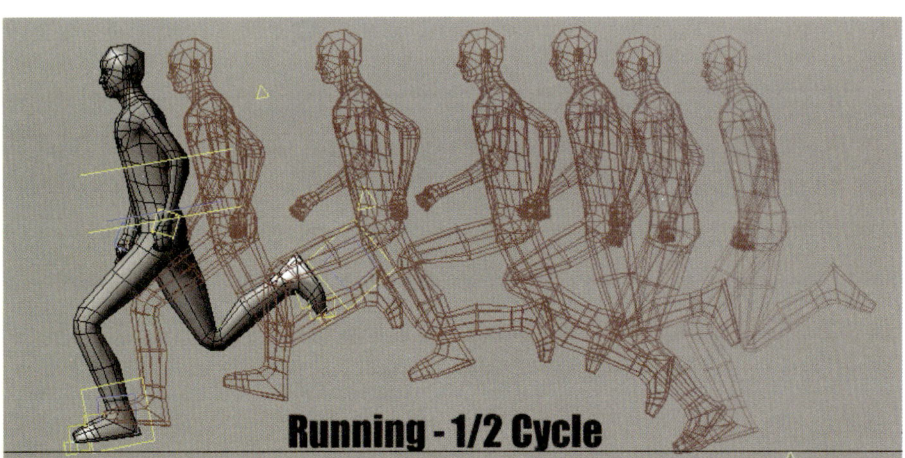


그림 6-105

### 6-5-8 F-Curve 수정 / 편집

Key 적용을 통해 Pose를 다 잡았다고 작업이 끝난 것은 절대 아니다. 어쩌면 지금부터가 진짜 작업일지도 모른다. 모델링에서의 섬세한 작업이 바로 애니메이션에서의 F-Curve 수정 및 편집 작업이다.

Play를 해 보면 Pose to Pose Key만 잡았기 때문에 반드시 F-Curve에 문제가 발생한다. 전체적인 부드러운 연계성이나, 연계를 떠나 Controller 자체의 문제일 수도 있다. Key가 들어 있는 모든 Controller의 F-Curve를 하나하나씩 면밀하게 살펴봐야 한다.

방법은 Walking 제작에서 F-Curve에 대해 설명을 다 했기 때문에 이번 장에서의 F-Curve의 수정 작업은 생략한다. 보다 섬세하고 정밀한 작업을 위해서는 반드시 F-Curve를 수정하길 바란다.

## 6-6 Character Jump Animation

Jump 동작은 Walking, Running동작 다음으로 선호되는 기본 Pose이다. 한 캐릭터가 한 동작에서 수축–팽창–수축의 동작을 반복적인 패턴을 가지고 있는 동작이기 때문에 처음 Animation을 접하는 초보자들이 반드시 거치는 연습 Pose 중에 하나다(그림 6-106).

그림 6-106 RICHARD WILLIAMS의 THE ANIMATOR'S SURVIVAL KIT 이미지를 참조

기본 연습 동작이기 때문에 Jump 동작에 대해 쉽거나 단순하게 생각해서는 오산이다. 앞에서도 설명했지만 수축–팽창–수축의 단계별 힘의 분배와 Pose의 변형이 일어나는 동작이기 때문에 많이 연구하고 많이 제작을 해봐야 완성을 할 수 있고 정확한 Pose 제작에 도달할 수 있다. Jump 동작에 대한 형상이 잘 안 잡힐 경우는 Walking이나 Running처럼 직접 몸으로 체험을 해보도록 한다. 직접 경험을 통한 지식이야 말로 감각이 되는 것이며, 그러한 다양한 감각을 몸에 베어 있게 하는 것이 캐릭터 Animator에게 절실히 요구되는 가장 큰 자질 중 하나다. Jump 동작은 제자리에서 위나 앞으로 하는 Jump하는 방법이 있고, 도움닫기를 하여 보다 넓고 멀리 뛰는 Pose가 있다. 우리는 전자의 Pose를 택해서 원리와 동작에 대해 연구를 해보도록 한다(그림 6-107).

그림 6-107

제자리에서 점프동작을 통해 멀리 뛰기를 하는 동작을 구분하여 Pose to Pose동작별로 구분해 놓은 자료다. Pose[1]~[12]까지 팔과 다리를 기분으로 동작의 흐름을 보면 꼭 필요한 Pose의 설정이다. 만약 이 중 어느 한 Pose가 없다면 굉장히 어색한 흐름이 전개될 것이고 이 중간 중간에 Pose가 추가로 삽입된다면 불필요한 동작이 추가되는 것이다. 시간과 효율의 낭비인 것이다. 캐릭터 Key 애니메이션 동작 실습의 마지막 과제이므로 그 다음 모든 동작은 여러분 스스로 해결해야 한다. 만약 여러분이 어떤 동작에 대해 작업을 해보고 싶다면 그 동작을 구분동작으로 나누어 꼭 필요한 Pose를 먼저 찾아낸다. 연결 동작이 없으면 안되는 동작, 즉 원화 Pose를 찾는 연습을 해야 한다. 어떠한 동작에 대해 정확한 원화 Pose를 찾아내는 능력만 가질 수 있다면 여러분은 훌륭한 Animator로서의 자격이 충분하다고 할 수 있다. 훌륭한 Modeler는 사물의 형태를 머리에 작업을 하듯이 훌륭한 애니메이터는 사물의 동작을 머리 넣고 작업을 한다.

Jump 동작을 크게 다섯 가지 동작으로 구분이 짓는다면 [1] 수축-[2] 점프-[3] 공중동작-[4] 착지-[5] 제자리. 이렇게 다섯 동작의 구분을 지을 수 있다. 이 다섯 가지 동작이 바로 Jump의 기본 자세가 되는 것이다. 각 기본 자세로부터 필요한 동작을 찾아낸다. 그것이 바로 원화동작이 되는 것이다.

먼저 원활한 작업을 하기 위해 몇 가지 Setting을 하기로 한다. 우선 보조 자료를 하나 만들 필요가 있는데 바로 장애물이다. 여러분이 캐릭터를 점프 동작을 하기로 했다면 그 점프의 크기가 얼마인지 높이가 얼마인지 미리 정해 놓고 그 크기에 맞는 장애물을 미리 만들어 놓는다면 작업을 하기 훨씬 수월할 뿐 아니라 캐릭터의 Pose를 잡는데도 많은 도움이 된다. 장애물이 낮고 작으면 수축 동작 및 점프 동작 그리고 착지 동작이 작고 아기자기할 것이며, 장애물이 높고 크다면 수축 또한 그에 못지않게 크고 힘찬 동작이 될 것이다(그림 6-108).

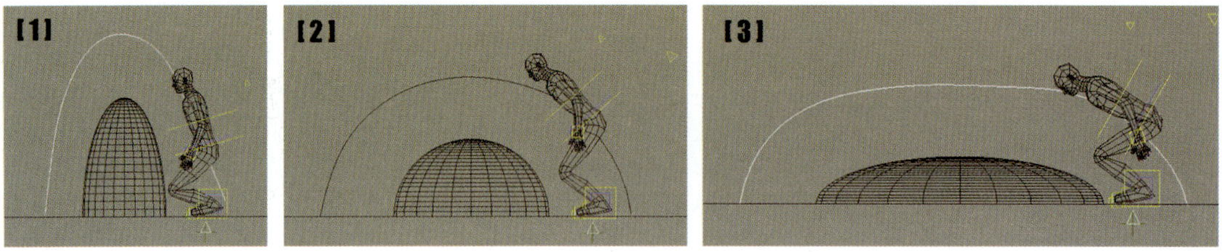


그림 6-108

각 장애물의 형태에 따라 달라지는 캐릭터의 수축 자세를 잡아본 것이다. 수축의 기본은 점프를 위한 방향과 힘의 설정인데 장애물의 종류와 크기에 따라 방향과 수축 정도가 결정된다. 그리고 수축동작의 자세는 다음 자세인 공중동작과 착지에도 영향을 미치게 된다. 우리는 축소도 과장도 아닌 Basic Normal 작업을 하도록 한다. 캐릭터 모델링과 장애물 그리고 Guide Line의 경우는 애니메이션 작업을 하는 동안 선택이 필요 없는 오브젝트들이므로 새로운 Layer에 추가해서 작업기간 동안만은 선택되지 않도록 만든다(그림 6-109).

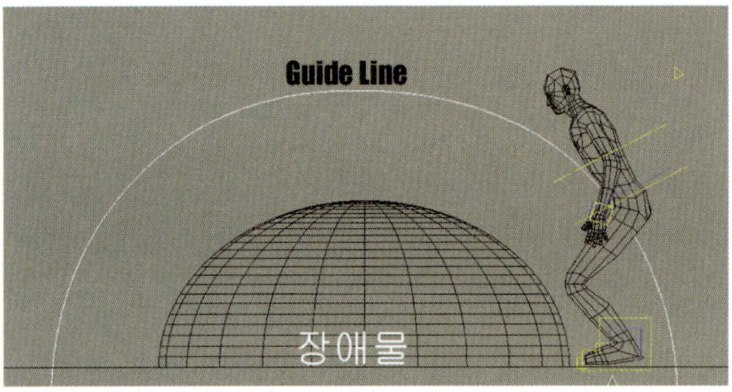


그림 6-109

## 6-6-1 수 축

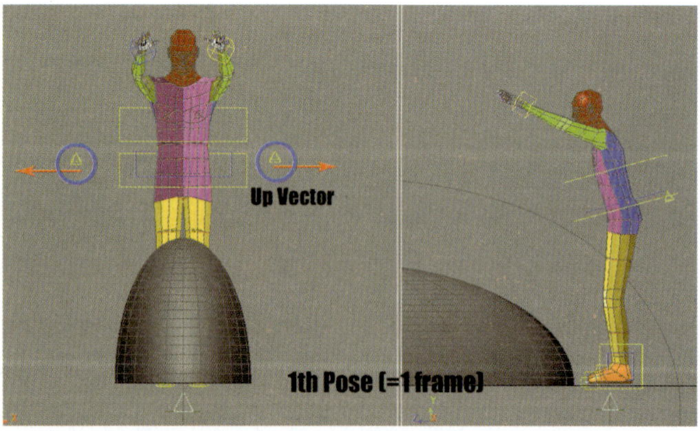


그림 6-110

**1** Pose 1(1Frame) : 팔을 위로 최대한의 반동을 주기 위해 최대한 위로 올린다. 이때 그냥 팔만 위로 올리면 팔꿈치가 뒤집힐 수 있기 때문에 팔꿈치 Controller인 Up vector를 좌/우로 각각 넓게 벌려준다. 다리는 오므리고 최대한 무릎은 펴서 반동의 거리를 키워준다(그림 6-110).

**2** XSI 캐릭터 Synoptic View 옵션(단축키 : F3(임의의 Rig controller를 선택하고))에서 Key All 명령을 실행한다.

**3** Pose 2(4Frame) : 반동을 위한 두 번째 자세로 팔을 몸통 앞으로 내리고 허리를 약간 내리면서(무릎도 약간 내려오면서) 허리를 앞으로 약간만 숙인다(그림 6-111).

그림 6-111

**4** Synoptic View 옵션에서 Key All 명령을 실행한다.

**5** Pose 3(7Frame) : 최대한 반동을 주는 자세로 허리를 최대한 아래로 내리고 몸의 무게 중심을 약간 앞으로 이동시키면서 팔을 뒤로 뻗음으로써 몸의 균형을 찾는다. 몸전체를 움츠린 자세를 취하며 팔은 최대한 뒤로 크게 뻗어 반동의 동작을 크게 만든다(그림 6-112).

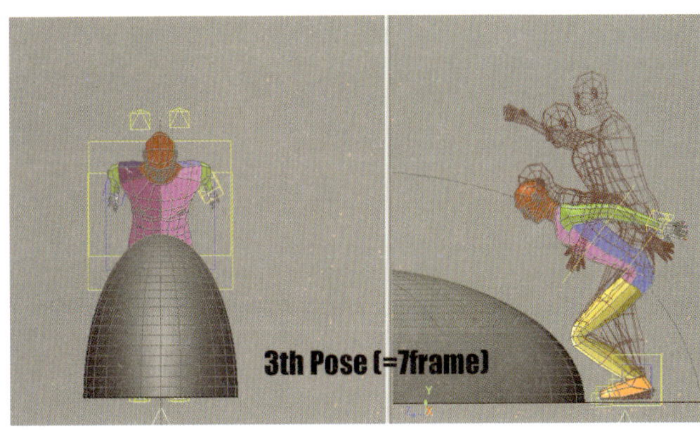


그림 6-112

**6** Synoptic View 옵션에서 Key All 명령을 실행한다.

## 6-6-2 점프

**1** Pose 4(10Frame) : 점프 동작 1단계로 수축한 몸의 균형을 완전히 앞으로 실어 보낸다. 반동을 위해 뒤로 뻗었던 팔을 앞으로 가져오면서 더더욱 몸의 중심을 몸의 앞으로 보낸다. 허리는 조금 펴서 일어서는 자세를 취하면서 조금 펴도록 한다. 아직까지는 힘을 비축한 상태이다(그림 6-113).

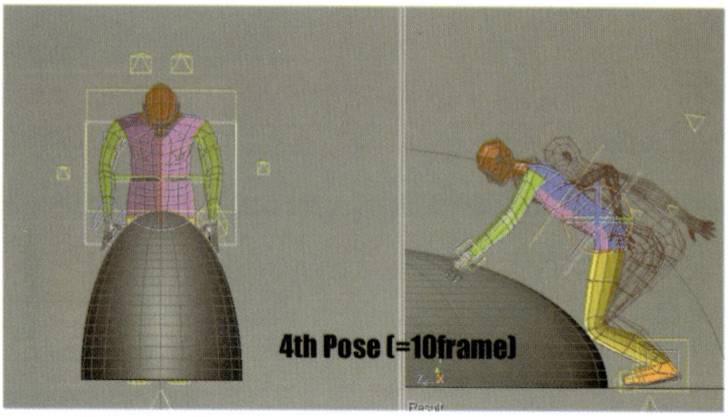


그림 6-113

**2** 충분히 자세를 추한 다음 Synoptic View 옵션에서 Key All 명령을 실행한다.

**3** Pose 5(12Frame) : 점프의 마지막 동작으로 온 몸을 공중을 향해 날린다. 하체와 상체가 일직선상으로 존재하며 속도는 도움닫기로 차오르는 Pose이므로 굉장히 빠르다.

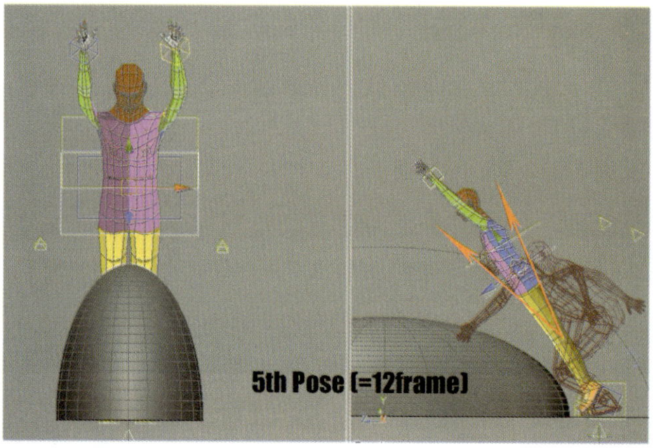


그림 6-114

## 6-6-3 공중동작

**1** Pose 6(15Frame) : 허리는 위를 향해 점프를 하고 방향을 장애물을 넘기 위해 동시에 앞으로 방향을 잡는다. 상체와 하체는 활모양을 휘고 젖혀진 상체는 향후 반동을 통해 좀 더 진행의 가속도를 줄 수 있도록 Pose를 취한다. 다리는 반동에 의해 최대한 몸을 지탱하면서 들어 올려져야 한다. 다리가 상체의 흐름에 방해가 되는 자세는 피한다.

**2** 충분히 자세를 취한 다음 Synoptic View 옵션에서 Key All 명령을 실행한다(그림 6-115).

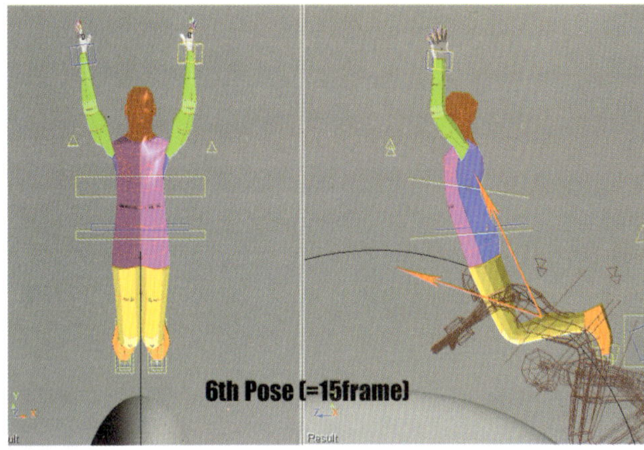


그림 6-115

**3** Pose 7(18 Frame) : 공중동작의 최고점으로 이제 하강을 준비하는 단계이다 활처럼 펴졌던 상체와 하체는 반동을 이용해서 움츠려지고 가속력으로 인해 공중에서 진행방향으로 나아가는 자세이다. 이때 상체의 반동이 가장 주요한 요소이며 이 반동으로 인해 공중동작에서 하체의 방향성과 상체의 안전성이 동시에 적용되는 구간이다.

**4** 충분히 자세를 취한 다음 Synoptic View 옵션에서 Key All 명령을 실행한다(그림 6-116).

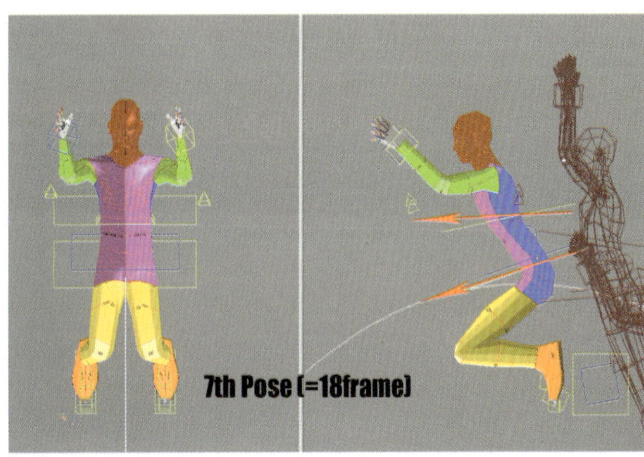


그림 6-116

**5** Pose 8(21Frame) : 공중동작 중에서 하강하는 첫 번째 자세이다. 공중동작 최고 위치로부터 하강을 하는 자세로 다리는 먼저 착지할 지점을 향하고 허리는 안전하게 착지하기 위해 몸을 최대한 수축한다. 그리고 최대한 멀리 가기 위해 관성의 법칙을 최대한 살리는 시점이다. 하지만 중력이 함께 작용을 하고 있기 때문에 힘의 균형을 찾아가는 시점이다. 이때부터는 최대한 안전한 자세를 취할 수 있도록 해야 한다.

6 충분히 자세를 취한 다음 Synoptic View 옵션에서 Key All 명령을 실행한다(그림 6-117).

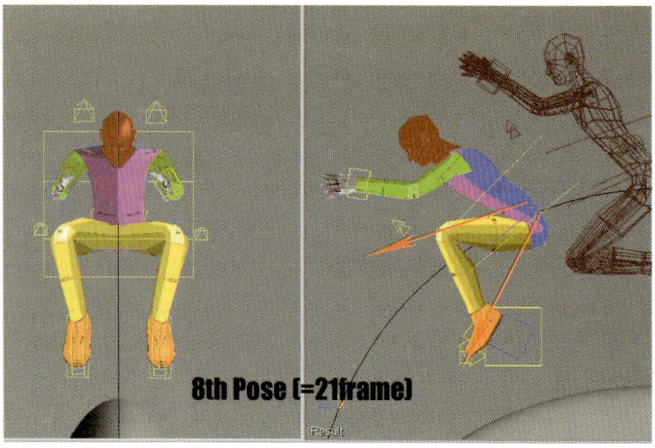


그림 6-117

7 Pose 9(24Frame) : 착지 바로 직전의 자세로 완전히 착지할 지점을 확인할 수 있다. 제작자에 따라서 생략할 수 있는 자세이기도 하지만 완전한 포즈에 대한 연습을 위해 추가한 포즈이다. 이 포즈가 생략되면 정확하게 착지할 지점을 찾기 쉽지 않기 때문에 초보자들이 제작할 때는 잡아주는 것이 필요한 지점이다.

8 충분히 자세를 취한 다음 Synoptic View 옵션에서 Key All 명령을 실행한다(그림 6-118).

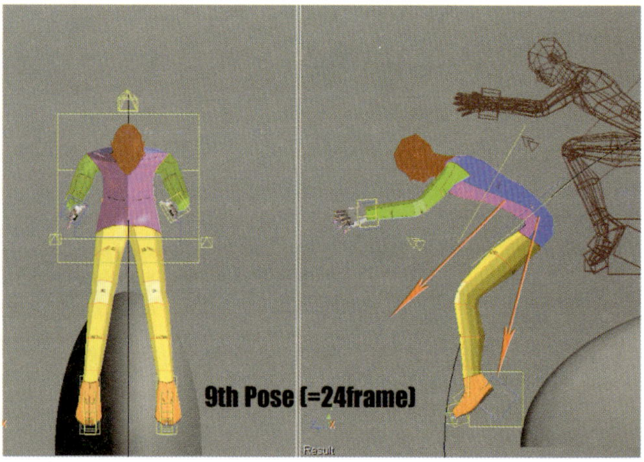


그림 6-118

### 6-6-4 착 지

1 Pose 10(27Frame) : 착지의 첫번째 자세이다. 관성의 법칙에 의해 힘은 진행 방향은 계속 진행이 되고 착지 자세의 가장 핵심은 안전한 포즈이다. 허리는 아래로 내려 오고 힘의 수축을 위해 가슴과 팔이 몸의 안쪽으로 움츠려든다. 반동이 일어나기 직전의 자세이므로 일단 반동을 고려하여 수축의 크기를 정한다. 또한 공중동작의 높이나 크기 캐릭터의 무게 등의 외부 환경적 요소도 접목되어야 하는 시점이기도 한다. 다리는 가장 안전한 포즈를 위해 약간 벌려서 착지하는 것이 기본이다.

**2** 충분히 자세를 취한 다음 Synoptic View 옵션에서 Key All 명령을 실행한다(그림 6-119).

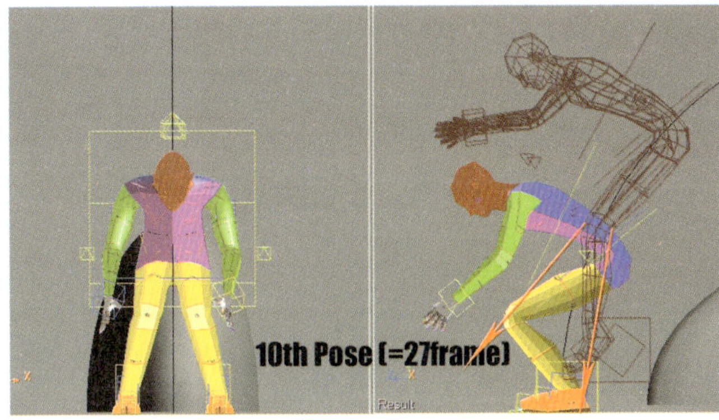

그림 6-119

## 6-6-5 제자리

**1** Pose 11(32Frame) : 제자리로 돌아오는 자세이다. 착지가 끝남과 동시에 우리의 몸은 최초 시작했던 포즈를 다시 찾아간다. 가장 편안하고 안정적인 자세이기 때문이다. 가속도는 없어지고 관성은 착지와 동시에 사라지게 되고 그 남은 힘이 반동으로 마지막까지 남게 된다. 즉 착지에 대한 반동 포즈라고 생각하면 된다. 준비부터 공중동작으로 생성된 모든 힘이 소진되는 자연스러운 힘의 분배에 있어서 마지막 동작이다.

**2** 충분히 자세를 취한 다음 Synoptic View 옵션에서 Key All 명령을 실행한다(그림 6-120).

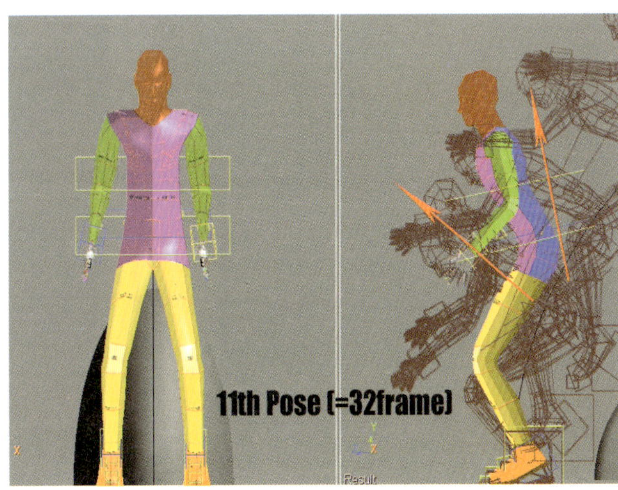

그림 6-120

# 6-7 2족 보행 캐릭터의 다양한 Key Posing 연습

## 6-7-1 다양한 Human 캐릭터의 Posing

앞장의 기본적인 Pose연습을 통해 자신이 표현하고 싶은 다양한 Pose에 대한 Key 작업을 시도해 본다. 2족 보행 캐릭터가 구사할 수 있는 Pose를 여기서 모두 다룬다는 것은 무리가 있기 때문에 기본 Pose에 대한 연습이 끝나면 응용 pose에 대한 연습은 다양한 자료를 통해 시간(Time)과 동작(Pose)에 대해 스스로 분석하고 연구하여 Animation을 잡을 수 있는 연습을 해야 한다. 이때에도 Animation F-Curve와의 병행 작업은 필수이기 때문에 이 점을 항상 염두하면서 작업에 임해야 한다. 다음은 Human 캐릭터의 기본 동작의 표현이다.

그림 6-121

이러한 기본 동작의 표현이 어느 정도 가능하다면 이제는 비정형화된 동작 표현에 도전을 해야 한다. 정형화된 기본 동작은 동일한 패턴의 반복 동작의 표현이기 때문에 Key posing의 연습에 그다지 도움을 주지 못한다. 다만 기본적인 Key에 대한 감각을 익히는데 더할 나위 없이 좋은 Pose이기는 하다. 만약 기본 동작이 익숙해지면 기본 동작을 활용한 응용동작을 제작해 보는 것도 좋은 방법 중 하나다. Walking 동작 역시 동일한 캐릭터 일지라도 기쁠 때, 슬플 때의 Pose가 틀리고 한가할 때와 바쁠 때의 Pose가 분명히 다르다. 감각의 변화에 따라 행동 패턴의 변화가 따른다.

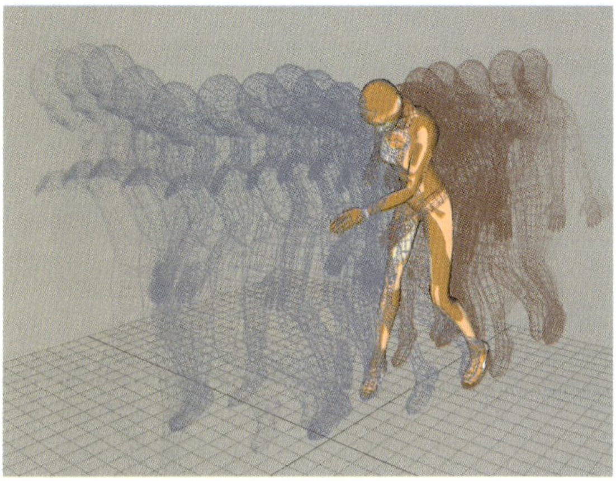

그림 6-122

초보자가 Animation 작업에 대한 두려움을 최소화할 수 있는 방법 중의 하나는 Pose Drawing이다. 간략한 캐릭터를 Pose to Pose에 대한 연구를 직접 그려봄으로써 작업상에서 저지를 수 있는 실수를 미연에 방지하고 보다 효율적인 작업을 할 수 있게 된다. 이 방법은 비단 초보자뿐 아니라 현장에서 Key를 잡는 Animator에게도 필요한 소양이고, 많은 Animator들이 이 방법을 활용하고 있다. 그리고 가끔 캐릭터 애니메이터를 모집하는 관련업체에서는 이러한 Pose에 대한 연습의 증거물들을 요구하기도 한다.

그림 6-123

### 6-7-2 Dinosaur Key Animation

2족 보행을 하는 공룡의 특징은 비록 사람과 같이 두 발로 이동을 하지만 이를 지탱하는 다리에 Bone의 구조가 사람과는 다르다. 그러므로 걷거나 뛸 때에도 사람과는 전혀 다른 동작을 취한다. 이것이 Monster형 캐릭터의 특징이다.

그림 6-124

공룡은 육중한 상체의 무게를 두 발로 지탱하고 있기 때문에 자연스러운 동작 표현에 있어서 어느 캐릭터보다 더 힘의 분배 및 흐름에 신경을 써야 된다. 육중한 몸을 유연하게 지탱하기 위해 무릎부터 발가락 끝까지 힘의 균형과 흐름에 신경을 많이 써야 한다. 특히 중력의 힘의 영향을 많이 받게 되므로 어떠한 동작을 하더라도 힘의 안정을 찾아가도록 인위적인 노력도 신경을 써야 한다.

## 6-8 4족 보행 캐릭터의 다양한 Key Posing

다양한 캐릭터 Type에 대한 Animation Posing에 대한 연구는 이미 상당히 진행되었고 그 결과에 대한 정보 또한 쉽게 얻을 수 있다. 동물(4족 보행, 파충류, 조류 등)들에 대한 Frame to Frame에 대한 분석부터 Posing 연구 등 다양한 형태들의 결과들이 애니메이션 연구가들에 의해 속속 정리되고 있다. 이러한 데이터를 바탕으로 꾸준한 Posing 연습을 한다면 초보 애니메이터라도 완성도 높은 Animation 결과를 얻을 수 있으리라 확신한다. 다음 예제는 우리가 3장에서 경험한 Dog와 Elephant skeleton Rig에 대한 참고 Pose에 대한 연구 결과를 정리하였다. 다음과 같은 Pose to Pose data를 바탕으로 Key animation을 적용 및 연습을 진행한다.

### 6-8-1 Dog Key Animation

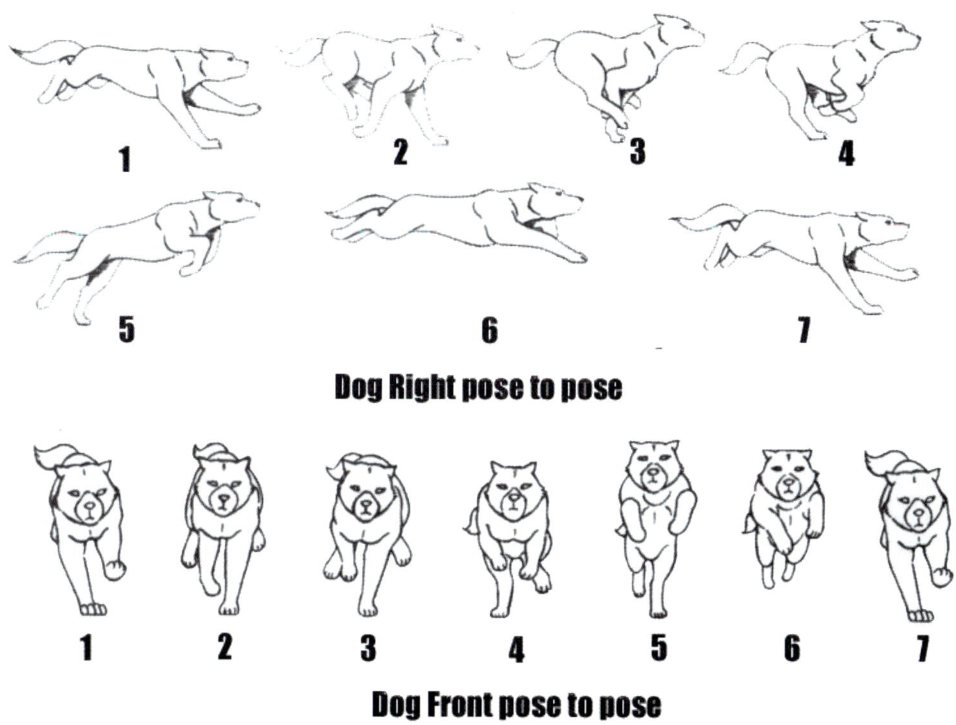


그림 6-125 HELLO ANIMAL BIBLE. 향향미디어 이미지 제공

1번 Pose로부터 시작하여 7번 Pose를 마지막으로 하는 1Cycle에 대한 Pose 스케치이다. 7번 Pose다음 다시 1번 Pose로 되돌아온다. 각 Pose마다 2Frame(Fast 속도) 또는 3Frame(Normal 속도)로 Key Posing 작업을 해준다. 작업 후 Animation Editor에서 Pose to Pose에 대한 작업을 수정하면서 Animator로써 원하는 Dog의 Pose를 찾도록 한다. 여기서는 2Frame 간격으로 작업을 진행해 보도록 한다. 그럼 먼저 Time과 Pose에 대해 정리를 해보도록 하자.

Pose 1 – 1Frame
Pose 2 – 3Frame
Pose 3 – 5Frame]
Pose 4 – 7Frame

Pose 5 – 9Frame
Pose 6 – 11Frame

**Pose 7 – 13Frame (= Pose 1)**

1 Pose 1 – 1Frame : 오른쪽 앞발은 지면에 닫아있고 왼발은 다음 지면에 닫을 위치를 찾아 앞을 향해 전진하고, 뒷발은 힘차게 찬 상태에서 이제 앞으로 움츠려들 자세를 취하게 된다.

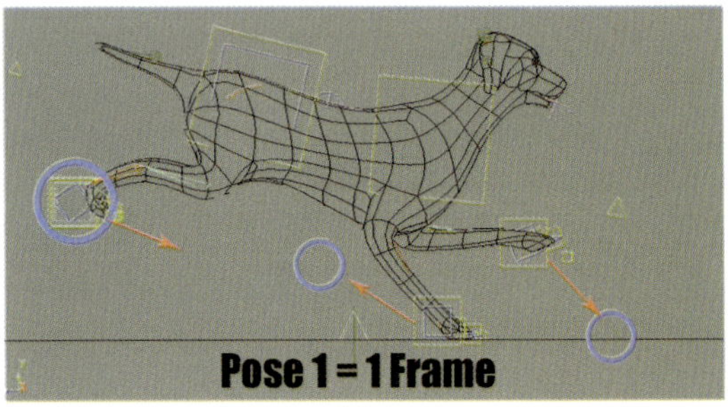

그림 6-126

2 Pose 2 – 3Frame : 이제는 왼쪽 앞발이 지면에 닿아있고 오른쪽 앞발은 몸통과 뒤의 두 발의 중심을 잡기 위해 살짝 들려진다. 뒤의 몸통과 두 다리는 서서히 몸의 중심점으로 수축해 들어오려고 한다.

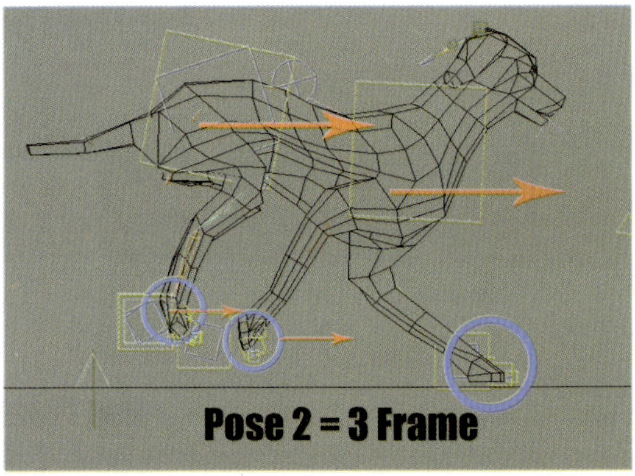

그림 6-127

3 Pose 3 – 5Frame : 엉덩이가 성큼 앞발의 위치까지 다가오고 뒷발은 최대한 앞으로 밀착하여 최대한 몸을 움츠리는 자세가 된다. 높은 점프를 하기 위해서는 최대한 탄력을 받아야 하며 몸은 최대한 수축되었다가 팽창되어야 한다.

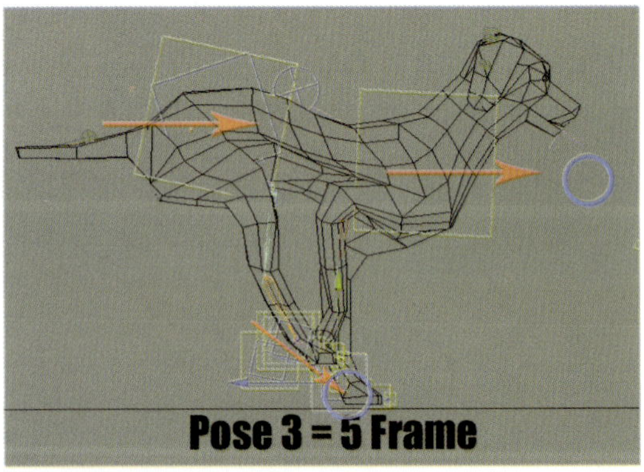

그림 6-128

**4** Pose 4 – 7Frame : 도움닫기 자세에서 방향의 전환이 일어나는 곳이다. 바닥에 지탱하고 있는 두 다리를 축으로 힘차게 점프하는 자세이다. 앞으로 진행하던 몸의 진행방향은 다소 위쪽 방향을 향해서 전진하게 된다. 따라서 앞발은 이러한 방향에 준하여 이동되어야 한다.

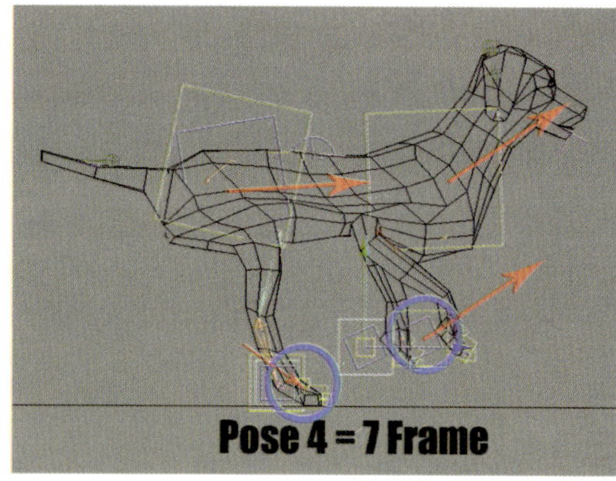


그림 6-129

**5** Pose 5 – 9Frame : 공중동작의 바로 전 단계로 지면에 발이 닫아 있는 마지막 자세이다. 뒷발을 축으로 하는 완연한 점프 동작의 기본 동작이 나타나며 이제 정확히 얼마만큼 어느 정도의 힘으로 뛰어 오를지 가늠할 수 있는 동작이다.

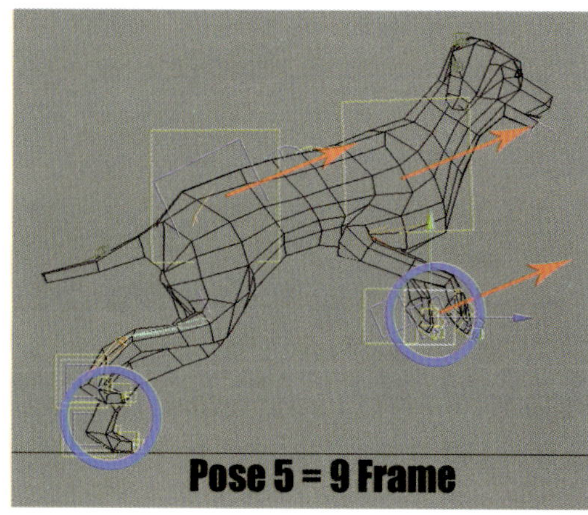


그림 6-130

**6** Pose 6–9Frame : 공중동작이다. 본 동작들 중 가장 팽창이 큰 동작이다. 앞발은 이제 최대한 멀리 뛰기 위한 방향타 역할을 할 것이며 몸통은 그 무게를 실어 힘껏 공중에서 유영을 하게 된다. 뒷다리는 당연히 최대한 뛰어 오르게 동작을 취해야 한다.

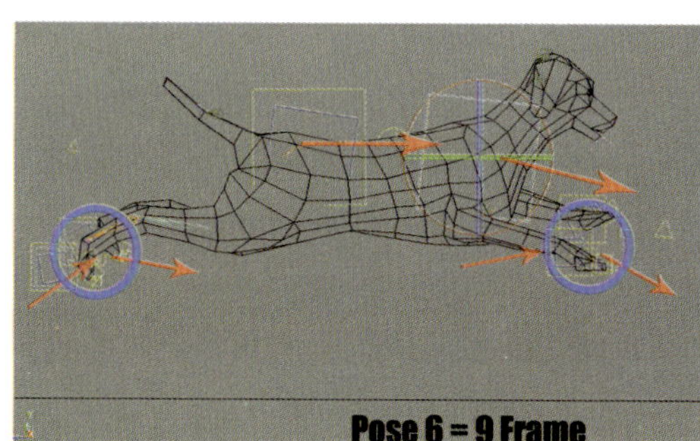


그림 6-131

**6** Pose 6 – 9Frame : 본 동작에서 반복되는 첫 번째 동작이다. 즉 Pose1과 동일한 구조를 갖는다(그림 6-132).

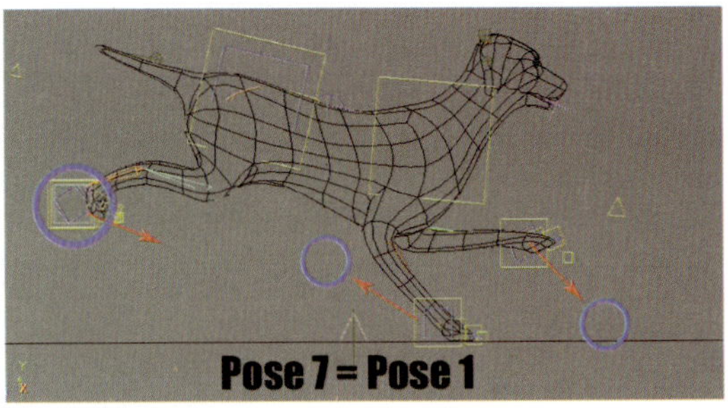


그림 6-132

**7** Dog Running Pose 1Cycle

그림 6-133

## 6-8-2 Elephant Key Animation

코끼리 같은 경우는 육중한 몸무게에 대한 가중치를 생각하면서 Pose 작업에 임해야 한다. 이런 종류의 캐릭터는 우리가 일상에서 흔히 접할 수 있는 캐릭터가 아니기 때문에 Dog보다 훨씬 어렵다고 말할 수 있다. 하지만 즐거운 마음으로 Key 작업을 한다면 충분히 정복할 수 있는 캐릭터 유형이다. 근처에 코끼리를 볼 수 있는 동물원이 있다면 정말 행운아일 것이다. 하루 종일 코끼리를 관찰하고 돌아왔다면 분명 그렇지 못한 상황보다는 훨씬 정확한 Key Pose를 잡을 수 있을 것으로 확신한다. 만약 실제 코끼리를 동영상으로 촬영하여 Sequence로 분할하여 Pose와 Time에 대한 분석을 할 정도의 열정이라면 Animator 지망생으로써 훌륭한 자질과 소양을 갖추고 있다. 위의 참고 자료는 코끼리의 Running Pose에 대한 분석한 Pose 스케치 자료로 1번 Pose를 Start Pose로 8번 Pose를 End Pose로 하는 1Cycle을 가진다. 역시 8번 Pose 다음으로 다시 1번 Pose가 반복되는 형태이다.

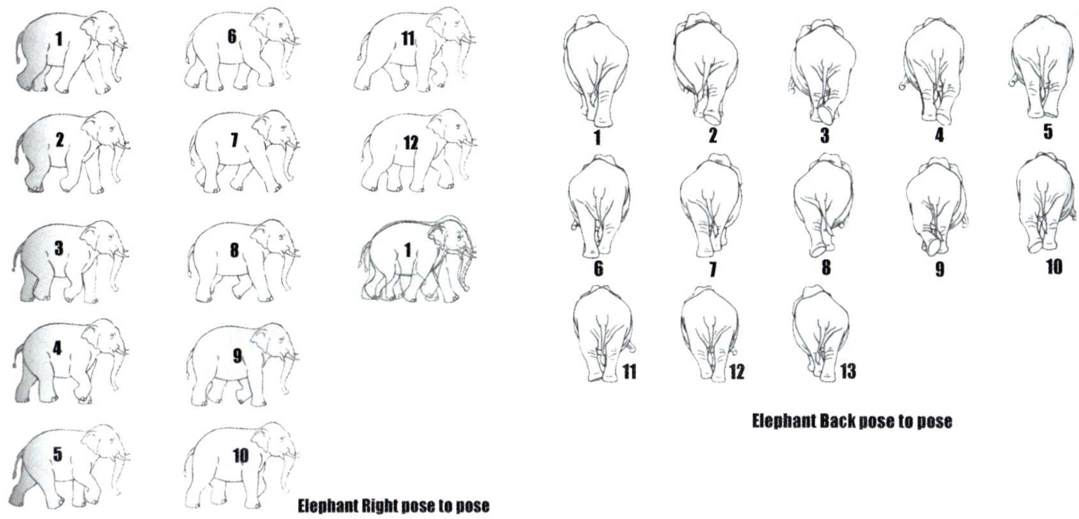


그림 6-134 HELLO ANIMAL BIBLE. 향향미디어 이미지 제공

Walking이 아니라 Running이기 때문에 2-3Frame간격으로 한 Pose를 잡아가도록 한다. 2Frame은 조금 빠르다 느낄 정도이고 3Frame은 충분히 무게감을 줄 수 있는 Timing이다. 역시 작업 후 Animation Editor에서 Pose to Pose에 대한 작업을 수정하면서 Animator로써 원하는 코끼리의 Pose를 찾도록 한다. 여기서는 2Frame간격으로 작업을 진행해 보도록 한다. 그럼 먼저 Time과 Pose에 대해 정리를 해보도록 하자.

Pose 1 – 1Frame
Pose 2 – 3Frame
Pose 3 – 5Frame
Pose 4 – 7Frame
Pose 5 – 17Frame
Pose 6 – 9Frame
Pose 7 – 11Frame
Pose 8 – 13Frame
Pose 9 – 15Frame
Pose 10 – 17Frame
Pose 11 – 19Frame
Pose 12 – 21Frame

**Pose 13 – 25Frame (= Pose 1)**

**1** Pose 1 – 1Frame : 왼쪽 앞다리는 바닥을 지탱하기 위해 앞으로 진행되었고 왼쪽 뒷다리 역시 바닥에 지탱되어져 있다. 오른쪽 앞다리는 곧 들어 올려 앞으로 진행할 자세이며 오른쪽 뒷다리 역시 들어 올려서 앞으로 진행하려고 한다. 물론 몸통 전체는 조금씩 이동을 한다.

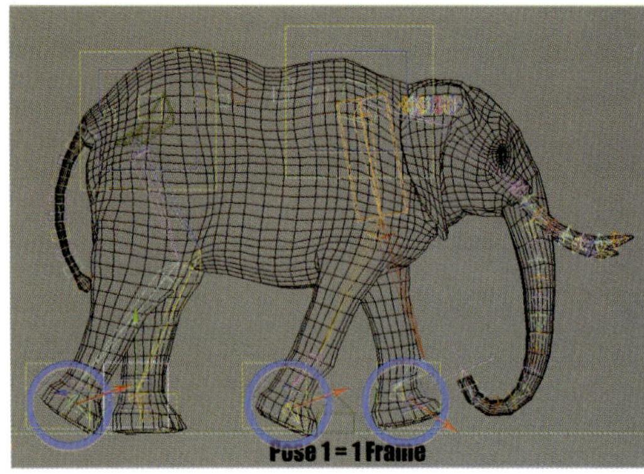


그림 6-135

**2** Pose 2 – 3Frame : 오른쪽 앞다리의 진행 Pose가 확실히 표현되는 부분이며 오른쪽 뒷다리 역시 확실한 움직임이 시작되는 단계이다.

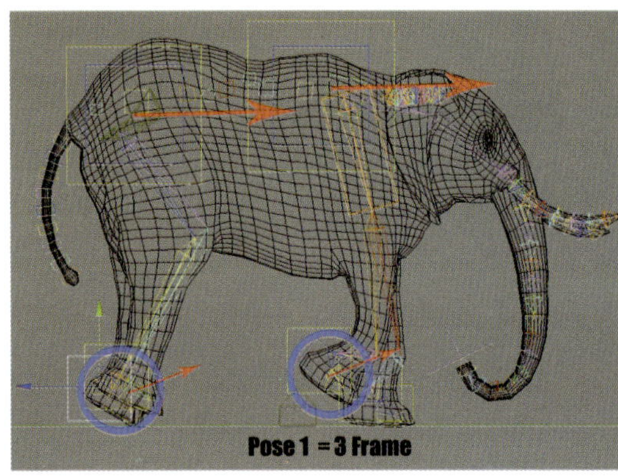


그림 6-136

**3** Pose 3 – 5Frame : 오른쪽 앞다리와 뒷다리의 앞으로 진행하려는 과감한 움직임이 나타난다. 상체의 움직임은 계속 진행되고 있는 상황이다.

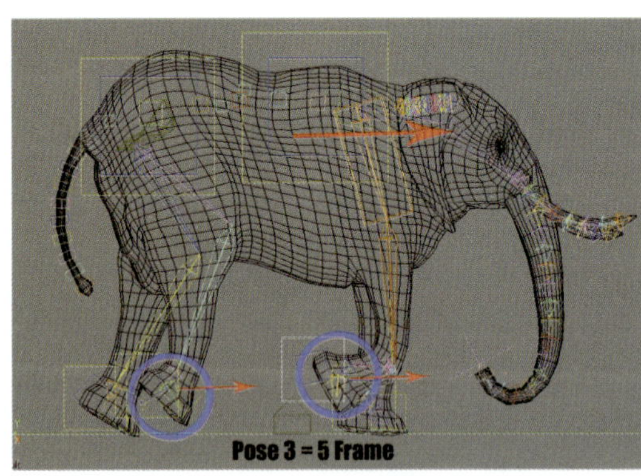


그림 6-137

**4** Pose 4 – 7Frame : 진행되던 오른쪽 다리의 움직임이 둔화되면서 이제 착지 지점을 찾아가는 상황이다. 몸의 이동에 비례하여 착지 지점을 확인해야 한다.

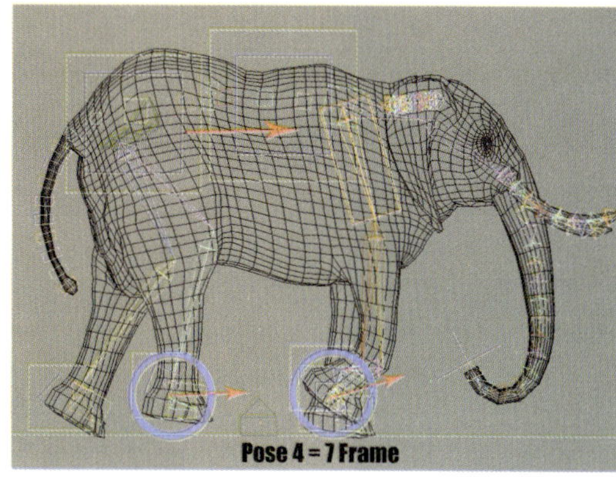

그림 6-138

**5** Pose 5 – 9Frame : 오른쪽 뒷다리가 먼저 착지 지점에 도착한다. 그리고 착지된 힘을 바탕으로 몸통은 계속 앞으로 진행을 한다. 이제 곧 앞다리도 착지점을 찾아야 하는 시점이다. 이때 코끼리의 몸통은 계속 전진을 하게 되므로 오른쪽 뒷다리의 뒤축이 들려 올려지기 시작한다.

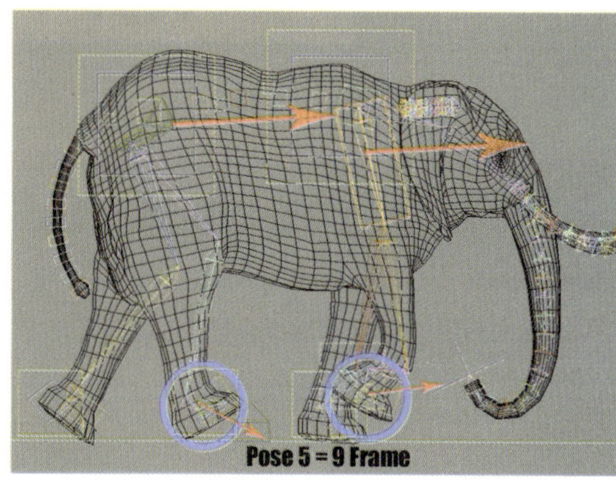

그림 6-139

**6** Pose 6 – 11Frame : 코끼리를 지탱하는 다리 구조의 전반적인 움직임이 동시에 발생하는 지점이다. 오른쪽 다리는 착지를 위해 왼쪽 다리들은 다음 움직임을 구사하기 위해 서로 균형점을 찾아간다.

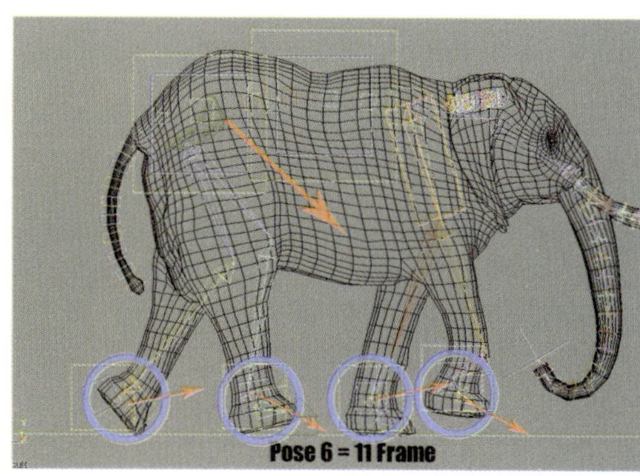

그림 6-140

**7** Pose 7 – 13Frame : 네 다리가 모두 바닥에 착지를 한 가장 안정적인 자세이다. 오른쪽 다리는 착지를 위해, 왼쪽 두 다리는 진행을 위해 교차되는 지점이다.

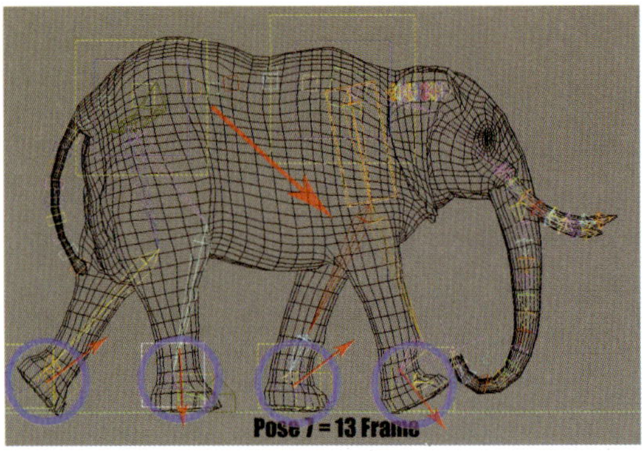


그림 6-141

**8** Pose 8 – 15Frame : 그동안 움직임을 주도해 온 오른쪽 다리들이 몸통을 지탱하는 축이 되고 이번에는 왼쪽의 두 다리가 진행의 역할을 수행하게 된다. 먼저 왼쪽 앞발이 가장 큰 움직임을 보이게 되는 이어 왼쪽 뒷다리가 들어 올려져 전진 방향으로 모색하는 자세이다.

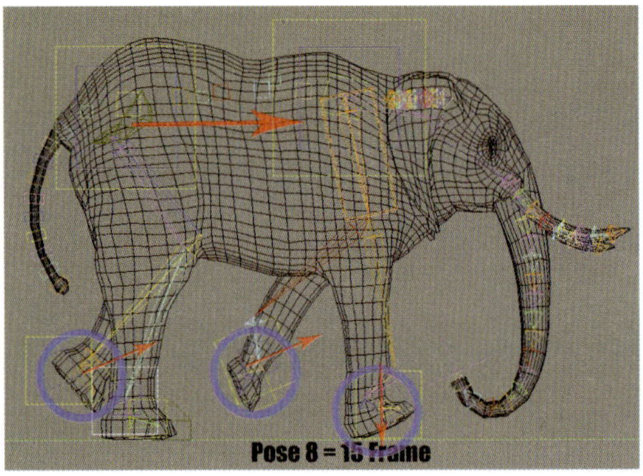


그림 6-142

**9** Pose 9 – 17Frame : 왼쪽 앞발은 오른쪽 앞발의 수직 지점을 지나가는 순간이고 뒷다리는 이미 오른쪽 뒷다리를 스쳐 지나고 이제 어느 정도의 움직임에 한계를 보이게 되면서 서서히 착지 지점을 모색하게 된다.

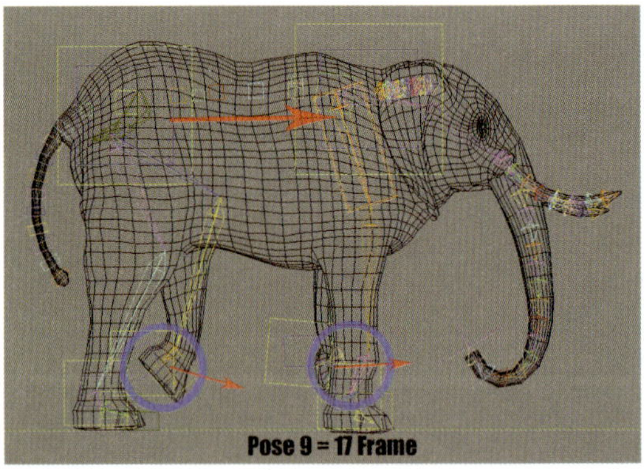


그림 6-143

**10** Pose 10 – 19Frame : 왼쪽 뒷다리는 어느 정도 착지 지점을 찾아 착지를 시도하고 있다. 그러나 아직 왼쪽 앞다리는 원심을 그리며 좀 더 진행을 하고자 한다.

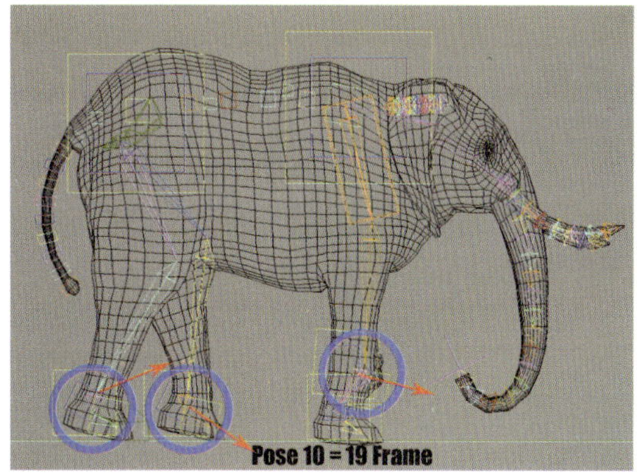


그림 6-144

**11** Pose 11 – 21Frame : 왼쪽 뒷다리는 이미 지면에 착지점에 도달하여 착지를 시도한다. 그러나 왼쪽 앞다리는 좀 더 앞을 향해 진행한다. 몸통도 물론 계속 진행을 하고 있는 상황임을 명심하자.

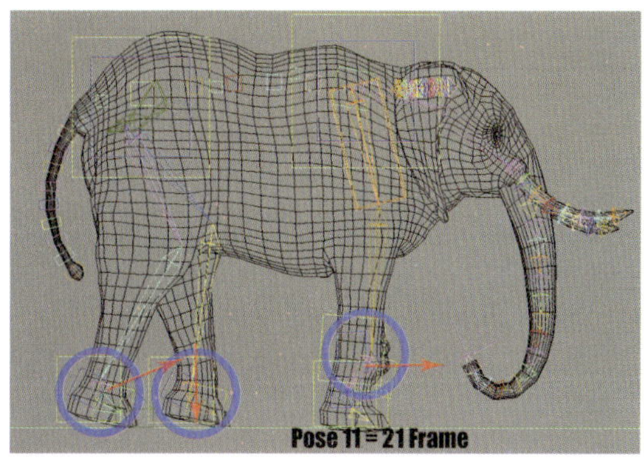


그림 6-145

**12** Pose 12 – 23Frame : 이제 왼쪽 두 다리는 움직임의 기능을 멈추고 다시 몸통을 지탱하는 축의 역할을 수행해야 한다. 다시 들어 올려진 오른쪽 다리의 보폭과 무게 등을 고려하여 정확하고 가장 안정적인 곳에 다리를 안착시킨다.

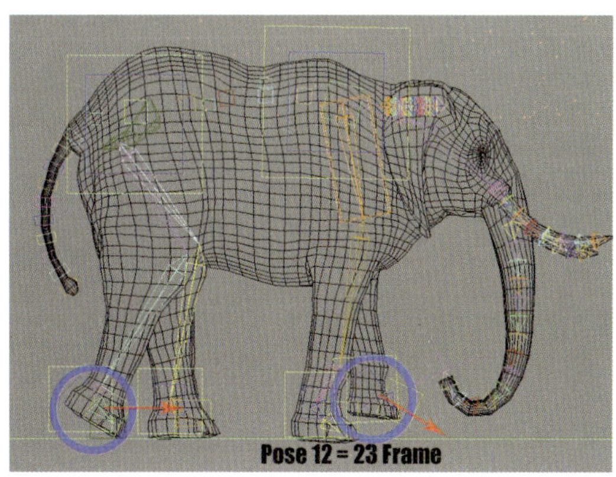


그림 6-146

**13** Pose 13 – 25Frame(=Pose 1) : 마지막 Pose는 첫 번째 Pose를 참고한다(그림 6-147).

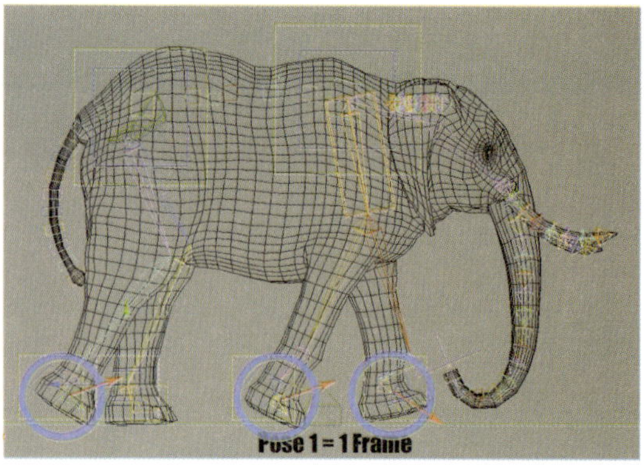


그림 6-147

**14** 1 Cycle

그림 6-148

## 6-8-3 Dinosaur Key Animation

Monster 캐릭터의 대표적인 유형인 Dinosaur의 움직임에 대해 연구해 보도록 한다. Dinosaur는 2족 보행 캐릭터이면서 이동을 할 때는 4족 보행 캐릭터의 다리 골격구조를 가지고 있다. 그래서 2족 보행 캐릭터보다는 훨씬 안정적이고 빠른 속도로 이동이 다능하다. 힘의 분산 정도가 크기 때문이다. 그리고 골격 하나가 더 있으am로 스프링 역할을 하기 때문에 Dinosaur와 같은 육중한 몸을 이끌고 빠른 속도록 달릴 수 있게 되는 것이다.

그림 6-149 HELLO ANIMAI BIBLE. 향향미디어 이미지 제공

Dinosaur는 보폭의 정도가 4족 보행 캐릭터보다는 작지만 2족 보행 캐릭터보다는 크다. 그리고 상황에 따라 다르지만 보폭 또한 크다. 상체의 변화는 크게 없다. 항상 중심을 유지하면서 걷거나 달리기 때문에 다른 불필요한 움직임은 최소화해야 한다. Time에 대한 분석은 보통 Walking은 4 – 5Frame을 기준으로 상황에 따라 연출되지만 달리는 포즈의 경우는 2(fast) – 3(normal)Frame을 기준으로 한다.

Pose 1 – 1Frame
Pose 2 – 4Frame
Pose 3 – 7Frame
Pose 4 – 10Frame
Pose 5 – 13Frame
Pose 6 – 16Frame
Pose 7 – 19Frame
Pose 8 – 22Frame

**Pose 9 – 25Frame (= 1Pose)**

1 Pose 1 – 1Frame : 앞발은 바닥 면에 잘 지탱하게 하고 뒷발은 발목 회전과 함께 Y축 이동을 시작한다. 앞으로 달려가기 위한 첫 번째 Pose이다. 이때 상체는 위로 들어 올려지면서 약간 앞으로 진행하려는 자세를 취한다.

그림 6-150

2 Pose 2 – 4Frame : 들어 올려진 뒷발을 최대한 들어 올리고 몸의 중간 정도로 Z축으로 진행시킨다. 바닥을 지탱하던 발은 몸이 위/앞으로 진행하기 때문에 자연스럽게 발뒤축이 들어 올려지게 된다. 이때 몸도 약간 앞으로 기울여 지도록 한다.

그림 6-151

3 Pose 3 – 7Frame : 상체는 가장 앞으로 진행이 된 상태이므로 지탱하던 뒷발도 이제는 땅에서 떨어지기 직전의 상태까지 회전 값을 가지게 된다. 들어 올려진 앞발은 이제 성큼 이동하여 착지 지점을 찾아야 할 시점이다. 가장 안정적인 위치를 찾아야 한다.

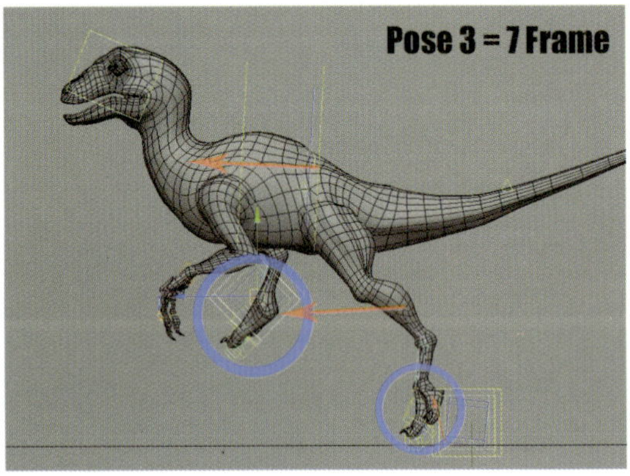


그림 6-152

4 Pose 4 – 10Frame : 진행하던 상체는 이제 아래로 내려와야 하고 가장 높이 진행되던 앞발 역시 착지 지점에 위치해야 한다. 이와는 반대로 이제 뒷발은 다시 진행하기 위해 들어 올려지면서 발목 회전 값을 가지게 된다.

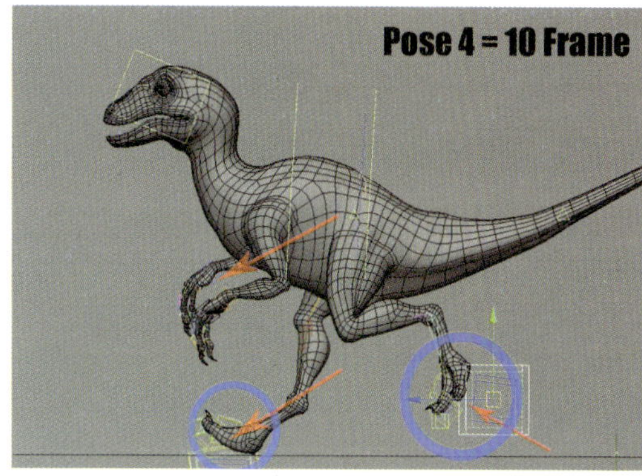


그림 6-153

5 Pose 5 – 13Frame(Pose1과 자세 동일 – 왼쪽 오른발의 방향만 바뀜) : 1Frame과 동일한 Pose로 발의 위치만 바뀌게 된다. 여기가 1 / 2Cycle 지점이 된다.

그림 6-154

6 Dinosaur 1 / 2Cycle

그림 6-155

7 Pose 6 – 16Frame : Pose 2와 동일한 Pose 이다.

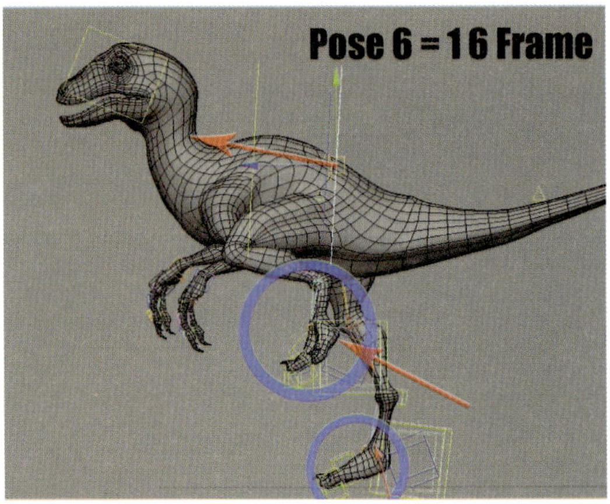


그림 6-156

8 Pose 7 – 19Frame : Pose 3과 동일한 Pose 이다.

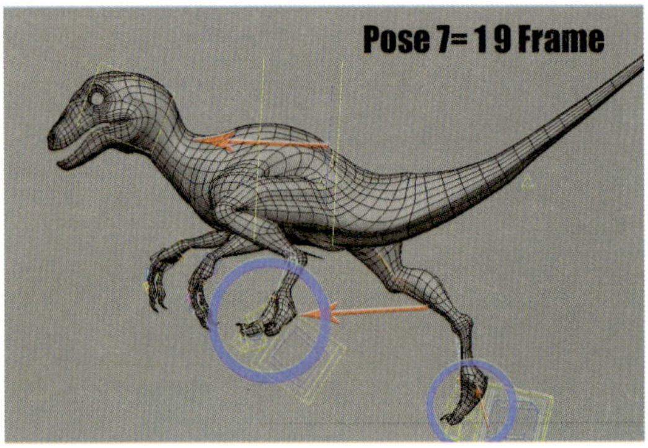


그림 6-157

9 Pose 8 – 22Frame : Pose 4와 동일한 Pose 이다.

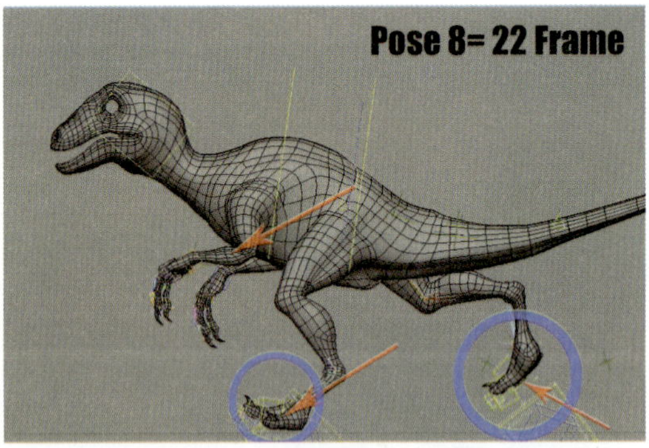


그림 6-158

## 10 Dinosaur 1Cycle

그림 6-159

### 6-8-4 말의 Pose에 대한 Pose연구 결과 자료

마지막으로 4족 보행 동물의 대표적인 캐릭터라고 할 수 있는 말의 Pose에 대한 Pose연구 결과 자료이다. 참고 자료를 분석해 보면 확인할 수 있겠지만 말의 Slow Walking Pose이다. 1번 Pose부터 8번 Pose까지 1Cycle를 구성하고 있으며 8번 Pose 후 다시 1번 Pose의 반복 동작을 하는 패턴이다. 각 Pose별 3~4Frame 값을 줄 수 있으나 3Frame는 다소 빠른 느낌으로 4Frame은 다소 느린 느낌의 Slow Walking 결과를 얻을 수 있다. 여기서는 3Frame 간격으로 작업을 진행해 보도록 한다. 그럼 먼저 Time과 Pose에 대해 정리를 해보도록 하자.

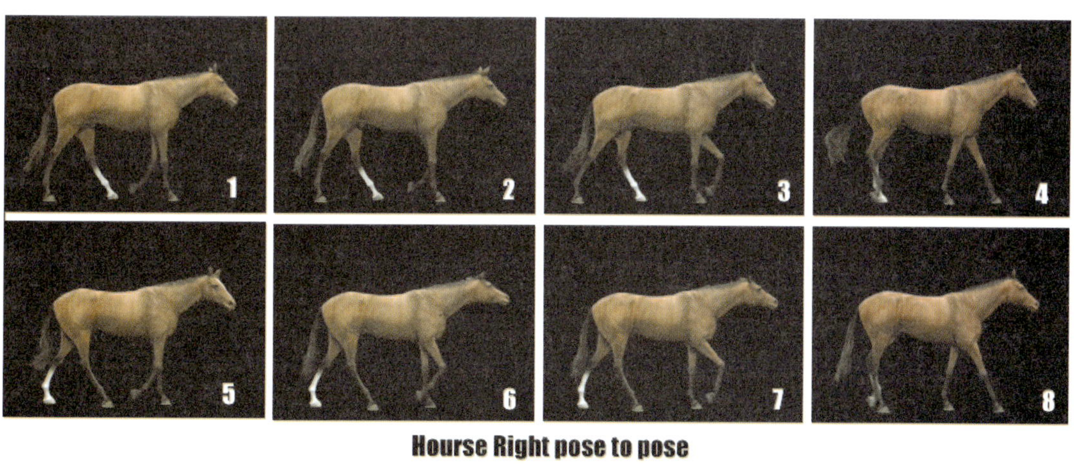


그림 6-160

Pose 1 – 1Frame
Pose 2 – 4Frame
Pose 3 – 7Frame
Pose 4 – 10Frame
Pose 5 – 13Frame
Pose 6 – 16Frame
Pose 7 – 19Frame
Pose 8 – 22Frame

**Pose 9 – 25Frame(=1Pose)**

말의 Walking Pose는 여러분의 몫으로 남겨 놓기로 한다. 이러한 기본 Pose는 Pose에 대한 분석 능력만 있다면 누구나 쉽게 접근을 할 수 있다. 다만 Time에 관한 사항에서 어려움을 느낄 수는 있으나 관련 자료를 초나 Frame별로 구분하여 분석한다면 그 부분에서의 어려움 또한 쉽게 극복되리라 본다.

이상으로 4족 보행의 다양한 캐릭터에 대한 분석과 적용 방법에 대해 연구를 마치고자 한다. 중요한 것은 이러한 분석 데이터를 기반으로 Key 작업에 대한 충분한 연습과 시행착오를 간절하게 요청하는 바이다.

## 6-9 다족 보행 캐릭터 애니메이션

3-7절에서 제작한 개미 데이터를 활용하여 다족 보행 캐릭터의 Walking Pose를 제작해 보고자 한다. 먼저 저장한 개미의 모델링 데이터와 Rig된 Skeleton data를 불러온다.

### 6-9-1 Envelope 작업

먼저 개미 모델링 데이터와 제작된 Skeleton 구조와의 Envelope 작업을 통한 연결 작업을 하도록 한다. Envelope에 대한 개념과 사용법에 대해서 4장에서 배웠기 때문에 따로 설명은 하지 않기로 한다. 먼저 개미 모델링 데이터를 선택하고 Deform 〉 Envelope 〉 Set Envelope 기능을 활성화시킨 다음 제작된 Bone의 전체 선택을 한다(그림 6-161).

그림 6-161

## 6-9-2 Weight 작업

개미 모델링 특성상 관절 부분의 형태가 특별하게 Weight 작업을 하지 않아도 자체적으로 이미 훌륭한 Weight 결과를 보여 준다. 특별히 따로 Weight 작업을 해 줄 필요가 있는 부분은 Tail 부분과 이빨 부분 그리고 더듬이 부분이다. 다리는 전혀 문제가 발생하지 않는다.

## 6-9-3 Start Posing

일단 개미의 가장 기본적인 Standing 자세를 만들어 보도록 한다. 각 다리의 두 번째 구조의 Effector에 연결되어 있는 Controller를 선택해서 이동하면서 개미가 서있는 가장 기본적인 형태를 만들어 본다. 이때 Grid를 하나 꺼내 바닥면으로 생성시켜서 개미 발끝의 착지점의 기준이 되도록 한다면 훨씬 깔끔한 자세를 얻을 수 있다. Leg 컨트롤 Sphere를 이동하여 기본자세를 잡은 다음 세 번째 다리 Bone의 Effector를 이동하여 바닥 면 위에 위치

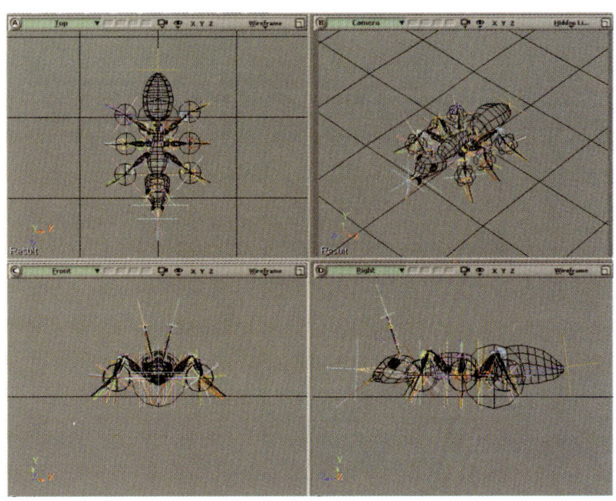

그림 6-162

시킨다. 머리와 꼬리는 개미의 위치에 따라 조금 위로 올려 줘서 더욱 안정감 있는 자세를 만들어 주도록 한다(그림 6-162).

### 6-9-4 Layer 작업(Hidden & Unselect)

그 다음 컨트롤 6개와 COG 컨트롤러를 기본 Layer에 넣고, 바닥면 Grid는 Ant body Layer에 넣는다. Ant body Layer는 Unselect 모드로 전환하고 Skeleton layer의 Visibility를 비활성화하여 작업 화면에서 안보이게 한다. 최종적으로 남게 되는 작업 화면이다(그림 6-163).

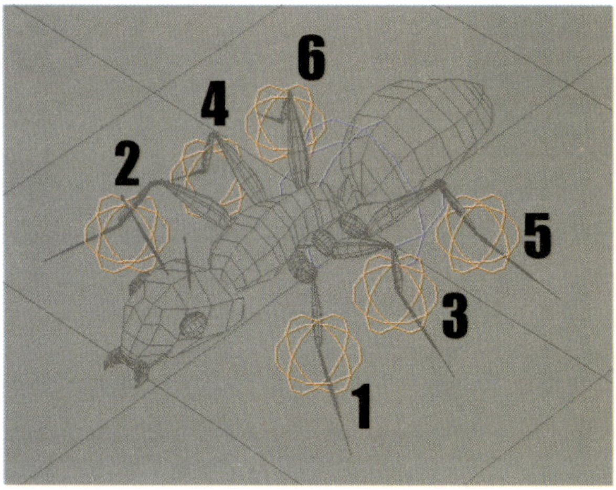

그림 6-163

### 6-9-5 COG와 Leg Controller의 관계 설정(N Point)

먼저 COG의 자식구조로 되어 있는 Body bone을 독립된 구조(자식구조가 아닌 상태)로 만든다. Body bone을 선택하고 Constrain 〉 Cut 기능을 실행하면 된다. 그 다음 COG를 선택한 다음 Constrain 〉 N Point 명령을 실행하고 나서 6개의 Leg Controller를 차례로 선택한다. 선택의 순서는 상관없다. 그 결과 COG는 6개 Controller의 Center에 위치하게 된다. 그 다음 Body bone을 선택하고 다시 COG의 자식구조로 넣어 준다.

### 6-9-6 Key Posing

전체적으로 Setting이 잘되었는지 확인하고 싶을 때는 임의의 Controller를 선택해서 움직임을 주었을 때 COG를 포함한 개미의 Body가 동시에 움직임을 보이면 성공한 Setting이다. 완성이 되었다면 이제

Key 값을 넣어 주도록 한다. 첫 번째 이동하는 Leg controller는 한 Step을 위해 Start key, Middle Key, End Key의 세 번의 Key 값을 갖는다. 그리고 다음 이동을 준비하는 Leg는 첫 번째 Leg의 Middle Key 값에서 출발을 하게 된다. 즉 1번 Controller의 두 번째 Key 값에 2번 Controller의 첫 번째 Key 값이 시작된다. 3번 Controller는 2번 Controller의 두 번째 Key 값에서 시작하게 된다. 이렇게 총 6개의 Leg는 서로 지그재그 식의 엇박자 형태의 Key 값을 가지게 된다. 각 Key 값의 간격은 3Frame간격으로 한다.

1번 Controller – 1(시작), 4(공중진행), 7(착지)Frame
2번 Controller – 4(시작), 7(공중진행), 10(착지)Frame
3번 Controller – 7(시작), 10(공중진행), 13(착지)Frame
4번 Controller – 10(시작), 13(공중진행), 16(착지)0Frame
5번 Controller – 13(시작), 16(공중진행), 19(착지)Frame
6번 Controller – 16(시작), 19(공중진행), 22Frame(착지)의 Key 값을 갖는다.

1Cycle의 Key Posing의 결과를 확인한다(그림 6-164).

그림 6-164

캐릭터를 움직이기 위해 Skeleton구조 제작, Rig, Envelope, Weight수정까지 험난하고도 먼 여정을 걸어왔다. 이제 다족 보행 캐릭터 애니메이션을 제작으로 캐릭터 Key Posing은 마치고자 한다.

# 제7장 Motor

## 7-1 Motor 개념

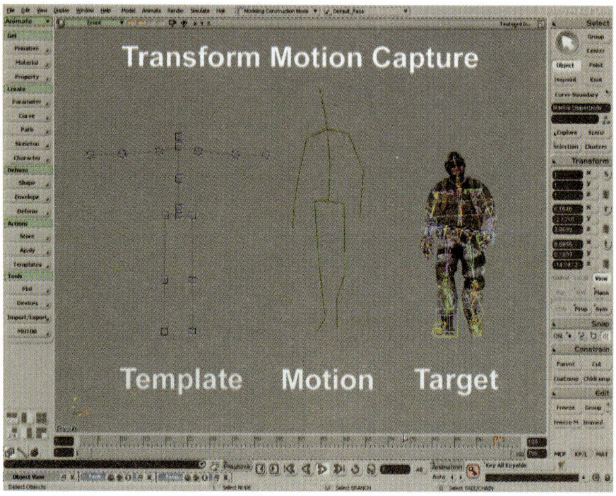


그림 7-1 SOFTIMAG社 이미지 제공

애니메이션에서 Action을 만들어 내는 방식은 크게 두 가지로 나눌 수 있는데 Key frame animation과 Motion Capture animation 제작 방식이다. key frame animation 제작 방식은 전통적인 방식이라 하고 Motion Capture animation 제작 방식을 디지털 방식이라 부르기도 하지만 의미는 없어 보인다. 아무튼 두 가지 방식이 최종 목적은 같지만 처음 기획/Setting/제작/적용 단계까지는 많이 틀리다. 어느 정도 결과가 가시적인 단계까지 왔을 때 편집/활용 부분은 거의 동일하다고 볼 수 있기 때문에 이 두 방식이 서로 완전히 다른 방식이라고 말할 수 없는 부분이 여기에 있다. 아무튼 지금까지 우리는 XSI에서 오브젝트나 캐릭터에게 Key frame animation 제작 방식에 대해 언급을 했다면 이번 장에서는 XSI와 Motion capture animation 제작 방식의 상호 연관성과 활용에 대해 알아보도록 한다(그림 7-1).

Motion capture라는 개념은 1970년대 말부터 세상에 알려지게 되는데 1970년대 말 뉴욕의 한 컴퓨터 실험실에서 알렌(Rebecca Allen)이라는 사람이 반사경을 이용하여 비디오테이프에 녹화된 댄서의 춤동작을 컴퓨터 그래픽에 저장을 하는 작업을 진행하는데, 빛을 이용해 스크린에 나타난 인간의 동작을 반사경을 사용해 복사를 해서 컴퓨터에 저장하여 사용한 것이다. 1980~1983년경 컴퓨터를 이용해서 인간의 동작을 분석하기 위한 움직임이 학문적으로 시작된다. 1980년대 초기 Simon Fraser 대학의 Tom Calvert 교수는 통신 분압기를 인체의 양 무릎에 부착하고 움직임을 캡쳐하여 컴퓨터 캐릭터의 움직이는 방법을 처음 고안해 냈다. 그 후 MIT 공과대학 New York Institute of Technology에서 광센서를 이용한 모션 캡쳐 방식이 고안되어 실험이 되었다. 그 후로도 하드웨어 및 소프트웨어적으로 비약적인 발전을 거듭하게 된다. 3D 제작환경에서 실질적으로 Motion capture 방식이 대중적으로 활용된 것은 그렇게 오래되지 않았다. 애니메이션이란 장르가 우리 대중에게 선보인 수 십년의 세월에 비하면 이제 걸음마 단계에서 약간 벗어난 상태라고 볼 수 있다. 그만큼 많은 시행착오와 도전 정신이 만들어낸 산물이기도 하다. 현재에도 많은 하드웨어(관련 프로그램)와 소프트웨어(관련 장비)에 대한 기술적인 연구가 진행되고 있다. 초기 Film box에서 Motion capture animation을 제작했던 기억이 나는데 지금은 Motion builder로 진화되어 그 활용도 나날이 증대되고 있다. 과거에 비해 많이 달라진 점이 있다면 과거에는 Motion capture data capture 방식에 따라 3D 제작환경의 기준이 달라졌다. 예를 들면 과거에는 Motion capture animation 제작에 상용되었던 skeleton 구조와 동일한 구조를 3D상에서 똑같이 구현하지 않으면 완벽한 데이터 전이가 쉽지 않았다. 하지만 지금은 어떠한 구조로 만들어진 Motion capture Skeleton 구조라 하더라도 XSI에서 소화가 가능하다. 사실 3D 애니메이션에서 Skeleton구조는 캐릭터의 움직임의 특징과 성격에 맞게 제작이 되어야 함에도 불구하고 과거 작업환경이 열악한 시절에는 환경적 제약이 우선인 시대가 있었다. 물론 지금도 3D제작 전반적인 기술 연구 개발 부분에 상대적으로 취약한 우리나라에서는 아직도 그러한 부분이 많지만 그래도 많은 관련 종사자들의 노력과 도전 정신으로 많이 좋아졌고 점차 나아지고 있어 더 많은 발전을 기대해본다. XSI에서 Motion capture 데이터의 활용에 있어서의 특징이라면 앞에서 언급했듯이 일차적으로 구조적인 공통점이 없더라도 전혀 사용에 문제가 없고 정제되지 않은 데이터라도 Animation Editor에서 수정 / 편집 / 활용이 가능하다는 점이다(그림 7-2).

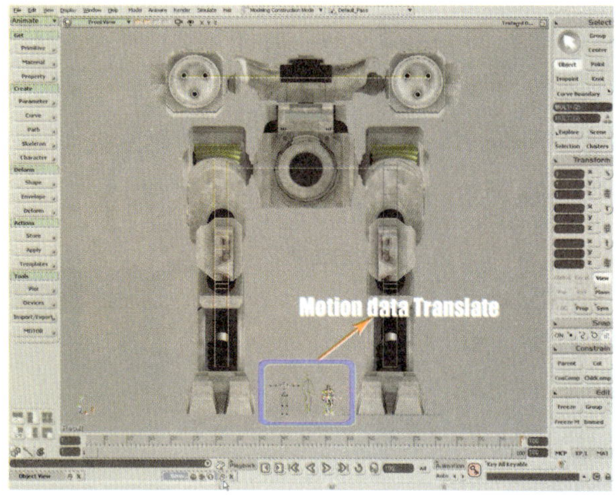

그림 7-2 SOFTIMAG社 이미지 제공

XSI Motor기능은 굉장히 직관적이라고 표현할 수 있다. Target 적용방식으로 원하는 Motion capture 소스만을 취하는 방식이다. 예를 들어 Motion capture 데이터에는 어깨뼈에 대한 정보가 들어 있는데 XSI내에서 제작한 Rig구조에는 어깨뼈 구조가 필요 없거나 아예 제작이 안되어 있더라도 Motion capture data를 전이시키는 과정에서 어깨뼈 부분의 data를 선택하지 않으면 되는 것이다. 즉 Import된 Motion capture data 중에서 작업자가 제작한 형태와 비교해서 필요한 Motion capture Source만을 취할 수 있고 그 과정이 굉장히 단순하고 직관적이라는 것이다(그림 7-3).

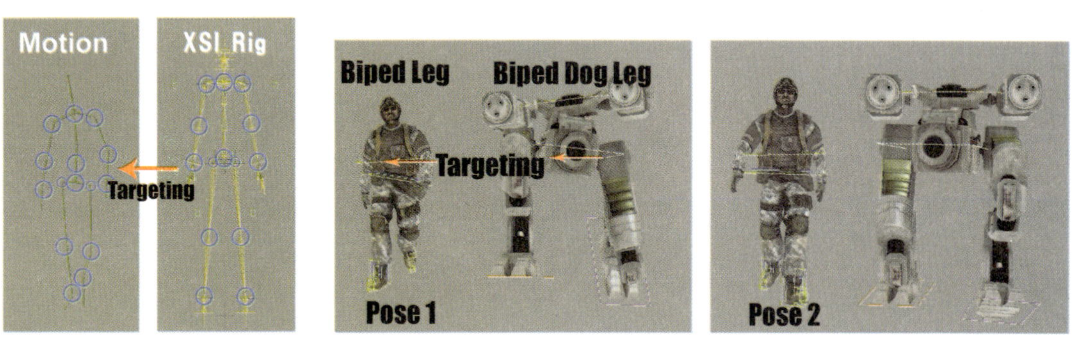

그림 7-3 SOFTIMAG社 이미지 제공

## 7-2 Motor 적용 원리

Motor 적용 원리에 대해 정리하도록 한다.

1. XSI Rig구조(그림 7-4)

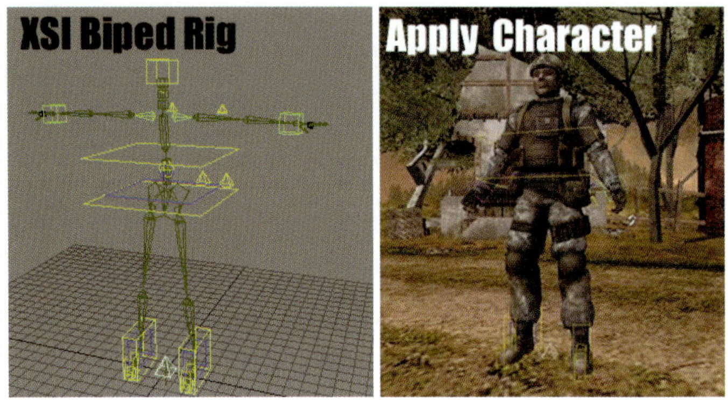


그림 7-4

2. Mocap to Rig : Motion Capture의 구조와 XSI구조와 Match 하는 작업이다. Animate 〉 Tools 〉 MOTOR 〉 Mocap to Rig 명령을 수행한다(그림 70-5).

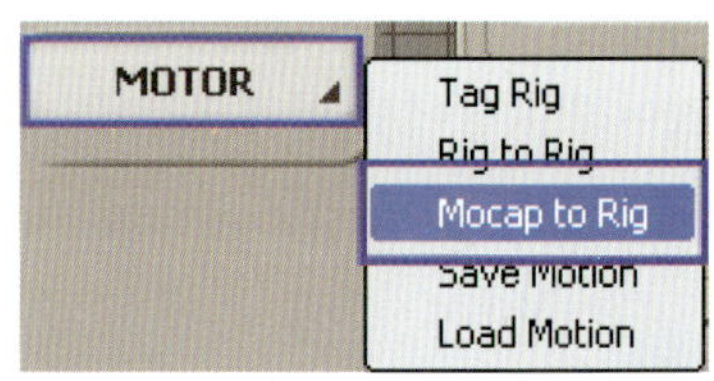


그림 7-5

3. Targeting

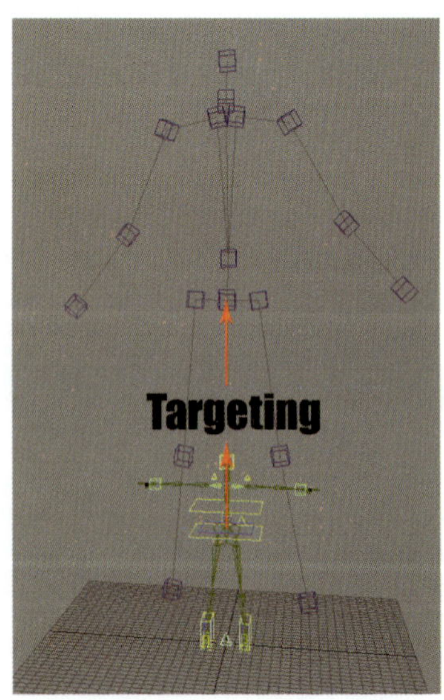


그림 7-6

4 Motion capture data Retargeting

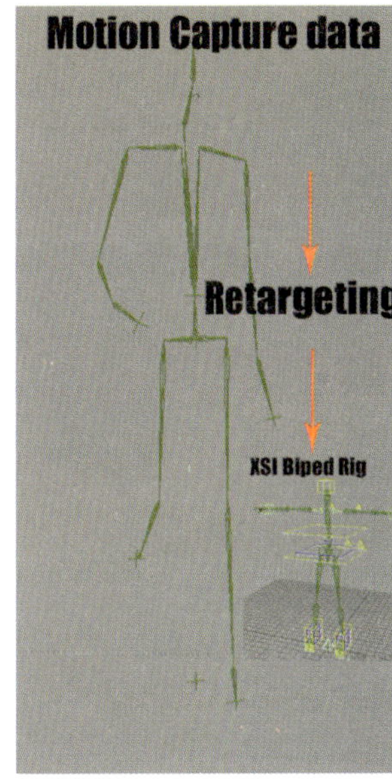


그림 7-7

5 Apply

6 Editing

7 XSI MOTOR의 특징을 정리하면 다음과 같다(그림 7-8).

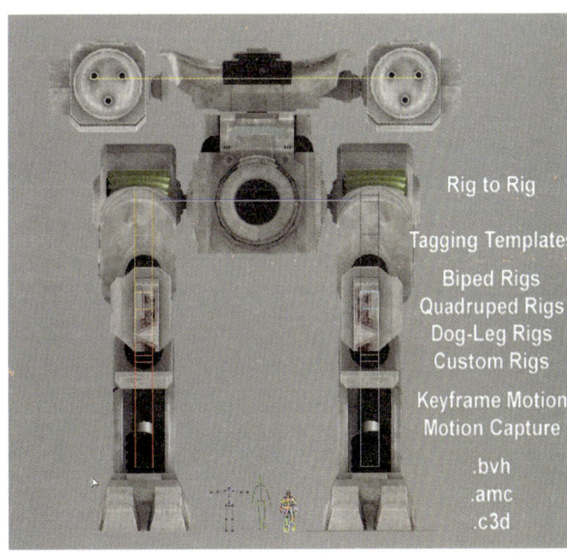


그림 7-8

# 7-3 Motor 실전 활용

## 7-3-1 Target data 만들기

**1** Motion Capture data를 적용할 캐릭터를 제작한다. XSI 기본 Rig를 사용해도 되고 필요에 의해 본인이 직접 Skeleton set up을 해도 된다(그림 7-9).

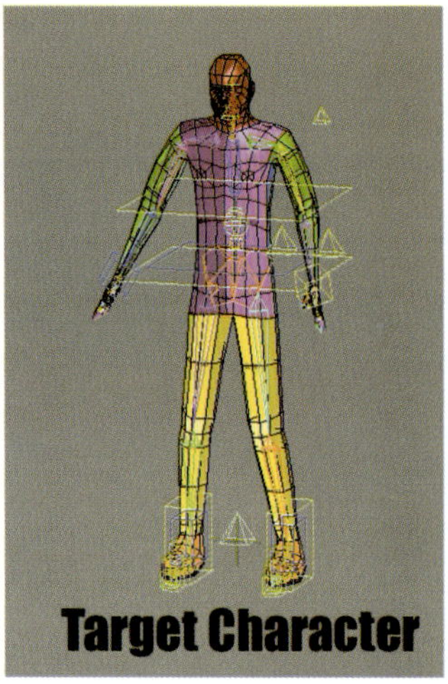

그림 7-9

**2** Mocap to Rig 실행(그림 7-10)

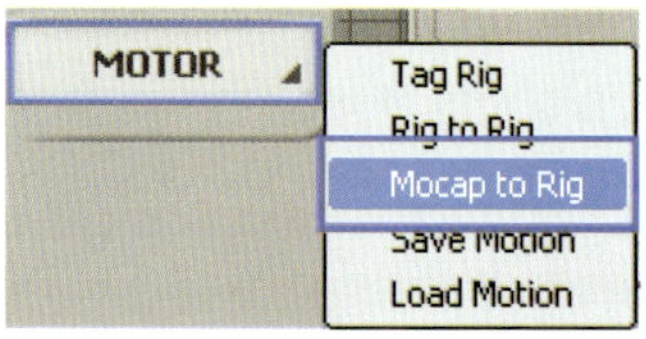

그림 7-10

**3** Mocap to Rig Property 속성 창에서 option 체크(그림 7-11)

- [1] File Type : Import할 MOCAP data의 확장자 설정 모드
- [2] 기본 Standard MOCAP Rig구조 불러오기
- [3] Tagging Template 설정 모드 Open

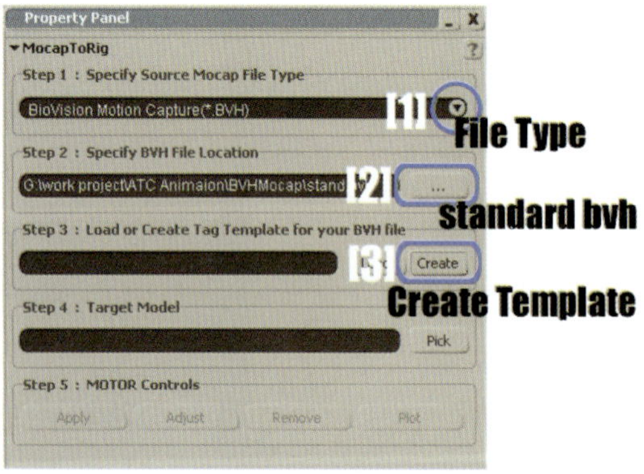

그림 7-11 [참고 7-3-3]

**4** Tagging Template모드에서 Targeting하기 : XSI Rig구조에 대해 MOCAP 구조 Matching모드로 전환하기 위한 사전 작업인데 TYPE설정(Biped_BVH)을 해주도록 한다(그림 7-12).

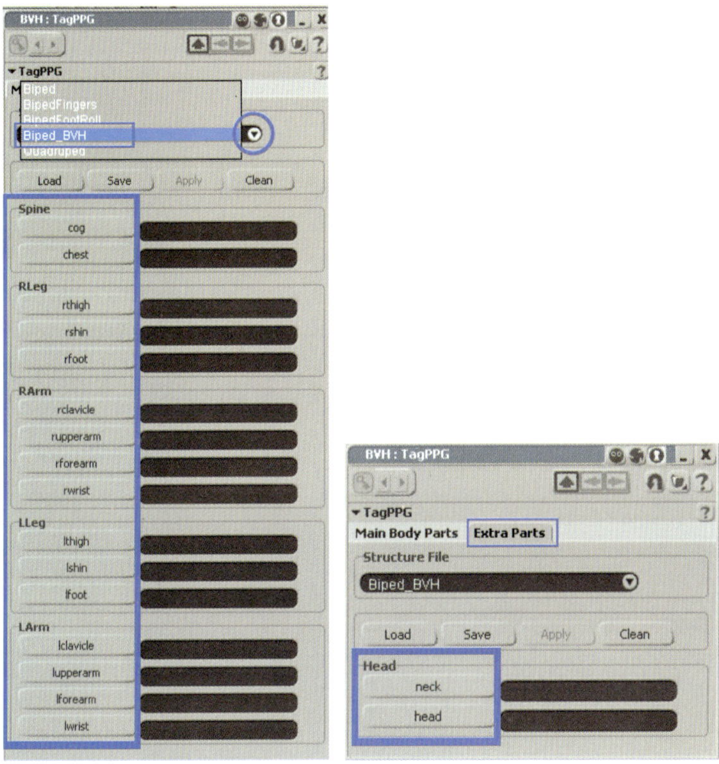


그림 7-12

5 Targeting : XSI Rig와 MOCAP rig구조와 서로 매칭시키도록 한다. 대칭구조 상에서 왼쪽 다리와 팔을 하게 되면 오른쪽 팔과 다리는 자동으로 설정된다. 현재 Tap에서 마치지 말고 다음 Tap으로 넘어가서 목과 머리도 동시에 Setting해 주도록 한다(그림 7-13).

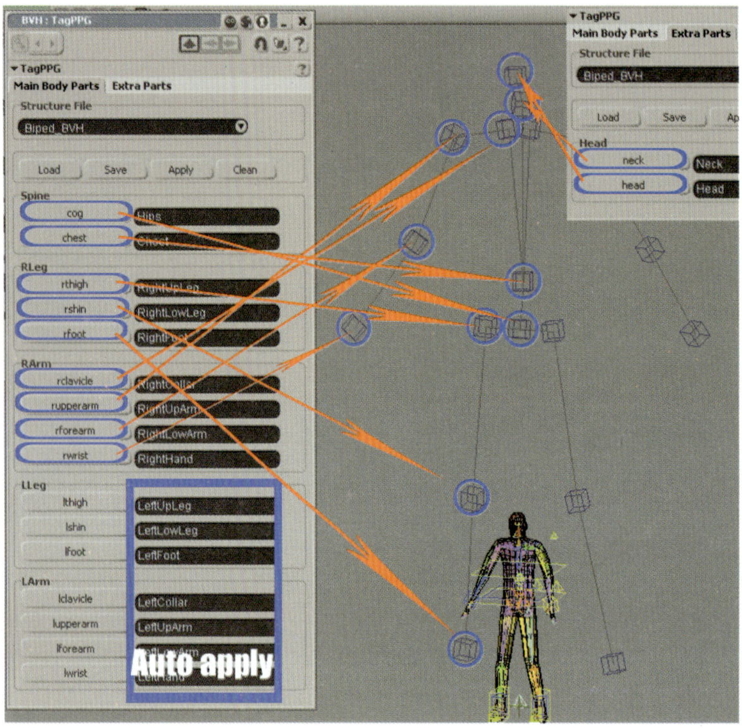

그림 7-13

6 Save Template : 적용한 Template data를 저장한다(그림 7-14).

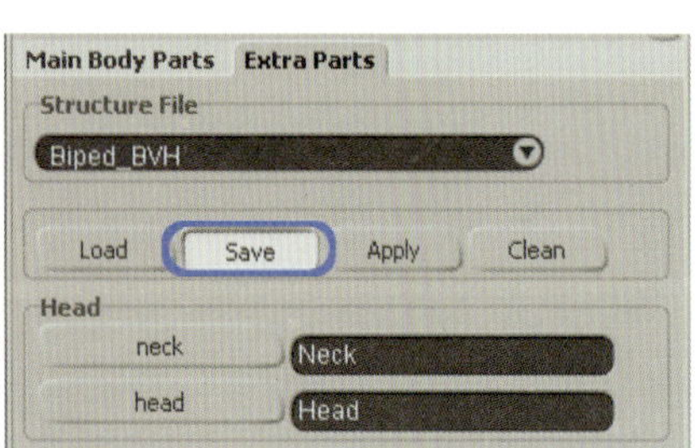

그림 7-14

**7** Target Model : MOCAP data를 전이시킬 모델링 데이터를 선택한다. 여기서는 MAN Modeling 이다.

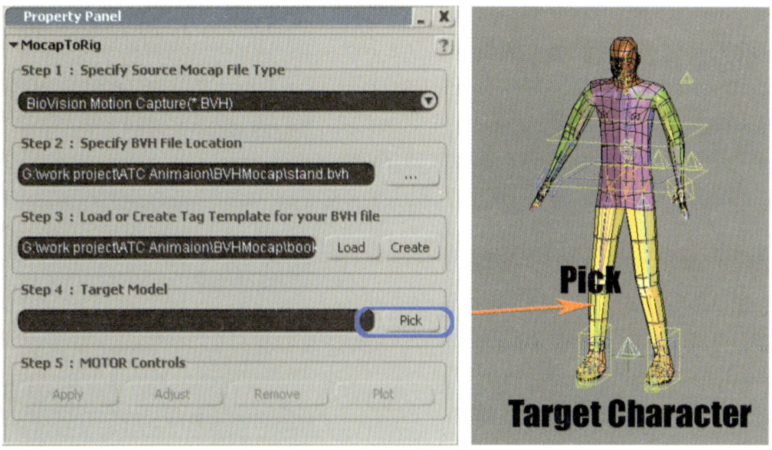

그림 7-15 Pick 〉 Target Model

**8** Tag Rig

㉠ MOCAP Rig에 있는 데이터를 XSI Rig구조로 전이시키는 작업이다. XSI Rig구조 중 하나를(Upper body) 선택한 다음 MOTOR 〉 Tag Rig명령을 실행한다(그림 7-16).

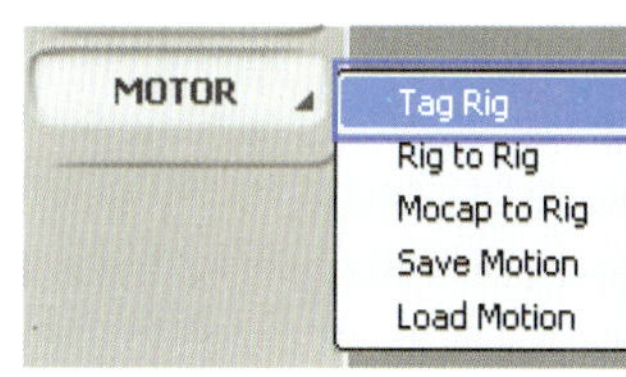

그림 7-16

㉡ Tag Rig 모드에서 File type설정(그림 7-17)

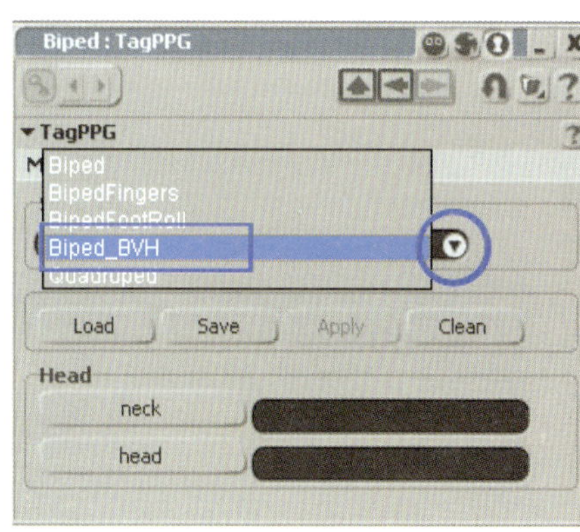

그림 7-17

㉢ MOCAP 데이터를 XSI Rig구조로 전이시키기 위해 정확하게 Matching 작업을 해 주도록 한다. 이때 XSI Rig구조를 선택하는데 있어 Man 모델링 데이터가 있으면 불편하기 때문에 잠시 Hidden(단축키 : H)을 하든지 eye Icon에서 3D Geometry 옵션을 비활성화시켜서 작업 창 내에 있는 모든 모델링 데이터를 잠시 보이지 않도록 한다. 모드상의 각 항목들을 정확하게 각 구조에게 연결시켜 준다(그림 7-18).

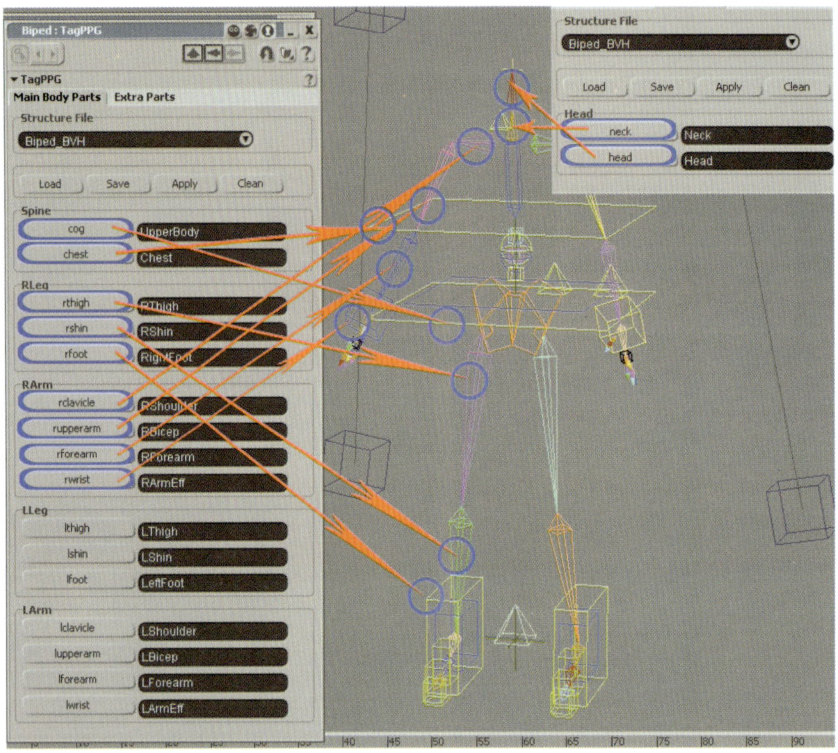

그림 7-18

㉣ Picking 작업을 다 마쳤으면 Apply 명령을 적용해 준다(그림 7-19).

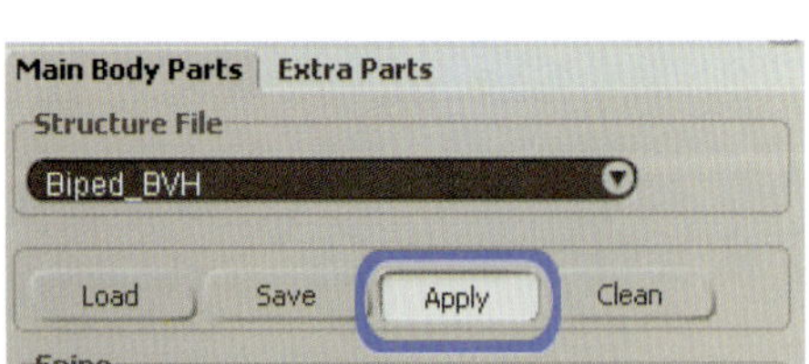

그림 7-19

ⓜ Pick 〉 Upper body Click : Pick 아이콘을 선택한 다음 XSI Rig의 Upper Body를 선택한다(그림 7-20).

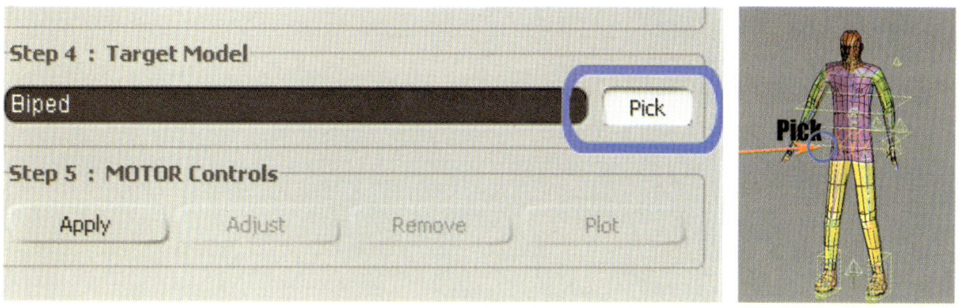

그림 7-20

**9** 3D Geometry 다시 VIEW

**10** APPLY 적용(그림 7-21)

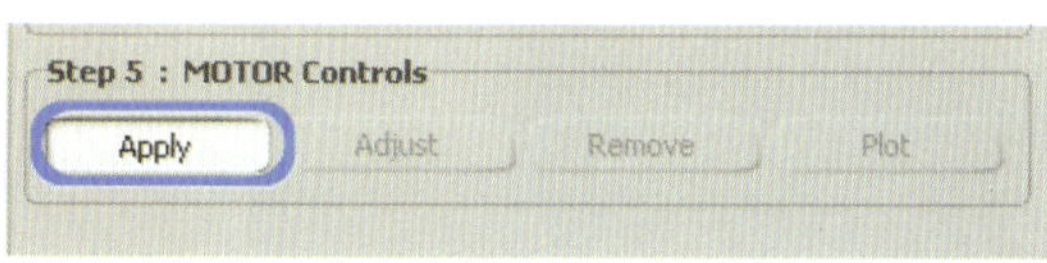

그림 7-21

**11** 새로운 MOTION 데이터를 적용해 보도록 한다.

ⓖ STEP 2 : Specify BVH File Location tap에서 파일 Load 아이콘을 선택한 다음 적용할 Motion caption data를 불러온다(그림 7-22).

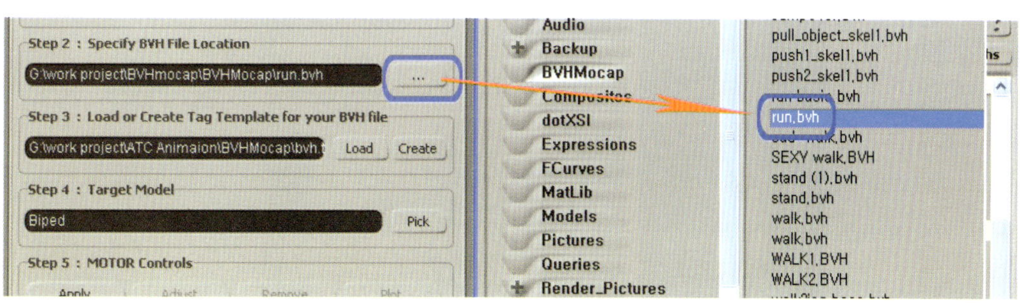

그림 7-22

ⓛ APPLY 적용(그림 7-23)

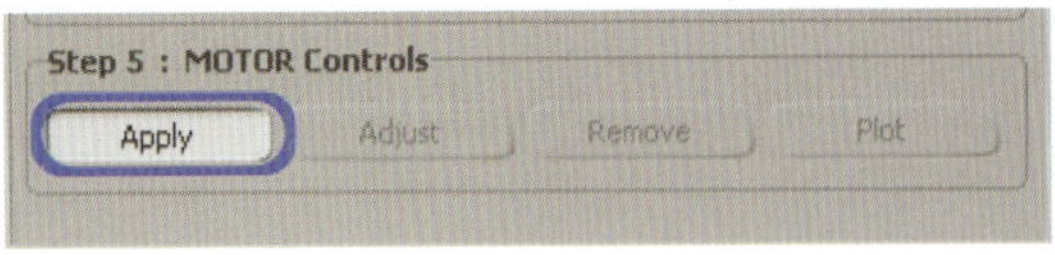


그림 7-23

ⓒ 결과확인(그림 7-24)

그림 7-24

# 제8장 Animation Mixer

## 8-1 Animation Mixer 개념

단편이든 장편이든 거의 대부분의 애니메이션에는 캐릭터가 등장을 한다. 그리고 등장하는 캐릭터는 각각의 Scene내에서 다양한 Action을 한다. 그 중에는 단순하고 단일적인 동작도 있고 복잡하고 연동된 동작도 있다. 이렇게 다양한 동작들을 마리 알고 있을 때 우리가 캐릭터의 여러 가지 동작들을 미리 계산해서 제작을 할 경우도 있고 미리 알 수 없을 경우 기본적인 동작만이라도 미리 잡아 놓는 경우가 있다. 아니면 이전에 진행했던 Project에서 이미 많은 수의 Action Clip이 만들어졌으니 Clip Source를 구하기는 그다지 어렵지 않다. 그리고 근래 다양하고 깔끔한 상용화된 Motion 데이터들도 많이 제작되어져 고가의 장비가 없어도 필요한 Action을 구해서 사용하기 편리해졌다. 자체적으로도 Key animation 데이터를 활용해서 Action Clip을 만들어 놓는다. 그래서 필요한 장면에서 미리 저장해둔 캐릭터의 Action Clip을 활용하여 사용한다. 그런데 문제는 저장된 Source는 아주 쓸만한데 이러한 데이터를 다른 캐릭터에게 전이시키는 방법을 모르거나 활용하는 방법을 모른다면 이 얼마나 안타까운 일일까. XSI에서는 이미 초기 버전부터 이러한 문제에 대한 접근을 시도했고 그 결과 만들어진 기능이 바로 animation Mixer이다. 기능의 어감에서도 느낄 수 있듯이 Mixer란 [A]와 [B]의 서로 다른 성질의 것을 섞어서 전혀 성질이 다른 [C]를 만들어 내는 것이다. 이런 개념에서 보듯이 XSI에서의 Mixer기능은 Clip Source 자체의 수정 / 변형 / 재사용뿐 아니라 다른 Clip Source와 연계된 새로운 형태의 Action 제작이 가능하게 하는 기능이다(그림 8-1).

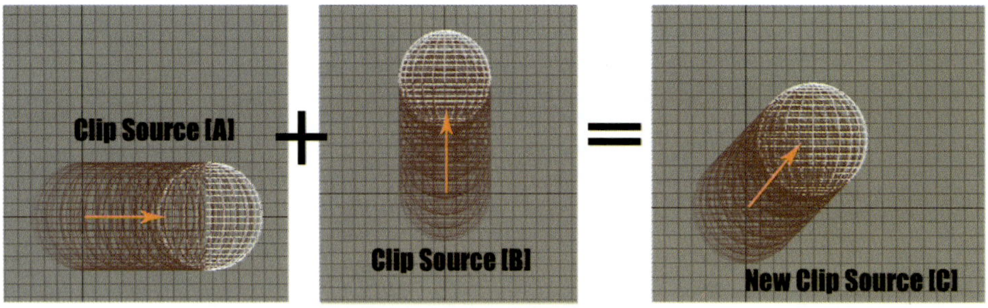


그림 8-1

캐릭터 애니메이션에서도 Mixer가 주는 효율적 작업 환경은 대단히 크다. 기본적인 Action Clip을 모아 훌륭하게 재사용이 가능하게 되었다. 예들 들어 동일한 캐릭터의 경우 첫 번째 Scene에서 Walking 장면이 나오고, 두 번째 Scene에서 Running장면이 나오고, 세 번째 Scene에서 Walking and Running(걷다가 뛰는 장면)이 나온다고 했을 때 첫 번째 Scene 데이터와 두 번째 Scene 데이터만 있으면 세 번째 Scene은 작업을 하지 않아도 캐릭터의 Walking과 Running source만 있으면

Walking and Running동작이 새로 작업을 하지 않아도 Mixer의 기능을 활용한다면 시간과 효율적인 부분에 많은 비용을 절감할 수 있게 된다(그림 8-2).

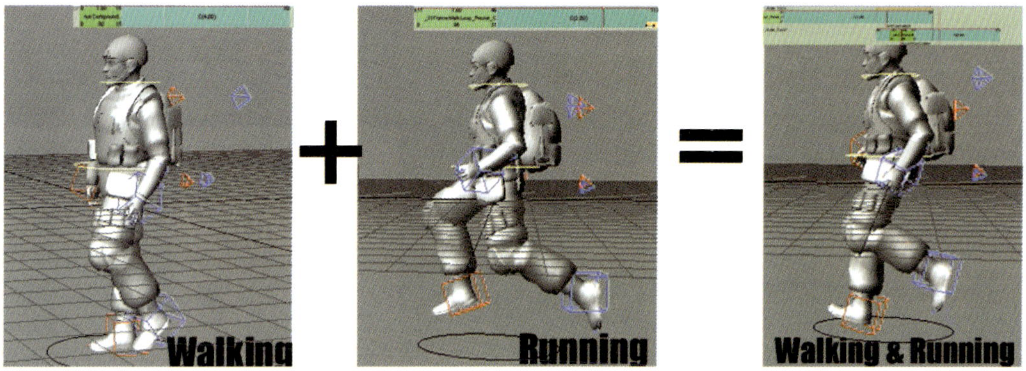


그림 8-2

## 8-2 Animation Mixer Interface

### 8-2-1 Animation Mixer 열기

1 View port Menu bar에서 Choose 〉 Animation Editor(단축키 : Alt + O)를 선택한다(그림 8-3).

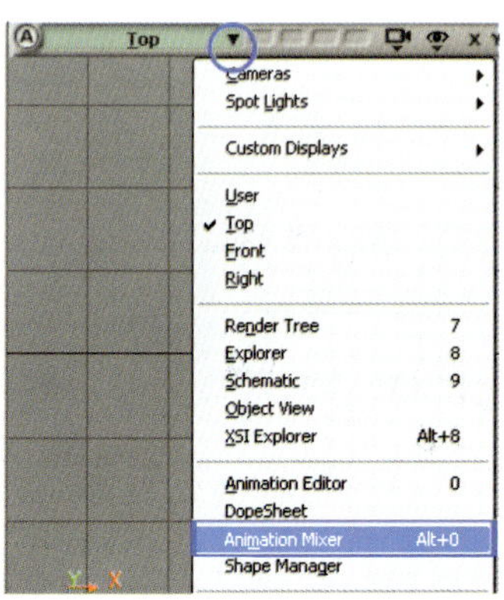


그림 8-3

**2** Main Menu bar에서 View 〉 Animation 〉 Animation Mixer를 선택한다(그림 8-4).

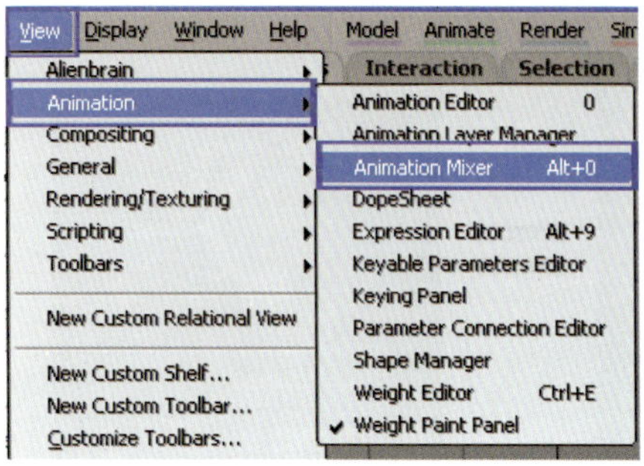

그림 8-4

## 8-2-2 Animation Mixer Interface

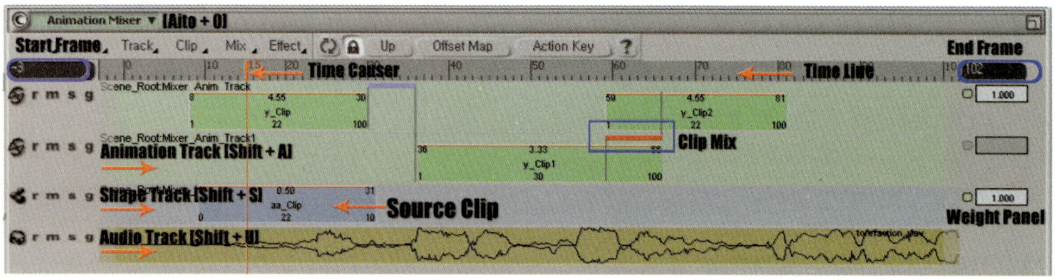

그림 8-5

**1** 원하는 오브젝트(Model data)의 Animation Mixer 창 열기(그림 8-5)

- 작업 창에서 원하는 오브젝트(Model data) 선택
- 선택된 상태에서 Animation Mixer 창 열기를 실행하면 선택한 오브젝트(Model data)의 Animation Mixer 창이 열린다.
- 이미 Animation Mixer 창이 열린 상태에서는 원하는 오브젝트(Model data)를 선택하고 Animation Mixer 창에 있는 Update 버튼을 클릭한다.

**2** 트랙 위에 Source clip를 불러오고자 할 경우 해당 트랙 위에 마우스를 올려놓고 오른 클릭을 한 다음 Insert Source(현재 작업 중 저장한 Source)나 Load Source From File(저장된 Source) 명령을 실행해서 불러오도록 한다.

**3** Explorer 창에서 직접 Drag in Drop를 해서 불러오는 방법도 있다.

**4** Animation Mixer 트랙의 화면 조정은 작업 창을 다루는 것과 동일하다.

- [Z]키 : Pan and Zoom을 위해서는 [Z]키를 누르고 Pan을 Click drag를 한다. 마우스 두 번째 버튼은 Zoom in, 마우스 세 번째 버튼은 Zoom out 기능이다.
- [S]키 : 단축키 [S]는 수평으로 Pan and Zoom 기능을 수행한다. 마우스 첫 번째 버튼은 트랙의 좌/우 이동이 가능하고 두 번째 버튼은 클릭 드래그를 통해 수평으로 Hold down(축소), 마우스 세 번째 버튼은 수직으로 Hold down(축소)된다.
- [X]키 : 단축키 [X]는 [S]와 마찬가지로 Source를 포함한 Track의 크기를 조절한다. 수평으로 Pan and Zoom 기능을 수행한다. 마우스 첫 번째 버튼은 트랙의 좌/우 이동이 가능하고 두 번째 버튼은 클릭을 통해(드래그하지 않아도 자동실행) 수평으로 Hold down(축소), 마우스 세 번째 버튼은 클릭을 통해(드래그하지 않아도 자동실행) 수직으로 Hold down(축소)된다.
- Clip Select : 트랙 내에 있는 Source를 선택하고자 할 경우 마우스로 원하는 Clip source를 선택하면 선택모드(테두리가 하얗게 변함)로 전환된다. 여러 개의 Clip를 동시 선택할 경우는 Shift, 또는 Ctrl를 누르고 선택하면 멀티 선택이 가능하다.
- 단축키[F] : 원하는 Clip 하나만을 Animation Mixer 작업 창에 Frame하고자 할 경우는 해당 Clip를 선택한 다음 View 〉 Frame Selection(단축키 : F)를 누르면 선택된 Source만 작업 화면에 Frame된다. 여러 개의 Clip를 멀티 선택했을 경우에도 선택된 Clip만 작업 화면에 Frame된다.
- 단축키[A] : Animation Mixer 작업 창에 있는 모든 Track과 Clip를 보고 싶을 경우 View 〉 Frame All(단축키 : A)을 누른다.
- 단축키[P] : 시간(Frame)영역의 변화를 주고 싶을 경우 Start / End Frame에 각각 원하는 시간 설정을 한다. 만약 작업 창의 Frame 범위와 Animation Mixer의 Time Line 범위를 일치하고 싶으면 Animation Mixer 메뉴의 View 〉 Frame Parent(단축키 : P)
- Animation Mixer에 대한 전반적인 Option을 확인 / 수정 / 변경을 원할 경우 View 〉 Preference를 누른다.

## 8-2-3 Track에서의 작업환경

### 1. Track 생성

Mixer 창에는 3가지 형태의 Track을 생성할 수 있는데 Animation Track[Shift+A]과 Shape Track[Shift+S], Audio Track[Shift+U]을 생성할 수 있다.

## 2. Track 삭제

불필요한 트랙을 지울 경우는 지우고자 하는 Track 위에 마우스를 올려놓고 마우스 오른쪽을 클릭하면 Pop up명령 창이 나오는데 Delete Track의 명령을 실행하면 된다.

## 3. Track 선택

Track 바깥에 있는 영역을 클릭하면 선택이 된다. 지우거나 복사하거나 할 경우 사용한다(그림 8-6).

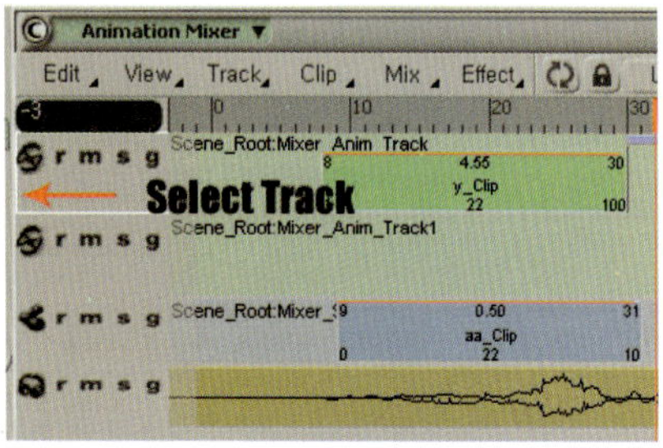


그림 8-6

## 4. Muting and Solo Playback

Track Properties도 참고해보면 도움이 많이 될 것 같다(그림 8-7).

- Mute : Mute된 Track 위의 Clip은 Play되지 않는다.
- Solo : Soio된 Track 위의 Clip만 Play된다.
- Ripple : Ripple 아이콘이 활성화되어 있을 경우 Clip 앞에 새로운 Clip가 Loading될 경우 기존의 Clip가 자동으로 Frame이동한다. 만약 Ripple이 비활성화된 경우라면 새로운 Clip가 Loading되더라고 현재의 Frame 값을 유지한다. Ripple 옵션이 활성화되어 있으면 앞의 Clip의 스케일을 늘리거나 줄이면 그 전/후에 있는 Clip들의 동시에 움직인다.
- Ghost : Track 위에 있는 Clip의 애니메이션 흔적을 볼 수 있다. 옵션에 따라 전/후 프레임의 흔적을 가상으로 볼 수 있다. 그래서 Play 결과를 미리 확인할 수 있는 효과적인 기능이다.

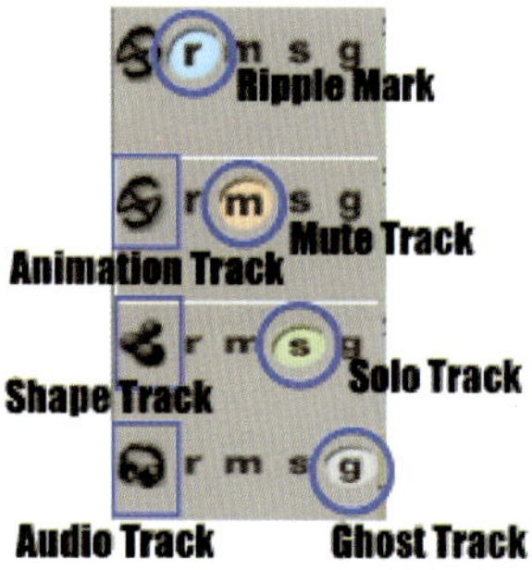


그림 8-7

## 5. Renaming Track

Explorer 창의 Mixer 〉 Tracks 〉 Animation 〉 Track rename을 통해 Track의 이름을 바꿀 수 있다(그림 8-8).

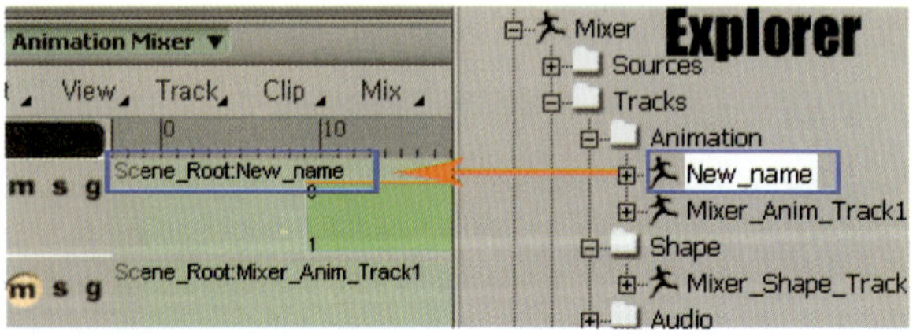


그림 8-8

## 8-2-4 Clip Source에 대하여

### 1. 명 칭

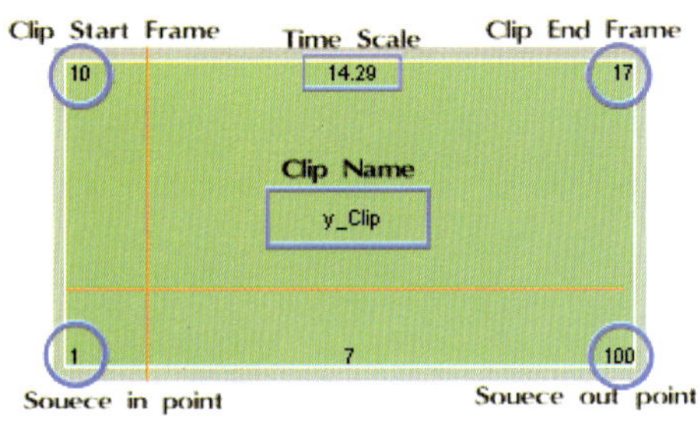


그림 8-9

### 2. 선택 및 이동

Clip의 선택은 마우스를 이용해서 직접 선택한다. 싱글 선택 또는 멀티 선택이 가능하며 이동은 Drag를 통해 원하는 Frame에 위치시키도록 한다. 동일한 성질의 다른 트랙으로도 이동 가능하다.

- Click : Clip 선택
- Shift+Click : 멀티 선택
- Ctrl+Click : 멀티 선택

### 3. 복 사

트랙 위에 복사할 Clip을 선택한 뒤 [Ctrl+drag]을 하면 복사가 된다.

### 4. 제 거

선택한 Clip이 필요할 경우 Delete한다.

### 5. Mute

Track 왼쪽에 나열된 아이콘 중 [m]을 선택하거나, 이 경우 해당 트랙 위의 모든 Clip가 Mute된다. 하나의 Clip만을 Mute하고자 할 경우 선택한 Clip의 마우스 오른쪽을 클릭한 후 Clip Property 창을 열고 Action Contribution to Blending 옵션의 Active를 비활성화시키면 해당되는 Clip만 Mute된다(그림 8-10).

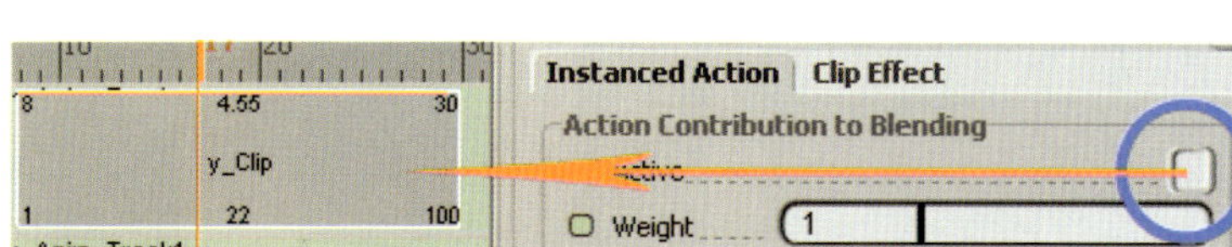


그림 8-10

## 6. Renaming

Explorer 창의 Mixer 〉 Track 〉 Animation 〉 Mixer Track 〉 Clip List에서 이름을 바꾸고자 하는 Clip의 오른쪽을 클릭한 후 Renaming 실행

## 7. Cycle / Bounce / Scale

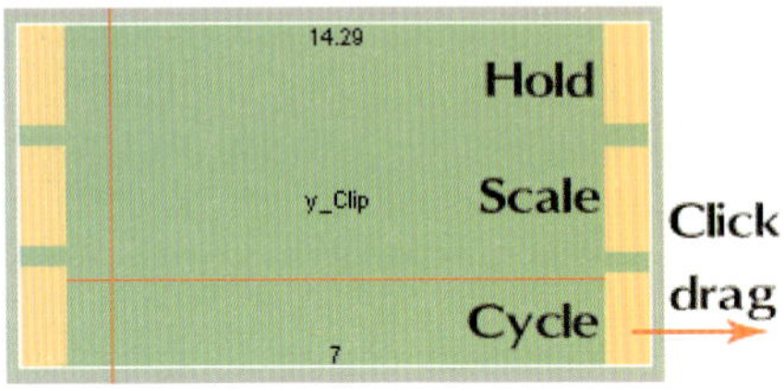


그림 8-11

- Hold 특징 : 마지막 또는 시작 Frame 지점의 Pose의 자세를 그대로 유지한다(그림 8-12).

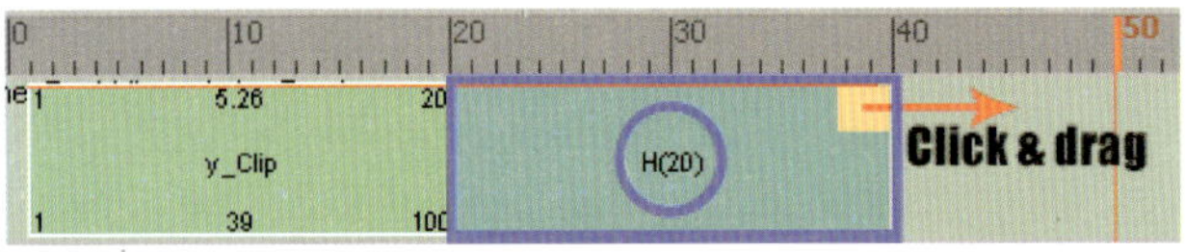


그림 8-12

- Scale 특징 : Clip의 Frame 스케일을 늘리거나 줄일 수 있다(그림 8-13).

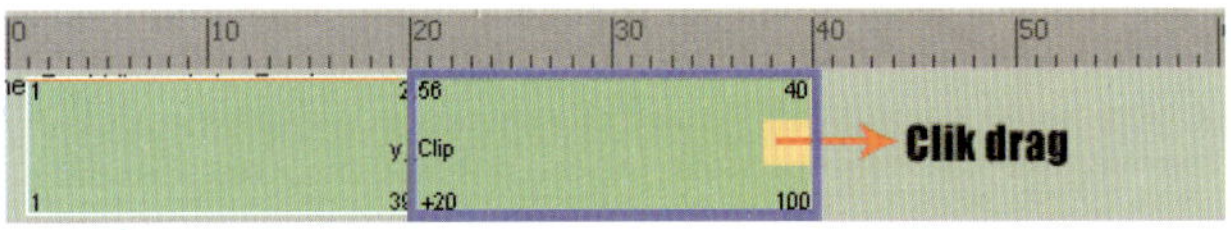


그림 8-13

- Cycle 특징 : 선택한 Clip의 크기에 대해 원하는 만큼의 반복이 가능하다(그림 8-14).

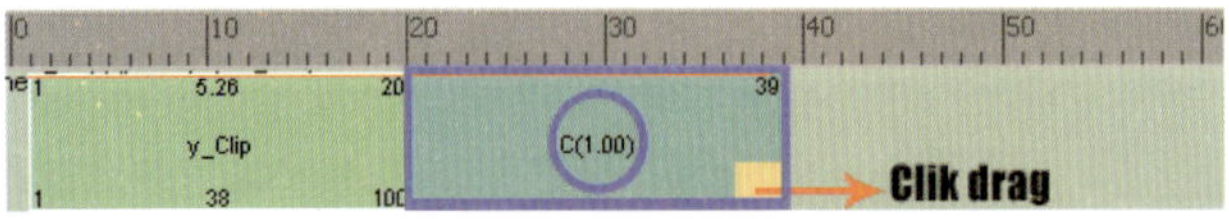


그림 8-14

## 8. Clip의 정렬

- Sequence Clips : 한 트랙 위에 일렬로 배치

- Overlapping Clip : 두 개 이상의 트랙 위에 겹치게 배치(그림 8-15)

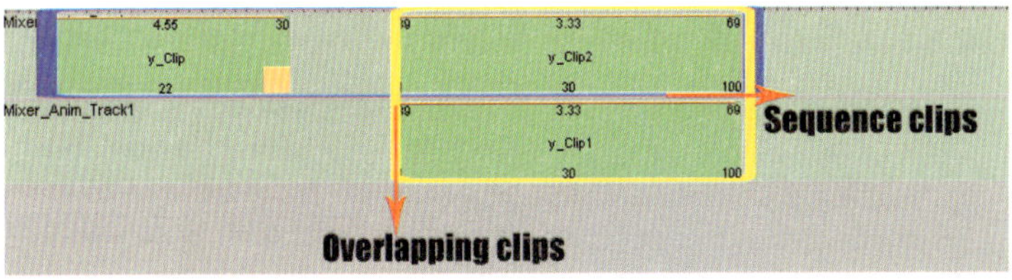


그림 8-15

## 9. Locking Clips

lock시킬 Clip를 선택하고 마우스 오른쪽 클릭으로 명령어 Pop up시킨 다음 Toggle Lock을 선택한다. 또는 메인 메뉴 바에서 Clip 〉 Toggle Lock의 기능을 수행한다. Lock된 Clip는 이동은 물론 Cycle / Bounce / Scale 등의 일체의 Clip의 속성을 변화시키는 작업은 할 수 없게 된다(그림 8-16).

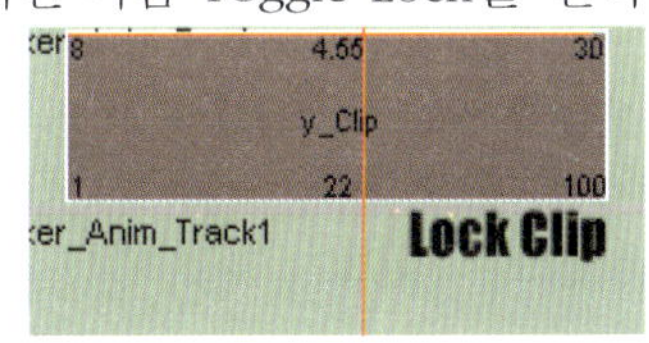


그림 8-16

Locking된 상태에서 해제를 하기 위해서는 다시 한번 똑같은 명령을 반복 수행을 하면 해제된다.

## 10. Trimming(잘라내기) Clip

1에서 100프레임짜리 애니메이션 데이터를 가진 Clip을 만들었는데 Animation Mixer 창에서 사용을 하기 위해 50프레임부터 70프레임까지의 데이터만 필요할 경우가 있다. 이럴 경우 20프레임짜리 Clip를 다시 만들어야 할 필요가 없다. 정확히 앞의 50프레임을 잘라내고(Trim Before), 뒤의 30프레임을 잘라내는 기능(Trim After)을 활용하면 된다. 이 경우는 두 가지 방법이 있는데 하나는 필요 없는 프레임 부분을 남겨두고 필요한 영역만 취하는 경우(단축키 [ ])와 아예 필요 없는 영역은 Delete 하는 경우(단축키 : N)이다.

먼저 Time Line을 50프레임으로 이동한다. 이때 Clip를 너무 작게 하면 정확한 프레임에 위치시키기 곤란하기 때문에 Clip를 넉넉하게 키운다. Time Line Bar를 50프레임에 위치시키고 Clip이 선택된 상태에서 Clip 〉 Spilt(단축키 : N)을 실행한다. 그러면 50프레임 위치에 하얀 영역 표시가 된다. 이때 마우스로 앞부분의 Clip를 선택해서 드래그로 옮기면 1~50프레임 Clip이 분리가 된다. 만약 1~50프레임을 재사용할 기회가 있어야 한다면 Split를 사용하고 그렇지 않고 데이터가 아예 필요 없다면 Clip 〉 Trim Before(단축키 : [ )을 사용한다(그림 8-17).

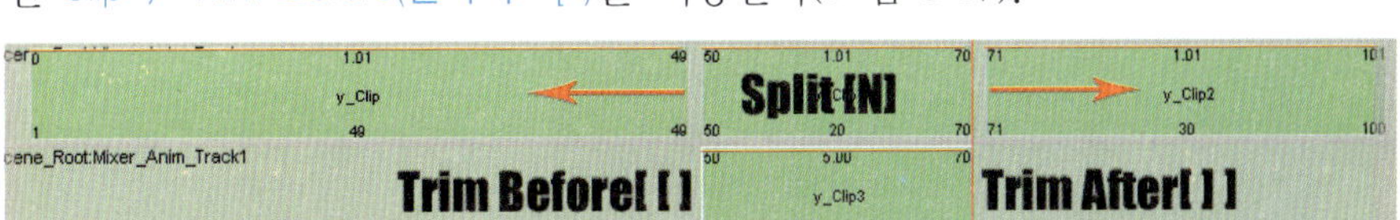


그림 8-17

## 11. Create Mixing Clip

클립과 클립을 연결하는 기능으로 크게 세 종류가 있는데 Standard Transition Tool(단축키 : T), Cardinal Transition Tool(단축키 : C), Bridge Transition Tool(단축키 : B)가 있다(그림 8-18).

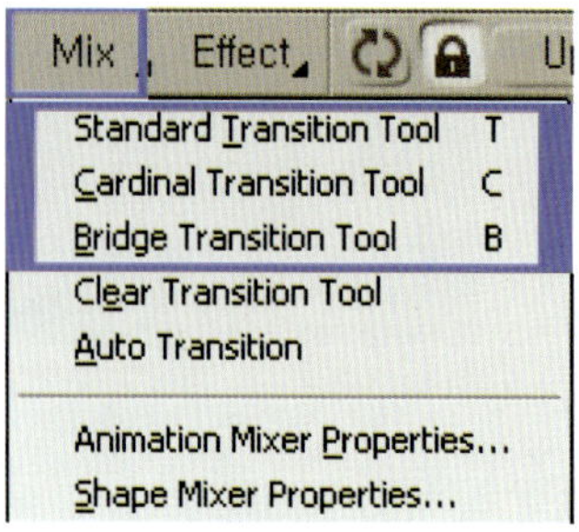


그림 8-18

### (1) Standard Transition Tool

일반적으로 두 개의 Clip을 연결할 때 사용하는 기능으로 가장 기본적인 액션에서 많이 사용한다. Mixing되어 생성되는 Curve의 형태가 Spline의 형태이다. Cardinal에 비해 좀 덜한 부드러움이지만 Cardinal의 경우는 Clip과 Clip 사이를 서로 겹쳐 사용하는 경우가 많기 때문이고 서로 떨어진 Clip을 자연스럽게 보완할 때 연결 기능으로 사용한다(그림 8-19).

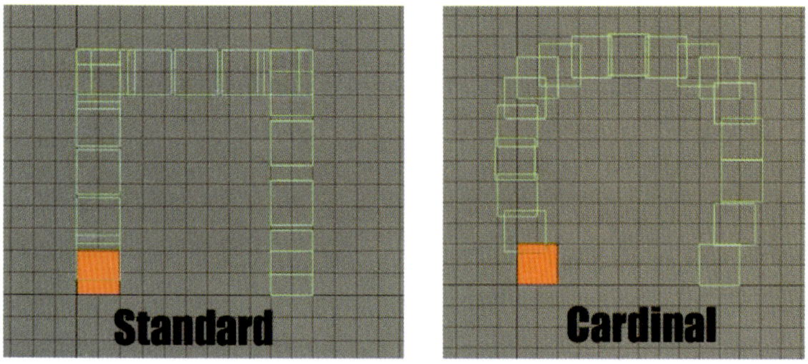


그림 8-19

### (2) Standard Transition

Transition할 두 개 이상의 Clip이 있을 경우 먼저 명령어를 실행하고 Mix > Standard Transition Tool(단축키 : T)을 실행하면 선택 아이콘이 생성되는데 이때 연결하고자 하는 Clip들을 순서대로 선택을 하면 자동으로 Standard Transition이 된다(그림 8-20).

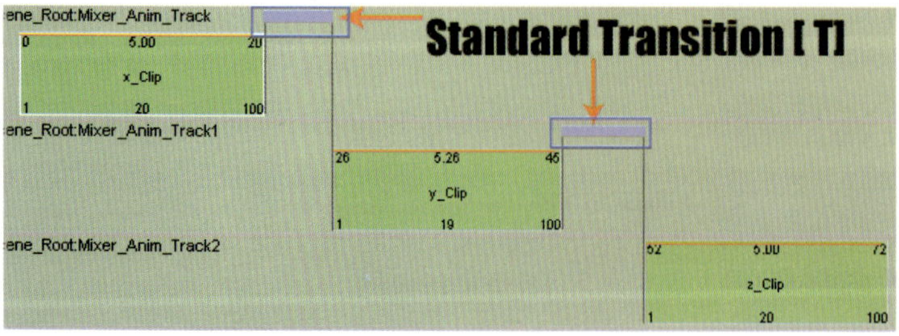


그림 8-20

### (3) Cardinal Transition Tool

Cardinal의 경우는 새로 생성되는 Curve의 형태가 Spline의 형태가 아닌 Cardinal Interpolation을 제공하기 때문에 조금 더 부드러운 Transition을 만들어 낼 수 있다. (CARDINAL Curve는 가장 가까운 4개의 클립 위의 소스 사이에서 Interpolation(삽입)하기 때문에 Standard Spline Interpolation보다 부드러운 연결을 제공한다. 적용방법은 Standard Transition과 동일하다(그림 8-21).

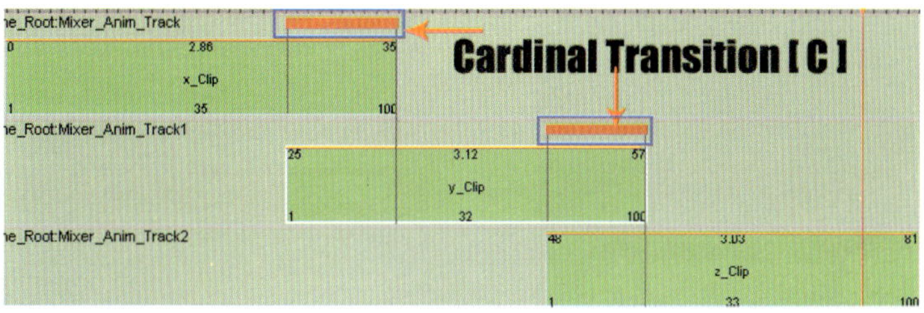


그림 8-21

### (4) Bridge Transition Tool(단축키 : B)

Bridge Transition은 parameter를 위한 Transition curve를 제공하며 2개 이상의 클립의 애니메이션 parameter와 transition과정을 비교한다. 예를 들면 클립에서 회전 값을 가지고 있다면 각각의 Rotation XYZ parameter를 위한 Transition curve가 만들어진다. Bridge Transition에서 2개의 클립만을 사용할 수 있다. 만약 Transition을 원하는 곳에 동시에 또 다른 클립이 있다면 원하는 결과를 얻을 수 없다. 클립들은 서로 비교되면서 진행되기 때문에 반드시 교차되어 있어야 한다. 그리고 Bridge Transition는 액션 클립에서만 작용을 한다. 적용하는 방법은 다른 Transition 연결 방법과 동일하다(그림 8-22).

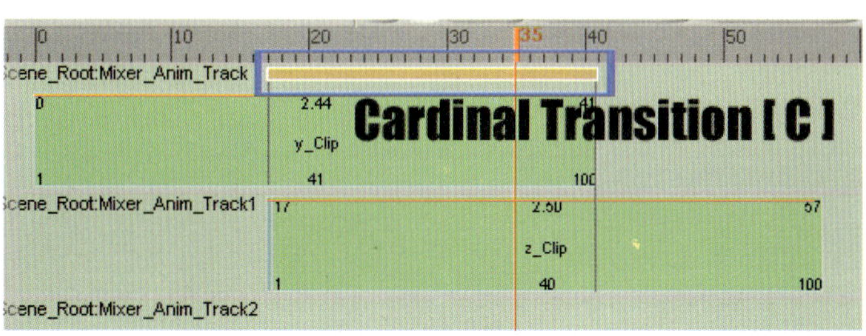


그림 8-22

### (5) Standard Transition과 Cardinal Transition의 비교

오브젝트의 애니메이션을 20Frame 동안 Y축으로 10만큼 올라가는 Action Clip를 하나 만들고 20Frame 동안 Z축으로 10만큼 진행하는 Action Clip를 만든다. 이 두 Clip를 두 개의 Animation Track 위에 올려 놓는다. 그리고 두 Clip사의 간격을 20Frame을 둔다. 먼저 Standard Transition 효과를 적용한다. Play를 하였을 때 Mixing되는 결과를 Curve로 알아보도록 한다. 새로 생성된 Standard Clip으로 인해 오브젝트가 20Frame부터 40Frame까지 다시 Y축의 시작지점으로 내려왔다가 다시 41Frame부터 Z축으로 이동을 한다(그림 8-23).

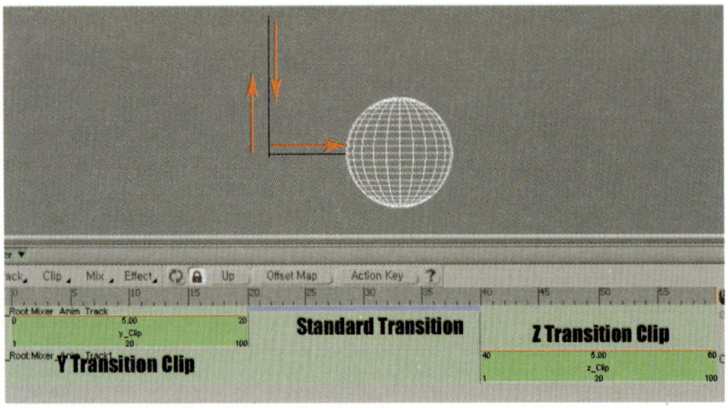


그림 8-23

### (6) Cardinal Transition Setting

이번에는 Cardinal Transition Setting을 한다. 동일한 액션 Clip을 사용한다. Mixer Track에서 Y이동 Clip를 1Frame에서 40Frame만큼 늘리고, Z이동 Clip도 20Fram에서 60Frame으로 늘린 다음 두 Clip간 교차 지점을 20Frame부터 40Frame까지 한다. Cardinal Transition을 적용한다. 결과를 Curve로 측정해 본다(그림 8-24).

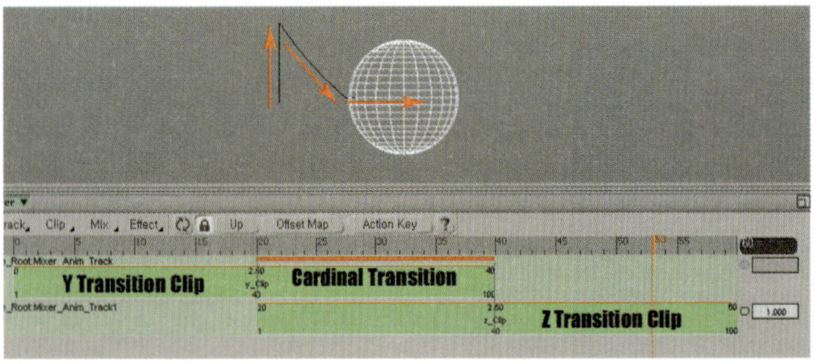


그림 8-24

결과에서 확인할 수 있었듯이 Standard Transition과 Cardinal Transition의 적용결과는 다소차이가 난다. Standard Transition는 두 번째 클립의 시작 지점을 기준으로 Mixing되었고 Cardinal Transition은 두 클립의 액션 데이터를 서로 보강하면서 진행이 된다.

### (7) Transition Clip 제어

새로 생성된 Transition Clip들을 지우고 싶을 때는 클릭 선택을 하고 난 뒤 키보드의 Delete 명령을 실행한다. 또는 Transition Clip을 선택하고 마우스 오른쪽을 클릭하면 적용 가능한 기능 창이 나온다. Delete 명령을 실행한다. Set in / out Loop 기능을 통해 반복 재생이 가능하면 결과를 확인하거나, 수정이 필요할 경우 해당되는 부분의 액션만 지속적으로 재생 가능하다. 그리고 새로 생성된 Transition Clip들 역시 하나의 새로운 Parameter들에게 적용되어진 애니메이션 데이터이기 때문에 F-Curve의 정보를 가지고 있다. 마우스 오른쪽 클릭한 후 옵션 창에서 Animation Editor를 선택하면 새로 생성되어 적용된 Animation F-Curve data를 확인할 수 있다.

## 12. Clip Weight

Clip형식으로 저장된 애니메이션 Source 데이터는 Weight라는 적용 형식을 가지고 있는데 이는 0부터 1까지의 적용 범위를 의미한다. 즉 Weight의 적용수치가 "0"이면 애니메이션 적용이 안되다는 의미이고 Weight의 적용수치가 "1"이면 애니메이션 적용이 100%적용된다는 의미이다. 그렇다면 Clip의 Weight 정보는 어디서 확인가능하고 어떻게 적용할 것인지에 대해 알아보도록 한다.

### (1) 위 치

위치는 Clip 소스 내에 있다. 붉은색 라인의 형태를 하고 있는데 만약 여러분의 Clip Source에서 Weight curve가 보이지 않는다면 Animation Mixer의 상단의 메인 메뉴 View 〉 Weight curve의 항목을 체크하도록 한다(그림 8-25).

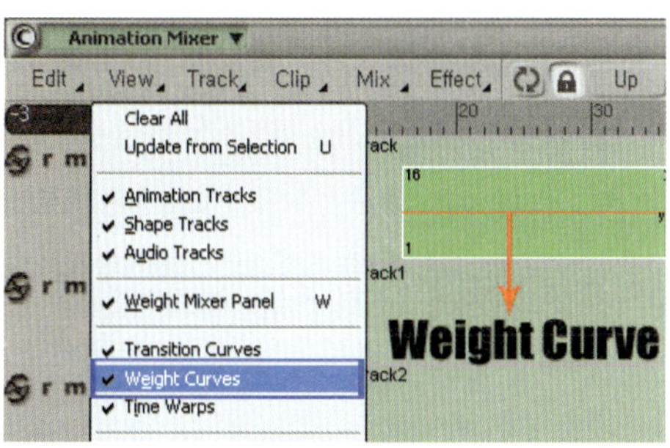


그림 8-25

### (2) Weight curved의 적용

Weight커브의 적용은 Weight Panel에서 조절할 수 있다. 단 Weight Panel은 Clip 위에 Time Line이 있을 경우에만 활성화된다. 해당 Clip에 Time Line이 없으면 비활성화되어 있다(그림 8-26).

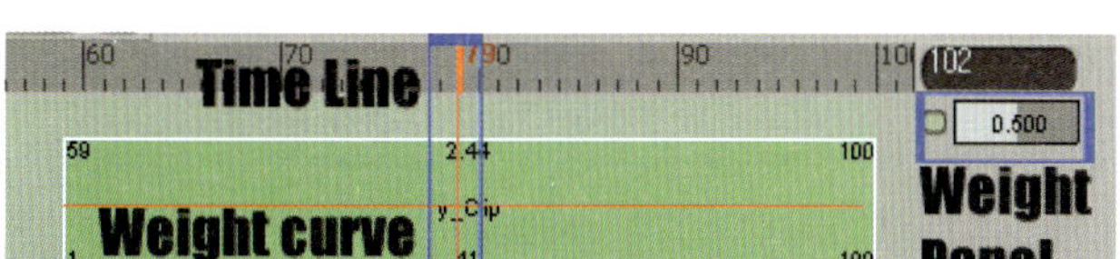


그림 8-26

Weight 수치 변화 및 애니메이션은 적용된 Weight값은 원하는 Time에서 원하는 수치만큼 적이 가능하고 이러한 적용의 흐름을 애니메이션화할 수 있다. 먼저 적용 Clip의 제일 첫 시작 Frame(Weight Panel이 활성화되는 시점)에 Time Line을 위치시킨다.

그리고 Weight 수치를 "0"으로 낮춘다. 그리고 Weight Panel 앞에 있는 animation적용 아이콘을 클릭한다.

그리고 Time Line을 Clip의 중간정도에 위치시킨다. 이번에는 Weight 수치를 "1"로 올려준다. 그 다음 animation 적용 아이콘을 클릭한다. 그리고 Clip의 마지막 Frame(Weight Panel이 비활성화되기 바로 직전의 종점)에 Time Line을 위치시킨다. 그리고 Weight 수치를 "0"으로 낮춘다. 그리고 Weight Panel 앞에 있는 animation적용 아이콘을 클릭한다. 그 결과 Clip내에 존재하는 Weight curve의 변화를 확인할 수 있다(그림 8-27).

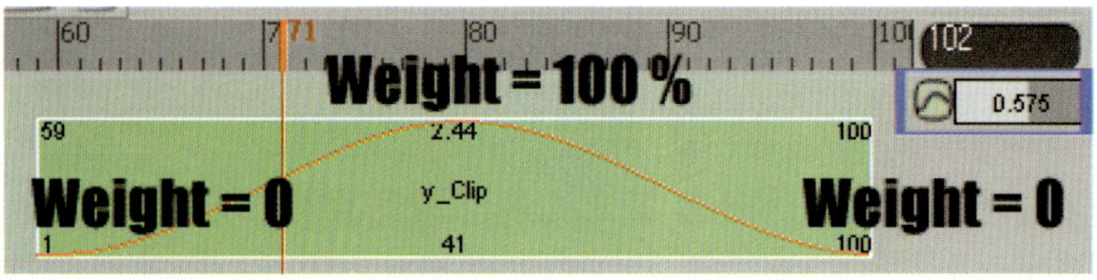

그림 8-27

이러한 Weight의 수치 적용은 여러 Clip의 Mix시에도 적용이 가능하다(그림 8-28).

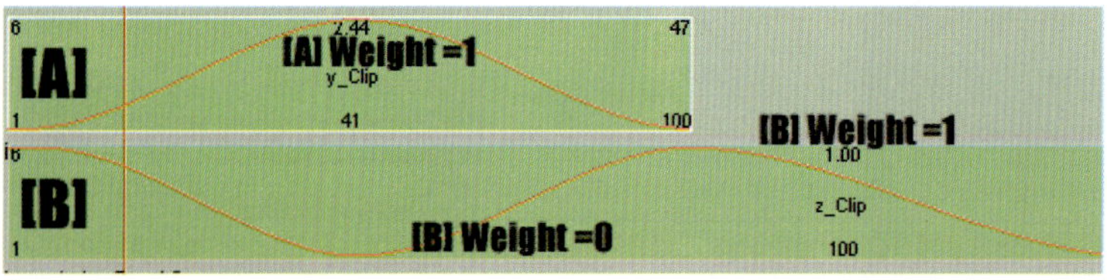

그림 8-28

### (3) Preset Weight

Weight 작업을 좀 더 쉽고 다양하게 적용하기 위하여 여러 종류의 mixing효과를 사용할 수 있도록 다양한 형태의 Preset 형태의 Weight가 있다.

Clip 〉 Preset Weight 명령 창을 열면 다양한 형태의 Mixing Weight Preset이 있다. 예를 들어 두 개의 Wight의 적용 형태를 Linear ease out으로 설정하면 Linear curve에 점진적으로 Weight 값이 적용되는 형태의 결과를 얻을 수 있다. 이러한 다양한 Preset의 활용을 효율적으로 하기 위해서는 많이 다루어 보고 그 효과 선택에 대해 확신이 섰을 때 사용하도록 한다(그림 8-29).

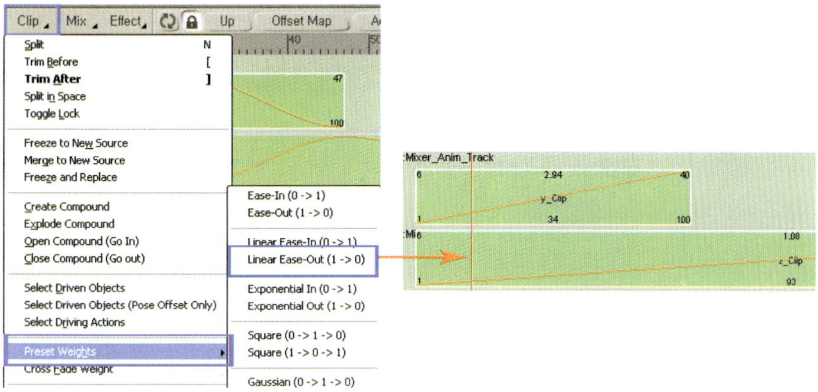

그림 8-29

### (4) Cross Fade

두 개 이상의 Clip를 합칠 경우 서로 Weight 적용에 있어서 힘의 조절이 자유롭지만 정비율의 패턴을 가지는 경우도 있다. Cross fade처럼 위 Clip과 아래 Clip의 Weight 적용을 서로 교차시켜 적용을 하고자 할 경우가 생긴다(그림 8-30).

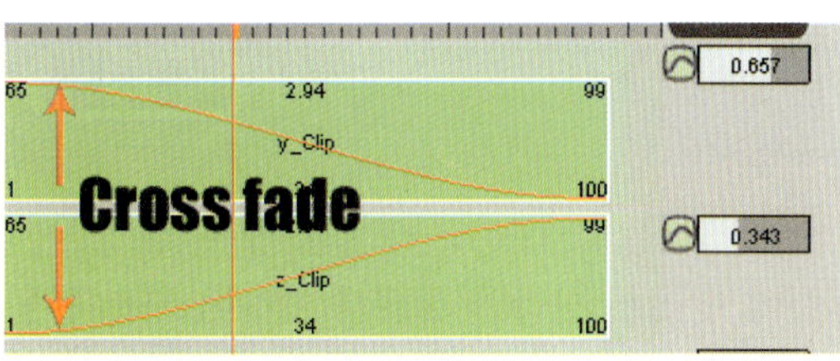

그림 8-30

## 13. Time wraps

Time wraps는 Clip의 시간과 액션 사이에서의 관계설정 코드이다. Clip의 속도를 오릴 수도 있고, 내릴 수도 있으며, 비선형 방법의 적용과 그 순서를 바꿀 수도 있다.

- 적용 : Wrap 컨트롤하고 싶은 Clip를 선택하고 마우스 오른쪽 클릭이나 메인 메뉴의 Clip메뉴를 선택한다. Clip 〉 Time Properties를 클릭해서 Time Properties Option 창을 연다(그림 8-31).

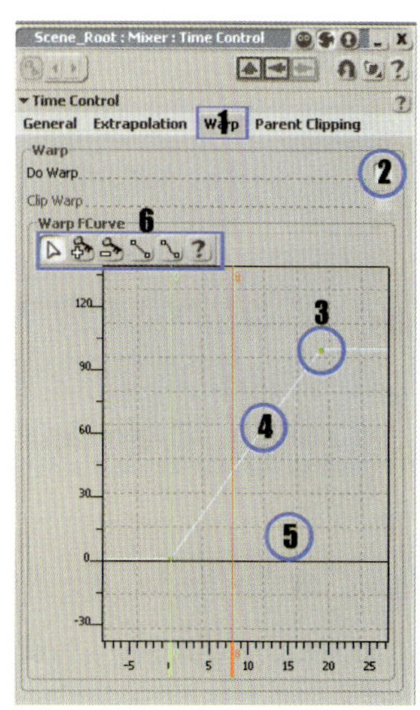

그림 8-31

- Wrap 옵션 창으로 이동
- Do Wrap : Wrap기능을 활성화하게 된다. 이때 Mixer의 Clip에서 Weight의 색이 주홍색으로 바뀐다.
- Wrap Point 선택해서 마우스 오른쪽을 클릭하면 F-Curve 편집을 할 수 있는 다양한 옵션들이 나온다. Curve control 옵션들이다.
- Curve 선택 후 커브 위에 마우스 올려놓고 오른 클릭을 하면 Curve, Key, Edit 등의 다양한 편집 기능이 나온다. 액션 속성을 바꾸는 명령들이다.
- Wrap 창 빈 공란에 마우스 올려놓고 오른 클릭을 하면 Animation Mixer 창에 있는 모든 편집 기능들이 나온다.
- Curve나 Point 선택 Key 추가/삭제, Curve 형태 변환 기능

## 8-3 Animation Clip Source 만들기

### 8-3-1 개 념

XSI에서 사용되는 Action Clip은 다양한 제작 기능에 맞춰서 다양한 형태로 제작이 가능하다. Clip source를 만들 때 주의할 점은 애니메이션을 제작하기 위해 적용을 했던 모든 Key 값이 그 Clip안에 들어가야 한다는 것이다. 즉 애니메이션에 관계되어진 모든 속성을 모두 포함시켜야 한다는 말이다. 그러므로 처음부터 Mixer 사용을 계획한 Action 제작이라면 애니메이션 적용된 모든 데이터를 잘 정리해 둘 필요가 있다. 쉽게 말하면 Action clip는 F-curve, expression, Constrain 그리고 Link parameter 등과 같은 애니메이션 "Package"이다. 애니메이션 Package를 만듦으로써 시간의 제약을 받지 않고 High-Level 애니메이션에서 작업을 할 수 있다. 액션을 원하는 Timing으로 이동하거나 그 Timing을 자유자재로 늘리고 줄이기가 가능하며 하나의 Clip에 다른 Clip의 액션을 Mix할 수 있고 직관적인 Key 작업 없이 전혀 다른 별개의 액션을 만들어 낼 수 있다. XSI에서의 Mixing은 애니메이션 데이터를 하나의 완벽한 Unit단위와 같이 포장되기 때문에 하나의 모델에서 다른 하나의 모델로의 애니메이션 데이터의 전이도 가능하다.

### 8-3-2 Action 〉 Store 기능

XSI에서의 Action Clip은 Action 〉 Store에서 저장한다. 크게 Current Value와 F-Curve, All

Source 그리고 Animation or Current Values의 그룹군으로 나뉜다. 그 속에 포함된 각각의 항목은 일치되는 것도 있고 중복되는 것도 있다. 어차피 초기 Key Setting 목적을 잘 살린다면 효율적인 작업이 가능하다.

## 1. Current Value

현재의 [SRT]의 값을 하나의 Action Clip으로 저장한다.

- Transformation : 오브젝트의 현재 Transformation(SRT)의 값을 Source로 저장한다.
- Marked Parameter : 오브젝트의 속성 중에서 현재 Marked되어진 Parameter의 속성 값만을 Source로 저장한다.
- Keyable Parameter : 오브젝트나 그 속성 가운데 Keyable할 수 있는 Parameter들의 현재 값을 Source로 저장한다.
- Character Key Set : Key Set으로 설정된 모든 오브젝트의 현재 값을 Source로 저장한다.

## 2. F-Curves

Key animation 데이터를 각 항목에 맞게 저장한다.

- Transformation : F-Curve를 가지고 있는 모든 오브젝트의 Transformation(SRT)의 값을 Source로 저장한다.
- Marked Parameter : F-Curve를 가지고 있는 Marked된 Parameter의 속성 값만을 Source로 저장한다.
- Animated Parameter : F-Curve를 가지고 있는 Animated된 Parameter의 속성 값만을 Source로 저장한다.
- Keyable Parameter : F-Curve를 가지고 있는 오브젝트나 그 속성 가운데 Keyable할 수 있는 Parameter들의 애니메이션 데이터를 Source로 저장한다.
- Character Key Set : F-Curve를 가지고 있는 Key Set으로 설정된 모든 오브젝트의 애니메이션 값을 Source로 저장한다.

## 3. All Sources

애니메이션 가능한 모든 소스를 각 항목에 맞게 저장한다.

- Transformation : Scene 내에서 애니메이션에 관련된 모든 속성에 대한 Transformation(SRT)의 값을 Source로 저장한다.

- Marked Parameter : Scene내에서 애니메이션에 관련된 Marked Parameters에 대한 애니메이션 데이터를 Source Clip으로 저장한다.
- Animated Parameter : Animated된 Parameter에서 애니메이션에 관련된 모든 데이터의 값을 Source Clip으로 저장한다.
- Keyable Parameter : Keyable된 Parameter에서 애니메이션에 관련된 모든 데이터의 값을 Source Clip으로 저장한다.

### 4. Animation or Current Values

- Local Transformation : Local Transform의 모든 Kinematic 속성의 애니메이션 데이터나 현재 값을 Source Clip으로 저장한다.
- Marked Parameter : Marked Parameters의 모든 Kinematic 속성의 애니메이션 데이터나 현재 값을 Source Clip으로 저장한다.
- Keyable Parameter : Keyable Parameters의 모든 Kinematic 속성의 애니메이션 데이터나 현재 값을 Source Clip으로 저장한다.
- Character Key Set : Character Key Set의 모든 Kinematic 속성의 애니메이션 데이터나 현재 값을 Source Clip으로 저장한다.

## 8-3-3 Action 〉 Apply

Source로 저장된 Animation 데이터를 선택한 Source의 형태로 전환시키거나, 복사된 Source 데이터를 다른 캐릭터에 적용할 경우 상용하는 기능이다.

- Apply Action : Store되어진 Source Clip 데이터를 적용하는 방법으로 애니메이션되는 모든 오브젝트를 선택하고 Mixer내에 있는 Clip 중 자신의 원하는 Pose나 동작 clip를 선택하고 Apply 〉 Action 명령어를 선택하면 선택된 Source Clip의 형태로 복귀된다. 제3장 Reference Pose Setting 참고
- Paste Action : Copy된 애니메이션을 Paste한다.
- Reconnect Animation Mixer : Animation Mixer
- Action 〉 Template : Template기능으로 하나의 Action source로부터 다른 모델링에 데이터를 전이할 경우 서로 다른 구조적인 형태를 가지고 있을 경우가 많다. 이때 이 두 개의 서로 다른 구조를 Mapping Template를 적용해 일치시켜서 데이터 호환을 가능하게 만들어 주는 기능을 수행한다.

# 8-4 Animation Mixer 기본 활용

## 8-4-1 Animation Mixer 기능 이해

1 Sphere를 꺼내서 Keying Panel로 작업 모드를 전환한 다음 Position Y Parameter를 선택하고 10Frame 동안 Y축으로 10Unit 올라가는 애니메이션을 만든다(그림 8-32).

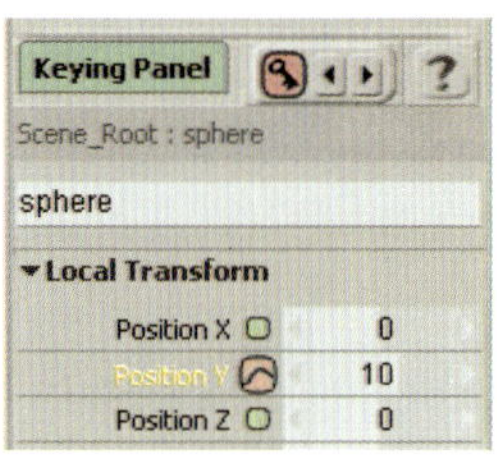


그림 8-32

2 Action Clip을 만든다. Sphere를 선택하고 Action 〉 Store 〉 Marked Parameters-F Curves 명령을 실행한다. 옵션 창에서 "y transition"이라고 Clip 이름을 지정해 주고 "OK"를 클릭한다. 이때 옵션 중에서 Remove original animation 옵션이 Default로 체크되어 있는데 만약 이 체크를 해제를 하게 되면 Clip으로 저장과 동시에 원본 애니메이션 데이터도 그대로 유지된다. 지금은 Mixer를 활용하는 시간이기 때문에 Default 그래도 두고 작업을 한다. 즉 원본 애니메이션 데이터는 삭제된다(그림 8-33).

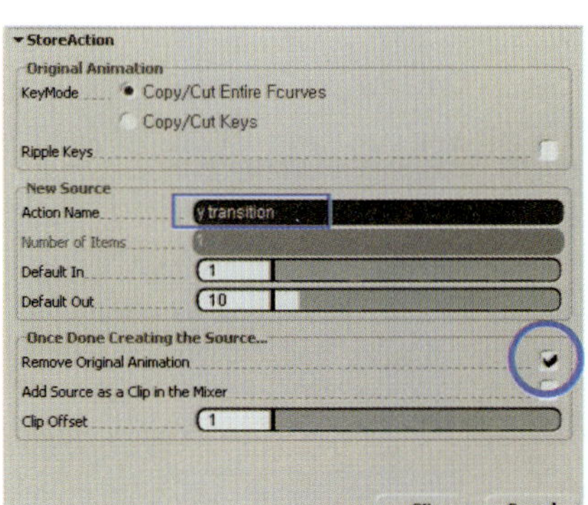


그림 8-33

**3** Mixer 창에 저장한 Clip 불러오기 : 오브젝트(Sphere)를 선택하고 Animation Mixer 창(단축키 : Alto+O)을 연다. 생성된 Animation Track 위에 마우스 올려놓고 마우스 오른쪽을 클릭하고 Insert Source 명령어를 실행하면 자동으로 저장된 y transition Clip위치를 알려준다. y transition Action Clip을 선택하면 자동으로 Mixer Track 창으로 저장된 Clip이 자동 로딩된다(그림 8-34).

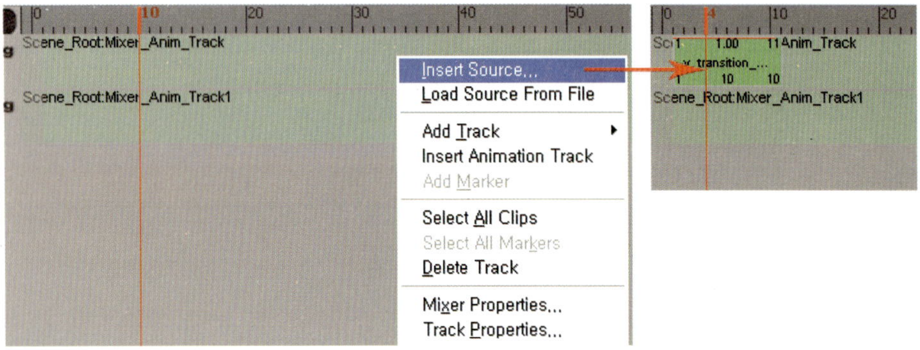


그림 8-34

**4** 동일한 방법으로 "Z transition" Clip을 만든다. 새로운 Track 위에 새로 만들어진 Clip Source를 Loading한다.

**5** Clip F-Curve 수정하기 : Track 위에 있는 Clip을 선택하고 마우스 오른쪽을 클릭해서 Animation Editor 창을 연다. 열린 창에는 Clip으로 저장된 Source 데이터의 F-Curve 정보를 확인할 수 있다. 커브를 선택하고 Linear 커브로 전환시켜 준다. Curve 전환의 이유는 특별한 것보다는 Mixing을 했을 때 Spline보다는 Linear type이 그 결과를 확인하기 편하다. 두 Clip 모두 동일하게 적용해 준다(그림 8-35).

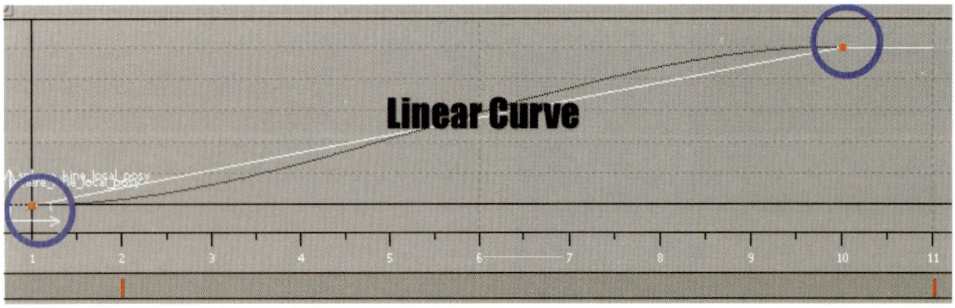


그림 8-35

**6** Animation Mixer의 End Frame을 10Frame으로 변환한다(그림 8-36).

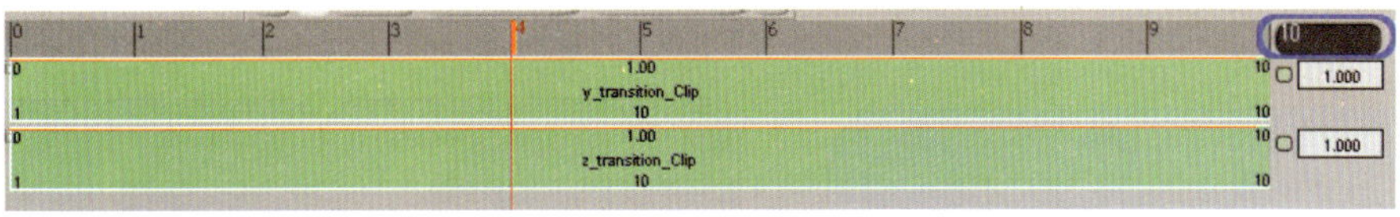


그림 8-36

**7** Play해서 결과를 확인한다(그림 8-37).

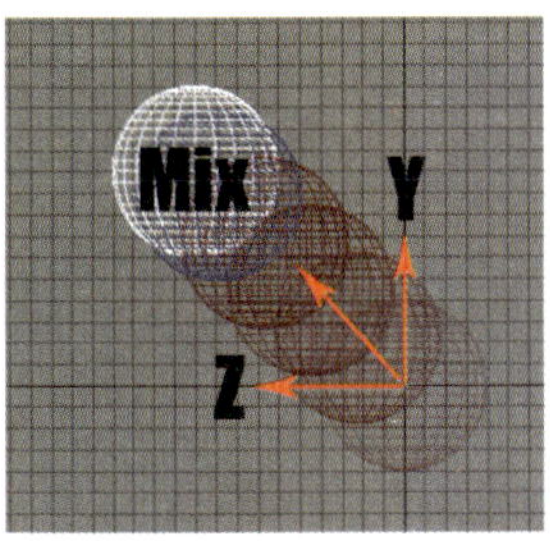


그림 8-37

**8** Clip Property 옵션 확인 : Y Transition clip을 선택해서 마우스 오른쪽 클릭으로 Clip Property 옵션 창을 연다. Clip Item Information tap에서 현재 Clip source에 들어 있는 parameter를 확인한다. Marking parameter로 저장을 했기 때문에 존재하는 parameter 정보가 pos.y 값 하나밖에 없다. 만약 불필요한 다른 parameter가 섞여 있으면 이 속성 창에서 제거할 수 있다. 반대로 필요한 parameter를 자유자재로 선택 해제가 가능하다(그림 8-38).

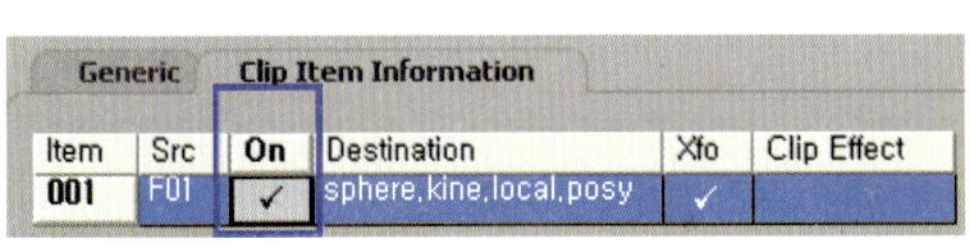


그림 8-38

**9** 두 개의 Clip사이에 평균적으로 존재하는 힘의 균형을 Weight Panel로 바꿀 수 있다. Weight Panel의 수치 값을 조절함으로써 두 Clip간의 힘의 적응력을 조절할 수 있다. 물론 애니메이션도 가능하다(그림 8-39).

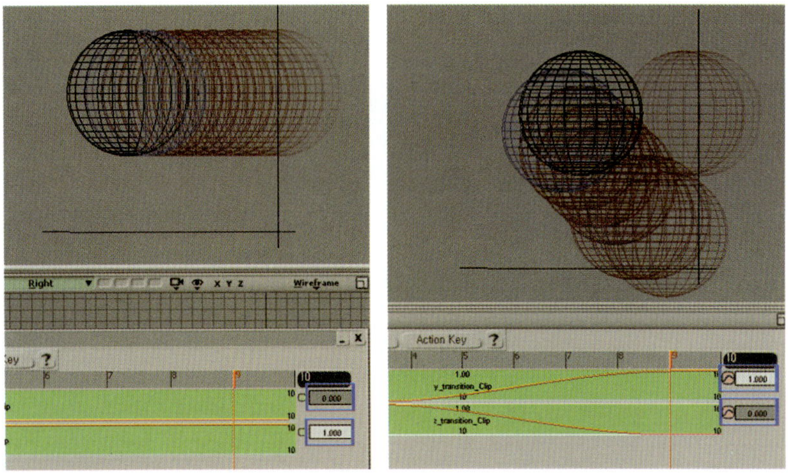


그림 8-39

**10** Weight에 들어 있는 애니메이션 Key 값도 Editor에서 편집이 가능하다. Key 아이콘에 마우스 오른쪽을 클릭하고 Animation Editor 창을 연다. 원래의 F-Curve가와 함께 Weight 수정 Curve도 함께 나타난다. 이곳에서 좀 더 유연하게 애니메이션 편집을 할 수 있다. Weight Panel에 주어진 애니메이션 데이터는 Key 아이콘의 마우스 오른쪽 클릭으로 Remove Animation명령을 실행해 주면 된다(그림 8-40).

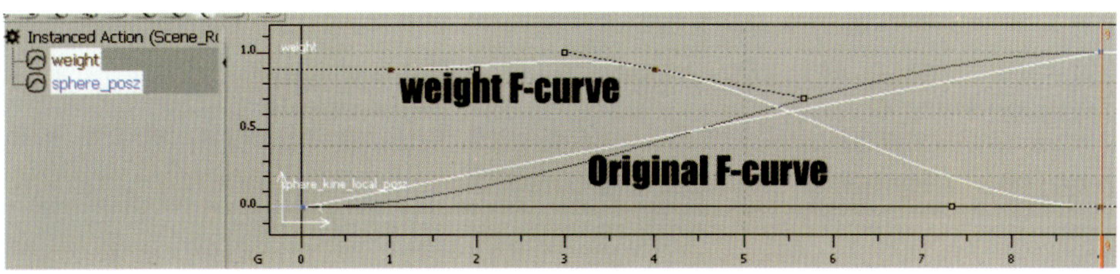


그림 8-40

**11** Play Frame Control : 두 개의 Clip을 mixer를 한다. 모든 데이터를 초기의 상태로 복원을 할 필요가 있다. Clip을 선택하고 View 〉 Play Frame Control 명령을 실행한다.

**12** 두 개의 Clip을 10Frame 간격을 두고 각자 다른 Track 위에 위치시킨다. 앞장에서 Standard와 Cardinal Mixer에 대한 설명은 이미 진행을 했다. 다시 한 번 간단하게 복습을 하기로 한다.

㉠ Standard Transition과 Cardinal Transition의 결과 비교 1. (그림 8-41)

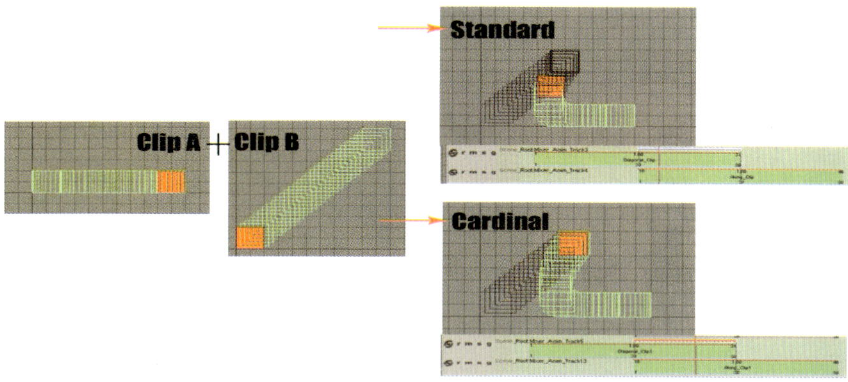


그림 8-41

㉡ Standard Transition과 Cardinal Transition의 결과 비교 2. (그림 8-42)

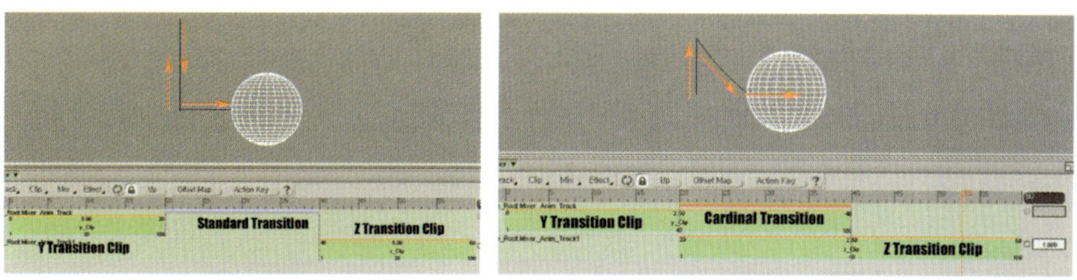


그림 8-42

**13** Compound-Compound는 두 개 이상의 Clip Source를 하나의 데이터 소스로 클립화시킬 수 있다. 두 개의 Clip 데이터로 새로운 하나의 clip 소스를 만들 수 있다는 결론이다. 소스가 많다면 더 많은 조합으로 더 많은 Compound 데이터를 만들어 낼 수 있다.

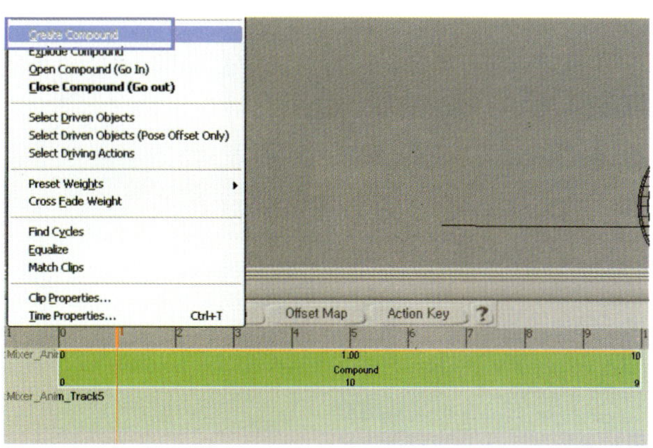


그림 8-43

Track상에 나타나 있는 두 개의 Clip를 선택한다. Clip 〉 Create Compound를 선택한다. 그러면 선택한 Clip들이 하나의 Clip으로 Merge된다. Play하면 애니메이션 결과는 동일하다. Compound Clip은 완전히 새로운 하나의 Clip으로 편집/이동/수정/Weight 값의 변형까지 수정이 가능하다. 다시 원상 복귀를 하고자 할 경우에는 Compound Clip을 더블클릭을 하거나 Clip 〉 Explode 명령을 실행하면 된다(그림 8-43).

**14** Off set 적용 : 흔히 Clip을 상용하게 되면 편리한 점은 있지만 이미 만들어진 데이터의 활용일 뿐 더 이상 Pose를 잡는데 무리가 있다고 판단하기 쉽다. 하지만 그렇지 않다. Clip으로 저장하더라도 Animation Editor에서 Key 편집이 가능하고 Clip 자체에서도 새로운 Key 값을 추가해 줄 수 있다. 여기서는 기존의 애니메이션에 새로운 위치 점을 갖게 되는 Source에 대해 Mix 작업을 해보도록 한다.

㉠ Sphere를 선택하고 Y축으로 10만큼, Z축으로 －10Unit 이동시킨다. 현재의 위치 점을 Clip저장하도록 한다. Sphere를 선택하고 Acton 〉 Store 〉 Transformation current value 명령을 실행한다. Clip의 이름을 "Stand"라고 저장을 한다.

㉡ 저장된 Stand Clip Source를 불러온다. 일단 불러온 Clip 소스는 새로운 Track 위에 위치시키고 Clip의 크기를 10Frame으로 늘려서 기존에 있던 애니메이션 데이터의 크기와 일치시킨다.

㉢ Mix 〉 Animation Mixer Property 창을 연다. Mix Normalize의 옵션을 해제한다. 이것은 Clip 사이의 보간 값을 최소화하여 Mixing의 크기를 원본 데이터에 가장 가깝게 만들어 준다. Mixing의 크기를 한층 키워주는 것이다.

㉣ 새로 불러들인 Stand Clip소스의 Weight 적용을 변화시키는 애니메이션을 제작한다. 1Frame에서는 "0", 5Frame에서는 "1", 10Frame에서는 다시 "0"으로 Key 값을 준다. 그 결과를 확인한다(그림 8-44).

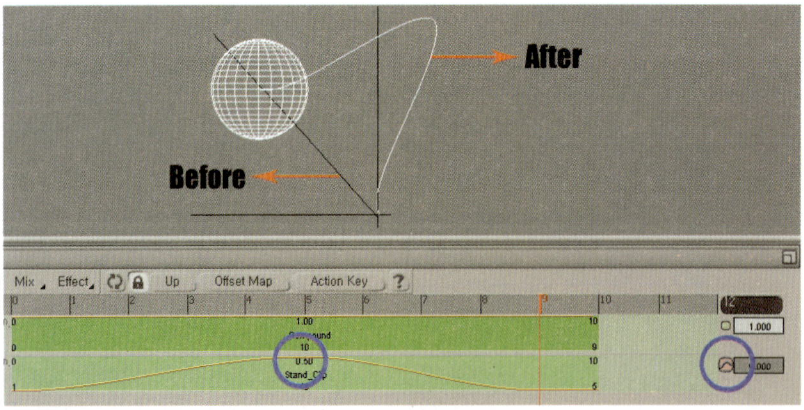

그림 8-44

## 8-4-2 고정형 구간 Cycle / Bouncing

1 Sphere의 Y축에 대한 애니메이션을 계속적으로 반복을 하고 싶을 경우 clip Source로 저장이 되어 있으면 한결 수월하게 작업을 할 수 있다.

2 먼저 Sphere를 선택하고 간단한 애니메이션을 제작한다. 먼저 keying Panel 창에서 "Pos. Y" Parameter를 선택한다. 1Frame에서 Key 값을 주고 10Frame로 이동한 다음 Y축으로 10Unit만큼 이동시킨다. 그리고 Key 값을 적용한 다음 20Frame으로 이동한 다음 Y축으로 "0"값을 주고 Key를 적용하고 마친다. Sphere가 Y축으로 10Unit만큼 올라갔다가 다시 내려오는 간단한 애니메이션이다.

3 이 애니메이션 데이터를 Clip소스로 저장한다. Clip소스의 이름을 "Y Transition"이라고 한다.

4 Animation Mixer 창을 연다. 그리고 Animation Track 위에 "Y Transition" Clip소스를 불러온다. Track의 중간 정도에 위치시킨다(40~60프레임).

5 Clip을 선택하고 Time Property 창을 연다.

6 Cycle나 Bouncing에 관계된 Option 창인 Extrapolation tap로 넘어간다(그림 8-45).

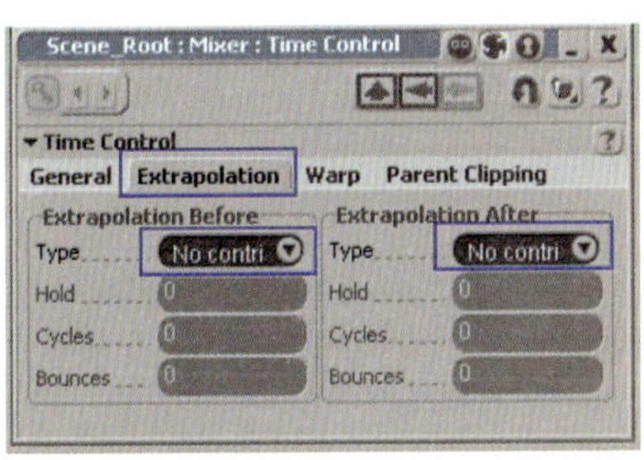


그림 8-45

7 Extrapolation 명령어 창에서 Before Type에서 Cycle를 선택하고 반복회수를 "2"라고 지정해 준다. 그리고 After Type에서도 Cycle를 선택하고 반복회수를 "2"라고 지정해 준다(그림 8-46).

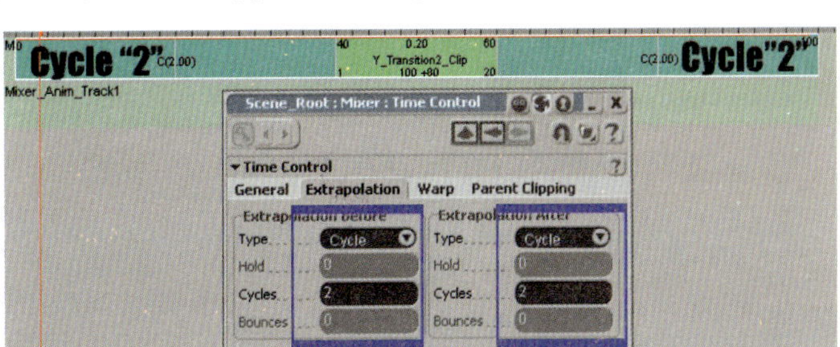


그림 8-46

8 작업 결과를 Play한다.

9 Cycle는 Time Property의 옵션과 함께 Clip자체에서 해결이 가능하다(그림 8-47).

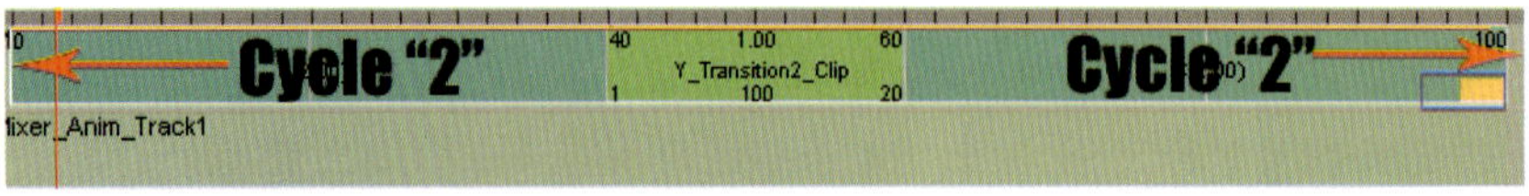


그림 8-47

10 작업 결과를 Play한다.

11 Cycle외에 옵션을 보면 "Hold", "Bounce" 등의 옵션 사항도 함께 동일하게 사용이 된다. "Bounce"는 진행동작의 반대 동작이 Repeat된다.

## 8-4-3 진행형 Cycle

1 애니메이션 작업은 고정형 반복 Cycle형태의 애니메이션도 많지만 애니메이션 보다는 게임 애니메이션 제작이 많이 활용이 된다. 영화나 애니메이션 작업에 있어서는 진행형 동작이 많다. 캐릭터의 Walking 동작을 한 cycle을 제작한 후 4회를 반복해서 걸어야 한다고 했을 때 시간도 시간이지만 똑같은 작업을 계속 반복 작업을 하게 되면 효율이나 능률면에서 많이 떨어진다. 간단한 방법으로 해결이 가능하다.

2 Sphere를 꺼내서 10Frame 동안 Z축으로 10Unit만큼 진행하는 애니메이션을 만든다.

3 "Z Transition" Clip으로 저장해서 Animation Mixer Track에 Loading한다.

4 위의 고저형 Cycle제작방법으로 Cycle를 하게 되면 11Frame 위치에서 "0"으로 되돌아와서 반복하는 고정형 패턴이 생긴다. 우리가 원하는 건 Z축으로 계속 해서 진행하는 Action을 원한다.

5 Z Transition Source Clip을 선택하고 Ctrl+Click+Drag를 해서 Clip을 복사/이동을 한다. 원본 Clip이 끝난 지점 바로 뒤에 새로 복사한 Clip를 위치시킨다. 새로 복사된 Clip을 선택하고 마우스 오른쪽을 클릭해서 Clip Property 속성 창을 연다.

**6** Clip Property 속성 창에서 "Clip Item Information" tap를 선택해서 리스트를 연다. Pos.Z축 parameter만 저장했기 때문에 Clip Item이 pos.Z 하나뿐이다.

**7** Clip Item Information 정보 창에서 제일 마지막 tap인 "Clip Effect" 공란에 마우스를 클릭하면 Text 모드로 활성화된다.

**8** 빈 공란에 "this+10"이라고 쓴다. 그리고 Enter를 친다. "this+10"의 의미는 Sphere의 두 번째 Clip이 Sphere Center를 기준으로 11부터 다시 시작한다는 의미이다.

**9** 적용하는 순간 새로 복사한 Clip의 상단에 노란색 Off set이 생성된다. 이 Offset에는 해당 클립이 첫 번째 Clip의 마지막 지점인 10을 지나서 바로 시작된다는 의미다(그림 8-48).

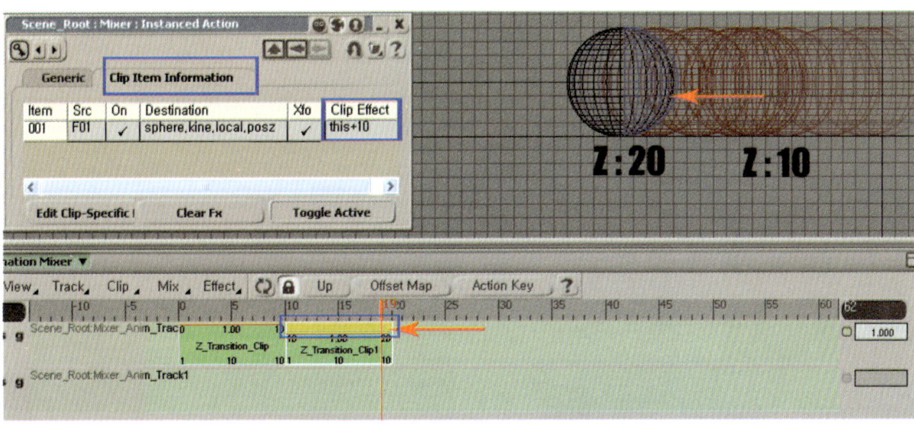


그림 8-48

**10** 작업 결과를 Play한다.

**11** 주의할 점은 이렇게 진행형 Cycle의 작업을 하고자 할 경우 애니메이션 데이터를 가진 오브젝트가 두 번째 클립의 시작 지점이 어딘지를 정확히 알고 있어야 적용이 가능하다.

**12** 약 이 Sphere의 진행형 애니메이션이 20Frame에 끝나지 않고 계속 진행이 되어야 한다면 다음과 같이 한다. 먼저 원본 Clip 소스를 반복형 Cycle을 지정해 주고 싶은 만큼 지정해 준다. 예를 들어 5번의 반복 Cycle를 만들었다고 가정한다. 반복형 Cycle를 5회 적용해준 Clip 데이터를 선택하고 Clip Property 속성 창에서 "Clip Item Information" tap를 선택해서 Pos.Z축 parameter 리스트를 연다.

"Clip Effect" 공란에 마우스를 클릭하면 Text 모드의 빈 공란에 "this+(cid * 10)"이라고 쓴다. 그리고 Enter를 친다(그림 8-49).

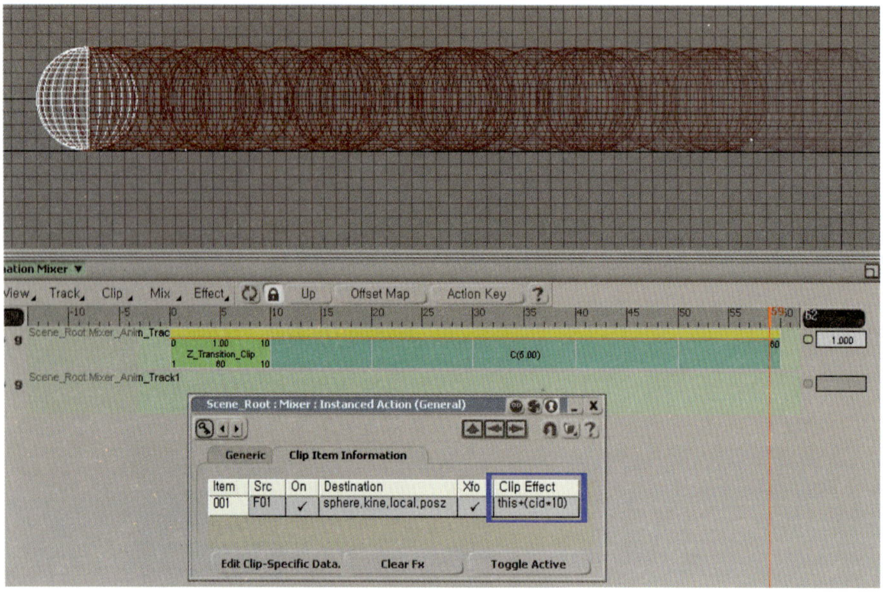


그림 8-49

## 8-5 Animation Mixer의 고급 활용

Animation Mixer의 기본을 활용하여 다양한 캐릭터 애니메이션에 적용을 해 보도록 한다. 캐릭터는 지금까지 학습한 Sphere와 같이 하나의 오브젝트의 구성요소가 아니고 여러 구조나 구성을 가지고 있고, 각각 긴밀한 유대관계로 형성되어 있으며 다양한 성질과 관계 등의 복잡한 구조로 이루어져 있어 성격자체가 틀리다. 하지만 모든 것은 기본에서부터의 출발임을 명심하자. 기본만 튼튼하다면 그 어떤 응용 작업도 가능하다. 정교한 모델링은 Point하나부터의 시작이고 복잡한 Rig의 구조도 Bone하나로부터 시작이다. 리얼한 캐릭터의 액션 역시 1frame부터 출발한다.

## 8-5-1 Animation Mixer를 활용한 액션 데이터 전이

**1** 캐릭터의 액션 Key를 뼈대구조는 동일하나 이름이 서로 다르게 명명된 캐릭터에게 자신이 가지고 있는 데이터를 전이시키고자 한다. 보통 똑같은 뼈대구조를 사용하더라도 이름을 달리하는 경우가 많다. 이 경우 상대 캐릭터와 원본 캐릭터의 뼈대구조의 이름을 맞추게 되면 정확하게 데이터를 전이 할 수 있다.

**2** 그리고 뼈대구조가 다르더라도 전이가 가능하다. 서로 맞지 않는 구조의 뼈대구조를 생략하고 넘기면 되는데 이때는 서로 구조상 일치하지 않아 생략한 뼈대구조가 그 캐릭터의 액션에서 중요한 부분을 차지하고 있었다면 애니메이션 데이터를 전달받은 캐릭터도 문제가 될 가능성이 높다. 하지만 오늘날 3D 제작환경은 서로 비슷한 환경과 구조를 가지는 경우가 대분이기 때문에 그런 문제가 발생할 가능성 역시 높지 않다.

**3** 남자 군인이 사격 자세를 취하기 위해 무릎을 꿇는 자세를 취하는 Action이 있다. 이 데이터를 Animation 데이터가 없는 여자 군인 캐릭터에게 전이를 시킨다.

㉠ 먼저 남자 군인 캐릭터의 애니메이션 데이터를 Clip source로 만든다. Key가 적용된 종류에 따라 저장 방식도 달리해 주도록 한다. 애니메이션 제작방법에 따라 Action source를 만드는 법에 대해 기본과정에서 다루었다.

㉡ 만들어진 액션 클립데이터를 Track으로 불러온다(그림 8-50).

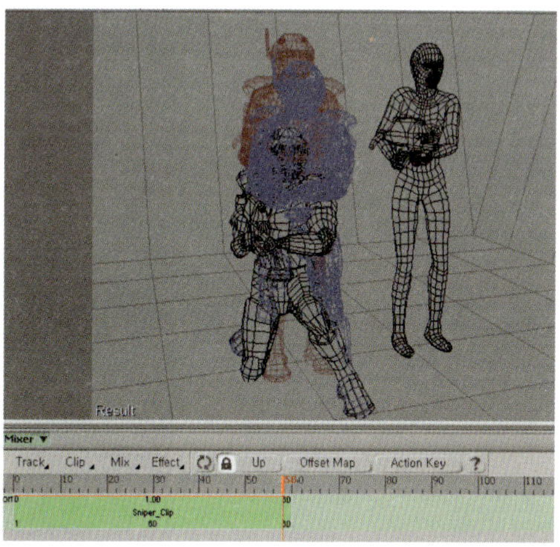


그림 8-50

ⓒ 애니메이션 데이터가 없는 여자 군인을 선택하고 Animation Mixer 창에서 Track을 연다(그림 8-51).

그림 8-51

ⓡ 생성된 Track 위에 마우스 올려놓고 동일 Scene일 경우 Insert source 선택하거나 저장된 Source인 경우 Load source from File을 실행한다. 여기서는 Insert source 선택하면 자동으로 저장된 Clip source의 위치를 이동한다. 적용하고자 할 Clip을 선택하는 순간 두 캐릭터의 구조적으로 매치되지 않는 부분에 대해 연결할 수 있는 Find and Replace 창에 뜬다. 여기서 서로 다르게 지정된 부분을 찾아 재지정을 해주면 된다.

ⓜ CG를 COG로 Replace하고 L_를 L로, R_를 R로 Replace해 준다(그림 8-52).

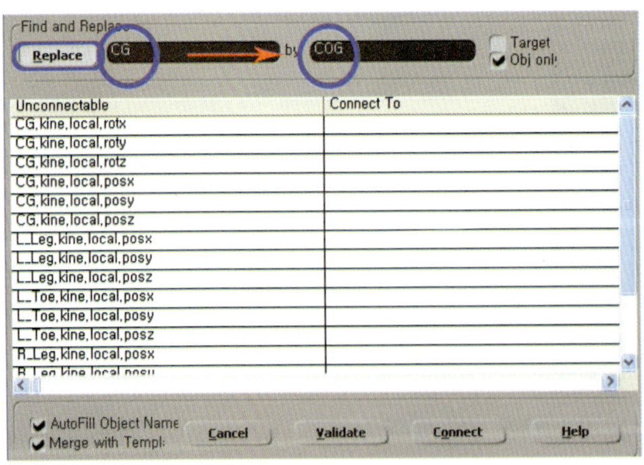


그림 8-52

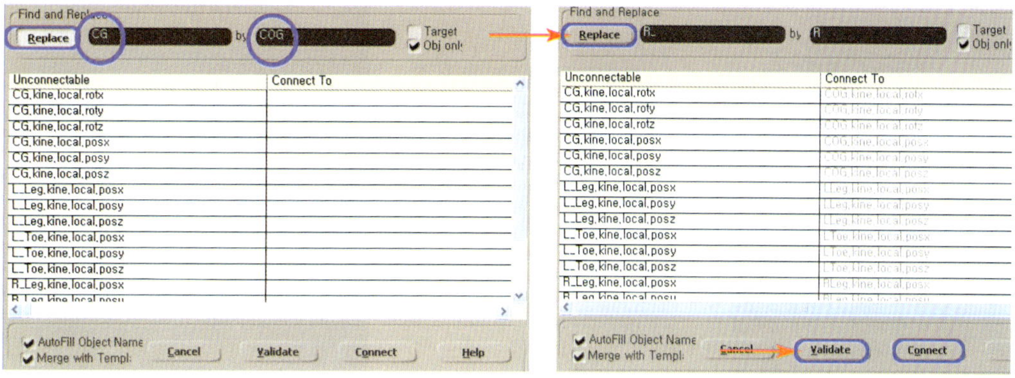


그림 8-53

**4** 정확하게 데이터 전이가 유효한지 확인하기 위해 Validate를 누르고 모든 전이 데이터가 이상 없이 확인이 되면 Connect를 클릭하여 적용을 마무리 한다.

**5** Play를 통해 결과 확인을 한다(그림 8-54).

그림 8-54

## 8-5-2 Clip source를 활용한 다양한 Action Mixing 1 – 구분동작

저장된 Clip소스가 많을수록 그 확장성이 몇 배로 커지는 것이 바로 Animation Mixer의 가장 중요한 기능 중 하나이다. 예를 들어 한 캐릭터에 적용된 애니메이션 소스가 제자리에서 가만히 서있는 동작과 뛰어가는 동작과 점프하는 동작이 있을 경우 이 세가지 형태의 클립을 이용해서 다양한 형태의 애니메이션을 만들 수 있다.

## 1. 제자리에서 점프하기

1 어떠한 애니메이션도 없는 군인 캐릭터를 불러온다(그림 8-55).

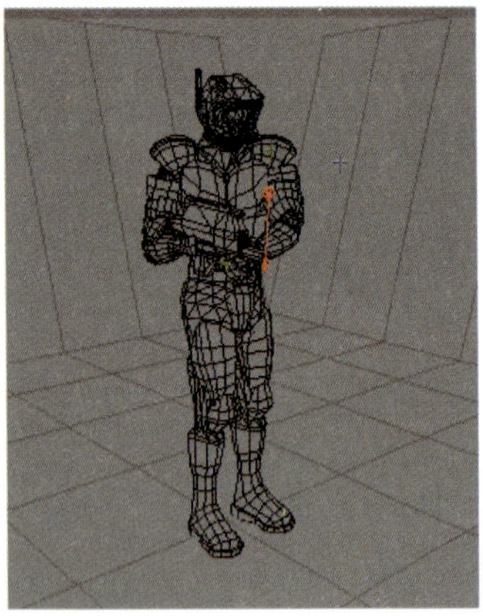

그림 8-55

2 불러온 캐릭터의 Body의 임의의 한 부분을 선택해서 Animation Mixer 창에서 Up data 버튼을 클릭한다(그림 8-56).

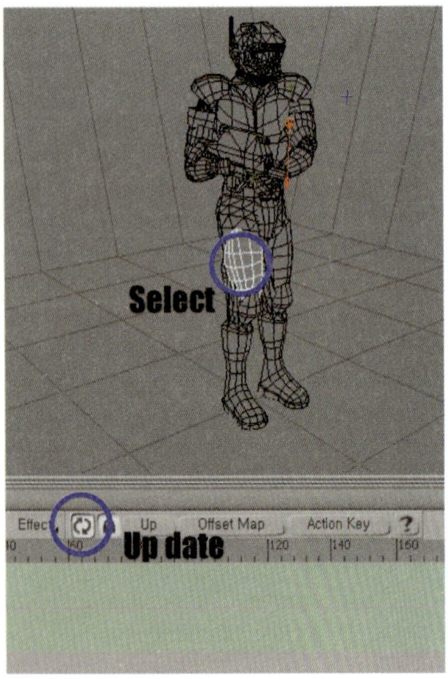


그림 8-56

**3** Animation Track을 하나 더 추가한다(Shift+A).

**4** 저장된 Clip source를 불러온다. 각각의 Track 위에 Loading한다. Standing, Jumping, Running의 순서에 따라 나열한다(그림 8-57).

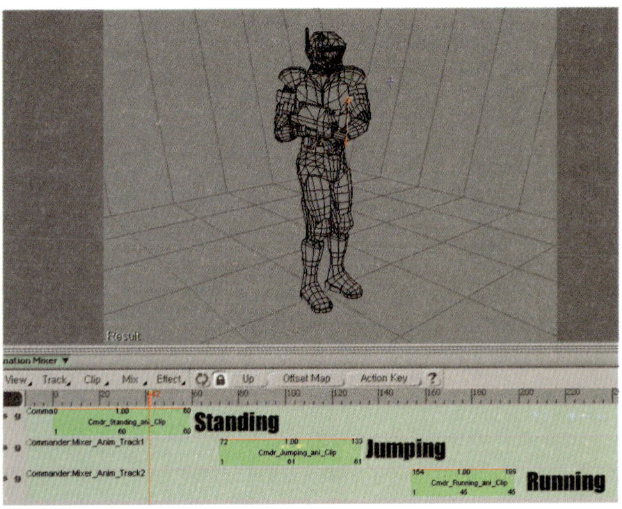


그림 8-57

## 2. Standing+Jumping

**1** 세 번째 Clip은 Mute[m 아이콘]를 시킨다.

**2** 첫 번째 Clip의 두 번째 클립을 10Frame 간격만큼 교차시킨다.

**3** Mix 〉 Standard Transition Tool(단축키 : T)를 명령을 실행하고 첫 번째 Clip과 두 번째 Clip를 차례로 선택한다(그림 8-58).

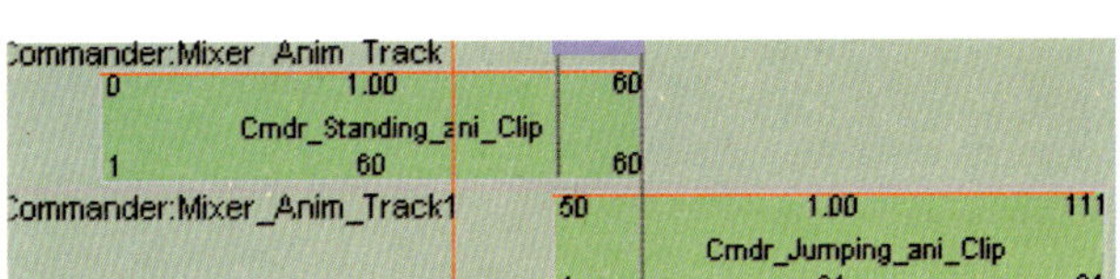


그림 8-58

**4** Play를 통해 결과를 확인한다(그림 8-59).

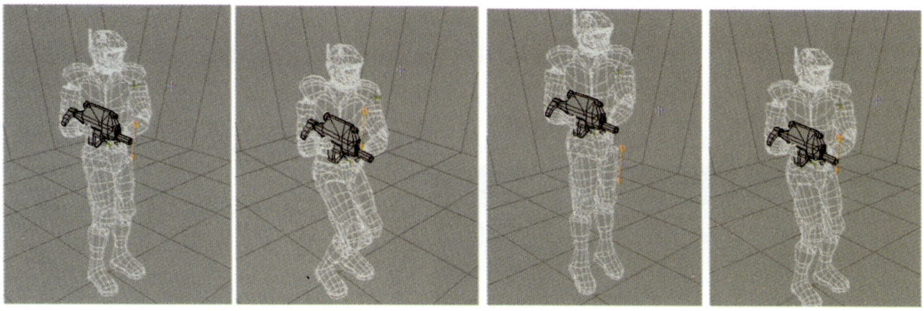

그림 8-59

## 3. Standing + running

**1** 생성된 Standard Transition Clip을 선택해서 Delete한다.

**2** Mute시켰던 Running Clip을 두 번째 Track 위에 올려놓고 Standing과 Mix를 할 준비를 한다. 두 번째 Running 자세 중에서 첫 번째 Standing Pose와 가장 가까운 자세를 찾는다. 양 발이 지면에서 떠있는 자세보다는 어느 한발이라도 지면이 닿고 있는 자세라야 하며 지면의 위치가 Standing의 마지막 Pose와 가장 닮은 Pose를 찾는다. Running Clip를 선택한 상태에서 그 지점을 기준으로 Trim Before(단축키 : [ ])를 한다.

**3** 두 Clip 사이 간격을 10Frame 간격으로 두고 Mix > Standard Transition Tool(단축키 : T)를 명령을 실행하고 첫 번째 Clip과 두 번째 Clip를 차례로 선택한다(그림 8-60).

그림 8-60

**4** Play를 통해 결과를 확인한다(그림 8-61).

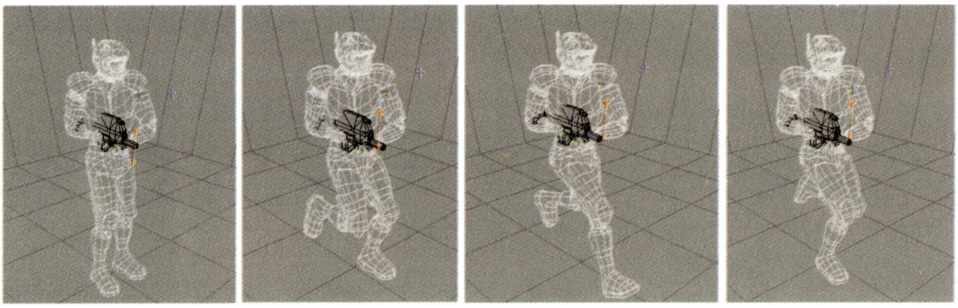

그림 8-61

## 4. Standing+running+Jumping

**1** Standing+running Clip Mixing 결과에 Jumping Clip을 연결해 보도록 한다. Mute시켰던 Jumping Clip을 해제하고 Running Clip 아래 Track에 위치시킨다.

**2** 두 번째 Pose의 자세 중에 세 번째 점프의 시작 자세와 가장 일치하는 자세를 찾는다. Jump Clip의 첫 Start 자세가 Stand 자세와 비슷하기 때문에 두 발 중 한발은 지면에 닿고 있는 자세를 찾는다. 그 이후의 Pose는 필요 없기 때문에 Trim After(단축키 : ] )를 실행한다. 그리고 세 번째 Clip을 두 번째 Clip과 10Frame 간격을 두고 정렬시킨다. Mix 〉 Standard Transition Tool(단축키 : T)를 명령을 실행하고 두 번째 Clip과 세 번째 Clip를 차례로 선택한다(그림 8-62).

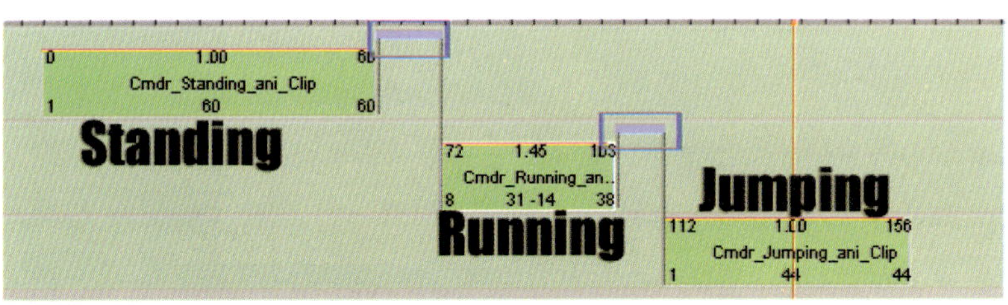


그림 8-62

3 Play를 통해 결과를 확인한다(그림 8-63).

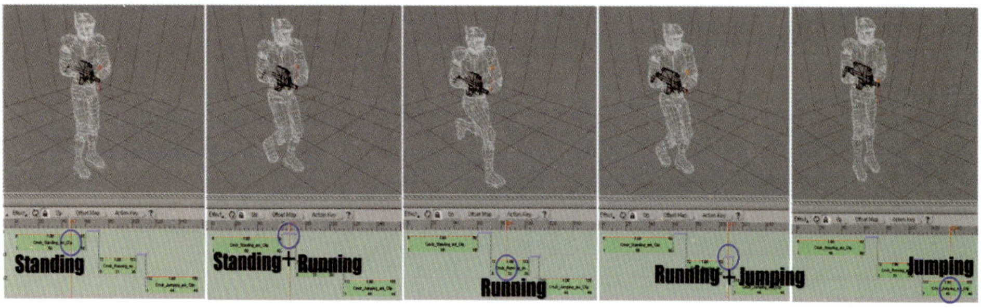

그림 8-63

## 8-5-3 Clip source를 활용한 다양한 Action Mixing 2 – 연결동작

1 Walking+Running : 캐릭터의 Acting을 제작할 때 가장 어려운 Pose라 바로 연결 동작이다. 걷다가 갑자기 멈추거나, 달리다가 서서히 걸어갈 때, 서서히 걷다가 점차 빠른 걸음으로 진행할 때 등. 이렇게 서로 앞뒤 동작의 연결선상에서 변화를 주는 동작은 그 미묘한 동작의 흐름 차이 때문에 많은 시행착오를 거쳐야 하는 부분이다. 그러나 Animation Mixer에서 그러한 고민을 상당부분 해결 하고 있다. 지금부터 Walking 동작에서 서서히 Running 동작으로 점진적으로 변화되는 Pose의 결과 확인해 보도록 한다.

2 Animation Track 두 개를 꺼낸다. 하나는 Walking Clip을 불러오고 다른 하나의 Track에는 Running 클립을 불러온다.

3 첫 번째 불러온 Walking Clip은 제자리 반복형이기 때문에 Clip Cycle만으로도 충분히 반복 효과를 볼 수 있다. Walk Clip 오른쪽 아래 Cycle제작 Icon을 클릭하고 3번 정도 Cycle을 한다.

4 첫 번째 Walking Clip을 Mute시키고 Running cycle에 대해 작업을 한다. 먼저 불러온 Running Cycle는 완전한 Cycle 데이터가 아니다. Clip이나 F-Curve에서 데이터의 Cycle을 만들기 위해서는 완벽한 Cycle Clip이나 F-Curve이어야 한다. XSI에서는 Clip 내에 있는 Action data내에 있는 Cycle을 정확히 찾아주는 기능이 있다. 먼저 해당 Clip의 첫 Frame에 Time Line Bar를 위치시키고 Clip을 선택하고 반복 패턴을 찾고자 하는 애니메이션 데이터가 들어 있는 오브젝트(Rig나 Bone)를 멀티 선택하고 (여기서는 양쪽 허벅지 Skeleton을 멀티 선택) Clip 〉 Find Cycle명령을 실행한다(그림 8-64).

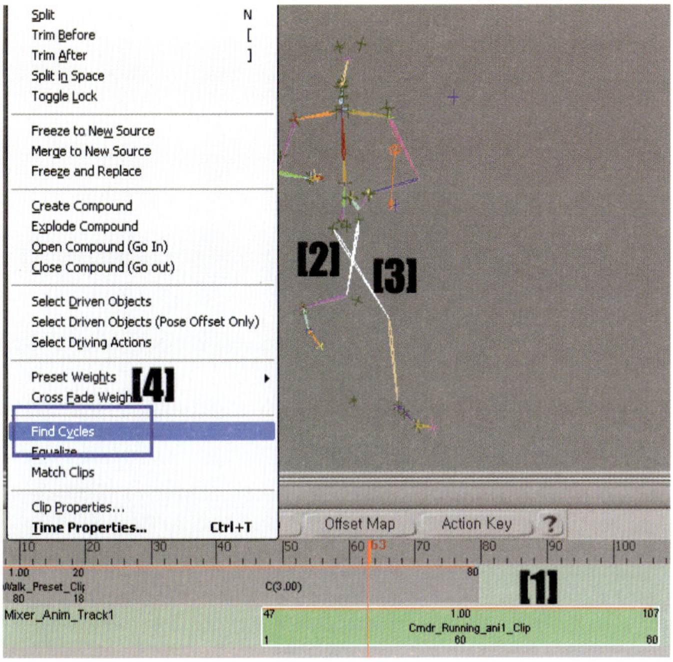


그림 8-64

**5** 그 결과 정확하게 한 Cycle에 해당하는 지점에 Marker가 생긴다. 생성된 Marker 위에 Time Line을 올려놓고 Trim After를 한다. 남은 Running Clip를 3번 정도 Cycle시킨 다음 Walking Clip에 올려놓는다. 올려놓는 위치는 Walking Pose와 Running Pose 중 가장 유사한 동작, 즉 Walking에서 왼발이 앞으로 나간 지점과 Running pose에서 왼발이 앞으로 나간 시점을 잘 매치해서 위치시킨다. (Running Pose의 첫 번째 Pose가 왼발이 가장 많이 앞으로 나간 상태이기 때문이다) (그림 8-65)

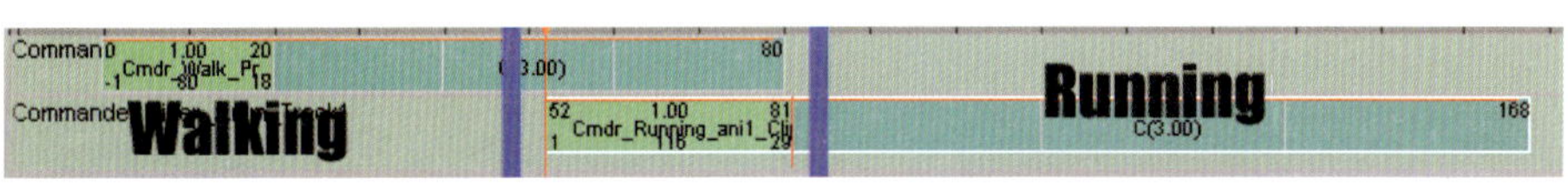


그림 8-65

**6** 이제 두 개의 Clip을 자연스럽게 연결하도록 한다. Mix 〉 Bridge Transition Tool(단축키 : B)를 명령을 실행하고 첫 번째 Clip과 두 번째 Clip를 차례로 선택한다(그림 8-66).

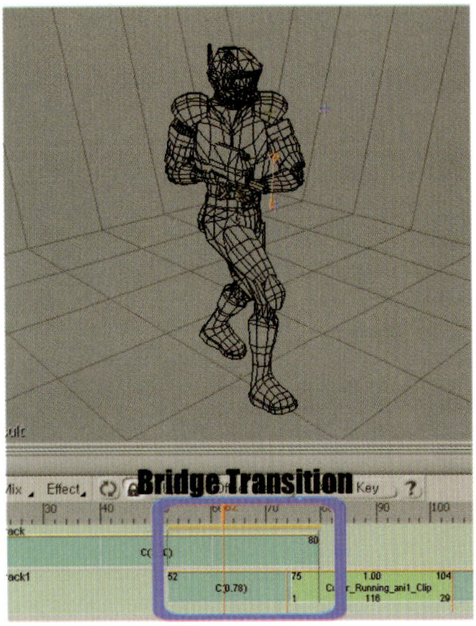

그림 8-66

**7** Play를 실행하여 결과를 확인한다. 놀랄만한 결과를 얻을 수 있다(그림 8-67).

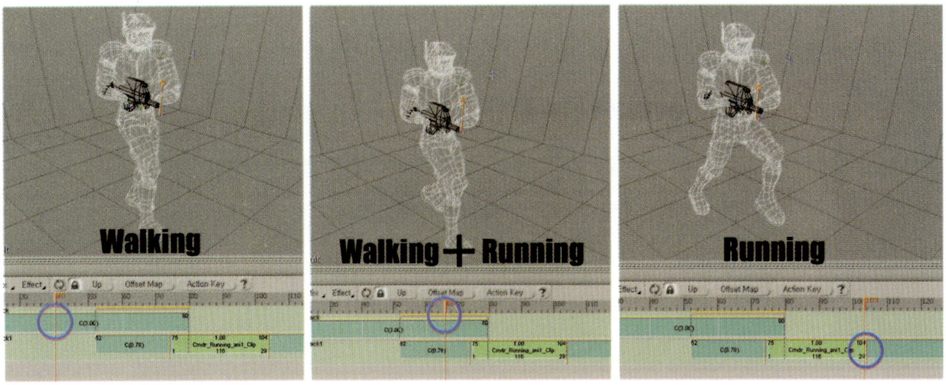

그림 8-67

## 8-5-4 Equalizing

### 1. 개 념

Walking Clip과 Running Clip으로 훌륭한 Mixing data를 만들었는데 이 데이터를 좀 더 세부적으로 활용할 수 있는 방안을 찾아낸다면 Equalizing이다. Equalizing은 Mixing된 데이터를 XSI가 완성된 하나의 새로운 Clip으로 만들 뿐만 아니라 새로운 옵션을 추가해서 다시 변형이 가능한 Clip으로 재생산해 내는 System이다.

### 2. 방 법

Mixing된 Clip을 멀티 선택을 하고 Clip > Equalizing 명령을 실행하면 새로운 Track이 생기면서 새로운 Mixing Clip이 생성이 된다. Compound와 비슷한 기능이라고 생각할 수 있겠으나 Equalizing은 여기에 새로운 추가 Control option이 생성이 된다. 애니메이션되어진 Component들을 기준으로 새로운 데이터 컨트롤 Parameter 창이 나온다. 여기에 있는 다양한 옵션들을 이용하여 한번 더 세밀하고 섬세한 애니메이션을 재생산할 수 있다(그림 8-68).

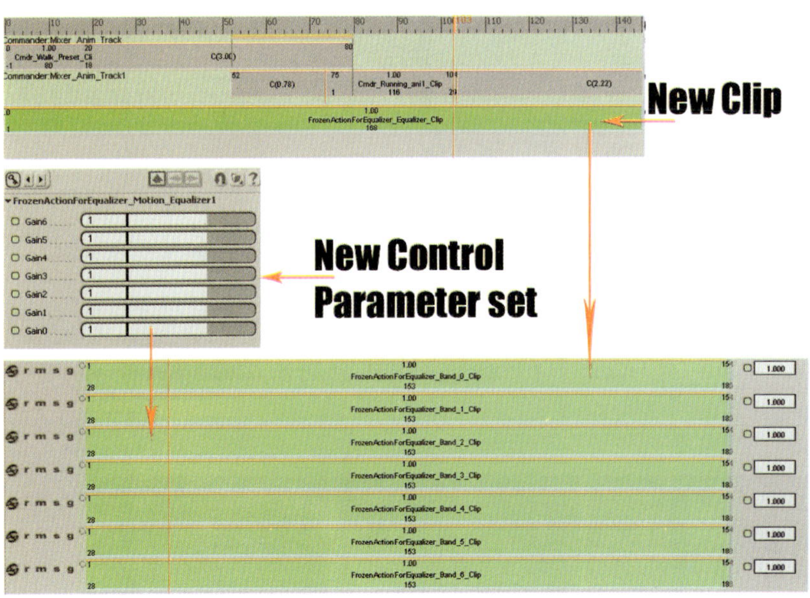


그림 8-68

## 8-5-5 Action Key

흔히 애니메이션 데이터를 Clip화시켜서 활용할 경우 단지 Mixing 소스로 활용이 될 뿐 새로운 Key의 적용이라든지 수치제어 및 F-Curve 편집을 통한 애니메이션이 변형이 불가능할 것으로 판단하는 경우가 많다. 하지만 전혀 그렇지 않다. 이번 장에서는 Clip화된 자료에 대해 Action Key 적용 및 활용에 대해 알아보도록 한다.

1 먼저 "무릎을 꿇어 앉는 액션을 취하는 군인의 경우 만약 이 군인이 다른 병사들에게 손을 들어 뭔가를 알리고자 하는 장면을 연출이 필요한 경우 지금 우리에겐 단지 이 병사가 무릎을 꿇는 동작의 Clip 밖에 없다고 한다면 직접 손동작에 대한 액션은 새로 Key 작업을 해야만 한다(그림 8-69).

그림 8-69

2 손목 컨트롤러를 선택해서 10Frame, 20Frame, 30Frame, 40Frame 간격으로 팔을 뒤로 한 바퀴 돌리는 액션 Key를 잡는다. 이 경우 각 Frame마다 Pose를 취하고 난 다음 Action Key를 사용한다(그림 8-70).

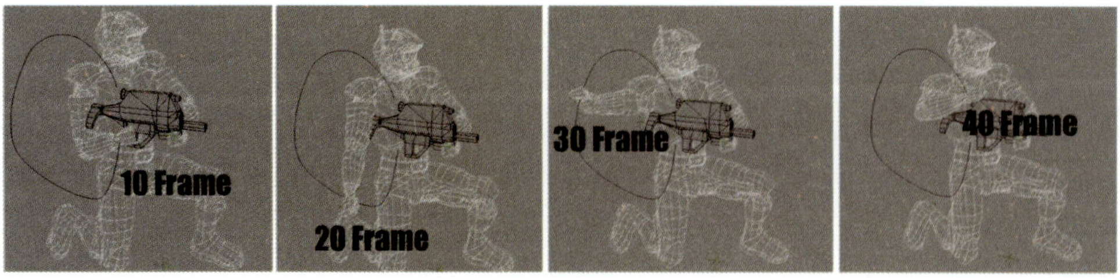

그림 8-70

**3** Store Action : 손목의 회전 동작에 대한 액션을 하나의 새로운 Clip으로 만들어서 활용하도록 한다. 손목 컨트롤러를 선택한 상태에서 Action 〉 Store 〉 Marked Parameters F-Curve를 선택한다.

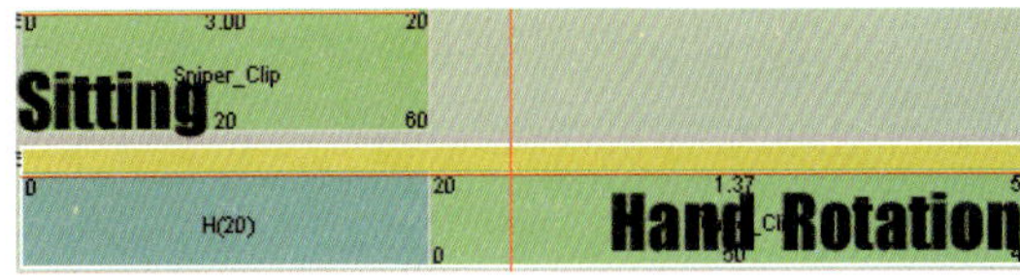

그림 8-71

두 번째 Track에 새로 저장한 Clip을 Load한다(그림 8-71).

**4** Play를 실행하여 결과를 확인한다.

## 8-5-6 Offset Map

### 1. 개 념

Offset Map이란 Clip내에 있는 Parameter 값을 인위적으로 조절하기 위해 만드는 하나의 변경된 Parameter set이다. 예를 들어 손의 높이를 허리까지 올린 상태에서 액션 Clip를 만들었는데 실제 필요한 동작은 손의 높이가 얼굴까지 올라갔어야 하는 동작이었다면 Clip을 다시 만드는 것보다는 손목의 높이를 y축으로 허리에서 얼굴까지 올리도록 Setting 값의 변화를 주는 것이 효율적이다. 이때 기존의 Clip에 setting된 Parameter 값의 변형이 필요한데 원활하게 변화를 주기 위해 Offset Map을 적용해주는 것이다.

이러한 기능을 활용하여 한 사이클의 Walking Clip 데이터를 활용하여 프레임에 상관없이 계속 진행해 가는 액션 데이터를 만들어야 할 경우 기존의 한 Cycle에 Setting된 수치 중에 진행 방향인 Z축의 Option 값을 계속 반복할 수 있는 수식으로 변경하면 된다. 이 경우 적용해주는 것이 Offset Map이다.

**1** 캐릭터의 Walking Cycle에 대한 액션 Clip이 있을 경우 이를 활용하여 원하는 시간동안 계속 Walking을 하는 Pose를 만들어 본다(그림 8-72).

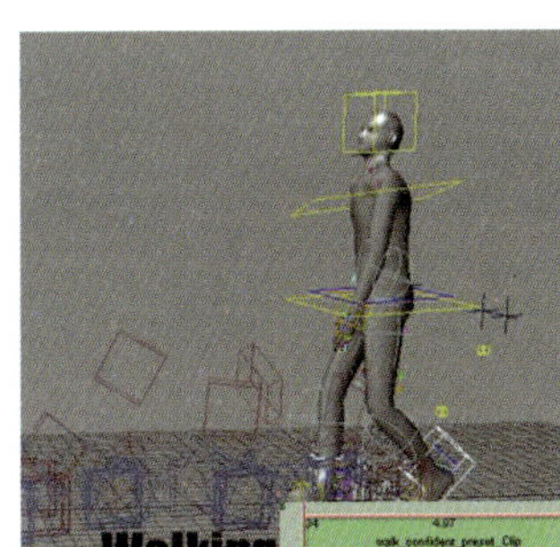

그림 8-72

**2** Walking Clip을 선택하고 Offset Map 기능을 선택한다. 그러면 자동으로 Clip 위에 노란색의 Offset Indicator가 생성된다. 반대로 Clip의 Source Parameter를 변경을 시키면 자동으로 해당되는 Clip 소스의 위에 노란색의 Offset Indicator가 생성된다(그림 8-73).

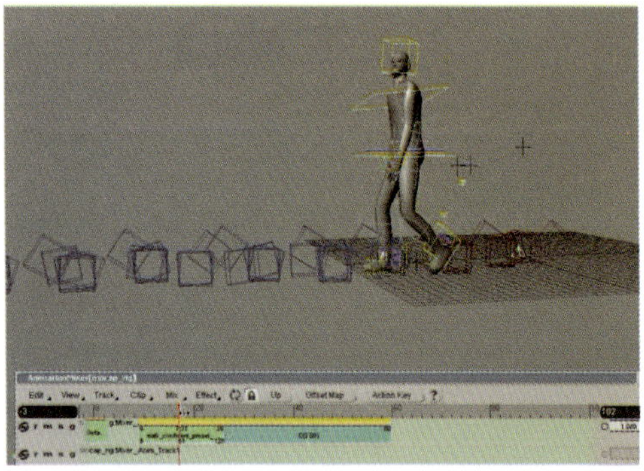

그림 8-73

**3** Offset이 적용된 Clip를 선택하고 마우스 오른쪽 클릭으로 Clip Properties 창을 연다. Clip Effect tap에서 "this + (cid*36)"이라고 변경을 준다. (여기서 *36이라는 수치는 Waking Cycle의 시작점에서 마지막까지의 거리 값을 말한다.

**4** Offset Map이 적용된 Clip을 선택하고 원하는 만큼 Cycle를 준다(그림 8-74).

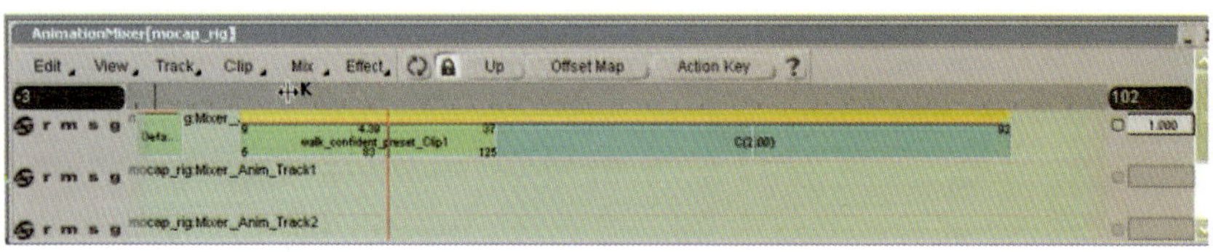


그림 8-74

**5** Play를 통해 결과를 확인한다.

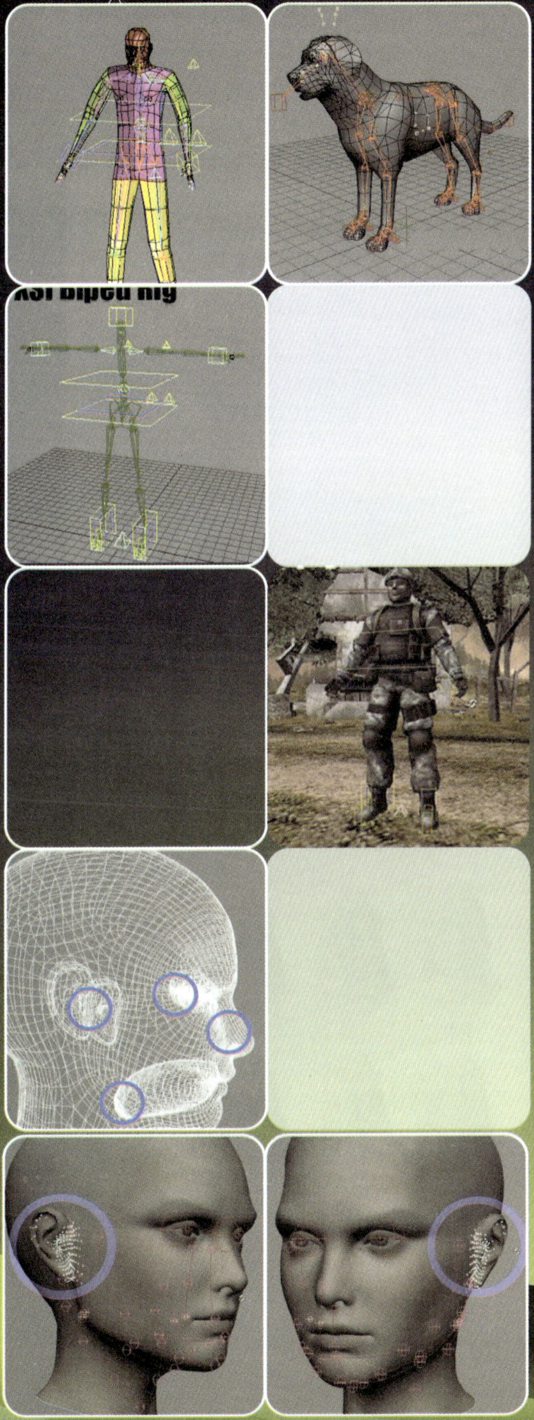

# 제9장 Shape Animation

# 9-1 Shape Animation

## 9-1-1 Shape Animation

형태변화(Morphing)라 불리는 Shape Animation은 3D Component의 Cluster를 이용하여 오브젝트의 기하학적 구조의 애니메이션을 제작한다. [A]라는 형태와 [B]라는 형태가 있을 때 [A]에서 [B]로 진행되면서 얻을 수 있는 다양한 형태의 변화를 애니메이션 데이터로 활용할 수 있다(그림 9-1).

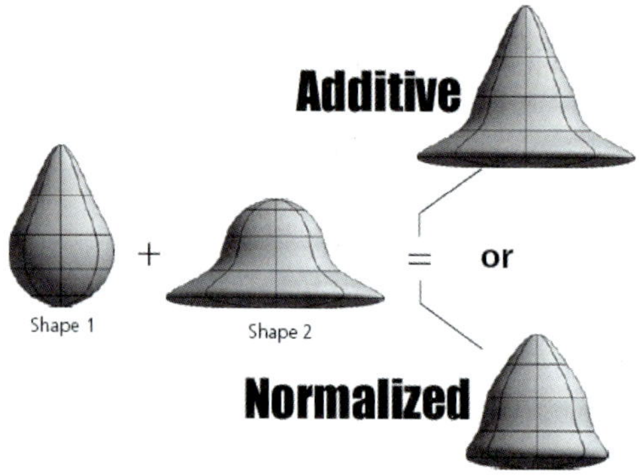


그림 9-1 SOFTIMAGE(社) 이미지 제공

통상 Shape Animation은 Polygon이나 Edge보다는 Point Cluster를 활용한다. 오브젝트의 변형부터 캐릭터의 Facial animation까지 다양하게 활용되는 기능이다(그림 9-2).

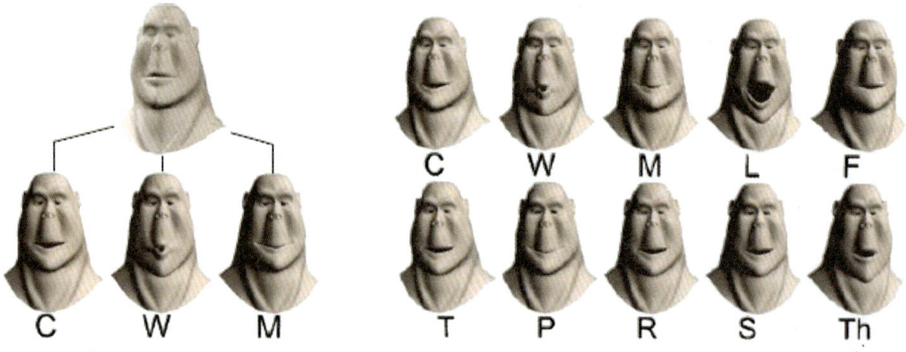


그림 9-2 SOFTIMAGE(社) 이미지 제공

Shape Animation은 XSI의 Animation Mixer기능과 함께 사용하면 단순히 [A]+[B]=[C]였던 결과에서 예측 불가능한 엄청난 Performance를 생산한다(그림 9-3).

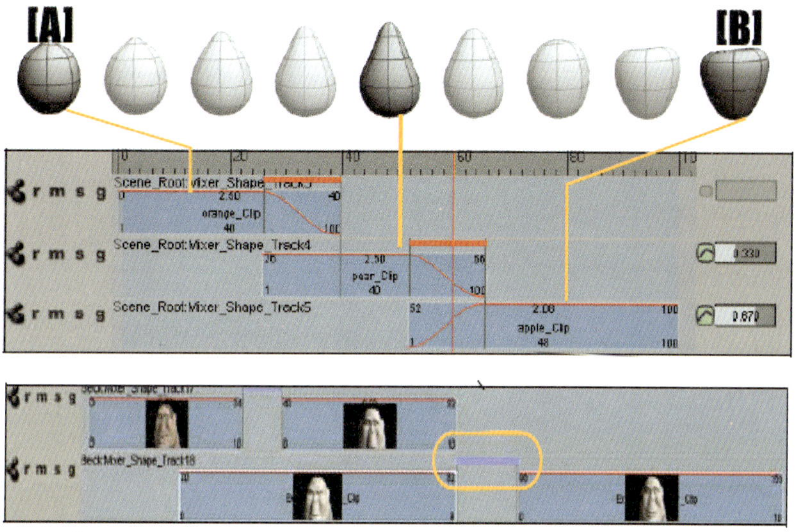


그림 9-3

## 9-1-2 XSI에서의 Shape Animation 제작 Tool 기능

### 1. Store & Apply Shape Key

**1** 먼저 Sphere를 하나 꺼낸다.

**2** Sphere를 선택한 상태에서 Animate 〉 Deform 〉 Shape 〉 Store & Apply Shape Key 명령을 실행한다.

**3** Explorer 창 [8]에서 Sphere 아래 구조에서 확인한다(그림 9-4).

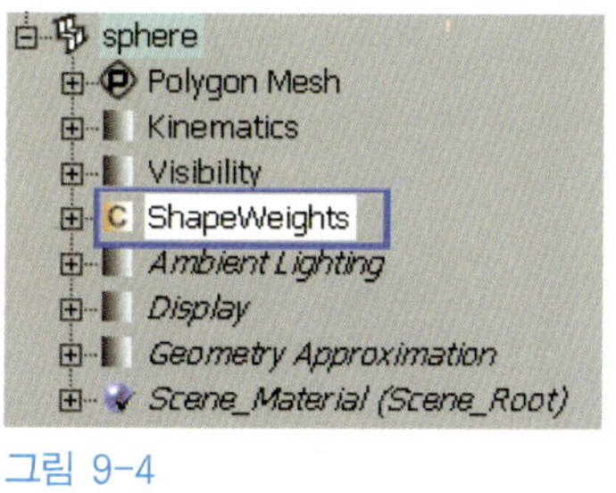


그림 9-4

**4** Animation Mixer[Alto+O] 창을 열어본다. 방금 저장한 Shape key clip이 자동으로 생성되어 있다(그림 9-5).

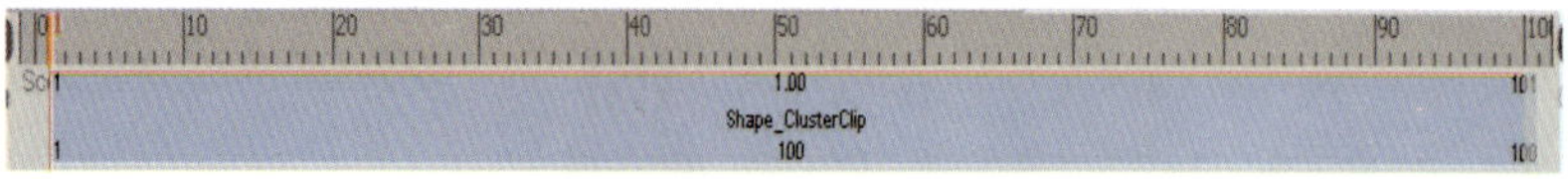

그림 9-5

**5** 이번에는 Time Line을 30Frame으로 이동하고 난 뒤 Sphere의 임의의 Point를 이동하여 형태를 변화시키도록 한다. 형태를 변화시키고 난 뒤 다시 Deform 〉 Shape 〉 Store & Apply Shape Key 명령을 실행한다.

**6** 그 결과를 Animation Mixer 창에서 확인한다. 원리는 간단하다. 처음 Shape의 Weight 수치는 "0"으로 내려가고 새로 생성된 Shape의 Weight 수치는 "1"로 올라간다. Time Line을 영역변화 구간에 drag를 하면 변형된 형태대로 애니메이션되는 것을 확인할 수 있다(그림 9-6).

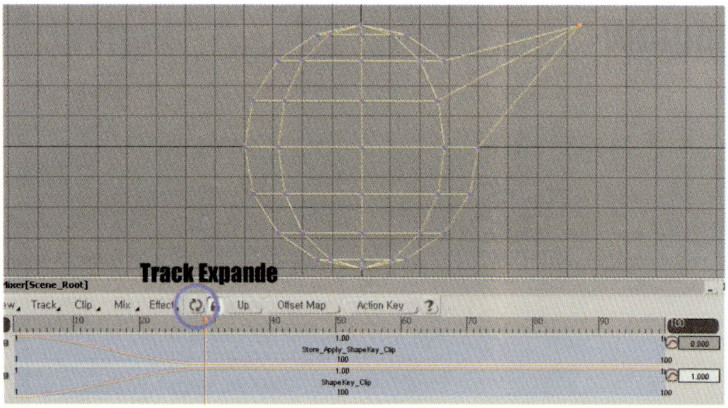


그림 9-6

**7** 이러한 결과에 대한 정보는 Explorer 〉 Sphere 〉 Cluster Shape Combiner 아이콘을 클릭하거나 이름을 더블클릭한다. 여기서 필요한 옵션에 대해 설정을 변경할 수 있다. 그리고 두 개 그 이상의 Clip들의 Blending 수치를 Cluster Shape Combiner Parameter 수치 조절을 통해서도 가능하다. 그리고 두 개의 Weight를 Overlapping할 수 있다(그림 9-7).

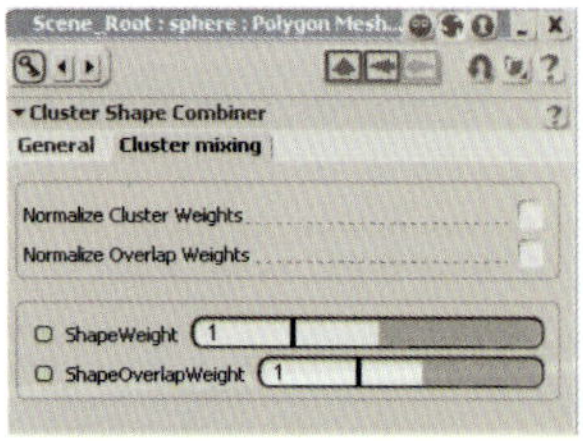


그림 9-7

**8** Store & Apply Shape Key 명령을 실행하고 난 뒤 생성되는 Cluster의 위치를 확인한다(그림 9-8).

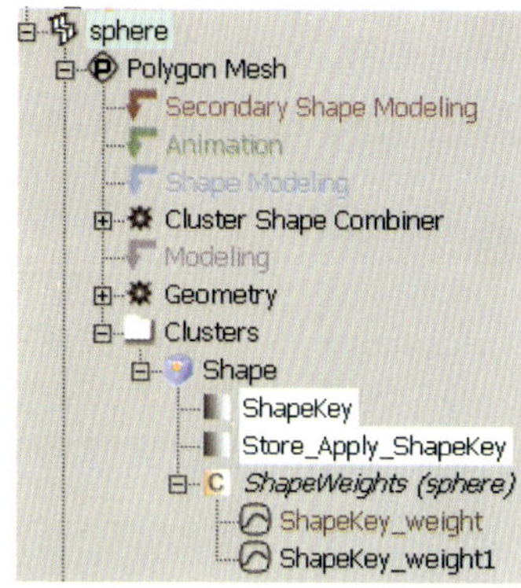


그림 9-8

**9** 임의의 Point 하나를 더 이동시키면서 Store & Apply Shape Key 명령을 실행하고 난 뒤 변화되는 것을 확인한다. F-curve의 Mixing과 Cluster의 생성을 확인하고 애니메이션 결과를 체크한다(그림 9-9).

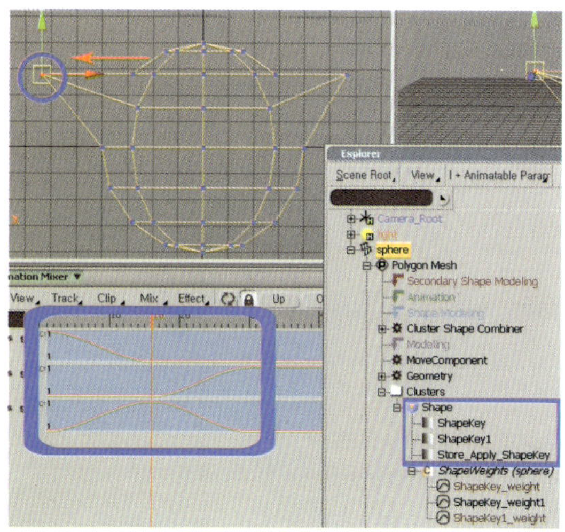


그림 9-9

**10** 새로 생성되는 Clip들은 하나의 완전한 Clip Source이므로 Mixer 창에 drag in drop으로 불러들여올 수 있다. 그래서 새로운 Shape Mixing 결과를 만들어 낼 수 있다(그림 9-10).

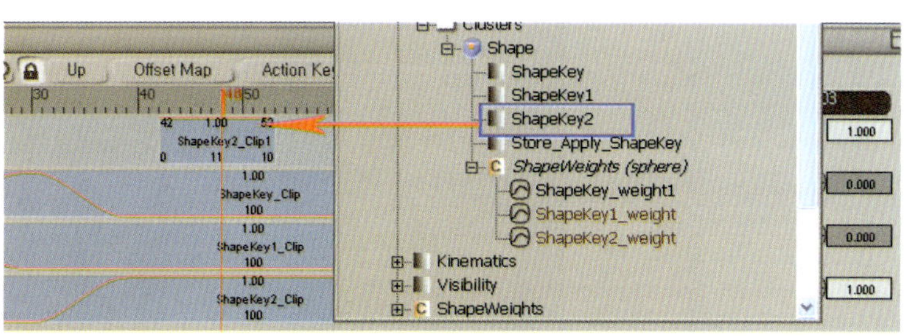


그림 9-10

**11** Apply Shape Key : 생성된 Clip들 중 어느 한 변형지점으로 돌아가고자 할 경우 해당 Source Clip을 선택하고 Shape 〉 Apply Shape Key 명령을 실행하면 된다.

**12** Shape Animation Parameter 창을 열어서 각각의 Parameter를 Blend Mix를 함으로써 더 낳은 Performance를 만들어 낼 수 있다(그림 9-11).

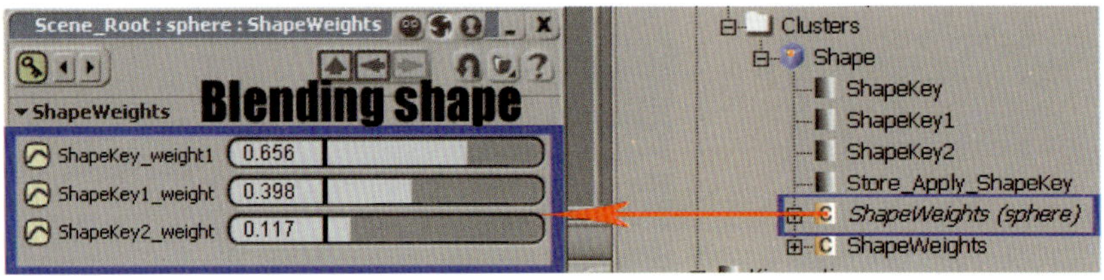

그림 9-11

**13** 생성된 Shape Weight Parameter Set 창에서 각 Parameter들을 새로운 이름과 영역지정을 통해 편집할 수 있다.

**14** 변경할 Parameter 항목을 선택하고 Parameter 〉 Edit Parameter set 명령을 실행하고 이름과 영역 지정을 한 뒤 옵션 창을 닫는다.

## 2. Cluster Shape Combiner

**1** Grid를 하나 꺼낸다.

**2** 꺼낸 Grid에 Cluster 그룹을 두 개 만든다(그림 9-12).

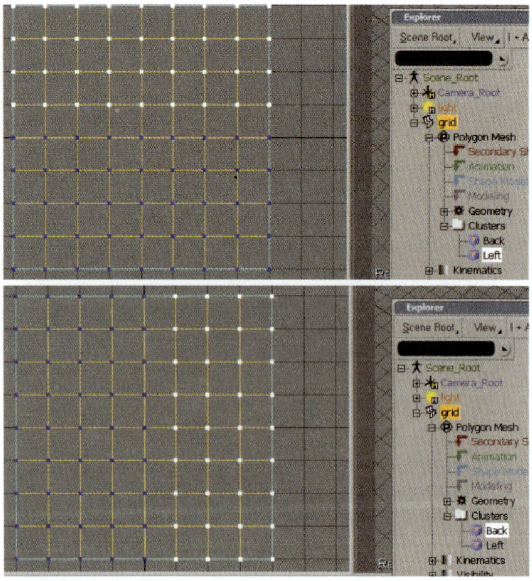
그림 9-12

**3** 각각의 Cluster에게 Y축으로 +2만큼 올리는 Shape Key를 저장한다.

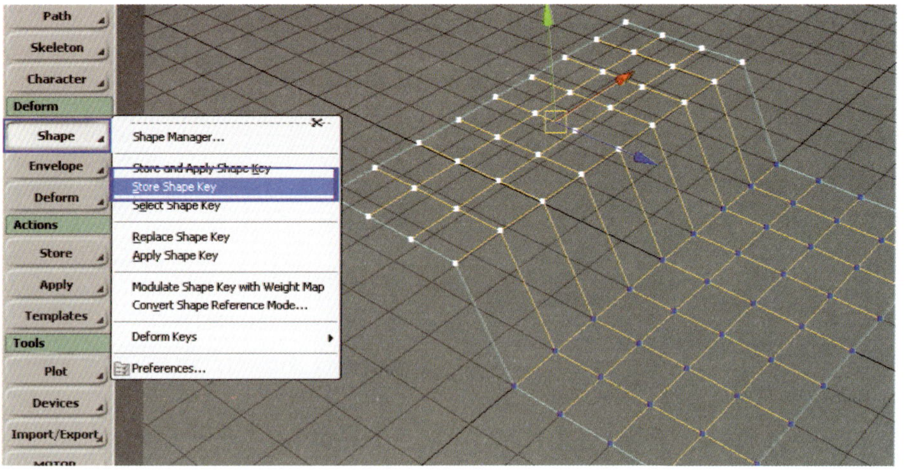


그림 9-13

**4** Animation Mixer 창에서 저장한 두 개의 Clip을 불러온다. 불러온 Clip들의 위치 조절과 함께 Cluster Shape Combiner를 열고 다양한 Blend Mixing을 통해 Grid의 모양 변화를 살피도록 한다(그림 9-14).

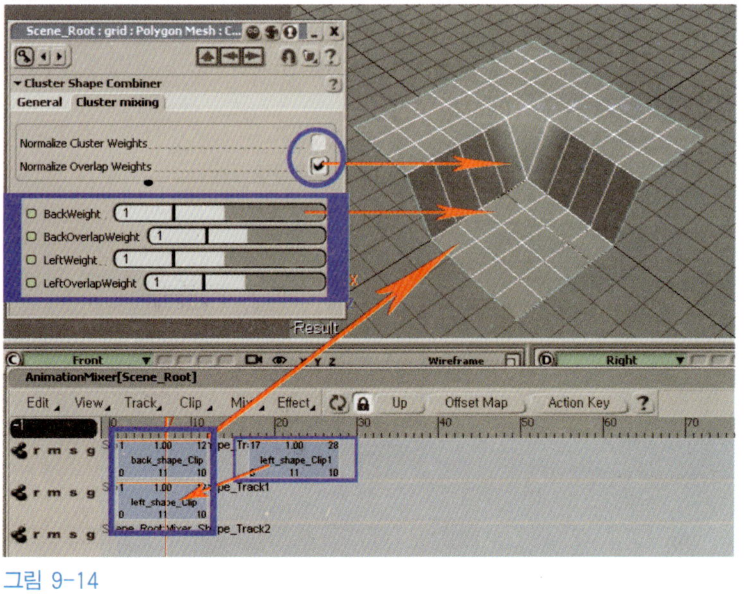


그림 9-14

**5** Clip 마우스 오른쪽을 클릭 한 다음 Preset Weight 〉 다양한 Weight 변형 장치들을 사용해서 보다 Dynamic한 Shape 애니메이션의 결과를 얻을 수 있다(그림 9-15).

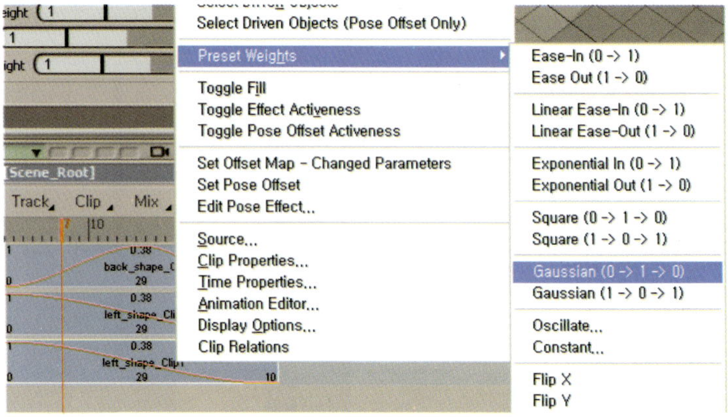

그림 9-15

## 3. Select Shape Key

**1** Sphere를 꺼낸다. Sphere의 이름을 "Main Sphere"라고 한다. 그리고 복사를 3개 해서 Main Sphere 아래에 나란히 놓고 "Sub Sphere1, 2, 3"이라고 각각 이름을 정한다(그림 9-16).

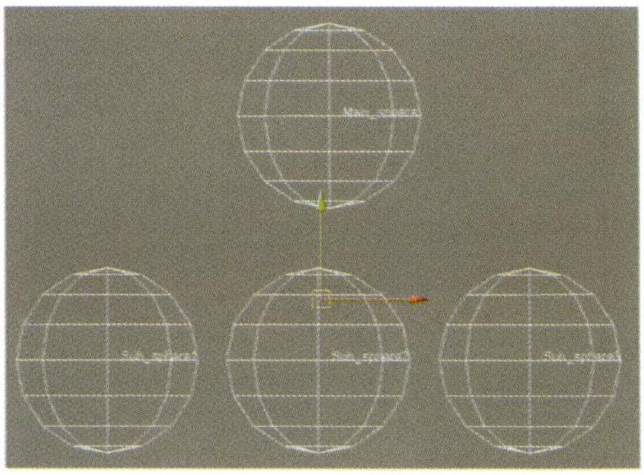
그림 9-16

**2** Main Sphere는 그대로 두고 Sub Sphere1, 2, 3을 형태를 마음대로 변형을 시킨다. 이때 주의할 점은 반드시 Point 이동을 통한 변형이어야 한다(그림 9-17).

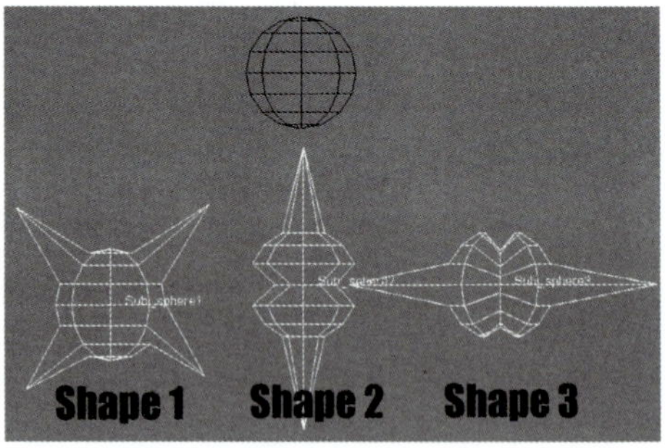

그림 9-17

**3** Main Sphere를 선택한 상태에서 Shape 〉 Select Shape Key 명령을 선택해 준다. 그러면 Pick icon이 생성되는데 모양을 변형시킨 Sub Sphere1, 2, 3을 차례로 선택한다. 다 선택했으면 마우스 오른쪽 클릭으로 적용 클릭을 한다.

**4** Main Sphere가 마지막 Sphere3의 형태로 변했을 것이다. 왜 그런지 확인하도록 한다. 일단 Select Shape Key 적용 결과를 확인하고 Explorer 창으로 간다. Explorer 창에서 Main Sphere 아래에 있는 Shape Weight 아이콘을 클릭한다. 그 결과 세 번째 Sphere의 Weight 값이 "1"로 정해져 있어서 Main Sphere 의 모양이 마지막 Sphere와 동일하게 나타난 것임을 확인할 수 있었다. 세 번째 Weight Parameter를 다시 "0"으로 이동시키면 Main Sphere의 원래 모양을 찾을 수 있다. Shape Weight의 Parameter 수치를 Blending하면서 Main Sphere의 형태 변화를 확인한다. Sub data가 많을수록 Main Sphere의 형태 변화의 경우의 수가 증가할 것이라는 것을 예상할 수 있다(그림 9-18).

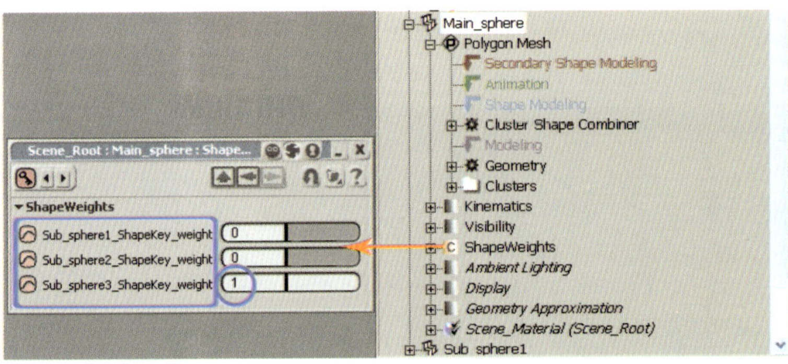


그림 9-18

**5** 다음은 Animation Mixer 창으로 이동한다.

**6** Compound되어 있는 Clip을 더블클릭을 하면 Clip 소스만큼 확장된다. 여기서 각 Clip 소스의 다양한 Weight 값의 변화를 통해 변화되는 Main Sphere의 형태 변화를 확인한다(그림 9-19).

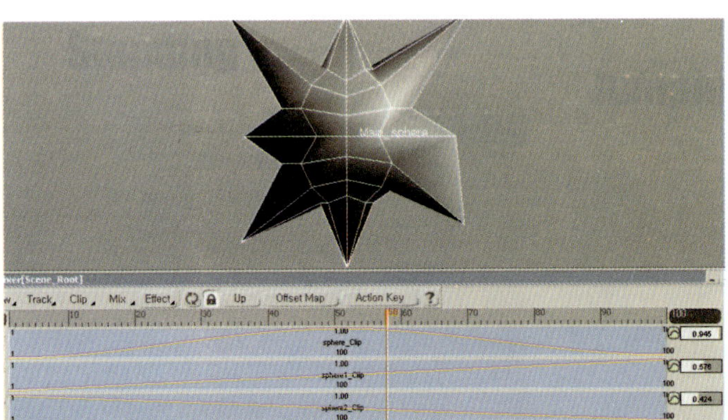


그림 9-19

7 만약 형태 변화가 마음에 들지 않을 경우 Sub Sphere이 모양을 수정을 하게 되면 자동으로 적용이 된다.

### 9-1-3 Character Animation 적용

Select Shape Key 기능을 활용하여 캐릭터 애니메이션에 적용을 해보도록 한다.

1 먼저 Main face를 기준을 다양한 Sub character를 만든다. Sub character의 모양이 다양하면 더 좋은 결과를 얻을 수 있을 것이다. Overlap되기 때문에 Blend되는 수치를 감안한다면 보다 큰 표정이 좋을 때도 있다(그림 9-20).

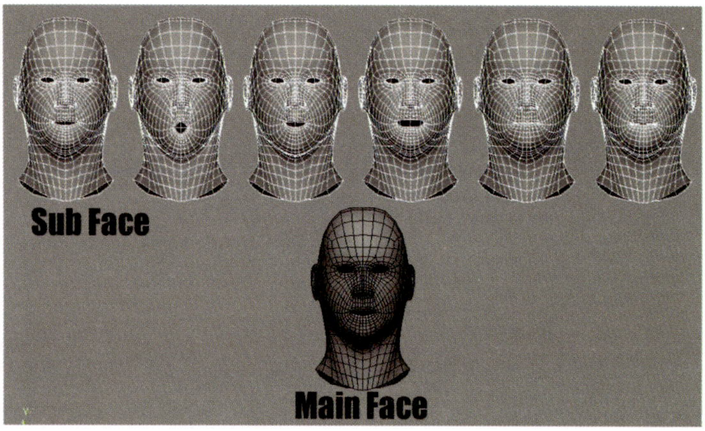


그림 9-20

2 먼저 Main Face를 선택하고 Shape 〉 Select Shape Key 명령을 선택한 후 각 Sub Face를 차례로 선택을 한다. 마지막 선택 후 적용 모드로 끝낸다.

3 Animation Editor 창을 열면 Compound된 Shape Animation Source Clip이 자동으로 생성되어있다. Compound된 Clip는 더블클릭으로 확장시킬 수 있다. Weight Panel에서 수치 조절을 통해 Main Face의 얼굴의 변화를 확인할 수 있다(그림 9-21).

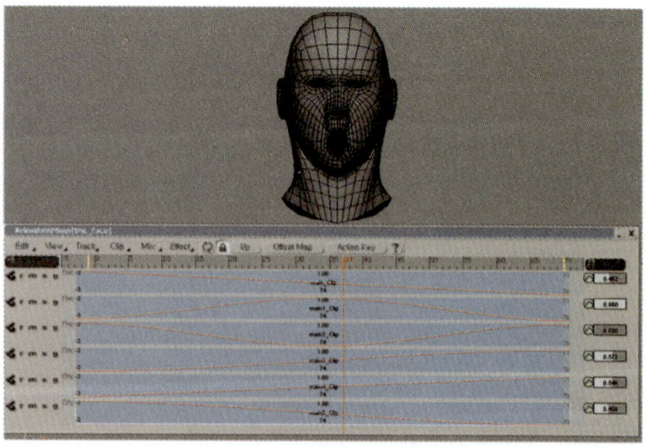

그림 9-21

**4** 다음은 Shape Weight Parameter 창을 열고 각 Parameter의 Scroll 바를 움직여 Main Face의 얼굴 변화를 확인한다(그림 9-22).

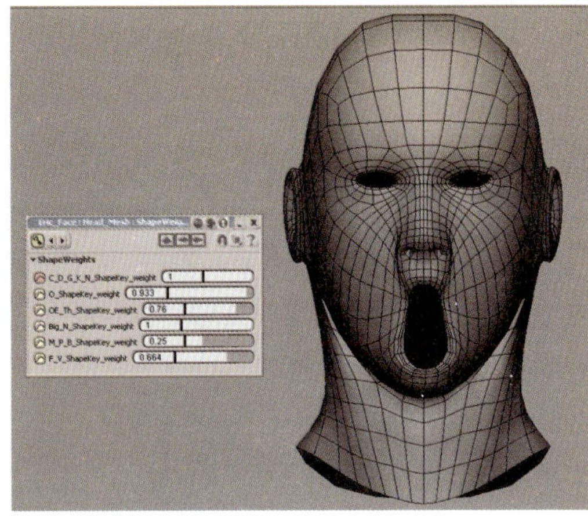

그림 9-22

**5** Face animation을 제작한다.

**6** Shape Weight Parameter 창을 편집을 해보도록 한다. 먼저 각 Parameter들의 이름들이 너무 길다. 첫번째 Parameter를 선택한(Main Face 오브젝트가 반드시 선택되어 있어야 한다) 다음 Create 〉 Parameter 〉 Edit Parameter Definition 명령을 실행한다(그림 9-23).

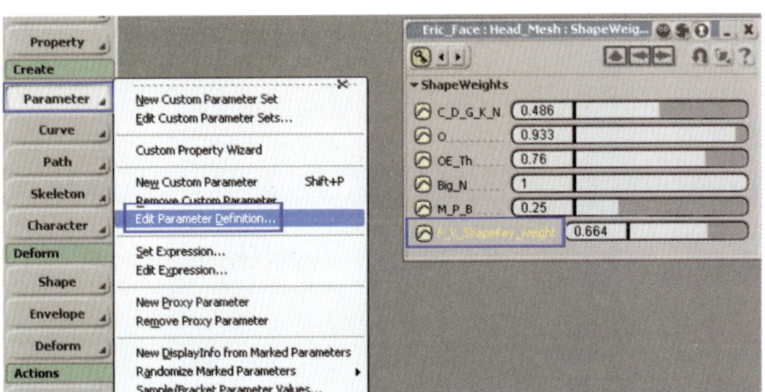


그림 9-23

**7** Edit 창에서 이름을 변경해주면 된다. Parameter 최소/최대 값 지정도 여기서 할 수 있는데 이 항목은 굳이 바꿀 필요가 없다. Parameter의 조절 영역에 대한 설정이므로 캐릭터의 Shape에는 직접적인 영향이 없다.

**8** 이번에는 Shape Weight Parameter 창을 Animation Mixer의 Compound Clip data를 Parameter로 컨트롤할 수 있도록 만들어 본다. 방법은 간단한데 먼저 Animation Mixer 창에서 Shape Animation Source를 하나의 Compound로 만들고 만들어진 Compound의 Animation Icon을 Shape Weight Parameter 창에 drag in drop하면 된다. 이때 생성된 Parameter 컨트롤 수치는 Compound의 Weight 값의 변화에 대한 Control이다(그림 9-24).

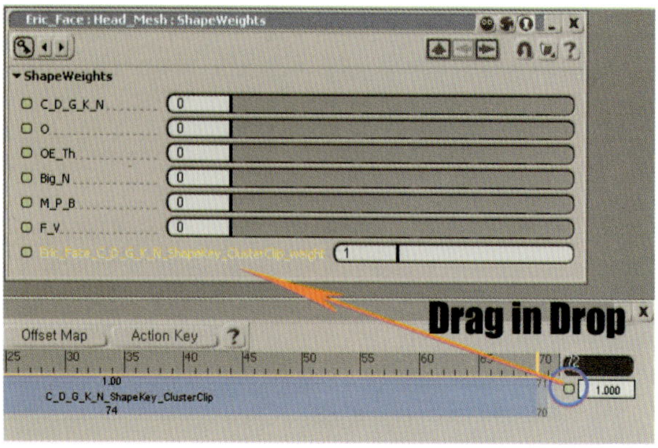


그림 9-24

**9** Select Shape Key 저장으로 Shape Animation을 제작했을 경우 만약 Shape의 형태가 원하는 만큼 나오지 않아 수정이 필요할 경우 Sub 데이터를 수정할 경우 자동으로 원본 데이터에 수정 데이터가 바로 전이된다. 만약 이러한 유기체적 관계를 끊고 싶다면 Main Man 오브젝트를 선택해서 "Freeze" 명령을 실행해주면 된다(그림 9-25, 그림 9-26).

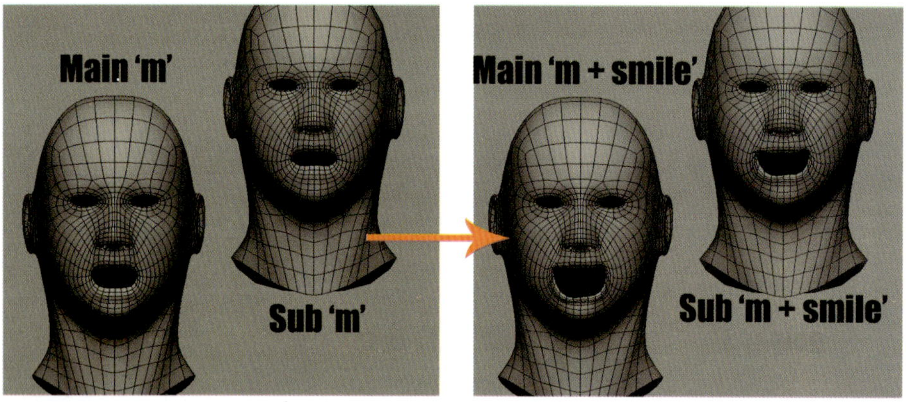


그림 9-25

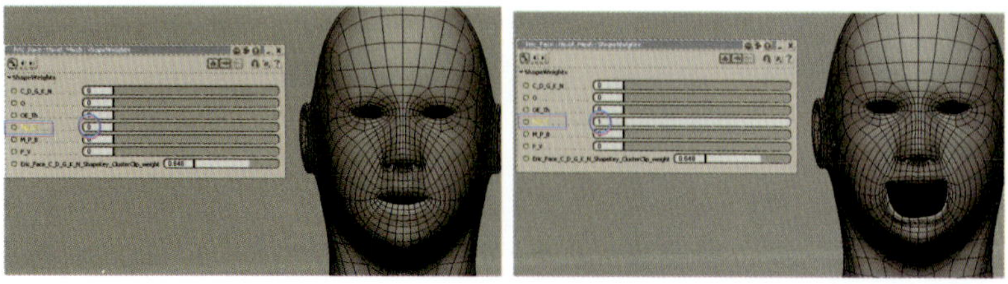

그림 9-26

**10** Source data를 이용하여 Shape 애니메이션 작업을 하는 경우 작업 도중 Sub 데이터의 역할이 완벽하지 않아서 꼭 제작해야 할 Shape이 생겼을 경우 직관적으로 원본 데이터의 수정을 통해서 빠르고 효율적인 작업이 가능하다. 이 경우는 원본 데이터의 변형이 이루어졌기 때문에 Store Apply Shape Key 기능을 동시에 사용해서 변형된 Shape을 Clip으로 저장하여 Animation Mixer 창에서 사용하도록 한다. 이 경우 작업 모드는 반드시 Shape Modeling Mode 상에서 이루어져야 한다.

## 9-2 Facial Animation

3D 캐릭터 애니메이션 제작에 있어서 가장 힘든 제작과정 중 하나는 캐릭터의 감성 표현이다. 캐릭터의 감성을 표현하는 데는 상황설정에 맞는 정확한 캐릭터 동작과 주변의 배경 및 분위기의 다양한 설정 등을 통해 전달할 수는 있지만 이는 모두 간접적인 전달 형태이기 때문에 제작자가 의도한 바와 다르게 관객들에게 전달될 수 있다. 캐릭터의 감성 표현의 가장 직접적인 전달 방법은 캐릭터의 표정 연기이다. 이 장에서는 XSI를 활용하여 얼마나 효율적인 작업이 가능하고 얼마나 직관적인 접근이 가능한지에 대한 보다 기술적인 측면에 중점을 두었다.

### 9-2-1 Animation Mixer를 활용한 Facial Animation

(참고 자료는 SOFTIMAGE社가 제작한 Training Kit)

#### 1. Mixing with F-Curves

**1** Man face와 Jaw Skeleton구조를 가진 캐릭터를 Setting하고 Envelope를 한다. 그래서 Jaw Skeleton구조를 회전함에 따라 Lower Jaw가 벌려지도록 한다(그림 9-27).

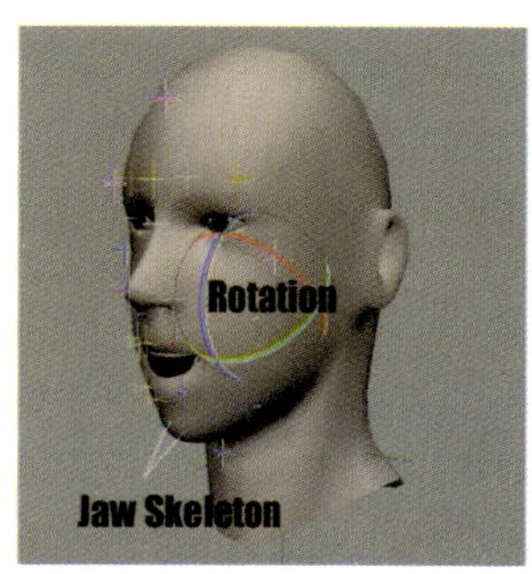


그림 9-27

2 Jaw Skeleton구조를 회전 animation(Key animation)과 Animation Mixer 창에서 Clip source를 활용한 애니메이션 제작에 활용하도록 한다.

3 먼저 Jaw Bone Rotation animation을 만든다.

4 Local transform 속성 창에서 Rotation Parameter 선택 모드를 확인한다(그림 9-28).

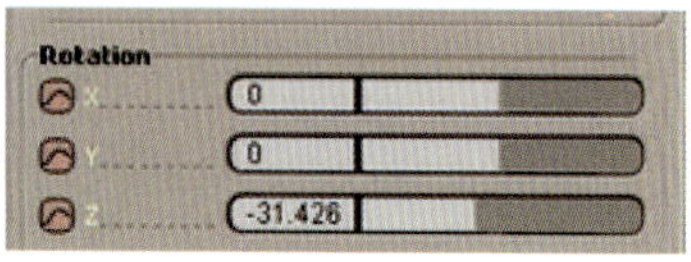


그림 9-28

5 Jaw Bone Rotation animation을 Store 〉 Marked Parameter F-Curve를 실행해서 Animation Clip을 만든다. Clip 이름을 "Jaw"라 한다.

6 Animation Mixer Track에 방금 생성한 Animation Clip을 Loading한다.

7 Time Line을 5Frame위치에 위치시키고 Explorer 창에서 방금 저장한 Jaw animation Clip을 찾는다. (mixer 〉 Sources 〉 Animation 〉 Jaw clip) Jaw Clip을 선택하고 Action 〉 Apply Action 명령을 실행한다. 그 결과 Jaw Bone에 다시 Key 값이 생성된다. Clip을 만들기 전의 상태로 돌아간다. 다만 만들어진 Clip은 재사용이 가능하다. 즉 1Frame부터 20Frame까지 Jaw 애니메이션이 있고, 또 Jaw Clip Animation도 남게 된다.

## 2. Facial animation with Expression

1 Jaw Rotation Parameter 중에서 Z축에 Expression 관계를 설정해 준다.

2 Expression Editor에서 관계설정 창에서 현재의 회전 값을 지우고 "sin(Fc*10)"이라는 수식을 설정해 준다. 그 결과 캐릭터의 턱이 너무 위의 입술쪽으로 올라갔다.

3 "sin(Fc*30)*10을 적용해 준다. ( 〉 Apply) 조금 내려가는 효과를 보이기는 하나 아직은 너무 올라간 상태다.

4 "sin(Fc*30)*10+(−40) 〉 Apply(그림 9-29).

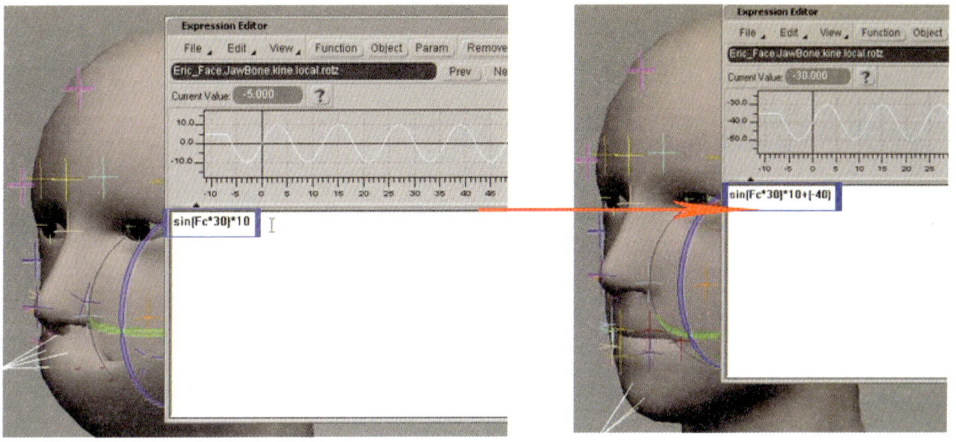


그림 9-29

**5** Jaw Bone를 선택한 상태에서 Store 〉 Animated Parameter F-Curve & Expression을 실행한다. Store Action의 이름을 임의로 주고 Default in / out을 애니메이션에 맞도록 적당히 조절해 준다.

**6** 입술 벌리는 동작에서 오버액션을 한다(그림 9-30).

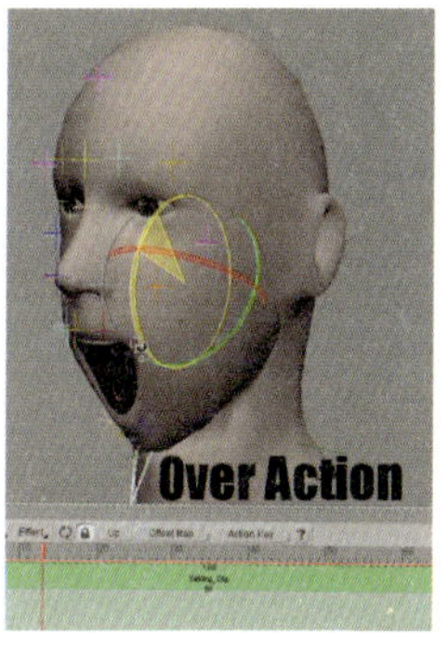


그림 9-30

**7** 위의 Over action data를 Mixer Source로 만든다. Store Marked Parameter-Current Values 명령을 실행한다.

**8** Mixer 창에서 방금 저장한 Source Clip 파일을 불러온다. 두 Clip간 Weight 수치 조절을 통해 자연스러운 Facial 동작을 잡는다(그림 9-31).

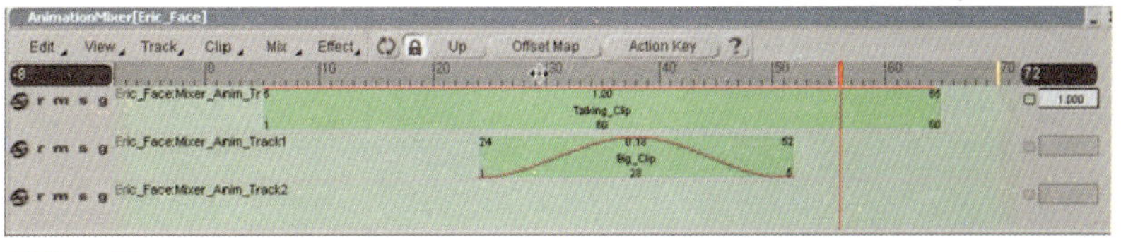

그림 9-31

**9** 다양한 형태의 Facial animation을 제작한다.

## 3. Store & Apply Shape Key를 활용한 캐릭터 facial animation

**1** Man Character 제작한다.

**2** 작업 모드가 Shape Modeling Mode인지 확인한다.

**3** 첫 번째 Frame에 Store & Apply Shape Key를 설정해 준다(그림 9-32).

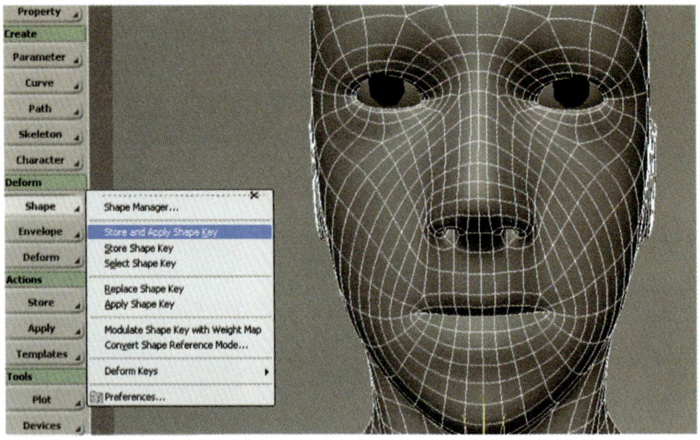


그림 9-32

**4** Time Line 원하는 Frame으로 이동한다.

**5** Man Character의 얼굴 모양을 변형시켜 준다(그림 9-33).

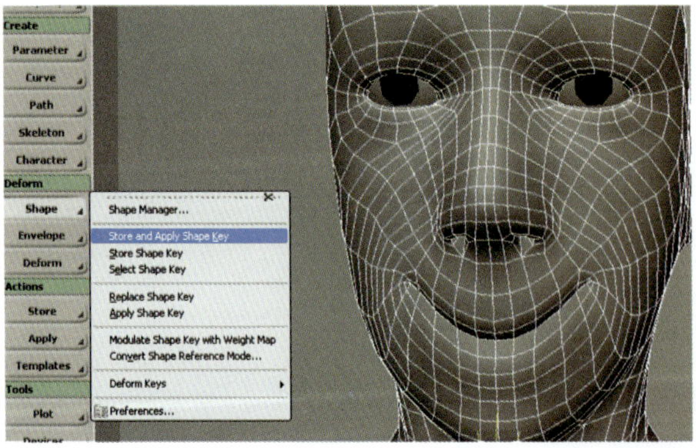


그림 9-33

6 다시 Store & Apply Shape Key를 설정해 준다.

7 Time Line 원하는 Frame으로 다시 이동한다.

8 Man Character의 얼굴 모양을 다시 변형시켜 준다(그림 9-34).

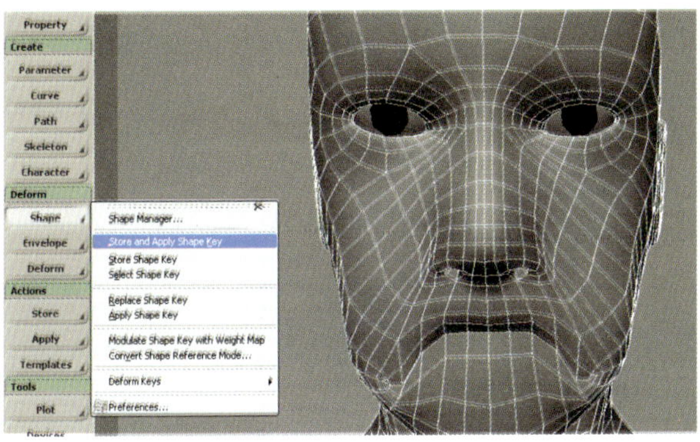

그림 9-34

9 마지막으로 Store & Apply Shape Key를 설정해 준다.

10 Man face를 선택하고 Animation mixer 창을 연다. Compound되어 있는 Shape Clip을 더블클릭 해서 Track에 확장시킨다. Weight curve의 변형이 확인되면 Play시켜본다. 마음에 들 때까지 Weight 수정을 한다.

11 만약 저장된 Shape 형태가 부족하거나 마음에 들지 않는다면 여러 가지 형태의 Clip을 저장해서 Mixer 창에 불러와서 Blending해 보도록 한다(그림 9-35).

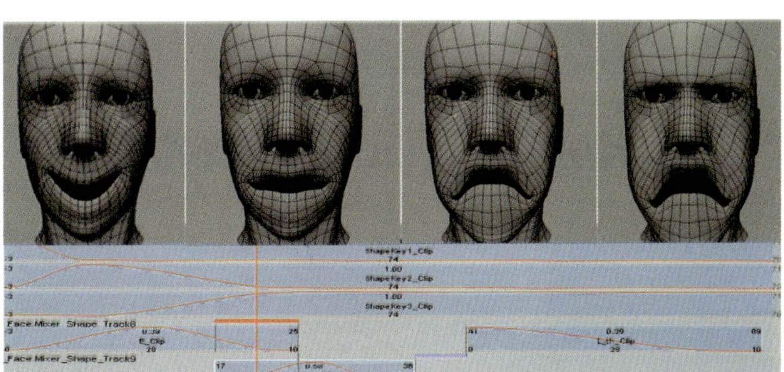
그림 9-35

## 9-2-2 Shape Manager를 활용한 Facial Animation

### 1. Shape Manager의 기본 개념

Shape Manager는 지금까지 작업해 온 과정들을 보다 편리하고 효율적으로 다루게 제작된 기능 툴이다. 보조 데이터를 사용할 수는 있으나 따로 작업 창 내에 보조 데이터를 만들지 않아도 된다는 점과 소스 데이터가 제작되는 순간 바로 Blending animation setting이 된다든가 하는 내용이 그 동안 작업 화면에서 해오던 애니메이션 소스 제작의 간편화, 얼마든지 필요한 만큼 만들어도 상관없는 유연성, 누구나 쉽게 접근이 가능한 편리성, 바로 애니메이션 데이터화 가능한 직관성을 Shape Manager의 특징이라 생각한다.

### 2. Shape Manager Interface

Shape Manager를 이용하여 캐릭터 Facial 애니메이션을 잡기 전에 간단한 기능을 이해하기 위해 몇 가지 중요한 핵심사항에 대해 정리하기로 한다(그림 9-36).

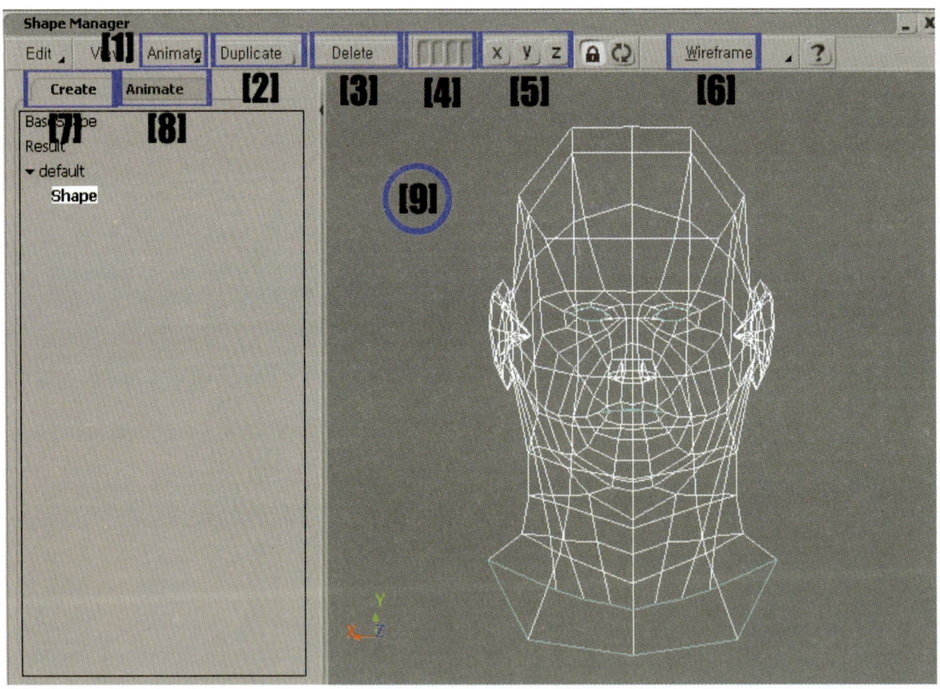


그림 9-36

**1** Animate : 변형 제작된 데이터들의 형태변화 애니메이션 Key Set제작하는 기능 툴(그림 9-37)

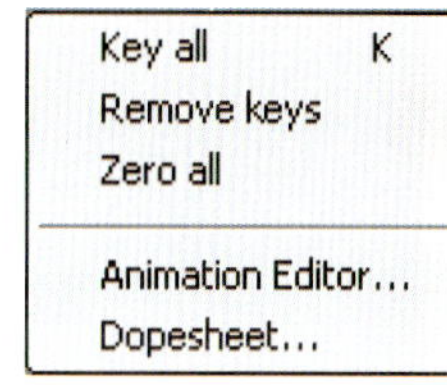


그림 9-37

- Key All : 오브젝트를 변형하고 난 다음 모든 변형 값에 대해 Key 값을 주는 기능
- Remove Key : 적용했던 Key data 삭제하는 기능
- Zero All : 모든 변형된 Parameter 수치 값을 "0" 값으로 만드는 기능 툴
- Animation Editor : 적용한 Key animation data를 편집하기 위해 Animation Editor 창으로 이동하기 위한 기능 툴
- Dopesheet : 적용한 Key animation data를 편집하기 위해 Dopesheet 창으로 이동하기 위한 기능 툴

**2** Duplicate : 원본 데이터나 상위 데이터로부터 Source 제작을 위한 오브젝트 복사하는 기능/Shape Manager는 보통 상위 오브젝트를 복사하기 때문에 원본 데이터 복사를 위해서는 원본 데이터를 선택해야 한다.

**3** Delete : 변형된 소스 데이터 가운데 필요 없다고 판단되는 소스 지우기

**4** Camera Lock View : 카메라에 현재의 View고정－오브젝트의 형태 변화는 동일한 View상에서 확인을 해야 정확하게 변화정도를 파악할 수 있다.

**5** X, Y, Z : 오브젝트의 작업방향 설정 Shape Manager의 작업 화면이 하나이기 때문에 오브젝트의 방향에 따는 변형을 보기 위해 직관적으로 활용할 수 있는 기능 툴

**6** Wire frame : 오브젝트 작업 모드 설정－실제 Camera View와 거의 동일하다. 작업 모드 설정하는 방법도 동일하다. 작업 모드 설정 옵션이다.

**7** Create : 원본 데이터로부터 Source 데이터를 제작하는 기능 툴이다. Sub(보조) 캐릭터를 제작하는 기능과 같다.

**8** Animate : 각각 변화된 오브젝트들의 형태변화를 수치화하기 위한 애니메이션 데이터로 전환시키는 작업이다. 애니메이션 제작을 위한 Parameter Set 창이다.

**9** Work Area : 작업 창이다.

## 3. Shape Manager 활용 1

1 작업 화면에 참고용 모델링 데이터를 불러온다(그림 9-38).

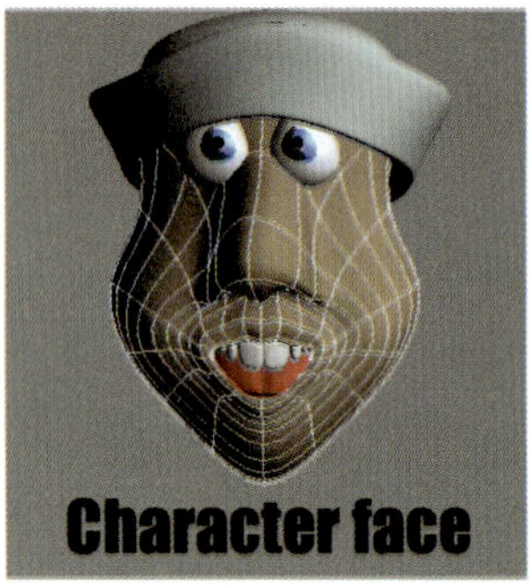


그림 9-38 *XSI Tutorial 제공*

2 캐릭터의 얼굴을 선택하고 Deform 〉 Shape 〉 Shape Manager 명령을 실행한다(그림 9-39).

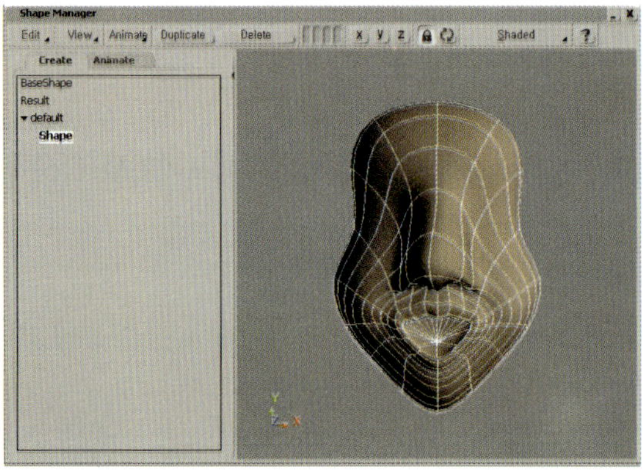


그림 9-39

3 Create tap에서 생성된 Default Shape의 이름을 Main face로 지정하고 (이름 변경 방법 : 마우스를 Default shape 위에 올려놓고 마우스 오른 클릭하면 Rename 옵션이 나온다) 클릭한 다음 다른 이름(Man Face)을 적어 주면 된다(그림 9-40).

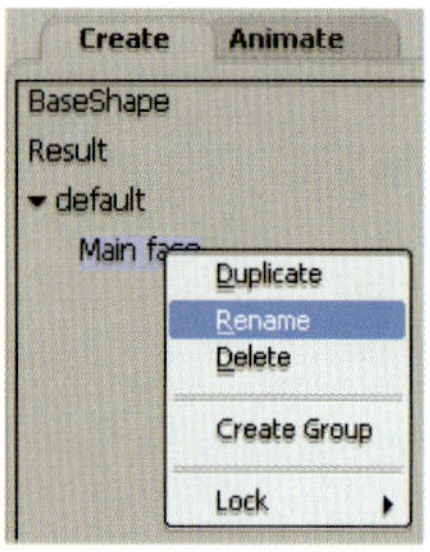


그림 9-40

4 Source data 불러오기 : 앞으로 사용하게 될 다수의 Source data는 Man Face의 기본 data를 복사해서 사용한다. 즉 Man Face 위에 마우스 올려놓고 Duplicate 옵션을 클릭한다. 그러면 Man Face 밑에 새로운 오브젝트(FACE)가 기다리고 있다(그림 9-41).

그림 9-41

**5** 위와 같은 방법으로 Source data를 3개 만든다. 각각의 이름을 Happy, Angry, Sad라고 짓는다(그림 9-42).

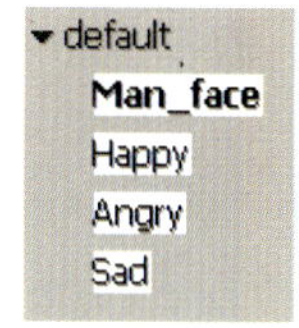


그림 9-42

**6** 이제 각각의 이름에 맞는 표정을 만들어 보도록 한다. 각각의 표정을 만들 때는 그 표정에 맞는 이름을 선택하고 난 다음에 작업을 해준다. 이때 각각의 표정 설정에 대한 어느 정도 사전 지식이 필요하기 때문에 각자 생각한 컨셉이 있으면 구상해서 적용해 보도록 한다.

**7** 3D차원에서의 표정 작업은 시간도 많이 걸리고 섬세한 작업이 주를 이루기 때문에 연습할 경우는 그 목적에 맞게 제작하면 된다.

**8** 세밀한 부분에 대한 선택/해제를 쉽게 잡히는 형상이 아닌데, 형태를 잡을 때는 Prop명령 창을 선택하면 훨씬 직관적인 작업이 가능해진다. 그리고 대칭구조상에서는 Sym 옵션을 동시에 활성화시켜 작업에 임하면 많은 시간과 노력을 감소할 수 있다(그림 9-43).

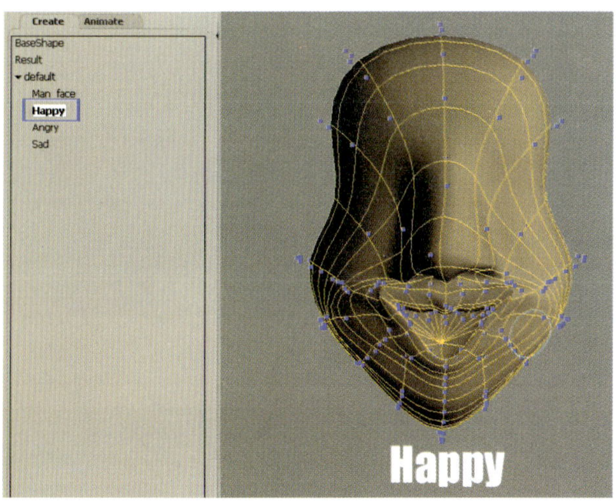


그림 9-43

9 동일한 방법으로 나머지 두 개의 Type도 제작한다(그림 9-44).

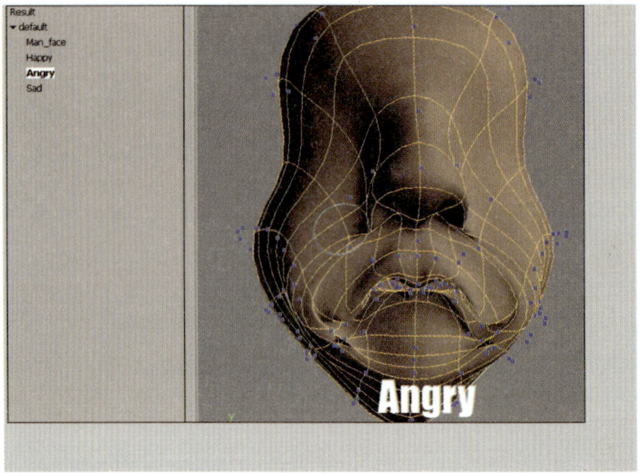


그림 9-44

10 마지막 Sad표정도 잡는다(그림 9-45).

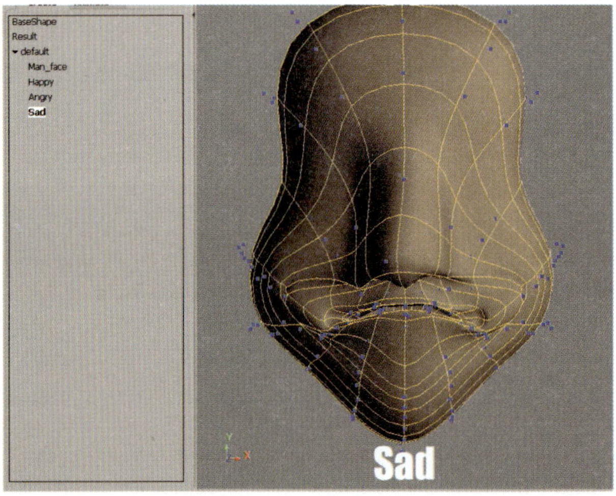


그림 9-45

11 이제 애니메이션 데이터로 전환시키도록 한다. Create옆에 있는 Animate 버튼을 클릭한다(그림 9-46).

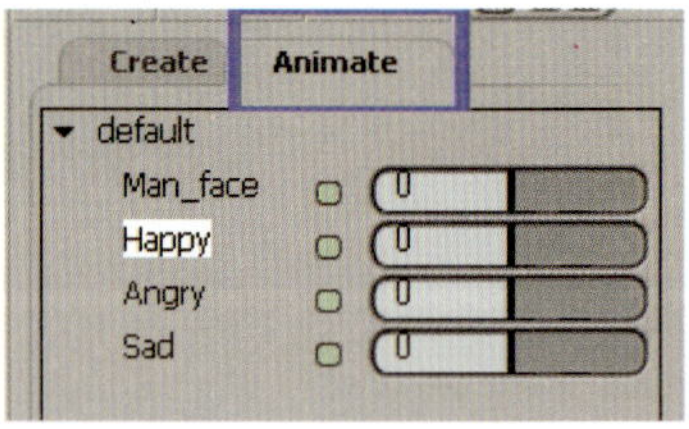


그림 9-46

**12** 하나의 Parameter로 Key를 적용한 애니메이션 제작이 가능하다(그림 9-47).

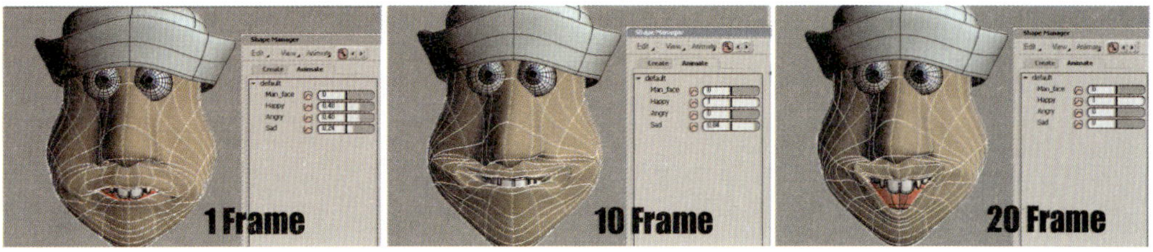


그림 9-47

**13** 다양한 액션 Keyf를 잡아보고 shape manager 사용법을 확실히 알아두어야 한다.

### 4. 보조 캐릭터를 여러 개를 만들었을 경우

다음은 보조 캐릭터를 여러 개를 만들었을 경우 Shape 〉 Select Shape Key를 적용했을 때 Shape Manager와 Animation Editor과의 상관관계에 대해 알아보자.

**1** 먼저 제작된 소스데이터와 원본 데이터를 XSI 작업 창으로 불러온다(그림 9-48).

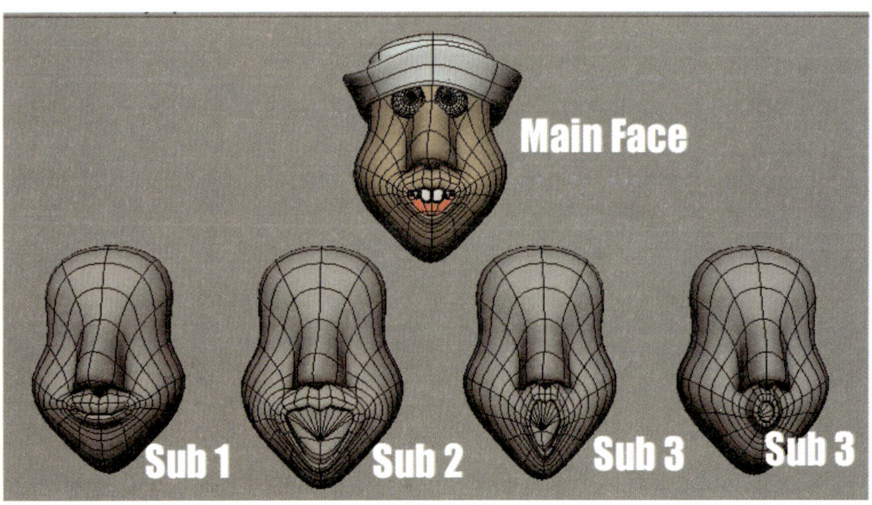


그림 9-48

**2** Main Face 데이터를 선택하고 Shape 〉 Select Shape Key를 실행한 후 Sub 1~Sub 4까지 차례를 선택한다.

**3** Main Face의 Shape Weight Parameter 창에서 마지막 형태의 기본 값 "1"을 "0"으로 원위치시키고 Key 값으로 Setting한다.

**4** 이제 Shape Weight Parameter에서 Facial Animation 작업을 해도 된다.

**5** Main Face가 선택 상태에서 Shape Manager 창을 열어본다. Sub데이터 3개에 대한 Shape을 데이터가 그대로 들어와 있었고, Animate 창으로 이동시키면 애니메이션을 제작할 수 있는 환경이 만들어 준다(그림 9-49).

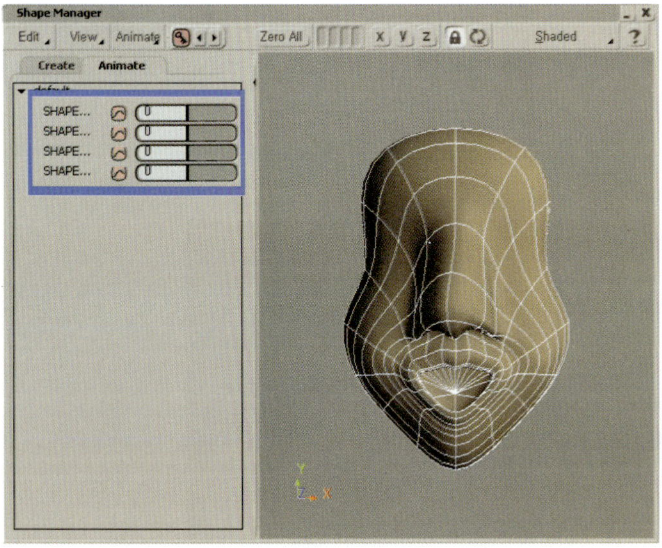

그림 9-49

**6** 다음은 Main Face를 선택한 상태에서 Animation Mixer 창으로 이동한다. Compound 형식의 Clip 하나가 Shape Track 위에 있다. Compound Clip을 더블클릭하여 애니메이션 Clip을 확장할 수 있다.

7 다양한 형태의 애니메이션 제작을 시도해 보도록 한다(그림 9-50).

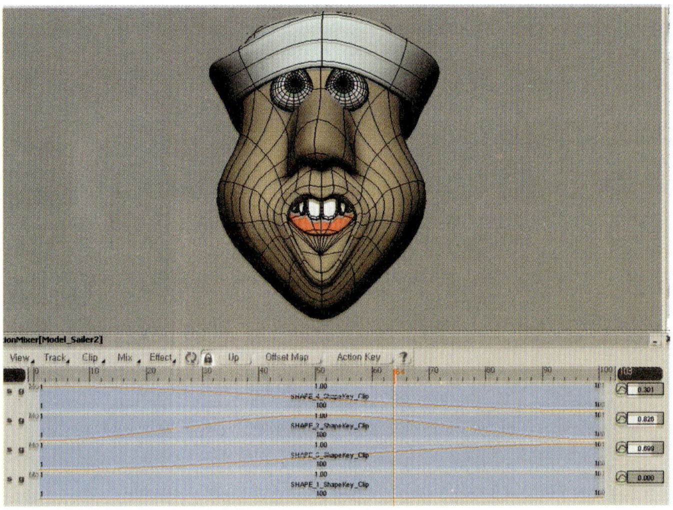

그림 9-50

## 9-3 FACEROBOT

### 9-3-1 FACEROBOT 개념

3D 캐릭터 애니메이션 제작에 있어서 가장 힘든 제작과정 중 하나는 캐릭터의 감성표현이다. 캐릭터의 감성을 표현하는 데는 상황설정에 맞는 정확한 캐릭터 동작과 주변의 배경 및 분위기의 다양한 설정 등을 통해 전달할 수는 있지만 이는 모두 간접적인 전달 형태이기 때문에 제작자가 의도한 바와 다르게 관객들에게 전달될 수 있다. 캐릭터의 감성 표현의 가장 직접적인 전달 방법은 캐릭터의 표정 연기이다. 이렇듯 캐릭터의 감성표현에 있어서 캐릭터의 표정연기가 얼마나 큰 비중을 차지하는지는 이미 여러 작품 분석을 통한 이론들에서 쉽게 찾아볼 수 있다. 3D 캐릭터의 동작표현 방식에서 주로 사용되어 오던 전통적인 애니메이션 제작방식은 키 프레임(Key Frame) 적용 방식으로 동작표현뿐 아니라 얼굴 표정에도 사용되고 있다. 하지만 제작기술의 진보로 인해 오늘날에는 모션 캡처(Motion Capture)방식이 접목된 혼용 제작 방식을 많이 사용하고 있다. 이러한 제작환경에 맞추어 현재 3D 캐릭터의 표정연기에서도 얼굴 모션 캡처 방식의 활용이 점차 확대되어 가고 있다(그림 9-51).

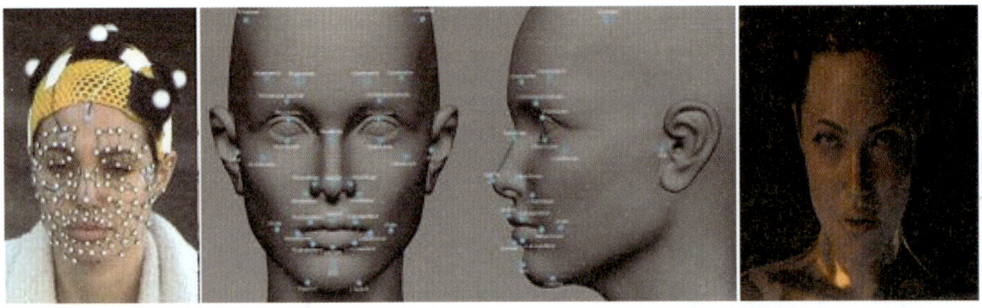

그림 9-51 자료 제공 : 영화 "베오울프(2008)"

이처럼 새로운 기술의 발달이 가져 온 결과는 시간적인 효율성뿐 아니라 작품의 질(Quality)적인 성장을 가져다 준다. 그러나 아무리 기술적인 환경이 비약적으로 발전을 하고 이러한 기술이 실제 애니메이션 작품에 사용이 된다 하더라도 아직은 많은 기술적인 한계를 경험하게 된다. 즉 모션 캡쳐 애니메이션 제작 방식은 실제 캐릭터의 피부나 관절에 신호 센서(Receiver)를 부착하여 이러한 신호입력 장치(Receiver)의 움직임을 광원으로부터 나오는 신호체계를 디지털 데이터로 전송받아 이를 모션 데이터로 변환시켜 이 데이터를 3D 캐릭터에게 직접적으로 전이시키는 방식이다. 캐릭터의 동작표현에 있어서는 각 관절부위에 직접 부착을 하기 때문에 움직임을 제어하거나 컨트롤하는데 발생할 수 있는 문제점이 많이 해소되어가고 있는 상황이지만 Facial Motion Capture 제작 방식은 실제 사람의 얼굴 피부의 근육의 움직임을 컨트롤하는 기술이기 때문에 데이터 백-업부터 데이터 변환작업과 3D 캐릭터의 얼굴에 데이터를 적용하기까지 정교하고 섬세한 작업이 요구된다(그림 9-52).

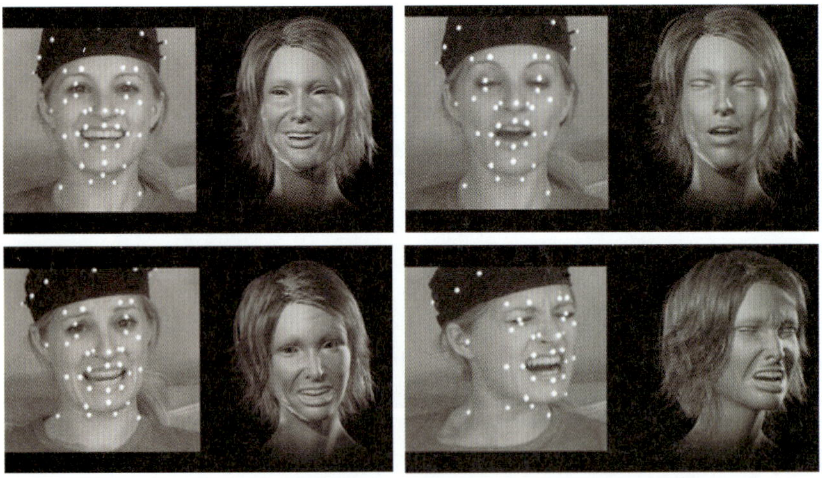

그림 9-52 SOFTIMAGE社에서 제공

그럼에도 불구하고 Facial Motion Capture 제작방식의 가장 큰 한계는 근육의 움직임은 제어할 수 있으나 실제 사람의 얼굴 근육처럼 데이터끼리 자연스러운 연관성을 가진 결과를 얻을 수 없는

것이 현실이다. 실제의 사람과 같은 표정연기를 제작하기 위해서는 유기체적인 근육의 표면조직과 형태변형을 일으키는 근육간의 상호작용으로 생기는 주름과 근육의 자동 수축과 이완작용을 통한 안면근육의 힘의 분배와 같은 문제가 해결되어야 한다. SOFTIMAGE|FACEROBOT는 이러한 문제점에 대해 과감히 도전을 했고 그 결과는 성공적이었다. 실제 안면근육의 흐름을 정확히 파악해서 제작할 수 있고 Motion capture 방식이든 Key animation 방식이든 완벽한 혼용이 가능할 뿐 아니라 제작자의 감각에 의존하던 직관성에서 탈피하여 기본적인 Setting과 최소의 System으로 최고의 효과를 얻을 수 있는 환경을 제공해 준다(그림 9-53).

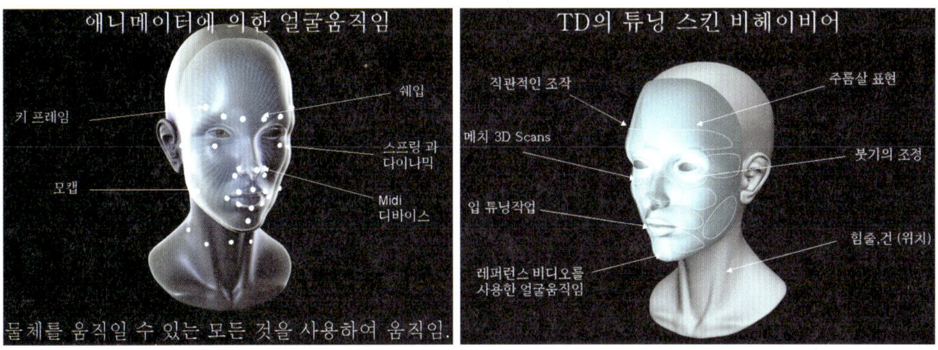


그림 9-53 SOFTIMAGE社에서 제공

## 9-3-2 FACEROBOT 실전 활용

FACEROBIT를 활용한 facial animation제작 방법에 대해 알아보도록 한다.

먼저 FACEROBIT은 기본적인 작업단계를 거쳐야 한다. 이들 각 단계마다 제작환경의 특징과 주의점이 있다.

### 1 Open source

㉠ 먼저 데이터를 불러온다. 불러온 데이터를 활용하기 위해서는 몇 가지 주의할 점이 있는데 첫째 모든 오브젝트의 형성이 있어서 Close되어 있어야 한다. 우리가 흔히 얼굴 모델링을 할 경우 눈과 귀, 입 또는 코와 같이 안쪽으로 들어간 구조에 대해서는 필요에 의해 Close하기도 하지만 통상 Open이나 Close에 대해 그다지 민감하지 않았지만 FACEROBIT에 사용할 데이터는 반드시 Close되어 있어야 한다. 그렇지 않으면 FACEROBIT자체에서 경고를 먼저한다(그림 9-54).

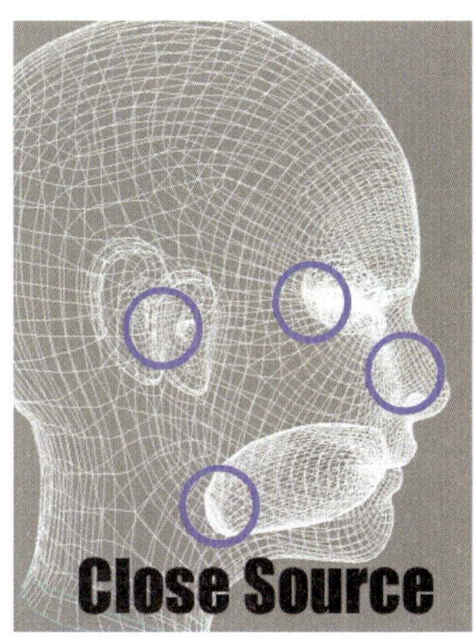


그림 9-54

㉡ 데이터 Open단계에서는 데이터를 FACEROBIT 사용에 최적화된 환경으로 만들어 주면 된다. 그리고 대칭구조일 경우가 대부분이므로 Human Face Symmetry 옵션을 선택한다(그림 9-55).

그림 9-55

**2** 구성요소 Picking : 다음은 적용할 Face 데이터와 FACEROBIT의 기본 구조와의 Match 작업을 한다. 구조상 얼굴과 두 눈 그리고 잇몸 위/아래 통상 4개의 구조를 가지고 있어야 한다. Picking 순서에 따라 FACEROBIT과 실제 데이터의 구성요소를 연결시키는 작업을 한다(그림 9-56).

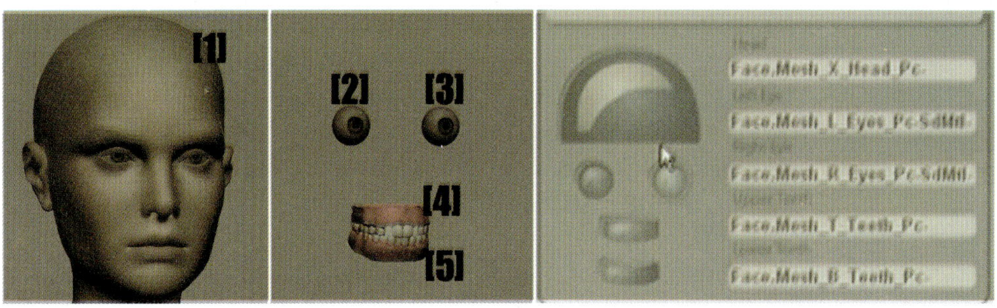


그림 9-56

**3** Assemble 실행 : Picking 순서에 따라 FACEROBIT과 실제 데이터의 구성요소를 Assemble한 다음 Pick Object 작업을 마치고 Scan을 실행한다.

**4** Resume : 얼굴을 반쪽 12개 총 22개의 Marker Point를 적용해 준다. 샘플이미지에 Marker Point위치를 알려주기 때문에 그 위치에 정확히 클릭을 해 주도록 한다(그림 9-57).

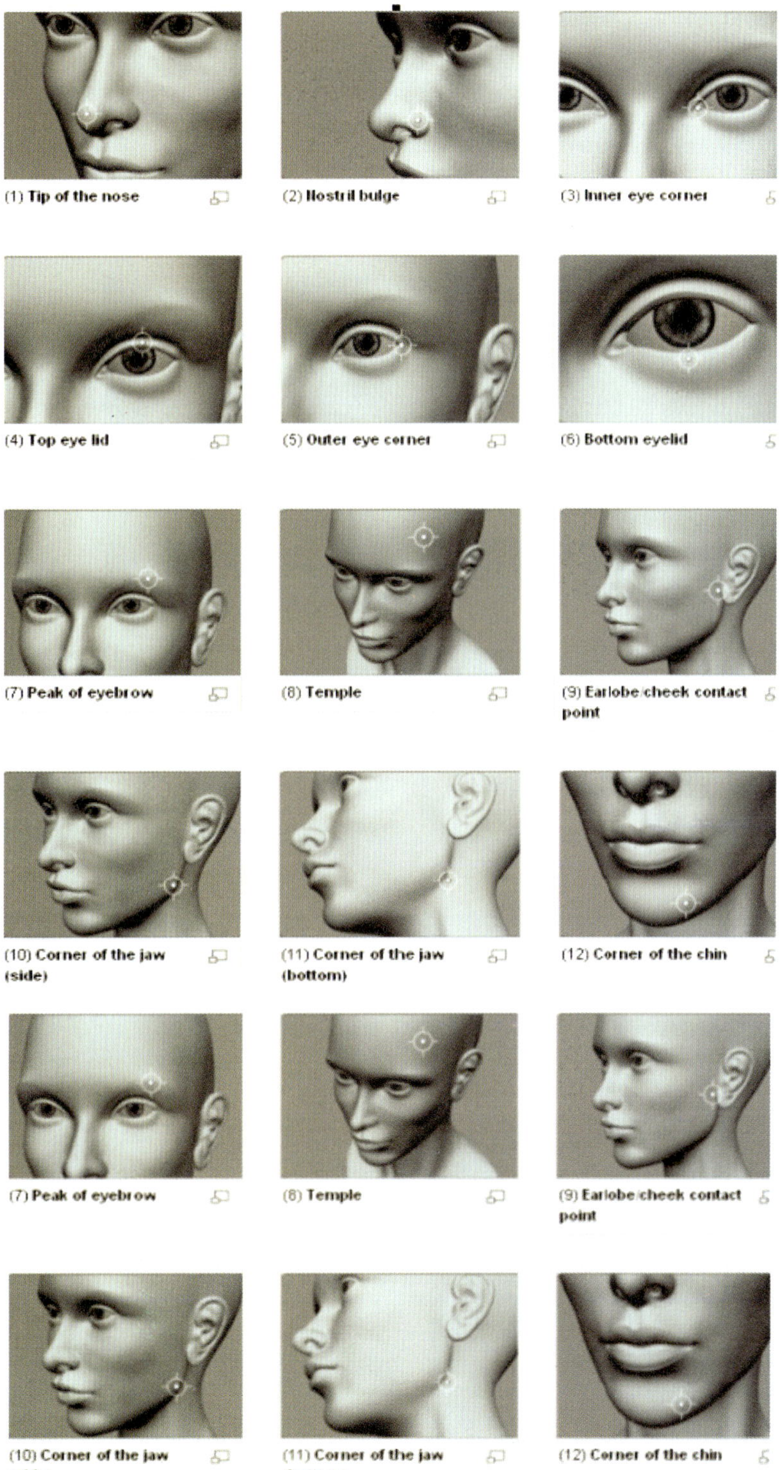
(1) Tip of the nose
(2) Nostril bulge
(3) Inner eye corner
(4) Top eye lid
(5) Outer eye corner
(6) Bottom eyelid
(7) Peak of eyebrow
(8) Temple
(9) Earlobe/cheek contact point
(10) Corner of the jaw (side)
(11) Corner of the jaw (bottom)
(12) Corner of the chin
(7) Peak of eyebrow
(8) Temple
(9) Earlobe/cheek contact point
(10) Corner of the jaw (side)
(11) Corner of the jaw (bottom)
(12) Corner of the chin

그림 9-57

5 작업을 마치고 Fit를 클릭한다.

6 다음은 수정 단계인 Fit이다. 전단계에서 Making Point에 대해 캐릭터의 특징에 맞춰 잘못된 지점이 있거나 위치상으로 수정을 봐야 할 지점이 있으면 이번 단계에서 수정을 하거나 올바로 잡는다(그림 9-58).

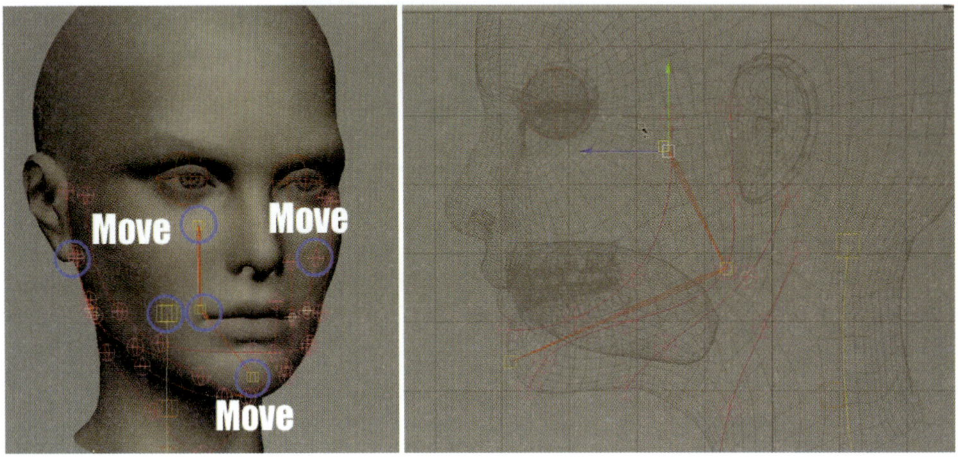

그림 9-58

7 Fitting 작업을 마치면 Solve를 실행한다.

8 Weight 수정 : 이 작업과정에서 전혀 무관하게 형성된 Weight Cluster 그룹들의 수정 작업을 병행한다. Bone Setting이나 Weight Range 설정, Weight Map 수정, Cluster 수정 등의 작업을 병행한다(그림 9-59).

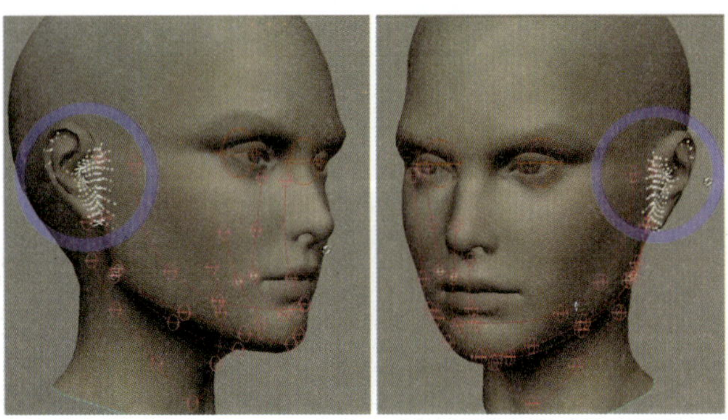
그림 9-59

**9** 작업을 마쳤으면 Act를 실행한다.

**10** 사실 여기까지 단계는 기획된 Processing 단계이다. 즉 FACEROBOT의 제작 시스템에 따라 그대로 시행한 결과이다. 실제 Animator의 작업은 Tuning 작업부터이다. 즉 Quality를 결정하는 단계이다.

**11** Tuning : 실제 Motion Capture 데이터나 Key Setting을 한 다음 실제 애니메이션 데이터를 적용하면서 작업을 하면 효율적이다.

㉠ 입술 Tuning : 아랫입술 컨트롤러에 Key 값을 적용하고 그 움직임에 따라 반응하는 입주의의 Weight 적용범위를 잘 관찰하고 문제점이 나타나면 바로 수정 작업을 해준다. 입을 크게 벌렸을 경우 턱의 모양도 신경을 써야 하는데 동일한 방법을 통해 수정 작업을 해 준다(그림 9-60).

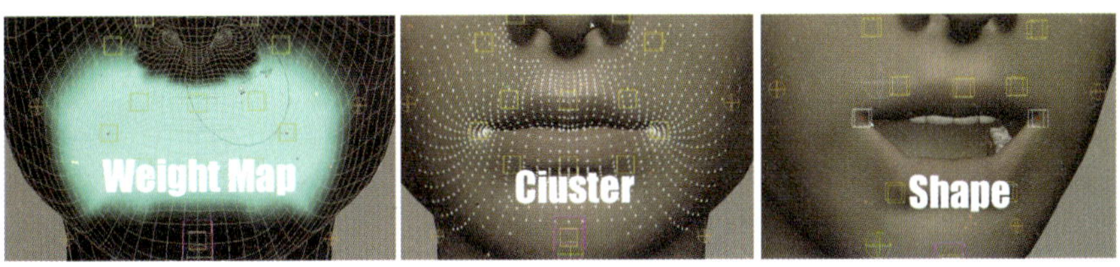


그림 9-60

㉡ 턱 Tuning(그림 9-61)

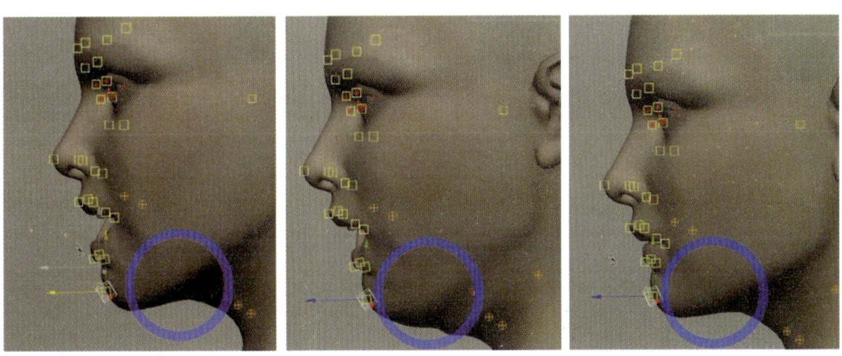

그림 9-61

㉢ 볼 Tuning : Weight Brush를 사용하여 Pumping효과를 주도록 한다. 이때 Weight의 강도와 범위를 조절해 가면서 부드럽게 볼의 움직임이 일어날 수 있도록 강약을 조절해야 한다. 대칭 구조의 Face일 경우 Sym모드에서 작업을 하면 한결 효율적인 작업을 진행할 수 있다(그림 9-62).

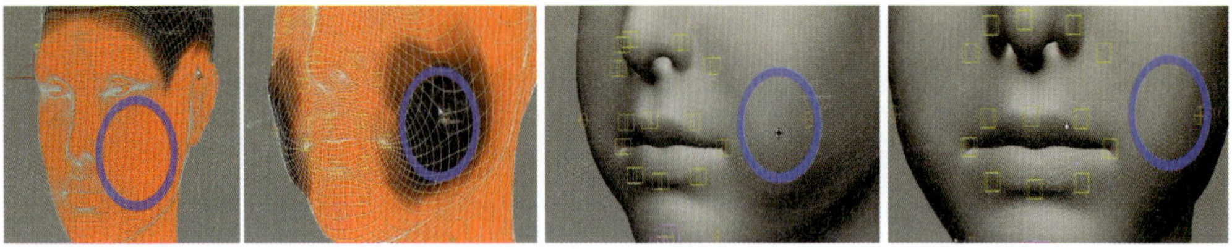

그림 9-62

㉣ 눈 Tuning : 눈은 가장 핵심적인 요소가 바로 눈을 깜빡일 경우 위의 눈꺼풀과 아래 눈꺼풀이 정확하게 맞닿도록 Setting을 해야 한다. 이때 사용하는 기능은 Eyelidupper 기능을 사용하도록 한다. 커브형태로 구성되어 있기 때문에 그리고 눈을 감을 때 눈동자를 자연스럽게 타고 내려오도록 작업을 해주면 된다. 왼쪽 눈을 완성했다면 오른쪽 눈은 복사한 데이터를 사용하면 된다. Weight를 수정하는 효과와 동일하기 때문에 Weight Brush를 사용하듯이 작업을 해주면 된다(그림 9-63).

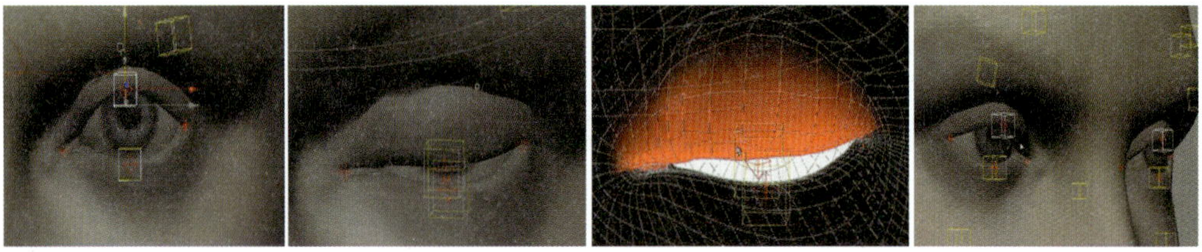

그림 9-63

㉤ 주름 Tuning(그림 9-64)

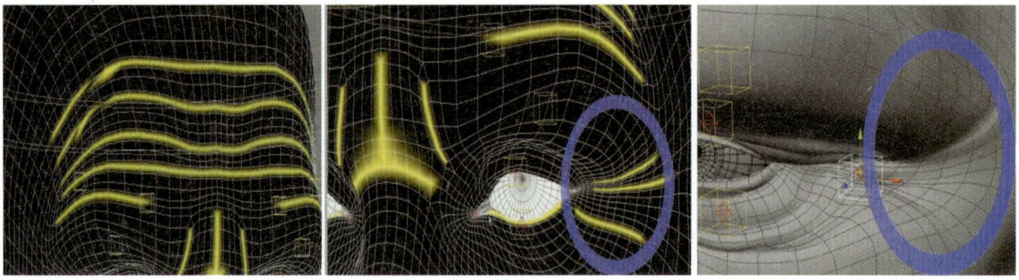

그림 9-64

**12** 이와 같은 과정을 충분히 거치게 된다면 실제 사람의 안면 근육의 움직임에 한층 가까워진다. 결국 이러한 Rig구조에 Motion Capture data나 Key data가 접목이 된다면 완벽한 결과를 얻을 수 있다.

## 9-4 Audio Mixing

**1** Audio Track 생성 : animation Mixer에서 Audio Track(단축키 : Shift+u)을 두 개 생성시킨다(그림 9-65).

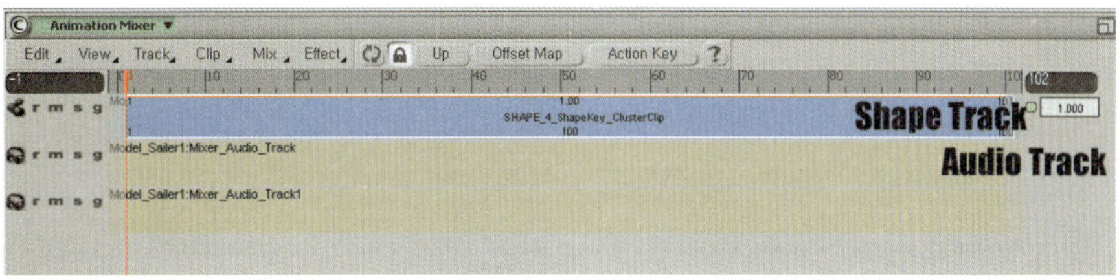


그림 9-65

**2** Audio source 불러오기 : Audio Track에 Audio source를 불러온다. Audio Track 위에 마우스를 올려 놓고 마우스 오른쪽 클릭으로 Load source from File을 명령을 실행하고 XSI Browser에서 저장해 놓은 Audio source를 Loading한다(그림 9-66).

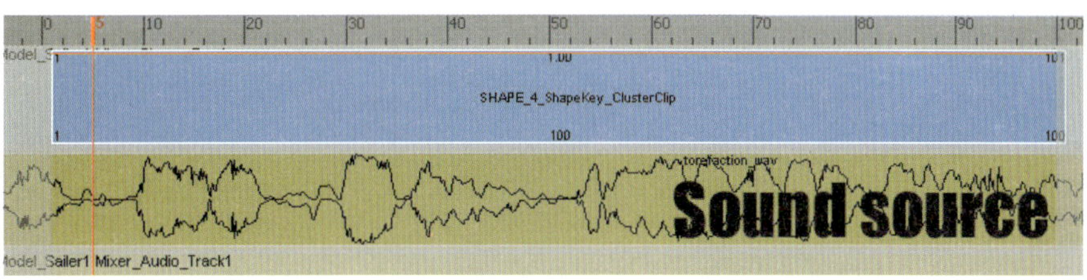


그림 9-66

**3** Loading된 Audio source를 시작 프레임으로 이동한 Time property에서 필요한 작업시간을 설정한다.

**4** Audio의 실시간 플레이와 실시간으로 캐릭터 Sound를 제작하기 위해 타임라인 하단에서 RT로 설정을 해준다.

**5** Audio source 적용을 위한 audio play 모드 속성 작업 : 본격적으로 Audio 작업을 시작하기 전에 몇 가지 관련 옵션을 체크해 줌으로써 보다 작업의 효율성을 높일 수 있다. Playback 버튼을 클릭하여 Playback / Audio preferences 옵션 창을 연다. Interaction 옵션 창에 대해 몇 가지 살펴보도록 한다(그림 9-67).

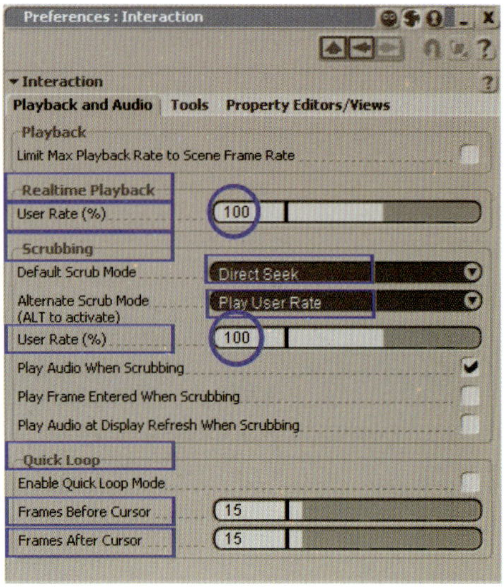

그림 9-67

- Real time playback user rate(%) : 실제 play되는 속도를 말한다. 만약 user rate 수치가 50%라면 실제 플레이 속도의 반으로 플레이된다. 속도가 너무 빨라서 약간 slow한 모드에서 작업을 진행하고자 할 경우 user rate의 수치를 적절하게 조절하면서 작업을 하도록 한다. 여기서는 100% 지정으로 실제 속도와 일치하게 해서 작업을 하도록 한다.
- scribing에 관련된 옵션인데 scribing은 작업 창에서 time line bar를 선택해서 드래그(scribe)할 때 플레이되는 속도와 그 관계설정에 관한 옵션이다. 각각의 옵션들을 선택해서 적용해보면서 그 차이를 경험해보도록 한다.
- Quick loop : 하나의 형태를 완벽하게 만들기 위해서는 반복된 형태에서 작업을 해줄 필요가 있다. 필요한 구간에서 반복 패턴을 활용함으로써 보다 훌륭한 결과를 얻을 수 있다. 그 기능이 바로 Quick loop이다. 현재 프레임을 기준으로 앞 / 뒤의 구간 반복을 설정해 줌으로써 보다 편리하게 사용할 수 있다.
  - Frames before causer : Causer의 현재 지점을 기준으로 설정된 프레임 값만큼 앞 프레임이 반복 재생된다.
  - Framesn after causer : causer의 현재 지점을 기준으로 설정된 프레임 값만큼 뒤 프레임이 반복 재생된다.

**6** audio marker 생성 및 편집(활용) : audio source는 음파의 형식으로 되어 있기 때문에 음절의 구분이 가능하다. 따라서 필요한 음절을 적절한 곳에서 작업을 할 수 있고 그 정보를 수시로 직관적으로 확인하면서 작업을 할 수 있다면 작업의 효율성 또한 크게 증대될 것이다. XSI의 audio 트랙에서는 이렇게 필요한 곳에 Marker(단축키 : m)를 사용해 표시를 하고 그 Marker의 내용을 수시로 확인하면서 작업을 할 수 있는 환경을 제공해 준다(그림 9-68).

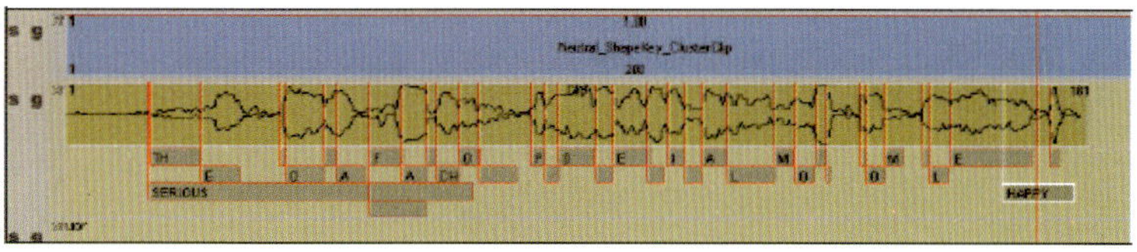


그림 9-68

㉠ Marker 만들기 : [m]을 누르고 마우스 클릭으로 Marker할 영역의 시작지점을 클릭한다. 그리고 드래그를 통해 영역의 범위를 지정해 준다. 해당 음절의 영역까지 드래그를 한 다음 마우스를 뗀다.

㉡ Marker 편집하기 : 생성된 Marker를 선택하고(흰색영역 표시) enter를 클릭하면 Marker 속성 창에 나타난다(그림 9-69).

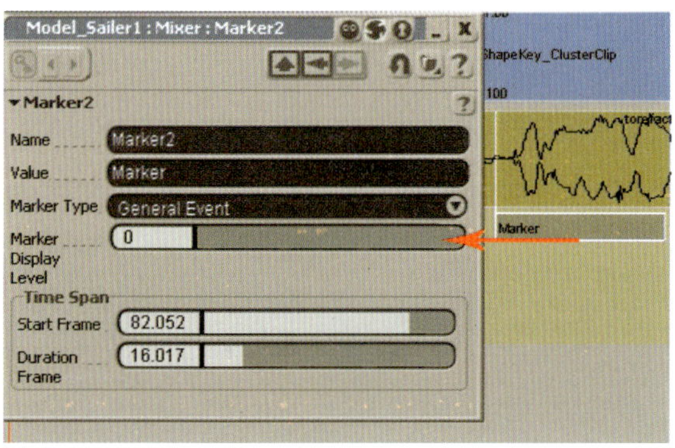


그림 9-69

- 이름을 바꾸고 값을 “e”로 한다.
- Marker type를 ph~~로 한다.
- 다른 영역에 대해 Marker를 생성을 동일한 방법으로 진행한다(그림 9-70).

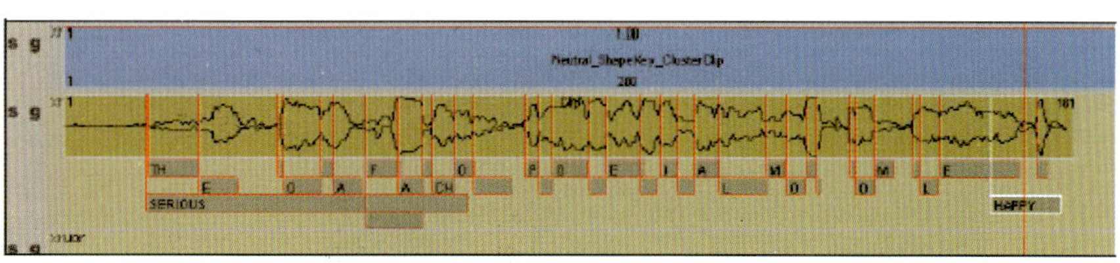


그림 9-70

만약 Marker를 크게 얼굴의 표정과 립싱크로 구분을 하고 싶을 경우 레벨의 지정을 통해 구분이 가능하게 한다. 예를 들어 캐릭터가 “a~~”라는 발음을 하는데 슬픈 표정에서 하는 건지 기쁜 표정에서 하는 건지 구분이 가지 않는다면 수시로 컨셉에 대한 정보를 얻기 위해 작업 멈추고 정보를 연구하고 이런 작업공정을 반복해야 될지도 모른다. 표정 Marker 아래 립싱크 Marker를 만들고 싶다면 립싱크에 관련된 Marker를 선택해서 enter를 치고 속성 창에서 marker display level을 2로 지정을 해준다. 그러면 표정 라벨의 한 단계 아래로 내려간다. 구분이 가능한 것이다(그림 9-71).

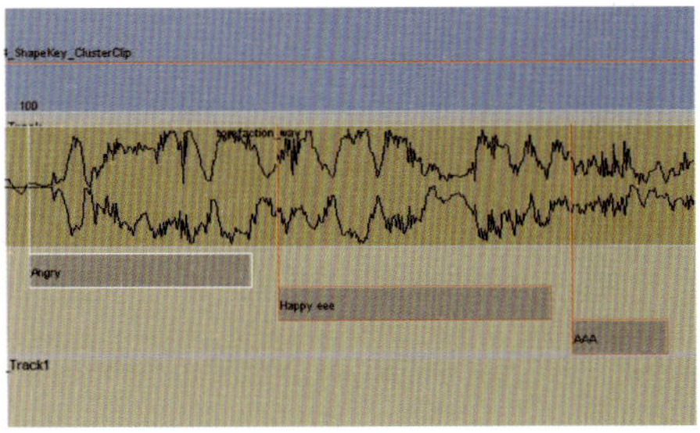

그림 9-71

- 전체 한 부분을 영역화해서 표시를 해 줄 수 있다. 슬픈 영역 / 기쁜 영역 / 감정이 교차되는 영역 등 여러 상황들에 대한 사전 정보 제공이 가능하다. 그러면 한 캐릭터가 기쁜 상태에서 웃으면서 "hahaha."라는 표정을 지어야 한다는 걸 작업자뿐만 아니라 누구나 알 수 있게 되는 것이다.

## 7 Facial animation 제작

㉠ F-CURVE editor와 동시 작업하기

- Shape manager에서 Animate Tap로 전환하고 Animate 〉 Animation Editor를 선택해서 animation editor 창을 연다.
- 믹서에 있는 audio curve를 animation editor 창으로 드래그 인 드롭한다. animation editor 창에서도 Audio 음파를 확인하면서 작업을 할 수 있다(그림 9-72).

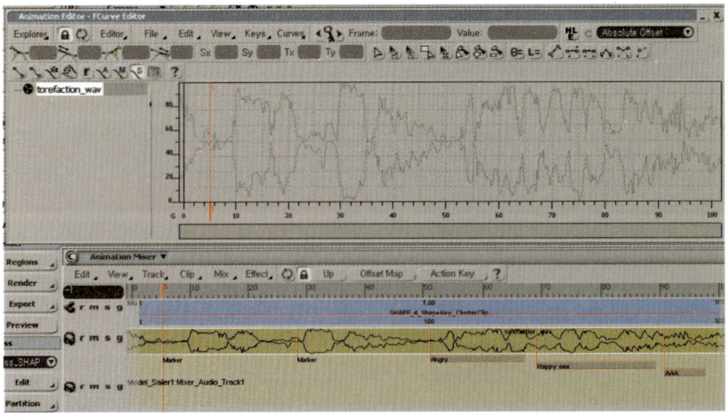

그림 9-72

- animation editor의 기본 속성 창에서도 audio를 컨트롤할 수 있는 옵션이 있다. 그 옵션을 잘 활용해도 생각 이상의 결과를 얻을 수 있다. F curve editor preference 속성 창에서 audio tap를 열고 show audio markers, show labels, duration 등의 옵션을 체크한다(그림 9-73).

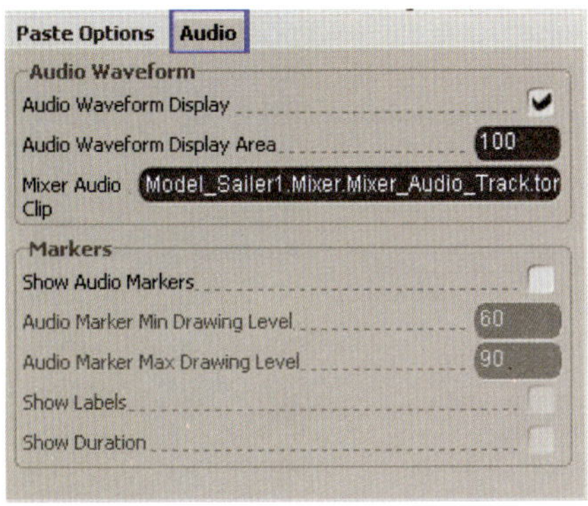


그림 9-73

ⓛ Doprsheet를 이용하여 작업의 편이성 높이기

- Shape manager에서 Animate 〉 Dopesheet을 선택해서 Dopesheet 작업 창을 연다.
- dopesheet 작업 창의 기본 속성 창에서도 Audio를 컨트롤할 수 있는 옵션이 있다. Dopesheet 툴 바에서 edit 〉 Preference를 선택하고 속성 창을 연다.
  - default scrud mode : Phoneme key 설정 영역에서 enable phoneme key display 옵션을 체크한다.
  - User rate(%) : Threhold를 0.98로 설정한다.

8 애니메이션 제작하고 Fiip book에서 결과를 점검한다.

## 저자약력


■ 김 용 관

- 숭실대학교 디지털콘텐츠학과 애니메이션 전공, 석사
- SOFTIMAGE|XSI 국제공인강사 인증
- (주)한빛소프트–게임/애니메이션 개발 및 교육
- (주)애니플–영상/애니메이션 제작총괄
- 배재대학교 게임공학과 겸임교수
- 유한대학 애니메이션학과 겸임교수
- 인천전문대학 애니메이션학과 출강
- SOFTIMAGE|XSI ATC 출강
- 인천정보산업진흥원 객원교수 출강
- 대전문화산업진흥원 객원교수 출강
- 네오위즈 아카데미 전임교수 출강

〈저 서〉

- SOFTIMAGE|XSI 마스터하기 I (Manual 편), 2005
- SOFTIMAGE|XSI 마스터하기 II (Tutorial 편), 2008



**캐릭터 애니메이션**

2009년 2월 25일 1판 1쇄 발행

저 자 김 용 관
발행인 남 승 우

발행처 도서출판 상尙 학學 당堂

서울특별시 동작구 사당3동 220-43
TEL : 02) 595-1692~4
FAX : 02) 595-1394
E-mail : namdoo6@unitel.co.kr
신고 : 2-155호 (1968. 11. 29)

정가 39,000원

ISBN 978-89-93383-33-1 93000